이 책은
방일영문화재단의 지원으로
저술·출판 되었습니다.

박정희 · 김대중

그들이 만든 세상

What impact did these two leaders have on future generations?
What lessons can we learn from them?

박정희·김대중 그들이 만든 세상

1판 1쇄	2024년 6월 25일
지은이	강성주
	sjkang807@hanmail.net
펴낸이	정경화
펴낸곳	아웃룩
디자인·편집	정경화
등록	2022년 3월 4일, 제2022-000025호
이메일	hwa4238aa@gmail.com / 010-9393-4238
주소	서울시 관악구 봉천로247-8, 501호
ISBN	979-11-978210-0-4
가격	35,000원

• 잘못 만들어진 책은 바꿔드립니다.

시간을 따지지 마라.
해가 지면
그때가 저녁이다.

| 일러두기 |

인용문 중 오탈자 또는 띄어쓰기 교정이 필요한 경우 한글 맞춤법 규칙을 적용했다.

서문

박정희와 김대중, 김대중과 박정희

두 사람은 20세기 초반 일제 강점기에 이 땅에서 태어나 청년이 됐다. 해방이 왔을 때 박정희는 군인, 김대중은 정치 지망생이었다. 박정희는 우리와 62년을 함께 보내고, 45년 전 세상을 떴다. 그보다 7살 아래인 김대중은 85년간 우리와 함께하고, 세상을 뜬 지 15년 세월이 흘렀다.

이 책은 1961년 5월 16일 박정희가 쿠데타를 일으킨 때부터 시작된다. 박정희의 화양연화(花樣年華)와 고뇌의 시작점이다. 그해 5월, 육군 소장 박정희는 44살, 민족 최대의 비극 6·25전쟁을 치러낸 장군이었다.

김대중은 쿠데타 사흘 전인 5월 13일, 국회의원에 당선된다. 54년 58년 59년 60년, 4차례의 고배를 마시고 천신만고 끝에 얻은 영광이었다. 강원도 인제군 국회의원 보궐선거에서 당선된 김대중, 그는 37살이었다.

44살, 37살. 두 사람 모두 젊었다. 한창나이에 이들이 이 땅에서 선택한 길은 서로 달랐다. 쿠데타에 성공한 뒤 군인 박정희는 국가재건최고회의(Supreme Council for National Reconstruction) 의장과 대통령(5, 6, 7, 8, 9대)으로 모두 18년을 재임했다. 정치 지망생 김대중은 정치활동 규제자, 야당 국회의원, 대통령 후보, 망명객, 수감자 등으로 험한 길을 걷고 끝내 대통령(15대)에 당선된다. 비범한 일생을 산 두 사람은 해낸 일도 많고, 남긴 이야기도 많다.

박정희는 9대 대통령 재임 중인 1979년 10월 26일 홀연히 세상을 뜬다. 건국

이후 최초의 국장(國葬)에서 최규하 대통령 권한대행은 "아흐레 전 천지가 진동하여 산천초목이 빛을 잃었고, 경악과 비탄으로 온 국민 가슴이 비었습니다"라고 추도했다. 박정희는 걸음을 멈추었지만 김대중의 길은 아직 많이 남아 있었다. 이 책은 박정희가 세상을 떠난 1979년까지를 다룬다. 김대중의 나머지 발자취는 다른 책에서 다루어질 것이다. 그 상대도 전두환과 노태우 등으로 달라진다.

박정희와 김대중은 그 시절 체제와 반(反)체제의 구심점이었다. 1969년 3선개헌을 계기로 대통령 박정희의 길과 야당 정치인 김대중의 길은 멀어지기 시작한다. 1971년 제7대 대통령 선거에서 박정희는 53%를 득표했고, 김대중은 45%를 득표했다. 현직 대통령은 승리는 했으나 아찔한 느낌을 갖는다. 조국 근대화, 민족중흥, 분단 조국의 통일을 위해 10년을 노심초사했는데, 국민의 평가는 박했다. 그의 업적은 인정하지만, 장기 집권의 트라우마가 아직 짙게 남아 있었다. 그러나 이 지점에서 야당은 선거를 통한 평화적 정권교체의 희망을 본다.

이 책은 1961년에서 1979년까지 18년간, 박정희와 김대중, 김대중과 박정희의 엇갈린 길을 외신(外信) 기사를 길잡이로 삼아 살펴본다. 60년대 70년대 외신은 지금과는 다른 위상을 갖고 있었다. 국내 언론이 다루기 어려운 뉴스를 전했고, 국내 언론과 다른 시각으로 분석하고 전망을 제시했다. 그때 우리나라는 전반적으로 선진국에 비해 모든 것이 뒤진 상태였다. 지금은 이해가 되지만, 당시 우리나라의 정치 경제 언론 문화의 지체(遲滯)에 대해 우리는 속이 많이 상해 있었다. 특히 언론에 대한 정부의 간섭과 통제가 심했다. 그 뒤 4, 50년 우리는 흔들리면서도 앞으로 나아갔다. 그 결과가 우리를 놀라게 한다. 지금 우리나라 언론은 미국 캐나다 프랑스 독일 영국 등과 같은 등급인 '양호하다'(satisfactory situation)를 기록하고 있다. 우리의 언론 현실이 몇 가지 아쉬운 점은 있으나 대체로 양호하다는 뜻이다. 이건 프랑스에 본부를 둔 '국경 없는 기자회'(RSF)가 여러 요소를 조사해서 내놓은 결과다. 우리 성적표 '양호하다'는 전체 다섯 등급 가운데 '아주 좋다' 다음 등급인데, 그 아래로는 '문제 있다' '나쁘다' '매우 나쁘다' 등 세 등급이 더 있다. 세계 180개국을 대상으로 조사해 130개국 이상이 우리 아래 등급에 있으니까, 이만하면 괜찮다고 해도 될까?

안 된다. 그런 말 하면 시인 김수영(金洙暎)에게 야단맞는다. 김수영은 산문 「창작자유의 조건」(1962)에서, 시를 쓰는 사람, 문학을 하는 사람의 처지로서는 '이만하면' 이란 말은 있을 수 없다고 했다. 그렇지만 김수영으로부터 야단을 좀 맞더라도 필자는 기자(記者)니까, 이만하면 언론의 자유가 있다고 말하고 싶다.

'이만하면'이라는 중간사를 쓰는 이유 가운데 하나는 필자가 40여 년 전 기자 생활을 처음 시작했을 때(1978)와 비교해, 이만하면 언론의 자유가 있는 것이 사실이기 때문이다. 그때는 유신(維新) 시대였다. 대통령 긴급조치(緊急措置) 9호가 선포된 상태라, 비교적 발언이 자유롭다는 기자나 교수, 국회의원도 입조심 글 조심을 해야 했다. 유신헌법의 개정이나 폐지에 대한 발언이나 보도, 전파 등이 일절 금지됐고 유언비어 유포는 당연히 긴급조치 위반으로 징역형이었다. 정치와 언론, 문화 활동은 숨통 조이듯 위축돼 있었고 경제도 정부의 심한 통제와 계획 속에서 움직였다. 정부는, 세계 어느 나라도 국민에게 완전한 자유를 허용하는 나라는 없다고 했다.

당시 우리나라에는 미국과 일본의 신문들이 배포됐고, 타임(TIME)지와 뉴스위크(Newsweek)지가 판매됐다. 그런데 한국 문제를 다룬 기사의 군데군데가 먹칠이나 가위질이 돼 있거나 페이지가 빠져있기도 했다. 정작 그런 내용이 궁금해 신문이나 잡지를 구독하는데, 참 고약했다. 이렇게 먹칠을 하는 정부의 의도는 충분히 짐작이 갔지만, 어디 마땅히 항의할 데도 없었다. 또, 하면 득 될 것이 없다는 생각들을 하고 있었다.

그런 제한된 자유 안에서 우리는 박정희와 김대중이 제시한 꿈을 따라 걸었고 또 그들이 울타리 친 세상 안에서 노력했다. 그렇게 쫓겨도 보고, 외치기도 하면서 먼 길을 온 뒤 돌아보니, 우리는 그들이 닦은 길 위에, 그들이 만들어 남긴 세상 안에 살고 있었다. 지금 우리가 마주하고 있는 나라는 박정희와 김대중이 그렇게 꿈꾸던 나라였고 그들이 애써 가꾼 세상이었다. 우리는 그렇게 노력하고 제약받고 투쟁했다. 우리의 노력이 정당하게 평가받고 우리나라가 정의로운 존재가 되기를 바라면서 열심히 꿈을 좇으며 살아왔다. 우리 국민 가운데는 이 두 지도자에게서 아직 받아낼 것이 있다고 생각하는 사람도 있을 것이고, 많은 것을 빚졌다고 고마워하는 사람들도 있을 것이다. 지금도 세상은 어수선하다. 역사가 계속되는 동안 세상은 계속 그렇지 않겠는가?

이 책에서 발견되는 사실 확인 미흡이나 오·탈자 등 잘못된 부분은 모두 필자의 책임이다. 혹 나타나는 다른 관점도 필자의 편협함이나 고집 때문일 것이다. 필자에게 가르침을 주고 이해와 사랑으로 지켜본 선배와 후배, 친구, 지인들을 일일이 거론하기가 쉽지 않다. 하지만 그들이 알고 나도 알고 있다. 나의 하루하루가 그들의 이해와 배려 안에서 이루어지고 있다. 진실로 감사할 일이다. 그들의 건강과 평온을 간절히 기원한다.

2024년 6월
강성주

목차

제1장   박정희·김대중 : 세상을 만나다 ·· 15
　　　　세상을 만나다 16 ｜ 만주(滿洲), 특이한 공간 18 ｜ 1943년 11월, 도쿄(東京) 23 ｜
　　　　1943년 11월, 카이로(Cairo) 26

제2장   해방된 조국(祖國) ··· 39
　　　　군인 박정희 40 ｜ 정치지망생 김대중 47 ｜ 박정희 사단장을 찾아간 김대중 50

제3장   4·19혁명과 제2공화국 : 1960~1961 ································· 57
　　　　부정선거와 4·19혁명 58 ｜ 하야 그리고 망명 61 ｜ 제2공화국 67 ｜ 당선 그러나 쿠데
　　　　타 72

제4장   박정희의 시간(1) : 쿠데타 ··· 77
　　　　5월 16일의 쿠데타 78 ｜ 5·16 그리고 미국 79 ｜ 쿠데타 뒷날, 미국 86 ｜ 7월, 최초의
　　　　반혁명 사건 93 ｜ 이주당(貳主黨) 사건 97

제5장   현실의 벽 : "도둑 맞은 폐가" ·· 101
　　　　답답한 현실 102 ｜ "도둑맞은 폐가" 106 ｜ 동갑내기 대통령, 박정희와 케네디 111 ｜
　　　　경제개발 "돈이 없다" 116 ｜ 민정이양 제5대 대선(1963), 남여북야(南与北野) 118 ｜ 독
　　　　일로 가는 광부와 간호사 122 ｜ 한일(韓日)회담 그리고 미국 125 ｜ 베트남(월남) 파병
　　　　132

제6장   박정희의 시간(2) : 북한의 도발 ······································· 137
　　　　제6대 대선(1967), 동여서야(東与西野) 138 ｜ "박정희 멱 따러 왔수다" 144 ｜ 미국 "보
　　　　복은 안 돼" 147 ｜ 대통령의 충격 152 ｜ 북한식 베트남전 지원 155 ｜ 대통령의 하루
　　　　156 ｜ 드디어 3선 개헌 159

제7장   짧은 만남 : 1968.1.1 ··· 167
　　　　"그렇게 다정할 수가 없더라고" 168 ｜ 79년 여름, 마지막 기회 170 ｜ "내공이 있어요"
　　　　172

제8장　김대중의 시간(1) : 국회의원 ··· 179
　　　1963년 목포(木浦) 당선 180 | 1967년, 치열했던 '목포 전투' 186 | 40대 기수 192 |
　　　젊은 야당 대통령 후보 200 | 첫 정책대결 203

제9장　"권불십년"(權不十年) ··· 207
　　　"사명의 70년대" 208 | 10년 집권의 그늘 210 | 빛을 찾아서 223 | "한 20년 집권
　　　합니다" 227

제10장　김대중의 시간(2) : 야당 대통령 후보 ··· 235
　　　대선 앞둔 한국 언론 236 | 후보, 미국 방문 239 | WP "다시 전쟁은 안 돼" 246 |
　　　NYT "선거 부정만 없다면, 이긴다" 252 | 새로운 신화, 장충단공원 유세 257 | "성장"
　　　대 "변화" 263 | 박정희, 3선 대통령 267 | 찜찜한 승리, 나쁘지 않은 패배 269

제11장　서로 다른 길로 들어서다 ··· 273
　　　"좀 특수한 결심" 274 | 유기천 교수 "총통제 연구" 280 | 파동, 난동, 반란 283 | 수
　　　염 뽑힌 국회의원 290 | 두번째 위수령 292 | 국가비상사태 선언 294 | 추기경의 성
　　　탄(聖誕) 강론 299

제12장　10월 유신(維新) ·· 305
　　　멀어지는 두 사람 306 | 괌(Guam) 독트린 310 | 위기의 시작, 주한 미군 철수 313 |
　　　북한의 평화공세 : NYT와 WP 초청 323 | 박정희 "1980년 쯤 만나자" 336 | "평양에
　　　다녀왔습니다" 341 | 박정희의 권력 의지 346 | 10월 유신(維新) 348 | 유신, 누구의
　　　구상인가? 352 | 유신국회(제9대) 구성 355 | NYT, "아직도 한반도는 위험하다" 357

제13장　방위산업 : 막다른 선택 ··· 371
　　　자주국방 372 | "우리도 원자폭탄을 연구해야겠어" 374 | 방위산업 1차 시도 379 |
　　　방위산업 2차 시도 381 | 나라를 지켜낸 결정 384 | 남·북한과 일본의 핵 능력 386

제14장　김대중의 시간(3) : 납치 ··· 393
　　　일본에서 맞이한 유신 394 | 미국으로 398 | 한민통(韓民統) 결성 404 | 납치(拉
　　　致) 406 | 누구의 지시인가? 418 | 진짜 이후락이 했나? 422 | 쏟아지는 기사(1) :
　　　Washington Post 425 | 쏟아지는 기사(2) : New York Times 435 | 쏟아지는 기사(3)
　　　: Christian Science Monitor 443 | 눈속임 연금 해제 449

제15장 긴급조치와 저항세력: 재야와 대학가 ······················· 457
　　　　유신 1년만의 반대 시위　458　｜　한국의 재야(在野)　461　｜　재야, 행동에 나서다　466　｜
　　　　대통령 긴급조치권　471　｜　긴급조치 1, 2호　472　｜　긴급조치 4호　474　｜　구속된 변호사
　　　　476　｜　육영수 여사 피격　480　｜　긴급조치 7호　485　｜　긴급조치 9호　485　｜　유신시대
　　　　의 언론자유　486

제16장 박정희의 시간(3) : 남북한, 체제경쟁 끝나다 ··············· 493
　　　　신(神)의 옷자락을 잡다　494　｜　중화학공업화 추진　504　｜　수출 100억 달러　506　｜　공
　　　　업화에 앞선 북한　510　｜　북한의 위기와 주체노선　512　｜　한국, 어려운 출발　516　｜　체
　　　　제경쟁 끝나다　523

제17장 김대중의 시간(4) : 격리 ···································· 531
　　　　가택연금　532　｜　백지(白紙) 광고　534　｜　베트남 패망과 남침용 땅굴　537　｜　3·1 민주
　　　　구국선언　540　｜　못으로 쓴 편지　543　｜　다시 "김영삼을 총재로!"　545

제18장 코리아게이트(Koreagate) ··································· 549
　　　　열리는 코리아게이트　550　｜　김형욱(金炯旭) 전 중앙정보부장의 증언　558　｜　코리아게이
　　　　트 전말　560　｜　청와대 도청(盜聽)　564　｜　미국의 '도청 본능'　568

제19장 박정희의 마지막 시간(4) : 권력의 공백 ······················ 573
　　　　유신 2기의 출발(1978)　574　｜　끈질긴 비리와 총선 참패　576　｜　권력 내부의 불협화
　　　　음　584　｜　"선명야당(鮮明野黨)" 김영삼 총재　587　｜　통치 자금 "1년에 30억~40억 필요"
　　　　589　｜　YH 사태　591　｜　김영삼 "미국의 결단" 촉구　594　｜　커지는 눈덩이　603　｜　대통
　　　　령의 마지막 만찬　606　｜　역사의 가정(仮定)　614　｜　"박정희, "아주 주도면밀한 통치자"
　　　　617

　　　　주석 / 참고문헌 ··· 632

　　　　후기 ·· 704

"인간의 존엄성은 침해되지 아니한다. 모든 국가 권력은 이를 존중하고 보호할 의무를 진다"라는 독일 기본법(헌법) 제1조를 인용할 필요도 없다. 시대와 상황이 그러했다고 이해는 하지만, 국민의 생명과 재산 그리고 행복을 지켜주지 못하는 나라는 사실 나라도 아니다.

박정희·김대중 : 세상을 만나다

세상을 만나다 | 박정희와 김대중은 일제 강점기 때 조선(朝鮮)에서 태어나 젊은 시절을 보냈다. 박정희(朴正熙)는 1917년 경상북도 구미 농촌에서, 김대중(金大中)은 전라남도 무안군의 섬(하의도)에서 1924년 태어났다.[001] 이들이 조선에서 태어나 조선인(朝鮮人)으로 살아간 세월이 짧지 않다. 일제의 통치는 폭압적이고 악랄했고, 식민지 백성의 삶은 암울하고 너나없이 가난했다.

김대중보다 7살이 많은 박정희는 명문 대구사범학교(1932.4~1937.3)를 마치고 경상북도 문경에서 교사로 근무하다가(1937.3~1940.3) 긴 칼을 찬 군인이 되고 싶어 만주로 건너간다. 그는 어릴 때부터 군인을 꿈꾸었다. 군인들이 차는 '긴 칼'은 권력의 상징이었다. 그는 만주 신경(新京)군관학교[002](40.4~42.3) 예과를 마치고 일본 육군사관학교에 편입해(42.10~44.4) 졸업하고, 만주군에 배치된다(44.7). 그는 열하성(熱河省)[003] 만주군 보병 제8단에서 복무하면서 1년 뒤 중위로 진급한다(45.7). 그가 복무한 부대는 모택동 산하 팔로군(八路軍)[004] 제17단의 방어와 토벌이 임무였다.

> 그가 만주에서 군인의 길을 시작했다는 것은 중요한 의미를 갖는다. 만주제국은 일본 관동군이 독립적으로 만들어 낸 "군대의 나라"였기 때문이다. 훗날 박정희는 국가란 군대처럼 운영되어야 하고, 군대는 나라를 지키는 것뿐만 아니라 국민조차 통치해야 한다는 생각을 했었다. … 그런 의미에서 관동군은 박정희가 꿈꾸는 군대의 전형, 만주국은 그가 꿈꾸는 국가의 모범이었다.[005]

당시 만주(滿洲)[006]는 중화제국과 일본제국이 교체되는 전환기 속에서, 관련 국가와 인간들의 정치와 욕망이 적나라하게 드러나던 특이한 공간이었다.[007] 그래선지 식민지 조선에서는 거칠고 드넓은 만주를 동경하는 사람들이 많았다.

김대중(金大中)이 젊은 꿈을 키웠던 목포(木浦)는 부산, 인천, 원산과 함께 조선 4대 항구 도시였다. 목포는 일본의 나가사키(長崎)와 중국 상하이(上海) 중간에 위치한 관계로 무역의 거점 역할을 했고, '모든 것이 살아서 펄떡거렸다'. 목포

박정희, 대구사범학교(1932~1937) 김대중, 목포공립상업학교(1939~1943)

는 활기가 넘쳤고 호남선 철도(1914년 개통)의 종착지로 전국의 쌀, 목화, 해산물을 일본으로 수송하는 중요한 항구였다.

목포의 유일한 상급 교육기관, 5년제 목포공립상업학교[木商]는 전국에 알려진 명문이었다. 신입생 164명은 조선인과 일본인 학생이 반반이었다. 김대중은 명문 '목상'에 수석 입학했고, 조기 졸업했다(1939~1943.12). 일제가 전쟁에서 수세에 몰리자 각급 학교의 수업 연한을 단축했기 때문이다. 그는 취업반이었으나 3학년 때 진학반으로 옮겼다. 만주 신경에 있는 건국대학교(建國大學校)를 마음에 두었지만, 여의찮았다. 그는 '목상'에서 알찬 시간을 보냈다.

> 3학년 담임 노구치 진로쿠(野口甚六) 선생님은 나에게 많은 가르침을 주셨다. 그 중에서 "삶의 원칙을 지켜야 한다"는 말씀이 잊히지 않는다. 원칙을 포기하는 것은 삶을 포기하는 것과 같다는 것이었다. 그러면서도 "원칙을 고수한다고 방법에서 유연하지 못하면 승리자가 되지 못한다"는 얘기도 덧붙였다. … 나는 일생 동안 그 가르침을 새겼다. 원칙을 고수하면서도 방법에서도 유연한, 이른바 '실사구시'(實事求是)의 삶을 나는 그때 배웠다.

두 사람 모두 인생의 다음 단계의 무대로 만주(滿洲)를 염두에 두었다. 박정희는 만주로 건너갔고, 7살이 적은 김대중은 일본이 전쟁에 밀리면서 상황이 나

빠져 발이 묶였다. 대신 목상을 졸업한 김대중은 일본인이 경영하는 전남기선주식회사에 취직해 세상과 사업의 이치를 익혔다. 이 무렵 김대중의 부친은 아들이 일제 말의 강제징집을 피할 수 있도록 김대중의 생년월일을 1925년 12월 3일로 바꾸었다. 이 일로 그는 순위가 밀려, 일제의 징집을 피할 수 있었다고 회고했다.

박정희, 김대중 두 사람 다 영민(英敏)하고 부지런해 학업을 잘 마쳤다. 박정희는 내성적이었지만 야무졌고, 김대중은 항구에서 성장한 덕분인지 바다 건너 세상에 대한 호기심이 많았다.

만주(滿洲), 특이한 공간 | 식민지 청년들이 꿈꾸던 만주는 일본 본토는 물론 당시 일본제국이 점령해 통치하던 다른 지역과 여러모로 달랐다. 통계를 보면, 만주국(滿洲國, 1932~1945)은 초기 113만㎢의 넓이에 3,000만 명의 인구였다. 일제 패망 직전에는 인구가 5,000만 명 가까이 됐다. 일본제국의 허수아비 만주국은 중국인[漢族], 만주인, 몽골인, 조선인, 일본인 등 5개 민족이 조화를 이루어 사는 '오족협화(五族協和)와 왕도낙토(王道樂土)'를 구호로 내걸었다. 하지만 중국인이 다수(85%)로 중국어와 일본어를 공용어로 쓰는 사실상 일본의 식민지였다.

19세기 후반 조선에 대흉년(1869~1871)이 들자, 함경도와 평안도에서는 굶주림을 피해 만주로 떠나는 사람들이 많았다. 왕조 말기, 극심한 혼란이 계속되

오족협화의 상징, 만주국 국기(國旗)

오족협화를 상징하는 만주국 우표, 1942년.

다 1910년 급기야 나라까지 없어졌다. 나라 잃은 백성들은 국권을 되찾기 위해서 또 자유롭고 광활한 땅에서 새로운 삶을 개척하기 위해 만주로 떠났다. 말이 만주지, 만주는 넓었고 지역마다 삶의 모습도 다 달랐다. 잃어버린 조국을 찾겠다고 만주로 떠난 항일혁명가(정화암)들은 이런 혹독한 만주를 만났다.

> 북만주의 겨울은 너무도 춥다. 영하 30~40도의 강추위에 옷을 제대로 빨아 입을 수가 없다. 목욕도 제대로 할 수 없다. 침구도 변변치 못하다. 이가 들끓고 몸에서는 냄새가 나고 참으로 죽지 못해 사는 꼴이다. 쌀밥은 구경하기조차 어렵고, 어쩌다 쌀을 구하더라도 봉지에 넣어 두었다가 제사 때나 환자가 생겼을 경우 조금씩 꺼내 쓰는 정도였다. 오직 감자 옥수수 조(粟)만을 먹고 살았다. 반찬도 마찬가지다. 중국 사람들이 채소를 거두어 간 후 그 밭에 떨어진 잎(시래기)을 주워 모아 소금에 절여 먹었다. 그나마 소금마저 귀하고 고춧가루나 다른 양념도 넣지 못하고 배춧잎 그대로 먹는 경우가 많았다.

그렇지만, 한(韓)민족이 어떤 민족인가? 1875년 전후해 만주로 떠난 우리 농민들은 북간도 연길(延吉)을 중심으로 모여 살면서 벼농사를 짓기 시작해, 1900년대 들어서는 상당한 성과를 거두기에 이른다.

> 만주의 황무지에서 중국 사람들이 수수밥이나 먹고 옥수수나 먹었지, 흰쌀밥을 먹어 봤습니까? 그런데 우리 농부들이 흰쌀을 만들어낸 겁니다. 그 넓디넓은 황무지를 전부 우리 손으로 피땀 흘려 개척한 겁니다. 어디 가나 그저 물이 딸딸 내려 가면 거기에 반드시 논을 트는 것은 우리 사람들입니다. 거기서 흰쌀이 나오는 것입니다. 중국 사람들은 여름에도 발 벗고 논에 들어가기를 싫어합니다. 또 쌀농사를 지으려면 벼하고 가라지를 분류할 줄 알아야 하는데 그걸 분류하지 못해요.

만주는 이렇게 가난했는가 하면, 도시 지역은 이국적 분위기 물씬 풍기는 아주 특이한 공간이기도 했다. 박정희의 신경군관학교 동기 이한림(李翰林)의 회고다.

요즈음도 그 무렵 만주 땅에 살았던 사람으로서 그 고장을 그리워하고 있는 사람들을 흔히 보는데, 충분히 그런 심정이 납득이 된다. 국제사회와는 완전히 폐쇄되어 있으면서도 그런 폐쇄 속의 은근한 풍요가 자리해 있었던 것이다. 일본이 당시 만주 땅을 일거에 삼켜버리기에는 너무나 벅찬 광활한 땅이었다. 국가 행정이나, 법이나 질서가 미치지 못하는 무한히 넓은 공지(空地)는 그 속의 사람들을 이상하게 활달하게 만들었던 것 같다. 야생적이고 야만적인 면이 있지만, 텍사스적인 열기, 짙은 투전판의 분위기, 겨울밤 눈보라와 눈썰매, 독한 고량주, 일본어, 한국어, 노어, 중국어의 혼합, 강도단, 비적, 마적단의 횡행 등 강렬한 남성적인 역동성이 살아 있었던 것이다.

만주국 수도 신경(新京, 장춘)은 넓은 도로와 광장을 축으로 설계된 계획도시였다. 폭 100m의 대동가(大同街)를 중심으로 정부 청사와 백화점 등이 몰려있다. 1940.

만주 침략이 본격화된 1930년대 이후 일제는 본국과 식민지 주민들의 만주 이주를 적극 장려했다. 일본에서 조선에서, 또 중국 각지에서 사람들이 몰려들었다. 일제의 전략적인 투자와 개발이 불러온 '만주 붐'(boom)이었다. 물론 이 과정에서는 강제도 많았다. 조선인과 일본인도 많을 때는 각기 100만이 넘어 200만 명에 육박하기도 했다. 만주와는 별도로 연해주(沿海州) 지방에도 우리 동포 50만 명이 거주했다. 당시 조선 사람들에게 만주는 곳곳에 철조망이 쳐져 있고 감시의 눈초리가 따라다니는 식민지가 아니라, 답답한 현실을 벗어날 수 있는 가능성으로 가득 찬 드넓은 광야(廣野)의 이미지로 존재했다. 예나 지금이나 젊은이들은 현실보다는 꿈을 찾아서 헤매는 존재다.

만주의 조선인은 영농과 이주, 생존과 생활이 목적이었으나 일본인은 만주국을 만들고 지키고 관리하기 위한 인력들이 많았다. '만주의 동인도회사'라는 별칭을 가진 남만주철도주식회사(만철, 1906~1945), 사령관이 만주국 주재 일본 대사를 겸한 관동군(關東軍, 1919~1945), 그리고 수많은 일본 기업들이 바로 그들이다. 1940년대 초반에는 관동군만 해도 100만 명 가까이 됐다.

박정희와 김대중이 만주에 머물렀거나 관심을 가졌던 시기는 1930~40년대다. 이미 넓은 만주를 이리저리 가로지르는 철도가 부설됐고, 부산과 서울[경성]에서 열차 편으로 만주 봉천(奉天)으로, 바이칼(Baikal)호를 지나 러시아의 이르쿠츠크(Irkutsk)로, 독일제국의 베를린(Berlin)으로 갈 수 있을 때였다.

'만주의 현관(玄關)'이라는 대련(大連)에서 신경(新京), 하얼빈(Harbin) 사이에는 최고 시속 100km가 넘는 고속열차 아시아호가 굉음과 함께 허연 연기를 내

1930년대 봉천(奉天)역은 만철 5대 역 가운데 으뜸이었다. 오른쪽 인력거, 마차 등이 많은 곳이 3등 대합실 앞이다. 봉천은 만주어로 묵덴(Mukden), 현재 심양(瀋陽)이다.

뿜고 달렸다. 증기기관차로서 당시 이 정도 시속은 놀라운 속도였다. 신경에는 1930년대부터 수세식 화장실이 설치되기 시작했다.

박정희는 이런 거칠고 이국적인 만주에도 적응을 잘했다. 1기에 500명을 선발하는 신경군관학교에서는 일본계와 만주계(조선계 포함)가 반반으로 함께 교육받다 보니 민족 간 경쟁심리가 작동했다.

박정희의 선배 방원철은 "우리는 학교에서 일본 놈들과 중국 놈들을 상대로 눈에 보이지 않는 민족투쟁을 하고 있다. 어떤 경우에도 우리 조선인이 져서는 안 돼. 악바리 근성을 가져야 한단 말이다"는 말과 함께 박정희를 구타한 바 있다. 박정희는 훗날 "방 형, 손매가 참 맵습디다"란 말로 대수롭지 않게 받아들였고, 평생 방원철 등 만주군 선배를 모셨다.[018]

박정희는 소수인 조선계 생도에 대한 군관학교의 민족적 차별도 잘 이겨내고, 선배들의 구타도 잘 참아냈다. 박정희는 이런 거친 선배들을 피하는 것이 아니라, 그 매를 다 맞고 그들과 더욱 친하게 지냈다. 이해하기 어려운 일이었다.

그는 1기생 선배 이기건에게 "일제는 곧 망합니다. 우리는 독립하고야 말 것입니다."라고 되풀이해 말하곤 했다. 조선인 생도들끼리의 술자리 모임에서 어느 날은 벌떡 일어나 "선배님들, 이런 노래 모르시지요"라며 주먹질을 하면서 독립군 노래를 불렀다.[019]

이 시절의 경험이 박정희에게 심어준 것일까? 훗날 대통령 박정희는 국가와 민족 그리고 개인의 관계를 이렇게 정의한다.

국가는 민족의 후견인입니다. 국가 없는 민족의 번영과 발전이라는 것은 있을 수 없는 것입니다. 일제시대에 우리가 나라 없는 민족이 되어서 얼마나 서러움을 받았습니까. 나라 없는 민족은 개인이 아무리 우수하고 능력이 있더라도 그 능력을 충분히 발휘할 수 있는 기회가 없는 것입니다. 민족도 아무리 그 민족이 우수하더라도 그 우수성을 발휘할 수 있는 기회를 갖지 못하는 것입니다. 나라가 잘되어야 우리 개인도 잘 될 수 있는 것입니다.

국가를 가장 우선적인 사회조직으로 보고 국가 이익이 개인의 이익에 앞서는 것으로 믿는 박정희의 국가주의(國家主義)는 나라를 잃고 차별과 핍박을 받던 이 시절의 경험과 무관하지 않을 것이다. 일제(日帝)는 야비하게도 우리의 역사와 언어, 우리 민족의 자질과 경험을 그들보다 열등한 것으로 깎아내려 가르침으로써, 우리 민족을 노예적 존재로 만들었다.

우리가 일제시대를 그토록 가슴 아파하는 것은 일제시대의 생활이 경제적으로 나아졌느냐 어려워졌느냐 하는 문제가 아니다. 우리가 가축이나 짐승을 인간보다 하등으로 보는 것은 그들이 잘 먹고 지내는가 못 먹고 지내는가를 가지고 따지는 것이 아니라, 인간처럼 주체적으로 창조적인 활동을 하지 못하는 것을 인정하기 때문이다. 따라서 일제 시대의 가장 큰 문제는 우리가 주체성과 창조력을 상실하고 노예적 상태로 떨어졌다는 사실이다.

중세 시대도 아니고, 식민지 국민이 노예가 아니라면 도대체 누가 노예란 말인가? 차별과 수탈, 억압의 세월이었다.

1943년 11월, 도쿄(東京) | 일본의 침략 전쟁은 만주(1931.9)와 중국(2차 중일전쟁, 37.7)이 끝이 아니었다. 일본은 소련과 불가침협정을 맺고(41.4) 하와이 진주만(眞珠灣)의 미 태평양함대를 기습 공격하고 동시에 말레이시아 필리핀 태국을 침공한다(41.12). 소위 대동아공영권이 점차 넓어진다. 일본제국이 주

창하는 「대동아」(大東亞)는 아시아 민족이 서양의 식민제국으로부터 해방되기 위해서는 일본을 중심으로 공영권(共榮圈)을 형성해, 서양 세력을 몰아내야 한다는 일제의 전쟁 구호였다. 상해임시정부의 주미 대사관 역할을 하던 구미위원부(Korean Commission) 이승만(李承晚) 위원장은 일찍부터 일본이 청일전쟁, 노일전쟁, 1차 세계대전의 승리에 도취해 더 큰 전쟁을 준비하고 있다며 일본의 침략 근성을 경고해 왔다.

> 청일전쟁에서 일본이 승리한 직후인 1895년에 나는 이미 일본인들이, 당연히 일본의 패권하에, 대동아합방(大東亞合邦, The United States of Great East) 운운하는 소리를 들었다. 그리고 그 후에 『일·미전쟁미래기』(日米戰爭未來記)란 제목의 책을 읽은 적도 있다. 그리고 지금 나는 미국과 일본의 전쟁을 예고한, 일본 해군 최고 권위자가 일본어로 저술한 책을 가지고 있다. … 그들이 전쟁에서 거둔 대승이 일본인들의 마음에 영향을 주고 있음이 틀림없다. 그들은 무적성(無敵性: 겨룰 만한 상대가 없음)을 믿기 시작했다.

그래서 모든 일본인이 철저히 훈련되고 잘 무장돼 있는 한, 동양은 물론이고 서양도 정복할 수 있다고 믿고 있었다. 이처럼 허황하게 부풀어진 일본 군국주의자들의 꿈은 후에 타나카(田中)각서에 나타난다. 그 문서의 일부다.

> "동아시아의 난제(難題)를 해결하기 위해서 일본은 철혈(鐵血: 쇠와 피 곧, 무기와 군대)정책을 써야만 한다. … 세계를 정복하려면 일본은 유럽과 아시아를 정복해야만 하며, 유럽과 아시아를 정복하기 위해서는 일본은 중국을 정복해야만 한다. … 장차 우리가 중국을 제패하려면 제1차적 거사로 미국을 분쇄해야 한다. 만약 우리가 중국 정복에 성공하고 나면, 아시아의 잔여국과 남양(南洋)의 나라들은 우리를 두려워하여 우리에게 항복할 것이다."

이승만은 군국주의자들이 자신의 군사력을 과대평가할 때는 언제나 그것이 몰락의 시초가 되는 법이라고 말했다. 그 뒤 일본 군국주의자들은 이승만의 경고성 예언처럼 몰락의 길을 밟는다.

당시 기고만장한 일본은 1943년 11월 5~6일 도쿄에서 대동아회의(大東亞會議)를 개최해 대동아공영권 유지 방책을 논의한다. 이 회의에는 버마, 만주국, 중화민국 남경(南京)정부, 태국, 필리핀, 인도 임시정부 등 일본이 점령했거나 영향력 아래에 있는 6개 나라의 대표적인 친일파 지도자들이 참석했다. 일제는 자신들이 일으킨 전쟁이 서양 제국주의 침략에 대항해 동아시아를 지키기 위한 것이며 '아시아인들의 아시아'를 위한 새 질서를 수립하기 위한 것이라고 선전했지만, 억지요 가소로운 허풍이었다.

일본이 주장하는 대동아공영(大東亞共榮)의 개념은 식민지 개척에 나섰던 서양 세력이 마지막으로 동아시아로 진출했던 19세기 중·후반, 외세에 놀란 중국, 일본, 한국 등에서 떠돌던 '아시아가 힘을 합쳐 함께 번영해야 한다'는 아시아주의(Asianism)에 바탕을 둔 개념으로, 세계 대공황의 여파로 힘들어하던 제국

대동아회의는 1943년 11월 도쿄에서 열렸다. 왼쪽부터 버마, 만주국, 중화민국(남경정부), 일본[도조 히데키], 태국, 필리핀, 인도 임시정부 등 7개국이 참석했다.

주의 일본이 1930년대에 되살려냈다.

1943년 11월, 카이로(Cairo) | 같은 달 하순, 저 멀리 북(北)아프리카 카이로(Cairo)에서는 미국 영국 중국 세 나라 수뇌가 만났고, 며칠 뒤에는 테헤란(Teheran)에서 미국 영국 소련 세 나라가 머리를 맞댔다. 소련의 스탈린은, 자신이 일본과 전쟁 중인 중국 대표와 회담을 함께 할 경우, 일본이 불가침조약을 깨고 소련을 침공할까 두려워했다. 유럽 전선에서 이탈리아는 이미 항복했고(1943.9) 독일도 수세로 몰리고 있었다. 연합국은 노르망디(Normandie) 상륙작전 시기를(1944.6) 결정했다. 연합군이 유럽 전선에서 승기를 잡았다. 문제는 일본이 일으킨 태평양전쟁이었다. 카이로회담에서는 태평양전쟁의 수행과 일본제국의 영토 박탈이 논의된다. 청일전쟁(1차 중일전쟁)이 끝난 1895년 이후, 전쟁과 침략으로 몸집을 계속 불려 온 일본이 항복할 경우, 일본이 그동안 폭력과 탐욕으로 차지한(taken by violence and greed) 영토 전부와 1차 대전 전승국의 일원으로 그냥 차지했던 옛 독일제국의 아시아 쪽 영토들을 모두 원래 주인에게 돌려주도록 결정한다. 이런 엄청난 사안들이 카이로와 테헤란에서 논의되고 결정됐다.

당시 상해 임시정부는 '여러 차례 중국 정부 고위층과 특히 장개석 총통과도 영토와 독립 문제를 논의했다. 카이로에서 장 총통은 한국의 즉시 독립에 동

카이로회담(미·영·중) (1943.11.22.~11.26)

테헤란회담(미·영·소) (1943.11.28.~12.1)

의했지만, 세계 도처에 식민지를 둔 영국의 입장은 좀 달랐다.

당시 카이로회담에 참석했던 중국 측 관원으로부터 흘러나온 소식에 의하면 장개석 총통은 한국의 즉시 독립을 주장함에 반해서 처칠 영(英) 수상은 한국 민족은 자기들의 생활을 자기들이 관리할 능력이 없는 민족임으로 적당한 시기를 기다려서 독립을 보장해야 한다고 주장했고, 루스벨트 미 대통령은 이래도 좋고 저래도 좋다는 태도를 취했다고 전한다.[025]

'대한민국을 잉태한 국제회의' 카이로회담과 테헤란회담이 끝났다. 세계사의 흐름, 과거의 역사를 바꾸는 회담이었다. 뉴욕타임스(NYT)는 이 회담 소식을 크게 보도한다(12.2). 이 기사는 발행인(Arthur Hays Sulzberger, 1935~ 1961)의 조카이기도 한 사이러스 설츠버거(Cyrus L. Sulzberger) 특파원이 카이로에서 보냈다. 1면의 큰 제목이 석 줄이다. "카이로회담, 일본 격멸 계획 수립/일본 영

NYT 1면. 카이로회담의 결과를 자세하게 보도하고 있다. (43.12.2)

토 1895년 이전 상태로 환원/미 제8군 공세 계속: 미 공군 독일 공습 재개"
그리고 작은 제목으로 "한국 독립 약속"(PLEDGE FREE KOREA)이 박혀 있었다. 회담과 관련한 스트레이트 기사는 "대일 전면전 전략 합의"(All-out War Set Against Japanese)라는 제목으로 태평양 전쟁과 유럽 전선의 주요 전략들이 정리돼 있다.

대일 전면전 전략 합의

(이집트, 카이로, 12.1) 일본으로부터 무조건의 항복을 얻어내고 일본제국이 점령한 아시아 대륙과 태평양 섬들을 해방시켜 1895년 이전으로 일본의 영토를 축소하는 특별계획을 담은 「태평양헌장」이 루스벨트 대통령, 처칠 총리, 장개석 총통과 그들의 주요 정치·군사 참모들 간의 활발한 토론으로 이루어진 5일간의 회담을 마치고 오늘 발표됐다. 이번 회담은 11월 22일부터 26일까지 아프리카의 모처에서 열렸다. 회담에 참석했던 주요국 수뇌들은 '12월 1일, 카이로'라고 적힌 연합국의 약속을 설명하는 역사적인 공동성명이 공개되기 전 예고되지 않은 목적지를 향해서 출발했다.

간단히 말해서 이 문서는 세 강대국이 논의한 향후 대일 군사전략에 대한 완전한 합의를 담고 있다. 연합국 수뇌들이 합의한 선언의 주요 내용은 다음과 같다:

1. 연합국은 해상 육상 공중을 통해 잔혹한 적들과의 전쟁을 가차 없이 수행하면서, 이를 위한 군사 공격이 이미 강화됐음을 밝힌다.
2. 연합국은 자신들을 위한 모든 영토적 이익을 포기하고, 1914년 이후 일본에 의해 점령된 태평양의 모든 섬을 일본으로부터 박탈한다.
3. 연합국은 중국이 일본에 빼앗긴 만주, 타이완, 팽호열도 등을 중국에 돌려준다.
4. 연합국은 일본이 폭력과 탐욕으로 빼앗은 이 밖의 모든 영토에서도 축출한다.
5. 연합국은 노예 상태의 한국이 장차 독립하도록 보장한다.
6. 연합국은 일본의 무조건적인 항복을 얻어내기 위해 필요한 중대한 전쟁을 계속 수행한다. … (이하생략)

이날 NYT는 온통 카이로회담 기사로 넘쳐났고, 우리와 관련해서는 독립(獨立)을 보장한다는 소식이 있었다. 이보다 더 기쁜 뉴스가 어디 있겠는가? "한인 지도자, 독립 약속에 환호"(Korean Leader Hails Independence Pledge)라는 기사가 함께 실렸다.

한인 지도자, 독립 약속에 환호

(워싱턴, 12.1, AP) 「중-한 민중동맹단」(Sino-Korean Peoples League)은 오늘 한국(Korea)을 독립국가로 회복시키겠다는 연합국의 약속에 뛸 듯이 기뻐했다. 이 동맹단의 대변인은 연합국의 이러한 결정으로 일본이 점령한 전략 지역 내에서 "엄청난 투쟁의 불꽃"이 일어날 것이라고 강조했다.

"2,600만 한국인들은 세 거두의 이처럼 시의적절하고 효과적인 성명에 대해 기뻐하며, 최고의 감사를 보낼 것"이라고 중-한민중동맹단 워싱턴 대표부의 한길수(Kilsoo K. Haan) 씨는 말했다.

일본에서 138마일(221km) 떨어진 한국은 30여 년 전 일본에 합병됐다. 카이로회담에서 연합국 세 거두는 "적절한 절차를 거쳐 한국은 자유롭고 독립된 국가"가 될 것이라고 약속했다. "한국과 일본, 만주 등지에 있는 한민족이 이 엄숙하고 성스러운 공식적인 약속의 소식을 듣기만 한다면, 일본 점령지역 내에서도 엄청난 투쟁의 불꽃이 타오를 것"이라고 한 씨는 말했다. "한민족은 일본과의 전쟁에 참여할 이번 기회를 아주 고마워하며, 은쟁반 위에 곱게 모셔진 자유와 독립을 원하지 않으며, 우리는 자유와 독립을 위해 목숨보다 더 중요한 것도 바칠 것"이라고 말했다.

이 신문은 또 일본이 청일전쟁 이후 어떤 과정을 거쳐 영토를 침탈해 왔는지 지도를 곁들여 자세하게 전한다("Empire of Japan Covers Vast Area"). 일본의 불법적인 영토 확장은 곧 일본 침략의 역사다. 1929년 대공황 이후 일본은 경제 제재와 자원 부족 문제를 해결하기 위해 대동아공영권(Greater East Asia Co-Prosperity Sphere)이라는 경제 블록을 만들어 왔다고 보도했다. 물론 이 영토들도 일본이 항복한 뒤 본래 주인들에게 반환된다.

일본제국 방대한 지역 차지

루스벨트 대통령과 처칠 수상, 장개석 총통이 카이로회담에서 합의한 약속이 이행되면 일본이 지금까지 쌓아 온 제국의 영토는 다 사라지게 된다. 무자비한 군사 침략으로 일본은 50년도 안 돼 세계 인구의 4분의 1을 자신의 세력권에 두게 됐다고 AP통신은 전했다. 1894년 「청-일 전쟁」을 시작할 당시 일본은 대략 인구 4,000만 명에 148,000 평방마일(383,320㎢)의 국토를 갖고 있었다.

일본은 침략의 결과로 현재 5억의 인구에 300만 평방마일(777만㎢)의 땅을 보유하고 있다. 일본의 대동아공영권은 미국, 영국, 네덜란드, 프랑스의 아시아 식민지를 포함하고 있다. 카이로회담의 약속이 잘 이행된다면 일본은 본래의 영토 148,000 평방마일보다 조금 더 큰 땅에 7,500만 명의 인구로 쪼그라들 것이다. 1894년에 시작된 청-일 전쟁은 1895년 4월 17일 시모노세키조약으로 마무리됐는데, 이 조약은 조선의 독립적 지위를 인정하고, 대만섬(Formosa)과 팽호열도(Pescadores Islands) 그리고 만주의 남쪽 지역[요동반도]을 일본에 떼어줬다. 일본은 중국으로부터 섬 지역을 넘겨받을 때는 반대에 봉착하지 않았지만, 아시아 본토에 해당하는 지역, 즉 조선이나 만주 지역에 대한 영구적인 조차는 가능하지 않다고 러시아, 독일, 프랑스로부터 문제 제기를 받게 된다. 유럽 3개국이 일본에 안겨준 좌절은 응어리로 남았다가, 1904년 「러-일 전쟁」으로 이어진다. 러시아는 당시 조선에 영향력을 행사하고 있었고, 이것이 문제가 된다. 그러나 일본은 의화단사건(1899~1901) 때문에 파병된 러시아군이 시한 내에 철병하지 않은 점과 만주철도의 종착점으로 관동반도의 여순항(Port Arthur)을 러시아가 점령한 사실 등을 거론하면서 러일 전쟁을 시작했다. 이 전쟁에서 일본은 러시아 함대를 침몰시키면서 해양 대국으로 등장한다. 테오도르 루스벨트 대통령이 중재해 미국 뉴햄프셔주 포츠머스에서 1905년 8월 9일 조인된 조약에서 일본은 한국에 대한 "우월한 정치적 군사적 경제적 이해관계"를 인정받게 된다. 일본은 또 승리의 대가로 러시아가 운영하던 만주 장춘 이남의 철도망 전부를 러시아로부터 임차하고, 여순항과 대련항을 포함한 관동반도를 차지하는 한편, 러시아가 1875년 합병한 사할린섬의 남쪽 부분도 다시 차지한다. 그리고 1910년 대한 제국을 공식적으로 합병한다.

일본은 1914년 1차 세계대전이 터지자, 독일이 점유하고 있던 적도 이북 태평양에 흩어져 있는 섬들을 잽싸게 차지한다. 이 섬들은 마샬 군도, 캐롤라인 군도, 마리아나 군도 등에 흩어져 있는 623개 섬으로, 일본은 베르사유조약으로 이 섬들에 대한 신탁통치권을 인정받는다. 이 섬들은 적도 북방으로 1,200마일 떨어져 있으며 동서로는 2,500마일에 걸쳐있다. 뒤에 일본은 이러한 섬에 트룩(Truk) 해군 기지 등 견고한 공군과 해군 기지들을 건설했고, 이 기지들은 일본의 진주만 침공에서 도약대 역할을 했다.

1931년 일본은 만주를 침공하면서 다른 차원의 전쟁을 시작했다. 만주 침공은 2년도 걸리지 않았으며, 일본은 괴뢰국가 만주국을 세웠다. 이어 일본은 만주와 인접한 중국 지역에 대한 간섭을 계속하다가 지금도 진행 중인 중국과의 전쟁을 1937년 7월 7일 시작했다. 3년도 안 돼 일본은 중국의 해안지대를 거의 다 점령하고 내륙의 상당 부분을 차지해, 중국 정부는 충칭[중경]으로 후퇴했다.

1940년 일본은 프랑스 본국이 독일에 점령됨으로써 사실상 주인이 없어진 프랑스령 인도차이나에도 침략의 발판을 마련했다. 1941년 7월 20일 프랑스의 비시(Vichy) 정권은 일본이 프랑스령 인도차이나의 보호국이 됐다고 발표한다. 일본은 진주만 기습 공격(1941.12.7)이 끝나고 얼마 지나지 않아 태국도 점령했다. 이렇게 남서태평양을 전역을 영향권 아래에 두게 되자, 일본은 말라야, 버마, 네덜란드령 인도네시아, 멜라네시아의 크고 작은 섬들, 필리핀 등도 쉽게 장악한다.

카이로선언에 따라 일본은 전쟁을 통해 점령한 뒤 불법적으로 통치하고 있는 중국과 필리핀, 말라야, 인도네시아 등의 광대한 영토와 인구를 해방시킴과 동시에 일본제국으로부터 604,456 평방마일(1,565,000㎢)에 69,102,594명(몇 년 전의 가용 통계 기준)을 분리·독립시키게 된다. 지역별 구체적인 내용은 다음과 같다. 만주 503,013 평방마일(39,454,025명), 한국 85,246 평방마일(22,833,857명), 관동지역 1,438 평방마일(1,256,726명), 대만 13,880 평방마일(5,212,426명), 팽호열도 50 평방마일(60,000명), 기타 신탁통치 중인 섬 지역 829 평방마일(85,559명) 등이다.

1942년 일본제국의 최대 판도. 이후 일본은 수세에 몰린다.

이 기사는 제국주의 일본의 침략 과정을 아주 소상하게 설명해 준다. 이 카이로회담 소식은 우리 임시정부 측에도 즉각 전해진다.

카이로선언을 환영하던 독립운동가들은 한국의 독립에 '적절한 절차'라는 단서가 붙었다는 사실이 알려지자 즉각 반발했다. 김구는 언론 인터뷰에서 "우리는 반드시 일본이 붕괴되는 그때에 독립되어야 할 것이다. 그렇지 않으면 우리의 싸움은 계속될 것이다"라고 경고했다. 이에 비해 이승만은 조금 더 유연했다. 그는 주미 외교위원부 통신에 기고한 글에서 '우리의 닫힌 길을 열어 주는 것만(해도) 다행이라 할지니, 열린 길로 나아가 싸워서 찾고 못 찾는 것은 우리의 손에 달린 것이라'며 민족의 분발을 촉구했다.

카이로회담 뒤에도 연합국들은 얄타(Yalta)에서 만나(45.2.4) 소련의 아시아 전역 참전을 확인하고 또 독일이 항복한 뒤의 포츠담(Potsdam)회담에서는 일본의 무조건 항복을 요구했다(45.7.26). 전쟁이 거의 끝나가고 있었다.

그 무렵 뉴욕타임스(NYT)는 「한국의 독립」(Korean Independence)이란 제목의 사설을 싣는다(45.3.1). 머지않아 한국은 독립국이 될 텐데, 한국의 독립은 한-미 두 나라가 1883년에 맺은 「조미(朝美)수호통상조약」을 현실에서 이행하는 일이라고 말했다. 이 조약 1조는 상대국이 어려움을 당하면 상황을 확인하고 도와주도록 했는데, 미국은 1905년 「테프트-가쓰라 밀약」을 맺어 한국을 돕기는커녕 도리어 큰 상처를 준 사실을 이 신문은 잘 알고 있었다.

한국의 독립

루스벨트 대통령과 처칠 수상 그리고 장개석 총통은 1943년 11월 26일 한국을 일본의 지배에서 독립시켜, 자유롭고 독립적인 나라로 다시 출발할 수 있게 하겠다고 선언했다. 일본에 강제로 나라를 빼앗긴 지 9년, 지금으로부터 24년 전인 1919년 3월 1일 한국인들은 스스로 독립을 선언했다. 아직도 식민지 상태지만, 한국인들은 오늘도 독립의 날(3.1절)을 기념할 것이다.

한국인들이 걸어온 길은 멀고 험했다. 미국인들이 지금 떠올리는 것보다 훨씬 긴 시간 한국 독립운동 지도자들의 목소리는 광야에서 울부짖는 소리였다. 1883년 미국은 한국과 우호조약을 맺었다. 그 조약에서 미국은 "만약 다른 강대국이 한국 정부에 부당하게 또는 억압적으로 행동할 때는, 이 문제의 원만한 타결을 위해 주선한다"고 약속한 바 있다. 그러나 1905년 일본이 러-일 전쟁에서 승리하고 전리품으로 한국을 챙길 때 미국은 일본의 "보호국화"를 묵인했다. 그리고 1910년 일본이 가면을 벗어던지고 한국을 식민지로 삼을 때 미국은 거의 관심을 보이지 않았다. 1883년에 맺은 우호조약이 폐기된 것은 아니지만, 그 조약은 미국 측에 의해 망각되고 있었다.

이제 이 모든 시간은 지나갔고, 한국인들은 지하에서 몰래 3·1독립선언을 기념하고 있지만, 머지않은 장래에 한국인들의 독립의 꿈은 버려진 희망이 아니라 실체를 갖고 등장할 것이다. 한국인들은 일본의 잔인한 통치와 아시아에서 서양

국가들을 몰아내려는 일본의 계획 그리고 대동아공영을 실현하려는 일본의 침략 전쟁에 관해 미국에 알려주려고 오랫동안 준비했었는데, 미국은 직접 경험을 하고서야 그런 비극적 이야기가 모두 사실임을 알게 됐다. 한국의 독립은 미국의 대일전(對日戰) 승리에 따라오는 부산물에 불과할지라도 아주 가치 있는 일이 될 것이다. 그것은 미국이 62년 전에 한 약속을 이행하는 일이기 때문이다. 미국의 전쟁 승리가 한국인들에게는 삶 그 자체가 될 것이다.[032]

이제 전쟁이 마무리 되고 한국 독립이 점점 가까워지고 있었지만, 상해 임시정부는 고민이 많았다. 이 문제들은 해방 후에 그대로 드러나 한반도 분단과 6·25전쟁의 도화선이 된다. 독립운동가 김성숙(金星淑)의 진단이다.[033]

> 첫째 대내적으로 임정은 중국 본토에 있어서, 전시에는 중경(重慶) 독립운동자들만의 의사를 대변할 수 있고 실질적으로 전 민족의 의사를 대변할 수 있는 형식을 갖추지 못하였다. 만주나 시베리아 지방의 독립운동자들의 의사를 대표할 수도 없었으므로, 미주와 만주, 시베리아의 독립운동자들은 임시정부를 지지하지 않고 있었다. 둘째, 대외적으로 전쟁 중 대일 선전포고를 하였고 광복군은 실지로 대일 전투에 가담하였으나 임정은 연합국으로부터 교전단체의 자격을 획득하지 못하고 오직 중국 항일전선의 일익으로 참전하였을 뿐이다. 그러므로 임정은 중국 정부 이외의 다른 연합국 정부의 확고한 승인을 얻지 못하고 있었다. 외교사절의 교환도 물론 없었다.[034]

전쟁 막바지, 일본은 항복을 피할 수 없음을 잘 알고 있었다. 그러나 조금이라도 좋은 조건을 얻어내기 위해 시간을 끌다가 미국이 개발한 '잔학한 폭탄'(천황 항복조서)을 맞았다.[035] 8월 6일 히로시마(廣島)에, 사흘 뒤 나가사키(長崎)에 원자폭탄이 투하됐다. 제3공화국에서 대통령 비서실장을 지낸 김정렴(1924~2020)은 히로시마에 원자폭탄이 투하된 그날 아침 육군 오카야마(岡山) 연대의 견습 사관으로 교육받고 있었다. 원폭의 직접적 피해를 기록한 많지 않은 경우다.

사진을 찍을 때 터지는 마그네슘의 광선보다 더 강한 황백 광선이 번쩍하더니 갑자기 천지가 암흑으로 변했다(그때가 오전 8시 15분이었다). 새까만 밤이 된 것이다. 동시에 불덩어리가 등에 붙은 듯하더니 몸이 공중에 떴다가 땅에 떨어졌다. 이 순간 나는 소이탄의 집중 폭격을 받은 것으로 생각했다. … 잠시 후 지평선에서부터 암흑이 걷히기 시작했다. 아침이 다시 오는 것 같았다. 흑연이 걷히고 난 다음 사방을 둘러보니 교육대 바로 뒤의 거대한 히로시마 성(城)이 돌과 흙과 목재의 큰 더미로 변해 있었다. 교육대 교사는 폐자재를 쌓아놓은 모양으로 변해 있었고 해안 방면을 보니 큰 연돌(煙埃·굴뚝) 몇 개와 철근콘크리트조 고층 건물의 골조가 몇 개 보일 뿐 히로시마 시내의 건물은 모두 파괴되어 가라앉아 있었다…. 나는 등에 화상을 입었다. 군복 상의의 배면이 타버리고 내의까지 타 잔등에 화상을 입었고 눈·코·입만 남겨놓고 얼굴, 후두부, 목에 화상을 입어 피부가 떨어져 나갔으며 좌우의 손에도 화상을 입었다. 바른손의 화상이 가장 심했는데 새끼손가락 부분은 살점이 날아가 뼈만 앙상하게 보였다. 그래도 나는 중 정도의 상처에 속했다.

원자폭탄이 투하된 뒤 폐허로 변한 히로시마 성(城)과 그 주변의 제5사단 병영. 1945.8.

평야 지형인 히로시마(廣島)는 원폭으로 32만 명의 사상자가 발생했다.[037] 사흘 뒤 산악 지형인 나가사키에서는 27만 명의 사상자가 발생했다. 두 차례의 원폭 투하와 소련군의 참전(8.10)으로 일본은 완전히 전의를 상실했다. 일본은 10일부터 스위스와 스웨덴 주재 공관을 통해 항복 의사를 전달하고, 15일 무조건 항복했다.

일본이 늦게라도 항복을 해서 다행이지, 미국은 또다시 도쿄 등에 대한 대규모 공습을 계획하고 있었다. 오키나와 전투(45.4~6)에서만도 미군은 12,000명의 병사를 잃었다. 미군은 일본 본토에서 지상전이 시작되기 전에 아예 주요한 지역에 대해서는 폭격을 계속해 평지를 만들어 놓겠다는 결의를 다졌다. 제3, 제4의 원자폭탄도 준비 중이었다. 이럴 경우 대본영(大本營)[038] 깊숙한 곳에서 침략 전쟁을 지휘하던 쇼와(昭和) 천황(히로히토, 재위 1926~1989) 등 일제의 전쟁 지휘부는 피해를 면할 수 있었을까? 그 충격이나 피해 정도는 엄청났을 것이다. 당연히 그 뒤의 역사도 달라졌을 것이다.

비극적이게도 두 도시의 원폭 피해자 가운데 10% 정도는 강제징용으로 일본에 끌려갔던 한국인 근로자들이었다. 한국원폭피해자협회는 당시 일본의 인구 조사 통계를 근거로, 한국인 7만 명이 피폭(被爆)돼 4만 명이 사망하고 3만 명이 생존했고, 생존자 가운데 2만 3,000명이 귀국하고, 7,000명 정도가 일본에 남은 것으로 추정했다(1972.4).

전후 일본은 한국인의 원폭 피해를 인정하는데도 아주 인색하게 굴었다. 한국인 원폭 피해자들은 침략 전쟁에 대해 염치없는 주장을 반복하는 일본과 피폐한 조국(祖國) 사이에 끼어, 건강도 잃고 인간의 존엄성도 잃은 채 역사의 피해자로 생존했다.

"인간의 존엄성은 침해되지 아니한다. 모든 국가 권력은 이를 존중하고 보호할 의무를 진다"(Human dignity shall be inviolable. To respect and protect it shall be the duty of all state authority)라는 독일(獨逸) 『기본법』(헌법) 제1조를

인용할 필요도 없다. 시대와 상황이 그러했다고 이해는 하지만 국민의 생명과 재산 그리고 행복을 지켜주지 못하는 나라는, 사실 나라도 아니다.

H의 역점은 한국군은 어느덧 타성의 늪에 빠져 무기력할 뿐 아니라 부패현상이 심해 국민의 신뢰를 얻지 못하고 있으니 도의적으로 재건되어야 한다는데 있었다. H는 또 드골(De Gaulle) 같은 사람을 예로 들어 군인이자 탁월한 인간상을 그려 보이기도 하며 한국에 그런 인물이 나타나야 한다는 기대론(期待論)을 펴기도 했다. … 그러자 박 장군이 어깨를 펴며 결연하게 말했다. "여기 도덕적으로 말짱한 사람이 있어. 걱정하지 마."

제2장

해방된 조국(祖國)

군인 박정희 | 해방되던 해, 박정희는 28살, 김대중은 21살이었다. 박정희는 해방된 조국에서도 군인이었고, 김대중은 정치에 관심이 많은 청년 사업가였다. 두 사람 모두 일제 식민지에서 태어나 청년기를 보냈기에 개인적 취향이나 가치관, 정치 현안이나 사회 문제를 보는 시각 또 그 뒤의 삶에 있어서까지 알게 모르게 일제(日帝)의 영향을 받았을 것이다.

박정희는 만주에서 해방을 맞고 귀국한 뒤(1946.5) 9월 남조선국방경비사관학교에 입교해(2기) [039] 단기간 교육을 마치고 춘천에 주둔한 8연대에 소대장으로 배치돼(1946.12), 군인의 길을 이어간다. 군 반란사태인 여순사건(1948.10.19) 이후 정부는 군부 내 좌파 숙청 즉 숙군(肅軍)작업을 개시하는데 이 과정에서 소령 박정희는 남조선노동당[남로당] 조직과 연루된 혐의로 체포된다.[040] 그는 1심에서 사형 구형에 무기징역을 선고받은 뒤, 2심에서 징역 10년으로 감형받고 형의 집행도 면제받았다. 백선엽(白善燁), 김창룡(金昌龍), 김안일(金安一) 등 당시 주요 간부들이 보증을 서준 덕분에 위기를 벗어날 수 있었다.

그는 예편을 당한 뒤(1949), 문관(文官)으로 육군본부 정보국에서 근무했다. 1949년 12월 문관 박정희는 '북한의 남침 시기와 경로를 정확하게 예측한' 보

박정희 소령(1948. 광주 반군토벌사령부)

박정희(중령)와 육영수의 신혼 시절

고서를 냈다. 그는 북한의 남침이 이르면 3월, 늦어도 6월에 예상된다고 했다. 북한은 1950년 6월 25일(일요일) 침략을 개시했다. 박정희는 소령으로 현역에 복귀했고, 중령 시절 대구에서 육영수와 결혼했다(50.12). 1953년 11월 육군 준장(准將)으로 진급해, '별을 달았다'. 이후 5사단장(1955), 7사단장(1957) 등을 지내고 1959년 육군 소장으로 진급했다.

6·25전쟁을 치르면서 박정희는 진급이 빨랐지만, 박정희보다 나이 적은 상관도 많았다. 나라가 젊은 탓에 군 지휘관이나 정치 지도자들도 젊었다. 전쟁이 끝나고 난 뒤 진급 적체는 그 뒤에 터질 5·16 거사의 한 원인도 된다.

국군은 6·25 남침이 시작됐을 당시 10만 명에도 미달했다. 전쟁을 치르면서 60만 명(1953)으로 늘었고, 전쟁이 끝나고도 계속 증가해 63~65만 명까지 늘어났다. 국군은 양적으로만 늘어난 게 아니라 국내 어느 집단보다 유능했고 잘 조직화 돼 있었다.

당시에는 군 장교와 대학생 등 두 집단이 나라 안에서 가장 잘 교육받은 조직이었다. 특히 젊은 장교들은 부패하고 권위적인 한국군 수뇌부와 정치 상황 그리고 사회 현실에 대해 실망이 컸다. 한국은 정치, 경제, 사회 등 거의 모든 면에서 후진적이었고 가난의 흔적이 넘쳐났다. 당시 서울신문 기자였던 송복(宋復, 1937년생)의 회고다.

> 바로 뒤 취재를 통해 안 일이지만 그들은 내가 다녔던 서울대를 가고도 남을 정도로 고등학교 때 성적이 우수했다. 거기에 장교로서 미국에 유학하며 세계를 보았고, 바깥 세계를 알게 됐다. 우물 안 개구리나 다름없던 지식인, 기성 정치인과는 차원이 달랐다. 차원이 다른 만큼 사람이 달랐다. 나는 쿠데타를 직감했다. 1960년, 그때까지 군사쿠데타가 일어나지 않은 신생국은 우리뿐이라고 할 정도로 우리는 쿠데타에서 예외가 되어 있었다.

게다가 6·25전쟁을 거치면서 유엔군 사령관에게 한국군의 작전통제권이 넘어가 있었다(50.7.14). 국군 고급 장교들은 주한미군 사령관을 겸하는 유엔군 사령관과 군 통수권자인 한국 대통령 사이에서 '흐름을 잘 읽어야' 하는 정치적 훈련(?)도 경험한다. '작전 지시는 유엔군 사령관으로부터, 행정 지시는 참모총장으로부터' 받았다.

> 이처럼 다른 사회 집단에 비해 돌출적으로 팽창해 있는 가운데 정치적 상황에 매우 예민한 지도부를 둔 군부가 조만간 정치에 개입할 것은 어느 정도 예측할 수 있는 일이었다. … 그 결과 군부에 잠재한 정치성은 수뇌부가 집권 세력과 결탁해 부패하는 것으로 나타났다. 군부의 수뇌부는 원조로 주어진 군수 물자의 일부를 착복하거나 자유당의 정치자금으로 헌금하여 진급을 보장받는 권력 연합을 형성하였다. 부패하고 무능한 군 수뇌부는 자유당 집권 세력이 부정선거를 획책할 때 그에 협조하였다.[042]

1960년 3·15부정선거에 항의해 일어난 학생과 시민들의 4·19혁명은 모든 분야에서 각성의 계기가 된다. 전쟁을 치르면서 엄청나게 팽창한 군부도 예외가 아니었다. 군 내부 역시 혼란했고 부패 또한 심했다. 전쟁이 끝나고 나니 군에 대한 외부 시선도 그리 곱지 않았다.

4·19혁명 이후 젊은 장교들은 정군(整軍)운동을 이어간다. 김종필(金鍾泌), 김형욱(金炯旭), 길재호(吉在號) 등 육사 8기(3~6개월 교육, 49년 5월 임관) 영관급 장교들은, 부정선거에 협조하고 부패한 군 수뇌부의 퇴진과 숙정(肅正: 부정을 엄격히 다스려 바로잡음)을 주장했으나 뜻을 이루지 못한다.

이에 이들은 '그렇다면 군 내부의 부패도 문제지만, 나라의 발전이 이렇게 정체돼서야 희망이 없다. 다른 나라들처럼 혁명(革命)을 해서 나라를 싹 바꿔버리자'고 결의한다(1960.9.10). 연수를 통해 미국과 한국의 비교할 수 없는 격차를 경험한 장교들은 마음이 급했다. 나라를 빨리 전진할 수 있도록 바꿔야 했다. 박정희 소장은 강직하고 청렴한 장군으로 소문이 자자했다.

박정희 역시 오래전부터 국가의 부패하고 후진적인 현실에 근본적인 불만을 품으면서 혁명의 기회를 모색해 왔다. 그의 주변에는 혁명을 꿈꾸어 온 군부의 엘리트들이 자연스럽게 결집해 있었다. 그들을 군영 밖으로 끌어낸 다른 한편의 요인은 앞서 말한 대로 4·19 이후에 격심하게 벌어진 정치의 혼란과 사회의 방종이었다. 특히 1961년 들어 급진 좌익 세력에 의한 민족통일운동은 대다수 국민에게 이 나라가 어디로 향하고 있는지에 대한 근본적인 위기감을 안겨주었다.

나라 전체가 가난했던 당시 부정한 방법으로 또 '정치적 방식으로' 살아가는 군 간부들이 많았지만, 박정희는 달랐다.

> 1955년 7월 1일 내가 제5사단장으로 전보된 이후, 노량진 한 운수업자의 문간방에 세 들어 살 때 가족들이 가장 비참한 가난을 경험하지 않았나 생각됩니다. 방에 불도 들지 않고 물이 줄줄 새어, 군인들의 비옷을 바닥에 깔고 지냈고, 눕기도 힘들어 낮이나 밤이나 서성거리기 일쑤였습니다. 솥을 걸 데가 없어서 풍로를 사다가 냄비로 음식을 끓일 수밖에 없었습니다. 근혜는 아파서 울곤 했지요. 가정의 살림을 돌보지 않은 내 성격 탓도 있지만, 부대 물자를 빼돌려 돈을 마련하지 않으면 달리 방법이 없었습니다. 참 나쁜 가장(家長)이었다고 생각합니다. 그때 가족들을 생각하면 아직도 많이 미안합니다.

박정희는 그 뒤에도 가족을 고생스럽게 했다. 1960년 1월 박정희는 부산 군수기지사령관으로 부임한다. 군수기지사령부는 부산에 있던 제2군관구사령부가 해체되고 창설된(60.1.14) 부대다. 6·25전쟁 발발 이후 부산항은 미국 등 외국에서 오는 엄청난 원조 물자와 군 장비 등의 물류를 도맡았고, 그 중심에 군수기지사령부가 있었다. 가난했던 시절인지라 부대 안팎에서 비리가 끊이지 않았다. 그러나 부산 지역에서는 박정희가 사령관(1960.1~1960.7)으로 부임한 뒤 대대적인 인적 쇄신이 일어나고 부패가 일소됐다는 평가가 돌았다. 이 무렵 박정희는 우연히 대구사범학교 동기동창인 황용주 부산일보 주필(主筆)을 만난다. 4·19 이후 부산 지역에 계엄령이 선포돼 있어, 이 회의 자리에서였다. 박정희는 대구사범 동기인 언론인 황용주와 의사 조증출(1919~1984), 그리고 이들의 친구인 소설가 이병주(李炳注) 등과 자주 어울리며, 혼란하게 돌아가는 세상에 대해 울분을 토하곤 했다. 4·19를 전후한 시절, 세상은 부패했고 혼탁했다. 이병주의 회고다.

군인 박정희(1917~1979)

언론인 황용주(1919~2001)

소설가 이병주(1921~1992)

박 장군, 조증출, H 그리고 내가 모인 자리에선 주로 H가 말을 많이 했다. H의 시국관은 날카롭고 그의 비전은 원대하고 한마디로 말해 그는 일류에 속한다. 지식인이다. H의 태도엔 되도록 박 장군을 계몽하려는 의도가 보였다. 군인의 틀을 벗어난 활달한 인간을 만들어 보겠다는 정열이 H에겐 있었다. 가끔 도의(道義: 사람이 마땅히 행해야 할 도덕상의 의리)에 관한 설교를 하기도 했는데 H의 역점은 한국군은 어느덧 타성의 늪에 빠져 무기력할 뿐 아니라 부패 현상이 심해 국민의 신뢰를 얻지 못하고 있으니 도의적으로 재건되어야 한다는 데 있었다. H는 또 드골(De Gaulle) 같은 사람을 예로 들어 군인이자 정치가인 탁월한 인간상을 그려 보이기도 하며 한국에 그런 인물이 나타나야 한다는 기대론(期待論)을 펴기도 했다. … 그러자 박 장군이 어깨를 펴며 결연하게 말했다. "여기 도의적으로 말짱한 사람이 있어, 걱정하지 마"

여기서 H는 황용주(黃龍珠)다. 이병주의 회고를 보면, 그 네 사람은 짧은 기간 자주 어울려, 저녁을 겸한 술자리를 가지면서 시국 토론을 하는 도중에 말싸움도 적잖게 한 것으로 보인다. '한번은 박 장군이 또 일본의 5·15, 2·26 사건을 일으킨 일본제국군 장교들을 들먹이며 찬사를 늘어놓자, 황용주가 열을 받았다.'

"너 무슨 소리를 하노, 놈들은 천황절대주의자들이고 따라서 일본 중심주의자들이고 케케묵은 국수주의자들이다. 그놈들이 일본을 망쳤다는 걸 모르고 하는 소린가, 알고 하는 소린가!" 하고 반박하자 박 장군은 "일본의 군인이 천황절대주의 하는 게 왜 나쁜가. 그리고 국수주의가 어째서 나쁜가!" 하고 흥분했다. H는, 앞으로의 세계는 요원하더라도 세계는 하나이다 하는 이념으로써 움직여 나가야 하는 데, 자기 나라만 제일이라는 그런 고루한 생각으로서는 세계평화에 해독이 될 뿐 아니라 결국 나라를 망치게 될 것이라며 자기 나름의 이론을 폈다.
그러나 박 장군은 "그런 잠꼬대 같은 소리를 하고 있으니까 글 쓰는 놈들은 믿을 수가 없다"며 열을 띠어 말을 계속했다. "아까 너 일본의 국수주의 장교들이 일본을 망쳤다고 했는데 일본이 망한 게 뭐꼬, 지금 잘해 나가고 있지 않나. 역사를 바로 봐야 해. 패전 후 얼마 되지 않아 일본은 일어서지 않았나" "국수주의자들이 망친 일본을, 국수주의를 반대한 자유주의자들이 일으켜 세운 거다. 오해하지 마"

박정희는 부산 군수기지사령관을 6개월 정도 지냈다. 그리고는 광주의 제1군 관구 사령관(60.7), 육군본부 작전참모부장(60.9), 제2군사령부 부사령관(60.12) 등으로 연이어 자리를 옮긴다. 이병주는 그 짧은 만남을 통해 박정희를 이렇게 파악했다.

이승만의 장기 집권에 생리적인 혐오를 가지고 있는 사람, 부정선거에 반발하는 사람, 국수(國粹)적인 사상을 가진 사람, 청렴한 사람, 무식하지만 군인으로서의 신념은 가진 사람, 남의 말 잘 듣지 않고 자기 의견만을 고집하는 사람, 특출나게 자존심이 강한 사람, 즉 유아독존적(唯我獨尊的: 세상에서 자기 혼자만이 잘 났다고 뽐내는 태도)인 사람 등등이다.⁰⁴⁹

앞서 박정희는 좋은 남편, 자상한 아버지는 아니었지만, 사회적으로는 청렴한 사람이라는 평가를 받는다고 했다.

어느 날 전속부관 이낙선 소령이 난감한 표정으로 황용주 주필에게 하소연했다. 육영수 여사가 한 달에 두 차례 생활비를 받으러 부산에 왔다. 한 번은 박정희가 전액을 가불해서 썼기에 잔액이 없다는 것이었다. 황은 의사인 조증출을 주선하여 약간의 용돈을 마련해 준다. 술자리에서 "생활비는 부인께 좀 드리는가?" 은근하게 스치고 가듯이 용주가 물었다. 박정희의 대답인즉 "그게 어디 내 돈이냐? 조직 관리하고 참모 용돈 주라고 한 거지"⁰⁵⁰

아마 박정희는 본인의 말처럼 나쁜 가장(家長)이었을 것이다. 본인도 인정하고 있듯이 집안 살림살이 면에서는 나쁜 가장의 부류에 속했다. 부인 육영수 여사

육영수는 "첫 만남 때 그의 뒷모습이 든든해 보였다"고 말했다. 육 여사는 24년간 그와 함께하면서도 "여보"라는 호칭 대신 "이거 보세요" "어디 계세요"라고 부르거나, 퇴근해서 집에 오면 "근혜야, 아빠 오셨네"라고 했다.
1967.4.20. 6대 대통령 유세 중의 사진

에 대한 사랑과 신뢰가 높은 편이었지만, 가끔 성질을 부렸다고 한다. 한참 뒤 박정희가 3선 개헌(1969)을 시도할 때의 일이다.

> 육 여사의 눈두덩이가 퍼렇게 된 적이 있어요. 대학생들의 격렬한 데모가 끊이지 않고 저항이 계속되자 육 여사가 1968년 11월 한국외국어대를 시작으로 고려대, 공주사대, 한양대, 숙명여대 등지를 직접 돌아다니면서 대학생들을 만나 시국에 대한 이야기를 들었어요. 대통령에게 민의(民意)를 제대로 전달하기 위한 대학 순방이었던 셈이죠. 어느 날 육 여사가 자신이 직접 보고 들은 이야기를 가감 없이 대통령에게 전달했는데 그 과정에서 열을 받은 박 대통령이 '임자가 뭘 아냐'면서 주먹을 날렸다고 합니다.

정치지망생 김대중 | 김대중은 목상(木商)을 졸업하고 전남기선주식회사에 취직해 근무했고, 해방 직전(45.4.9) '목포에서 가장 세련되고 예쁜' 차용애(車容愛)와 결혼했다. '전쟁 말기라 신혼여행도 가지 못했지만' 그들은 행복했다. 해방 후 김대중은 건국준비위원회(건준) 목포 지부에 이어 좌우 합작을 주장하는 조선신민당에서도 활동했다. 해방된 조국이 분단 위기로 접어드는 상황을 막기 위해 나름 애를 많이 썼다. 또 이 무렵(1946) 그는 70톤급 화물선 여러 척으로 목포해운공사라는 회사를 설립해 금융조합연합회[지금의 농협] 관련 양곡이나 비료 등의 수송 사업을 활발하게 꾸려갔다. 6·25전쟁 중 목포 지역 공산당 패거리로부터 총살을 당할 뻔하기도 했고, 지역 언론사(목포일보)도 인수해 운영했다.

김대중은 당시 사업이 번창해 목포에서 지프(Jeep)를 타고 다니는 몇 명 가운데 한 사람이었다고 회고한다. 1·4후퇴로 정부가 부산에 꾸려지자, 김대중도 사업 무대를 부산으로 옮긴다. 나라는 전쟁 중이었지만, 김대중은 나름 성공적인 사업가로 자리를 잡았고, 정치를 통해 세상을 바꾸겠다는 열망이 강했다.

그때 부산에는 '면우회'(勉友會)라는 모임이 있었다. 서울의 대학생들 모임인 '면학(勉學)동지회' 회원들이 피난지에서 다시 만나 명칭을 면우회로 바꿨다. 나는 정식 회원은 아니었지만, 그들과 어울려 인생과 철학과 조국의 내일에 대해서 이야기를 나눴다. … 면우회에서 나는 이희호라는 여성을 만났다. 김정례 씨 소개로 여성청년단 회식 자리에서 잠깐 인사를 나눴고 면우회에서도 깊은 대화를 나눴다. 훗날 내 생의 동지요 반려자가 되었지만, 당시에는 서로 배움에 허기진 젊은이일 뿐이었다. 그녀는 여성청년단을 한다면서 곧잘 군복을 염색한 옷을 입고 다녔다.[053]

6·25전쟁이 발발하자 정부는 수원, 대전, 대구를 거쳐 부산을 임시수도로 했다. 정부는 1950.8.18~10.27 그리고 1951.1.4~1953.8.14까지 부산에 머물렀다. 부산 피난 국회의 모습.

1952년 5월 피난 수도 부산에서 정치파동이 일어난다. 당시 대통령은 국회에서 간접선거로 뽑았고, 이승만 대통령의 임기는 1952년 7월까지였다. 그런데 1950년 5월 30일에 실시된 제2대 국회의원 선거에서는 이승만과 정치 노선이 다른 야당 의원들이 60%나 당선됐다. 국회 간접선거 방식으로는 이승만은 대통령 재선(再選)이 어려운 상황이 됐다. 그래서 대통령은 국회가 아니라 국민이 직접 뽑는 직선제(直選制)로의 개헌을 원하고, 국회의원 다수는 의원내각제

(議員內閣制)로의 개헌을 원하고 있었다. 여기서 나온 타협안이 대통령은 직선제, 의회 구성은 양원제(민의원, 참의원)였다. 이런 개헌안을 통과시키기 위해 대통령은 계엄령을 선포하고(52.5.25), 국회의원을 구속하는 등 험악한 분위기를 연출했다. 부산 정치파동이다. 이 일련의 정치 파행 끝에 이승만은 재선에 성공한다(52.8.5). 나라는 전쟁 중이어도 선거는 실시됐다.

3년 만에 전쟁이 끝났다. 정치에 뜻을 세운 김대중은 1954년 제3대 국회의원(민의원) 선거에 나선다. 지역은 전남 목포, 무소속. 그는 1,476표(4.90%)를 얻어, 10명 중에서 5등을 하고 낙선했다. 김대중의 나이 30살 때다. 당선자는 민주국민당(1949~1955)의 정중섭(鄭重燮). 그는 2만 4,218표를 얻었다.

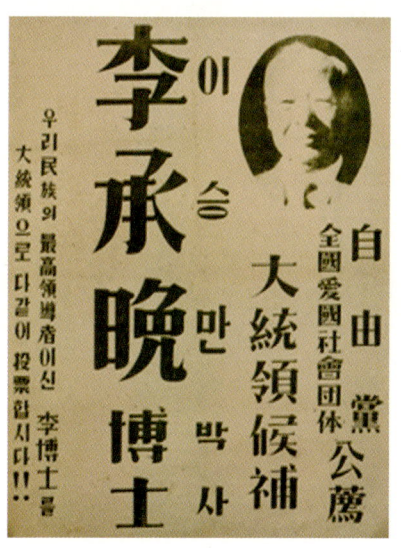
전쟁 중 치러진 제2대 대통령 선거 벽보

청년정치인 김대중. 1954

오래전부터 나는 정치에 비상한 관심을 가지고 있었다. 또한 나름대로 정치적인 소질을 지녔다고 생각했다. 그렇지만 내가 정치를 해야겠다고 결심을 하게 된 것은 하나의 사변과 또 하나의 사건을 겪으면서다. 바로 한국전쟁과 부산 정치 파동이었다. 나는 한국전쟁을 겪으며 지도자가 거짓말하는 것을 보았다.

49

낙선 후 오기가 생긴 김대중은 더 큰 정치를 하겠다며 아예 목포를 떠나 서울로 이사한다(1955). 그리고 김대중은 민주당(民主黨) 신파에 입당해(1956) 장면(張勉)과 인연을 맺고, 가톨릭 세례까지 받는다.

그는 서울 남영동에 집을 마련하고, 부인 차용애(車蓉愛)는 미장원을 차리고 그는 웅변학원을 운영하며 민주당 활동에 적극적으로 참여했다. 당시 김대중은 어머니를 모시면서, 아들 둘을 둔 30대 가장으로 전셋집을 떠도는 정치 지망생이었다. 선거 치른다고 재산도 많이 까먹었다.

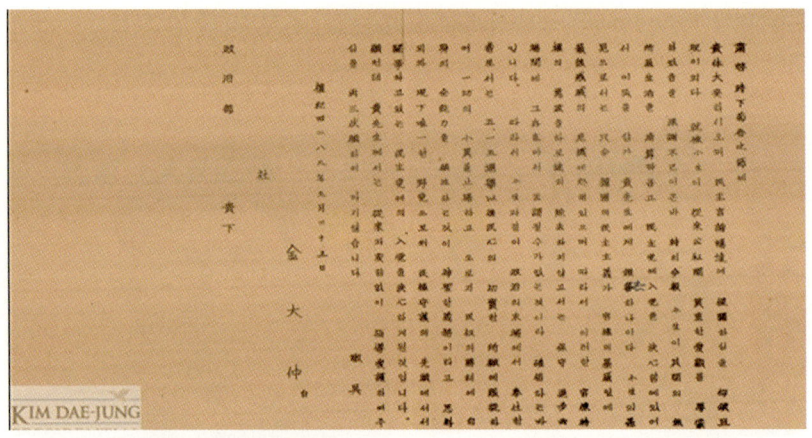

김대중의 민주당 입당성명서(1956.9.25). "肅啓時下 菊香之節에…"(국화꽃 피어 향기 가득한 시절에 삼가 아룁니다.)로 시작하는 성명서는 한문체여서 지금은 이해하기가 어려울 정도다.

박정희 사단장을 찾아간 김대중 |

4년 뒤(1958) 제4대 총선에서 김대중은 강원도 인제군(麟蹄郡)에서 출마한다. 인제는 6·25전쟁 전에는 북한 땅이었다가 전쟁 때 수복됐다. 고향 목포에는 다른 후보(정중섭)가 자리를 잡고 있었다. 당시에는 부재자(不在者) 투표제가 실시되기 전이라 김대중은 인제에 주둔한 젊은 군인들과 그 가족들이, 부패한 현실에 실망해 야당을 지지할 것으로 판단하고 연고도 없는 인제를 선택했다.

우리 정치에서 소위 '지역감정'이 생기기 전의 일이다. 자유당 측의 방해를 뚫고 천신만고 끝에 등록하긴 했으나, 끝내 등록 무효가 됐다. 김대중은 34살 젊은 나이로 억울해서 견딜 수가 없었다. 그는 읍내 군청 근처에 있는 군 사단장 관사를 찾아갔다. 나라가 엉성하던 당시 사단장이나 경찰서장 등은 지역에서 발언권이 상당했던 시절이다.

> 등록은 무효로 처리되었고, 내 꿈도 산산조각이 나버렸다. 서럽고 분통이 터졌지만 어쩔 수 없었다. 서울에서 멀리 떨어진 인제군에서 일어났지만, 그날 일은 '후보 등록 방해사건'으로 언론에도 크게 보도되었다. 나는 군청 근처에 있는 육군 사단장 관사를 찾아갔다. 군(軍)은 이 억울함을 알아줄지도 모른다는 생각에서였다. 사단장은 자리에 없다고 했다. 정확히 기억은 나지 않지만 아마도 나를 피했던 것 같다. 당시 사단장은 박정희였다. 우리의 첫 대면은 이렇게 빗나갔다.

며칠 뒤 김대중은 한 번 더 사단장 관사를 찾았다. 역시 만나지 못했다. 박정희는 1957년 7월 인제 지역의 육군 제7사단장을 맡았고, 1959년 3월 육군 소장으로 진급하고 몇 달 뒤, 제6군관구사령관(서울)으로 부임하기 위해 인제를 떠난다.

1960년대 인제읍 전경. 주민들은 "60년대 인제읍 강변에는 작은 활주로와 군부대가 주둔했고, 군인극장까지 있어, 인제읍 사거리 주변은 항상 군 장병들로 가득했다"고 회상한다.

그러나 김대중은 '등록 무효'가 너무 억울해, 선거관리위원회를 상대로 선거 무효 소송을 냈고, 대법원은 위법의 정도가 심하다고 인정해 자유당 나상근(羅相謹) 의원의 당선 무효를 선고했다(1959.3). 6월에 재선거가 실시됐으나, 그는 또 떨어지고 인제경찰서장 출신의 자유당 전형산(全亨山, 1922~1977) 후보가 당선된다. 이번에는 "김대중이가 빨갱이 활동을 했다"는 흑색선전에 당했다. 김대중의 정치 생애 내내 따라다닌 '빨갱이' 낙인찍기가 이때부터 시작됐다.

> 1959년 6월, 강원 인제 보궐선거의 주인공은 국회의원 후보가 아니라 찬조연설자였다. "김대중과 나는 같은 세포 조직에 있었습니다. 그는 틀림없는 공산당원입니다. 김대중과 죽마고우인 내가 말하는 것이니 믿으십시오." 주민들은 그 말을 믿었다. 다른 쟁점은 파묻혔다.

50년이 훌쩍 지나 김대중은 자서전에서 그 두 사람의 이름을 밝혔다. 「홍익선」과 광양 출신 「이도선」, 홍익선은 사이가 좋지 않았지만, 아는 관계였고, 이도선은 얼굴 한번 본 적이 없는데도 이렇게 말했다고 기록했다.

> "김대중과 나는 함께 자랐습니다. 서로 고추까지 만지면서 컸는데 왜 모르겠습니까? 그는 틀림없는 공산당원입니다. 내가 오죽하면 여기까지 와서 호소하겠습니까. 공산당에 속지 마십시오." 이도선은 눈물까지 흘리며 그럴듯하게 호소했다. 6·25 수복지역으로 최전방 인제는 민간인들도 거의가 북쪽 출신이라서 '반공'으로 뭉쳐있었다. 총을 들고 맞서고 있는 현역 군인들은 말할 필요도 없었다.

이 보궐선거 기간 중 이런 일도 있었다고 김대중은 기록을 남겼다.

> 군대에 납품을 하는 마산 출신 정영극이라는 사업가가 있었다. 야당을 지지했고 나를 좋아했다. 그가 지역사회에서는 거의 요정이라 할 만한 음식점에서 한턱을 냈다. …

흥이 무르익을 무렵 나는 내일이 걱정되어 자리를 빠져나왔다. 숙소에 돌아와 막 자리에 누웠는데 누군가 방문을 열었다. 우리 지구당 부위원장이었다. "위원장님, 여기 미인을 모셔 왔습니다. 오늘 저녁 함께 지내십시오" 그는 웬 젊은 여자를 방으로 밀어 넣더니 도망치듯 사라져 버렸다. …
할 수 없이 방에 들어온 여자에게 내 처지를 얘기하고 돌려보냈다. 그러고 나서 다시 30분이나 흘렀을까 다시 방문이 벌컥 열렸다. 정복을 입은 경찰이 불쑥 나타나 방 안을 살피더니 황급히 거수경례를 올려붙었다. "아이구, 실례했습니다. 저는 순찰 나온 경관입니다" 일어나 곰곰 생각해 보니 뭔가 짚이는 게 있었다. 그 경찰관은 여자와 함께 있는 현장을 덮치려 온 게 분명했다.

대통령 임기를 마치고 여든도 넘긴 나이에 집필한 자서전에서 이런 자세한 기록을 남긴 이유가 따로 있을까? 35살 한창나이에 분하고 한(恨)이 많이 맺혔던 듯하다. 김대중은 대북 확성기 방송을 하듯이 스피커를 군부대 쪽으로 맞추고 연설을 하면서 분투했으나, 보궐선거에서도 낙선한다. 3번째 낙선이다.

이때 선거운동을 도왔던 정치인 김상현은 김대중이 큰 정치인이 될 수 있었던 것은 '인제 선거' 때문이라면서 이렇게 평했다. "사람들은 이기는 것만 하는데 김대중은 지는 싸움을 스스로 선택했거든, 두 번 세 번 계속 떨어졌지만, 국민들은 김대중을 알게 되었어. 전투는 백번 지더라도 전쟁에서 이겨야 하지. 이것이 전략가야. 그런 면에서 뛰어난 전략가였어."

지금도 그렇겠지만, 당시 선거에서는 돈이 많이 들었다. 한 번만 출마해도 기둥뿌리가 뽑힌다는 말이 돌 때였다. 연거푸 낙선해 빈털터리가 된 김대중은 부인 차용애마저 잃게 된다(1959.8.28). 옛말에 복무쌍지 화불단행(福無雙至 禍不單行)이라고 했다. "복은 짝지어 오지 않고, 화는 홀로 다니지 않는다"는 말은 맞는 말이었다.

아내 차용애가 세상을 떴다. 세상이 온통 푸르른 여름의 끄트머리였다. 돌아보면 아내에게 너무 많은 것을 받았는데, 그것을 한 번도 갚지 못했는데 내 곁을 떠났다. 아내는 자주 가슴앓이를 했다. 그날도 가슴앓이가 심해 약을 먹었는데 그것이 어찌 잘못되었는지 혼수상태에 빠졌다. 마침 집에 있던 나는 의사를 부르러 뛰어나갔다. 의사와 함께 집에 오자 아내는 숨져 있었다. 부러울 것 없는 부잣집 딸을 데려와 고생만 시켰다. 병이 났어도 제대로 치료 한 번 받지 못하고 저세상으로 갔다. 나는 통곡했다.062

김대중은 자서전에 목상(木商) 동기 차원식의 여동생 차용애를 처음 봤을 때의 황홀했던 기억도 적어 놓았다. 일본에서 학교에 다니다, 전쟁 말기의 혼란과 어려움을 걱정한 부모의 말씀에 따라 고향인 목포로 돌아온 그녀였다.

첫 부인 차용애(1927~1959)와 두 아들 홍일(1948~2019), 홍업(1950년생)

1944년 여름이었다. 회사 사무실 밖에 나와 서 있는데 어떤 젊은 여자가 양산을 쓰고 지나갔다. 하얀 피부에 머리는 단정히 빗어 넘겼으며 하얀 원피스 차림이었다. 여름 햇살이 눈 부셨지만, 그녀는 더 눈부셨다. 얼마나 예쁜지 눈이 번쩍 띄었다. 첫눈에 반해 버린 것이다. 목포에서 그렇듯 아름다운 여인은 본 적이 없었다.〉063

1959년. 나라는 젊고 가난했다. 김대중도 젊었지만, '목포 최고 미인' 차용애는 더 젊었다. 32살. 차용애는 이 세상에서 그와 14년을 함께 하고는, 아들 둘을 남기고 먼저 하늘나라로 떠난다.

〈아내는 나를 진정으로 사랑했다. 모든 것을 아낌없이 쏟았다. 가세가 기울어 모든 것이 궁핍해도 아내는 결코 화를 내거나 짜증을 부리는 일이 없었다. 정치를 하겠다고 서울에 올라와서 우리 가족은 여덟 번이나 이사를 했다. 전세에 쫓겨 다녔다. 옮길 때마다 집은 작아졌다. 아내와 나는 집 있는 사람이 제일 부러웠다. 목포에서는 큰 집에 살았지만, 그것은 과거의 일이었다.〉064

그러나 어쩔 것인가? 하늘이 맺어주고, 이 땅에서의 인연이 다해, 하늘이 데려갔으니! 젊은 김대중은 거듭되는 낙선과 상처(喪妻) 등 자신에게 닥친 그 어려운 시절을 '잔인한 세월이었다'고 기록했다.

이기붕을 당선시키기 위한 관권선거, 부정선거가 전국적으로 자행됐다. 그 결과 이기붕은 840만 표, 장면은 180만 표를 얻었다. 4년 전 선거에서 20만 표를 이긴 후보가 뚜렷한 잘못이나 이유도 없이 660만 표 차이로 진다는 것이 있을 수 있는 일인가? … 마산(馬山)에서는 학생과 시민들이 투표가 채 끝나기도 전에 시위에 나선다.

제3장

4·19혁명과 제2공화국 : 1960~1961

부정선거와 4·19혁명 | 1960년은 대통령과 부통령 선거가 예정된 중요한 해였다. 자유당은 대통령에 이승만(李承晚), 부통령에 이기붕(李起鵬)을 내세웠고, 야당 민주당은 조병옥(趙炳玉)과 장면(張勉)을 후보로, 선거전에 돌입한다. 선거전이 치열한 가운데, 민주당 대통령 후보 조병옥 박사가 신병 치료 차 미국으로 출국했다가 회복하지 못하고 현지에서 서거한다(2.15).

상황이 이렇게 되자 3·15 정·부통령 선거는 이승만이 단독 후보가 되는 대통령 선거보다는, 부통령 선거에 관심이 쏠린다. 당시 부통령은 실권은 없었지만, 대통령 유고 시 그 직을 승계한다는 헌법 조항 때문에 주목을 받는, 좀 애매한 자리였다. 4년 전 제4대 부통령 선거에서는 장면 401만 표, 이기붕 380만 표로 승패가 갈렸던 관계로, 집권 자유당으로서는 욕심을 낼 만했다. 판세는 민주당 후보(장면)가 앞서고 있었다.

고령의 대통령에게 유고가 생겨 다른 당 소속 부통령이 승계하면, 그건 정권 교체에 해당했다. 1960년 당시 이승만 대통령은 85세였고, 그 무렵 우리나라

1960년 3·15정·부통령 선거 포스터. 여당은 "트집마라 건설이다", 야당은 "협잡선거 물리치자"를 구호로 정했다. 조병옥 후보가 투표 한 달 전에 사망하는 바람에 사진 칸이 비어 있다.

평균 수명은 52.4세였다. 그래서 자유당은 이기붕(1896~1960)의 부통령 당선을 위해 물불을 가리지 않게 됐다. 선거 주무 부서 내무부[행정안전부]는 전국 지방 관서에 부정선거 지침을 내린다. 이기붕을 당선시키기 위한 관권선거, 부정선거가 전국적으로 자행됐다. 그 결과 이기붕은 840만 표, 장면은 180만 표를 얻었다. 4년 전 선거에서 20만 표를 이긴 후보가 뚜렷한 잘못이나 이유도 없이 660만 표 차이로 진다는 것이 있을 수 있는 일인가? 투표 당일, 민주당은 '부정선거는 국민 주권에 대한 강도 행위'라고 규탄하며 선거무효를 주장했다. 마산에서는 학생과 시민들이 투표가 채 끝나기도 전에 시위에 나선다.

> 선거에서 자유당의 충성파들은 40%를 사전 투표하고 3인조 또는 5인조로 공개 투표를 자행하는 등 공무원과 관변단체를 동원하여 온갖 부정을 저질렀다. 또한 자유당에서 부통령으로 출마한 이기붕(李起鵬)의 표가 100%에 육박하는 결과가 나오자 이를 79%로 하향 조정하는 희극적인 행태도 벌였다. 이렇게 선거가 부정으로 얼룩지자 이에 항의하는 시위가 대구, 부산, 서울, 마산 등 대도시에서 벌어지는 가운데, 마산에서 시위 도중 최루탄을 맞고 숨진 고등학생 김주열(金朱烈)의 시체가 바다에서 발견되자 국민의 분노는 절정에 이르렀다.[067]

부정선거, 관권선거의 현장을 목격하고 또 처참한 주검[屍體]을 본 국민은 분노했다. 고교생, 대학생, 시민들이 "선거 무효와 재선거"를 주장했다. 시위가 다시 이어지자 정부는 배후에 "공산당의 사주가 있다"며 여론을 호도하려 들었고 경찰은 실탄을 발사하는 등 강경 진압으로 대처했다. 전쟁 뒤끝이라 경찰도 총기 사용을 두려워하지 않았다.

자유당 정부가 선거 부정에 대한 사과도 없이 강경 진압에만 매달리자, 시위 구호는 "정권 퇴진"으로 바뀐다. 미국도 강하게 퇴진 압력을 가했다. 3·15에서 4·19혁명이 끝날 때까지 시위대에 대한 경찰의 강경 진압으로 전국에서 186명이 사망하고 6,026명이 부상했다. 4·19 뒷날 NYT는 「한국에서의 소요 사

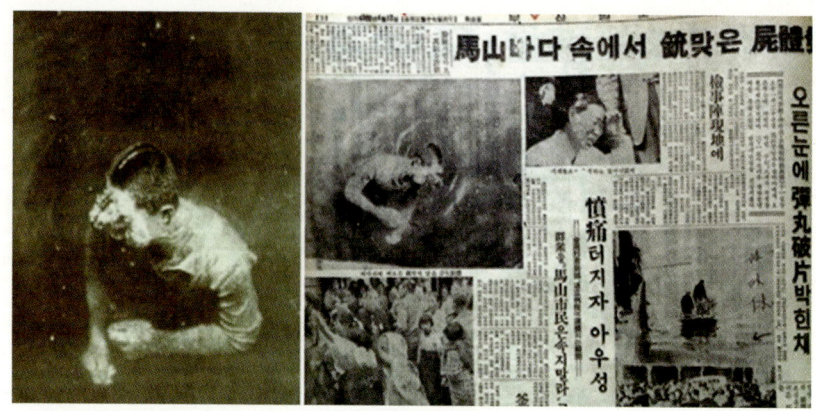

1960년 4월 11일, 마산 중앙부두 앞 바다에 최루탄이 얼굴에 박힌 학생의 시신이 떠올랐다. 3·15 부정선거 항의 시위에서 실종됐던 김주열(1944~1960) 군의 시신이었다. 1960.4.11.

태」(Turmoil in South Korea)라는 사설을 실었다. 자유당이 이기붕의 부통령 당선을 위해 무리수를 저질렀다(steamroller)고 지적한다. 미국은 한국의 4·19혁명을 어떻게 보았고, 무슨 말을 하고 싶었을까?

한국에서의 소요 사태

반정부 시위로 시작된 봉기가 대규모 폭동사태로 번져 한국을 휩쓸고 지나갔다. 철부지 학생들의 시위로 시작된 이번 폭동은 한국의 주요 도시에서 수만 명이 참가하면서 눈덩이처럼 불어났고, 이미 80여 명이 사망하고 수백 명의 부상자가 발생했다.

시위에 참가한 시민들 대부분은 결단코 공산주의자는 아니다. 그러나 공산주의 간첩들이 이 폭동을 부추기고 있으며, 더 중요한 사실은 10년 전 한국에 대해 침략을 감행했다가 상황이 나아지기만을 기다리며 재침공을 노리고 있는 북한과 중국 공산 정권의 혁명 선전방송이 공공연하게 폭동을 지지하고 있다는 것이다. 시위 사태가 계속되면 공산당 간첩들에게 이런 기회를 줄 수도 있다.

지금으로서는 비상사태 선포와 엄한 계엄령, 통행금지, 언론의 검열과 대학과 각급 학교 휴교 등의 조치로 상황은 통제된 것처럼 보인다. 한국을 방어하는 유엔군의 다수를 파병하고 있는 미국이 이번 사태에 대해 "심각한 우려"를 표명한 것은 잘한 일이다.

한국은 유엔의 보호 아래 탄생했고, 미국은 3년간 지속된 전쟁에서 33,000명의 생명을 바쳐 한국을 방어했으며, 지금까지 25억 달러 이상의 경제 원조를 제공했다. 이런 견지에서 본다면, 미국은 이승만 대통령과 모든 한국민에게 "그들의 행동이 가져올 결과를 심사숙고"하고 "법과 질서를 회복"하며, 나아가 현재 표출 되고 있는 "불만 요소들"을 시정하고, 폭동을 촉발시킨 "자유민주주의에 걸맞지 않는 폭압적인 조치들"을 끝내도록 요구할 자격이 분명히 있다.

국민의 불만은 이승만 대통령이 4년 임기 대통령직에 네 번째로 당선된 3·15선거가 "조작된" 선거였고, 경찰의 테러 속에서 진행됐다는 야당의 주장에서 주로 비롯된다. 그러나 이 대통령의 자유당만큼 반공(反共)주의 정당인 야당 민주당의 분노는, 선거 직전 자당의 후보가 워싱턴에서 불행하게도 별세하지 않았더라도, 압도적인 승리가 예상됐던 이승만 대통령을 향하고 있는 것이 아니다. 민주당의 분노는 민주당 출신의 현직 부통령을 이긴 이기붕 부통령을 향하고 있다. 자유당은 85세로 고령인 대통령에게 무슨 일이 일어날 경우, 자유당에서 대통령직을 승계할 수 있는 부통령 자리를 확보하기 위해 무리수를 저지른 것 같다. 하지만 민주주의 역사가 훨씬 오래된 나라들에서도 종종 선거 조작은 있어 왔는데, 그렇다고 국가의 존재 자체를 위험에 빠뜨리게 하는 반정부 폭동이 이 문제를 해결하는 최선의 수단이 아닌 것은 분명하다.

이제 이승만 대통령과 자유당 정권, 야당인 민주당 모두가 함께 모여, 여태까지보다 더 잘 작동하는 민주주의를 고안해 냄으로써 한국인 자신들의 희생과 한국을 위해 많은 자유 진영 국가들이 쏟은 희생이 가치가 있었다는 평가를 받을 수 있기를 바란다.

하야 그리고 망명 | 전쟁은 지진(地震)이고, 혁명은 홍수(洪水)라고 했다. 전쟁은 지진처럼 예고 없이 발생해 짧은 시간에 많은 것을 파괴해 버리는 데 반해, 홍수는 비도 오고 바람도 불면서 시간을 두고 상황을 바꾸어 간다고 보면, 4·19는 홍수에 해당했다. 홍수에 휩쓸린 고령의 이승만은 수습에 진력했지만,

선거 투개표 과정의 부정이 너무 심했다. 부통령 선거 때문이지만, 대통령은 국정의 최고 책임자다. 이승만은 담화문을 발표하고(4.26) 하야(下野)한다. 죽기까지 권력에 집착하는 다른 나라의 독재자들과는 달랐다. 4·19 일주일만이다.

> 첫째는 국민이 원한다면 대통령직을 사임할 것이며, 둘째는 지난번 정·부통령 선거에 많은 부정이 있었다고 하니 선거를 다시 하도록 지시하였고, 셋째는 선거로 인연한 모든 불미스러운 것을 없애게 하기 위해서 이미 이기붕 의장이 공직에서 완전히 물러가겠다고 결정한 것이다. 넷째는 내가 이미 합의를 준 것이지만 만일 국민이 원한다면 내각책임제 개헌을 할 것이다.[068]

대통령 하야에 따라 과도정부가 구성되는 날 새벽(4.28), 이기붕 일가가 스스로 목숨을 끊는다. 허정(許政) 과도정부 수반(首班)은 "조금만 더 인내하지 못한 이기붕 씨가 야속스러웠다"고 술회했다. 그는 공산국가에서처럼 실권(失權) 곧 죽음이라는 사태가 벌어진다면 민주국가로서 우리나라의 체면에도 관계되는 일이라고 생각하고 있어서 "사태가 가라앉아 이기붕에 대한 공정한 재판이 가능할 때까지만 그를 해외로 안전하게 피신시킬 생각이었다"고 회고했다.[069] 만송(晩松)은 이기붕의 호(號)다.

> 존경하는 이 박사를 충실히 모시는 것이 애국의 길이라고 굳게 믿던 소박한 만송을 화려한 정치무대에 내세우지 않고 착실히 뒤에서 이 박사를 돕도록 했더라면, 만송은 상당한 일을 해냈을 것이다. 불행하게도 사람 좋은 만송은 부인의 과욕과 주변 소인배들의 정치적 농간에 끌려다니다가 스스로 원하지도 않던 부통령 출마를 하기에 이르러 비극의 최후를 맞이했던 것이다.[070]

이기붕 일가가 비극적 최후를 맞이한 날, 이승만도 경무대(景武臺)를 떠나 취임 전 거처하던 이화장(梨花莊)[071]으로 이사했다.
한 달 가까이 지난 5월 26일, 매카나기(W. P. McConaughy, 1908~2000) 주한 미

국대사가 허정 수반을 찾아와 현안에 대한 논의를 마친 뒤, 목소리를 낮추어 말한다.

이승만과 이기붕 일가. 이 대통령은 혈육이 없어 이기붕의 큰아들 이강석(제일 왼쪽)을 양자로 입양했다(1957). 이 대통령은 하야하고, 이기붕 일가 4명은 권총자살한다(4.28).

"마담 리(프란체스카 여사)가 우리 집사람에게 몇 번 전화를 걸기도 하고 찾아오기도 했습니다. 요즈음 이 박사의 건강이 좋지 않아 하와이로 휴양을 갔으면 좋겠다고 마담 리가 말하더랍니다. 이 일을 어떻게 생각하십니까?" … "그거참 잘 되었습니다. 노경에 큰일을 당하셨으니 충격인들 오죽하겠습니까" 하고 곧 찬성의 뜻을 밝혔다. 나는 매카나기 대사에게 미 군용기를 제공해 줄 수 있겠느냐고 제안했다. 그러나 그는 그것은 어렵고 하와이의 한인 교포들이 이미 전세 비행기를 얻어 놓았으니 그 점은 염려하지 말라고 말했다. 그는 우리 정부에서 여권을 내어주면 자기는 곧 비자를 내주겠노라고 함축성 있는 말을 하고는 자리를 떴다. 나는 곧 이수영 외교부 차관을 불러 이 박사의 뜻을 확인하고 오라고 지시했다. …

비행기의 정비가 끝나고 출발을 알리자, 이 박사는 나를 바라보며 말했다. "나 하와이에서 잠시 쉬고, 아이크(Ike)가 오기 전에 돌아 오겠오" "염려 마시고 푹 쉬고 오십시오." 이 말 외에는 더 이상 말이 나오지 않았다.

85세인 이승만 대통령은 하와이에 도착한 뒤, '휴양'이라기보다는 망명 생

1960년 5월 29일 오전 김포공항. 이승만은 망명을 위해 하와이 교민들이 임차한 CAT 여객기에 오르기 직전 국민에게 한 말씀 남겨달라는 기자에게 "지금 내가 무슨 말을 해, 다 이해해 주고 이대로 떠나게 해주어"라고 했고, 프란체스카 여사는 "그는 한국 국민을 존경하고 있습니다."라고 말했다. 이승만의 「망명길」은 경향신문의 특종 보도였다.

활에 들어간다. 그가 하와이에 도착한 지 20일쯤 지난 6월 18일 NYT는 그의 근황을 "하와이섬에 은둔하고 있는 이 전 대통령"(RHEE IN SECLUSION ON HAWAIIAN ISLE)이라는 제목으로 전한다.

하와이섬에 은둔하고 있는 이 전 대통령

(카네오헤, 하와이, 6.16) 한국의 이승만 전 대통령은 태평양이 내려다보이는 작은 집(a tiny cottage)에서 은둔생활을 하고 있다. 이 전 대통령 부부는 하와이에 있는 친구들의 초청으로 이곳에 와 있다. 이들 부부는 오아후섬의 조용한 지역에 있는 작은 주택에서 생활하고 있다. 이 주택은 하와이에서 대형 조경업체와 요

양원을 운영하는 한국인 윌버트 최의 소유이다. 최 씨 회사는 이곳 카네오헤와 호놀룰루에 지점을 두고 있다.

올해 86세인 한국의 전 대통령은 하와이에 거주하고 있는 대부분의 친구들과의 만남을 거부하고 있다. 이 전 대통령의 살림을 보조하고 있는 사람들은 안부를 묻는 이들에게 이 박사 부부는 "의사들의 보살핌을 받고 있으며, 방해하면 안 된다"고 말했다.

그러나 오늘 이 전 대통령을 찾았던 한 방문객은 이들 부부가 발코니 의자에 앉아서 웃으며 이야기를 나누는 모습을 멀찍이서 봤다고 말했다.

이 박사 부부는 지난봄 한국의 총선에서 투표 부정이 드러나면서 정부가 붕괴한 뒤 대통령직에서 하야하고 하와이에서 지내고 있다. 이 전 대통령은 자신이 하와이에 온 것은 "건강상의 이유" 때문이며 한국으로 돌아갈 것이라고 말해왔다. 이승만 박사는 일본이 2차 대전에서 항복하고 한국이 독립을 되찾을 때까지 50년간 해외에서 망명 생활을 했고, 그 가운데 절반 정도인 25년을 하와이에서 보냈다.

박정희는 국가재건최고회의 의장 시절, 미국 중앙정보국(CIA) 초청으로 미국을 방문하는 김종필 중앙정보부장(초대, 61.5~63.1)을 불러 "미국 가는 길에 하와이에 들러, 이 박사가 돌아오시겠다고 하면 정중히 모셔라"면서 그의 귀국을 추진해 보라고 지시했다(62.11). 이승만 박사가 서울을 떠난 지 2년 6개월이 지난 시점이었다. 김종필은 호놀룰루 동쪽 산기슭에 있는 요양원으로 이 박사를 찾아갔다. 이 박사는 그 이틀 전 서울로 간다며 병상에서 무리하게 일어서다가 넘어지면서 다쳐, 누워있었다.

나는 이 대통령의 얼굴을 한참 동안 지켜봤다. 아흔을 바라보는 노인이 아픔을 참느라 고통스러운 표정을 짓고 있었다. 한참 서 있다가 호주머니에서 현금 2만 달러를 꺼냈다. 서울을 떠나기 전 박정희 최고회의 의장이 챙겨준 돈이었다.

그는 "이거 열 배를 해 드려도 모자랄 텐데 아쉬우나마 프란체스카 여사에게 가져다 드려라"고 내게 지시했다. 그때 2만 달러는 한국에서는 대통령이나 만질 수 있는 큰 금액이었다. 돈을 받아 든 프란체스카 여사가 울먹이다가 눈물을 터뜨렸다. 새까만 눈이 아닌 새파랗고 큰 눈에서 떨어지는 눈물은 그때 처음 봤다. 가슴이 아팠다. 아직도 그 모습을 잊을 수가 없다.[075]

이승만은 떠날 때 인사말처럼 6월 '아이크'(Ike, 아이젠하워 대통령의 애칭)가 한국을 방문하기(1960.6.19~6.21) 전에 돌아오지 못했다. 망명 5년 차인 1965년 7월 19일 이승만은 하와이에서 영면(永眠)에 든다. 하와이는 그가 오랫동안 독립운동을 펼쳤던 곳이다. 1875년 황해도에서 태어난 이승만은 해외에서의 학업과 오랜 독립 투쟁을 마치고 1945년 70세 때 조국으로 돌아왔다. 그는 해방 직후의 어렵고 힘든 상황에서 좌우 대립을 극복하면서 나라를 세우고 대통령에 당선된다. 나라의 기틀을 잡았고 6·25 남침 전쟁을 막아냈다. 하지만 그도 하늘의 부름을 피할 수는 없었다. 90세였다.

나흘 뒤(7.23), 대한민국 초대 대통령의 유해를 실은 미군 수송기가 김포공항에

프란체스카(1900~1992)는 1933년 스위스 제네바의 한 식당에서 "기품 있는" 동양의 신사와 합석하는 우연을 통해 이승만 대통령을 만났다. 그녀는 33세, 그는 58세였다. 이들은 이듬해(1934) 결혼했다(좌). 그녀는 이후 이승만의 동지와 비서로서 평생을 함께했다.

도착했다. 박정희 제5대 대통령은 이효상(李孝祥) 국회의장, 조진만(趙鎭滿) 대법원장, 정일권(丁一權) 국무총리 등 3부 요인을 대동하고 공항에 나가 이승만 대통령의 유해를 영접했다. 박 대통령은 그를 "조국 독립운동의 원훈(元勳: 나라를 위해 큰 공을 세운 인물)이요, 초대 대통령으로 건국의 기초를 다진 대통령"이라고 정중하게 추모했다. 군악대는 현제명(玄濟明)의 '고향생각'을 연주했다.

제2공화국 | 4·19혁명으로 제1공화국이 무너지고, 장면 총리가 이끄는 제2공화국이 출범했다고 하지만, 그 사이에 허정(許政, 1896~1988) 수석국무위원(외무장관)이 이끄는 과도정부가 있었다. 당시 헌법은 국무총리 대신 수석국무위원을 두도록 했다. 허정은 제1공화국 말기(60.4.27~6.15)와 제2공화국 초기(60.6.15~8.18) 과도정부를 맡아, 혼란을 수습하면서 개헌과 새 헌법에 따른 국회의원 선거 등 정치 일정이 차질 없이 연결되도록 관리했다.

새 헌법(3차 개헌)은 내각책임제와 국회 양원제(兩院制)를 채택했다(6.15). 이에 따라 1958년 구성된 제4대 국회는 해산되고, 제5대 민의원[국회의원] 선거와 제1대 참의원 선거가 실시 돼(7.29) 양원제 국회가 최초로 구성된다. 민주당은 하원에 해당하는 민의원(民議院) 233석 가운데 175석을, 상원 참의원(參議院) 58석 가운데 31석을 차지했다. 민주당이 제2공화국의 집권 여당이 됐다.

본래 민주당은 제1공화국 여당 자유당의 전횡과 독재에 맞서기 위해, 기존 야당인 민주국민당(民主國民黨, 1949~1955)과 무소속 의원들이 함께 만들었다. 그래서 국민은 민주당 내의 민주국민당 출신을 구파(舊派)로, 새로 합류한 무소속 의원 등을 신파(新派)로 불렀다. 민주당은 이처럼 두 개의 파벌로 이루어진 관계로 서로 의견 차이가 컸다. 이런 신·구파 갈등은 민주당 창당 때부터 있었으나 반(反)독재라는 구호에 묻혀 있다가, 민주당이 여당이 돼 권력 분배가 현실이 되자 마구 터져 나왔다. 여러 기록에는 이들의 다툼이 격심했고 자해적이었다고 평가하고 있다.

허정 과도정부 수반은 민주당의 신·구파 다툼에 관해서, 구파 윤보선 대통령의 과욕을 지적한다. 당시 민주당 구파는 '대통령 윤보선, 총리 김도연(金度演)'077을 고집하고 있었고, 신파는 '대통령 윤보선, 총리 장면'을 생각하고 있었다. 그래서 대통령으로는 윤보선이 선출됐지만(8.13), 총리 선출은 시간을 끌고 있었다. 허정의 증언이다.

> 나는 윤 대통령에게 대통령과 국무총리를 모두 구파가 차지하려고 하는 것은 과욕이라고 지적하면서 윤 대통령에게 물었다. "누구를 지명하겠는가?" 그는 대답을 망설였다. 나는 민의원 의장에는 중도파인 곽상훈 씨가 당선되었고, 대통령은 구파에서 나왔으므로, 대통령으로서 파벌을 초월해, 신파의 장면 씨를 총리로 지명하는 것이 정치 도의에 맞는 일이라고 윤 대통령에게 권고했다. 그러나 그는 웃으며 말했다. "장면 씨는 안돼. 당내 공기도 그렇고 …"078

이승만(1,2,3대 대통령)

윤보선(4대 대통령)

장면(2, 7대 총리, 4대 부통령)

이런 진통 끝에 장면(張勉, 1899~1966) 총리는 2차 투표까지 거치며 뒤늦게 선출됐다(8.18). 장면 정부가 출범하자 제1공화국 정부 아래에서 억눌렸던 국민의 정치적 욕구가 폭발적으로 터져 나왔다. 경찰은 민주당 정권이 출범해 5·16으로 무너지기까지 9개월 동안 하루 평균 3회, 모두 1,036회의 각종 시위가 있었다고 집계했다. 코미디 같지만, 시위를 그만하자는 시위를 할 정도079

였다. 전국 곳곳에서 시위가 일상화되다시피 하고 데모로 해가 뜨고 데모로 해가 진다는 말까지 돌 정도였다.

시중에서는 장면 정권이 '3 신' 또는 '4 신' 때문에 망할 것이라는 말이 돌았다. 3 신(新)은 민주당 내 구파(윤보선)가 탈당해 창당한 신민당(新民黨), 언론계를 뜻하는 신문(新聞)과 혁신계(革新系)를 말하고, 4 신은 '3 신'에다 민주당 내 소장파로 구성된 모임인 신풍회(新風會, 1961.1.26. 출범)를 더한 것을 말한다.

민주당 정부의 몰락과 5·16쿠데타를 불러온 문제의 '4 신'에 대해 잠깐 살펴보자. 민주당 내 신·구파 갈등은 구파가 끝내 새로운 정당을 창당하는 경지로까지 치달았다. 구파가 떨어져 나가 만든 신민당은 61년 2월에 창당됐지만, 이들은 민주당 장면 정부가 출범도 하기 전인 60년 여름부터 실제로 별도로 행동하고 있었다. 이런 분열상 때문에 장면 내각은 9개월 동안 4차례 개각을 하는 등 혼란상을 보여, 지금까지도 내각책임제 정부 형태에 대한 부정적 이미지를 남기고 있다.

당시 언론 또한 정국 혼란에 부채질을 했다. 자유당 독재 정권에서 풀려난 언론은 연일 민주당 정부를 공격하고 부정부패의 온상이라고 손가락질했다. 일부 신문사 간부들은 "정부를 공격하지 않으면 신문이 아니다"라고 하면서 정부 공격에 열중했다. 김대중은 '갑자기 주어진 언론 자유를 스스로 주체하지 못하는 행태였다'고 훗날 『자서전』(122페이지)에 기록했다. 당시 국민은 사이비 기자와 사이비 언론의 횡포에 대해 아주 몸서리를 치고 있었다.

게다가 장면 정부 아래에서 비로소 정치적 자유를 얻은 혁신계(革新系)는 정부를 적대시했다. 원외였지만 집권당 대변인이었던 김대중은 "여러분에게 지금의 자유를 준 것이 어떤 정부입니까? 여러분이 마음껏 누리는 자유, 그런 자유를 보장해 주고 있는 정권을 무너뜨린다면 그 뒤에 등장하는 것은 군사 정권뿐입니다. 이빨을 보호해 주는 입술을 왜 찢고 있습니까"라고 경고도 하고 호소도 했지만, 혁신계 인사들은 귀를 막았다. 이들은 '국제적 보장 하의 영세중립화 통일' '선(先)통일, 후(後)중립화' '남북한 군대의 무장 해제, 외국군 철수' 등 여건을 무시한 통일정책을 주장하다가, 사회대중당(社會大衆黨), 통일사회당(統一社會黨)080 등으로 갈라져, 민주당을 경쟁적으로 욕했다.

민주당 내의 소장파로 구성된 신풍회도 정권을 비난했다. 이들은 국회 총리 인준 과정에서 도움을 주었다는 이유로 각료 배분을 끊임없이 요구했다. 장면 총리가 이들의 요구를 묵살하자 신풍회의 발목잡기가 계속됐다. 민주당은 다수인 구파가 별도로 정당을 만들어(신민당) 나가고, 안에 있는 소장파들은 계속 딴짓을 하고 있어, 사정이 정말 어려웠다. 신파 김대중은 구파 윤보선 대통령을 이렇게 비판한다.

> 신민당 간부회의를 대통령 관저에서 열기도 했다. 신민당은 민주당으로부터 정권을 뺏을 궁리만 했다. 윤 대통령은 분쟁을 조정하고 의견을 조율해 주는 어른다운 모습은 보여주지 않았다. 대통령의 집무실이 정쟁과 갈등의 진원지였다. 국가원수의 권위와 체통을 스스로 박차 버렸다. 정국은 극도로 혼란스러워졌다.081

대통령 윤보선도 신파의 리더인 장면 총리를 좋게 평가하지 않았다. 그의 회고록 곳곳에서 신파의 독주와 미숙함에 대한 비판을 숨기지 않았다.

> 장면 내각은 갈팡질팡했다. 물론 외적인 영향이 크게 작용한 탓도 있었겠지만 근본적인 원인은 장면 총리의 지도력에 문제가 있다는 지적이 지배적이었다. 측근 참모들의 제언을 소신껏 받아들이거나 물리칠 수 있는 결단성이 부족하여 리더십이 약하다는 평이었고, 낙관적인 탓인지는 몰라도 그저 적당히 하면 되겠지 하는 미온적이고 소극적인 자세여서 스스로 곤경에 처한 경우가 많았다는 것이다.082

김대중은 자신의 정치적 대부(代父)인 장면 총리의 리더십에 대해 자서전에서 이렇게 적었다.

장 총리는 온건한 민주주의자였다. 중도적인 생각을 지녔고 공산주의는 단호히 반대했다. 한번은 어느 사석에서 내가 야당과 언론이 너무하다고 투정 섞인 얘기를 했더니 "그렇게 생각하지 말게. 그런 것을 참고 용허하는 것이 민주주의야. 민주주의는 그렇게 해서 조금씩 발전해 가는 것이네" 장 총리는 인간적으로는 나무랄 데가 없었지만 대차지 못했다. 그런 점이 혼란기의 지도자로서는 흠이었다. 하지만 민주주의에 대한 군건한 신념은 흔들림이 없었다.[083]

'정쟁과 갈등의 진원지' 대통령과 '리더십이 약한' 실권자 총리가 서로 반목하니, 장면 정권의 한계는 곧 드러난다. 재야운동가 함석헌(咸錫憲, 1901~1989)은 장면 정권의 실패는 4.19혁명의 실패라면서 목청을 높인다.

장면의 정부는 이날까지 해 논 것이 무엇인가? 당파 싸움 하는 동안에 겨울은 다 되고, 생산기관 하나 신통히 돌아가는 것도 없고, 민중은 못 살겠다고만 하는데, 농 안에 가뒀던 쥐는 다 도망하고, 새로 쥐를 잡지는 못하나마, 잡아 준 쥐도 놓쳐? … 대체 왜 잡아 논 쥐를 못 먹나? 이 고양이가 벌써 늙었나, 그렇지 않으면 어디서 도둑질해 먹고 배가 불렀나?[084]

허정 과도정부 수반

제2공화국 곽상훈 민의원의장, 장면 총리, 윤보선 대통령

당선 그러나 쿠데타 | 4·19혁명에 이은 개헌(제3차)으로 새 국회를 구성하기 위한 5대 총선거가 실시됐다(7.29). 민주당은 국민으로부터 큰 기대를 받고 있어, '민주당 공천만 받으면 막대기만 꽂아도 열매를 맺는다'라는 말이 유행할 정도였다. 김대중은 민주당 공천을 받아 인제군에서 세 번째 출마한다. 그러나 김대중은 민주당 막대기는 꽂았으나 열매는커녕 꽃도 피우지 못한다. 선거법이 개정되면서 부재자(不在者)투표 제도가 도입되고, 한 해 전 보궐선거에서 상대방이 펼친 '빨갱이' 딱지가 아직 남아 있었다.

인제는 한 해 전 보궐선거 당시 4만 1,000명이던 유권자가 1960년 총선에서는 2만 명으로 줄어들면서, 김대중을 지지하던 젊은 군인들의 표가 사라졌다. 새로 도입된 부재자 투표제에 따라 군인들이 각 출신지 지역구 후보에게 투표했기 때문이다.

새 선거법은 민주당 신파의 반대에도 불구하고 윤보선과 유진산을 중심으로 한 구파가 자유당 세력과 '야합해서'(김대중 『자서전』) 통과시켰다. 철원, 고성, 인제, 양구 등 전방 수복(收復)지구에는 신파 후보만 출마했고 구파 출신 후보자가 없어, 이들이 법 개정에 동의해 줬기 때문이다. 같은 당이라고 해도, 파벌이 다르면 무섭다. 마치 애정 없는 부부 같다.

김대중이 인제 도수암 입구에서 당원들과 도시락 식사를 하고 있다. 보궐선거에 나선 김대중이 인제 신남중학교에서 유세를 이어가고 있다. 1961.5.

김대중으로서는 네 번째 낙선이다. 그는 54년(3대 총선, 목포), 58년(4대 총선, 인제), 59년(보궐선거, 인제), 60년(5대 총선, 인제) 계속해서 낙선한다. 국회의원 선거에서는 낙선했지만, 장면 총리의 신임을 받던 김대중은 집권 민주당의 대변인(1960.9)으로 주가를 높이고 있었다. 민주당 정권도 차츰 안정을 찾아간다. 시위가 줄어들면서 사회도 조용해지고 현안인 한일회담과 경제개발 계획 등을 챙기면서 장면 총리의 미국 방문도 검토한다.

1961년으로 해가 바뀌면서 김대중에게도 행운이 찾아왔다. 인제군에서 59년 보궐선거와 60년 5대 총선에서 김대중을 연거푸 이기고 국회에 진출했던 경찰서장 출신의 자유당 소속 당선자(전형산)가 3·15 부정선거에 관련된 사실이 뒤늦게 밝혀져 피선거권 몰수로 낙선 처리된다.

김대중은 민주당 후보로 보궐선거에 출마해 이번에는 당선된다(5.13). 네 번 떨어지고 다섯 번째의 당선, 삼전사기(三顚四起, 세 번 넘어지고 네 번 일어난다)를 뛰어넘는 '사전오기'였다. 정치에 입문한 지 7년, 37살이었다. 14일 인제군 선거관리위원회에서 민의원[국회의원] 당선증을 받고 김대중은 슬펐다. 슬픈 정도가 아니라, 통곡했다.

> 세상을 뜬 아내 차용애가 맨 먼저 떠올랐다. 나는 당선증을 쥐고 통곡했다. 서울로 올라가면 금배지를 받을 것이다. 금배지를 달고 아내 앞에 서고 싶었다. 아내의 무덤을 찾아가 보여 주고 싶었다. 14, 15일 나는 지친 몸을 이끌고 당선 인사를 다녔다. 주민들은 진심으로 축하해 주었다. … 승리의 낮과 밤은 그렇게 지나갔다.086

이틀 동안의 당선 인사를 마치고 곤히 자고 있는데, 새벽에 당원 한 명이 급히 그를 깨운다. 그러면서 "서울에서 군인들이 쿠데타를 일으켰다"고 말한다.

깜짝 놀라 일어났다. 그리고 곰곰 생각해 봤다. 그리 심각한 일은 아닐 것이라고 판단했다. 어쨌든 서울로 올라가야 했다. … 장면 총리는 빨리 서울로 올라오라고 재촉했다. 여기저기서 축하와 함께 선거에서 이긴 나를 보고 싶어 했다.

여장을 꾸려 인제읍을 벗어나서 서울로 향했다. 인제군 신남면의 군단사령부 쪽을 지나가는데 군용차 하나가 우리 차로 다가왔다. 중령 계급장을 단 군인이 내리더니 내게 거수경례를 붙였다. 군단장이 보내서 왔다고 했다. … "군단장께서 저희 헬기로 서울까지 모시라 하셨습니다." 그들은 나를 여당 국회의원 당선자로 예우했다. 하지만 헬기를 타라는 그들의 호의를 거절했다. 쿠데타가 일어난 서울에 그것도 군용 헬기로 올라갈 수 없었다. 양평 부근에 이르자 대규모 병력이 군용 트럭을 타고 수백 개의 깃발을 펄럭이며 서울로 가고 있었다. 그 무리가 쿠데타에 동참한 부대였음은 나중에 알았다.

이때 라디오에서 당시 미국 대사대리였던 마샬 그린(Marshall Green)과 유엔군 사령관 매그루더(Carter B. Magruder)의 공동 성명문이 흘러나왔다. "장면 총리가 이끄는, 정당하게 집권한 대한민국 정부를 지지한다. …" 나는 안도했다. 미국이 나섰으니, 사태가 곧 진정될 것으로 낙관했다.

매그루더 미군 사령관

마샬 그린 대리 대사

피신 3일 만에 나타난 장면 총리(1961. 5.18)

서울에 도착한 김대중은 17일 국회에 의원 등록을 한다. 18일 군사혁명위원회는 포고령을 통해 국회를 해산했다. 14, 15, 16, 17, 18일, 며칠 간의 국회의원이었다. 김대중은 "금배지 한 번 달아 보지 못했고 의석에 한 번 앉아 보지 못했다."라고 자서전에 기록했다. 네 번이나 낙선하고 정치 7년 만에 이룬 첫 결실이며 먼저 하늘나라에 간 부인에게 자랑하고 싶은 결실인데… 허망하고 분하기 이를 데 없었다.

그건 개인적인 소회라고 쳐도, 정치적 둥지요 든든한 기반인 민주당 정권이 붕괴하고 무엇보다 최고의 후원자인 장면 총리의 행방이 묘연했다. 국회의원 당선자요 당 대변인 이전에 자연인 김대중은 참으로 막막했을 것이다. 어려운 일이 연하고 연해, 험하고 거친 길은 앞이 잘 보이지 않았다. 아직은 김대중의 때가 아니었다.

주한 미국대사관은 오늘 "한국민의 자유로운 선거에 의해 선출되고 헌법에 따라 정당하게 수립된" 장면 총리 정부를 강력하게 지지한다는 성명을 발표했다. 이 성명은 군사혁명 세력이 장면 정부로부터 권력을 장악했다고 발표한 이후에 나왔다. 워싱턴의 고위 정부 관리들은 한국에서 발생한 쿠데타는 미국의 지원을 받지 않았다고 밝혔다. (1961.5.16. 뉴욕타임스)

한국의 상황은 그 장래를 평가하기에는 아직 너무 불확실하다. 다만 쿠데타 지도부가 미국과 협력을 계속하기를 원하고 공산주의자의 준동과 침략에 단호하게 대처하겠다고 한 점은 퍽 다행스럽다. 또 쿠데타 지도부가 자신들의 목표가 다 달성되면 권력을 민간인들에게 맡기고 군으로 돌아가겠다고 밝힌 점은 충분히 좋은 평가를 받을 만하다. (1961.5.17. 뉴욕타임스 사설)

박정희의 시간(1) : 쿠데타

5월 16일의 쿠데타 | 박정희의 길은 1961년 5월 16일 새벽, 쿠데타의 성공과 함께 시작된다. 그날 새벽 5시부터 라디오에서 거듭 나가고 있는 쿠데타군의 성명은 이렇게 시작된다. "친애하는 애국 동포 여러분, 은인자중하던 군부는 드디어 금조(今朝) 미명(未明: 날이 채 밝지 않음)을 기해서 일제히 행동을 개시하여 국가의 행정·입법·사법의 삼권을 완전히 장악하고 이어 군사혁명위원회를 조직하였습니다. … "

이 성명은 종일 수없이 반복해서 방송된다. 말로만 떠돌던 군부 쿠데타가 기어코 일어났다. 나라를 더 이상 부패한 민간 정치인들에게 맡겨둘 수 없었다고 했다. 김종필은 이 쿠데타의 설계자다.

"4·19(1960)의 역사성을 철학화해서 근대화의 전기를 마련해야 하는데 민주당 정권은 그러지 못했어. 정쟁과 누습(陋習: 내려오는 나쁜 관습), 극도의 혼란에서 벗어 나지 못했지. 우리의 궐기는 부패 무능한 정치인들에게 나라와 민족의 운명을 더 이상 맡길 수 없다는 거였어"

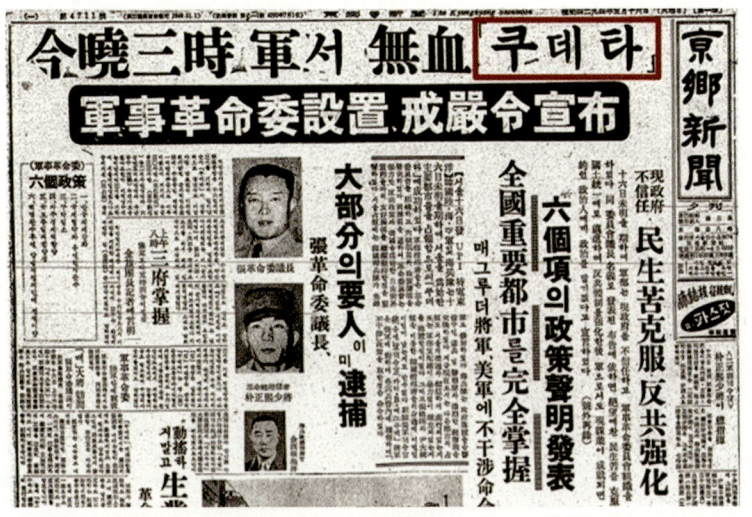

"今曉 三時(오늘 새벽 3시) … " 쿠데타의 발생을 보도한 경향신문 1면. 1961.5.16.

5월의 새벽에 시작된 박정희의 길은 1979년 10월 26일 저녁까지 18년간 연하여 이어진다. 박정희는 여러 고비가 있었지만, 이 길만 고집했다. 그의 출발은 그리 거창하지 않았다.

> 군인들은 4·19혁명 이후의 정치 흐름을 관망하다가 1961년 5월 초 대학생들의 남북회담이 확정되고, 북한에서도 대대적인 지지를 보내는 등 혼란이 극에 이르자 육사 8기생이 중심이 된 청년 장교들이 박정희(朴正熙) 소장을 앞세우고 5월 16일 새벽 드디어 3,600여 명의 군대를 이끌고 기습적으로 한강을 건너와 서울을 점령하고 비상계엄을 선포했다. 장면 정권은 집권한 지 9개월 만에 무너지고 말았다. 윤보선 대통령과 장면 총리는 자택에 연금되었다.[089]

박정희의 길은 5·16으로 시작됐지만, 김대중의 길은 5·16으로 꺾이게 된다. 조국 근대화의 전기를 만든다는 군부의 거사는 '의도치 않게' 김대중 개인의 불운(不運)으로 이어진다. 박정희는 이를 '안타깝고 미안하다'고 술회했다.
앞서 본 5월 17일 자 경향신문도 제목에서 쿠데타(Coup d'État)라고 했지만, 5·16의 호칭은 상당 기간 쿠데타, 군사혁명(革命), 군사정변(政變) 사이를 오갔다. 사전을 찾아보면 그 말이 그 말이지만, 군사정부에서는 '쿠데타'라는 단어가 갖는 부정적인 뉘앙스를 싫어했다. 자신들은 무력을 동원해 권력을 탈취한 쿠데타군이 아니고 나라 전체를 개조하는 세력, 혁명 세력이라고 말했다. 한국에서 발생한 쿠데타 소식에 미국은 아연 긴장한다. 미국 정보 관계자들은 한국군의 동향 특히 쿠데타 가능성을 예상하고 거론되는 장교들을 면밀하게 관찰하고 있었다. 박정희도 물론 포함돼 있었다. 당시 미군은 한국군 대대(大隊) 단위 부대까지 고문단을 파견하고 있었다.

5·16 그리고 미국 | 쿠데타 소식은 대부분의 경우 라디오를 통해 전해진다. 매체 특성상 신문이나 TV에 비해 전달이 빠르고 골고루 전파될 수 있다는 장

점 때문에 그럴 것이다. 예외적으로 일부 국가에서는 공공연한 쿠데타가 있다고 하지만, 대개는 비밀스럽게 진행된다. 한국의 군부 쿠데타는 미국에서도 놀랍고, 큰일이었다.

2차 대전이 끝나면서 미국은 전후 부흥과 주도권 확립을 위해 유럽과 아시아에 많은 원조를 제공했고, 한국은 그 수혜국 가운데 한 나라였다. 공산주의의 위험을 막으면서 6·25전쟁의 피해도 복구할 수 있도록 미군도 주둔시키고 경제적인 지원도 아끼지 않았다. 한국은 소련과 중공(中共), 북한 등 동북아시아의 공산주의 확산을 막아내는 지정학적으로 중요한 나라였다. 1978년에 나온 미 하원 『프레이저(Fraser)보고서』의 기록이다.

> 1961년 4월 말, 미 정보기관은 한국군 내 중요 집단이 아마도 박정희의 지휘 아래 쿠데타를 계획 중이라는 풍문이 돌고 있다는 것을 알고 있었다. 분명히, 쿠데타의 위협이 있을 것이라는 믿음이 만연했다. 그러나 사회적 무질서가 사라지고 경찰력이 강화되면서 정치적 안정이 자리를 잡자 성공적인 쿠데타 시도는 일어날 것 같지 않았다. 장면 총리는 쿠데타의 소문을 대수롭지 않게 흘려 넘겼다. … 거의 무혈적인 쿠데타는 군의 일부 요원들, 특히 육사 8기생들 사이에서 오랫동안 곪아 온 불만이 터져 나온 것이었다. 특히 이들은 진급이 제때 이루어지지 않는다는 점과 파벌주의 그리고 고위 장교들의 부패에 큰 불만을 품고 있었다.

사실 그때만 해도 한국은 말 한마디 섞지 않는 소련과 중공을 머리 위에 두고, 북한이라는 공산집단과 휴전선을 사이에 두고 대치하고 있는, 말 그대로 휴전 중인 나라였다. 그런 나라에서 쿠데타라니? 쿠데타 발생 당일, NYT는 1면 오른쪽 톱 기사로 한국의 쿠데타 관련 소식을 아주 자세하게 보도했다. "한국 정부 군부 반란으로 전복: 미국, 쿠데타에 반대" (South Korea Rule Seized As Armed Forces Revolt: U.S. Opposes Junta Coup) 라는 큰 제목 아래 모두 8개의 기사를 배치했다. 기사 내용 일부가 겹치는 것으로 봐, 기자들이 각자 급하게 기사를 작성한 것으로 보이고 일부는 UPI, AP 통신 기사도 가져다 썼다.

한국의 쿠데타 발생을 1면에 보도한 뉴욕타임스(1961.5.16)

주한 미국대사관, 장면 정권 지지

(서울, 한국, 화요일, 5·16) 주한 미국대사관은 오늘 "한국민의 자유로운 선거에 의해 선출되고 헌법에 따라 정당하게 수립된" 장면 총리 정부를 강력하게 지지한다는 성명을 발표했다. 이 성명은 군사혁명세력이 장면 정부로부터 권력을 장악했다고 발표한 이후에 나왔다[워싱턴의 고위 정부 관리들은 한국에서 발생한 쿠데타는 미국의 지원을 받지 않았다고 밝혔다].

주한 미국대사관 마셜 그린 대리대사가 발표한 성명은 "자유롭게 선출되고 헌법에 따라 수립된 한국 정부를 지지한다는 유엔군 사령관의 입장에 본인도 완벽하게 동의한다"며 "미국은 지난해 7월 한국민의 자유투표로 선출되고 이어 8월 국회에서 정당하게 인준된 총리가 통치하는 한국 정부를 지지한다는 사실을 특별히 강조한다"고 밝혔다. 성명은 이어 "매그루더 장군은 유엔군 사령관으로서 자신의 휘하에 있는 모든 병력에 장면 총리가 이끄는 한국의 유일한 합법 정부를 지지할 것을 지시한다고" 전했다. 매그루더 사령관은 또 "한국군 수뇌부가 권한과 영향력을 행사해 통제권을 즉각 합법적인 정부로 반환하고 군 내부의 질서를 회복하기를 기대한다"고 말했다. 미군과 미국 시민들은 군부대나 주거지역 내에 머물도록 통보를 받았다. 유엔군 사령부 대변인은 "한국내 모든 군부대는 현 쿠데타 상황에 개입하지 않도록 비상령이 내려져 있고, 미군은 현 상황을 예의주시하고 있다"고 말했다.

유엔군 대변인은 남·북 군사분계선에 배치된 병력의 전투 준비 태세에는 변함이 없다고 밝혔다. 유엔군 사령부의 이 성명은 합참의장이자 군사혁명위원회 의장인 장도영 중장이 혁명위원회 본부에서 한국의 각 군 참모총장과 회동을 가진 뒤 발표됐다. 오늘 회동에 참석한 군사령관은 공군 참모총장 김신 중장, 해병대 사령관 김성은 중장, 해군 참모총장 이성호 제독이다. 이들 군 사령관이 모두 이번 쿠데타의 가담 여부는 아직 확인되지 않고 있다.

미국, 쿠데타에 반대

(워싱턴, 5.16) 한국의 쿠데타는 미국의 지원을 받지 않았다고 미국의 고위 관리들이 오늘 밝혔다. 이 관리들은 장면 정부에 대한 주한 미국 관리들의 지지 성명은 본국의 전적인 동의를 받은 것이라고 밝혔다. 워싱턴 당국자들은 쿠데타군의 부대 복귀를 호소하는 매그루더 사령관의 성명을 지지하는 주한 미국대사관의 성명은 워싱턴 동의를 받았다고 말했다. 매그루더 사령관은 휘하의 군에 대해 장면 정부에 대한 지지를 요구하는 성명을 발표한 바 있다. 매그루더 사령관의 이러한 지시가 예하 한국군들에게 어떤 영향을 미칠지는 아직 명확하지 않다. 워싱턴의 관리들은 주한 미군이 한국군의 쿠데타에 대해 어떤 행동을 취할지 아무런 결정도 내려지지 않았다고 말했다. 한국에 대한 미국의 군사원조와 경제원조는 근년에 들어 규모가 커졌고 결국에는 한국의 정치적 상황에 중요한 역할을 할 수 있다. 미국이 이번 쿠데타 때문에 한국에 대한 원조 철회를 고려하는 징후는 없다.

미국 정부는 13개월 전에 발생했던 한국의 위기 상황에서도 확고한 입장을 견지한 바 있다. 그 당시 미국은 이승만 대통령 정부에 대한 비판을 직접 쏟아부었다. 미국의 그러한 행동은 이 대통령의 사임에 큰 영향을 끼친 요인 중 하나가 됐다. 당시 크리스천 허터(Christian A. Herter) 국무장관은 워싱턴 주재 양유찬 한국 대사를 초치해, 학생 시위대에 대해 한국 정부가 취하고 있는 "진압 조치들"에 대한 심각한 견해를 전달했다. 서울 주재 월터 매카나기(Walter P. McConaughy) 미국 대사는 국무성의 이러한 견해를 이승만 박사에게 직접 전달했다. 허터 국무장관이 결정한 것으로 알려진 미국의 이러한 방식은 드문 일로서 실제적인 개입과 비슷하게 받아들여졌다. 허터 국무장관은 "현재 한국에서 일어나는 일은 한국의 국내 문제이지만" 미국은 한국의 후원국이고 또 "친구, 원조 지원국, 동맹"으로서 솔직하게 말할 수밖에 없었다고 설명하기도 했다. 이론적으로 한국군은 "작전과 행정"에 있어 유엔군사령부의 지휘 아래 있다. 이 논리를 엄격하게 적용한다면, 미 육군 대장 매그루더 유엔군 사령관은 쿠데타에 동원된 한국군에 대해, 부대로 복귀하도록 명령할 수 있다는 의미가 된다.

또 서울에서 쓴 기사는 "서울에서 교전"(FIGHTING IN SEOUL)이라는 다소 자극적인 제목인데, 마치 서울에서 쿠데타군과 이를 저지하는 장면 정부 측 군경들 사이에 시가전이라도 벌어진 듯한 제목과 기사다. 아마 쿠데타군에 포병

5·16에 가담한 전차가 서울 시내에서 이동하고 있다. 1961.5.16

(砲兵)이 참가했다는 데서 나온 일종의 추측성 기사로 보인다.

쿠데타군 계엄령 선포, '주요 도시 모두 장악' 발표_

(서울, 한국, 화요일, 5.16, UPI) 한국 군부는 오늘 쿠데타를 일으켜, 격렬한 시가전 끝에 저지선을 뚫고 미국과 우호 관계를 다짐하는 반공 군사정권을 발족시켰다. 그러나 쿠데타 발생 직후 미국은 한국민이 선거로 구성한 장면 정부를 지지한다는 성명을 발표했다. 쿠데타 지도부는 16일 오전 서울 시내 곳곳에 전차를 출동시켰고, 장면 총리는 주한 미국 대사관으로 피신했다는 소문이 돌고 있다.

해병대와 공수부대가 앞장선 쿠데타군은 새벽 3시 30분 부대에서 출발해 기관총과 박격포 야포 등으로 저지하는 경찰을 제압한 뒤, 오전 6시 한국의 모든 주요 도시를 장악했다. 군사혁명위원회는 윤보선 대통령을 관저인 청와대에 연금했다. 경찰 소식통은 장 총리와 모든 각료가 체포됐으며, 전국에 계엄령이 선포됐다고 말했다.

군인들 거리 순찰

16일 새벽 모든 정부 청사와 주요 도로의 길목에 군인들이 집중적으로 배치된 것을 빼고는 서울 거리는 정상을 되찾은 것처럼 보였다. 목격자들은 쿠데타군과 경찰이 시가지에서 대규모 교전을 벌였다고 전했지만, 야간의 교전으로 발생한 희생자에 관해 확인된 보도는 아직 없다. 5~6명의 경찰이 사망했다는 미확인 보도만 있을 뿐이다. 한국 내 다른 도시에서 교전이 발생했다는 소식은 없으며, 16일 오전 현재 평온한 것으로 알려졌다. 쿠데타군은 군사혁명위원회를 설치했는데, 전국을 확고하게 장악한 것으로 보인다. 쿠데타군은 다른 중요시설과 함께 전화국을 우선적으로 장악했다.

쿠데타군 혁명공약 발표

새로 설치된 군사혁명위원회는 육군참모총장 장도영 중장이 의장을 맡았다. 이 위원회는 반공 태세를 강화하고, 정부 내 부정부패를 소탕하며, 국민의 생활 수준을 향상시키고, 국가 경제를 발전시키며 공산주의에 더 효과적으로 대처함으로써 남북통일을 위해 노력한다는 내용의 혁명공약을 발표했다. 군사혁명위원회는 즉각 계엄령을 선포했다. 전 국민에 대해 출국금지령이 내려졌으며, 국내선 운항도 전면 중단됐다. 군 장교들이 각 시·도의 계엄사령관으로 임명 됐으며 일체의 공적·사적 모임이 금지되고 저녁 7시부터 아침 5시까지 통금이 실시됐다. 내·외신 기자들이 작성한 기사에 대한 검열도 시작됐다. 시간이 지나면서 시내에서 가끔 총성이 울렸는데, 대부분의 총성은 새로운 교통 법규를 따르지 않는 운전자에 대한 경고용으로 발포된 것이다.

쿠데타의 야전사령관은 제2군 부사령관인 히박궁(Hi Pak Kung, '박정희'의 오기로 보임:역자)[093] 육군 준장이다. 해병대와 공수부대 병력이 서울의 중심부를 장악하고 있으며 육군은 한강 이남의 서울 외곽에 배치돼 있다. 군인들은 국회 앞과 외교부 청사 앞의 교통을 통제했고 청사 4면은 군인들이 삼엄하게 경비하고 있다. 헌병들은 일부 사복을 착용한 채 교통 정리를 하고 있다. 서울 시내 건물들의 유리창이 새벽의 교전 때문에 다수가 깨진 상태며, 서울역 근처의 한 경찰서는 수류탄의 폭발로 심하게 파손됐다.

서울에서 일반 시민들은 평소와 다름없이 생활하고 있으나, 공무원들은 사무실에 들어가지 못하고 있다. 경찰 소식통은 장면 총리와 각료들은 서울 도심의 덕수궁에 감금돼 있다고 말했다. 윤보선 대통령의 공보비서관은 전화 통화에서 대통령은 현재 관저인 청와대에 연금돼 있으나 다친 데는 없으며, 청와대 경내에서는 자유롭게 활동하고 있다고 말했다. 국영 라디오방송은 혁명군이 국회의사당과 여타 관공서 건물들, 라디오 방송국과 전신전화국을 접수했다고 전했다. 작년 8월 장면 정권이 출범한 뒤 군부는 끊임없이 불평을 쏟아내기는 했지만, 쿠데타는 시민이 잠든 가운데 순식간에 이루어져, 서울 시내는 조용했다. 총성에 깨어난 목격자들은 선두 병력인 해병대가 기관총과 박격포, 야포 등을 동원해 저지선을 돌파한 뒤 신속하게 정부 청사 등을 접수했다고 전했다. 새벽 5시 혁명군 지도부는 자신들이 서울을 장악했다고 발표했다. 한 시간 뒤 라디오 방송은 전국의 모든 주요 도시가 혁명군에게 장악됐다고 전했다. 혁명군 지도부 가운데는 보병 30사단장 이산국 준장, 국방대학의 장송호 준장, 1960년 4·19 이후 예편한 해병대 김공하(Kim Kong Ha, '김동하'의 오기로 보임:역자) 장군, 보병

5사단장 채녕(Chai Nyung, '채명신'의 오기로 보임:역자) 준장, 해병 제1여단장 김윤근 준장 등이 있다.

매그루더 주한 유엔군 사령관 겸 미군 사령관은 비상 참모 회의를 소집했다. 그는 모든 주한 미군에 영내를 벗어나지 말고, 쿠데타에 일체 관여하지 않도록 지시했다. 매그루더 장군은 서울 북방 30마일 거리에 위치한 휴전선 배치 병력을 포함해 한국 전역의 휘하 부대에 자체 경비를 강화하라고 지시했다. 전에도 한국 내에서 소요 사태가 발생하면 공산 북한은 군사적 도발을 하곤 했기 때문이다. 5·16쿠데타는 학생들이 주도해서 이승만 정부를 타도한 "4월혁명" 1년 뒤에 발생했다. 이 혁명으로 한국 전역에서 최소 183명이 목숨을 잃고 6,250명이 부상했다. 학생들은 이승만 정부 내의 부패와 선거 부정에 항의해 시위를 벌였다. 군사혁명위원회도 오늘 장면 정부가 부패했다고 비난했다. "우리는 부패하고 무능한 정치인들을 더 이상 믿을 수 없다"고 혁명공약에서 밝혔다. 쿠데타 지도부는 정부의 부정부패를 종식시킨 뒤 "권력을 책임감 있는 정치인들에게 넘겨주겠다"고 약속했다. 그러나 그 시한은 정하지 않았다. 쿠데타군은 또 성명에서 국민은 생업에 종사하면서 안정과 질서를 유지해 달라고 당부했다.

NYT가 쏟아낸 기사 가운데는 틀린 내용도 있고, 중복된 내용도 나오고, 흘러 다니는 소문을 바탕으로 쓴 부분도 눈에 띈다. 쿠데타 초기의 혼란스럽고 불안한 한국 상황을 그대로 전달하는 듯하다.

같은 사안이지만, 우리가 외국 언론을 살피는 이유는 우리의 역사적 사건에 대해 그들은 어떤 시각을 가졌고, 그 시각에 따라 쓰인 기사는 미국 독자들에게 어떻게 수용됐을지를 유추할 수 있기 때문이다. 언론은 세상을 보여주는 창(窓)이다. 5·16 쿠데타 발생에 놀란 미국 언론은 발생 다음 날에도 많은 기사를 쏟아내며, 사태를 분석하고 더듬거리며 주모자와 그 실체를 확인하려 애쓴다.

쿠데타 뒷날, 미국 | 뉴욕타임스(NYT)는 쿠데타 이튿날에도 1면에 한국의 쿠데타 기사를 다뤘다. 1면 오른쪽에 "한국 군사혁명위원회, 개혁 조치 끝나

면 퇴진 약속; 미국 현시점 개입 않는다"(South Korea Junta Vows to Resign After Reform: U.S. Won't Intervene Now)라는 제목 아래, 관련 기사와 사설까지 실었다.

미국 정부, 한국 예의주시; 원조는 계속

 (워싱턴, 5.16) 미국은 한국에 대해 일체의 급작스럽고 직접적인 개입은 하지 않는다고 워싱턴의 책임 있는 소식통들이 밝혔다. 워싱턴의 고위 당국자들은 오늘 오전 한국에 대한 어떤 행동도 보류하고 사태의 진전에 관한 구체적인 언급까지도 하지 않기로 했다. 미국 관리들은 최소한 현시점에서 보기에 장면(John M. Chang) 총리 정부를 축출한 군사 쿠데타와 관련해 풀리지 않는 의문이 많다고 말했다. 미국의 관련 소식통은 한국에 대한 미국의 군사원조나 경제원조 삭감은 전혀 고려하지 않고 있다고 전했다. 이 관리들은 또 주한 미군이 이번 쿠데타 이후 조성된 한국의 혼란 상태에 관여할 가능성은 없다고 말했다.

일각에서는 주한미군사령부와 주한 미국대사관이 미국의 입장을 지나치게 명백히 밝히는 성명을 매우 성급하게 발표했다는 분위기가 있다. 하지만 미국 관리들은 주한 미국대사관이나 주한 미군사령부 측이 발표한 성명을 비판하거나 부인하지는 않도록 조심하고 있다.

한편, 고광림 주미 한국대사관 공사는 쿠데타를 주도한 군 장교들은 "권력에 굶주린 사람들"이라고 말했다. 그는 2군 부사령관인 박정희(Pak Chung Hi) 소장을 "이번 쿠데타를 주도한 장본인"으로 지목했다.

다른 한국 소식통은 장 총리 정부를 뒤엎은 쿠데타를 일으킨 배후 세력은 일단의 젊은 장교들이라는 인상을 받았다고 밝혔다. 이 소식통은 박 소장과 군사혁명위원회의 명목상 책임자인 육군참모총장 장도영 중장은 소장과 장교들을 위해 앞에 나선 "간판"이라고 말했다. 쿠데타의 주모자들은 발각될 경우 쿠데타는 실패하고 엄벌에 처해지기 때문에 극도의 보안 속에 거사를 준비한 것으로 보인다. 이번 쿠데타와 관련해 미국 정보당국을 비난하는 분위기는 없는 것으로 보인다.

카터 매그루더 주한 유엔군 사령관 겸 미군 사령관은 휘하 전 장병들에게 합법적인 장 총리 정부를 지지하도록 지시했다. 마셜 그린 주한 미국 대리대사도 매그루더 사령관의 입장을 지지했다. 그린 대리대사는 "미국은 한국의 합법적인 정부를 지지한다는 사실을 명확하게 밝히고 싶다"고 말했다. 국무부는 다만 매그루더 사령관과 그린 대리대사는 "자신들의 직무에 따른 권한 범위 내에서" 성명을 발표한 것이라고 말했다. 국무부의 이러한 언급은 두 사람의 성명을 긍정하기는 하지만 일반적으로 강한 지지를 의미하는 것은 아니다. 국무부 대변인은 한국 내 상황이 "너무 유동적이고 불명확해, 어떠한 의미 있는 논평을 할 수도 없다"고 말했다.

장이욱(Dr. Lee Wook Chang) 주미 한국대사는 오늘 국무부를 방문해 축출된 장면 정권에 대한 지지 입장을 표명해 주기를 요청했다. 장 대사는 후에 매그루더 사령관과 그린 대리대사의 성명에서 자신이 미국의 입장을 대변하는 증거로 언급됐다고 밝혔다. 장 대사는 미국이 장면 정부에 대한 구두 지지 이상의 어떤 행동을 해주기를 원하는 것 같았다. 장 대사는 미국에 군사적 지원을 요청하거나 기대는 하지 않는다고 말했다. 다만, 장 대사는 미국이 군사 지원을 행할 "의무"가 없지만, 미국의 도의적인 지원은 요청한다고 말했다.

쿠데타 실패 확신

장 대사는 5·16 쿠데타는 실패할 것으로 확신한다고 말했다. 그는 5·16쿠데타가 "국민의 의지"를 반영하지 못하고 있으며, 지지하는 국민보다 반대하는 국민이 더 많다고 말했다. 장 대사는 장면 정부의 정직성을 옹호하고 "장면 정부는 전임 정부로부터 물려받은 국가 부도에서 벗어나기 위한 개혁 조치를 이행할 시간이 필요하다고" 말했다. 장 대사는 이어 "만약 지금의 쿠데타가 성공한다면 장래에 비슷한 쿠데타가 발생할 선례를 만들게 된다"고 우려했다.

미국 관리들 우려

한국의 쿠데타는 몇 가지 측면에서 미국 관리들의 심기를 불편하게 했다. 누가 이 쿠데타에 가담했는지, 쿠데타를 일으킨 목적은 뭔지 그리고 그 목적 달성을 위해 어떤 방법을 쓸 것인지가 아직 명확지 않다. 그리고 현재의 불안한 정세와 군 지휘관들의 쿠데타 참여로 한국군의 전력이 약화 돼 북한이 공격해 올 경우 대응 능력이 저하될 것이라는 우려가 있다. 이런 우려 때문에 매그루더 사령관도 쿠데타 상황을 조속하게 정리하려 한 것으로 이해된다. 한 가지 의문은 이번 쿠데타가 국민의 불만을 어느 정도 반영하고 있느냐는 것이다. 미국은 쿠데타에 관한 입장을 정리하기 전에 이 점에 대해 명확하게 파악하고 싶어 했다. 한국 국민이 장면 정부에 대해 불만을 품었다는 것은 어제오늘의 일이 아니다. 이 불만 뒤에는 만성적인 실업과 농촌 지역 빈곤이 자리하고 있다. 이런 국민의 불만에 관해서 매그루더 사령관은 지난 2월 경고한 바 있다. 그는 "한국에서 가두시위와 혼란의 시간을 더 이상 갖지 않으려면, 한국의 경제 상황을 개선하기 위한 뭔가가 있어야 한다"고 말했다.

좀 길어 보이는 이 기사를 보면 한국의 5·16 쿠데타에 대한 미국 입장은 현장인 서울과 워싱턴이 미묘하게 다른 점이 느껴진다. 서울 주재 미국대사관과 한국군의 작전권을 가진 주한미군사령부는 쿠데타에 반대한다는 입장을 밝혔지만, 미 본국 정부는 유보하는 태도를 취한다. 워싱턴은 마치 '장면 총리 정부는 무능한 데다 혼란스럽고, 그래서 한국 사회가 이념적으로 과도한 분출이 이루어지는 것 같아서 좀 불안했는데, 쿠데타 군인들은 친미 노선과 반공주의 노선을 확실하게 하겠다니, 좀 두고 볼까 하는 듯하다.

미국은 쿠데타군 진압에 나서지 못했다. 물론 당시 한국 내에서 쿠데타를 지지하는 민심이 상당하고, 한국 정부의 관리나 군 지도부가 쿠데타에 대해 크게 반대를 하지 않는다는 점도 영향을 미쳤을 것이다. 무엇보다도 최고 책임자인 총리가 행방불명이다. 윤보선 대통령은 쿠데타군 진압에 부정적이었다. 미국 또는 미군이 나서기가 어렵게 됐다.

미국 입장에 이은 한국발 기사는 "총리 행방불명"(Premier Missing)이 제목이다. 쿠데타라는 엄청난 정변이 발생했는데 최고 책임자 총리가 어디로 갔단 말인가? 쿠데타군도 답답했다. NYT의 기사는 하루 전인 16일 기사보다 내용도 정리되고 많이 차분해졌다.

총리 행방불명 – 육군 참모총장 부패 척결 약속, 내각 새로 임명

(서울, 한국, 수요일, 5.17) 미국 관리들이 반대하고 있는 가운데, 군사혁명위원회 의장 장도영 중장은 오늘 쿠데타군이 한국 정부와 한국 국토 전역을 완전히 장악했다고 말했다. 올해 38살인 육군참모총장 장 중장은 정치 부패와 무능을 일소하고 한국 재건을 위해 쿠데타를 감행했다고 말하고, 이 목적이 달성되면 군부는 정치에 관여하지 않을 것을 약속했다. 장 장군은 2,300만 국민을 상대로 한 라디오 연설을 통해 "군사혁명의 목적이 달성되면, 우리 군은 지체 없이 권력을 이양하고 본래의 군 직무로 돌아갈 것을 분명하게 밝힌다"고 말했다.

쿠데타에 전차 동원

친미 노선과 반공을 천명하는 쿠데타 지도부는 어제 새벽 전차와 보병부대, 공수부대, 해병대 병력을 동원해 신속하게 장면(John M. Chang) 정부를 축출하고 권력을 장악했다[군사혁명위원회는 자신들의 지위를 강화하기 위해 12명의 영관급 장교로 장면 정부를 대체할 임시 내각을 구성했다] 군사혁명위원회는 정부청사를 점령하고 계엄령을 선포했으며, 국회와 지방 의회를 해산시켰다. 군사정부는 각종 비정치적 집회나 모임을 금지하고, 저녁 7시부터 아침 5시까지로 통행금지 시간을 연장했다.

총리가 사라졌다

장면 총리는 현재 행방이 묘연하다. 아무런 실권이 없는 윤보선(Posun Yun) 대통령은 어제 라디오 방송을 통해 국무총리와 각료들은 "조속히 나타나 시국을 수습해 달라"고 호소했다. 윤 대통령은 군사혁명위원회가 장 총리와 각료들이 국무회의에 참석하면 신변 안전보장을 약속했다고 전했다. 윤 대통령은 국무회의가 언제 열릴지는 특별히 언급하지 않았다. 앞서 군사혁명위원회는 장 박사와 각료들을 모두 체포할 것이라고 발표한 적이 있다.

윤 대통령의 발언은 여러 억측을 불러일으켰다. 어떤 사람들은 쿠데타 지도부가 협상을 원하고 있다는 뜻이라고 말하는가 하면, 다른 사람들은 질서 있는 권력 이양을 호소하는 것이라고 해석했다.

장면 정부에 대한 주한 미군사령부와 주한 미국대사관의 지지 성명에 대해 쿠데타 지도부는 콧방귀를 뀌고 있다. 장면 정부 지지 성명은 카터 매그루더(Carter B. Magruder) 주한유엔군 사령관 겸 주한 미군 사령관과 주한 미 대사관의 마샬 그린(Marshall Green) 대리대사에 의해 발표됐다. 매그루더 사령관은 한국을 방어하고 있는 유엔군의 일원으로서 자신의 작전지휘권 예하에 있는 한국군 지휘관들은 "자신들의 영향력을 동원해 통수권을 즉각 합법적인 정부 당국자들에게 넘겨주고 군 내 질서를 회복할 것"을 기대한다고 말했다. 그린 대리대사도 "미국은 한국민에 의해 선출된 합법적인 헌법상 정부를 지지한다는 사실을 명확하게 밝히고 싶다"고 말했다.

장도영 의장은 장면 정부가 현재 한국의 고통스러운 상황에 책임이 있는 것으로 생각한다고 시사했다. 공산 북한과 따로 건국된 한국은 미국으로부터 올해 중 2억 5,300만 달러의 원조를 받는데도 불구하고, 광범위한 실업과 만성적인 빈곤, 물가고 등에 시달리고 있다. 장면 정부는 이승만 대통령을 하야시킨 1960년 4·19 학생혁명 이후에 수립된 정부다. 그러나 장 장군은 "정권은 바뀌었지만, 여전히 부패와 무능 때문에 국민의 고통은 가중되고 있다"고 말했다. "이러한 무능과 부패를 더 이상 지켜볼 수 없어, 군부가 궐기했다"고 장 장군은 밝혔다.

이외에도 NYT는 군사혁명위원회의 '혁명공약' 6개 항을 번역해 싣고, '물가 인상과 매점매석을 처벌한다는 포고령'에 관한 기사, 심지어는 '이번 쿠데타에 미국이 역할을 했다'는 소련 타스(TASS) 통신 기사, '한국군은 조국에 충성을 다하는 군대'라는 제임스 밴플리트(James A. Van Fleet) 장군의 발언 등, 아주 자세하게 보도했다.

이제 5월 17일 기사의 마지막, 사설(社說)을 살펴볼 차례다. 이름 그대로 「한국에서의 쿠데타」(Coup in South Korea)는 쿠데타에 대한 NYT의 입장이나 시선을 정리한 글이다. 미국 다수, 대중의 시각과 바람도 섞여 있을 것이다.

한국에서의 쿠데타

한국에서 발생한 군사 쿠데타는 최근 아시아 지역에서 발생한 많은 군사혁명의 범주에 속하는 것으로 보인다. 터키와 파키스탄 그리고 버마의 경우처럼, 한국 쿠데타 지도자들은 부패하고 비능률적인 의원내각제 정권에 대한 불만과 민간 정치인들 간의 모함과 반목에 대한 불만 때문에 쿠데타를 일으켰다. 장(Chang) 장군과 한국의 군사혁명위원회는 다른 나라 쿠데타 지도부와 마찬가지로 정부 정책의 급격한 변화가 아니라 좀 더 짜임새 있고 실행력 있으며 더 효율적인 정부를 원하고 있을 뿐이다.

쿠데타 지도부가 밝힌 이런 목표는 우선은 좋게 평가할 만 하지만, 쿠데타라는 급진적인 방식을 취한 것이 이 목표를 달성하는 데 도움이 될지는 더 두고 봐야 한다. 한국 쿠데타 지도부는 전임 이승만(Syngman Rhee) 대통령 정부와 같은 독재적인 방식으로 회귀하지 않고 가난과 인구과잉, 저개발, 실업, 인플레이션 등의 문제를 민주적인 방식으로 해결하려는 장면(John Chang) 정권에 반기를 들었다. 물론 장면 총리 정부에도 문제는 있었다.

한국의 상황은 그 장래를 평가하기에는 아직 불확실하다. 다만 쿠데타 지도부가 미국과 협력을 계속하기를 원하고 공산주의자의 준동과 침략에 단호하게 대처하겠다고 한 점은 퍽 다행스럽다. 또 쿠데타 지도부가 자신들의 목표가 달성되면 권력을 민간인들에게 맡기고 군으로 돌아가겠다고 밝힌 점은 충분히 좋은 평가를 받을 만하다.

새 군사혁명위원회가 한국의 정치질서와 군 조직의 훼손을 최소화하고, 공산주의자에게 득세할 기회를 주지 않고, 안정된 민간 정부를 수립하는데 어려움을 가중하지 않는 방식으로 행동하길 바라 마지않는다.

쿠데타가 발생한 당일과 그 뒷날 기사를 자세하게 살펴봤다. 상식적인 말이지만 쿠데타는 제3세계 혹은 후진국에서 대부분 발생한다. 소위 선진국에서는 오랜 세월에 걸쳐 군부의 정치 참여가 우회적으로 통제되거나, 세련된 방식으로 제도적으로 보장되고 있어서 쿠데타가 발생하는 일이 거의 없다.

제3세계에서는 군부의 정치 참여가 급작스럽고 직접적인 방식으로 이뤄진다. 제3세계에서의 군부 쿠데타는 아직도 일부 국가에서 발생하지만, 2차 대전 이

육군사관학교 생도들의 5·16 지지 시위(5.18) 　　　서울역에 출동한 쿠데타군. 1961.5.

후 식민주의 구질서에서 해방되던 1950~1970년대 사이에 많이 발생했다. 한 통계를 보면 1960~1980년 사이 아시아에서는 15회, 아프리카에서 36회, 중동 지역 11회, 중남미 지역 28회나 쿠데타 발생한 것으로 기록됐다. 이것은 성공한 쿠데타의 경우만 따진 것이어서 실패한 것까지 계산하면 훨씬 많다.[096]

서방 자유주의 맹주인 미국은 당연하게도 아시아나 중동, 아프리카 등지의 후진국에서 발생하는 쿠데타에 대응하는 시나리오를 갖고 있다. 미국은 기본적으로 국민의 자유로운 선거를 통해 합법적으로 탄생한 정부를 군인들이 무력으로 뒤집는 쿠데타에는 단호하게 반대한다. 그런 입장은 쿠데타 초기 주한 유엔군 사령관과 주한 미 대사관의 성명으로 밝혔다. 그러나 해당 군사 쿠데타 지도부가 친미 성향이고, 반(反)공산주의일 경우, 미국은 전략적 선택으로 입장을 바꾼다. 어느 쪽을 선택하는 것이 미국의 국익에 좋을까, 고민한다. 5·16에 대한 미국의 입장도 그랬다. 미국은 사상적으로 혼란하고 무능하다는 말을 듣는 장면 정권보다는 확실한 친미와 반공을 표명한 박정희 장군 체제를 용인하기로 슬그머니 방향을 바꾼다.

7월, 최초의 반혁명사건 | 쿠데타의 1인자는 장도영(張都暎, 1923~2012) 군사혁명위원회 의장이지만, 처음부터 2인자인 박정희 장군의 존재도 언급된다. 눈 밝은 관측통이라면 느낄 수 있을 정도고, 쿠데타 이후 미국으로 망명을

선택한 주미 한국대사관 고광림(高光林)^097 공사는 박정희 소장을 주모자라고 바로 지목했다.

「군사혁명위원회」는 발족 사흘 만에 「국가재건최고회의」로 이름을 바꾸었고, 장도영과 박정희가 각각 의장, 부의장을 맡았다. 쿠데타 성공 두 달도 안 돼, 장도영은 반(反)혁명 혐의로 중앙정보부에 체포된다. 정치는 한순간에 빛도 되고 그림자도 된다고 했는데, 장도영에게 빛의 시간은 극히 짧았다.

이제 박정희의 시간이 왔지만, 반혁명(反革命) 움직임은 상당 기간 계속된다. 5·16이 김종필을 중심으로 한 육사 8기생들과 박정희 소장의 연합으로 성공했지만, 군부 내 비주류 세력도 만만치 않았다. 초기 국군의 구성이 복잡했다. 7월 초 장도영 장군 제거는 반혁명 사건의 시작이었다. 이어지는 10여 건의 반혁명사건[098]은 주로 군 내부 세력 다툼과 관련된 것이었지만, 쫓겨난 민주당 등이 관련된 사건도 있었다. 이 최초의 반혁명사건, 소위 "텍사스 토벌작전"으로 장도영 중장, 문재준 대령, 박치옥 대령 등도 함께 구속된다. NYT의 기사 제목도 그랬다.

쿠데타 지도부. 장도영 의장(우) 박정희 부의장(좌). 1961.5.20.

김종필 초대 중앙정보부장

한국의 암살 음모(Death Plot)에 전 최고회의 의장도 가담[099]

(한국, 서울, 7.6) 한국의 권위 있는 소식통들은 오늘 장도영 중장이 국가재건최고

회의 내 경쟁자를 "제거"하려는 음모를 획책해, 군사정부에서 제거하게 됐다고 밝혔다. 지난 월요일(7.3) 장 장군은 이유를 짐작할 수 없는 가운데 국가재건최고회의 의장과 내각수반 자리에서 물러났다. 5·16쿠데타의 주모자로 지목받던 박정희(Pak Chung Hi) 소장이 국가재건최고회의 의장을 이어받았고, 송요찬 국방부 장관이 내각수반을 맡았다.

국가재건최고회의 위원 가운데 준장 1명, 대령 1명, 중령 1명이 장 장군과 함께 최고회의에서 물러났다. 권위 있는 소식통들은 이 장교들이 최고회의 내 경쟁자를 암살하려는 음모에 가담한 혐의를 받고 있다고 말했다. 두 명의 영관급 장교는 공수부대 지휘관으로서 장면 정권을 퇴진시킨 5·16 쿠데타 당시, 해병대, 포병부대 등과 함께 참여했다. 장 장군과 3명의 조력자는 최고위원에서 사임한 뒤 당국에 체포됐다는 보도가 이어지고 있으나, 체포 여부는 확인되지 않고 있다. 최고회의 대변인도 이 보도에 대해 언급하기를 거부했다.

어제 최고회의가 장면(Dr. John Chang) 박사와 고위 보좌진들이 친(親)공산주의 활동에 연루됐다고 비난한 이후, 장 전 총리 역시 체포됐다는 보도가 나왔다. 장 전 총리는 가택연금 상태에 있었다. 장 박사와 7명의 전직 각료를 포함 측근 11명 등은 "한국을 공산화로 이끌 수 있는 친공산주의 음모"에 가담한 혐의를 받고 있다. 이번 사건 조사 책임자인 김재춘 대령은 이들이 구류 상태에 있거나 가택연금 중에 있다고 밝혔다. 김 대령은 이들에 대해 구속영장을 신청하겠다고 말했다.

사무엘 버거 주한 미국 대사는 오늘 장면 박사에 대한 한국 정부의 주장에 대해 구두로 항의한 것으로 알려졌다. 버거 대사는 장면 전 총리의 무고함을 믿는다고 밝힌 것으로 전해졌다. 한국 관리들은 버거 대사의 이러한 행동에 불쾌함을 드러냈다. 한 고위 관리는 이는 한국에 대한 미국 대사의 공공연한 내정 간섭이라고 말했다. 이 관리는 "재판도 해 보지 않고 무슨 방법으로 한 사람의 무고함을 증명할 수 있겠습니까?" … (이하 생략)

그럼 당시 군사정권의 안테나요 상황실의 핵심이었던 중앙정보부장 김종필은 왜 장도영 의장을 잡아들인 걸까?

내게 늘 의문의 인물이 있었다. 국가재건최고회의 의장, 내각수반, 국방부장관, 육군참모총장, 계엄사령관의 5개 직책을 한 손에 쥔 장도영이다. 1961년 5월 24일 장도영은 난데없이 기자회견을 통해 "케네디 미국 대통령을 직접 면담하기 위해 미국을 방문키로 했다"고 발표했다. … 장 의장의 발표는 우리와 사전에 상의 없이 이뤄져 '도대체 무슨 뜻을 품고 있을까'라는 의심이 들게 했다. 케네디 대통령을 만나서 무슨 언질을 받아 엉뚱한 일을 벌일지도 모른다는 의구심도 생겼다. 그는 또 사흘 뒤엔 비상계엄을 경비계엄으로 바꿨다. 이 역시 우리와 사전 협의가 없었다. … 5월 31일 장 의장은 AP통신과의 회견을 통해 8월 15일을 전후해 민정이양을 할 수 있다는 취지로 발언했다. 그것은 미국의 눈치를 보고 윤보선 대통령의 내심을 반영하는 내용이었다. 그뿐 아니라 장도영의 인맥이 최고회의, 내각, 국영기업체를 속속 파고들어 세력을 확대하고 있는 게 눈에 보였다. … 그렇게 박정희 부의장의 혁명 지도력을 흔드는 일이 여기저기서 잦아졌다. 문재준(대령, 헌병감)은 박 부의장의 질책을 받은 뒤 박치옥 공수단장 등과 만나 "7월 3일 박정희와 김종필을 해치우자"고 모의하고 병력 동원 계획까지 세웠다. 이 첩보는 사전에 정보부의 정보망에 걸려들었다. 나는 장 의장을 제거하기로 결심했다. 박 부의장에게 보고할 것인가 말 것인가 무척 고민했지만 결국 보고하지 않기로 했다.[100]

김종필은 또 장도영이 자신들이 주도하고 있는 5·16군사쿠데타에도 발을 걸쳐놓고 한편으로는 미국 중앙정보부(CIA) 한국 지부에 근무하던 크래퍼(가명) 요원의 쿠데타 기도에도 줄을 대고 있었다고 같은 책에서 기술했다.

크래퍼 그룹도 장면 정부가 공산주의의 침투에 효과적으로 대응하지 못하는, 무능하고 혼란한 정부여서 정권을 교체하려 했다. 크래퍼는 장면 정부를 뒤집고 새로운 국가 지도자로 장도영 참모총장을 추대하려고 했다. 결국, 장 의장의 양다리 작전이 됐다. 이러한 사실은 김종필이 중앙정보부를 맡고 있던 1961년 여름에 밝혀졌다.[101] 이래저래 장도영 장군은 박정희. 김종필 등과 오래하기 어려운 형편이었고, 동지는 더더구나 아니었다.

김대중도 『자서전』에서 장도영과 관련한 기록을 남겼다. 김대중은 자신의 정치적 후견인 장면 총리가 자리에서 물러나고 또 자신의 국회의원 당선도 허사로 만들어버린 군사쿠데타의 간판 장도영 중장을 좋게 평가하기 어려웠을 것이다.

> 장 총장은 장면 총리가 특별히 총애해서 현직에 있는 최경록 참모총장을 해임시키고 임명한 사람이었다. 그러나 그는 자유당 시절 이기붕에게 충성을 다한 사람이었다. 이 때문에 민주당 내부의 많은 사람이 참모총장 교체를 반대했다. 장 총리는 내가 보는 자리에서도 장 총장에게 여러 차례 물었다. "시중에 떠도는 쿠데타설이 신빙성이 있는가? 그 중심에 박정희 소장이 있다는데, 맞는가?" 그때마다 장 총장은 답했다. "아무 일 없습니다. 박정희 소장 쿠데타설은 음모에 불과합니다. 심지어는 저도 가담했다는 이야기도 듣고 있습니다." 그러면서 장면 총리에게 안심하라며 자기가 군을 확실하게 장악하고 있다고 장담했다.[102]

김대중의 회고는 이어진다. "소신 없이 사욕을 좇아 후배들에게 영달을 구걸했던 장도영은 결국 그 끝이 비루했다. 장도영은 한때 군사정권의 최고 지도자로 추대됐다가 결국 반혁명이라는 낙인이 찍혀 체포되었다. 그리고 국외로 추방당했다. 배신의 결말이었다" 김대중의 회고에서는 아주 깊은 증오와 배신감이 드러난다. 출판을 전제로 하는 책이 아니라면, 표출된 그 감정의 두께로 미루어 볼 때, 김대중은 이보다 훨씬 심한 말도 했을 것 같다.

이주당(貳主黨) 사건 | 김대중은 의사당에 들어가 국회의원으로서의 활동은 못 했지만, 그래도 며칠이나마 국회의원을 지낸 정치인이다. 또 집권 민주당의 대변인도 지냈다. 그래서 5·16 이후 그는 『정치활동정화법』(1962.3.16)의[103] 규제 대상이 돼, 정치 활동을 못 하는 낭인 생활을 이어간다.

그 와중에 김대중은 1962년 5월 10일 이희호(李姬鎬, 1922~2019)와 결혼했다.

이들은 부산 피난 시절부터 알고 지내던 사이였다. 어린 사내아이 둘에 노모와 아픈 여동생을 거느린 그로서는 재혼이었고, 이희호는 첫 결혼이었다. 신혼집은 서대문의 전셋집이었다.

결혼 열흘 뒤(5.20), 김대중은 '반혁명' 혐의로 중앙정보부에 연행된다. 5·16 쿠데타 이후 발생했던 10여 건의 반혁명사건 가운데 유일하게 과거 집권당인 민주당이 관련된 사건이었다. 당국의 발표처럼 '어마어마한 반국가 사건'은 아니었으나 눈길을 끄는 사건임은 틀림없다.

1962년 6월 1일, 중앙정보부 김종필 부장은 "구 민주당 소속 정치인들이 5·16군사정변으로 권력을 빼앗긴 데 분노해, 정치계는 물론 군인들까지 포섭해 군사정권을 타도하려고 했다"고 발표한다.

이희호는 '민주주의와 조국 통일이라는 큰 꿈을 꾸고 있는 젊은 정치인 김대중을 도와야겠다는 마음에서 결혼을 결심했다'고 말했다.

소위 「이주당 반혁명사건」이다. 이들 반혁명 분자는 "61년 11월 서울 효창공원에서 만나 모의를 한 끝에, 6월 13일을 기해 무력 쿠데타를 일으키고 간단한 과도정부 기간을 거쳐 8월 15일 민정이양을 한다"는 음모를 꾸몄다고 발표됐다. 그런데 반혁명 분자들의 거사 본부가 효창운동장이라니? 발표되는 내용은 상당히 빈약하고 어설프다.

이 사건으로 김상돈(전 서울시장), 조중서(민주당 조직부장), 김대중(민주당 대변인), 김인측(CIC 대령)[104], 이성렬(백의사)[105] 등 41명이 구속됐고, 장면 전 총리도 배후 인물로 지목돼 불구속기소 된다. 당시 언론은 제2공화국의 장면 총리가 관련됐다고 해 크게 보도했다. 김대중은 구속돼 한 달 동안 조사를 받았으나, 기소도 되지 않았고 나머지 관련자들도 대부분 무죄로 석방됐다.

쿠데타로 졸지에 정치 낭인이 된 사람들끼리 모여 불평불만을 쏟아냈겠지만, 불과 1년 전 쿠데타에 성공하고 군사정부(국가재건최고회의)를 출범시킨 군부를 뒤엎겠다는 것은 불가능했을 텐데도, 당국은 그렇게 발표했다. 세월이 수상했다. 김대중은 "정보정치로 숨통을 조이던 당시 분위기로 보아서 이런 모의 자체가 애당초 불가능했다"고 회고했다.

이주당 반혁명사건을 보도한 경향신문 1면. 1962.6.2

박정희는 군대를 동원해 권력을 잡았고, 김대중은 구(舊)체제의 일원으로 손발이 묶여 규제받는 입장이었다. 젊은 정치인 김대중과 쿠데타의 실권자 박정희의 거리는 아주 멀었다.

박정희의 '화양연화'(花樣年華: 인생의 가장 빛나고 소중했던 시절)가 이제 시작된다. 이후 박정희와 김대중, 두 사람의 거리도 가까웠다 멀어지기를 반복한다.

해마다 봄이 오면 굶어 죽는 사람이 속출하는 후진 농업국가가 수출국가, 공업국가로 바뀌는, 박정희의 표현대로, '산업혁명'을 이루기가 쉬운 일이 아니다. 국내에는 돈이 없었다. 그러니까, 굶어 죽는 사람이 나온다.
가능한 방법은 외국에서 돈을 빌려오거나, 벌어오거나, 수출에서 흑자를 내는 방법뿐이다. 우리 경제에서 무역수지 흑자는 20년도 훨씬 지난 1986년에야 가능해지는 일이다. 가난한 데다 부패하고 휴전을 하고 북한과 대치하고 있는 나라의 상황은 정말 딱했다.

제5장

현실의 벽 : "도둑 맞은 폐가"

답답한 현실 | 박정희, 김종필 등이 쿠데타를 계획하던 시절의 국군은 10여 년 전 창설 초기와 비교하면, 말 그대로 상전벽해(桑田碧海: 뽕나무밭이 변해서 푸른 바다가 됨), 비교 불가능이다. 창군 당시 5만 명으로 출발한 것은 그렇다 쳐도, 북한의 침략을 받을 당시도 10만 명 정도였던 국군은 남한 곳곳에서 출몰하는 빨치산(partisan, 게릴라)을 토벌하기 위해 38선 지역이 아니라, 지리산 태백산 등 남쪽으로도 많이 내려가 있었다. 그런 상황에서 북한이 탱크를 앞세우고 전면 남침을 개시했다. 이어 수십만 명의 중공군도 가세한다. 국군은 전쟁 과정에서 계속 늘어났다. 50만 명, 60만 명을 넘어선다. 인구 2,500만 명에 비하면 군인의 숫자가 과했다.

군대는 숫자만 늘어난 게 아니다. 질적으로도 달라진다. 한국군에 대한 작전권을 넘겨받은 미국은 동맹인 한국군의 전투 능력 향상을 위해 또 민주주의에 대한 투자와 교육 차원에서 1년에 1,000명씩 이미 10,000명이 넘는 장교와 하사관들을 연수시켰다. 당시 미국은 급여성 체재비까지 지불하면서 병과(兵科) 별로 미국의 군사학교에서 장·단기 연수를 받게 했다. 박정희도 준장 진급 직후인 1954년 오클라호마주 포트 실(Fort Sill)의 육군포병학교로 6개월 연수를 다녀온다. 함께 미국 연수를 갔던 오정석 중령의 회고담이다.

> 미국인 가정에 초대되어 그들과 며칠 함께 생활하는 프로그램이 있었습니다. 부모가 아이들의 말을 경청하는 자세, 남편이 아내를 대하는 태도에 무척 놀랐습니다. 늦은 밤에 인적이 없는데 빨간 신호등에 멈춰 서는 자동차, 스쿨버스가 지나가면 속도를 줄이는 자동차들을 보고 '아하, 사람 사는 데란 이런 곳이구나' 하는 생각이 들었습니다. 그러면서도 동기생들끼리 모이면 '이러다가는 친미파가 되어버리는 게 아닌가' 하는 경계심을 털어놓기도 했습니다. 많은 한국군 장교들은 왜 도로에 중앙선이 있어야 하는지, 들이받힌 자동차를 몰던 장교가 들이받은 차를 몰던 부하를 왜 두들겨 패지 않고 무슨 서류에 사인만 하고 보내주는지를 이해하지 못하고 있을 때였다.106

박정희, 전두환, 노태우 등 역대 군 출신 대통령들만 봐도 이들은 군 생활의 적절한 시기에 다들 미국 연수를 다녀왔다.[107] 이들은 미국에서 군사적인 내용을 배우지만, 학교 밖에서 더 많이 배우고 느낀다. 민주주의와 자유의 가치, 조국과 가정과 가족의 소중함, 질서 유지와 법규의 준수 등은 겪거나 생활하지 않고 학교에서만 배우기는 무척 어렵다. 생활 속에서, 사람들 속에 어울리면서 제대로 배울 수 있다. 애국심이란 이런 소중한 가치를 지키기 위해 필요하다는 것을 미국인들의 생활을 지켜보면서 깨닫는다. 궁극적으로 미국이 목적하는 것이 이것인지도 모른다.

미국 포트 실(Fort Sill) 기지에 전시된 원자포 M-65. 이 포는 1953년 실제로 400kg의 소형 핵탄두를 발사하는 데 성공했다. 포신 26m, 사거리 30km인 이 원자포는 북한군의 침략을 초전에 박살 내기 위한 목적으로 한국에도 4문이 배치돼 있었다.

4월혁명 뒤 실시된 제5대 총선에서(60.7) 민주당은 미국 원조의 대부분이 국방비로 들어가니, 군인을 줄여서 남는 재원을 경제개발로 돌리겠다는 의지의 표현으로 '10만 감군(減軍)'을 공약으로 내걸었다. 이에 대해 한국군은 물론 미국 측도 반대한다. 10만 감군 공약은 결국 12월에 가서 3만 명을 줄이는 선에서 끝났다. 감군은 흐지부지됐지만, 군부는 감군을 공약으로 내건 정부에 대해 섭섭함을 느낀다. 소장파 장교들은 계속 정군(整軍) 즉 부패한 수뇌부의 청산을 요구했다.[108] 그 무렵 한국에 주재하는 외국 공관에서도 내부적으로는 당시 민주당 정부의 국가 운영 능력에 대해 회의적이었다.

민주당 정권으로서는 부패한 한국 정치와 파국으로 치닫는 경제 상황을 개선하기 어렵다는 사실은 당시 한국에 주재했던 서방 외교관들의 공통된 인식이었다. 이들은 한국 사회가 정치와 경제뿐만 아니라 모든 분야에서 부정과 부패가 만연되어 있고, 이를 민주당 정부 스스로 극복할 능력이 없다고 인식했다.[109]

주한 미국대사관도 쿠데타 초기에는 국민의 자유로운 투표에 의해 정당하게 설립된 장면 정부를 지지한다는 원칙적인 성명을 발표했지만, 장면 정부의 무능과 정치와 언론의 부패 그리고 높은 실업률과 광범위한 빈곤으로 인해 공산화의 위험이 있다고 입장을 바꾸기에 이른다(61.6.9).

당시 주한 독일대사관은 "정치적 분열, 경제 상황의 악화, 화폐 가치의 지속적인 하향 조정 그리고 증가하는 실업률 등으로 인해 국민의 불만은 팽배했고, 민주당 정권은 이미 국정을 이끌어가기 어려운 상황에 놓이게 되었다"고 보고했다(61.3.9). 부정부패, 경제의 후진성, 집권당의 무능 등은 지금도 세계 여러 후진국에서 거론되고 있는 문제들이다.

5·16 군사정부(1961.5~1963.12)는 「국가재건최고회의」의 다른 말이다. 국가재건최고회의는 쿠데타 세력이 혁명 과업 완수를 위해 비상조치로 설치한(5.18)

국가재건최고회 위원 32명이 첫 회의를 마치고 사무실 앞에서 기념 촬영을 했다(1961.5.20).

32명으로 구성된 최고 통치 기구로, 입법·행정·사법의 3권을 행사했다. 『국가재건비상조치법』보다도 조직(국가재건최고회의)이 먼저 생겼다. 하긴 평시에 이런 조직이나 법을 왜 만들어 놓을 것인가?

쿠데타 석 달 후(8.12) 국가재건최고회의는 "정권 이양에 앞서 진정한 민주 정치 질서를 창건하고 구악(舊惡)의 재발 방지를 위해 ①구악 일소와 법질서 확립 ②모든 체제의 개혁과 발전 ③종합경제 5개년계획 추진 등 기초 결업(結業)을 마치면 1963년 중 정권을 민간 정부에 이양하겠다"고 밝혔다.

군사정부는 제일 먼저 급진 좌익 세력 검거에 주력했다. 쿠데타 성공과 군사정부 지도부에 대한 미국의 의구심을 최우선으로 해소할 필요가 컸기 때문이다. 보도연맹(保導聯盟)[110] 가입자, 혁신계 정당 관련자, 교원노조 운동가 등 4,000여 명이 체포됐다.

또 부패와 구악을 일소하겠다는 공약에 따라 4,200명의 폭력배를 포함해 2만 7,000명의 범법자가 단속됐다. 자유당과 결탁했던 정치깡패 이정재 등이 여기에 포함됐고, 부패 공무원 4만여 명이 공직에서 추방됐다. 이는 전체 공무원의 18%에 해당했다. 부패 공무원 중에는 축첩(蓄妾)이라는 아주 민망한 구습에 젖은 공무원도 있었다. 전쟁 직후라는 특수하고 슬픈 상황도 있었지만, 부패와 관련해 축첩은 그냥 넘어가기에는 너무 고약했다.

쿠데타 직후 많은 깡패가 체포됐다. 정치깡패 이정재는 교수형에 처해졌다(61.10.19).

군사정부는 또 자유당 정권에 거액의 정치자금을 제공한 주요 기업인 15명을 구속하고, 부정 축재 기업인 27명에게 475억 환의 벌과금을 부과했다. 혁명정부는 또 농어민의 이자 부담을 덜어주기 위해 고리채(高利債: 비싼 이자로 얻은 빚)를 정리했으나(61.6), 농어촌의 사(私)금융이 마비되는 부작용이 발생해, 가난한 사람들은 급전을 구하느라 더 고생한다. 은행이라고는 있었으나, 여기서는 서민들이 필요로 하는 돈을 쉽게 빌려주지 않았다. 이상과 현실 사이에는 늘 차이가 있다.

"도둑맞은 폐가" | 위기에서 기회를 보면 기업가, 어려움을 보면 전문가라고 했다. 이 말을 인정한다면 쿠데타 주도 세력은 전문가보다는 기업가에 가까웠다. 혁명 공약에서 밝혔듯이 이들은 수천 년 내려온 가난을 끊어 내고, '조국 근대화'를 달성하려는 행동에 들어간다. 박정희는 실권을 잡자마자 바로 경제기획원(經濟企劃院)을 신설하고(61.7.22) 제1차 경제개발 5개년계획을 실행에 옮긴다. 당시 박정희는 나라 살림의 실상을 파악하고는 "도둑맞은 폐가를 인수했구나"라는 탄식이 절로 나왔다고 했다.

> '마치 도둑맞은 폐가를 인수한 것 같았다'고 본인은 정권 인수 소감을 실토한 바 있지만, 진심으로 빈털터리 나라였다. 앞을 봐도 뒤를 봐도 아무리 눈을 씻고 좌우를 살펴도 본인에게 용기를 주는 낙관이나 희망은 도대체 찾을 수 없는 완벽하게 텅 빈 집이었다. 누적된 부패는 본인으로 하여금 마치 쓰레기장의 한복판에 서 있는 듯한 착각을 안겨줬다. 이런 데서 이제껏 살아온 것이 용하게 느껴질 정도였다.[111]

그 무렵 우리나라의 실상은 「절량농가」와 「원조경제」라는 두 용어를 통해 상황을 쉽게 이해할 수 있다. 해마다 봄철이면 국민 10명 가운데 2명 정도가 식량이 없어 굶어야 했고, 미국의 원조가 없으면 새해 예산안도 편성하지 못하는 진짜 가난한 나라였다. 그런 상황에서도 내일에 대한 희망을 포기하지 않는 국민이나 그런 나라를 살리려고 드는 미국이나 모두 대단했다.

① **절량농가(絶糧農家)** | 19세기 프랑스 외교관 탈레랑(Talleyrand)은 "인간은 칼로 많은 것을 할 수 있지만, 칼 위에 앉을 수는 없다"라고 했다.[112] 1961년 한국. 권력은 총으로 잡을 수 있었으나 정치나 권력의 유지는 총만으로는 부족했다. 가난한 국민은 총보다 굶주림을 더 무서워했다. 당시 봄만 되면 먹을 것이 없어서 얼어붙은 산야에서 쑥이나 봄나물이 언제 나오나 지켜보는 농민이나 도시 영세민이 많았다. 불린 보리쌀을 절구로 찧어 봄나물을 넣고 끓이면 '가족 여러 사람의 입에 풀칠'을 할 수 있기 때문이다. 신문에는 해마다 굶어 죽는 가정의 슬픈 이야기가 실렸다.

> 두메마다 굽이쳐 도는 '절량의 바람'은 충남 서천군 영리 부락을 스쳐 현송준(44세) 씨 집 세 식구(현송준, 현 씨의 처 송 씨, 생후 18일 된 젖먹이)의 목숨을 앗아 갔다. 마을 사람들의 '굶어 죽었다'는 진단만으로 매장 허가도 없이 흙으로 돌아간 이들 세 식구의 죽음을 당국에서는 병사(病死)라고 말하고 있다. 가난한 이들에게 인술이 미칠 리 없었고 그의 시체엔 사망진단서가 붙을 수 없었다.[113]

1960년 3월 전국 절량농가[먹을 양식이 없는 농가]가 정부 통계로 43만 가구, 농업 전문가들 추계로는 90만 가구가 넘는다는 기록을 보면 춘궁기(春窮期, 보릿고개)의 실태가 짐작이 간다.
그때 가정마다 아이들이 보통 5~6명 정도였으니 2,500만(1960) 국민 가운데 20% 정도인 5~600만 명 정도가 배를 곯았다고 봐야 한다.[114] 가난과 배고픔을 상징하는 「절량농가」「춘궁기」「구호양곡」「장리(長利)쌀」 등은 이제 학술 논문에서나 쓰이지 일상에서는 거의 사용하지 않는다. 별도의 설명이 필요한 학술 용어가 됐다.

절량농가는 가을에 추수한 곡식이 그 이듬해 보리가 미처 여물기도 전인 봄철에 바닥이 나, 3~5월에는 굶기를 밥 먹듯이 하는 농가를 말하고, 이들이 맞는 눈물과 배고픔으로 가득한 봄[春]을 춘궁기(春窮期)라고 했다. 구호양곡은 굶는 이들에게 정부가 무상으로 나눠주거나 빌려주는 보리쌀이나 밀가루를 말하는데, 이것도 미국에서 원조해 준 것이다. 사정이 이처럼 어렵다 보니 양식이 떨어진 농가에서는 봄에 쌀이나 보리쌀을 꿔다 먹고, 가을에 이자로 50~60%를 보태서 갚는, 고리(高利)의 장리쌀도 없어서 난리였다.[115]

1950년대에 걸쳐 농촌 인구는 전체 인구의 60%를 차지했다. 그럼에도 농업이 국민총생산에서 차지하는 비중은 35%에 지나지 않았다. 농촌인구의 상당 부분은 생산성이 매우 낮거나 제로인 과잉 노동력이었다. 무엇보다 그 과잉인구를 빨아들일 수 있는 큰 시장이 국내외에 존재하지 않았다. … 그 같은 제약은 1960년대에 들어와 한국경제에 커다란 수출시장이 열리면서 해소되었다.[116]

한국은 미국과 유엔의 원조로 부흥에 성공했다. 우유 급식을 받고, 교실이 없어 야외수업을 하면서도 배우고 가르쳤다. 50~60년대 한국의 높은 교육열은 세계적으로 드문 경우였다.

5·16에는 이런 비극적인 상황이 바탕에 깔려 있었다. 다른 후진국에서 다 일어난 쿠데타가 뒤늦게 발생하자, 이를 반기는 국민도 적지 않았다.

1961년 대한민국은 5·16을 특별히 원하지도 않았지만 그렇다고 결사적으로 반대하지도 않았다. 5·16 직후 서울대학교 총학생회는 "4·19와 5·16은 동일한 목표를 갖는다"면서 5·16을 '민족주의적 군사혁명'으로 규정했다. 이른바 재야의 목소리도 비슷했다. 월간 『사상계』의 편집인 장준하는 "우리는 혁명에 임하여 반성해야 하고, 새로운 질서를 마련하도록 힘써야 한다"고 하면서 "한국의 군사혁명은 압정과 부패와 빈곤에 시달리는 많은 후진국의 길잡이로, 모범이 될 것"이라며 기대를 숨기지 않았다.[117]

이처럼 분위기는 나쁘지 않았다. 역설적으로 쿠데타 지도부 앞에 놓인 한국의 현실은 그만큼 암담했다. 총으로 쌀을 만들 수는 없기 때문이다. 문제는 경제, 국민을 오래 굶게 버려둘 수는 없었다.

② **원조경제(援助經濟)** | 1950~60년대 우리 경제를 원조경제 체제라고 했다. 나라는 가난했고 국민이 배곯던 그 시절의 실상이다.

> 1957년 한국의 수출은 총 2,220만 달러에 불과했다. 수출의 대종품은 쌀, 텅스텐, 김 등의 농수산물과 광산물이었다. 1950년대 한국은 그가 보유한 1차 자원을 팔아 약간의 달러를 벌 뿐이었다. 그에 비해 그해 한국의 총수입은 4억 4,220만 달러나 됐다. 그 가운데 한국 정부가 자력으로 결제할 수 있는 수입은 6,820만 달러에 불과했으며, 나머지 3억 7,400만 달러는 미국이 제공한 원조 달러로 결제됐다. 이처럼 원조가 총수입에서 차지하는 비중은 85%나 되었다.[118]

미국의 원조가 최대를 기록했던 1957년의 경우를 살펴봤지만, 이건 나라라고 하기에는 너무 딱했다. 지금도 세상의 가난한 나라들 실상은 이와 비슷할 것이다. 다른 역사학자의 기록을 하나 더 살펴보자.

> 미군정은 남한을 통치한 3년 동안에, 점령지역 행정구호(GARIOA) 원조의 일환으로 총 4억 1,000만 달러의 경제원조를 했는데, 그중 식료품이 41.6%였습

원조 물자의 하역(부산항).   원조 식량은 시민들에게 직접 배급됐다. 1950년대.

니다. 이후 이승만 정권이 성립하면서 미국의 원조는 경제적 안정을 돕기 위한 ECA 원조로 바뀌었습니다. 또 6·25전쟁 발발 후에는 전후 복구를 위한 UN 명의의 UNKRA 원조 등에 이어 미국의 FOA 원조, ICA 원조, PL480호 원조 등이 제공됐습니다.

증가 추세에 있던 미국의 원조는 1957년을 정점으로 미국의 국제수지 악화로 점차 줄어들어 차차 유상차관 방식으로 바뀌어 갔습니다. 이승만 정권기의 경제를 한마디로 말하면 원조경제 체제였다고 할 수 있습니다. 1945년부터, 박정희 정권의 제1차 경제개발 5개년 계획이 시작되기 전해인 1961년까지 미국의 한국에 대한 총원조액은 약 31억 달러였습니다.[119]

우리가 원조경제 체제일 때, 미국 행정부 고위 관리가 한국을 방문해 다음 해 원조 규모에 대해 서로 의견을 나누는 절차가 있었다. 미 행정부도 마구잡이로 의회에 예산을 요청할 수 없었을 테니, 필요한 절차였다. 1960년도 예산을 협의하기 위해 더글러스 딜론(Douglas Dillon, 1909~2003) 미 국무부 경제 담당 차관이 59년 가을 서울을 찾았다.

한국, 딜론 차관에게 시급함 강조

(서울, 한국, 10.23) 더글러스 딜론 국무부 차관은 사흘 동안의 타이완 방문을 마치고 오늘 한국에 도착해, 한국 관리들로부터 미국의 경제원조와 군사원조가

계속돼야 한다는 필요성에 대한 설명을 들었다. 한국 정부는 한국 경제 상황과 1960~1961 회계연도에 필요한 2억 2,200만 달러의 최소 원조 요구액을 담은 메모를 딜론 차관에게 전달했다. 미국 원조의 최대 수혜국인 한국은 올해, 요청한 것보다 훨씬 줄어든 규모의 원조를 미국으로부터 받을 것으로 보인다.

한국 정부는 미국 개발차관기금(USDLF)으로부터 상당한 액수의 자금지원과 함께 공법(Public Law) 480호에 의한 잉여농산물 원조의 증액을 희망하고 있다. 한국은 또 지난 9월 발생한 태풍 피해 복구에 필요한 1,400만 달러가 넘는 특별 지원 자금의 조기 집행 요구를 메모에 담아 전달했다. 딜론 차관은 내일 휴전선을 방문한 뒤, 일요일 일본으로 출발한다. (NYT, 1959.10.23.)

위 기사에 나오는 태풍은 1959년 9월 17일 추석 당일 한반도 남부를 덮친 사라(Sarah)호를 말한다. 사망 실종이 1,000명을 넘고, 허술한 초가집이 무너져 생겨난 이재민이 37만 명을 넘는 끔찍한 태풍이었다. '엎친 데 덮친다'는 말이 모자랄 정도였다. "절망과 기아선상에서 허덕이는 민생고를 시급히 해결하고 국가 자주 경제 재건에 총력을 경주한다"라는 쿠데타군의 혁명 공약이 괜히 생겨난 것이 아니었다.

가난한 나라와 배곯는 국민, 가난 문제는 당시 여간 심각한 문제가 아니었다. 21세기인 지금도 가끔 언론에서 '냉장고가 비어 있었다' '무연고 죽음' 또는 '방치된 이웃' 등과 같은 제목으로 뉴스가 나오지만, 이것은 엄밀한 의미에서 가난과는 거리가 멀다. 관계의 단절, 소외, 복지제도의 허점 등 달라진 인간관계와 세상의 모습을 증명해 주는 측면이 짙다. 소외나 단절로 인한 이런 슬픈 일은 다른 선진국에서도 종종 발생한다. 부자 나라인 미국에는 지금도 우리보다 노숙자(homeless)가 훨씬 많다.

동갑내기 대통령, 박정희와 케네디 | 쿠데타 후의 긴장된 몇 달이 지나갔다. 혁명공약에서 밝힌 대로, 고질적인 부정부패나 사회악 척결도 진척을 보이고

미국 방문을 떠나면서 박정희 최고회의의장이 김포공항에서 출국 인사를 하고 있다. 그는 육군 대장이었다.
장거리용 전용기가 없어 민항기, 미군 수송기를 이용했다. 1961.11.11.

또 반혁명사건도 잦아들었다. 여름이 지나면서 그동안 추진하던 미국 방문 문제도 잘 정리돼, '11월 중 미국 방문'도 합의됐다.

미국은 당시 제3세계의 군부 쿠데타에 대해 상당히 민감한 상태였다. 이집트의 나세르(G.A. Naser, 1918~1970)와 자유장교단이 쿠데타를 일으켜 왕정을 뒤집은 뒤 이슬람 민족주의 기치를 높이 들거나(1952), 코밑 쿠바에서 등장한 카스트로(F. Castro)의 반미정권(1959) 때문에 골치를 썩이고 있어, 혹시 함께하기에 껄끄러운 지도자가 아닌지 유심하게 살피는 일이 늘었다.

쿠데타 6개월 뒤인 11월 박정희 국가재건최고회의 의장은 미국 방문길에 나선다. 미국에 가기 전 도쿄에 들러 하룻밤 묵으면서 이케다 하야토(池田勇人, 재임 1960~1964) 총리와 만난다. 군사혁명에는 성공했으나, 자리를 비우기가 어려워 미뤄두었던 일을 이번 방문을 통해 해결해야 했다. 일본과는 한일 국교 정상화 회담의 재개 문제, 미국과는 경제개발 계획안에 대한 협의와 자금조달 방안 등이 현안이었다.

도쿄에서 1박을 한 박 의장은 앵커리지, 시애틀, 시카고를 거쳐 13일 오후 4시, 워싱턴에 도착했다. 박 의장은 워싱턴에서 케네디(John F. Kennedy)와 두 차례 회담했다(14일, 15일). 경제개발 5개년계획과 북한의 위협, 베트남전 등이

의제였다. 첫날 정상회담을 마치고 난 뒷날인 15일, "케네디 대통령, 한국에 대해 '모든' 원조를 약속했다"(KENNEDY PLEDGES 'ALL' AID TO KOREA)는 보도가 난다. 회담이 성공적으로 끝났다.

박정희-이케다 1961.11.12. 도쿄.

박정희-케네디 1961.11.14. 워싱턴DC

케네디, 한국에 '모든' 원조 약속

(워싱턴, 11.14) 케네디 대통령은 오늘 박정희 의장을 만나 "가능한 모든 경제적 원조"와 군사 원조를 계속하는 한편 북한의 침공이 있을 경우 더 많은 미군을 한국에 파병하겠다고 약속했다. 한국 지도자 박정희 장군은 백악관과 국무부에서 따뜻한 환영을 받았다. 미국 행정부 소식통은 케네디 대통령과 러스크 국무장관 등이 박정희 최고회의 의장의 한국과 동북아 정세에 관한 설명을 경청했다고 전했다. 국가재건최고회의(Supreme Council for National Reconstruction) 박정희 의장은 올해 44살로 지난 5월 민간 정부를 뒤엎는 쿠데타를 주도했다.

오늘 박 의장은 쿠데타 이후 이룩한 진전에 대해 좋은 평가를 들었다. 오늘 회담에서 구체적인 지원 액수는 언급되지 않았지만, 미 행정부는 한국에서 박 의장의 입지를 강화하는 데 도움을 주기로 결정했다. 한국인들은 박 장군이 쓰러뜨린 민주당 정부가 무능하다고 생각하고 있다.

워싱턴 방문 이틀째인 오늘 오전, 박 의장은 딘 러스크 국무장관을 1시간 20분간 만난 뒤, 백악관으로 이동해 케네디 대통령과 주요 각료들과 인사를 나누고 오찬을 함께 했다. 오찬을 마치고 잠시 휴식을 취한 뒤, 박 의장은 다시 백악관으로 돌아가 케네디 대통령과 1시간 15분 동안 개별 회담을 가졌다. 공동성명에서 케네디 대통령과 박 의장은 한미 두 나라의 "우호를 재확인"했다. 케네디 대통령은 박 의장의 한국 상황에 대한 설명을 "경청했으며" "한국의 새 정부가 보여주고 있는 발전 가능성에 대해 만족을 표시했다"고 전했다. 박 의장은 군사 쿠데타의 불가피성을 설명하고 사회 개혁과 경제 안정 그리고 대외 교역의 확대를 이룩하는 데 필요한 다음 단계의 조치들에 관해서도 설명했다. 박 의장은 세무 관련 공직사회의 개혁, 농어촌의 고리채 폐지와 실업자 감소 방안, 투자 확대 등에 관해서도 설명했다.

케네디 대통령은 박 의장이 1963년 여름까지 민정이양 약속을 거듭 밝힌 데 대해 특별히 만족을 표시한 것으로 전해졌다. 지난봄 쿠데타 직후, 미국이 한국의 군사 정부에 대해 반대 의사를 표명한 사실은 오늘 공동성명에서 언급되지 않았다. 그 당시 반대 의사는 현 사무엘 버거 주한 미국대사의 의사와는 반대되는 것이었다. 군사정부가 1963년까지 정권을 민간에 이양하겠다는 약속으로 미 행정부도 한시름 놓았다. 또 공동성명에서 언급되지는 않았지만, 박 의장은 방미 길에 도쿄에 잠시 들러 상의한 문제에 대해서도 케네디 대통령에게 설명했다. 박 의장은 일본과의 회담 재개를 희망적으로 생각하고 있다고 케네디에게 설명한 것으로 전해졌다. 이에 대해서도 케네디 대통령은 만족한 것으로 전해졌다. 한국과 일본은 35년간의 식민지 시기는 물론 근래에 와서도 어업권과 청구권 문제, 일본의 관세 문제 등을 놓고 오랫동안 다투어왔다.

미국 관리들은 특별 원조나 약속을 얻어내기 위한 고위급의 워싱턴 방문을 원하지 않는다고 한국 측에 분명하게 밝혀왔다. 그러나 케네디 대통령은 박 의장이 설명한 경제개발 5개년계획 초안에 대한 설명을 듣고 "엄청난 관심"을 보였으며, 이 계획의 성공을 위해 미국은 최대한 지원할 것이라고 말했다. (NYT. 61.11.15)

처음으로 미국을 방문한 박 의장으로서는 케네디를 비롯한 미 지도부의 의구심을 씻어 낼 수 있었다는 점에서 의미 있는 방문이었다. 또 박 의장은 16일

백악관 방문에 이어 박 의장은 미국 기자클럽에서 기자회견도 가졌다. 1964.11.16.

미국 기자클럽(NPC)에서 한 시간 정도 연설하고, 문답을 갖는 등 국제정치 무대에서도 신고를 마쳤다.

박 의장은 워싱턴 방문을 마치고는 뉴욕, 샌프란시스코, 호놀룰루, 도쿄를 거쳐 25일 귀국했다. 미국 공식 일정 만해도 11일이고 일본 비공식 방문까지 합쳐 무려 15일간 자리를 비웠다. 장거리용 전용기가 없던 시절 박 의장은 미국의 민간 항공사(노스웨스트오리엔트, 팬암) 여객기를 이용했고, 미국 내에서는 미 공군 수송기를 이용했다. 비행기를 갈아타기 위해 몇 시간씩 미국 공항에서 기다리기도 하고, 공군 수송기에서는 도시락을 먹기도 했다. 방문단도 15명에 불과했다. 몇 년 뒤 박 대통령은 독일을 방문할 때도(1964.12) 이 비슷한 고생을 했다.

지금 멋지고 깨끗한 대통령 전용기를 타고 온 세계를 오가는 후임 대통령들도 이런 역사를 알고 있을 것이다. 전용기도 전용기지만, 현재는 우리나라에 대한 세계의 대접이 달라졌다. 음수사원 굴정지인(飮水思源 掘井之人). "목이 말라 물을 마실 때면, 그 근원인 우물을 누가 팠는지 잊지 않아야 한다"고 했다. 고마움을 모르는 인간을 '배은망덕(背恩忘德)하다'고 하고, 대개 사람들은 이런 인간들을 멀리한다.

케네디와 박정희는 1917년생 동갑으로, 61년부터 집권했다. 그 2년 뒤 케네디 대통령이 피살당한다. 박 대통령은 워싱턴DC의 장례식에 참석해 40대 동갑내기 대통령의 명복을 빌었다(63.11.24).

경제개발, "돈이 없다" | 국가 주도의 종합적인 경제개발 계획은 제1공화국 때(1958)도 제2공화국 때(1960)도 입안이 됐었다. 5·16 군사정부가 장면 정부의 경제개발계획을 베꼈다고 하는 소리가 나올 정도로 2공화국 정부도 계획을 잘 다듬어 두었다.

소련에서 스탈린(J. Stalin, 재임 1922~1952)이 집권한 뒤 실시한 제1차 5개년 계획(1928~1932, NEP)이 성공하면서 경제개발계획은 사회주의 국가와 저개발국에서 인기였다. 특히 2차 대전이 끝나고 아시아에서도 1950년대 자유중국(타이완), 싱가포르, 말레이시아, 필리핀, 네팔, 파키스탄, 인도 등이 나라 여건에 따라 3개년 또는 5개년 계획을 세워 집행했다. 6·25전쟁 때문에 우리가 되려 늦은 편이었다.

뒤따라가는 우리의 경우, 문제는 투자할 자금이었다. 군사정부는 화폐개혁을 실시했으나 경제개발 자금 조성이라는 본래의 목적 달성에는 실패하고, 혼란만 일으켰다는 비판을 받았다. 화폐를 10대 1로 교환하는 화폐개혁을 단행해, 숨어있는 민간 부문의 자금을 산업자금으로 돌릴 의도였으나, 나라가 가난한데 민간인들 어디 감춰둘 돈이 있었겠는가? 경제가 오히려 어려워지고 미국 등에서 사전 협의 없이 통화개혁을 했다고 섭섭한 소리만 들었다(62.6). 정부는 또 민간기업의 차관에 대해 정부가 지불보증을 해주는 제도도 도입했다. 그러나 부정부패가 만연하고 미국 원조에 의존해 예산을 짜는 나라에 공장을 건설하라고 돈을 빌려주는 외국 금융기관은 없었다. 수출도 엄청난 적자였고, 최대 자본국인 미국도 차관에는 선뜻 나서지 않는 때였다. 1차 경제개발 5개년계획을 시작할 때의 이야기다.

총 3,205억 원에 달하는 투자자금도 연간 7.1%의 성장을 달성하기 위해 필요한 돈이 얼마인지를 간단한 회계를 통해 계산해 낸 것에 불과하였다. 그 돈이 어디에 있는지, 누가 꾸어줄 것인지에 대해서는 하등의 계획이 없었다. 당시 미국의 전문가들은 한국의 군사정부가 작성한 제1차 개발계획을 두고 '가난한 사람의 쇼핑 희망 리스트'에 불과하다고 비꼬았다.[122]

그냥 쉽게 계산해도 한 해에 600억 원 이상이 투입되는 경제개발 계획이었다. 1962년 우리의 한 해 예산이 689억 원(본래 6,891억 환이었는데, 62년 6월 화폐개혁으로 10분의 1로 평가절하되고, 단위도 환(圜)에서 '원'으로 바뀌어 689억 원이 된다)으로, 예산의 87%에 해당한다. 예산은 768억(63년), 698억(64년), 848억 원(65년)으로 늘어나지만, 국가 예산이 국방과 교육, 의료 분야에도 쓰여야지 경제개발에만 투자될 수는 없는 일이었다.

해마다 봄이 오면 굶어 죽는 사람이 속출하는 후진 농업국가가 수출국가 공업국가로 바뀌는, 박정희의 표현대로 '산업혁명'을 이루기가 쉬운 일이 아니다. 국내에는 돈이 없었다. 그러니 굶어 죽는 사람이 나온다.

가능한 방법은 외국에서 돈을 빌려오거나 벌어오거나 수출에서 흑자를 내는 방법뿐이다. 우리 경제에서 무역수지 흑자는 20년도 훨씬 지난 1986년에야 가능해지는 일이다. 가난한 데다 부패하고 휴전을 한 뒤 북한과 대치하고 있는 나라의 상황은 정말 딱했다. 1950년대 후반부터 무상원조가 차관으로 점차 바뀌기 시작했지만, 원조경제가 외자(外資) 경제로 바뀌는 계기는 1차 경제개발 5개년계획의 실시였고, 본격적으로는 한일협정 체결 뒤의 일이다.

제1차 경제개발 5개년계획은 소요 자본의 대부분을 외국자본 도입에 의존했고 따라서 재정차관은 물론 상업차관 도입과 외국인 투자, 유상 기술도입 등이 일제히 실시됐다. 그러나 1차 경제개발 초기에는 상업차관이나 외국인 투자의 도입은 활발하지 못했고 재정차관이 중점적으로 도입되다가, 1965년 한일협정이 체결되면서 상업차관과 외국인 직접투자가 급격히 확대됐다. 1964년에 9,900

만 달러이던 외채 규모가 1965년에 1억 7,700만 달러, 1966년 2억 6,100만 달러로 급증했다.[123]

이 상황에서 같은 분단국가 독일이 재정차관을 처음으로 제공한다.[124] 이승만 정부 때부터 협의해 오던 서독 정부의 개발원조(차관)는 1961년 12월 마무리됐고 액수는 1억 5,000만 마르크(4,000만 달러)였다. 상당한 액수였지만, 62년부터 시작되는 경제개발 5개년계획을 추진하기에는 많이 모자랐다. 자금이 더 필요했다. 5·16 군사정부의 고민이 이어진다. 혁명은 무력으로 정부를 뒤엎으면서 제시한 혁명 공약을 지키고, 이에 대한 책임을 끝까지 져야 한다. 국내에는 아무리 찾아도 돈이 없었다. 돈은 나라 밖에 있었다. 다른 나라의 돈을 그냥 빼앗아 올 수는 없는 일이었다.

민정이양 선거(1963), 남여북야(南與北野) | 나라 형편은 여전히 어두웠지만, 군사정부는 민정이양(民政移讓) 약속의 이행에 들어간다. 박정희 국가재건최고회의 의장이 "혁명 과업이 완수되면 2년 뒤 정권을 민간에 이양하겠다"고 약속했고(1961.8), 석 달 뒤 미국을 방문했을 때도 미국 측에 이를 거듭 확인했다.[125] 이제는 바꾸기 어려운 약속이 됐다. 자신의 거취나 구체적인 내용과 관련해 박정희는 갈팡질팡하는 모습을 보이기도 했으나, 그건 내부 사정이었다.

민정이양의 첫 단계로 군사정부는 62년 말 새 헌법안(5차 개헌)을 국민투표에 부쳤다(12.17). 국민투표제는 본래 주권의 제약과 영토의 변경 등을 가져올 중대한 사항에 대한 찬·반을 묻는 목적으로 2차 개헌(1954)에서 도입됐고 3차 개헌(1960.6)에서 없어졌다가 다시 도입됐다. 그 뒤 우리나라에서는 여러 차례 국민투표가 실시된다.

의원내각제와 양원제였던 제2공화국 헌법의 골격이 3공화국에서는 「대통령 4년, 중임제」와 「대통령 직선제」, 「국회 단원제」로 바뀐다. 문제의 부통령(副統

領) 제도는 없어졌다. 이어 구정치인들의 정치 활동도 재개되고(63.1), 정당도 속속 결성된다. 그리고 군사정부가 민정 이양에 대비해 1년 전부터 비밀리에 준비해 온 민주공화당(1963.2~1980.10)이 창당된다.

10월 15일에 실시된 제5대 대선에는 모두 7명의 후보가 출마했다. 쿠데타 이전 신민당 계열 인사들은 민정당(民政黨)을 창당했고 민주당 출신들은 민주당 이름을 그대로 썼다. 자유당이나 무소속 일부는 자유당, 신정당, 민우당, 정민회 등의 이름으로 정당을 만들었다. 2공화국의 여당이었던 민주당은 장면 총리가 정치규제에서 풀리지 않아 대통령 후보를 내지 않았다.

선거는 군 출신의 박정희와 민간 출신의 윤보선(제4대 대통령), 2강 구도로 진행됐다. 여당은 "정국 안정과 가난 퇴치"를, 야당은 "군정으로 병든 나라, 민정으로 바로잡자"를 구호를 정했다. 박정희 후보는 470만 표(46.64%)를 얻었고, 민정당 윤보선 후보는 454만 표(45.09%)를 얻었다. 박 후보가 1.55%P, 15만 6,028표 차이로 간신히 승리했다.

결과만 놓고 보면 제5대 대선은 쿠데타로 군인들에게 빼앗긴 정권을 민간 정치인들이 되찾아올 좋은 기회였다. 대선에 출마했던 반(反) 군사정부 계열의 후보만 단일화했어도, 선거 결과가 바뀔 수 있었기 때문이다. 윤 후보는 15만

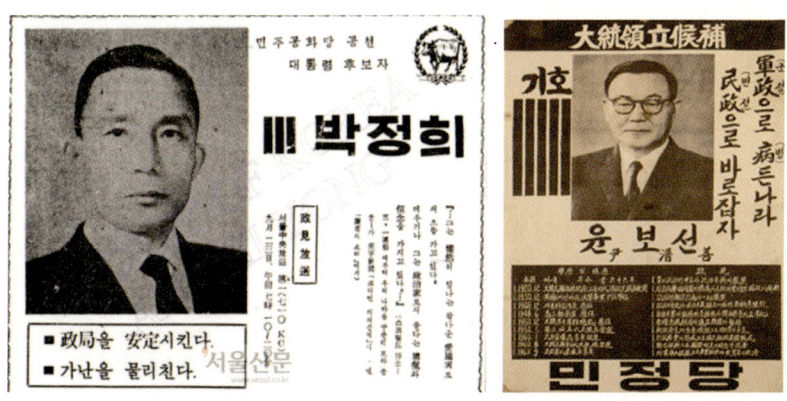

제5대 대통령선거 포스터. 1963.10.15

표 뒤졌지만, 오재영(吳在泳, 전 의원) 40만 표(추풍회), 변영태(卞榮泰, 전 국무총리) 22만 표(정민회), 장이석(張履奭) 19만 표(신흥당) 등 세 후보가 80만 표 넘게 득표했기 때문이다. 이때의 교훈 탓인지 그 이후 선거 때만 되면, '야권 후보 단일화'는 중요한 쟁점이 된다.

5대 대선 과정에서는 기성 정치권을 대표하는 윤 후보가 "여순사건(麗順事件) 관련자가 정부 안에 있다. 박정희 의장의 민족주의 사상을 의심한다"라고 사상논쟁(思想論爭)을 제기한 것이 큰 이슈가 됐다. 일제 강점기에 이어 해방 이후 좌·우 혼란한 시간을 보내온 우리나라나 박정희로서는 한번은 겪어야 할 과정이었다. 본래 기성 정치와 정치인에 대한 불신이 강했던 박정희는 속이 편치 않았다.

> 조국을 이 지경으로 만든 구 정객에 대한 청소 없는 혁명은 무의미한 것이다. 우리만 그런 것이 아니고 이제껏 모든 혁명의 상식이다. 4·19혁명이 결실을 보지 못한 것은 바로 이 때문이다. 청소를 직접 하지 않고 남에게, 그것도 청소의 대상들에게 위임했으니 그 혁명은 '의거(義擧)'로 변색될 수밖에 없었던 것이다.[127]

윤 후보의 사상논쟁 제기에 대해 당시 측근들은 득보다 실이 많다고 만류했다. 김대중은 이 사상논쟁이 미세한 국면에서 패착이 됐다고 비판한다.

> 선거는 접전이었다. 전반에는 명분에서 앞선 윤 후보가 우세했다. 하지만 윤 후보는 결정적인 실수를 범했다. 박 후보를 공산당이라고 몰아붙인 것이었다. 이는 현명하지 못한 전략이었다. … (과거에는) 반대 세력을 제거할라치면 곧잘 공산당이란 올가미를 씌웠다. 윤 후보의 발언은 유권자들에게 그런 공포정치를 연상하게 했다. 미세한 국면에서 윤 후보의 이같은 실언은 치명적이었다.[128]

5대 대선에서는 지역감정으로 표심이 왜곡되는 모습이 보이지 않았다. 투·개표도 비교적 공정하게 진행됐다. 표는 남여북야(南與北野)의 모습을 보였다. 추풍령(秋風嶺)을 기준으로 남쪽인 경상남북도와 전라남북도에서는 여당인 박정희 후보를, 서울과 경기, 강원 등 북쪽은 야당 윤보선 후보 지지세가 강하게 나타났다. 충청과 부산은 두 후보에 대한 지지세가 비슷했다. 전문가들은 야당이 제기한 사상논쟁의 영향으로 남북 분단의 현장인 휴전선에서 가까운 지역이나 군인과 그 가족들이 많이 거주하는 지역에서는 윤 후보의 표가 많이 나오고, 박 후보 지지세가 약했다고 분석했다.

당시만 해도 개표에는 시간이 오래 걸렸다. 투표를 마친 박정희는 육영수, 이후락, 박종규 등과 함께 경주(慶州)로 내려가 불국사관광호텔에서 라디오로 중계되는 개표 방송을 들으며 선거전의 피로를 풀었다. 항간에는 박 후보가 만약 '패배할 경우 일본으로 도피하기 유리한 경주로 내려갔다'는 말이 돌기도 했다. 개표가 시작된 15일 밤부터 16일 아침까지 박정희는 계속 밀리다가 16일 오전부터 따라잡기 시작했다. 박정희는 당선이 확실해지자 서울로 돌아왔다. 각료들은 그를 마중하기 위해 용산역으로 나갔다.[129]

아슬아슬한 선거였다. 박 후보를 따라 경주에 온 한 측근은 "16일 새벽 시간 넘기기가 5·16 새벽 한강을 건너기보다 더 어렵고 지루했다"고 술회하기도 했다.[130] 살다 보면 이렇게 긴 하루도 있다. 영어에서도 길고도 힘든 하루를 지내고 나서는 "It's been a long day!"라고 말하는 것을 보면, 사람 사는 동네는 비슷한 점이 많다.

한 달 뒤 제6대 국회의원 선거가 실시된다(11.26). 의원 정수는 175명으로 지역구 131석 전국구 44석이었다. 처음으로 도입된 전국구(全國區) 의석이 이렇게 많은 이유는 "혁명 주체 세력 대부분이 이북 출신의 실향민이어서 이들에게 국회의원 자리를 마련해 주기 위해서였다"라고 김종필은 실토했다(김종필 『증언록』 189페이지). 또 무소속 출마를 금지해, 12개 정당에서 후보자를 냈으나 1명이라도 당선자를 낸 정당은 5개에 불과했다.

신생 민주공화당은 야당이 난립한 데다 자신들에게 유리하게 선거 관련법을

제6대 총선 투표와 개표. 1963.11.26. 중앙선거관리위원회.

만들어, 33.5%의 득표에도 불구하고 반이 훨씬 넘는 110석(지역 88, 전국 22)을 차지해, 정국 주도권을 쥐게 됐다. 2위는 민주당 구파의 민정당(윤보선)이 40석, 3위는 민주당 신파의 민주당(박순천)이 14석, 4위는 김준연(金俊淵)의 자유민주당 9석, 5위는 김병로(金炳魯)의 국민의 당으로 2석을 차지했다. 사실 5·16 이전에는 민주당 신파와 구파가 비슷한 세를 갖고, 사사건건 싸웠다. 그러나 신파의 장면 총리가 쿠데타로 붕괴하면서 정치적으로 큰 타격을 입어, 6대 총선에서는 '40석 대 14석'으로 큰 차이가 났다.

독일로 가는 광부와 간호사 | 1963년 12월 17일 박정희는 제5대 대통령으로 취임했다. 쿠데타의 주역들이 옮겨 앉은 민주공화당이 집권 여당이 됐다. 이들은 '가난을 몰아내고 조국을 근대화한다'는 혁명 대의와 선거공약을 지켜야 했다. 국내에 돈이 없던 당시 자금 마련이 가능했던 창구는 세 곳으로 한·일국교 정상화와 베트남(월남)파병, 해외 인력 수출이었다. 새 정부는 국회의 동의가 필요 없는 독일에 대한 인력 수출부터 시작한다.

2차 대전에서 패배한 독일은 미국의 집중적인 지원으로 전후 복구가 한창이었다. '라인강의 기적'(The Miracle on the Rhine, Das Wirtschaftswunder)이 진행되는 시기, 독일의 인력 부족은 심각한 상태였다. 복구가 시작되면서 서독

경제계는 정부 측에 근로자 부족이 심각하다고 전달했고, 정부도 신속하게 대처했다. 서독 정부는 이탈리아와는 일찌감치(1955) 노동자 모집 협약을 체결했지만, 인력 부족은 여전했다. 이어 그리스와 스페인(1960), 터키(1961), 포르투갈(1964), 유고슬라비아(1968)와 노동자 모집과 고용에 관한 협약을 맺는다. 19세기 후반 독일에서도 많은 청년과 젊은 농부들이 꿈을 찾아 신대륙으로 떠났고, 그 부족한 인력을 이웃 폴란드 등에서 수입하는 방식으로 대처했다. 문제는 1, 2차 세계대전이었다. 1차 대전에서 독일은 200만이 넘는 군인 사망자와 420만이 넘는 부상자를 냈다. 민간인 피해와 전염병으로 본 피해는 포함하지 않은 숫자다. 2차 대전의 피해는 그보다 더 심했다. 독일은 군인 사망자 400만 명, 민간인 사망자 200만 명을 기록했다. 부상자는 더 많았다.

2차 대전 중 연합군의 폭격으로 폐허가 된 '엘베강의 피렌체' 드레스덴. 1945.2.

독일은 전쟁을 일으킨 입장에서 어디 '인력 부족'이라고 호소할 데도 없었다. 유대인, 폴란드인, 소련인 등 모두 1,000만 명 이상을 학살한 광기에 쌓였던 독일이 외국 근로자들 없이는 전후 복구에 어려움을 겪는다는 것은 아이러니였다. 게다가 동독은 61년 서독과의 국경을 폐쇄했다.

우리나라는 1963년 12월 '한·독 근로자 채용협정'을 맺었다. 일본이 더 이상 광부를 보내기가 힘들다고 했다. 독일 파견 광부에 대한 우리 국민의 관심은 엄청났다. 고졸은 보통이고 대졸자도 많이 지원했다. 이들은 광산 일이 서툴렀다. 1962년 한국의 연평균 국민소득은 87달러, 서울의 실업률은 16.4%였다. 파독 초기 광부들의 월급은 평균 162~237달러(650~950마르크)로 실적에 따라 달랐지만, 국내 직장인의 평균 8배였다. 500명의 파독(派獨) 광부를 모집한다는 신문 광고를 보고, 4만 6,000명이 몰려들었다.

1963년 12월 22일 1차로 123명을 시작으로 1977년까지 모두 8,395명의 광부가 독일로 떠났다. 채탄 작업은 말할 수 없이 고된 일이었다. 광부들은 월급을 몽땅 가족들에게 송금했다. 이들 가운데는 3년 모은 돈으로 간호사와 결혼한 뒤 자영업을 시작해 부자가 되기도 하고, 월급 모은 돈으로 공부를 계속해 박사 학위를 취득해 대학교수로 활동하기도 했다.

광부보다 늦게 1965년부터 독일로 건너가기 시작한 간호사나 간호보조원도 1976년까지 10,371명에 이르렀다. 처음에는 힘들고 생소한 업무에 시달렸던 간호사들은 금방 성실성과 헌신을 인정받았다.

> "30대 중반에 남편을 여의고 3년째 혼자 남매를 키우던 어려운 상황에서 선택한 독일행이었습니다. 한국에 두고 온 아이들을 생각하면서 악착같이 벌었지요. 돈 드는 바깥출입은 일절 하지 않았습니다." 월급 800마르크(당시 우리 돈 54,000원) 가운데 600마르크(40,500원)를 꼬박꼬박 한국의 친정어머니한테 송금하였다. 쌀 한 가마니에 3,000원, 초급 공무원의 한 달 월급이 3,300원 하던 때였다.[132]

한참 뒤인 2008년 「진실화해과거사위원회」는 보고서를 통해, 1964~1975년까지 광부와 간호사 등 독일 파견 인력의 송금 총액을 1억 7,000만 달러로 추산했다. 당시 총수출액과 대비한 이들의 송금 액수는 1966년 1.9%, 1967년 1.8% 정도로 나타나, 외로움과 온갖 어려움을 이겨내며 이들이 송금한 외화

독일로 가는 길. 광부와 간호사의 표정이 대조적이다. 이들은 성실했고 강인했다.

는 경제성장의 종잣돈으로 상당한 기여를 한 것으로 평가받는다. 진부한 표현이지만, 진짜 강철같은 의지를 지닌 광부요 간호사였다.

광부와 간호사의 독일 파견에 앞서, 우리나라는 해외 이민에도 눈을 떠 1962년 3월 『해외이주법』을 제정·공포하고, 브라질(1962), 아르헨티나, 파라과이, 볼리비아 등으로 공식 이민을 내보냈다. 미국도 1965년부터 한 해 2만 명씩 한국인 이민자들을 받아들였다.

이 무렵 미국으로 유학을 떠났던 학생들 90% 이상이 공부를 마치고도 귀국하지 못했다. 국내에는 이들이 일할 곳이 거의 없었다. 이들은 70년대가 지나면서 조국의 부름에 응해, 근대화와 산업화에 헌신한다.

한일(韓日) 회담 그리고 미국

해외 인력 송출은 국민의 열띤 호응 속에 잘 진행됐지만, 나머지 한일 국교 정상화와 베트남(월남)파병은 극히 민감한 문제였다. 우선 국민의 반대가 극심했다. 민족의 자존심, 명분 없는 전쟁이라는 높은 장애물을 통과해야 했다. 군사정부로서는 자본 확보에 가장 확실한 방안으로 생각하지만, 국민으로서는 가장 반대하는 정책이라, 고민이 많았다.

한일회담에 임하는 내 마음은 1961년 혁명 때 목숨을 걸었던 것과 다르지 않았다. 내게는 제2의 혁명이었다. 누군가는 해야 하지만 아무도 하지 않으려는 일, 그 일을 수행하는 게 혁명의 기획자이자 중앙정보부장이었던 내가 할 일이었다. 10년간 교착상태에 빠진 데다 어떤 결과가 나오든 욕을 먹을 수밖에 없는 게 한일 국교 정상화 교섭이었다. 박정희 대통령이 혁명과업을 이루는 데 꼭 필요한 일이었다. 조국 근대화의 자금 밑천을 만들어야 했다.[133]

한일회담이 마무리되는 그때는 해방 20년, 아직도 국민은 일제의 악독한 식민 통치의 아픔을 생생하게 기억하고 있었다. 그런데 식민 지배에 대한 정중한 사과와 배상을 받아도 시원찮을 판에, 사과도 제대로 받지 못한 채 경제원조 형식의 돈을 받고 마무리 단계로 다가가는 한일국교 정상화에 대한 학생과 시민, 야당의 반대는 격렬했다.[134] 1964년 3월, 일본과 한국에서 대학생들의 반대 시위가 극심했다.

나는 이어 "조국이 얼마나 가난하게 사는지 너희들은 잘 모른다. 원한다면 내일이라도 들어와서 보고 느끼게 만들어 주마. 나는 조국 근대화를 위해 혁명을 했다. 그 일원으로서 책임을 느끼고 있는 사람이다" (3.25, 도쿄, 조총련계 대학생)

2주 뒤 김종필은 다시 서울에서 학생들을 만나 설득한다. 자신의 후배이기도 한 서울대학교 사범대학 학생들이다.

한반도의 지정학적 위치를 생각해 봐라. 서쪽에는 중공이, 북쪽에는 소련이 막아서 대륙으로는 갈 데가 없다 … 우리가 살기 위해서는 일본을 디딤돌로 해서 태평양으로, 인도양으로, 지중해로 나가야 한다. 일본이 밉더라도 우리가 살길을 열어 갈려면 국교 정상화를 해야 한다. 일본으로부터 청구권 돈을 빨리 가져다가 경제 개발의 밑천으로 삼아야 한다. (4.9, 서울대 사범대 강당)[135]

당시 정권은 절박했다. 설득이라지만 절규였다. 김종필의 모든 발언과 행동은 박정희를 대신한 것이었다. 가난이 얼마나 무서운지 알고 여기에서 벗어나기를 원하는 사람들은 설득이 됐고, 가난을 경험했더라도 다른 신념을 가진 사람들에게는 이 설득이 쉽게 먹혀들지 않았다.

이제는 많은 연구가 이루어져, 한-일회담이 한국과 일본 두 나라 만의 회담이 아니라, 미국이라는 최강자가 한·일 양국에 심한 압박을 가해 성사된 회담이라는 사실을 많은 이들은 알지 못하고 있다.

> 한국 정부에 있어 한일회담 타결에 적극 나서지 않을 경우 경제원조를 동결 또는 삭감할 것이라는 미국의 단호한 경고는 무엇보다 두려운 '채찍'이었다. 실제로 미국의 원조 규모는 1957년 정점을 찍고 1960년까지 크게 삭감되었는데, 같은 기간 경제성장률 역시 1957년의 8.1%에서 1960년 2.3%로 크게 하락했다. 이런 상황 속에서 일본의 자금과 기술마저 없다면 경제성장을 통해 정권의 정당성을 획득하기란 사실상 불가능함을 실감할 수밖에 없게 된 것이다. 결국 박정희 정권은 미국이 권유하는 대로 대미 의존형 경제에서 벗어나 본격적인 자립형 경제 개발을 추진해야 했고, 이를 위해서는 한일협정을 조기에 타결해야 한다는 동기를 갖게 되었다.[136]

한일회담에 반대하는 학생들의 시위. 1964년.

이렇게 내몰리다시피 한 협상에서 우리가 우위를 지키기는 몹시 어려웠다. 당연히 학생과 야당, 시민들의 불만과 항의가 빗발친다. 1951년부터 시작된 한일회담이 막바지로 향하는 1964년 6월 3일은 이런 불만이 정점을 향해 치솟은 날이었다. 아침부터 서울시 내 18개 대학생 만 5,000명이 거리로 쏟아져 나와 "회담 반대!"를 외쳤다. 선택은 둘 중의 하나였다. 협정의 강행이냐 포기냐? 포기는 혁명의 실패요, 대통령의 하야를 의미했다. 박정희는 물러서지 않았다. 그는 그날 저녁 서울지역에 비상계엄(非常戒嚴)을 선포한다.

> "(한일회담 당시)박 대통령은 정권을 내놓고 대통령직에서 하야할 결심까지 했다고 한다. 그런데 6월 3일 미국의 버거 대사와 유엔군 사령관이 헬기를 타고 청와대를 방문했다. (헬기를 탄 것은 당시) 데모대에 길이 막혀 차를 타고 갈 수 없었기 때문이었다. 그들은 의기소침해 있던 박 대통령을 격려하고 사태 수습을 함께 논의했다. 그리고 오후 8시, 드디어 서울시 일원에 비상계엄을 선포했다."[137]

당시 미국은 한일회담 반대 시위를 크게 우려하지 않았다고 한다. 4월혁명 때는 학생들 시위에 대한 시민들의 호응이 컸는데, 비해 한일회담 반대 시위에는 학생들만 나서고 시민 반응이 약한 것을 보고, "대중의 지원 없이는 학생들이 성공할 가능성은 없다"는 정보보고서를 내고, 대통령에게도 회담의 체결을 밀고 나가라고 권고했다.[138]

일본이 한일회담에 임하면서도 때로는 적반하장식 태도를[139] 보이고 뻣뻣하게 나온 원인 가운데 하나는 당시의 세계 정세 변화와 미국의 전후처리에 문제가 있었다는 사실이 지적된다. 미국은 태평양전쟁 전후처리 과정에서 일본이 일으킨 침략 전쟁의 책임과 식민 지배에 대한 배상책임을 제대로 묻지 않았다. 많은 식민지를 가졌던 당시 선진국들은 식민 지배에 대한 배상(賠償: 남에게 손해를 물어 줌)의 개념이 거의 없었다. 식민 지배는 역사 전개의 과정이지, 배상의 대상이 되는 행위가 아니라고 생각하고 있었다. 심지어 일본은 한일회담 초기 자신들이 항복하고 쫓겨 가면서 한반도에 남기고 간 기업이나 부동산을 돌려달라고 주장하기도 했다. 일본은 북한 지역에 29억 달러, 남한 지역에 23억 달러 등 모두 52억 달러 상당의 일본 국가와 국민의 재산이 남아 있다고 주장했다.

더 큰 문제는 일본은 독일과 달리 자신들의 전쟁범죄에 대해 정확한 반성을 할 현실적인 필요를 느끼지 못했다는 점이다. 독일은 피해국이 '이제 됐다'고 할 때까지 충분한 사과를 하는 나라로 변모했지만, 일본은 침략전쟁의 피해를 인정하고 사과하기는커녕, 스스로를 원자폭탄 피해자라고 말하고 다닐 정도로 염치없는 뻔뻔한 나라로 그 수준이 떨어진다.

2차 대전 이후 새로운 세계질서를 세우는 과정에서 불가피했다고 하지만, 여기에는 미국의 책임이 적지 않다. 소련의 원자탄 보유(1949)와 발칸반도 위성국가 창설, 중국 공산당의 대륙 석권, 한국 전쟁의 발발 등 공산주의 확산세에 놀란 미국이 세계 전략을 수정한다. 일본이 최대의 수혜자였다.

> 1948년 말 무렵은 미국-소련 간 동서냉전 갈등이 커지던 시점이었다. 워싱턴의 트루먼 행정부와 맥아더 사령부는 전범 처벌로 일본 보수 본류의 반감을 사기보다는, 사면(赦免: 죄를 용서하여 형벌을 면제함)으로 그들의 환심과 협조를 얻고, 미·일 유착을 다지는 것이 미국에 더 이롭다는 판단을 내렸다. 뒤이은 6·25 한국전쟁은 일본 전범 처리에 관한 관심을 아예 사라지게 만들었다. … 히로히토를 비롯한 주요 전범자들이 처벌을 비껴간 결과는 전후 일본에 심각한 문제점을 낳았다. 무엇보다 히로히토가 천황 자리에 그냥 머무는 것을 본 일본인들은 전쟁범죄에 대한 공범 의식을 덜 느끼게 됐다. "천왕이 전쟁 책임을 지지 않는다면 우리도 책임이 없다"는 분위기가 퍼져갔다.

1965년 한일회담 반대 분위기가 여전한 가운데 남은 절차의 진행이 이어진다. 2월 서울에서 한일기본조약 가조인(假調印)이 있었다. 시이나(椎名) 일본 외상이 도착 성명을 통해 "불행한 과거를 깊이 반성한다"고 과거사에 대해 기대

해리 트루먼(재임 1945~1953)

점령군 사령관 맥아더와 히로히토 천황. 1945.9.

이상의 강도로 사과했다. 6월 도쿄에서 조인식이 있었고, 8월 비준안이 우리 국회에서 통과되고, 12월 일본 참의원에서 통과돼, 절차가 다 끝났다.

길고 어려웠던 회담이 타결되자 박정희는 특별담화를 발표한다(6.23). 그는 한국 내 만연한 패배주의적인 시각을 비판하면서 자신의 소신을 강한 어투로 표현했다.

> 나는 국민 일부 중에 한일 교섭의 결과가 굴욕적이니 저자세니 또는 군사적·경제적 침략을 자초한다는 등 비난을 일삼는 사람들이 있다는 것을 알고 있습니다. 심지어 매국적이라고까지 극언하는 사람들이 있습니다. 나는 묻고 싶습니다. 그들은 어찌하여 그처럼 자신이 없고 피해의식과 열등감에 사로잡혀서 일본이라면 무조건 겁을 집어먹느냐 하는 것입니다. 이 같은 비굴한 생각, 이것이야말로 바로 굴욕적인 자세라고 지적하고 싶습니다.[142]

이 무렵, NYT 오피니언 난에는 「한국인들의 조약 공포증」(Koreans' Fear of Treaty)이라는 독자 투고가 실렸다. 한국인들이 한일국교 정상화회담에 저렇게 반대하는, 속 깊은 이유도 살펴볼 필요가 있다고 했다.

한국인들의 조약 공포증

얼마 전 체결된 한일국교 "정상화" 조약에 반대하는 한국 학생들의 시위는 한국과 신생 후진국들의 정치적 불안을 나타내는 또 하나의 "연례행사"라는 식의 꼬리표보다는 약간의 이해와 분석이 필요하다.

학생들의 항의 시위가 다소 비민주적인 방식으로 표출되기는 했지만, 많은 한국인의 눈에는 이 조약이 "정상적"이지 않게 보인다. 왜냐하면 일본이 1910년에 한국을 식민지로 삼았을 때, 어쨌든 한국인들은 "비정상화됐기" 때문이다.

한국의 학생과 야당들은 최근 한국 국회에서 비준된 한일국교 정상화조약(한일협정)이 일본 침략의 피해자인 한국이 일본에 너무 많이 양보한 것으로 생각한다. 한국이 한일협정에서 더 나은 조건을 얻을 수 있었느냐의 여부는 논란의 여지가 있지만, 시위 학생들은 미국의 강한 압력으로 한국이 그 조약을 받아들인 것이 아닌가 의구심을 품고 있다. 미국은 한국과 일본, 아시아의 두 반공주의 국가가 과거의 잘잘못을 잊고, 점증하는 공산주의의 위협에 공동으로 대처하는 것이 미국의 국익에 부합한다고 보고 있다.

아마 시위 학생들은 1883년 한·미 두 나라는 어느 한 나라가 제3국의 침략을 받을 경우 도움을 주도록 약속한 한미수호통상조약을 맺었지만, 몇 년 뒤 미국은 일본과 비밀 협정을 맺어, 일본은 당시 미국의 식민지인 필리핀을 침략하지 않겠다는 약속의 대가로, 미국은 일본의 한국 침략에 간섭하지 않겠다고 약속한 사실을 기억하고 있을 것이다.

많은 한국민이 이러한 역사가 되풀이될까 우려하고 있는 사실을 쉽게 이해할 수 있다. 한국 학생들의 비평화적인 시위행위를 개탄할 수도 있겠지만, 중요한 것은 그들이 왜 그렇게 행동할 수밖에 없는지 그 원인을 이해하는 일일 것이다. (1965.9.9.)

벤자민 민(Benjamin H. Min)
뉴욕주립대 버팔로 캠퍼스, 조교수,
1965.8.27. 투고

한일 국교 정상화는 강대국이자 최대 지원국인 미국의 경고와 압력 그리고 미국의 영향을 강하게 받는 한·일 두 나라 정부의 합작품으로 냉전에 노출된 세 나라가 만들어낸 화학적 결과물이었다.

한-일 기본조약 조인식은 1965년 6월 22일 도쿄 총리 관저에서 진행됐다. 한국 측에서는 이동원 외무부 장관이 참석했다. 회담 시작 14년 만이었다.

세계사에 유례없는 14년간(1951~1965)의 긴 협상을 거쳐 한일회담이 타결됐다. 이 회담에 대한 평가는 앞으로도 편이 갈릴 것이다. 길고도 복잡한 사안에 대한 관련자들의 진술이나 연구는 계속 이어질 것이고, 여기에 민족 감정, 정치적 진영이라는 시대적 갈등 요소까지 가세하면 회담에 대한 논란은 오래 계속될 수도 있다. 이러한 논란과 토론이 바로 역사가 완성돼 가는 과정이다.

베트남(월남) 파병 │ 다행히 한국군의 베트남(월남) 파병에 대한 반대는 한일 국교 정상화 때보다는 덜했다. 케네디를 승계한 존슨 대통령(L.B. Johnson, 재임 1963~1969)은 64년 8월의 통킹만 사건 이후 베트남전에 적극 개입을 결정했다. 확전이 불가피해졌다.

사실 이승만 대통령은 1957년 9월 우리나라를 방문한 응오딘지엠(吳廷琰, 1901~1963) 월남 대통령이 전쟁 경험이 풍부한 한국군의 파병을 요청하자, 이를 받아들인 적이 있다. 그리고 박 대통령도 61년 11월 첫 방미에서 베트남 파병을 미국 측에 먼저 제안하기도 했다. 그러나 그때는 미국이 베트남전에 본격적으로 개입하기 전이라, 그냥 넘어갔다. 그런 미국이 파병을 요청했다.

한국 정부는 미국이 6·25 당시 엄청난 희생을 무릅쓰고 우리를 방위해 준 역사적 사실과 한미상호방위조약 차원에서 미국의 요청을 가볍게 넘길 수 없었다. 또 미국이 온 힘을 다해 베트남전을 치르고 있어, 주한미군이 베트남으로 이동해 투입될 가능성을 우려했다. 북한과 대치하는 입장에서 우리 군인들이 실전 경험의 기회를 얻고 전투역량을 높이면서 높은 사기(士氣)를 유지하게 한다는 군사적인 계산도 있었다.

한국은 1964년 9월 국회 동의를 얻어 130명의 의무(醫務) 중대와 10명의 태권도 교관단을 파견했다. 이듬해 공병과 수송 등 비전투 부대 2,000명을 파병하고(65.3), 이어 해병 청룡부대와 맹호사단과 같은 전투부대(65.10~11)를 보내는 등 모두 6차례에 걸쳐 파병했다. 이후 1973년 3월 한국군이 철수할 때까지 한국은 베트남 주둔 한국군사령부를 사이공에 설치하고 5만 명 규모의 부대를 운용했다. 전투병을 파견한 나라는 미국과 한국뿐이었다.

베트남에 참전한 한국군 부대 (1964~1973)

물론 경제적인 측면도 있었다. 미국은 한국군 파병에 따른 모든 비용, 병기와 탄약은 물론 장병들의 급여까지 부담했다. 또 미국은 베트남에서 시행하는 많은 건설공사에 한국 회사와 인력, 자재의 사용을 약속했다.

그에 따라 한국은 1965~1973년 베트남과의 무역에서 약 2억 8,300만 달러를 벌어들였다. 베트남에 파견된 군인. 노무자의 봉급과 기업이 올린 수익은 그보다 훨씬 많은 7억 5,000만 달러나 되었다.[143]

그 대신 우리 정부는 그리 정의롭지 않은 전쟁에 젊은이들을 보냈다고 야당과 학생들로부터 공격을 받았고, 외국으로부터는 '미국의 용병(傭兵)'이라고 손가락질을 받았다. 당시 북한과 UN에서 표 대결을 벌이고 있던 때라, 우리 외교에는 부담이 됐다.

한-일협정이 국회에서 비준된 8월에 베트남 파병안이 국회에서 하루 먼저 비준되었다. 한-일협정을 종용했던 미국의 강력한 파병 요청을 정부가 수락한 것이다. 정부는 파병의 대가로 이른바 '브라운 각서'[144]를 통하여 국군의 전력 증강과 경제개발을 위한 차관 제공을 약속받았다. 그리하여 1965년에서 1970년대 초까지 55,000여 명의 전투병이 베트남 내전에 참여하였다. 베트남 파병은 '젊은이의 피를 파는 행위'라는 야당의 비판도 있었고, 실제로 많은 장병이 그곳에서 희생됐으며, 지금도 고엽제로 인한 각종 후유증에 시달리는 환자가 있지만, 경제발전에는 적지 않은 도움을 주었다.
베트남에는 건설업체도 진출하여 인력 수출의 길이 트였으며, 전쟁이 끝난 뒤에는 그 인력과 장비가 중동에 진출하게 되었다. 베트남 특수에 힘입어 60년대 중반 이후 경제발전이 가시적으로 나타나기 시작했다.[145]

사실 베트남전이 진행되는 동안에는 우리나라뿐만 아니라, 인접 태국을 비롯한 아시아 여러 나라가 일종의 전쟁 특수를 누렸다. 태국은 베트남 주둔 미군들의 주요 휴양지 역할을 하면서, 세계적인 관광대국으로 부상했다. 또 말레이시아, 싱가포르, 홍콩, 필리핀 등도 파병 여부에 상관없이 국민총생산(GNP)의 추가 성장을 기록한다.

이 무렵(65.11) 우리나라는 사상 처음으로 해외건설공사에 참여하게 된다. 현대건설이 태국에서 600만 달러 규모의 고속도로 건설공사를 따냈다. 98km의 2차선 고속도로 건설 공사였다.[146]

세계 10위권 경제라고 하는 지금 시점에서 보면, 이렇게 어려운 시절이 있었나 할 정도의 50~60년대였다. 1차 경제개발 5개년계획(1962~66)이 끝날 무렵부터 상황이 조금씩 달라진다. 가난한 사람은 여전히 힘들었지만, 국민의 얼굴에 희미한 화색이 돌기 시작했다. 경제개발의 효과가 서서히 나타난다.

> 60년대와 70년대에는 경제제일주의가 표방된 가운데 강력한 국가 주도의 성장정책을 밀고 나갔다. 모든 정치적 폭압과 부정은 경제성장이라는 구호 아래 정당화되었다. 경제정책의 기본 방향은 외국자본과 기술을 도입해 공업을 육성하고, 양질의 값싼 노동력을 이용하여 생산된 제품을 수출하고 자본을 축적해 간다는 전략이었다. 말하자면 수출주도형 경제발전 전략이다. … 1960년 3,300만 달러에 불과하던 수출이 1966년에는 2억 5,000만 달러로 증가하여 연 44%의 고속 성장률을 기록하였으며, 경제성장률은 연평균 8.5%에 이르렀다.[147]

이렇게 '조국 근대화'가 시작됐다. 처음에 서툴고 엉성하던 경제개발계획과 국가 행정도 차츰 자리를 잡아 나갔다. 세상에는 빛과 어둠이 있다. 60년대 중·후반 이 땅에서 아직은 빛과 어둠이 분명하게 드러나지 않았다. 경제성장에도 밝은 면과 어두운 면이 있을 것이다. 빛의 속도와 비슷하게 어둠도 어디에선가 쌓여갔을 것이다. 빛은 금세 세상을 밝히지만, 어둠은 느리게 진행된다.

박 대통령은 북한에 보복해야 한다고 미국 측에 강력하게 요구했다. 이런 그를 달래기 위해 존슨 대통령은 한국군 군비 증강을 위해 1억 달러의 추가 군사원조를 의회에 요청하고, 이어 사이러스 밴스(Cyrus R. Vance) 특사를 한국에 파견한다(1968.2.10). 당시 미국은 한국의 보복 공격이 남북 간 전쟁으로 번질 가능성을 걱정하고 있었다. 미국은 베트남전에서도 국내외의 반대 여론과 전황의 악화로 어려움을 겪고 있는데, 한반도 사태가 악화될 경우, 감당할 자신이 없었다.

제6장

박정희의 시간(2) : 북한의 도발

제6대 대선(1967), 동여서야(東與西野) | 전역한 뒤 제5대 대통령으로 당선된 박정희는 한일국교 정상화, 베트남 파병, 1차 경제개발 5개년계획의 추진과 2차 5개년계획의 수립 등 굵직한 매듭들을 풀면서 정신없이 바쁜 4년을 보냈다. 1967년, 다시 선거의 해가 돌아왔다. 여당은 업적으로, 야당은 투쟁 실적으로 국민의 평가를 받는 행사가 선거다. 선거에서 패배하면 대통령은 권력을 내놓아야 하고, 국회의원은 품에 감춘 꿀단지가 깨진다. 우리 정치사를 보면 여당은 대통령이라는 구심점이 있어 분열이 거의 없지만, 야당은 눈앞에 어른거리는 대권(大權)을 잡기 위해 이리저리 이합집산을 거듭한다. 선거를 앞둔 한국 정가는 '행복한 가정은 모두 비슷한 이유로 행복하지만, 불행한 가정은 저마다의 이유로 불행하다'는 소설 「안나 카레니나」의 도입부를 연상케 한다. 큰 차이가 아닌데도 야당은 '불행한 가정들처럼' 계속 갈라선다. 여당은 민주공화당 하나지만, 야당은 신민당, 대중당, 정의당. 통한당 등 10개나 됐다. 5·16 쿠데타로 해산됐던 정당들이 민정이양을 계기로 우후죽순처럼 생겨났기 때문이다. 야권에서는 통합으로 가닥을 잡는다. 한일회담을 반대하는 과정

제6대 대통령 선거 포스터. 1967.5.3.

에서 신한당(新韓黨, 1966.5. 윤보선)과 민중당(民衆黨, 1965.6. 박순천)으로 분열됐던 야권의 주류는 1967년 신민당(新民黨)으로 통합된다(2.7). 대선이 석 달도 남지 않았다. 문제는 신민당의 대통령 후보였다. 진통 끝에 신민당은 윤보선(尹潽善)을 대통령 후보로, 유진오(兪鎭午)를 당 대표로 추대하면서, 전열을 정비하고 선거에 임한다.

6대 대선에는 박정희, 윤보선 말고도 4명의 군소 후보(오재영, 김준연, 전진한, 이세진)가 출마했지만, 초점은 박정희와 윤보선의 재대결로 모인다. 박 후보는 568만 표(51.44%), 윤 후보는 452만 표(40.93%)를 득표해, 4년 전 15만여 표 차이가 116만 2,125표(10.51%P) 차이로 벌어졌다. 4명의 약체 후보가 받은 표를 다 합쳐도(84만 표) 박정희에게 뒤졌다. 집권 1기(1963~67) 동안 박정희는 나라 안팎으로 분주하게 움직였다. 투표 며칠 전 광주(光州) 유세에서 박정희 후보는 이런 말로 야당의 비난에 응수한다.

"야당은 우리 정부가 독재정권이기 때문에 민주주의를 살리기 위해서도 자기들이 집권해야 한다"고 말합니다만, "우리는 다 죽어가는 민주주의에 숨을 돌리게 하여 살려 놓았습니다. 말로만 민주주의, 민주주의 하는데, 민주주의만 먹고 삽니까? 배가 불러야 사는 것입니다"[149]

야당으로부터 독재자라고 비난받던 박정희 후보의 이 말에는 실적에 대한 집권당의 자신감이 배어있었다. 패인에 대한 김대중의 분석이다.

야당에서는 6대 대통령 후보로 윤보선 씨를 재지명했다. 그러나 4년 전과는 상황이 많이 달랐다. 한일협정 체결을 고비로 야당은 세력이 크게 약화된 반면 박 정권은 미국과 일본의 전폭적인 지원으로 자신감이 넘치고 있었다. 선거전에 돌입하자 윤보선 후보에 대한 국민의 반응은 예상대로 뜨겁지 않았다. 야권의 대대적인 지원을 받았지만, 개인적인 선호도에서 떨어졌다. 특히 한일회담이나 베

트남 파병의 초강경 투쟁이 유권자들에게 좋은 인상을 주지 못했다.[150]

큰 부정 없이 치러진 제6대 대선은 동서(東西)로 표가 갈리는 동여서야(東與西野) 현상이 나타났다. 태백산맥을 기준으로 동쪽에 해당하는 부산, 대구와 경상남북도에서 여당 박정희의 지지세가 높아졌고, 태백산맥과 가까운 강원도와 충북에서도 여당에 우호적인 결과가 나왔다. 반면에 전라남북도가 야당으로 돌아섰다.

윤보선은 서울, 경기, 충남, 전북, 전남 등 국토의 서쪽에서 우세했다. 우리나라 최초의 보수 정당인 한국민주당[韓民黨][151]의 본산이라고 할 만한 전라남북도가 야당 지지로 돌아선 점이 특이한 결과로 기록된다. 1963년 대선과는 달리 67년 대선에서 호남(湖南)은 박정희에 등을 돌렸다. 호남 유권자들은 공화당 정부가 공업단지 선정이나 고속도로 건설 등 산업화 초기 단계에서 호남을 푸대접한다고 느낀 듯했다.

재선에 성공한 박정희(1917년생)는 50세 장년이었지만, 윤보선(1897년생)은 '70 노인'이었다. 윤 후보는 두 차례 대선에 나섰으나, 표 차이가 더 벌어진 패배를 당했다. 내놓고 말은 하지 않아도 윤보선의 시간은 지나갔다고 생각하는 국민이 많았다. 평균 수명이 80세 중반으로 늘어난 지금도 70세가 넘으면 은근히 배척당하는 세상인데, 50여 년 전에는 더했을 것이다(67년 한국 평균수명, 남성 59세 여성 66세).

여당 공화당도 '대통령의 연임은 1차에 한(限)한다'는 헌법의 3선 금지 조항 때문에, 4년 뒤인 1971년 제7대 대선에는 새로운 인물을 내세워야 했다. 여·야 모두 고민이 있는데, 그 이유는 달랐다. 야당은 새로운 후보를 당내에서 찾거나 당 외에서 영입하는 방법도 있지만, 현직 대통령을 보유한 여당은 후계 문제를 다루는 일이 생각보다 쉽지 않다. 사실은 사약(死藥) 사발을 들고 다닌다고 할 만큼 위험하다. 67년 대선이 끝났을 때 국민은 공화당 의장이자 재선 국회의원인 김종필(金鍾泌)이 다음 선거에서 박정희의 뒤를 이을 것으로 생각하고 있었다. 67년 당시 김종필은 41세, 박정희는 50세, 둘 다 젊었다. 그런데 4년 뒤인 1971년에는 대통령직을 그만두고 권력을 물려주어야 할 대통령이 이상해졌다.

    박 대통령은 이미 대통령을 한 번 더 하고 싶다는 생각을 갖고 있었다. 혁명 초기엔 몇 번이나 그만두겠다고 하셨던 분이 두 번 대통령에 당선되고 자신감이 붙으면서 그런 마음이 생긴 것이다. 대통령의 의중을 간파한 6인방은 이를 십분 이용해 자신들의 자리를 공고히 하고자 했다. 이들이 "각하가 아니면 안 됩니다"라며 나서서 추진한 것이 3선 개헌(三選改憲)이었다.[152]

차기 대선 후보를 두고 정당이나 정치인이 겪는 과정을 우리는 쉽게 권력투쟁이라고 한다. 여·야의 권력투쟁 모습은 서로 다르다. 야당은 입으로 머리로 때로는 돈으로 권력투쟁을 벌였다. 여당은 이런 방식 말고도 권력기관, 수사기관 등이 동원돼 겁도 주고 험한 꼴을 보이기도 한다. 권력을 쥔 여당 측의 과정이 훨씬 살벌하다.

6대 대선은 박정희의 승리로 끝났다. 미국은 한국이 정치·경제적 혼란이나 쿠데타 후유증에서 벗어나 나라가 안정되고 있다고 여긴듯하다. NYT는 5일 "한국 대선, 안정 선택"(Korean Election Augurs Stability)이라고 선거 결과를 전한 데 이어 7일 자 사설에도 「한국에서의 안정」(Stability in Korea)이라는 제목을 내세웠다. 우리는 해방 이후 분단, 전쟁, 휴전, 재건, 원조, 혁명, 쿠데타, 경제개발 등 그동안 쉴 틈이 하나도 없었다. 우리를 뒷바라지해 온 미국이 우리보다 안정을 더 원하고 있었을지도 모르겠다.

한국에서의 안정

    대통령 선거에서 박정희 장군이 압도적인 승리를 거뒀다. 이는 박 대통령이 지

난 6년 동안 책임감 있는 정부와 경제성장, 그리고 1961년 쿠데타로 인해 중단
됐던 민주적인 절차로의 점진적인 복귀를 위해 노력한 데 대한 보상이다.

박 대통령 집권 이후 한국의 산업생산력이 두 배로 늘었고 식량 생산 또한 3분
의 1의 증가를 기록했다. 14년 동안의 전후 재건 작업과 40억 달러가 넘는 미국
원조에 힘입어 한국은 전쟁의 참화에서 완전히 벗어났다. 한국은 천연자원이 빈
약하고 높은 실업률에 시달리는 가난한 나라지만 국민소득은 꾸준하게 증가하
고 있다.

이러한 성장은 부분적으로 베트남전 수행에 필요한 군화와 군복, 철판과 여타
품목의 수출 주문 덕분이다. 이에 힘입어 한국의 높은 경제 성장률은 1962년부
터 1966년 사이 평균 8.5%를 기록하던 것이 작년에는 거의 12%로 급증했다.
이러한 성장이 가능하게 만든 또 다른 중요한 요인은 한일 국교 정상화조약이
다. 박정희 정부는 국민의 오랜 정서적인 반대와 학생들의 격렬한 반대 시위를
무릅쓰고 용기 있게 이 협정의 체결을 추진했다.

일부 미국인들은 장차 남베트남에서도 한국에서와 같은 일이 일어나도록 시사
점을 찾으려 할 것이다. 한국의 사례는 미국의 꾸준한 압력으로 군사정부가 문
민정부로 바뀌고, 경제 성장을 이룩하고, 정치적 안정을 달성하고, 끝내는 국민
적 지지를 얻어낼 수 있다는 희망의 증거다.

그러나 한국과 베트남을 놓고 단순하게 비교하는 일은 곤란하다. 베트남의 상황
은 북베트남이 관여돼 있기는 하나, 키(Ky) 수상은 심하게 분열된 남베트남에서
내전에 휩쓸려 있기 때문이다. 한국의 박 대통령은 북한의 침략을 물리친 뒤 10
년 동안 노력해 이런 성과를 이룩했다. 6·25 이후 한국은 반공국가가 되었다.

집권 6년, 박정희는 나름 보람을 느끼고, 자신감도 붙어 갔다. 경제는 물론 정
치, 국방, 국정 등 여러 분야에 기반이 단단해진다는 느낌이 왔고, 이제 나라가
앞으로 나가기 시작했다는 확신을 갖게 되었다.

대선에 이어 6월에 실시된 제7대 국회의원 선거는 3·15 부정선거처럼 6·8 부
정선거라는 이름을 얻는다. 7년 만에 '선거'라는 말 앞에 '부정'(不正) 이라는

아시아자동차 공장의 박정희 대통령(1970).

김일성은 집권 49년 동안 2만 회 현지 지도를 했다.

꼬리표가 다시 붙었다. 언론들도 "6·8 선거, 전례 없이 혼탁"[153]이라고 했고, 공화당도 "타락되고 혼탁한 분위기의 선거였다"라고 인정할 정도였다.

공화당은 전체 의석의 73%가 넘는 129석을 얻어, 과반인 88석은 물론 개헌 가능 선(3분의 2인 117석)도 가뿐하게 넘어섰다. 신민당 유진오 총재는 선거 이틀 뒤(6.10) 기자회견을 열고 "6·8 선거는 관권 개입과 대리투표, 공개투표 등으로 얼룩진 선거로, 무효"라고 주장하고 재선거를 요구했다. 이틀 뒤 6·8 국회의원 선거를 결산하는 경향신문 정치부 기자들의 좌담회가 열렸다.

사회 : 소위, 개헌 시비는 이번 총선의 주요 쟁점이 되었고 또 공화당이 개헌선을 훨씬 돌파했다고 해서 새로이 거론되는 것 같은데 여야가 어떻게 보고 있습니까?

기자(F) : 선거운동 기간에도 야당은 공화당이 안정세력을 구실로 개헌선 확보를 획책하고 있다고 비난해 왔는데 막상 총선 결과가 밝혀지자, 그것 보라는 듯이 "영구 집권을 위해 개헌을 획책하고 있다"고 비난했지요.

기자(C) : 여당의 과잉 비대로 안정보다는 오히려 여러 가지 불안 요소들을 내포하게 됐다고 우려하는 사람들이 많은데, 박 대통령이나 김종필 당의장이 누차 강력히 부인한 것처럼 개헌 가능성은 실제로 희박한 것으로 봅니다.

기자(B) : 김 당 의장은 "5·16혁명을 무엇 때문에 했느냐? 만약 개헌을 주장하는 사람이 나온다면 그런 사람하고는 당을 함께 할 수 없다"고 강력히 부인했는데 사실 4·19의 역사적 교훈으로서도 개헌은 어렵다는 것이 중론인 듯합니다.[154]

경향신문 정치부 기자들이 짜고 헛소리를 한 것이 아니라면, 이 좌담회에 참석한 기자들은 당시의 일반적인 분위기를 전달했다고 볼 수 있다. '3선 개헌이 가능은 하겠지만, 온 국민이 장기 집권에 반발해 일어난 4·19혁명의 교훈을 기억하는 상황에, 또 박정희의 후계자 김종필이 당 의장을 맡고 있는 공화당이 설마 개헌하겠느냐'는 분위기였다.

그러나 선거 무렵 분위기는 그랬을지 모르나, 박정희와 반(反)김종필 계열에서는 그를 제거하는 방식으로 3선 개헌을 추진한다. 진부한 이야기지만 정치나 권력은 정말이지 비정하다. 야당도 선거 과정에서 '3선 개헌' 가능성을 줄기차게 제기했지만, 국민은 투표에서 여당을 압도적으로 지지했다.

신민당은 부정선거라고 항의하면서 국회 등원을 거부하다가 여섯 달이 지나서야 등원해(11.29), 의원 선서를 한다. 대선과 총선을 치르느라 치열하게 겨루고 또 부정 선거 여부로 다투다가 67년 1년이 그냥 지나갔다.

"박정희 멱 따러 왔수다" | 68년 새해가 밝았다. 박정희 집권 8년 차. 1968년은 6·25 남침 이후 남·북한이 전쟁에 가장 가깝게 다가간 시점이면서, 바깥 세계에서도 혁명과 변화의 큰 물결이 몰려와, 2차 대전 이래 가장 시끄럽고 사건이 많았던 1년으로 기록된다. 연초에 잇따라 터진 북한의 무력 도발은 67년 한 해를 끌어온 선거 분위기를 한 방에 잠재워 버렸다. 이와 함께 3선 개헌 문제도 잠잠해졌다. 공화당이 3선 개헌을 추진한다고 밝힌 것도 아니었기에, 신민당도 계속 문제 삼기는 어려웠다. 그리고 더 이상 국민의 관심에서도 멀어졌다. 국민이 더 놀랄 일이 발생했기 때문이다.

1월 21일 밤 10시, 박 대통령을 암살하고 정부 청사 등을 파괴하기 위해 북한 정찰국 산하 124군 소속 무장 공비 31명이 휴전선을 넘어 서울로 침투했다. 이들은 대통령 관저(청와대)에서 불과 300m 떨어진 청와대 인근 칠궁(七宮)[155] 근처까지 접근했다. 청와대로 가는 마지막 단계에서 포착됐으니 망정이지, 아찔한 일이었다. 북한의 무모한 적대 행위와 도발에 온 국민이 놀랐다. 그 가운데서도 당사자인 박정희의 분노는 극에 달한다. 박정희는 그때 51살의 한창나이였다.

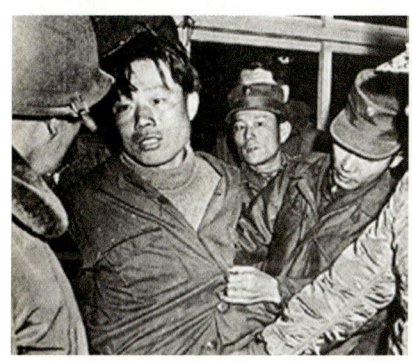 

우리 군에 생포된 무장 공비 김신조(좌). 1.21 밤 교전으로 탄흔 15개가 남아있는 청와대 뒷산의 일명 '김신조 소나무'. 당시 청와대 외곽 경비는 전두환 중령의 수경사 30대대가 담당하고 있었다. 이 부대는 신속하게 공비들을 몰아냈다. 전두환은 12년 뒤 대통령(11, 12대)이 된다.

그뿐이 아니었다. 이틀 뒤인 1월 23일 낮 1시 45분, 북한 원산(元山) 앞바다에서 미 해군 정보수집함 푸에블로(Pueblo)호가 북한 초계함 4척과 미그(MIG) 전투기 2대의 위협을 받고 승조원 83명(나포 과정에서 1명 사망)을 태운 채 북한의 원산항으로 끌려갔다.

이틀 사이로 발생한 두 사건에 대한 미국의 반응이 너무 대조적이어서 박 대통령은 격하게 반발한다. 미국은 북한 무장 공비가 '박정희의 멱을 따기 위해' 청와대 코 앞까지 침투한 비상 상황이 발생했을 때는 '보복 공격은 꿈도 꾸지 말라'면서 우리의 발목을 잡다가, 승조원 83명이 탄 푸에블로호가 납치되자 전쟁 직전 단계인 「데프콘(DEFCON: Defence Readiness Condition, 전투준비태세) 2」를 발령했다. 미국은 한국이 안정기로 접어 들어서 잠시 쉬고 싶어 했지만, 북한은 '종이호랑이' 미국에 계속 도전했다.

미국은 원자력 항공모함 엔터프라이즈(Enterprise, CVN-65, 93,970톤)호와 구축함, 잠수함 등을 동해로 출동시키고, 오끼나와 기지의 미 공군 전투기들을 군

나포된(68.1.23) 푸에블로호(좌)는 '미국의 굴욕, 북한의 자랑'으로 원산항에 전시돼 있다가 1998년 평양 보통강변으로 옮겨졌다. 미 해군은 이 함정을 아직 '현역'으로 관리하고 있다.

산과 오산의 미 공군 기지로 이동 배치했다. 그러면서 미국은 2월 2일부터 판문점에서 북한과 푸에블로호 승무원 조기 송환을 위한 비밀회담까지 가진 것으로 드러나, 한국은 자존심에 상처를 입고 심한 배신감까지 느낀다.

박 대통령은 북한에 보복해야 한다고 미국 측에 강력하게 요구했다. 이런 그를 달래기 위해 존슨 대통령은 한국군 군비 증강을 위해 1억 달러의 추가 군사원조를 의회에 요청하고, 이어 사이러스 밴스(Cyrus R. Vance) 특사를 한국에 파견한다(2.10).[157][158]

당시 미국은 한국의 보복 공격이 남북 간 전쟁으로 번질 가능성을 걱정하고 있었다. 미국은 베트남전 문제로도 국내외 반대 여론과 전황의 악화로 어려움을 겪고 있는데, 한반도 사태가 악화될 경우, 감당할 자신이 없었다. 북베트남은 베트남 전역에서 음력 설(뗏, Tet) 대공세(1968.1.30~9.23)를 펴면서, 사이공에 있는 미국 대사관까지 공격 대상으로 삼았다. 이 장면이 TV를 통해 전 세계에 방영되면서 반전과 철군 여론이 높아진다. 이런 판국에 베트남과 한반도, 두 개의 전쟁은 불가능했다. 더구나 11월에는 대통령 선거까지 있다.

> 밴스 특사의 제1의 임무는 박정희의 '대북 무력 보복'을 막는 것이었다. … 존슨 대통령은 '박정희가 원하는 대북 군사 보복은 북한에 말려들어 가는 꼴'이라고 봤다. 세계적 차원에서 볼 때 북한의 잇따른 공격은 베트남전 지원 차원이라

고 판단했기 때문이다. 북한의 푸에블로호 납치 사건에 이어 벌어진 북베트남과 베트콩들의 '구정 대공세'(1.31)는 그 심증을 굳히게 했다. 미국 본토는 베트남전 반대 시위와 흑인 민권운동 등으로 시끄러웠다. 베트남전과 긴밀하게 연결된 북한이라는 폭탄을 살살 다뤄야 했다.[159]

미국, "보복은 안 돼" | 보통의 경우 미국 대통령 특사는 상당한 수준의 의전을 받아온 데 비해, 밴스 특사는 푸대접에 가까웠다. 한미 관계가 날씨처럼 싸늘했다. 김포공항에 도착한 밴스 특사는 바로 청와대를 방문하고자 했지만, 외무부에서는 "일요일에는 면담이 어렵다"면서 막아 버렸다. 대통령은 그때 청와대 경내 경호실 지하 사격장에서 사격 연습을 하고 있었다.

밴스 특사는 12일 박정희를 면담한다. 두 사람은 5시간 30분이나 대화를 계속했지만, 합의에 이르지 못했다. 그 뒷날부터 밴스 특사는 한국의 주요 인사들을 연달아 만난다. 여론을 돌리고 성난 민심을 달래는 일이 급했다.

사격 자세를 취한 박 대통령, 1974.

밴스 특사를 접견하는 박 대통령, 1968.2.12.

그를 만난 이효상 국회의장(재임 1963~1971)은 "쿠바(Cuba)의 무장 공비들이 백악관을 습격했다면 미국 국민은 얼마나 격분했겠느냐. 북한 무장 공비의 청와대 습격이 우리 국민을 분격게 한 심정을 왜 모르느냐"고 따졌다. 박준규(朴浚圭) 국회 외무위원장은 "푸에블로호 사건 때 미 8군에 비상경계를 내렸는데, 1.21 무장공비 사건 때는 왜 안 내렸는가"라고 항의했다.

뉴욕타임스(NYT)는 2월 13일, 밴스 특사의 한국 내에서의 활동 외에도 대통령 박정희에게 주목했다. 〈뉴스의 인물〉(Man in the News)에 "한국 지도자, 박정희"(South Korea's Leader, Chung Hee Park)를 조명했다. 이 기사는 67년 5월 한국에서 대선이 끝나고 〈뉴스의 인물〉에 보도됐던 "과묵한 한국인, 박정희"(Taciturn Korean, Chung Hee Park)와 겹치는 내용이 많다.

한국 지도자, 박정희

지난 일요일 오후 한국 박정희 대통령은 청와대 경내 관저에 이웃한 비서동 지하 사격장에서 권총과 소총 사격 연습으로 꼬박 한 시간을 보냈다. 그리고 대통령은 자신의 사격 연습을 옆에서 지켜본 우아한 미모의 세 번째 부인(delicately pretty third wife)에게 "이제는 어떤 비상 상황에도 대처할 수 있겠다"라고 말했다. 박 대통령이 자신의 사격 연습 장면을 국민에게 공개한 것은 평소의 근엄한 모습을 감안한다면 상당히 이례적인 일이다. 박 대통령은 입을 굳게 다문 채 말수가 드물고, 선글라스를 끼어 표정도 거의 보이지 않으며 경호원들에 둘러싸여 모습도 좀체 드러내지 않는 군 출신 대통령이다.

그러나 박 대통령은 미국 존슨 대통령이 파견한 사이러스 밴스(Cyrus R. Vance) 특사와의 면담을 앞두고 강인한 모습을 미리 보여줄 필요를 느낀듯하다. 밴스 특사에게 박 대통령은 호락호락한 협상 상대가 아닐 것으로 예상됐었다. 대부분의 관측통이 동의하듯이, 박 대통령이 1961년 5월 쿠데타(coup d'état)로 권력을 잡은 이후 정치적 힘을 강화할 수 있었던 것은 바로 대통령 자신의 깐깐하고 강한 성격과 목표를 향한 집념에서 비롯된 것이다. 쿠데타 당시 육군 소장이었던 박 대통령은 국가재건최고회의(Supreme Council for National Reconstruction) 부의장으로 두 달 동안 막후에 머물며 전면에 나서지 않았다. 두 달 뒤인 7월 그는 육군참모총장 장도영 중장을 최고회의 의장에서 물러나게 하고 반혁명 혐의로 재판에 넘겼다.

2년 뒤 박 최고회의 의장은 (15만 6천 표 차이로) 대통령에 당선됐고, 한국을 그가 즐겨 부르듯이 극동의 덴마크로 바꾸기 위한 경제개발 계획에 착수했다. 그가 추진했던 많은 계획, 특히 박 대통령 정부는 산업 발전 분야에서 꾸준한 성장을 달성했다. 1967년 그는 백만 표 이상의 표 차이로 대통령에 재선됐다. 박 대통령은 3,000만 한국인들에게는 '박정희'(발음은 '복정희'에 가깝다)로 불리지만, 다른 저명한 한국인들처럼 외국인들에게는 서양식으로 성(姓)을 맨 뒤로 표기하는 '정희 박'으로 표기함으로써 '정희'라는 이름으로 불리지 않게 한다. 아주 과묵하고 무뚝뚝한 박 대통령은 한번은 보기 드물게 여러 사람 앞에서 농담한답시고, 검은 선글라스를 벗으며 활짝 웃고는 "제가 이렇게 생겼습니다"라고 썰렁한 농담을 했다는 이야기가 전해지고 있다. 박 대통령의 가정생활은 일반에게 가려져 있다. 그러나 영부인은 박 대통령이 열 살 난 아들과 10대인 두 딸 등 아이들과 함께 집에 있을 때는 "마음씨 좋은 여느 아버지하고 같다"고 말한다.

박 대통령은 1917년 9월 30일 한국 동남쪽에 위치한 90가구 정도가 모여 사는 상모리 마을에서 태어났는데, 그의 이름은 "올곧고 빛나다"는 뜻이 있다. 박 대통령은 먹고살 만한 농부 집안의 7남매 중 막내로 태어났다. 어린 시절 그는 말수가 적고 부지런했으며 공부도 잘했다. 그는 1937년 대구사범학교를 졸업하고 소학교에서 3년 동안 교사로 근무했다. 그 후 그는 군관학교로 진학하기 위해 만주로 건너갔다. 당시 한국을 식민 지배하고 있던 일본은 영민한 그를 제국사관학교로 진학하도록 했다. 그는 2년간 더 수학한 뒤 졸업하고 소위로 임관된다.

1945년 해방이 되자 그는 한국군 대위로 임관되는데. 이후 8년간 그의 군 기록은 구체적으로 알려지지 않았다. 그는 1953년 한국전쟁에서의 공로를 인정받아 육군 준장으로 진급한다.

1948년 그는 공산주의자의 반란을 도와준 혐의로 군법회의에 회부됐으나, 동료 장교들의 탄원 덕분에 사형을 면했다는 상당히 근거 있는 이야기도 있다. 이에 대해 박 대통령은 좌익 활동을 한 형님 친구들이 도망쳐 와, 이들을 잠시 숨겨준 일이 있었을 뿐이라고 해명한 것으로 전해진다.

한국전쟁 당시 사단 작전 참모로 복무했던 그는 일반인들에게는 거의 알려지지 않았지만, 군 동료들은 그를 자기관리가 엄격하고 군인의 본분에 충실한 장교로 기억하고 있다. 전쟁 중 그는 10명 내외의 병사들을 거느리고 지프를 타고 끊임없이 진지를 돌아다녔고, 사복은 거의 입지 않았으며, 차양이 긴 군 작업모를 선

글라스와 닿을 정도로 깊숙이 눌러썼다고 동료들은 기억했다.

1953년 휴전협정이 체결된 뒤, 박 장군은 오클라호마주 포트 실(Fort Sill)의 미군 포병학교에서 6개월간 연수를 받았다. 이때도 그는 별로 사람들과 교류하지 않았고 포병학교 내의 여러 모임이나 행사에도 거의 나타나지 않았다.

대통령에 당선된 뒤 그는 확실한 친미주의자의 모습을 유지했다. 박 대통령은 워싱턴을 방문해, 케네디와 존슨 등 두 명의 미국 대통령과 회담했다.

한국과 미국은 고위급 대화에서 15일까지도 이견을 좁히지 못했다. 1·21사태 때는 보복 공격의 때를 놓쳤지만, 앞으로의 북한 도발에 대한 즉각적인 보복을 고집하는 한국 측과 북한에 대한 보복 공격을 하지 않겠다는 다짐을 받으려 하는 미국 측과는 애초부터 접점이 거의 없었다. 대통령의 분노와 결기가 그만큼 강했다. 하지만 밴스 특사는 임무를 달성한다. 그때만 해도 미국의 위치가 월등했다. 16일 자 NYT 기사다.

한국, 푸에블로호 협상 용인

(서울, 한국, 2.15) 한국은 나포된 정보 수집함 푸에블로(Pueblo)호의 반환과 생존 승조원 82명의 석방을 위해 판문점에서 열린, 미국과 북한의 비밀 회담에 대한 반대 입장을 철회했다. 한국의 한 라디오 방송은 유엔 군사정전위원회 미국 측 수석대표인 존 스미스(John V. Smith) 해군 소장과 북한 측 수석대표인 박정국 소장이 오늘 6차 비밀회담을 가졌다고 보도했다. 미국 측 대변인은 지난달 서울 북방 50km 비무장 지대에 위치한 판문점에서 이 민감한 협상에서 정한 규칙에 따라, 논의된 내용의 언급을 거부했다.

그동안 한국은 미국이 단독으로 북한과 접촉하는 것을 강력하게 반대해 왔지만 오늘 한-미 간 새 군사협약이 발표되면서 한국의 최규하 외무장관은 미-북 간 접촉을 용인한다는 입장을 발표했다.

그러나 존슨 대통령이 양국 간 현안 해결을 위해 파견한 사이러스 밴스 특사가 한국 측과 장시간 협의 끝에 오늘 발표한 공동성명의 내용이 기대에 미달해 한국에서 강한 역풍이 불고 있다. 이 성명에 비판적인 사람들은 미국이 1·21 사태와 1·23 푸에블로호 나포 사태에 대해 어떤 식으로든 대북 군사적 보복을 할 것으로 기대하고 있었으나 오늘 발표된 성명은 이 같은 기대에 크게 미흡하다고 여기고 있다. … 한국의 최규하 외무장관과 밴스 특사가 어젯밤 9시부터 오늘 새벽 5시까지 마지막 협의를 계속했다는 사실은 한-미 간에 견해 차이가 있음을 보여준다. 서울 타워호텔 16층 스위트룸에서 회담이 끝나고 밴스 특사가 떠난 뒤에도, 최 외무장관은 윌리엄 포터 주한미국대사와 한 시간 반 동안 추가 협상을 진행했다.

한-미 공동성명은 "현재의 위중한 상황은 지난 14개월에 걸쳐 북한 공산주의자들이 점점 더 공격적이고 폭력적인 도발 행위를 벌인 데서 기인한다"고 선언했다. 이 성명은 이어 "북한 무장 공비의 청와대 습격 기도와 다른 공격적인 행동들은 한반도의 평화를 중대하게 위협하고 있으며, 앞으로도 계속된다면 한국에 새로운 적대적 상황이 발생할 것"이라고 경고했다. 성명은 또 존슨 대통령이 미 의회에 요청한 1억 달러의 대한 특별 군사원조를 언급하면서, 미국은 250만 명의 향토예비군 창설을 지원할 것임을 시사했다.

밴스 특사는 5일 동안의 힘든 협상을 마치고 오늘 오후 미국으로 떠났다. 한 소식통은 밴스 특사가 처음에는 이번 협상이 몇 시간이면 끝날 것으로 예상했다고 전했다. … (이하 생략)

미국은 '북한 도발에 대한 즉각적인 보복'을 공동성명에 포함하자는 한국의 제안을 끝내 거부했다. 당시의 군사력은 한국이 단독으로 북한의 한 지점을 타격할 수는 있겠지만, 전쟁을 수행할 정도는 아니었다. 미국은 급한 불을 끄기 위해 더 큰 불씨를 살려 둘 수는 없었다. 밴스 특사는 워싱턴DC로 돌아가 존슨 대통령에게 한국 방문 결과를 보고한다. 물론 가장 큰 목적이었던 북한에 대한 박정희의 보복 공격을 막아냈다는 보고였다.

그런데 재미있는 것은 밴스 특사도 곱게만 보고를 한 게 아니었다. 성질이 좀 있어 보인다. 2001년 기밀이 해제된 문서를 보면 밴스 특사는 서울에서 박 대통령, 이효상 국회의장, 정일권 국무총리, 최규하 외무장관 등을 만난 뒤 미국으로 돌아가 작성한 복명서에서 "박정희는 변덕스럽고 동요하고 있으며 술을 많이 마신다"고 적었다. 또 "박정희가 부인과 참모들에게 화가 나서 재떨이를 던진 적이 있다"고 기록한 출장 복명서를 제출했다. 그리고 당시 서울에서 근무한 미국 관리들도 "푸에블로호 피랍 후 박 대통령이 술을 많이 마신 상태에서 미국인들에게 화를 냈다"고 기록했다.[160] 대통령이고 특사고 간에 사람은 다 감정을 가진 존재다.

정일권(1917~1994)　　이효상(1906~1989)　　박준규(1925~2014)

대통령의 충격 | 대통령 박정희는 1·21사태로 엄청난 충격을 받았다. 자신에 대한 위해 가능성도 문제지만, 당시 우세한 국력을 바탕으로 한 북한의 무력 도발이 심각해 피해가 많았다.

① **군 복무 기간 연장** | 1·21사태 한 달 뒤 정부는 대간첩작전 부대 창설과 기존 군부대의 증강·증편 등을 이유로 학군장교(ROTC)의 복무기간을 2년에서 2년 3개월로 늘리고, 사병들의 복무기간도 6개월 연장했다(2.23). 육군과 해병대는 2년 6개월에서 3년(36개월)으로 연장되고, 해군과 공군은 3년에서 3년 3

개월(39개월)이 됐다. 군 훈련 내용에서도 열흘 동안 400km를 걷는 '천리 행군'과 유격 훈련이 추가되고, 유사시 즉각 현장에 투입될 수 있도록 '5분대기조'가 각 군부대에서 운용된다.

어느 나라나 군인들의 복무기간은 병력자원 수급과 안보 상황, 사회적 여건 등에 따라 바뀔 수 있다. 우리나라도 휴전협정이 성립된 1953년, 기존 4년 이상 복무한 군인들에 대한 전역 조치를 취하고 육해공군의 복무기간을 3년으로(36개월) 정했다. 이 복무 기간은 1956년 33개월로 단축되고, 1962년에 30개월로 단축됐다가 1968년 다시 36개월로 연장돼 상당 기간 시행됐다.

② **향토예비군 창설** | 이어 4월 1일에는 전국에서 250만 명 규모의 향토예비군이 창설된다. 정부는 북한의 움직임에 대응해 이미 1961년 12월 『향토예비군 설치법』을 제정했으나, 예산 부족 등으로 시행령 등 후속 조치를 하지 못하고 있었다. 그러나 상황이 달라지자, 예비군 창설을 서둘렀다.

북한은 이미 1959년 50만 명 규모의 준군사조직인 노농적위대(勞農赤衛隊)를 창설했다. 이어 북한은 62년 전(全) 군의 간부화, 전 군의 현대화, 전 인민의 무장화, 전 국토의 요새화라는 「4대 군사노선」을 채택해 국방력 강화에 나섰다. 그 뒤 북한 노농적위대는 붉은청년근위대, 교도대, 청년돌격대 등이 보태져, 북한의 예비 전력 규모는 700만 명으로 커진다.

향토예비군 창설과 함께 69년부터는 전국 고등학교 이상 학생들에게 교련 교육이 실시된다. 교련, 특히 대학생 교련 교육 확대와 의무화는 그 뒤 정부와 대학생 간에 큰 마찰을 일으키는 요인이 된다.

③ **주민등록증 발급** | 1962년 5월에 제정된 『주민등록법』은 기존의 시민증과 도민증을 대체했다. 1950년부터 실시된 시·도민증제는 각 시도 단위로 본적, 출생지, 주소, 직업, 신장, 체중, 혈액형 등을 모두 기재했다. 그러나 1·21

사태 이후 정부는 이 법을 개정해 개인 신상에 관한 내용은 줄이는 대신, 18세 이상 전 국민에게 주민등록번호를 부여했다. 대통령을 비롯한 18세 이상 전 국민에게 앞뒤 여섯 자리씩 모두 12자리의 고유번호가 부여됐다. 초기의 앞번호 6자리는 거주하는 시·군·구·동(市郡區洞)을 나타내다가, 1975년 개정 때부터 생년월일을 기록한다.

주민등록법 첫 시행 당시 범죄를 저지르고 도피 중이던 살인범 44명을 비롯한 강력범 962명의 신원이 밝혀져, 무더기로 지명수배가 내려지기도 했다.[161] 주민등록 제도는 현재까지도 실시되고 있고, 현재는 18세 이상 전 국민의 지문 등록도 이뤄진다.

④ **청와대 인근 출입 통제** | 정부는 청와대 경비 강화를 위해 청와대 뒷산 등 인근 지역에 대한 통행금지를 실시하고 만약의 사태에 대비한 이동의 편의를 위해 북악스카이웨이를 개설했다. 청와대 뒷산 일대의 일반인 출입 금지 조치는 54년 만인 2022년 4월에 모두 풀렸다.

우리나라 주민등록은 조선시대 호패(號牌)로까지 소급된다. 16세 이상의 남성은 의무적으로 소지하도록 했다. 주민등록증을 발급받고 살펴보는 대통령(68.11.21)과 1950년대의 도민증.

북한식 베트남전 지원 │ 북한은 한국이 베트남전에 전투 병력을 파견하고 미국 또한 베트남전에 몰두하는 틈을 이용해 1·21사태 몇 해 전부터 제2의 6·25를 꿈꾸는 듯 도발의 강도와 빈도를 높여왔다. 북한은 우선 가까이 있는 우방 중국을 찾아간다.

북한 김일성은 1965년 평양 주재 중국대사(하오더청, 郝德靑)에게 "북한은 조만간 남침 전쟁을 일으킬 것이며, 전쟁을 하게 되면 중국에서 군대를 파병해 주길 바란다"고 속을 떠 본 사실이 기밀이 해제된 중국의 외교문서에 기록돼 있다. 60년대가 북한이 전쟁을 유리하게 이끌 수 있는 마지막 기회라는 사실을 김일성은 알고 있었다.

열병식을 지켜보는 두 주석(1954 북경)

김일성, 중국 방문(1975 북경)

또 해체된 동독(東獨)의 외교문서를 보면 1975년 중국을 방문한 김일성은 그 때에도 남한에 대한 무력 침략을 거론하면서 중국 지원을 요청했다. 그 무렵 북한은 「4대 군사노선」을 마무리 짓는 등 나름 전쟁 준비를 마친 상태였다. 그 뒤에 밝혀지지만, 다 이유가 있었다. 휴전협정 이후 70년 동안 북한은 실로 다양한 형태의 도발을 시도했다. 북한은 1980년대까지는 주로 간첩이나 무장 공비 침투, 테러, 어선이나 항공기 납치, 간첩선 침투 등으로 도발하다가 1990년대 이후는 미사일 발사나 핵실험, 방사포 발사 그리고 2020년 이후에는 핵무기 사용 운운하며 도발과 공갈의 강도를 높이고 있다.

사실 1·21사태가 발생하기 몇 해 전부터 북한의 대남 도발 건수는 급격하게 증가한다. 1965년 42건, 66년 37건, 67년 423건으로 급증하고 68년 들어서는 1.21 청와대 습격, 1.23 푸에블로호 나포, 10~11월 울진·삼척 무장 공비 침투 등 굵직한 도발이 이어졌다. 이어 69년에도 주문진 무장간첩 침투, 미군 EC-121기 격추, 흑산도 간첩선 침투, 대한항공 YS-11기 납북 등이 발생했다.[163] 이 무렵 북한의 잦은 무력 도발은 한반도에 안보 위기를 조성함으로써, 한국군의 월남 증파를 막는, 북한 나름의 북베트남(월맹) 지원 전술이라는 분석이 있다. 이런 분석은 주로 미국 쪽에서 나왔다. 미국은 1·21사태 때도 이런 분석 틀로 사태를 파악하고, 박 대통령의 단호한 대북 보복이 전쟁으로 이어질 가능성이 있다며 밴스(C. Vance) 특사를 보내서 보복을 막았다. 미국은 사실 북한의 한국 공격보다, 북한에 대한 한국 측의 공격을 더 우려했다.

> 미국 정부는 1960년대 후반 이래 한반도에서 한국의 행동에 따른 자신의 군사적인 연루 가능성에 대하여 우려하였다. 1968년 5월 CIA 보고서는 북한이 최소 향후 수년 동안에는 새로운 한국전쟁을 일으킬 의도는 없는 것으로 결론짓고, 중요한 가능성은 북한의 소규모 도발이 남한의 보복으로 이어져 대규모 갈등으로 확산될 수 있는 위험성이라고 분석했다.[164]

그래서 미국은 북한의 호전적인 도발과 마찬가지로 한국군의 북한에 대한 적극적인 대응도 위험 요인으로 간주하고 있었다. 이런 미국의 속셈을 박 대통령이 모를 리 있겠는가? 군사적으로 동맹 관계라 해도 의견의 차이는 있게 마련이다.

대통령의 하루 | 휴전협정이 맺어지던 1953년 우리나라의 1인당 소득은 67달러였고, 5·16이 일어난 61년에도 우리는 82달러, 북한은 124달러로 우리의

1.5배였다. 김일성은 1962년 신년사에서 "머지않아 모든 인민은 이밥(쌀밥)에 고깃국을 먹고 기와집에 살게 될 것"이라고 했다. 아직 우리는 굶는 사람들이 많았다. 해방 이후 제1공화국, 2공화국에서도 노력했지만, 쉽게 형편이 좋아지지 않았다.

우리나라는 1940년대에 해방과 분단, 정부 수립을 이룩하고, 50년대에는 전쟁과 복구, 부흥의 시간을 보낸 뒤 60년대를 맞았고 꾸준히 도약은 했으나 아직 이륙(take-off)을 하지 못하고 있었다. 제1차 경제개발 5개년계획(1962~66)이 시작된 이듬해(1963) 우리의 국민소득은 104달러를 기록한다. 같은 해 가나(Ghana)는 208달러, 캄보디아(Cambodia)는 118달러였다.

해방 당시 경제 여건은 북한이 우리보다 훨씬 유리했다. 1인당 국민소득도 해방 이후 30년 가까이 북한이 앞서다가, 1974년이 되어서야 '한국 535달러, 북한 461달러'로 역전된다. 남북한의 소득 격차가 이 해에 역전했다고 하지만, 북한이나 공산권 국가의 통계 조작 가능성 등을 감안하면, 사실은 그 몇 해 전(1970년 무렵)에 역전이 이뤄졌을 수도 있다.

북한의 위협과 무력 도발을 극복하면서 경제 제일주의와 조국 근대화 구호를 내걸고 전력 질주한 제3공화국 정부는 해가 가면서 여유를 되찾고 성과를 내기 시작했다. 고조되던 안보 위기도 한풀 꺾이고, 70년대를 눈앞에 둔 그 무렵(1969.6) 국내 신문에 대통령의 하루일과가 실렸다. 1·21사태 등 안보 위기 속에서 대통령은 어떻게 하루를 보냈을까?

나이 든 사람들은 "사람 사는 일이 다 같지, 지지고 볶고, 뭐 다른 게 있겠어"라고 시큰둥해하지만, 사람들은 대개 대통령, 재벌 회장, 인기 연예인 등의 일상생활, 사생활에 대해서 은근히 궁금해한다. 우리 보통 사람의 일상과는 뭐가 다른지, 어떻게 하루의 시간을 보내는지, 식사 때는 뭘 먹는지, 옷은 뭘 입는지 국민은 이런 내용에 대해 궁금해한다.

박 대통령의 24시는 아침 6시 청와대 본관 2층 침실에서 기상과 함께 시작된다. …. 9시 정각 본관 아래층에 자리 잡은 집무실에 들어선다. 의전 비서실에서 미리 짜 놓은 스케줄을 책상 위에 꽂아 놓고 그날 하루의 일을 정리해 본다. 기억력이 남다른 대통령은 그날 누구를 만나면 무슨 말을 하겠다는 생각을 미리 메모해 두는 것이 습관처럼 돼 있다는 것.

박 대통령은 제일 먼저 이후락 비서실장을 만난다. 이 실장을 만난 자리에서 밤새 일어났던 일과 그날 스케줄이 다시 한번 검토된다. 이 실장과의 상의가 끝나면 결재 서류가 밀려닥친다. 제1, 제2 경제, 정무, 민정, 공보, 총무비서관 등이 차례로 한 사람씩 거쳐 간다. 일단 제출된 결재 서류는 모두 읽어본 뒤 사인하고 처리 방향까지 제시해서 내려보내진다. 외래인의 접견은 보통 10시부터 시작된다. 정일권 국무총리를 비롯한 각 부 장관의 보고 사항, 고위급 인사들의 출입국 신고, 외교사절의 이·취임 예방 등이 거의 매일 같이 계속된다.

12시 30분쯤 회의에 참석했던 국회의원 및 장관들과 식당에서 짜장면이나 냉면, 국수 등으로 간단히 점심을 때운다. 비서관들은 외식하는 경우가 있어도 박 대통령 자신이 외식하거나 성찬을 드는 경우는 없다. 회의는 주로 하오에 열린다. 박 대통령이 주재하는 회의는 브리핑 차트에 의한 보고 사항으로부터 시작된다. 브리핑이 진행되는 동안 모호한 점이 있으면 해명될 때까지 질문이 계속된다. 막료들의 실력을 평가하는데 좋은 찬스이기도 하다. … 5시 30분 일과가 일단 끝나면 웬만한 일 없이는 비서관들을 찾지 않는다. 6시까지 잔무를 처리하고 그날 들어온 석간신문을 빠짐없이 읽는다. 7시쯤 가족들과 함께 저녁 식사를 마치고 나면 TV 뉴스를 잠시 시청한 다음 곧 2층 서재로 들어간다.[168] ….

보고 받고 지시하고 회의하고 일에 파묻혀 사는 대통령의 모습이다. "사람 사는 일이 다 같지 뭐"라는 말도 맞겠지만, 문제는 그다음이다. 대통령은 권력의 최정점이다. 권력이 뭔가? 자리나 돈을 나눠주는 힘이다. 대통령이 저녁 식사를 마치고 서재로 가서 '이번에는 어느 장관을 바꾸고, 누구를 보안사령관을 시키지?' '이 공사는 어느 재벌에게 맡길까?' 이런 생각들을 했다면, "사람

사는 일이 다 같지 뭐" 이렇게 말하기가 쉽지 않을 것이다. 대통령도 사람이긴 하지만, 큰 권력을 가진 아주 특이한 신분의 사람이다.

박정희 대통령 재임 시 집무실(1층)과 가족의 거주 공간(2층)으로 사용된 구 청와대 본관. 증축이 이어져 그 당시는 525평 규모로, 1993년 김영삼 대통령 때 철거됐다.

드디어 3선 개헌 │ 북한 무장 공비의 1.21 청와대 습격에 대해서는 보복도 하지 못하고 끝났고, 1.23 푸에블로호 피랍 사태는 그해 크리스마스 직전(12.23), 피랍 과정에서 사망한 1명을 제외한 82명의 승조원이 판문점을 통해 전원 송환됨으로써 마무리된다. 푸에블로호 문제가 마무리되기 직전, 동해안 울진·삼척 지구에서 북한 무장 공비 침투 사건이 또 발생했다. 생포된 2명의 무장 공비는 "1·21사태 이후의 대남공작 실패를 만회하고 남한의 민중봉기를 유도하는 거점을 마련하기 위해 120명이 침투했다"고 말했다. "나는 공산당이 싫어요"라는 이승복(1959~1968)의 신화가 생겨난 바로 그 사건이다. 이 공비들의 침투로 우리 측에서는 60여 명의 군인과 민간인이 목숨을 잃었다.

이듬해에도(1969) 북한의 도발은 이어졌지만, 대통령은 '본인과 조국의 미래'와 관련해 큰 문제 하나를 해결해야 했다. 바로 3선 개헌이다. 3선 개헌은 1967년과 1971년을 잇는 징검다리였다. 71년 제7대 대통령 선거에 박정희가

울진삼척 지구를 방문한 박 대통령.1968.11.

송환되는 푸에블로호 승조원. 1968.12.23.

출마하기 위해서는 그 전에 3선 출마가 가능하도록 헌법 개정이 이뤄져야 하고, 그 개헌에 성공하기 위해서는 공화당이 67년 제7대 국회의원 선거에서 개헌선인 3분의 2 이상의 의석을 확보해야 한다는 뜻이다.

그래서 5월 대선(제6대)이 끝나고 실시된 국회의원 선거(제7대 총선)는 여·야 간에 '개헌 대 반(反)개헌' 전선이 형성되면서 아주 치열하게 전개된다. 신민당은 "공화당이 다수 의석을 차지하면 대통령 3선을 위한 개헌"이 있을 것이라며 공세를 계속했다. 목포에서 출마한 김대중도 이 문제를 제기한다.

> 3선 개헌과 관련해 김대중 의원은 목포선거 기간 중 박 정권이 무슨 음모를 꾸미고 있는지 간파하고 있었다. 그런 나머지 선거 기간에 대통령이 목포로 내려와 선거 지원을 하려 할 때 기자회견을 갖고 공개 질문을 한 적이 있었다. "박 대통령이 대통령 신분에 있으면서 선거법을 위반해 가면서 부정선거를 하려는 것은 3선 개헌에 목적이 있는 것 같다. 그토록 무리하면서 다수 의석을 차지하려고 하는 것은 개헌이 목적이 아니겠는가? 이에 대해 박 대통령은 의혹을 밝히라!" 그렇게 질문하자 이튿날 박 대통령은 즉각 반박하고 나섰다. 그는 속내를 숨기면서 거짓말을 한 것이다. "김대중 후보의 발언은 언어도단이다. 나는 3선 개헌을 절대로 하지 않는다."[170]

세상 묘한 것이 현직 대통령에게 충성하는 세력이 있는가 하면, 몇 년 앞을 내다보고, 후계자를 따르는 무리도 있게 마련이다. 김종필의 회고다.

1968년 6월 5일 나는 당의장 이·취임식을 마지막으로 모든 자리에서 물러났다. 나의 후임으로는 중도파로 분류되던 윤치영(전 내무부 장관)이 당의장 서리로 취임했다… 내가 사라지자 6인방(六人幇)[171]은 거칠 것이 없었다. 1968년 말이 되자 박 대통령의 3연임을 위한 개헌 문제가 수면 위로 떠올랐다…. 6인방은 이 중임 제한 조항을 폐지하자는 논의에 군불을 때기 시작했다… 가만히 보니까 박 대통령은 이미 대통령을 한 번 더 하고 싶다는 생각을 갖고 있었다.[172]

무장 공비 침투 등으로 국민이 불안해하는 심리를 이용해 "강력한 리더십이 필요하다"고 윤치영(尹致暎) 당의장 서리가 깃발을 든다(69.1.7). 사흘 뒤 대통령도 연두 기자회견에서 "현 헌법에 고쳐야 할 점이 있는 건 사실이다. 헌법을 개정할 필요가 있다면 금년말이나 내년 초에 이야기해도 늦지 않다"며 개헌을 공론화했다.

백남억(1914~2001)

김성곤(1913~1975)

김진만(1918~2006)

길재호(1923~1985)

김형욱(1925~1979)

이후락(1924~2009)

이미 공화당 4인 체제와 이후락 비서실장, 김형욱 중앙정보부장은 1968년 12월 정보부 삼청동 안가에서 당정 연석회의를 열어 3선 개헌을 추진하기로 각본을 다 짠 뒤였다. 6인방은 자신들이 앞장서 3선 개헌을 주장하고 나오면 반대에 부닥쳐 꺾일 수 있다고 보고 윤치영 공화당 의장서리를 앞세운 것이다. 그 내막을 알고 있었던 나는 '이거 야단났구나'라고 생각했다.[173]

이렇게 불붙기 시작한 3선 개헌 이슈는 미국도 관심 있게 지켜보는 사안이다. 1969년 2월 1일, NYT는 "공화당, 박 대통령에게 3번째 임기 요청"(Seoul Party Asks 3rd Term For Park)에서 상황을 이렇게 정리한다.

한국 공화당, 박 대통령 3번째 임기 요청

(한국 서울, 2.1) 오는 1971년 대선에서 박정희 대통령이 3번째로 4년 임기 대통령으로 출마할 수 있게 하는 헌법 개정 움직임을 둘러싸고 한국에서 정치적 폭풍이 태동하고 있다. 1961년 쿠데타로 집권한 군사정부가 1962년에 통과시킨 현행 헌법은 대통령의 3연임을 금지하고 있다.

예비역 대장으로 올해 51세인 박 대통령의 3연임을 위한 개헌 움직임은 여당인 공화당 내 지지자들에 의해 상당 기간 조용하게 추진돼 왔다. 공화당의 개헌 움직임은 지난달 초, 당 지도부가 "국가의 강력한 지도력"을 유지하기 위해 헌법 개정을 진지하게 검토하고 있다고 기자회견에서 여러 차례 밝히면서 공론화됐다. 공화당 지도부는 경제성장률을 급등시킨 국가 건설 과업을 계속해서 추진하고 북한의 점증하는 군사적 위협으로부터 한국의 방위 태세를 강화하기 위해서는 강력한 지도력이 필요하다고 밝혔다.

박 대통령이 1971년 임기가 끝나고 계속해서 집권할지 여부는 1967년 재선된 이후 한국에서 가장 중요한 정치 이슈가 돼 왔다. 3선 개헌 문제는 지난 1967년 국회의원 선거 이후 발생했던 부정선거 시위가 수습된 뒤 유지돼 온 정치적 평온을 깨트리고 격렬한 국민적 반응을 일으킬 수 있다.

야당 신민당은 3선 개헌을 막기 위해 "결사 투쟁"하겠다고 다짐하고 있으며, 이를 위해 박 대통령에게 반대하는 모든 사회 세력을 결집하기 위해 5인 특별대책위원회를 구성했다. 신민당 유진오 총재는 최근 기자회견에서 "당의 명운을 걸고" 3선 개헌을 저지할 것이라고 밝혔다. 또 최악의 경우 신민당은 국회의원직 총사퇴도 불사하겠다고 유 박사는 말했다. … (이하 생략)

오래전 기획돼 조용하게 추진되던 박정희를 위한 3선 개헌이 점차 공론화된다. 그러나 공화당 내부에서는 '장기 집권에 항거한 4·19의 교훈과 자유민주주의 국가 재건을 위해 궐기한 5·16 쿠데타의 순수성을 지키고 박 대통령을 구국 혁명의 지도자로 영원히 존경받을 수 있도록 하려면 3선 개헌을 해서는 안 된다'라는 생각을 가진 국회의원들(김종필계)도 적지 않았다.
개헌안 통과는 129명의 공화당 의원 가운데 117명 이상의 찬성이 필요했으나, 공화당 내 지지 의원은 90명 정도였다. 그 무렵 박정희는 이후락 비서실장을 보내, 당직에서 물러나 집에서 쉬고 있는 김종필을 불러서 청와대에서 만난다. 두 사람의 대화가 좀 길지만, 인용할 만하다. 간단한 인사말과 정가 이야기가 오간 끝에 대통령이 본론을 끄집어낸다.

박 대통령은 "임자밖에 없어. 임자가 날 도와야지 누가 날 도울 거야. 날 도와주고 조금 남은 일 더 하게 해줘. 이번 한 기(期)만 더 하겠다는 건데, 그것도 안 되겠어?"라고 했다. 그는 가까이 다가와서 내 손을 꼭 붙잡았다. "이봐 같이 죽자고 혁명 해놓고 혼자 살려고 그래? 60년대엔 빈곤을 겨우 퇴치했는데, 70년대엔 중화학공업을 일으켜 선진국으로 가는 길을 열어야 할 것 아니야. 이 길을 같이 가자" 대통령의 눈에 눈물까지 글썽글썽했다. 나는 가만히 눈을 감았다. …
며칠 뒤 박 대통령이 다시 나를 불렀다. 뉴코리아컨트리클럽으로 골프를 치러 가자면서 시커먼 지프차를 갖고 나오셨다. 나는 박 대통령과 함께 지프차 뒷자리에 탔다. 앞자리 조수석엔 신동관 경호실 차장이 타고, 경호원 몇 사람은 다른 차로 뒤따라왔다. 박 대통령은 내게 "그래, 생각을 좀 해봤어?"라고 물었다.

나는 "생각을 해봤는데, 명분이 서지 않습니다. 그래서 냉큼 찬성이 안 됩니다."
라고 답했다. 그러자 대통령은 "명분이 뭐 있어. 하는 것이 명분이지"라고 했다.
이어서 대통령은 이런 말로 나를 설득했다. "우린 혁명을 하지 않았나. 그 이전
에 있던 모든 질서와 체제 일체를 부정하고 새로운 세상을 만들려고 혁명을 했
어. 그 정신에서 볼 때 3선 개헌 아니라 4선 개헌이라도 필요하면 할 수 있는 것
아니야?" 나도 내 의견을 이야기했다. "맞습니다. 이 나라를 근대화하기 위해서
라면 나아가는 과정에 이것저것 기복이 있다고 해도 이를 타고 넘어가야 한다
는 데는 동감입니다. 제가 지금 생각하기에도 각하 이외엔 이 나라를 이끌어갈
분이 없습니다. 그런 점은 있습니다. 하지만 개헌을 하는 것은 상당히 힘이 들
겁니다." 그러자 박 대통령은 "힘이 드니까 임자가 좀 선두에 서서 해달라는 것
아니겠느냐"고 했다. … 며칠 뒤 청와대로 들어오라는 호출이 왔다. 박 대통령
은 나를 보더니 "자네가 찬성해 주지 않으면 이건 안 되는 일이야! 그동안 생각
해 봤어?"라고 했다. 나는 고민에 고민을 거듭한 끝에 내린 마지막 답을 내놨다.
"정 그러시다면…, 하시지요" 대통령과 나는 혈맹(血盟)이었다. 박 대통령은 내
아내 박영옥의 삼촌이기도 했다. 어떻게 할 도리가 없는 그런 관계였다. 결국 청
와대에 세 번 불려 가 내 주장을 꺾었다. 박 대통령 얼굴에 안도감이 번졌다. 대
통령은 "임자가 이제 좀 돌아다니면서 설득해 줬으면 해. 임자가 설득하면 많이
들 귀를 기울일 거야. 해 줘"라고 당부했다.[174]

우리 헌정사상 6번째의 개헌인 「3선 개헌」[175]은 국회에서 공화당 단독으로 본회
의장이 아닌 제3 별관에서 처리되고(69.9.14), 국민투표에서 투표율 77.1%에
찬성률 65.1%로 확정된다(10.17). 박 대통령이 경제 개발에서는 성과를 내고
있었지만, 장기 집권에 대한 국민의 두려움 또한 여전했다. 이제 박정희는 71
년의 제7대 대통령 선거에 출마할 수 있게 됐다.

정부와 공화당이 이런 상황을 진행시키는 동안 야당인 신민당도 71년의 제7
대 대통령 선거를 앞두고 고민하고 있었다. 박정희에게 연패한 윤보선(1897~
1990)은 이제 한계가 뚜렷했고, 학계에서 영입한 유진오(1906~1987) 박사는 정

3선 개헌안 국회 변칙 통과(69.9.14).   박정희·김종필의 조찬 기자 간담회. 대전(66.6.8).

계 투신 이후 끝없는 스트레스의 파도에 지쳐 쓰러졌다. 당 총재인 유진산(柳珍山, 1905~1974)은 여당인 공화당에서는 '최상의 파트너'(이희호, 『동행』)로 보고 있었지만, 항간에서는 너무 탁(濁)하다는 평가를 받고 있었다. 그리고 박정희와 대결하기에는 너무나 상처가 많았다(김영삼, 『회고록』).

그렇다면, 건강하고 젊은 야당의 구심점은 있는가? 있다면 누구일까? 40대 기수론을 부르짖는 김영삼 김대중 이철승, 이 3명 가운데 한 명인가? 아니면 또 다른 비장의 카드가 있는가? 40대 기수들은 아직 젊어 국가를 경영할 경륜이 좀 모자라지는 않을까? 하긴 5·16쿠데타 주역들은 30대에 정권을 맡아 그런대로 해 오지 않았나? 국민은 여러 생각을 하며, 불안해하면서도 궁금해하고 있었다.

이희호는 전쟁 같은 1967년 총선(6.8선거)을 목포(木浦)에서 치른 다음 1968년 새해 첫날 아침, 집을 나서는 김대중을 보고 의아하게 생각했다. "새해 첫날인데. 어디 가세요?"라고 물었더니 김대중은 웃음 띤 얼굴로 "청와대에 간다"고 말했다. "김대중을 미워하는 사람 얼굴도 볼 겸 해서요."

제7장

짧은 만남 : 1968.1.1.

"그렇게 다정할 수가 없더라고" | 생전의 김대중은 말했다. 겉보기 인상과는 달리 박 대통령이 아주 다정하게 말하더라고 했다. 김대중은 박정희와 사이에 딱 한 번 있었던 만남의 순간을 오래 기억하고 있었다. 1968년 1월 1일 오전, 청와대에서 열린 신년하례회에서 김대중은 박정희와 처음으로 악수하고, 5분 정도 대화를 나눴다. 이희호는 전쟁 같은 1967년 총선(6.8선거)을 목포(木浦)에서 치른 다음 1968년 새해 첫날 아침, 집을 나서는 김대중을 보고 의아하게 생각했다. "새해 첫날인데. 어디 가세요?"라고 물었더니 김대중은 웃음 띤 얼굴로 "청와대에 간다"고 말했다.

"김대중을 미워하는 사람 얼굴도 볼 겸 해서요." 세배객은 주로 공화당과 정부 인사들이었고, 그 사이에 줄을 서 기다리고 있는데, 남편을 발견한 대통령이 다른 사람들을 제치고 다가와 인사를 나눴다는 것이다. "각하, 목포에서 많은 공약을 하셨는데 이제 선거가 끝났으니 해주셔야죠?" "합시다. 그렇게 해야지요." 흔쾌히 답했는데 실행은 없었다. 그가 국회에서 줄기차게 요구한 결과 목포공항이 생겼을 뿐이다.[176]

김대중은 자서전에서 이날 만남을 담담하게 적었다. 10·26 사건(1979) 발생 소식을 27일 새벽 미국의 지인으로부터 전화로 전해 듣고, 놀라고, 고인에 대한 애도의 마음을 적고 난 뒤에 나오는 내용이다.

박정희 대통령과 나는 단 한 번 만난 적이 있다. 1967년 목포 국회의원 선거에서 당선된 직후인 1968년 새해였다. 청와대로 신년 인사를 갔고, 그때 선 채로 박 대통령과 5분 정도 얘기를 나눴다. 그는 나에게 매우 친절했고 내 질문에 성의 있게 답했다.[177]

그 뒤 김대중은 제15대 대통령 임기(1998.2~2003.2)가 끝난 뒤 TV 인터뷰에서 1968년 그날 첫 만남의 느낌을 이렇게 말했다.

"나를 그렇게 못 잡아먹어서 안달하고 그랬는데, 어떤 얼굴인가 한번 본다고 갔어. 그런데 박정희 대통령이 굉장히 엄격한 인상 아니야? 냉철하고. 그런데 가니까 그렇게 다정할 수가 없더라고"[178]

그러고는 끝이었다. 그렇게 크지도 않은 나라에서 함께 살았지만, 두 사람은 만날 일이 없었다. 그날 김대중은 신민당의 고흥문(高興門), 김상현(金相賢) 등 의원 5~6명과 함께 청와대를 찾았다. 당시 주한 외교사절, 유엔군 장성, 국회의원, 각료 또 사회 각계 지도급 인사들은 이런 형식으로 새해 인사를 나눴다. 그날도 3시간 동안 새해 인사가 이어졌다. 박정희도 김대중을 만난 그 순간을 기억하고 있었다.

그 순간을 기억합니다. 여야 간 선거유세 경쟁이 대단했던 목포 선거에서 당선된 김대중 씨를 보게 되어 너무 반가웠고 고마웠습니다. 예상치 못했는데, 김대중 씨가 일행 가운데 줄을 서 있었습니다. 나에게는 매우 귀한 손님이었지요. 희망과 용기에 가득 찬 야당 정치인 김대중 씨를 보는 느낌이 나쁘지 않았습니다. 당찬 요구였고 짧은 시간이었지만 화기애애한 분위기였습니다.[179]

박정희의 이 말은 그가 구술하거나 적어둔 것이 아니다. 그는 재임 중 황망하게 가버렸고, 활동 기간(1961~1979) 내내 최고 권력자로 시종했기 때문에 이런 개인적인 술회를 할 기회가 많지 않았다. 정치학자 류상영이 많은 기록을 근거로 박정희-김대중 두 사람 간의 대화를 재구성한 데서 나온 말이다.
앞서 김대중이 강원도 인제(麟蹄)군 국회의원 선거에서 후보 등록을 하지 못하게 되자, 하도 실망스럽고 갑갑해, 지역 사단장인 박정희 장군의 숙소를 두 차례나 방문한 적이 있으나 만나지 못했다고 했다. 김대중의 방문과 5·16쿠데타에 대한 박정희의 답변이다.

나는 군대 내에서 일어나는 자유당의 부정선거 움직임에 반대하는 입장이었습니다. 1956년 5월 제3대 대통령 선거를 앞두고 군단에서 내가 사단장으로 있던 제5 사단에도 부정선거 지령을 내렸습니다. 나는 그때 "지금부터 선거에 관한 한 나는 사단장이 아니다"고 부하들에게 천명한 적이 있습니다. … 그때 김대중 씨를 만났다고 해도 어찌할 도리는 없었겠지만, 같이 부정선거를 개탄하는 마음은 확인할 수 있었겠지요. 만일 그때 실제로 만났다면 어떤 좋은 인연으로 발전할지도 모르는 일이었겠네요. 어쨌든 부정선거와 군대 내 부패상에 대한 나의 분노와 사회적 불만이 군사혁명의 한 배경이었는데, 의도치 않게 김대중 씨에게는 개인적인 불운으로 이어지게 되어 안타깝고 미안할 따름입니다.¹⁸⁰

강원도 양구읍 하리에 개·보수한 육군 제5사단장 관사. 박정희가 5사단장으로 재임하면서(55.7~56.7) 거처했던 관사를 단장해 2009년에 개관했다. 본관(21평)에 부속 건물(6평), 차고로 이뤄졌다. 김대중이 찾았던 인제 읍내 7사단장 관사도 이 모습과 비슷하지 않았을까?

79년 여름, 마지막 기회 | 그러고는 시간이 바쁘게 지나갔다. 68년 69년은 한반도의 안보 위기가 한껏 고조됐던 시기였고, 70년 71년은 대통령 선거로 서로 바빴다. 김대중은 야당의 다크호스로 강력한 도전자였다. 72년은 유신이 선포됐고, 김대중은 도쿄에서 귀국을 포기하고 일본과 미국을 오가면서 반(反)유신 활동을 이어갔다. 73년 한국의 중앙정보부 요원들은 한낮 도쿄 도심의

3.1민주구국선언을 마친 뒤의 촛불 행진. 김대중은 구속돼 재판을 받고 2년 10개월 수감된다.

한 호텔에서 김대중을 납치해 서울로 데려온다(8.8~8.13).

서울로 돌아온 뒤 김대중은 가택연금 상태에 있으면서 지난 67년 대선에서의 지원 연설과 71년 대선의 사전 선거운동 등의 혐의로 재판을 받았다. 또 「3·1민주구국선언」(1976)을 주도한 혐의로 대법원에서 징역 5년 형이 확정된다(77.3). 이듬해, 형 집행 정지로 석방됐으나, 또다시 가택연금 상태로 감시받는 생활을 이어갔다. 두 사람은 통 만날 일이 없었다. 달라도 아주 다른 길을 지나가고 있었다.

한참 지난 1979년 여름, 유신정권이 무리에 무리를 거듭해 국민도 정권도 함께 신음하고 있었다. 김대중은 박정희를 만나 마음속 이야기를 나누고 싶어 했다. 민심이 완전히 떠나간 유신체제는 파국을 향해 치닫고 있었다. 사방이 막히면 하늘이라도 열려 있어야 하는데, 어디를 봐도 비상구조차 없었다. 김대중은 박 대통령이 무슨 생각을 하고 있는지 알고 싶었다. 그리고 위기의 실체를 알려 주고 싶었다.

　　박 대통령이 사망하기 서너 달 전, 그러니까 한여름이었다. 당시 동교동 내 집을 자주 드나들던 예춘호, 양순직, 박종태 씨를 청와대로 보내 차지철 경호실장을 만나게 했다. 차 실장에게 박 대통령과의 만남을 주선해 달라고 부탁했다.

김대중은 그 측근들 편에 당시 정권의 2인자 차지철(車智澈, 1934~1979) 경호실장에게 박 대통령을 만나고자 하는 자신의 뜻을 다음과 같이 전했다.

"조건은 없습니다. 나한테 하고 싶은 얘기를 모두 해 주십시오. 비난해도 다 듣겠습니다. 대신 내 이야기도 다 하겠습니다. 내 안의 애국충정도 다 꺼내 놓겠습니다. 합의점을 찾으면 좋겠지만 합의가 안 되더라도 상관없습니다. 그렇게 되면 왜 서로를 싫어하고 왜 의견이 다른지 그 실체는 알 수 있는 것 아니겠습니까. 대통령과 나는 20년 가까이 대립하고 있습니다. 그러면서도 마주 앉아 대화한 적은 한 번도 없습니다. 이제는 서로를 경계하며 경쟁하는 단계는 지났다고 보입니다. 서로의 눈을 보면서 육성으로 나누는 대화가 중요하다고 생각합니다. 서로가 얘기를 주고받음이 나라와 우리 두 사람을 위해 절실한 시점에 서 있습니다. 실로 나라가 위중합니다. 이를 회피하는 것은 부끄러운 일이며 민족과 역사에 죄를 짓는 일이라고 생각합니다."

김대중은 진실로 대통령과 대화하고 싶었다고 회고했다. 그러나 '한참 후에 거절의 답이 왔다. 차 실장이 내 뜻을 성실하게 전했는지, 아니면 자신이 판단해서 적당히 물리쳤는지는 알 수 없었다'. 김대중은 '생전에 박정희 대통령과 충분히 얘기 못 해 본 것이 지금도 한스럽다'고 『자서전』에 기록했다.

"내공이 있어요" | 시간이 또 한참 흘러 박정희의 맏딸 박근혜가 정치에 등장해 역량을 발휘한다. 김대중은 박근혜를 내공이 있는 것 같더라고 칭찬한다. 이 말은 김대중 정부에서 국정원장을 지낸 이종찬(李鍾贊, 1936년생)이 전한 이야기이다. 이 원장은 박근혜의 경우 3김(김영삼, 김대중, 김종필) 이후 그만한

카리스마를 지닌 정치인을 찾기 힘들 정도로 정치적 자산이 많았지만, 이를 풀어낼 역량이 좀 부족했다고 아쉬워했다.

박정희(5~9대 대통령)

김대중(15대 대통령)

박근혜(18대 대통령)

2004년경이었다. 나중에 알았는데 박근혜 대통령이 동교동을 다녀갔다더라. 하루는 김대중 대통령이 '당돌합니다'라고 말했다. 왜냐고 물었더니 "제 아버지가 선생님을 많이 괴롭혔는데, 제가 대신 사과드립니다"라고 했다는 것이다. 그러면서 "박 대통령이 내공이 있는 것 같더라"라고 말했다.[184]

박근혜(朴槿惠)의 정치 이력은 이렇다. 6·25전쟁 중 대구에서 태어난 박근혜(1952년생)는 박 대통령 서거 후 청와대를 떠나 서울 신당동 사저로 돌아간다(1979.11). 그 뒤 육영재단 이사장(1982), 정수장학회 이사장(1994) 등을 지낸다, 1997년 정계(한나라당)에 입문해, 1998년 보궐선거로 국회의원(대구 달서구)에 당선된다. 15~19대까지 국회의원을 지내면서 박근혜는 한나라당 대표, 대통령 후보 그리고 대통령에 당선된다(2012.12).

박근혜가 김대중을 예방하고 아버지로부터 입은 피해에 대해 사과한 시점은 17대 국회, 그녀가 3선 의원으로 한나라당 대표를 지낼 때다. 김대중은 박근혜의 사과를 흔쾌히 받아들이고, 기쁜 마음으로 화해(和解)의 길로 나아갔다.

세월이 흘러 그의 맏딸 박근혜가 나를 찾아왔다. 박정희가 세상을 떠난 지 25년 만이었다. 그녀는 거대 야당인 한나라당의 대표였다. 2004년 8월 12일 김대중 도서관에서 박 대표를 맞았다. 나는 진심으로 마음을 열어 박 대표의 손을 잡았다. 박 대표는 뜻밖에 아버지의 일에 대해 사과했다. "아버지 시절에 여러 가지로 피해를 입고 고생하신 데 대해 딸로서 사과 말씀드립니다." 나는 그 말이 참으로 고마웠다. '세상에 이런 일도 있구나' 했다. 박정희가 환생하여 내게 화해의 악수를 청하는 것 같아 기뻤다. 사과는 독재자의 딸이 했지만 정작 내가 구원을 받는 것 같았다.¹⁸⁵

박근혜는 두 차례 김대중 전 대통령을 예방했다(2004.8.12./ 2005.11.14.)

박근혜 대표는 이어 김 전 대통령이 재임 중 박정희대통령기념관 건립을 결정한 데 대해서도 "어려운 결정을 해주셔서 감사드린다"고 인사했고, 김 전 대통령은 "박정희 전 대통령의 공과(功過, 공로와 과실)에 대해 공정한 평가를 하도록 기념관을 짓는 것이 필요하고, 국민을 위해서도 좋은 일"이라고 말했다. 박근혜 대표는 1년 뒤 김대중 전 대통령을 한 번 더 방문한다. 2005년 11월 14일 아버지 박정희 전 대통령의 미수(米壽, 88세)를 맞아, 김대중을 찾는다. 마치 돌아가신 아버지를 뵙듯이 노인이 된 과거의 라이벌을 찾았다. 박정희 전 대통령보다 7살 아래인 그 젊은 라이벌도 이제 여든을 넘긴 노인이었다. 이때 박 대표는 녹차 등 선물을 준비했다. 마치 미수를 맞은 아버지에게 드리는 선물 같았다.

박근혜는 최근에 펴낸 회고록에서(『어둠을 지나 미래로』, 2024.2) 대통령 재임 시절 의사소통의 부족, 인간관계의 실패에서 여러 오해가 생겨났고, 이 오해로 인해 많은 사람과 멀어지는 섭섭함을 경험했다고 했다.

정치를 여러 가지 측면에서 정의하고 해석할 수 있지만, 정치는 권력을 놓고 경쟁하고 다투는 측면이 분명히 있다. 박근혜는 대통령직이라는 최고 권력을 획득하는 정치에서는 성공했으나 운용하고 관리하는 정치에서는 서툴렀다는 비판을 피하기 어렵다. 우리 역사상 처음으로 '탄핵(彈劾)당한 대통령'이라는 사실이 그걸 말해준다. 앞서 나온 이종찬의 표현을 빌리면, "정치적 자산이 많았지만, 이를 풀어낼 역량이 좀 부족했다"고 할 수 있다. 하지만 박근혜는 재임 중과 재임을 전후해, 후회되거나 안타까운 일이 여럿이지만, 김대중 전 대통령을 예방한 일에 대해서는 좋은 기분으로 회상했다.

> 어찌 됐든 김대중 전 대통령께서 나의 사과를 그렇게 고맙게 느끼셨다니 내가 그분 생전에 직접 찾아뵙고 사과드린 건 정말 잘한 일이었다는 생각을 하게 된다.[186]

기념관 건립과 관련해 김대중은 1999년 대구를 방문해 대구·경북(TK) 지역 원로들과 만난 자리에서 '박정희 대통령과 역사적인 화해를' 한 적이 있다 (5.13). 그 자리에는 신현확(전 국무총리), 김준성(전 부총리), 정수창(전 대한상의회장), 김수학(전 새마을중앙회장)과 문희갑(대구시장), 이의근(경북지사), 김관용(구미시장) 등 30여 명이 참석했다. 김 대통령은 "박 대통령과 나는 한국 정치의 두 축이다. 서로 미워하고 싸웠던 적대적 관계였지만, 이제 그런 과거를 훌훌 털고서 화해했다. 여러분도 화해의 대열에 동참해 달라"고 TK 지역 원로들에게 요청했다.

김 대통령 발언을 듣고 대구-경북 원로들은 감동했다고 한다. 매일신문은 "신현확 전 총리는 '위대한 결정'이라는 극찬을 아끼지 않았다. 김재학 박대통령생가 보존회장은 '박 대통령 밑에서 부귀영화를 누린 자들은 기념관의 '기'자도 꺼내지 않았는데 가장 박해를 받은 김 대통령 말에 눈시울이 붉어진다'고 말했다"고 썼다. 만찬 다음 날 김 대통령은 남궁진 청와대 정무수석을 불러 기념관 건립을 챙기라고 지시했다.[187]

서울 마포구 「박정희대통령기념관」. 1997년 김대중의 선거공약으로 2002년 완공 예정이었으나, 시민단체의 반대로 공사가 지연되기도 했다. 2012년 개관해 시민들에게 공개되고 있다.

그 뒤의 일은 우리가 알듯이, 박근혜는 2012년 대선에서 18대 대통령에 당선되고, 2017년 봄(3.10) 탄핵으로 그 직에서 물러난다. 김대중은 박근혜가 대통령이 되기 3년 전인 2009년 8월 18일 영면에 든다. 고난과 영광으로 점철된 85년 세월이 뒤돌아보니 한순간이었다.

김대중이 몇 년 더 건강하게 생활하면서 박근혜의 대통령 당선을 지켜보았다면 어땠을까? 한국 최초 여성 대통령의 탄생을 김대중은 아마 무척 기뻐했을 것이다. 큰 정치를 한다며 목포를 떠나 서울로 올라온 뒤 전셋집을 전전하던 그는 동교동에 '우리 집'을 마련하고(1963.4), 金大中 李姬鎬 이 두 개의 문패를 나란히 내걸었다. 그 당시 수많은 가장(家長)이 집을 장만했어도 부인의 문패를 함께 걸지 않았다. 사실 집을 마련하는 기쁨은 온 식구들의 기쁨이지만, 은밀하고도 큰 기쁨은 어머니 혹은 안사람의 몫이라는 것을 사람들은 뒤늦게 알게 된다. 김대중은 남달랐다. 드물게도 그는 남녀평등에 큰 비중을 두고, 이 가치의 실현을 위해 오랫동안 노력한 정치인이다.

3선개헌과 관련한 절차가 다 끝났다. 71년 7대 대선의 공화당 후보는 박정희로 일찌감치 예약됐다. 이제 국민의 시선은 야당으로 쏠린다. 파벌이 갈리고 무능해 보이지만, 집권 공화당에 맞설 상대는 그래도 야당 신민당(1967~1980)이었다. 신민당은 3선에 도전하는 박정희에 맞설 후보를 내세워야 했다.

이제 박정희의 장기 집권을 막을 방법은 신민당이 좋은 후보를 내, 1971년 대선에서 승리하는 길밖에 없었다. 그건 쉬운 일이 아니었다.

김대중의 시간(1): 국회의원

1963년 목포(木浦)에서 당선 | 김대중은 1961년 5월 강원도 인제(麟蹄)군 보궐선거에서 당선은 됐지만, 5·16쿠데타로 국회가 해산돼 '국회 의석에는 앉아 보지도 못하고' 『정치활동정화법』에 따라(62.3.16) 4,000여 명의 규제자 속에 포함됐다. 정치 활동 규제는 받았어도 부산 피난 시절부터 알고 지내던 이희호와 재혼도 하고(62.5.10), 이주당 사건으로 구속되기도 했지만, 마음은 언제나 정치였다.

그는 '정치가 바로 서면 나라가 바르게 된다'는 신념이 굳었다. 정치 활동은 할 수 없었지만 '군정(軍政)이 10년을 가겠냐, 20년을 가겠냐'하는 마음으로 활동 재개에 대비했다. 62년 연말 새 헌법이 확정됐다. 새 헌법의 확정은 군정이 끝나고 새해부터는 정치 활동이 허용된다는 신호였다.

그 무렵 신생 중앙정보부(61.6.13. 창립)는 민정 이양 이후의 정치를 염두에 두고 정당을 몰래 조직하고 있었다. 우리 역사에서 민주공화당(民主共和黨, 1963~1980)으로 기록되는 보수 정당이다. 공화당은 5·16쿠데타 주도 세력을 기본으로 하면서 일부 기존 정치인도 가담시키고, 학계와 시민, 사회단체 지도

서울 을지로 입구 반도호텔. 1936년 완공된 일제 강점기 최고의 호텔로 해방 후 미군정 당국, 미국 대사관, 장면 총리의 숙소 등으로 사용됐다. 롯데에 매각돼 1976년 철거됐다.

급 인사도 함께하는 모양새를 만들기 위해 저인망식으로 인재를 찾고 있었다. 김대중(63.2.27. 해금)도 그 무렵 모처의 연락을 받았다.

> 1963년 2월로 기억한다. 중앙정보부의 고 모 국장이 만나자는 연락을 해왔다. 당시 중앙정보부의 아지트라 할 수 있는 반도호텔로 갔더니 앞으로 정치 활동을 하려면 공화당 창당에 참여해 달라고 했다. … 유혹은 은밀했지만, 그 속에 협박이 들어 있었다. 당시 상황에서 앞으로 8년간 정치를 하지 못한다는 것은 정치적 사형 선고와 같았다. 그러나 나는 거부했다. … 바로 옆방에는 그들의 보스인 김종필 전 중앙정보부장이 면담 결과를 기다리고 있었다. 정보부 국장은 날더러 한 번만 김 전 부장을 만나 보라고 간청했다. 나는 그냥 일어섰다. "더 이상 나를 움직일 생각은 마시오. 할 말은 다 한 것 같으니 가 보겠소." 돌아서서 나오는데 갑자기 그가 욕설을 퍼부었다. "개 같은 자식, 주둥이만 살아서 지랄하고 있네" 나는 아무런 대꾸도 하지 않고 나왔다. 참으로 무도한 사람이었다.[188]

이 무렵(1963.4) 그는 동교동(東橋洞)에 집을 마련한다. 서울에 올라와 9년 동안 여덟 번이나 전셋집을 옮겨 다녔다. 미국(ICA, 국제협조처)의 원조를 받아 국내 은행이 투자해서 지은 서민 구호용 주택이었다. 김대중의 다른 이름인 '동교동'이 여기서 생겨난다.

> 처음에는 전세로 살다가 내가 국회의원에 당선되고 형편이 나아진 후 샀는데 너무 좁아서 2~3년 후에는 옆집까지 구매했다. 나는 비로소 문패를 달았다. 아내의 이름도 함께 새겨 넣었다. 세상에서 가장 아늑한 '우리 집'이었다. 당시 동교동은 서울의 변두리였고 일대는 호박밭이었다. 비만 오면 길이 잠겨 질척거렸다.[189]

일정에 따라 먼저 민정 이양 대통령 선거가 실시되고(63.10.15) 국회의원 선거가 뒤따른다. 6대 총선이다(11.26). 김대중은 강원도 인제군이 아니라 고향 목포(木浦)에서 민주당 후보로 출마한다. 그리고 그때까지 써오던 이름(金大仲)의 마지막 한자(漢字)를 '가운데 중(中)'으로 바꾸었다(金大中). 그는 호소했다.

> 저는 목포의 아들인데도 객지를 떠돌았습니다…. 강원도 저를 알아주고 서울에서도 인정해 주는데, 고향에 돌아온 저를 목포 시민들이 외면해서야 되겠습니까. 고향에서 패하면 돌아갈 곳이 없습니다. 저를 키워주십시오. 큰 인물이 되어 보답하겠습니다.[190]

서울 동교동(서울 마포구 동교동 178번지) 집 문패와 그의 가족. 1970년대.

그의 상대는 공화당 차문석(車文錫) 후보였다. 차 후보는 일본에서 대학을 나오고 해방 후 군에 들어가 대령으로 예편했고 재력도 풍부했다. '그의 부친은 일제 강점기에 중추원 참의를 지냈고 목포에서 둘째가라면 서러운 부자였다'(『김대중 자서전』152페이지).[191] 당시만 해도 경찰과 지방공무원들이 여당을 돕기 위해 야당의 선거운동을 심하게 방해했다.

그러나 의로운 사람은 있는 법이다. 목포경찰서 정보반장 나승원 경사가 '국회의원 선거 대책'이라는 부정선거 비밀 지령문을 폭로한다. 13개 항의 부정선거 지령에 대해 야당은 선거 보이콧까지 거론하며 공세를 폈다. '목포의 선거 판세가 야당 쪽으로 기울고, 여당은 부정을 저지를 엄두를 내지 못했다'(『김대중 자서전』153페이지). 김대중은 큰 표 차이로 당선됐다. 김대중은 22,513표, 2위 차문석 후보는 10,973표로 무려 11,540표 차이였다. 4년 전 1959년 인제 보궐선거 때 상대 후보의 찬조 연설을 하면서 김대중을 괴롭혔던 홍익선(洪

益先)은 2,534표를 얻어 4위로 낙선했다.
이제 김대중은 낙선자 김대중(金大仙)이 아니라, 당선자 '김대중(金大中)'. 그의 나이 39살이었다. 김대중은 전남 19개 선거구에서 유일한 민주당 당선자였다. 정치지망생 김대중이 1954년 3대 총선에서 낙선하고 고향을 떠난 지 9년 만에 돌아와 얻은 승리였다.

6대 총선에서 고향인 목포에서 당선된 김대중. 아들(홍걸)을 낳은 지 2주일 된 이희호(뒤쪽)와 목포여고 영어 교사 출신으로 김대중의 보좌관이 된 권노갑(왼쪽)도 함께 당선 인사를 했다.

초선과 다름없는 재선의원으로 국회에 들어간 김대중은 '고기가 물을 만난 듯하고 노총각에게 신방을 차려준 것과 같이 맹활약을 펼쳤다'고 기록된다. 그의 비판은 날카로웠고 항상 대안을 제시했다. 그러므로 비록 야당의 위치에 있지만, 정부 여당을 통해 자신이 제시한 대안(代案)이 현실화되기를 기대했다.[192] 김대중은 2공화국 시절 민주당이 여당일 때 당 대변인을 지내고 이제는 재선 국회의원이었다. 생각이나 보는 눈이 달랐다.

그는 한일회담에 대한 범야당의 투쟁에도, 견해를 달리했다. 윤보선 전 대통령 등이 무조건 반대를 외치며, 강경 투쟁을 주장할 때 그는 조건부 반대를 주장했다. 그래서 '사쿠라'라는 비난을 듣기도 했다. 사쿠라가 아니라 그는 시야가 넓고 관점이 남달랐다.

> 나는 국가의 이익을 위해서 일본과의 관계 정상화는 피할 수 없다고 생각했다. 그리고 지구상의 수많은 식민지 국가들도 그들을 침략한 국가들과 다시 국교를 맺고 있다는 사실에 주목했다. 국제사회는 영원한 동지도 영원한 적도 없는 법이다. 더구나 일본은 여러 가지 교류를 통해 가까운 이웃이 되어 있었다…. 문제는 어떤 내용으로 우리의 이익을 극대화시키느냐 하는 것이다.[193]

국군의 베트남(월남) 파병에 대한 입장도 김대중은 약간 결이 달랐다. 「3·1민주구국선언사건」 재판정에서 김대중은 베트남 파병과 관련해 이렇게 말한다.

> 월남 파병은 하되 의용군을 보내면, 예비역이라던가 현역 중에 자기가 지원하는 사람만 가는 것입니다. 그러면 세계에 대해서도 정부가 보낸 것이 아니라 의용군이 간 것이다. … 한국전쟁 때도 중공이 의용군을 보내지 않았느냐 그렇게 말할 수 있습니다.[194]

김대중의 평소 주장, "정치에서는 서생적(書生的)인 문제의식과 상인적(商人的)인 현실감각이 필요하다"는 말을 실천하는 것일까? 야당 입장에서 김대중은 국군 파병은 반대했지만, 이미 파병한 이상 우리 젊은이들이 주둔하고 있는 전장을 찾아가 격려해야 한다고 생각했다. 나라의 이름으로 파병된 국군을 만나러 박순천(朴順天, 1898~1983) 민중당(民衆黨, 1965~1967) 대표위원과 고흥문, 김대중, 김상현 의원 등이 함께 베트남을 방문했다.

> 당시 채명신 파월 사령관이 우리를 진심으로 반겼다. 미군 사령관도 고마워했다. 그들은 이렇게 말했다. "한국은 진정한 민주주의 국가다. 파병을 그토록 반대했던 야당이, 일단 파병이 결정되자 위문을 왔다. 이런 나라가 어디에 있는가. 진심으로 존경한다."[195]

베트남 파병 국군을 위문하는 박순천 의원. 왼쪽은 채명신 주월한국군 사령관. 1966.9.

박순천, 고흥문, 김대중 등 야당 의원들이 방문할 당시(1966) 베트남에는 국군이 4만 5,608명이 파견돼 있었다. 미군은 66년 38만 8,568명이, 68년에는 사상 최고로 54만 8,383명이 파견된다. 당시 베트남에 군인을 파견한 나라는 한국과 미국, 호주, 태국, 필리핀, 뉴질랜드, 타이완, 스페인 등 8개국이었다. 모두 61만 4,051명의 외국군이 105만 명의 남베트남(월남)군을 도와서 싸우고 있었다(1968).

그러나 베트남과 외국 지원군은 승산 없는 전쟁을 하고 있다는 사실이 점차 분명해졌다. 무기나 병력도 중요하지만, 왜 싸우는지가 더 중요했는데, 이 부분이 약했다. 복잡한 베트남 역사와 정치 상황을 여기서 다 전할 수는 없지만, 남쪽 정부(월남)와 참전 외국군의 명분이 약했다. 북쪽이 식민주의와 제국주의 청산, 분단된 베트남의 통일을 외치는 데 반해, 남쪽 정부와 파월 외국군은 식민주의와 제국주의 그리고 분단 고착에 매달려 있었다. 구시대의 가치였다. 우리 국군이 베트남에 파병될 때도 이 점이 지적됐었다. 그러나 정부는 미국과의 관계, 한반도의 안보 상황 등을 우선적으로 고려했고, 참전 용사들도 공산주의의 확산을 막고, 우리도 다른 나라를 돕는다는 명분에 우쭐했다. 물론 경제적인 고려도 컸다.

베트남 참전 외국군

	1966	1968	1972	전사자
미국	388,568	548,383	29,655	58,193
한국	45,608	49,869	37,438	5,099
호주	4,525	7,661	128	520
태국	244	6,005	38	350
필리핀	2,061	1,576	49	0
뉴질랜드	155	516	49	39
타이완	23	29	31	0
스페인	13	12	0	0

자료: 대한민국월남전 참전자회

1967년, 치열했던 '목포 전투' | 6대 총선을 통해 구성된 국회는 한일회담과 베트남 파병 문제로 여야 간 공방을 계속하면서 많은 시간을 보냈다. 1967년, 다시 선거의 해가 돌아왔다.

5월에 실시된 제6대 대선에서는 박정희가 승리해, 2차 임기를 시작한다. 67년부터는 제2차 경제개발 5개년계획도 시작된다. 제3공화국의 경제성장 형태를 두고 '개발독재' 또는 '수출주도형 경제발전'이라고 부르는 데는 박정희의 역할로 인한 부분도 있을 것이다. 그는 대한민국 수출의 총사령관이었다. 이 경제 성장의 온기가 퍼진 덕분에 박정희는 윤보선의 설욕전을 가볍게 따돌린다. 문제는 6월 8일의 국회의원(제7대) 선거였다. 67년에 시작하는 대통령과 국회의원의 임기는 71년에 끝난다.

지금이야 임기가 끝난 대통령은 당연히 집으로 돌아간다고 생각하지만, 옛날에는 그게 아니었다. 단적인 예가 전두환 대통령의 경우다. 우리 헌정사상 최초로 단임(單任)을 실천한 전두환은 7년 임기를 마치고 서울 연희동 사저로 돌아갈 때(1988.2) 주민들의 큰 환영을 받았다.

1988년 2월 25일 전두환 전 대통령은 자신의 친구이자 후계자인 노태우 신임 대통령 취임식에 참석한 후, 노 대통령과 3부 요인들의 환송을 받은 채 청와대를 떠나 곧바로 연희동 사저로 향했다. 전 전(前) 대통령 내외는 어린 손녀의 손을 잡고 연희동에 도착했고, 시민들의 열렬한 환호를 받기도 했다. 실제 사저 앞 골목에서는 차에서 내려 이동했으나, 인파의 환호로 걸음을 옮기기조차 힘들 정도였다. 전 전 대통령은 연희동 주민들이 동네 놀이터에 '이임 잔칫상'을 차려 놓았다는 얘기를 듣고 곧바로 발길을 돌려 그곳에서 주민들이 건네는 막걸릿잔을 단숨에 들이켰고, 박수 환호를 받는 모습을 연출하기도 했다.[196]

재임 중의 공과를 따지는 여론이 강하게 형성되기 전인 30여 년 전 이야기다. 임기를 마치고 순순히 물러났다는 사실 만으로도 전두환 대통령은 동네 주민들로부터 이렇게 환영을 받기도 했다.

퇴임한 전두환 대통령 부부가 주민들의 환영 속에 연희동 자택으로 돌아온다. 1988.2.25.

다시 60년대로 돌아가자. 박정희는 이제 온기가 돌기 시작한 대한민국에 애착이 강했다. 당시 헌법은 대통령의 연임은 한 차례만 가능하도록 규정하고 있었다. 박정희가 71년 이후에도 계속 집권하기 위해서는 67년 총선에서 개헌선을 확보해, 헌법의 연임 규정을 손보는 방법, 즉 개헌이 가장 간편한 절차였다. 6.8 선거 과정에서 야당은 이 점을 계속해서 국민에게 호소했지만, 잘 먹혀들지 않았다. 공화당의 선거 부정을 지켜본 신민당 유진오 총재는 투표 이틀 전 기자회견을 갖는다.

> 공화당 정권이 6.8 총선거를 이처럼 불법 부정으로 몰아가고 있는 것은 "정상적인 선거로는 과반수 의석을 확보할 수 없다는 초조감에서가 아니라면, 개헌선 확보를 위한 것으로 볼 수밖에 없다"고 주장하고 … 이번 선거는 타락선거의 말기 증상이라고 주장했다.[197]

이 7대 국회의원 선거에서 김대중은 다른 이유로 전국구 스타가 된다.

> 박 대통령은 국회에서 내가 발언할 때면 청와대에서 인터폰을 통해 나의 발언을 듣고 나의 질문에 답변하지 못한 각료를 불러들여 호통을 쳤다. 그리고 1967년의 국회의원 선거가 시작되기 직전에 박 대통령은 "김대중은 무슨 일이 있더라도 국회의원 선거에서 낙선시키도록 하라"고 관계 기관에 강력하게 지시했다. …. "여당 후보자 10명이나 20명 정도가 떨어지는 건 상관없으니 어쨌든 김대중이 당선되지 않도록 전력을 기울이도록 하라"고 지시한 것으로 알려지고 있다.[198]

상황이 이렇게 돌아가자, 목포는 6.8 총선 131개 지역구 가운데 집중적인 시선을 받게 되고 자연히 언론의 초점도 여기로 맞춰진다. 김대중의 상대는 육군 소장 출신으로 체신부 장관을 지낸 김병삼(金炳三, 1923~1988) 후보였다.

> 김병삼 후보는 진도 사람이었다. 진도에서 출마하면 누워서도 될 사람이었다. 그런데 박 대통령이 김병삼 후보라면 경쟁력이 있다고 판단되었는지 지역구를 목포로 옮기도록 했다. 처음에는 연고가 없다며 난색을 표명하자 박 대통령이 "당신은 출마만 하라. 당선은 내가 시킨다"며 밀어붙였다고 했다. … 그는 개발

계획을 마구 쏟아냈다. 항구를 정비하겠다. 공항을 만들겠다. 공업단지를 유치하겠다 등 온통 장밋빛 약속들이었다. 지역 여론은 급속히 여당 쪽으로 쏠렸다. 박 대통령은 직접 목포로 내려와 여당 후보를 지원했다. 가는 곳마다 김병삼 후보의 공약을 뒷받침했다. … 박 대통령은 그것으로 그치지 않았다. 아예 목포에서 국무회의를 열었다. 각료들이 줄줄이 목포로 내려왔다. 모든 장관이 좁은 목포 땅에 모였으니, 청와대가 유달산 기슭으로 옮겨 온 셈이었다.[199]

선거전이 치열해지면서 목포에는 각료들뿐만 아니라 돈도 몰리고 폭력배들까지 모여들었다. 당시 목포에서는 '막걸리로 바다를 이루고, 국수로 다리를 놓았다'는 말이 돌 정도였다. 당시 김대중의 비서로 현지에서 선거운동을 했던 김옥두의 기록이다.

> 인구 17만에 불과한 소도시에 공화당은 그때 돈으로 2억[200] 원이라는 천문학적인 선거자금을 뿌리고 다녔다. 우리 운동원들은 선거자금이 부족해서 자기 돈까지 써가면서 정말 열심히 뛰어다니며 김대중 지지를 호소했으나 밤에는 나다닐 수조차 없었다. 공화당 측에서 전국 각지의 깡패들을 동원해 목포는 이른바 무법천지가 돼 버렸다. … 이를 두고 신민당 유진오 당수는 "이번 목포 선거는 선거가 아닌 전쟁"이라고 말할 정도였다. …
> 그뿐이 아니었다. 공화당 동책 사무실에서 공화당 후보 지지 도장을 받고서 돈봉투를 나누어 주고 있다는 정보를 입수한 우리 측 선거운동원이 현장을 덮친 적이 있었다. 부정선거 문서와 나눠주려 한 돈봉투를 뺏어 경찰에 신고했으나, 경찰은 오히려 우리 측 운동원을 특수강도로 몰아 구속시키는 사례까지 발생할 정도로 경찰은 편파적이었다.[201]

대통령이 이렇게 집요하게 김대중을 낙선시키려고 하는 이유에 대해 이런저런 말들이 떠돌았다. 막걸리로 홍수를 이루던 목포는 작은 도시였다. 김대중 선거 캠프에는 '선거의 귀재'라는 엄창록(嚴昌錄)이 조직 참모로 그를 도왔다.

1967년 7대 총선, 목포 지역구의 김대중(신민당)과 김병삼(민주공화당) 후보의 포스터

그는 흑색선전에 능했다. 흑색선전이란 중상모략과 침소봉대를 두 축으로 하는 야비한 선거운동 방식이다. 야당 운동원들은 노동자로 가장해 시민들과 어울리면서 이런 말을 퍼뜨린다.

"김대중이 대통령감이니까 박정희가 미리 죽여 버리려는 것이다. 이번에만 당선시키면 다음에는 대통령이 된다. 목포에서 대통령을 내자. 그러면 우리는 진짜로 덕을 본다." 소문은 이리저리 굴러다니며 커져 갔다.[202]

그런데 이 말은 놀랍게도 4년 뒤, 1971년 제7대 대선에서 적중된다. 김대중이 예상을 깨고 신민당의 대통령 후보가 돼, 박정희와 맞붙게 된다. 득표도 엄청나, 이후 김대중은 '큰 인물'이 되고 호남의 희망이 된다. 말이 가진 예언력이라고 할까, 소외감이 극에 이른 호남 지역의 염원이 실현됐다고 할까, 아니면 흑색선전의 결과물일까? 이런 거친 선거 과정을 겪고 7대 총선에서 김대중은 29,279표를 얻어 당선됐다. 공화당 후보를 6,500여 표를 앞서는 승리였다.

박정희는 개헌선 확보에는 성공했지만, 총선 과정이나 결과에 엄청나게 불만

1970년대 목포시 전경. 목포는 2000년대 초 인구 55만 명을 목표로 도시 계획을 다듬어왔다.

이 많다. 선거 당시 공화당 의장을 맡았던 정구영(鄭求瑛, 1899~1978)은 이런 기록을 남겼다. 정구영 변호사는 지조를 꺾지 않는 '마지막 선비'라는 평을 듣는다.

> 그때 근 두 시간 간곡하게 진언을 했어. 대통령도 여러 가지 보고 느낀 점을 얘기해. 지나친 타락선거였다는 점도 인정해. … "제가 이번 선거에서 몇 사람은 국회에 들어오지 못하기를 바라서 특히 그 지역의 공화당 후보를 특별 지원했습니다. 그 몇 사람은 내게 반대한다고 해서 그런 것이 아닙니다. 6대 국회 4년 동안 보니까 그 사람들은 이면에서는 뒷거래다 뭐다 해서 제 실속을 차립니다. 그런데 표면에서는 저만이 애국자고 깨끗한 사람인 양 행세합니다. 차관 승인 같은 것도 양해한다고 뒤에서 업자에게 약속하고 정작 공식 회의에서는 내가 언제 그랬더냐는 듯 시치미를 떼고 특혜 아니냐고 짐짓 때리고 그럽디다. 이런 거짓말쟁이들이 국민들한테 도리어 인기가 있고 표를 더 받습니다. … 김대중 같은 사람 선거 운동 한 것은 온통 마타도어 흑색선전입니다. 당해낼 재간이 없어요. 잔꾀와 속임수로 선거를 치러요. 그래 놓고 부정선거다, 재선거하라는 소리, 이 사람이 앞장서서 하고 있습니다. 어느 선거나 어느 정도의 타락과 부정은 있기 마련입니다. 우리 같은 형편에서는 더욱 그렇습니다. 그렇지만 이번 선거에서 투표 부정, 개표 부정은 없었지 않습니까" 그러는 거야.[203]

이걸 보면 박정희는 대통령이었지만 군인 체질이고, 김대중은 타고난 정치인이었다고 할 수 있겠다. 이 중요한 선거에서 공화당은 예상대로 개헌선을 훨씬 넘는 압승을 거뒀다. 신민당은 45석에 그쳤다.[204] 전남의 19개 선거구 가운데 신민당에서는 정성태(광주 갑), 김대중(목포) 등 2석과 무소속의 서민호(고흥)를 제외한 16석이 공화당이었다. 6.8 선거나 3선 개헌의 다른 측면에 대해서는 뒤에 다시 살펴본다. 호남의 마음이 박정희를 떠났으나 국회의원 선거에서는 지금과 같은 표 쏠림 현상은 아직 나타나지 않고 있었다.

40대 기수 | 대선과 국회의원 선거가 끝난 이듬해인 1968년은 앞서 본대로 안보(安保) 문제로 나라가 심하게 술렁거렸다. "박정희의 멱을 따러 왔수다" 이 한마디에 국민들은 얼어붙었다. 68년의 국정 슬로건이 「중단없는 전진」이었는데 현실은 '중단없는 도발'이 돼 버렸다. 이 무렵 야당의 김상현 의원이 박 대통령을 면담할 기회가 있었다. 3선 개헌 이야기가 나오자, 대통령은 펄쩍 뛰면서 말했다.

"만약 내가 3선 개헌을 하려고 한다면, 김 의원 당신이 단도를 가지고 나에게 덤비도록 하시오. 당신들에게는 당연히 그렇게 할 만한 권리가 있습니다."[205]

그러면서 대통령은 야당에 대한 불만을 제기한다. 특히 경제 정책에 대해 일일이 토를 다는 것은 용납할 수 없다고 강하게 말한다.

"야당은 무엇 때문에 사사건건 반대만 하는 것인지 모르겠소. 그중에서도 정부 경제 정책에 대해 반대한다는 것은 당치도 않아요. 나는 국민으로부터 신임을 받고 정책을 수행하고 있습니다. 그러니 정책을 수행할 권리와 의무가 있다 이 말입니다. 나의 정책이 나쁜 것이라면 선거 때 나를 갈아치우면 됩니다. 정책 수행에 일일이 방해한다는 것은 용납할 수 없는 일입니다"[206]

대통령은 3선 개헌에 대해 강하게 부정하고 있다. 그러나 역사의 목격자는 달리 본다. 박정희는 할 일은 많은데 자신에게 부여된 시간이 너무 짧다고 생각한다. 사실 대통령은 매우 강하게 개헌을, 장기 집권을 원하고 있었다.

재선으로 4년을 더 집권하게 되었지만, 박정희는 그가 해야 할 일에 비해 주어진 시간은 너무 짧다고 간주하였다. 그는 경제개발과 자주국방의 국가적 과업을 자신만이 감당할 수 있다는 생각에 사로잡혔다. 그는 1968년부터 그의 대통령 3선을 허용하는 개헌을 추진하였다. 그는 집권 공화당 내에서 그의 후계를 노리는 실력자들을 제거하였다.[207]

69년으로 접어들면서 3선 개헌 문제가 현안이 된다. 야당도 반대 투쟁의 강도를 높인다. 여당도 야당도 힘의 바탕은 국민이다. 이 원칙에 충실하면 민주주의, 반대면 독재 정치다. 신민당은 재야와 힘을 합쳐 「3선 개헌반대 범국민투쟁위원회」를 결성한다(69.6.5). 전국 각 대학에서도 3선 개헌 반대 시위가 이어진다.

야권은 전국을 돌며 크고 작은 집회를 통해 국민에게 호소했다. 야당의 주요 연사는 김대중, 김영삼, 이철승 등 젊은 의원들이었다. 69년 7월 3선 개헌반

서울 효창운동장에서 진행된 3선 개헌반대시국대강연회에서의 김대중. 1969.7.19.

대시국대연설회가 서울 효창운동장에서 열렸다. 거의 대선급 열기였다. 연사로 나선 김대중은 수십만 명의 시민들이 모인 모습을 '사람의 바다에 내가 떠 있는 느낌이었다"고 회고했다.

> 나는 박 정권이 3선 개헌을 하려는 것은 영구집권과 1인 독재국가를 획책하는 것이라고 단언했다. 또한 언론은 중앙정보부가 통제하고, 사법부마저 권력의 시녀로 삼고 있는 현실을 개탄했다. "대학은 창살 없는 감옥이요, 교수들은 변호표 없는 죄수가 되어있다"고 통박했다. 그러면서 조국을 멸망과 불행의 진구렁으로 끌고 가는 박정희의 3선 개헌 음모에 대해서는 정치적 생명뿐 아니라 육체적 생명을 바쳐서라도 싸울 것을 다짐했다.[208]

정치인의 다짐은 젊은이들의 사랑 맹세, 신앙의 기도, 어디에 해당할까? 우리 정치사에 수없이 많은 인사가 나서 "신명(身命: 몸과 목숨)을 바쳐서 조국과 국민을 섬기겠다"고 외쳤으나, 실제로 몸과 목숨을 바친 정치인은 없었다. 대부분이 자신과 이권(利權)을 섬겼다. 불쌍하고 약한 노동자와 학생들이 분신(焚身)하고 투신(投身)했다. 그 희생을 바탕으로 우리나라는 흔들거리고 뒤집히면서도 길을 찾아 여기까지 이르렀다.

야권의 반대에 대해 대통령이 반응을 보였다. 그 반응이 묘했다. 그는 "야당은 나에게 터무니없는 공격을 하고 있다. 이 같은 상황 속에서 나는 대통령직을 사임할 수는 없다. 따라서 나는 3선 개헌을 하지 않을 수 없다"(7.25). 그러면서 그는 "이 개헌안을 국민투표에 부쳤다가 부결될 경우에는 대통령과 내각에 대한 불신임으로 보고 사임하겠다"고 했다. 강수요 묘수였.

이제 3선 개헌 문제는 개헌의 당부(當否: 옳고 그름)가 아니라, 현직 대통령의 신임 여부로 바뀌어 버렸다. 정치에서는 간단명료한 게 최고인데, 야당은 국민에게 3선 개헌의 부당함과 정부에 대한 불신임 등 설명할 내용이 길어진다. 불리한 싸움이었다. 이런 공방 가운데서, 3선 개헌안은 공화당 단독으로 국회 별관에서 변칙 통과됐다(9.14).

엿새 뒤 NYT는 사설을 통해 이 문제를 다뤘다. 여론이 잘 모이면, 한 달 뒤 국민투표 단계에서 부결시킬 수 있지 않느냐는 이야긴데, 한국의 상황을 좀 안 이해하게 보는 듯하다. 사설의 제목이 「한국이 잠든 사이」(While Korea Slept), 마치 영화 제목 같다.

69년 여름 대학생들의 3선 개헌 반대 시위.

개헌안 통과 당시 언론 보도.

한국이 잠든 사이

지난 일요일(14일) 새벽 야당 국회의원들이 서울 국회의사당 본회의장 연단 주위에서 밤샘 농성을 하는 동안, 박 대통령을 지지하는 민주공화당 의원들은 몰래 길 건너편 희미하게 불이 켜진 별관으로 가서 박정희 대통령의 3선 출마를 허용하는 헌법 개정안을 통과시켰다. 국회의장이 다음 날까지 개헌안에 대한 표결이 없을 것이라고 약속해 놓고 몰래 개정안을 통과시킨 것은 부적절하며 한국의 민주주의 발전에 타격이 된다는 야당의 주장은 타당하다. 이것은 대통령의 현명하지 못한 집권 연장 시도이기 때문이다.

그러나 야당의 행동도 민주적인 행동 규범에 어긋나기는 마찬가지다. 지난 3일 동안의 치열한 토론 기간에 한 야당 의원은 국회에 출석한 국무위원들을 향해 한 양동이의 인분을 끼얹어 버렸기 때문이다.

토요일(13일) 밤의 국회 토론은 표결에서 승산이 없다고 생각한 야당 의원들이 표결을 막기 위해 본회의장 연단 주위를 점거하면서 끝이 났다. 공화당의 개헌안 편법 처리 사실이 알려진 뒤, 야당의 원내총무는 본회의장에 들어가 책상들을 뒤엎고, 연단을 발로 차고 또 의원들과 기자들이 있는 곳으로 마이크를 내던지는 등 난동을 피웠다. 이런 행동은 야당의 입장을 유리하게 만들 수 없다.

한국의 헌정을 지키려는 사람들은 앞으로 예정된 3선 개헌안 국민투표를 부결시키는 방향으로 에너지를 결집함으로써 민주주의에 대한 헌신을 가장 분명하게 보여줄 수 있을 것이다. 한국의 민주주의 발전에 큰 책임을 지고 있는 미국은 공정한 국민투표가 이뤄지도록 상당한 영향력을 행사함으로써 지금 분출된 반대 의견들이 합법적인 테두리 안에서 유지되도록 도움을 줄 수 있을 것이다. (63.9.20)

그리고 한 달 뒤 개헌안에 대한 국민투표가 예정대로 실시된다.

> 10월 17일 국민투표가 실시돼 65.1%의 찬성률로 개헌이 확정됐다. 이때 김대중은 3선 개헌에 대한 높은 지지율에 충격을 받았다. 3선 개헌에 대한 국민의 순응적 태도가 나타난 것은 1960년대 산업화 과정에서 이익을 얻은 세력이 중심이 돼 박정희 정권을 적극 지지하는 층이 생겨난 탓이었다. 더구나 야당은 이에 대한 뚜렷한 대응이 없었다.[210]

3선 개헌을 위한 절차가 다 끝났다. 71년 7대 대선의 공화당 후보는 박정희로 일찌감치 예약됐다. 이제 국민의 시선은 야당으로 쏠린다. 파벌이 갈리고 무능해 보이지만, 집권 공화당에 맞설 상대는 그래도 야당 신민당(1967~1980)이었다. 신민당은 3선에 도전하는 박정희에 맞설 후보를 내세워야 했다. 이제 박정희의 장기 집권을 막을 방법은 신민당이 좋은 후보를 내, 1971년 대선에서 승리하는 길밖에 없었다. 그건 쉬운 일이 아니었다.

3선 개헌에 반대하면서 김대중은 2년 뒤 71년 대선에서 자신이 박정희의 적수로 맞붙게 될 것이라는 생각을 했었을까? 언젠가 그럴 때가 올 수 있겠지만,

신민당 당보 「민주전선」을 배포하고 있는 유진오 총재(좌). 대변인 김수한과 함께 한 유진산 총재. 김수한은 "진산은 '안 되는 일을 가지고 고집을 피우기보다는 적당히 양보해 주고 다른 것을 얻어내는 것도 한 방법이다'라는 생각을 갖고 대여투쟁을 했다"고 회고했다.

71년은 너무 이르다고 생각했을 수 있다. 장기 집권은 민주주의의 적, 정치의 종말이라는 명분에서 반대했을 것이다. 사람의 앞일은 정말 모른다.

국민은 당 총재인 유진오(兪鎭午) 박사가 신민당의 후보가 될 것으로 생각하고 있었다. 존경받는 법학자요 15년간 고려대 총장을 지낸 유진오 박사는 애초에 민주당의 신파(민주당)와 구파(민정당)가 합쳐서 창당한 민중당(民衆黨, 1965.6~1967.2)의 대통령 후보로 정계에 영입된다(66.10). 유 박사는 1967년 제6대 대선에서 윤보선 후보에게 대선 후보를 양보하고, 통합 야당(신민당)의 총재 자리를 맡았다. 유진오는 야당의 이합집산에도 불구하고 늘 대통령 후보로 존재감을 유지했다. 그런 유 박사가 정계 입문 3년 만에 갑자기 쓰러졌다(69.3). 뇌동맥경련증이었다. 정가에서는 3선 개헌 반대 투쟁으로 인한 피로와 스트레스가 겹친 결과라고 봤다. 정권 교체를 원하던 국민은 아찔했다. 신익희(申翼熙, 1892~1956), 조병옥(趙炳玉, 1894~1960) 두 대통령 후보를 선거 직전에 잃어버리고 정권 교체에 실패한 기억이 되살아났다.

야당 신민당의 「40대 기수론」의 주역. 왼쪽부터 김영삼, 김대중, 이철승. 1970년.

유진오 총재는 69년 11월 치료를 위해 일본으로 가면서 총재직을 내놓았다. 후임은 유진산(柳珍山)인데, 여당과의 대화와 타협에 능해 야당 총재직은 맡을 수 있겠지만, 대통령 후보로 국민이 받아들일 가능성은 거의 없었다. 이제 어쩔 것인가? 이때 42살의 젊은 원내총무 김영삼이 물꼬를 튼다.

> 야당은 비록 박정희의 3선 개헌 저지에는 실패했으나, 71년 대통령 선거에서 승리해 박정희 장기 집권을 막을 수 있는 마지막 기회는 남아 있었다. 그 길만이 빈사 상태에서 헤매고 있는 이 땅의 민주주의를 회생시킬 수 있는 길이었다. 나는 고뇌에 찬 결단을 내렸다. "패배감과 무기력에 젖어있는 당에 새로운 활력을 불어넣어야 한다. 박정희 독재에 신음하는 국민에게 새로운 희망을 보여 주어야 한다. 누군가 이러한 역사적 대임을 맡아야 한다. 그러나 당 내외를 통틀어봐도 그럴만한 사람이 없다. 그렇다면 내가 그 십자가를 지겠다" 1969년 11월 8일, 나는 아무런 예고도 없이 대통령 후보 지명전에 나설 것을 전격 선언했다.[212]

역시 용기와 추진력의 김영삼(金泳三)이었다. 김대중도 그 무렵 '혼자 고민을 거듭하고 있었다'

그때 나를 형님이라고 부르던 이용희가 말했다. "유(진오) 총재를 믿을 수 없습니다. 저 양반으로는 도저히 안 되겠습니다. 형님이 대통령 후보로 나가십시오" 나는 순간 영감 같은 것을 받았다. 하지만 일체 내색을 하지 않았다.

이런 과정을 거쳐 신민당에서는 김영삼(42), 김대중(45), 이철승(47) 등 40대 기수 3명이 당내 중진들의 놀라움과 반대 속에서 후보 경쟁을 하게 된다.

1970년은 한국 현대 정치사의 한 전환점이 되었다. 야당의 두 젊은 의원이 박정희의 대안으로 떠오른 것이다. 그때까지 박정희는 달리 대안이 없는 유일한 리더였다. 박정희만큼 강력한 리더십(혹은 딕테이터십)을 갖고 국민을 희망의 나라로 인도해 갈 역량을 가진 정치인이 등장하지 않았기 때문이다. 그런데 어느 날 (1969년 11월) 김영삼이 '40대 기수론'을 내걸고 신민당 대통령 후보 지명대회에 나설 것을 선언하면서 한국 정치는 일대 전환점을 맞았다. 이듬해 1월에 김대중이 그 뒤를 이었고 다음 달에는 이철승도 가세했다. 40대가 정치를 주도하는 시대가 열리기 시작한 것이다. 특히 1970년 9월의 신민당 대통령 후보지명 전당대회를 통해 김대중과 김영삼은 뉴리더로서의 지위를 확고히 했다. 이후 1979년 10·26사태 때까지 박정희는 권위주의적 집권자의 전형으로, 양 김은 민주화 투쟁의 화신으로 한국 정치에 자리매김 되었다.

환호하는 김대중.

김영삼의 축하를 받는 김대중. 1970.9.29.

40대 기수론의 선두 주자는 김영삼 원내총무였다. 투표가 끝나기 전에 인쇄된 한 석간신문은 1면 제목을 '김영삼, 후보 선출'로 뽑을 정도로 김영삼의 우세가 예측되는 전당대회였다. 그런데 2차 투표에서 당내 비(非)주류 김대중이 당선되는 역전극이 벌어졌다.[216] 이철승이 '2차 투표까지 간다면, 지지표를 넘겨주겠다'고 약속했고, 김대중은 이철승에게 당 대표 자리를 약속했다.

"신민당 대통령 후보 김대중 확정!"이라는 지명대회 결과는 신민당 지도부뿐만 아니라 대통령 박정희에게 충격과 놀라움을 금치 못하게 만들었다. 박정희 씨가 가장 우려하던 상황이 돌발한 것이다. 박 대통령은 그동안 각종 대야(對野) 비밀 채널을 통해 어떻게든 40대 기수가 후보로 나서지 않도록 치밀한 공작을 벌이고 있었고, 막대한 자금과 정보정치로 야당 교란작전을 펴고 있었다. 그 목적은 오직 하나, 최악의 상황인 김대중 의원의 후보지명만은 막아야 한다는 거였다.[217]

두 달 뒤 중앙정보부장이 바뀐다(70.12.21). 김계원 부장은 남산골샌님이라는 별명이 말해주듯, 일 처리가 조용했다. 후임은 대통령 비서실장을 오래 지내고(1963.12~1969.10) 주일대사로 나가 있던 '제갈조조' 이후락(1924~2009)이 임명됐다. 박정희는 날카로운 사람이다. 그는 예감했다. 71년의 대통령 선거에서 김대중의 기세와 바람을 꺾기 위해서는 제갈량(諸葛亮)의 지략과 조조(曹操)의 리더십이 모두 필요하다고 판단했다. 이 제갈조조 이후락(李厚洛)은 우리 현대사에서 김대중의 도쿄 납치(1973.8)와 관련해서 다시 등장한다.

젊은 야당 대통령 후보 | 대통령 후보 지명 전당대회에서 극적인 승리를 쟁취한 제1야당의 대선후보는 이제 언론에서 대접이 달라진다. 1970년 9월 30일 이후 국내는 물론 미국 등 해외 언론에서도 김대중이라는 한국 제1야당의 대통령 후보를 비중 있게 다룬다. 후보 지명 전까지는 한국의 젊은 정치 리더 가운데 한 명이었지만, 이제는 모든 야당을 합친 '야권의 1인자' 대접을 받게

된다.

지금 세상은 컴퓨터와 인터넷, 휴대전화 등 디지털 기기의 발전으로 누구나 기자가 될 수 있게 됐다. 마음만 먹는다면 누구나 뉴스를 만들어 낼 수 있고, 그 뉴스를 전 세계를 향해 보낼 수 있게 됐다. 그러나 김대중이 후보가 된 1970년 무렵의 세계는 '미국 대통령, 소련 공산당 서기장, 유엔 사무총장, 로마 교황 등 4명은 언제 어디서 무슨 말을 하건, 기사 가치가 있다'라는 말이 통하던 시절이었다. 이를 원용하면 한국의 경우, 대통령이나 대통령 후보는 어디서 무슨 말을 하건, 기사가 되는 시절이었다. 경향신문은 후보 선출 뒷날(9.30) 김대중 후보의 프로필을 이렇게 정리했다.

> "말 잘하고 재치 있는 정치가인 김대중 씨는 6.8선거[1967년 6월의 제7대 총선] 당시 목포에서 공화당의 김병삼 씨를 누르고 당선한 이래 더욱 활력있는 야당 의원으로 인정받기 시작했다. 5·16 직전에 실시됐던 강원도 인제의 보궐선거에 출마해 인연이 없는 그곳에서 자유당과 맞싸워 당선의 영광을 누렸으나, 채 의원으로서의 행세도 못 한 채 5·16을 만났던 그는 그 뒤 63년 6대, 67년 7대 국회의원을 역임하는 동안 민주당, 민중당 대변인, 정책위의장 등 요직을 맡았으며 이른바 대중경제 이론을 펴서 보수 야당의 정책 입안자로서의 기반을 굳혔다. 정치 계보 상 구(舊)민주당 신파(新派)에 속하는 그는 등원 거부와 의원직 사퇴 등 야당이 가끔 취해왔던 극한적인 투쟁을 반대하고, 의회 안에서의 의정활동을 중시했다. 이번에 지명획득 작전에서 보이듯 그의 전략은 동료의원을 중심한 평면적인 조직보다는 일반 대의원층을 파고드는 입체적인 조직에 능수, 부인 이희호 여사와의 사이에 3남(男)을 두고 있다."

하루 전 후보로 선출된 정치인 김대중을 간략하게 그렸다. 그러나 후보로서 정책 비전을 제시하면 달라질 것이다. 인간 김대중이 아니라 세상을 바꿀 수 있는 정책과 비전을 가진 후보는 그저 평범한 '한 인간'이 아니다. 권력이든 무력이든, 비전이든 세상을 바꾸는 힘을 가진 사람에 대한 언론의 시선과 대우가 달라지는 이유다.

경향신문과 같은 날 워싱턴 포스트(WP)는 "야당 신민당, 71년 대선 박정희 대항마로 국회의원 김대중 선출"(Opposition NDP Nominates Kim Dae Jung, National Legislator, to Oppose Park in '71 President Election) 그리고 뉴욕타임스(NYT)는 "한국 야당, 대선후보 선출"(Opposition Picks Candidate For Presidency in Seoul)이라는 제목으로 김대중의 후보 선출을 보도한다. 김대중이라는 야당 정치인을 각각 단독으로 다루는 첫 기사다.

한국 야당, 대선후보 선출

(한국, 서울, 9.29) 야당 신민당(New Democratic Party)은 오늘 44살의 김대중 의원을 내년 봄으로 예정된 한국 대통령 선거에서 박정희 대통령과 맞설 야당 후보로 선출했다. 박정희 대통령은 아직 집권 민주공화당(Democratic Republican Party)으로부터 공식적으로 후보 지명을 받지는 않았지만, 지난해(1969) 가을 3선 개헌을 강행하면서 4년 임기의 대통령직 3연임에 나설 의도를 명백하게 드러냈다. 민주공화당의 후보 지명 전당대회는 내년 초로 예정돼 있다.

이 세 줄 기사가 전부였다. 김대중이 어떤 인물이고 어떤 길을 걸어왔는지 같은 내용은 없다. 당국이야 그런 정보 등을 축적해 두었겠지만, 미국 언론사에서는 한국의 많은 젊은 정치인 가운데 한 명인 그에 대한 자료가 그렇게 많지 않았던 것이다. 게다가 후보도 아직 선거공약을 발표하기 전이다.

그렇지만 이 짧은 기사는 김대중(Kim Dae Jung) 관련 보도의 시작이었다. 전(前) 대통령 후보 김대중은 유신이 선포된 뒤, 일본과 미국 등지를 돌면서 유신 반대 투쟁을 벌이다가, 도쿄에서 중앙정보부 요원들에게 납치되면서 세계 언론으로부터 엄청난 주목을 받는다. 미국과 일본, 독일 등 세계 많은 나라의 언론으로부터 '탄압받는' 또는 '46%를 득표했던' 등의 수식어를 달고 한국 정치인의 상징으로 수없이 등장한다. 뒤에 다시 살펴본다.

첫 정책 대결 | 대통령 후보로 지명되고 보름 남짓 지나(10.16), 김대중은 자신의 대선 공약을 발표한다. 지금은 공약(公約)으로 선거를 치른다고 할 정도지만, 당시는 여야를 막론하고 유사 이래 처음이었다. 쿠데타로 집권해 경제성장에만 몰두해 온 53세의 현직 대통령이나 그 정부로서는 놀랄만한 내용이 많았다. 그때까지 야당은 정부 여당의 실정이나 비리, 부정부패 등에 관한 공격으로 선거를 꾸려왔지, 집권을 예비하는 정당으로서 정책다운 정책으로 비전을 제시하지 못했다. 당내에 정책을 다루는 기구도 없었다. 김대중은 선거를 통해 제대로 된 정책을 국민에게 선보여, 신민당이 집권하면 어떻게 세상이 달라질 수 있는지를 보여주려고 했다.

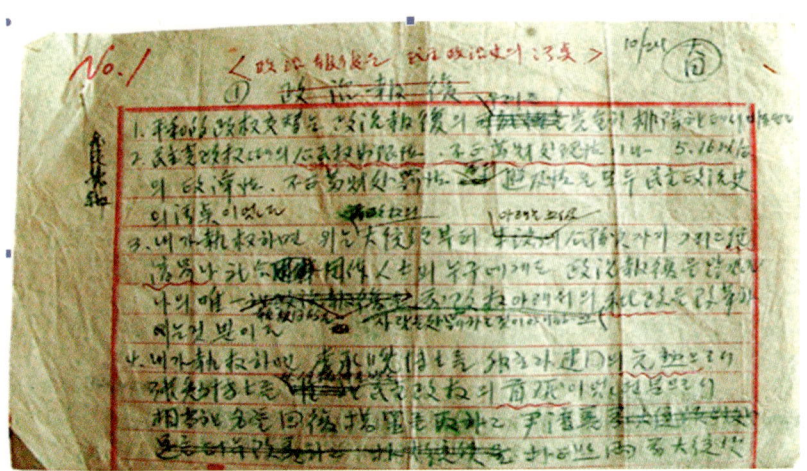

신민당 대선후보로 선출되고 선거공약을 발표한 뒤, 김대중은 전국 유세에 나선다. 김대중이 대전 유세를 위해 작성한 "정치 보복은 민주 정치사의 오점"이라는 제목의 육필 원고.

나는 향토예비군의 폐지, 대중경제 노선의 추진, 미·중·소·일 4대국의 한반도 전쟁 억제보장(4대국 안전보장론), 남북한의 화해와 평화통일론, 공산권 국가들과의 관계 개선과 교역 추진, 초·중등학교의 육성회비 징수 폐지, 사치세 신설, 학벌주의 타파, 이중곡가제(二重穀價制) 실시 등을 제시했다. 공약(公約) 하나하나가 엄청난 파급력을 지녔지만, 특히 향토예비군의 폐지와 4대국 안전보장론, 남북 교류와 평화 통일론, 대중경제 노선에 대해 국민은 폭발적인 관심을 보였다.[219]

김대중은 공약의 발표와 함께 이를 국민에게 구체적으로 설명하는 기회를 갖는다. '희망에 찬 대중의 시대를 구현하자'라는 구호를 내걸고 지방유세를 시작했다. 이 유세는 대전(10.24), 부산, 인천, 광주, 대구, 춘천, 서울, 전주, 청주(11.22)로 약 한 달간 이어졌다. 김대중의 맞춤 공약은 각계의 관심을 끌었다.

이중곡가제는 농민과 서민들의 관심을, 육성회비의 폐지는 많은 학부모로부터 특히 예비군 폐지는 젊은이들로부터 큰 인기를 끌었다. "군대 가서 죽을 고생을 하고 왔는데, 또 예비군이다 하면서 끌어내고, 약삭빠르게 군 복무를 피한 사람들은 예비군도 빠지니, 이게 말이 되는 소린가?"

그 당시 젊은이들도 이런 구조적인 불공정에 분노하고 있었다. 사실 1970년 무렵 국군은 60만 명 수준을 유지했고, 복무기간도 36개월(3년)로 길었기 때문에 연간 현역병 소요는 20만 명 안팎이었다. 그런데 한 해 30만 명 이상이 신체검사를 받으니 이런저런 이유로 3분의 1가량이 현역 복무에서 빠졌다. 그 과정에서 부정이 개입할 수 있었다.

기자회견과 지방유세에서 발표되는 공약에는 앞에 인용한 통일 외교정책 말고도 「대통령 3선 개헌 조항 폐기」[220] 「언론인, 지식인, 문화인의 권력으로부터의 해방」 「군의 정치적 중립, 군의 정예화, 군의 처우개선」 「정보정치 지양과 중앙정보부 개편」 「사회보장제와 의료보험제 실시」 「노사공동위원회 설치」 「정치보복 금지」 「지방자치제 실시」 「세제개혁」 「행정구역 개편」 「여성 지위 향상」 「유권자 선거연령 인하」 「전매사업 민영화」 등등, 다양했다.

김대중의 공약 자체가 당시로서는 파격적인 내용이 많았다. 그 가운데서도 예비군 폐지와 4대국 안전보장론, 남북한 교류와 평화통일론 등에 대한 정부 여당의 놀라움과 비난은 아주 거셌다. 무장 공비의 침투를 아슬아슬하게 피하고 난 대통령이 불과 2년 전에 창설한 향토예비군을 폐지하겠다고 공약하니, 정부로서도 할 말이 많았을 것이다. "김대중이가 피리를 불면 김일성이 춤을 추고, 김일성이가 북을 치면 김대중이가 장단을 맞춘다"는 말이 그때 나왔다. 정책선거에 익숙하지 않은 국민이었지만, 젊은이들은 민감했다. 김대중이 제시한 이런 정책들이 잘 다듬어져서 실천된다면 나라의 모습과 자신의 미래가 달라질 것만 같았다.

> 내가 주장한 정책들은 큰 이슈로 부각되었지만, 여당의 정책은 아예 눈길을 끌지 못했다. 그것은 참으로 기묘한 현상이었다. 내가 정책을 발표하면 정부와 여당이 일제히 나서서 흠집을 냈다. 내가 제안한 정책마다 여권 전체가 벌떼처럼 일어나 성토했다.[221]

특별한 정책공약 없이 경제 성장, 수출 증대, 총력안보만 생각해 오던 정부 여당은 '빨갱이'라는 색깔론으로 김대중 바람을 잠재우는 방식으로 대응했다. 그리고 이 색깔론은 오랜 세월 동안 끈질기게 김대중의 발목을 붙잡는다. 그 뒤로도 김대중은 대통령을 4수(四修) 하는(1971, 1987, 1992, 1997) 과정에서 많은 공격을 받는다. 그를 공격하는 말은 "빨갱이, 거짓말쟁이, 숨 쉬는 것 빼고는 전부 거짓말, 권모술수의 대가, 지역감정 이용자, 대통령병 환자, 전라도 대통령, 슨상님" 등등 많았다. 최고 권력자 대통령을 뽑는 선거판은 또한 최고의 막말이 떠도는 참으로 고약하고 살벌한 세상이었다.

당시 커피 한 잔이 50원이었는데, 미숙련 시다공인 어린 근로자들은 제대로 서 있기도 힘든, 천장 낮고 환기 시설도 없는 골방에서 하루에 100원을 받으며 하루 15시간씩, 한 달에 이틀 쉬면서 일한다고 했다. 그런 환경에서 그 돈을 받고 한 달에 겨우 이틀을 쉬었다니, 기가 막힌다. … 정인숙, 김지하, 전태일, 1940년대에 태어난 이 세 사람은 아직 서른이 되지 않은 나이로, 각자가 맡은 세상의 짐, 인생의 짐을 지고, 죽기도 하고 감옥에도 갔다.

"권불십년"(權不十年)

"사명의 70년대" | 70년대를 여는 첫해인 1970년, 사람들 마음속 기대는 여전했다. 60년대 10년 동안 적지 않은 성장과 변화를 경험한 국민은 눈앞에 다가온 70년대에 대해서도 같은 기대를 품고 있었다. 아직도 주변에는 어려운 사람들이 많았다. 하지만, 과거의 어려움에서 벗어난 사람들, 희망의 줄기를 잡은 사람들이 도시를 중심으로 점점 늘어나고 있었다.

유엔(UN)은 60년대 10년을 개발의 연대라고 불렀다. 아시아와 아프리카의 수많은 식민지가 독립을 성취한 뒤 유엔에 가입했고, 그래서 흔히 말하는 '현대사회'의 표준과 기준이 확립된 10년이었다. 박정희는 60년대를, 잠자던 우리 민족이 비로소 각성하고 새로이 분발하기 시작한, '민족 자각의 연대'라고 풀이했다. 그리고 1970년대를 조국 근대화를 성취해야 할 '사명(使命)의 연대'로 규정했다.

그는 어쩌면 국민보다도 70년대를 더 절실하게 기다려 왔을지 모른다. 시대를 앞서 내다보고 살아서일까, 박정희는 다가온 1970년이 반가웠다. 그는 1969년 3선 개헌을 추진하면서 주저하고 있는 김종필에게 "같이 죽자고 혁명을 해놓고, 혼자 살려고 그래? 60년대엔 빈곤을 겨우 퇴치했는데, 70년대엔 중화학공업을 일으켜 선진국으로 가는 길을 열어야 할 것 아니야. 이 길을 같이 가자"고 했다. 이 말이 어찌 혁명 동지요 설계자인 김종필에게만 하는 말이었을까? 그는 전 국민에게 함께 하자고 가슴을 열어 보이고 싶었을 것이다.

당시 세계는 베트남전 반대에 기반한 68혁명(May 68)의 열기에 휩싸여 있을 때 우리나라만 여기에서 비켜나 있었다. 드골(De Gaulle)도 프랑스에서 시작해 전 세계를 휩쓴 「68혁명」에 발목이 잡혔다. 프랑스 학생과 노동자들은 연대해 드골로 상징되는 권위주의와 가부장적인 기성 권력과 사회 질서에 저항하고 맞섰다. 젊은이들은 "10년으로 이제 충분하다"고 외쳤다.

당시 프랑스는 경제 성장 정책 덕분에 물질적으로는 부유했지만, 드골 대통령의 오랜 독재 체제에서 권위주의가 판을 치고 있었다. 사회는 틀에 박힌 것 일색이었다…. 정치체제는 민주주의였지만 사회체제는 경직돼 있었다. 조직에서 윗사람의 권위에 아랫사람이 도전하는 것이 용납되지 않았다. 가정에서는 가부장제가 판쳤고, 여성의 권리는 억압받고 있었다. 학교의 선후배 규율도 엄격했다. 또 당시 프랑스는 국제사회에서 점점 힘을 잃고 있었다. 알제리 전쟁도 끝났고 베트남에서도 물러난 상황이었다. 68년 3월 15일 자 르 몽드는 이 같은 상황을 "학생, 노동자, 시민의 질문에, 답해 주는 교수, 사용자, 정치인이 없다. 말길이 막힌 사람들은 심심하고 지루하다. 지친 프랑스 사람들은 이 상황을 극복하기 위해 강렬하게 일어날 수도 있다"라고 표현했다. 르 몽드의 예견은 두 달 뒤 정확하게 들어맞았다.²²²

68혁명은 1968년 3월 파리에서 미국의 베트남전쟁에 항의하는 8명의 청년이 아메리칸 익스프레스 파리 지사를 습격한 것으로 시작돼 세계를 휩쓸었다. 드골 대통령(우)

"금지하는 것을 금지하라(It's forbidden to forbid.)"는 구호가 의미하듯 68혁명은 기존 체제와 도덕, 관습에 대한 전면적인 반란이었다. 기독교, 애국주의, 권위에 대한 복종 등 기존의 가치를 대체하는 평등, 성 해방, 인권, 반전, 공동체주의, 생태주의 등 새로운 가치들이 등장해 자리를 잡는다. 집권 10년 (59.1~69.4) '위대한 프랑스'를 주도해 오던 드골도 물러났다. 새로운 가치를 외치는 학생들의 시위는 68년 4월부터 6월까지 세계 65개국에서 1,681건이나 발생해 세상을 바꾸고 있었다.

이제껏 세계혁명은 단둘뿐이었다. 하나는 1848년에, 또 하나는 1968년에 일어났다.[223] 둘 다 실패로 끝났지만, 둘 다 세상을 바꾸어 놓았다. 둘 다 사전계획이 없었고 따라서 근본적인 의미에서 자발적이었다는 사실이, 방금 말한 두 가지 즉 실패했다는 사실과 세계를 바꾸어 놓았다는 사실 모두를 설명해 준다.[224]

세계의 젊은이들은 모든 형태의 권력으로부터 자신과 세상을 해방시키고자 했다. 이들은 제국주의로부터 제3세계의 민중을, 자본으로부터 노동을 해방시키고자 했고, 주류문화로부터 하위문화를, 지배 집단으로부터 소수집단을 해방시키고자 했다. 파리, 로마, 런던, 암스테르담, 베를린, 샌프란시스코, 프라하, 도쿄 등 온 사방에서 해방과 반전(反戰), 정의와 연대의 목소리가 높아갔다. 그러나 베트남에 파병하고, 북한의 위협이 상존하는 서울만은 예외였다. 1970년 박정희도 집권 10년째에 접어든다. 세 번째 대선이 1년 앞으로 다가왔다. 무리하긴 했지만 3선 개헌도 이루어졌고 경제면에서 실적도 있는 데다, 이후락이 부임한 뒤 중앙정보부의 통제 기능도 제대로 작동하고 있었다. 하지만 한국은 여전히 가난했고, 군데군데 그들이 드리웠다. 땟자국이나 그늘은 우리 사회 곳곳에 쌓여있는 부정부패일 수도 있고 각 분야의 부조리와 차별, 위계질서일 수도 있었다. 21세기, 지금도 우리 사회는 막혀있고 갈등하고 있는데, 50년도 더 된 그 옛날에도 지금보다 덜 하지는 않았을 것이다.

10년 집권의 그늘 | 1970년은 박정희 집권 18년의 정 중간에 위치한다. 제3공화국 정부도 전환점에 도달했다. 권불십년(權不十年), '10년 가는 권세가 없다' 했는데, 요즘 대부분의 국가가 대통령 4년 임기에 연임만 허용하고 있어 8년 권세가 대세인 것을 보면, 권불십년이란 말은 참으로 1,000년 앞을 내다본

선인들의 지혜가 깃든 말이겠다.

권불십년, 이 말을 현대적으로 해석한다면, 10년 집권이면 나라나 정권에 큰 탈이 날 수도 있으니, 끝없이 변혁하면서 잘 대비해야 한다는 뜻일 것이다. 대선을 1년 앞둔 그해 우리 사회에 잠복해 있던 몇 가지 고질(痼疾: 오래돼 고치기 어려운 질병)이 드러난다. 사람의 속병도 오래되면 얼굴이나 피부에 증세가 나타나는 것과 같은 이치일 것이다.

호스티스 정인숙(1945~1970)   시인 김지하(1941~2022)   노동자 전태일(1948~1970)

아직 겨울 추위가 남아 있을 때인 3월 호스티스 정인숙(鄭仁淑)이 서울 한강 변에서 권총에 맞아 숨지고, 6월 김지하(金芝河)의 담시 『오적』(五賊)이 발표돼 관련자가 곤욕을 치르는 필화 사건이 터진다. 그리고 겨울 추위가 시작되는 11월 평화시장 재단사 전태일(全泰壹)이 분신자살한다.

이 세 사건은 모두 별개의 사건이다. 그러나 이 사건들은 제3공화국이 이룬 업적 그 이면에 그늘도 아주 짙었다는 사실을 말해준다. 당시 정부는 근로자나 농촌의 열악하고 빈곤한 모습이 언론에 노출되는 것을 아주 싫어했다. 심하게 이야기하면 '북한을 이롭게 할 목적으로' 그런 모습을 TV 화면에 내보내고, 신문에 대서특필한다고 생각했다. 북한이 남한 언론의 그러한 보도를 인용해

'남조선에는 거지 떼가 우굴거린다'고 왜곡.해 선전하던 시절이기도 했다.

① **지도층의 도덕적 타락** | 호스티스 정인숙(1945~1970) 피살 사건은 당시 소위 국가 지도층의 타락한 모습을 그대로 드러냈다. 1970년 3월 17일 밤 11시쯤, 서울 마포 절두산 근처 강변도로에서 교통사고를 가장한 권총 살인사건이 발생한다. 피살자는 정인숙(25), 가해자는 정인숙의 자가용(코티나) 운전을 맡은 오빠 정종욱(34)이었다.

정종욱은 경찰 조사에서 "사생활이 문란했던 여동생을 두고 볼 수 없었다"고 했다. 오빠가 친동생을 살해하는 사건 자체도 낯설고, "세상에 문란한 사생활을 하는 여동생들이 얼마나 많은데 … " 범행의 동기도 어설프고 또 총기가 엄격하게 통제되는 우리나라에서 권총으로 범행을 한 사실도 놀랍고, 사건 수사를 경찰이나 검찰 특수부가 아니라 간첩이나 노동사건 등을 담당하는 공안부(公安部)가 다루는 것도 이상하고 의혹이 한 두 가지가 아니었다.

더군다나 시중에는 피살된 정인숙에게는 세 살배기 아들도 있었다는 소문, 그 아이가 '누구'를 빼닮았다는 소문도 흘러 다녔다. 항간(巷間)의 의혹과 관계없이, 이 사건은 신속하게 처리됐다.

우이동 요정 선운각(仙雲閣)은 삼청각, 대원각과 함께 서울의 3대 요정으로 불렸다. 정인숙은 선운각에서 일하면서 고관대작들을 알게 됐다. 이 무렵에는 기생관광 반대 시위도 있었다.

뒷날 박정희는 김종필에게 "일국의 총리(總理)가 여자 스캔들 때문에 수사를 받으면 나라가 얼마나 상처를 받겠나. 국격이 걸린 문제야. 그래서 서울지검 공안부에 보안 사건으로 취급하라고 했어"라고 말해주었다.[226]

정인숙 사건은 당시 정부가 묵인하는 '기생관광'(妓生觀光)으로 연결된다. 그때 우리나라는 외화획득이라는 명분으로 기생관광이 성행하고 곳곳에 사창가(私娼街)가 성업을 이루는 어지러운 곳이었다. 일본 단체 관광객을 주요 고객으로 하는 관광요정은 서울과 경주, 제주도 등 주요 관광지에 20여 개가 있었으며 수천 명의 여성이 관광종사원 등록증을 받아 보건소 관리를 받으며 외화벌이에 종사하고 있었다.

정인숙 또한 이 혼탁하고 타락한 사회의 피해자였으나, 가해자일 법한 세상 사람들은 25살 나이의 한 여성에게 온 세상의 음란과 죄를 모두 덮어씌우고는 손가락질했다. 그리고 그녀와 함께 어울렸던 26명의 고관대작(高官大爵: 지위나 벼슬이 높은 사람)이 누구인가에 끝없는 호기심을 보였다. 이들 권력자의 명함이 그녀의 소지품에서 나왔기 때문이었다.[227] 이 사건의 뒷이야기는 나라 안에서 오랫동안 흘러 다녔다. 천박한 호기심과 위선이 세상을 뒤덮고 있었다.

② **담대한 시인 김지하** | 시인 김지하(金芝河, 1941~2022)는 대한민국을 망국으로 몰고 가면서 서민들을 더욱 가난하게 만드는 다섯 종류의 현대판 도둑을 오적(五賊)이라고 했다. 조선(朝鮮) 말 나라를 일본에 팔아먹은 '을사오적'(乙巳五賊)에 비유했다.[228] 시인이 꼽은 다섯 도둑은('Five Thieves', NYT, 71.6.21)은 「재벌」「국회의원」「고급 공무원」「군 장성」「장·차관」이었다. 『오적』의 도입부다.

> 시(詩)를 쓰되 좁스럽게 쓰지말고 똑 이렇게 쓰랏다.
> 내 어쩌다 붓끝이 험한 죄로 칠전에 끌려가

볼기를 맞은 지도 하도 오래라 삭신이 근질근질
방정맞은 조동아리 손목댕이 오물오물 스물스물
뭐든 자꾸 쓰고 싶어 견딜 수가 없으니, 에라 모르겠다
볼기가 확확 불이 나게 맞을 때는 맞더라도
별별 이상한 도둑 이야기 하나 쓰것다.[229]

이 도둑 가운데 재벌이나 국회의원은 현재까지도 개과천선한 흔적이 전혀 없다. 이들은 옛날보다 더 지능적으로 무리를 짓고, 3~4세들까지 나서서 국민의 관심과 지갑을 훔치고 천박한 삶을 여과 없이 드러내 우리 사회의 건강성을 훼손하고 있다. 50여 년 전 김지하 시인이 대표선수를 골라도 잘 골랐다는 생각이 든다. 재벌을 김지하는 이렇게 풍자했다.[230]

"이쁜 년 꾀어서 첩 삼아 밤낮으로 작신작신 새끼까기 여념 없다/ 수두룩 까낸 딸년들 모조리 칼 쥔 놈께 시앗으로 밤참에 진상하여/ 귀띔에 정보 얻고 수의계약 낙찰시켜 헐값에 땅 샀다가 길 뚫리면 한몫 잡고/ 千(천)원 工事(공사) 오 원에 쓱싹, 노동자 임금 언제나 외상외상/ …"

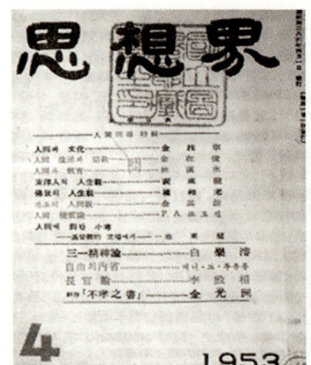

『사상계』는 궁핍하던 6·25전쟁 말기에 창간돼(53.4) 당시 지식인과 대학생들에게 정신적 자양분을 공급했다. 어려운 시절에도 10,000부 이상을 발행했고, 1970년 5월 폐간된다.

시인은 국회의원에 대해서도 날카로운 칼을 겨눈다.

"곱사같이 굽은 허리, 조조같이 가는 실눈/ 가래 끓는 목소리로 응승거리며 나온다/ 털투성이 몸둥이에 혁명공약 휘휘 감고/ 혁명공약 모자 쓰고 혁명공약 배지 차고/ 가래를 퉤퉤, 골프채를 번쩍, 깃발같이 높이 들고 대갈일성, 쪽 째진 배암 샛바닥에 구호가 와그르르/ …"

김지하가 채택한 이런 시 형식을 서양에서는 발라드(Ballad)라고도 하지만, 그의 담시는 발라드와는 아주 맛이 다른, 판소리 가락이었다. 오적은 잡지『사상계』 5월호와 신민당 당보「민주전선」(40호)에 실리면서 큰 파문을 일으킨다. 시인과 발행인, 편집인은 국가보안법으로 구속되고,「사상계」는 폐간된다.

③ **"배가 고파요"** | 11월에는 제3공화국이 심혈을 기울여 온 경제 성장, 국가 주도 성장의 어두운 부분이 드러난다. 1960년대에 이룩한 많은 경제적 성과에도 불구하고 우리나라의 대기업과 수출 중심, 국가 주도의 성장 정책이 전태일의 분신으로 경고장을 받는다. 당시 채택된 수출주도형 성장 정책은 값싼 노동력을 이용해 낮은 가격으로 제품을 생산해 수출을 늘리고 남는 자본을 다시 산업에 투자해 키워가는 방식이었다. 다른 방법이 없었다.
이 초기 단계에서 값싼 노동력을 담당하는 근로자와 근로자들의 생존을 위해 싼값에 농산물을 공급해야 하는 농어민들도 함께 고통을 겪는다. 이렇게 시작된 재벌이나 대기업 위주의 경제 정책은 그 이후의 많은 보완책에도 불구하고 크게 개선되지 않고 있다. 전태일의 분신을 처음 보도한 신문 기사다.

작업환경 개선을 위해 투쟁하던 종업원이 당국과 업주의 불성실한 태도에 반발, 분신자살했다. 13일 하오 1시 30분께, 서울 중구 청계천 6가 피복 제조상 동화시장 종업원 전태일(23, 성북구 쌍문동 208) 씨가 작업장 안의 시설개선을 요구하는 농성을 벌이다, 출동한 경찰에 의해 제지당하자, 온몸에 석유를 뿌리고 분신자살을 기도, 메디컬센터를 거쳐 성모병원에 옮겨졌으나 이날 밤 10시계 끝내 숨졌다.

전 씨는 지난 10월 7일, 청계천 5-6가 동화시장, 평화시장, 통일상가 등 4백여 피복 제조상의 작업장 시설을 근로기준법에 맞게 개선해 달라는 진정서를 노동청에 냈으나, 한 달이 넘도록 아무런 시정도 없어 이날 낮 1시 20분, 3개 시장 재단사 친목회 회원 10여 명과 함께 시장 앞에서 농성을 벌이려 했다.

전 씨 등은 "우리는 기계가 아니다" "근로기준법을 준수하라"고 쓴 플래카드를 미리 출동한 경찰에 뺏기자, 전 씨 혼자 평화시장 앞길에서 분신자살을 기도한 것이다. … (이하 생략)

전태일이 노동청에 낸 진정서 내용이 보도된 경향신문. 분신 한 달 전이다. 1970.10.7.

전태일은 자신이 일하던 평화시장의 나이 어린 근로자들이 혹사당하는 현실을 마음 아파했다. 어린 근로자들이 햇빛도 들지 않고 환기 시설도 없는 작업장에서 병들어 죽어가고 있었다. 5년만 일하고 나면 너나없이 신경성 위장병,

신경통, 루머티즘에 시달렸다.

전태일은 여성 근로자들의 작업환경 개선을 위해 노동청에 진정서(陳情書)를 냈지만, 답변을 듣지 못한다. 또 분신 1년 전 대통령에게 보내는 탄원서(歎願書)를 작성하기도 했다. 당시 커피 한 잔이 50원이었는데, 미숙련 시다공인 어린 근로자들은 제대로 서 있기도 힘든 천장 낮고 환기 시설도 없는 골방에서 하루에 100원을 받으며 하루 15시간씩, 한 달에 이틀 쉬면서 일한다고 했다. 그런 환경에서 그 돈을 받고 한 달에 겨우 이틀을 쉬었다니, 기가 막힌다.

> 또한 3만여 명 중 40%를 차지하는 시다공들은 평균연령 15세의 어린이들로서 육체적 정신적으로 성장기에 있는 이들은 회복할 수 없는 결정적이고 치명적인 타격을 입고 있습니다. 전부가 다 영세민의 자녀들로서 굶주림과 어려운 현실을 이기려고 하루에 70원 내지 100원의 급료를 받으며 1일 15시간의 작업을 합니다. … 저희들의 요구는, 1일 15시간의 작업시간을 1일 10시간~12시간으로 단축하여 주십시오. 1개월 휴일 2일을 늘려서 일요일마다 휴일로 쉬기를 원합니다. 건강진단을 정확하게 하여주십시오. 시다공의 수당(현재 70원 내지 100원)을 50% 이상 인상하십시오. 절대 무리한 요구가 아님을 맹세합니다. 인간으로서의 최소한의 요구입니다.[232]

하루 8시간 노동과 초과근무 수당 지급을 국가가 법으로 규정한 『근로기준법』이 제정된 것이 1953년, 17년이 지났는데도 동대문시장의 영세한 피복 제조업체 근로자들은 하루 15시간 이상을 일하고, 건강진단이라고 필름도 없는 X레이 촬영을 하고 있었다. 전태일은 국가도, 업주도, 근로자들도 아무도 지키지 않는 근로기준법을 죽이고 자신도 죽어야, 새 근로기준법이 태어나고 근로자가 살 수 있다는 결론에 이른다.

불길은 순식간에 전태일의 전신을 휩쌌다. 불타는 몸으로 그는 사람들이 아직 많이 서성거리고 있는 국민은행 앞길로 뛰어나갔다. "근로기준법을 준수하라!" "우리는 기계가 아니다! 일요일은 쉬게 하라!" "노동자를 혹사하지 말라!" 그는 몇 마디의 구호를 짐승의 소리처럼 외치다가 그 자리에 쓰러졌다. 입으로 화염이 확확 들이찼던 것인지, 나중 말은 똑똑히 알아들을 수 없는 비명소리로 변하였다. ….
저녁이 되면서부터 전태일은 기력이 탈진해 가는 듯 잠잠하게 누워있었다. 한동안 혼수상태에 빠진 듯하더니 눈을 떠서 힘없는 소리로 "배가 고프다 …"라고 하였다. 12일 아침 집에서 라면 한 그릇 먹고 나간 후로 이틀 동안 아무것도 안 먹고 굶었던 그였다. 아니, 평생을 굶주림으로부터 벗어나보지 못했던 그였다. 이 한마디, 그의 스물두 해의 고통을 말해주는 이 한마디가 그의 마지막 말이었다.[233]

이 분신 사건의 충격은 심중(深重)하고도 빨랐다. 학생들은 기업가, 정부, 한국노동조합총연맹, 지식인, 사회인, 이 다섯을 근로자를 죽음으로 내모는 5대 살인자라고 규정했다.[234] 우리 사회 구성원 다수가 살인자인 셈이다. 특히 서울대 법대 학생들은 독재 정치뿐만 아니라 근로자를 혹사하고 죽음에 이르게 하는 노동(勞動) 문제를 심각하게 고민해 오던 참이었다.

서울대에서 1970년 11월 20일 열린 전태일 추도식. 사진= 대학신문

"열세 살 때 나는 7번 시다였다" 월간지 〈작은 책〉 2020년 11월호에 실린 글 제목이다. 당시 시다들은 "아침 8시에 출근해, 앉은 자리에서 점심 도시락을 먹고, 밤 10시 반에서 11시 반 사이에 퇴근했다. 2층 다락에서 일을 하기 때문에 허리를 펴지 못했다. 이런 상태로 장시간 노동을 계속하느라 척추가 바로 서지 못해, 나는 몸이 건강하지 못하다"고 기록했다.

서울대학교 학생들은 전태일의 분신 다음 날 바로 '민권수호학생연맹준비회'를 결성하여 노동 문제에 대해 즉각 반응하기 시작했다. 여러 대학의 학생들은 전태일 추모제를 시도했고, "근로조건을 개선하고 노조 결성 보장하라"는 선언을 발표하는 일방 노동실태조사단을 구성했다. 노동 실태 조사를 명분으로 한 노동 문제에의 참여 시도였다. 일부 교회에서는 추모기도회를 강행하였다.[235]

전태일(22)과 또래인 학생들은 가족이고 형제자매인 근로자들의 노동 환경과 그들의 피폐하고 억눌린 삶에 무지했고 무관심했다는 사실에 고통스러워했다. '부채감' '죄책감' '부끄러움'이 이들을 행동으로 이끌었다. 민족(民族) 민주(民主)에 이어 '세 번째의 민(民)'인 민중(民衆)이 학생들에게 실체로 다가왔다. 근로기준법과 노동조합법, 노동관계조정법의 준수가 학생운동과 종교계의 주요 관심사가 되고, 학생운동이 노동운동, 빈민 운동으로 확산되고 이들이 연대하는 계기가 된다. 학생들은 야학이나 산업선교회 등을 통해 노동 운동에 참여하기 시작했고 노동 현장에 직접 뛰어들기도 했다.

이즈음 NYT는 "한국 대학생들 노동자를 지원하다"(SEOUL STUDENTS SUPPORT WORKERS)라는 기사를 통해, 이 일련의 움직임을 전한다(11.22).

한국 대학생, 노동자 지원

(서울, 한국, 11.21) 경찰이 지난주 분신해 사망한 젊은 근로자의 추모 모임을 해산시킨 뒤 학생 40여 명은 어제 서울대학교 법과대학 도서관에서 문을 걸어 잠그고 농성에 들어갔다. 한국 정부는 서울대학교 법과대학과 문리과대학의 휴교를 명령하는 등 보복에 나섰다. 전경들은 캠퍼스를 둘러싸고 학생들의 출입을 막고 있다.

당국은 정치적인 제약이 일상이 돼버린 현실에서 내년 봄 대통령 선거 운동이 시작되면 반정부 시위가 현안인 노동 문제를 넘어 정치 문제로까지 확산될 수도 있다고 우려하고 있는 것 같다. 농성 중인 학생들은 학문과 학원의 자유, 언론·집회의 자유 그리고 사회정의와 노동자들의 작업환경 개선을 요구하는 대자보를 농성 중인 도서관 앞에 게시함으로써 자신들의 요구를 드러냈다. 농성 이유에 대해 한 방문객과 대화를 나눴던 농성 지도부는 주로 상류층과 중산층 출신인 대학생들과 노동자들 사이에 연대를 형성하려는 노력이 앞으로 한국 정치의 새로운 요소로 부상했다고 말했다.

노동자 분신자살

노동자 전태일 씨는 노동법 관련 책자를 손에 들고 분신한 지 10시간 만인 지난 11월 13일 22살의 나이로 숨졌다. 이 사건은 27,000여 명의 노동자들이 일하고 있는 400여 개 피복 작업장들이 밀집한 동대문 시장 3개 건물 앞에서 발생했다. 그는 6년 전 대구에서 상경한 뒤 동대문시장 내 평화시장 피복 작업장에서 근무해 왔다. 그는 재단사(cutter)로 일하면서 일대 근로자들의 평균 임금보다 높은 월 30,000원($ 92 정도)을 받고 있다. 이들은 초과 근로 수당 없이 통상적으로 하루 13~16시간을 일하고 있다. 이들이 빽빽이 들어앉아 일하고 있는 다락방 작업장은 환기가 거의 되지 않고 조명도 흐릿하며, 화장실 시설도 열악한 데다, 각종 화공약품 냄새 등이 코를 찌른다.

전태일 씨가 평화시장에서 일하는 129명의 근로자를 상대로 조사한 보고서를 보면, 96명이 결핵 등 근로환경과 관련된 질환으로, 102명은 작업 스트레스로 인한 소화불량 등으로 시달리고 있었다. 또 조사 대상자 가운데 40%는 15살 미만의 어린 소녀들로 이들은 평균 한 달에 하루를 휴일로 쉬고 있다. 전태일 씨는 작년 쟁의를 선동한다는 이유로 공장에서 해고됐고, 그 후 몇 달 동안 노동법을 연구했다. 그는 중학교를 중퇴하고 이곳에 취직했다. 전태일은 올해 초 복직했지만, 평화시장 피복 공장 근로자들의 열악한 상황을 노동청이나 한국노총 등에 알리는 일에 전념하기 위해 한 달 전 회사를 그만두었다.

경찰에 의해 중단된 시위

전 씨의 호소에 따라, 노동청은 10월 27일 의류 공장 경영주들에게 노동 조건을 개선하라고 지시했다. 11월 13일 전 씨와 동료 몇 명은 "우리는 기계가 아니다"와 같은 팻말을 들고 평화시장 3개 공장 건물 앞에서 시위를 벌였다. 경찰이 비폭력적이지만 허가받지 않은 전 씨 일행의 시위를 해산하자 전 씨는 자기 몸에 휘발유를 끼얹고 성냥불을 붙였다. 전 씨는 병원에서 숨지기 전 어머니에게 용서를 빌며 자신의 죽음이 헛되지 않도록 해달라는 유언을 남겼다.
어머니는 노동청의 공장 환경 개선 지시가 의류공장 사장들에게 받아들여질 때까지 아들의 장례를 거부했다. 공장 경영주들과 노동청은 이번 주 초하루 8시간 근무, 초과근로 수당 지급, 소정의 임금인상, 작업장 환경 개선, 노조결성 허용 등 8개 조항의 시행에 합의했다. 그리고 전태일의 장례는 지난 수요일 치러졌다. 동대문 평화시장 의류 공장의 오랜 노동법 위반을 묵인해 온 혐의로 어제 3명의 노동청 공무원이 해고 됐고, 처음으로 보건 담당 관리들의 현장 감독이 실시됐다. … (이하 생략)

아직 나라 전체가 가난에서 벗어나지 못한 그 시절 서울에는 부패한 "오적(五賊)"들의 풍요로운 세상이 있었고, 그 아래 동네에는 꾀수들이 수돗물과 아카시아꽃으로 주린 배를 채우며 함께 살고 있었다. 빈부의 차이는 어느 세상이라도 있기 마련이지만, 김대중은 『대중경제』를 통해 당시의 경제 상황을 이렇게 진단했다.

> 박 정권의 경제 정책은 정부가 가격 결정, 여신 분배, 노사 관계를 포함한 시장 기능 전반을 간섭하며 오로지 성장에만 매달렸다. 정부의 간섭은 한국 경제를 극심한 불균형 상태로 몰아갔다. 공업과 농업, 대기업과 중소기업, 도시와 농촌의 불균형은 갈수록 심화되었다. 한마디로 농민과 노동자의 희생 위에 대기업들의 특혜를 보장하는 것이 박정희 정부 경제의 본질이었다. 특혜와 특권 경제하에서 근로 대중은 저곡가와 저임금에 시달려야 했고 중산층의 형성은 기대하기 힘들었다.

정인숙, 김지하, 전태일, 1940년대에 태어난 이 세 사람은 아직 서른이 되지 않은 나이로, 각자가 맡은 세상의 짐, 인생의 짐을 지고 죽기도 하고 감옥에도 갔다. 이 시절은 이 일만 있었던 게 아니었다. 한 언론인은 이런 단어의 나열로 그 시대를 모자이크한다.

    4·19. 5·16. 중앙정보부, 군사재판. 박정희의 권위주의적 고도성장. 경부고속도로. 현대자동차. 첫 직장 중앙일보(국제부), 3선 개헌, 베트남전쟁, 중동전쟁, 미국 반전(反戰)운동, 히피세대, 흑인 인권운동, 마틴 루터 킹 목사, 케네디 대통령. 로버트 케네디 암살. 김영삼. 김대중. 김지하 五賊(오적). 김지미. 엄앵란. 신성일. 현미(밤안개), 정훈희(안개), 한명숙(노란 셔츠의 사나이). 조앤 바에즈(우리 승리하리라, We shall overcome). 엘비스 프레슬리(러브 미 텐더, Love me tender), 톰 존스(딜라일라).

    이쯤. 그 시대는 군부 엘리트의 근대화와 일부 지식인들의 '자유 사고'(思考)가 충돌한 시대, 후진국 자본주의는 지속 가능한가. 가능하지 않은가가 부딪힌 시대였다. 오늘의 결과와 기준에서 볼 때 이 논쟁에서 승리한 쪽은 박정희, 이병철. 정주영. 구자경. 신격호. 최종현이었다. 이념적 스펙트럼 차이 여하간에, 이목구비(耳目口鼻)가 있으면 이걸 인정해야 한다.[238]

장면(張勉) 정권의 '무능과 부패'를 일소하겠다면서 쿠데타를 감행한 주역들이 이끄는 새 정부가 10년 만에 그보다 더 심한 성적(性的)인 타락과 부패의 몸통으로 등장했다. 기가 찰 일이었다. 범죄와 타락과 부패의 모습은 성경에도 나오고, 쐐기문자(cuneiform)로 점토판에도 기록돼 있을 정도니, 어쩌면 지상에 인간이 출현하면서 함께 생겨났다고 봐야겠다.

빛을 찾아서 | 이런 어수선한 1970년이었다. 하지만 희망의 빛도 있었다. 세상 모든 일에는 빛과 어둠이 함께 있다. 어느 한쪽만 보면 평온한 마음으로 살아내기 어려운 게 세상이다. 병든 세상이 있는가 하면, 또 한켠에는 내일과 희망을 향해 나가는 길도 함께 존재했다.

1970년의 한국이 그랬다. 나라에서는 제2차 경제개발5개년계획(1967~71)이 추진되고 있었다. 이 가운데서도 경부고속도로 건설과 울산 석유화학단지 증설, 포항종합제철의 착공 등은 참으로 어려운 결정이었다.

국제기구나 외국 어디에서도 자금 지원을 약속하지 않았다. 아직 때가 이르다거나 투자의 효율이 떨어진다며 반대하거나 외면했다. 이럴 경우 대부분의 후진국에서는 해당 사업을 포기하거나 연기한다. 국내에도 돈이 없고, 아무 데서도 빌려주지 않으니, 어쩔 수가 없다고 말한다. "돈이 없는데, 뭔 용빼는 재주가 있겠냐?"고 국민도 이해해 준다. 그러나 우리는 그렇게 하지 않았다. 이 점이 우리가 자랑스러워할 수 있는 지점이다. 어둠과 빛이 함께 있었는데, 우리는 반딧불 같은 그 약한 불빛을 따라나섰다. 실패를 두려워하지 않고 우리를 믿고 도와줄 빛을 찾아다녔다.

1970년 그해에는 제선 제강 압연 등이 가능한 우리나라 최초의 일관제철소(Integrated steel mill)인 포항제철(POSCO) 착공이 있었고(4.1), 2차 경제개발5개년 계획의 핵심이 될 울산공단에서 석유화학단지의 건설공사가 본격화됐다. 그리고 경부고속도로 건설공사가 완료(7.7)됐다.

포항제철의 항만시설을 시찰하는 선박 안에서 담소를 나누고 있는 대통령 부부와 박태준 사장. 1970년 당시 대통령(53)과 영부인(45), 박태준 사장(43) 등 세 사람의 얼굴이 밝고 젊다.

66년부터 애를 썼음에도 투자 재원을 마련하지 못해 몇 년간 표류하던 포항종합제철이 8억 달러의 청구권 자금 중 일부를 사용하면서 공사에 들어갔다.²³⁹ 대통령은 "기간산업 중 가장 중요한 포항종합제철은 1973년 여름까지 103만 톤 규모의 공장을 완공하고, 계속 확장해, 1970년대 후반에는 1,000만 톤 정도의 생산능력을 갖추어야 할 것"이라고 말했다. 포항제철은 예정대로 그 3년 뒤 완공됐고, 확장을 거듭해 세계적인 제철소가 된다.

68년 3월 합동 기공식을 가진 울산 석유화학공업단지도 70년 4월부터 본격적인 건설에 들어간다. 석유화학 산업의 기본 원료가 되는 나프타 분해공장(Naphta Cracker Center)을 대한석유공사가 맡고, 관련 공장들도 속속 공사에 들어간다.

포항제철 착공 석 달 뒤인 7월 7일, 경부고속도로가 개통된다. 67년 6대 대선에서 박정희는 경부고속도로 건설을 선거공약으로 제시했고 많은 국민도 찬성했다. 국민을 대상으로 한 여론조사에서는 응답자 68%가 무조건 찬성, 27%가 조건부 찬성을 할 정도였다. 국회의원으로 처음 미국을 방문했던(1966) 김대중도 고속도로에 대해서 깊은 인상을 받았다.

> 1966년 2월 21일, 생전 처음으로 미국을 방문했다. 미국 국무부 초청으로 최영근, 박영록 의원과 함께 비행기를 탔다. 워싱턴, 뉴욕, 덴버, 뉴올리언스 등을 둘러봤다. 미국의 도심에는 엄청난 아파트가 숲을 이루고, 길은 자동차 홍수였다. 하지만 제일 인상적인 것은 곧게 뻗은 고속도로였다. 나는 거기서 그들의 힘과 저력을 느꼈다.²⁴⁰

경부고속도로는 68년 2월에 공사를 시작해 2년 5개월 만에 428km의 4차선으로 완공됐다. 공사비는 429억 원, 1km에 1억 원의 공사비가 투입됐다. 세계은행(IBRD)이 차관 제공을 거절하자, 정부는 고민 끝에 일본으로부터 받은 청구권 자금과 베트남 참전으로 획득한 자금을 투입하고, 휘발유세도 올리며,

대구에서 열린 경부고속도로 종합개통식(좌). 이한림 건설장관, 박 대통령 부부, 정주영 현대건설 회장이 테이프 커팅을 하고 있다. 서대전IC, 1970.7.7.

육군 공병대까지 동원했다. 국가도 개인도 그야말로 있는 힘을 다했다. 차관 제공을 거절한 세계은행은 우리 정부에 대해 남북 축이 아니라 동서 횡단 고속도로를 건설하라고 권고하기도 했다.

당시 언론들은 "번영과 근대화의 꿈을 싣고 이날 개통된 경부고속도로의 준공식은 박정희 대통령 내외를 비롯해 모든 국무위원과 이효상 국회의장, 민복기 대법원장 등 3부 요인 그리고 주한 외교사절단과 수많은 현지 주민이 참석한 가운데 오전 9시 50분 대전 인터체인지에서 가장 어려웠던 대전~대구 간의 개통 테이프를 끊고 시주(試走), 12시 15분 대구 공설운동장에서 준공식과 시민대회를 가짐으로써 절정에 이르렀다"고 보도했다(동아일보, 1970.7.7.).

그날 언론들은 "한양 1,000리 길이 단 4시간 30분으로 단축되고 지난 4월에 착공한 호남고속도로 및 내년 봄에 착공 예정인 영남남해고속도로와 함께 전국을 일일생활권으로 묶는다."고 했다.

그로부터 50년이 훌쩍 지났다. 이제 포항제철의 연간 조강(粗鋼) 생산능력은 4,300만 톤에 이르고 2030년에는 5,200만 톤으로 늘어나, 세계 5대 제철소에 이름을 올린다. 51개 고속도로에 총연장 5,016km를 넘긴 2024년, 우리는 전국을 일일생활권으로 다 묶었을까? 길은 늘어나고 시간은 단축됐지만, 마음은 더 멀어진 것은 아닐까? 당시 야당이나 지식인들은 지역 균형개발 등의 이유로 이 도로의 건설에 반대하기도 하고 다른 의견을 제시하기도 했다.

당시 신민당 의원이던 김대중 전 대통령도 1967년 12월 8일 국회 건설위원회에서 "가뜩이나 모든 투자가 경상도로 집중되고 전라도에서는 푸대접 운운하는 이때, 어느 한쪽은 철도 복선(複線)이 있는 곳에 다시 고속도로를 건설하는 파행적 건설을 할 수 있는가"라고 발언했다. 김 전 대통령은 세계은행(IBRD) 보고서를 근거로 "서울-부산은 철도망과 국도와 지방도가 잘 갖춰져 있으므로, 서울-강릉 고속도로를 먼저 건설해야 한다"고 주장했다.[241]

김대중은 현역 시절 공부하는 국회의원이었다. '그를 만나려면 국회도서관으로 가라'는 말까지 있었다. 박정희 또한 주도면밀하게 여러 의견을 들은 뒤 숙고하고 결단하는 대통령이었다. 박정희의 숙고와 결단, 김대중의 견제와 대안 제시, 그 절묘한 접점이 포스코(POSCO)와 경부고속도로가 아니었을까?

"한 20년 집권합니다" | 지내놓고 보니, 박정희는 그가 그토록 좋아했던 70년대를 끝까지 지켜보지 못했다. 두 달이 비는, 70년대의 끝자락 79년 10월 26일, 가을이 저물어 갈 때 그는 이 세상을 떠난다. 마치 바람에 날리는 낙엽처럼 그는 가볍게 가버렸다. 그것도 아주 험한 모습으로. 김종필의 『증언록』에는 5·16 쿠데타의 성공과 박정희의 최후와 관련한 흥미로운 일화 두 가지가 담겨있다.

1961년 4월 말, 코앞으로 다가온 거사를 위한 막바지 작업, 즉 병력투입을 위한 부대별 출동계획이 완성돼 가던 때였다. 일요일 아침 육사 8기 동기생인 석정선(石正善)이 서울 청파동 집으로 찾아왔다. 김종필과 석정선 등 16명의 영관급 장교는 4·19 이후인 60년 9월 최영희 합참의장을 찾아가 정군 의지를 따졌다. 이들은 '16인 하극상 사건'의 주동자로 몰려, 군복을 벗고(61.2), 김종필은 '혁명 사업'을, 석정선은 '운수 사업'을 하고 있었다. 그는 "혁명을 함께 하자"

는 김종필의 권유에 "처자식이 있다"며 참여하지 않고 자동차를 두 대 사서 운수업에 뛰어들었다. 세상에 쉬운 일이 어디 있을까마는 일요일 아침 일찍 찾아와 "사업이 잘 안 되는데, 백운학(白雲鶴, 1921~1979)이한테 좀 같이 가자"고 했다. 백운학은 관상을 잘 보기로 이름난 역술인이었다.

> 백운학은 종로 5가 제일여관 안채를 빌려 쓰고 있었다. 이른 시간인데도 술집 마담처럼 보이는 여자 손님 네댓 명이 기다리고 있었다. … 백운학이 석정선은 보지 않고 나를 자꾸 쳐다봤다. 그러더니 대뜸 나를 향해 소리를 쳤다. "됩니다!" "뭐가 됩니까?" "아, 지금 준비하는 혁명…" "아, 여보쇼! 누굴 죽이려고 엉뚱한 소리를 하쇼!" 나는 백운학의 입에서 흘러나온 혁명이란 단어에 화들짝 놀랐다. 행여 누가 들을까 무서워 딱 잡아뗐다. 백운학은 그런 나를 보고 허허 웃었다. "지금 때가 됐습니다. 다들 원하는 일입니다. 국민 모두 변화를 희망하고 있습니다. 아무 놈도 말리지 못합니다. 됩니다!"²⁴²

김종필은 '관상쟁이까지 혁명이란 단어를 입에 올리다니, 흉중에 은근한 자신감이 더해졌다'라고 적었다. 또 '군복 입은 군인들이 다방에 삼삼오오 모여 혁명을 해야 한다고 떠들어도 누구 하나 제지하는 사람이 없었다'고 기록했다. 백운학은 자유당 말기 국회의원 당선과 장·차관 취임을 잘 맞춰서 정계는 물론 시민들 사이에서도 유명했다. 김종필의 증언은 이어진다.

> 백운학이 내게 천기를 누설한 건 그때 한 번만이 아니었다. 5·16거사를 일으킨 지 얼마 안 된 1961년 7월이었다. 중앙정보부장이던 나는 백운학을 저녁 자리에 불렀다. 박정희 국가재건최고회의 의장도 그 자리에 있었다. 혁명 성공을 일찌감치 내다본 인물이니 박정희 의장도 한 번쯤 만나볼 만하다고 여겼다. … "각하, 한 20년은 가겠습니다. 소신껏 하십시오." 그 얘기를 들은 박정희 의장은 빙그레 미소만 지었다. 아무 말도 하지 않았다. 내가 "그다음엔 어떻느냐"고 물었다. 백운학은 그 질문에 입을 다물었다. 자리가 파한 뒤 나가는 길에 백운학이

내 귀에 대고 속삭이듯 이야기했다. "이상한 괘인데요. 그 무렵에 험하게 돌아가실 것 같아요." 나는 그 얘기를 박 의장에게 전하지 않았다. 예사롭지 않은 소리라고 그때도 생각했다. 18년 뒤 10·26 그날이 닥치고 나서는 더 놀랐다.

1979년 10월 26일, 대통령은 그날 삽교천 방조제 준공식에 참석한 뒤 멀지 않는 KBS 당진(唐津)송신소를 방문해 보강 공사가 끝난 대북(對北) 방송 현황을 청취하고 기념식수를 할 예정이었다. 늦가을의 그날은 아주 맑았다. 전용 헬리콥터를 타고 남쪽으로 이동하면서 대통령은 아주 기분이 좋아 보였다. 마지막 비서실장 김계원은 8년간의 자유중국[타이완] 주재 대사를 마치고, 78년 12월 개각에서 청와대 비서실장을 맡았다. 오랫동안 서울을 떠나 있어서 김계원에게도 변화된 한국의 산야는 새로웠다.

박 대통령이 이희일 농림부 장관(왼쪽에서 세 번째)과 함께 삽교호 방조제 배수갑문의 스위치를 누르고 있다. 이 사진은 대통령의 마지막 공식 행사 모습이다. 79.10.26.

비행 중에 대통령은 쌍안경으로 관심이 가는 지상 시설물을 일일이 살폈다. 반

월공단 위로 날아가는 도중에 자신이 준비한 지도를 펼치고 각 공단 시설물 위치를 확인하시며 아산만의 굴뚝에 흰 연기가 피어오르는 화력발전소를 일일이 가리키시며 나에게 변천된 국토의 모습을 감회 깊게 설명해 주셨다. … 대통령은 아산 만곡창지대 위를 지나며 상공에서 내려다본 추수가 끝난 넓은 평야 지대를 보고 흡족해하셨다.²⁴⁴

대통령은 삽교호 방조제 준공 현장에서의 행사를 마치고, 그의 진짜 마지막 행사, 당진의 KBS 단파방송 송신소 행사장으로 이동했다. 당시 KBS의 방송담당 이사였던 최서영(崔瑞泳, 1933년생)은 당시를 이렇게 회고했다.
"이 행사가 공식 발표되지 않은 이유는 KBS 당진송신소가 공산권에 대한 심리전(心理戰) 방송의 기간시설이었기 때문에 국가 보안상 밝힐 수 없었기 때문이다. 북한은 물론이고 시베리아와 먼 중앙아시아 공산국가(몽골, 우즈베키스탄, 카자흐스탄)까지 방송 청취가 가능하도록 단파 출력을 강화한 송신소 보강공사는 KBS와 중앙정보부 관계자들이 몇 달 동안 철야 작업을 해가면서 애써온 사업이었다"
KBS에서는 사장과 담당 임원 등이 대통령이 참석하는 26일의 행사에 대비하고 있었다. 그런데 하루 전인 25일, 청와대 경호실에서 연락이 온다. '대통령은 예정대로 참석하지만, 중앙정보부장은 빠지게 되었으니, KBS에서도 참석인원을 줄이라'는 통보였다. 그래서 방송사 측에서는 사장(최세경)과 기술담당 이사(김종면)만 참석하고, 방송 담당 이사인 최서영은 빠지게 됐다. 중앙정보부가 주축이 되어 만든 시설 준공 행사에, 그것도 대통령이 참석하는 행사에 정보부장이 빠진다는 것은 아무리 생각해도 납득이 잘되지 않았다고 최서영은 기록했다.

내가 듣기로는 김 부장이 당진송신소 행사에 참석하기 위해 온갖 준비를 다 해

놓고 있었는데 갑자기 "참석하지 말고 부마사태에 대비하라"는 연락을 받자, 책상을 내리치며 분개했다는 것이다. … 역사에 가정은 무의미한 것이지만, 만약 그날 김 부장이 행사에 참석해 대통령으로부터 "수고 많이 했네"라는 칭찬과 격려의 말이라도 한마디 들었다면 (그날 저녁) 궁정동 안가의 비극은 일어나지 않았을 것이라고 나는 확신한다.[245]

만약 그랬다면, 과연 10·26은 발생하지 않았을까? 아마 오래 세상일을 취재해온 최서영의 가정이 맞을 것이다. 하지만 그날이 10·26이 아니라면 11·13 혹은 12·24가 될 수도 있었을 것이다. 어쩌면 김재규가 '거사'에 적당한 기회를 잡지 못하고 그해 연말에 경질이라도 됐다면, 대통령 시해(弑害)라는 비극은 우리 역사에서 발생하지 않았을 수도 있었겠다.

그러나 김재규 중앙정보부장과 차지철 경호실장의 사이는 그 무렵 악화될 대로 악화돼 있었고, 김재규는 입버릇처럼 "차지철, 내 이놈을 그냥 두지 않겠다"고 말해왔다. 이 두 권력자 간의 갈등과 권력 투쟁은 당시 전두환(全斗煥) 국군 보안사령관(79.3~80.8)이 '직(職)'을 걸고 관련 보고서를 작성할 정도로 악화된 상태였다.

> 차지철 실장이 당시 모든 주도권을 다 잡고 있어 그 폐해가 아주 심각했다. 김재규 부장이 "차지철을 쳐내야 한다"는 명분을 걸고 거사하면 군의 지지를 받을 수 있는 그런 분위기였는데, 박 대통령은 그러한 상황을 잘 모르고 계신 것 같았다. 그런 부분들까지도 보고하고 직언하는 게 보안사령관의 중요한 임무였기에 나는 그런 실상들을 정밀하게 조사하고 자료를 정리해 대통령께 보고드리려고 대통령과의 면담 날짜도 받아놓았었다. 그 날짜가 바로 10·26 사흘 후인 10월 29일이었던 것이다.[246]

군사정보 말고 전두환 부임 이후(1979.3) 일반정보도 취급할 수 있게 된 보안사령부는 두 권력자 간의 갈등에 관한 보고서와 현안이었던 부산 소요 사태 현장조사 보고서도 최고 상태의 기밀을 유지하면서 함께 준비했다. 열흘 전에 발생한 부마사태(釜馬事態)는 그만큼 중대한 사안이었다. 부마사태는 단순한 소요 사태가 아니라 무리하고 비민주적인 유신체제에서 비롯된 것이다. 부마사태의 뿌리가 된 유신체제의 문제는 중앙정보부장이 하루 이틀 행사에 빠지고 참모들과 대책을 마련할 문제가 아니었다.

대통령이 구상하고 주도하는 유신체제는 일본의 메이지유신(明治維新)처럼 나라의 근본을 바꾸어서 선진 복지국가와 통일한국의 기틀을 마련하겠다는 대통령의 원대한 통치에 관한 문제였다. 조국(祖國) 대한민국을 제2의 일본으로 만들어 놓겠다는 필생의 꿈을 실현하는 과정이었다. 유신체제는 당연히 장기집권이 전제되고 독재적인 요소도 많은, 진짜 어렵고 복잡한 문제였다.

유신의 궤도 수정은 대통령의 대국민 항복선언에 관한 사항이었다. 박정희는 항복하지 않을 것이었다. 그는 차라리 목숨을 내놓는 한이 있더라도 항복은 하지 않을 사람이었다.

10월 유신은 그가 하기 싫은 것을 한 것이 아니라, 그로서는 평생을 그려온 정치의 완성체, 최상의 통치 형태였기 때문이다. 지도자와 국민이 한 팀을 이루어 어려움을 참고 멋진 나라를 만드는 일, 최소한 그런 멋진 나라의 기초를 탄탄하게 만들어 놓고 퇴임하는 일, 그로서는 이게 최고 최상의 목표였.

어쩌면 그는 생의 마지막 날 지방에서의 행사를 마치고, 저녁에 홀연히 가도록 운명이 정해져 있었는지 모르겠다. 그의 마지막 저녁 자리를 두고 이런저런 말들이 있지만, 그는 마지막 날까지 국정을 챙겼고, 이후 저녁 자리에서 이 세상에서 저세상으로 건너갔다. 박정희가 병석에 누워서 병들고 쇠잔한 모습으로 생을 마감하지 않아서 그런지, 그의 최후를 두고 '대통령답다' '사나이답다' '혁명가답다'라고 말하는 사람들이 아직도 있다.

박정희는 가슴에 총을 맞고 피를 쏟으면서도 그대로 자리에 앉아 "난 괜찮아"

라고 했다. 괜찮지 않은데도 말이다. 그때 경호실장이라는 차지철은 손목에 총을 맞고는 화장실로 도망가, 김재규가 따라 들어오지나 않을까 덜덜 떨고 있었다.

"중립적인 평가에 따르면 지난 1961년 군사쿠데타로 집권한 박정희 대통령은 45살인 달변가 국회의원 김대중 후보로부터 집권 이후 가장 거센 도전을 받고 있는 것으로 보인다."(Independent estimates indicate that the campaign currently being waged by the glib, 45-year-old contender is giving Park the most significant challenge he has faced since his 1961 military coup.) (1971.2.13. 워싱턴포스트)

김대중의 시간(2) : 야당 대통령 후보

대선(大選) 앞둔 언론 | 70년대의 첫해 1970년은 어수선하게 흘러갔다. 1971년은 4년 만에 돌아오는 선거의 해였다. 제7대 대통령 선거는 4월 27일, 제8대 국회의원 선거는 5월 25일로 공고됐다. 야당 신민당은 3개월 전에 김대중을 7대 대선의 후보로 선출했지만, 집권 공화당은 선거를 한 달 열흘 앞둔 3월 17일 느지막이 전당대회를 열고 박정희를 후보로 선출한다. 일찍 후보를 선출해 대선 분위기를 띄우지 않겠다는 심산이었다. 공화당이 무리해서 69년에 3선 개헌을 한 이유를 온 국민이 다 알고 있는데, 후보 선출이 무슨 큰 의미가 있겠는가?

정부는 2월 국무회의를 열고 대학생들의 교련(教鍊)을 필수과목으로 지정해 시간도 확대하고, 교관도 현역 군인으로 바꾸기로 했다. 교련 반대 시위가 시작된다. 이 반대의 불길은 가을에 정부가 위수령(衛戍令)을 발동하면서(10.15) 겨우 꺼진다. 4월에는 각 언론사에서「자유언론수호선언」이 발표된다. 제3공화국이 출범한 이후 각 언론사에는 소위 기관원이라고 불리는 정보요원이 상주(常駐)하다시피 했다. 보도 통제를 위해서다. 3공화국 출범 이후 언론의 자유는 날이 갈수록 위축되고 있었다.

"우리는 매일 신문을 통해 세상을 보게 된다. 그렇지만 그 기사를 누가 썼으며, 누가 편집했는지에 따라서 우리에게 전달되는 세상의 모습은 전혀 달라진다" 당시 기자들은 이런 고민을 안고 하루하루를 살았다. 1971.4. 기자협회보. (KBS 화면 갈무리)

당시 기관원들은 자신이 담당하는 신문사나 방송사의 편집국에 출근하다시피 나타나 이 자리 저 자리 다니며, 기자들의 동향을 파악하고, 기사의 흐름이나 보도 여부를 체크하면서 정부 여당에 조금이라도 부담되거나 불리해 보이는 기사가 나오면 이를 빼거나 기사의 크기를 줄이도록 압력을 행사했다. 웃기지만 이런 일까지 있었다.

> 한번은 어느 기자가 청량리에서 발생한 방화 사건을 보도한 기사가 문제시되었다. 한 군인이 자신을 만나주지 않는 변심한 애인의 집에 불을 지른 사건이었다. 정부에서 이 사건을 취재한 기자를 끌고 가 '공산당의 사주를 받고 군과 민간을 이간질 시키려는 목적이 아니냐?'며 취조했다.[249]

정부·여당에 심하게 해로워 보이는 기사가 나오면 당국은 신문이나 잡지의 인쇄를 막거나, 글을 쓴 기자나 부장 국장을 중앙정보부로 연행해 괴롭혔다. 대선을 앞두고 언론에 대한 겁주기가 보통이 아니었다.

당시 언론사를 출입하는 기관원은 중앙정보부 요원들이었다. 국내 정치 경제 사회 등 모든 분야에 대해 간섭하고 통제하고 있던 중앙정보부는 언론 통제를 담당하는 부서를 두고 100명 안팎의 요원들을 운용했다. 이 언론 통제 부서는 김형욱이 부장을 맡았을 때(1963~69) 설치됐다.[250] 중앙정보부 말고도 국군 보안사, 경찰청, 시경, 각 경찰서 담당 형사까지 다양하게 언론사를 출입하면서 동정을 감시하고 기록했다. 이들은 각 언론사의 자유언론실천선언(71.4) 등 언론인들의 반발로 잠시 철수했다가, 1971년 말 국가비상사태 선언 이후 다시 언론사에 얼굴을 나타냈다.

> 1967년부터는 단순히 폭력을 가하는 것보다 언론인을 불법 연행하는 일이 더 늘어났다. "어두컴컴한 골목에서 테러를 가함으로써 공포감과 경각심을 줄 것이 아니라, 해당 언론인을 연행해서 기사를 쓰게 된 동기와 배경을 밝히는 방법

을 쓰기로 한 것"이었다. 기자협회는 "66년까지 폭행·테러가 기자 수난의 특징이었다. 67년 이후에는 연행·구속·폭언이 하나의 특징으로 나타났다"고 평가했다. 불법 연행이 다소 줄어들기는 했지만 1970년대에도 완전히 사라지지 않고 내내 계속되었다. 1970년대 초에는 군 관계 기사 때문에 군 수사기관이 언론인을 연행해 조사하는 일도 자주 발생했다.[251]

국가 경제의 성장 과정이나 민주화 과정에서 나타나는 여러 '갈등의 매개체'로서의 언론의 역할을 인정하지 않는 정부 측의 이러한 모습은 언론이 가진 순기능을 약화하는 역할을 한다. 언론의 비판은 귀에 거슬려도 듣고, 국정에 참고해야 하는데, 민주화가 뒤진 개발도상국 가운데는 그렇게 하는 나라가 거의 없다.

볼트머(K. Voltmer, 2013)에 따르면, 민주화 과정에서 언론의 순기능은 다음 두 가지 방식으로 나타난다고 한다. 첫째, 지배세력 내부에서 언론은 자유주의적 대안을 제시함으로써 지배세력이 극단적이거나 강경한 탄압으로 나가는 것을 통제하는 역할을 수행한다. 둘째, 언론은 지배세력의 부패나 실패를 폭로하면서 분열된 야권 세력을 결집하는 역할을 수행한다. 아래로부터 대항세력을 형성하는 담론적 기초를 제공한다는 것이다.[252]

당시 정부에서는 볼트머의 이론 가운데 아마 두 번째의 순기능을 더욱 우려한 것으로 보인다. 정부는 정보 기관원을 이용해 기자를 회유, 매수, 겁박하고 입을 막으려고만 했다. 21세기, 세계 10위권인 우리나라에서 이런 일들은 거의 사라졌을 것이다.

하지만 정부의 영향력이 남아있는 일부 공영(公營) 언론의 경우, 분명한 주인이 없는 관계로 사원들 사이에서 주인의식이 강해지고, 이들의 이익단체인 노동조합이 회사를 좌지우지하는 모습이 나타나 문제로 지적된다. 이들은 좌우로 편을 갈라 정권이 바뀌면 바뀌는 대로 특정 이념이나 지향에 따라 엉뚱하고도 시대착오적인 편싸움을 계속하고 있다. 동일한 이념의 지원군 또는 반(反) 지원군, 공격군과 방어군으로 갈려, 공정(公正)이나 균형(均衡), 객관성(客觀性), 정확성(正確性)이라는 언론의 정도와 원칙을 자의적으로 해석한다. 언론인에게 잠복됐던 이념 편향이 2010년대 후반부터 세계적 현상이 된 탈진실(post truth)의 흐름을 타고 기괴한 모습으로 등장한 것으로 보인다. 여론의 형성자(形成者)를 자처하는 언론 구성원들이 자체적으로 편을 갈라 분열과 갈등을 빚으니, 사회에 미치는 해악이 적지 않다.

후보, 미국 방문 | 김대중은 대통령 후보로 선출된 뒤, 선거대책본부 구성, 정책공약 발표, 지방 집회 등을 이어가면서 바람을 일으키고 있었다. 선거 결과나 그 뒷일까지 감안해 미리 이야기한다면 말 그대로 태풍(颱風)의 눈이 되고 있었다. 김영삼이 '40대 기수론'을 주장하면서 일기 시작한 바람이 전국을 들썩이게 하고, 주자는 바뀌었지만 바람은 점점 거세지고 있었다.

지금도 그렇듯 한국의 유력한 대선 후보는 선거를 앞두고 적당한 시점을 택해 미국을 방문한다. 나쁘게 말할 수도 있지만, 최대 우방국이자 자본주의 진영의 맹주인 미국을 방문해, 각계의 인사들을 만나 자신의 존재와 정책을 알리고 확인하는 일은 필요한 절차로 굳어졌다.[253]

박정희는 이미 10년이나 집권했다. 케네디와 존슨, 닉슨 대통령과도 정상회담을 갖는 등 국제무대에 알려진 인물이었다. 김대중도 박정희 대통령에게 대항하고 대체할 수 있는 지도자 또는 한국의 정권을 맡아도 잘 감당할 수 있는 지도자라는 이미지를 만들어 내는 일이 급했다.

> 그는 정책 면에서 박 정권을 압도할 만한 정책을 가지고 있었고 거기에다 이러한 정책을 쉬운 말로 국민의 가슴에 심어줄 수 있는 천부적인 설득력이 있었다. 결사적 투쟁 자세를 갖춘 지는 이미 4년 전 1967년의 목포 선거에서 실증한 바

있었다…. 그에게 한 가지 어려운 일은 국민의 가슴 속에 '김대중이 대통령을 맡아도 훌륭하게 할 만한 사람'이라는 이미지를 어떻게 만드느냐는 것이었다. 사람들은 독재를 미워하면서도 오랜 동안 군림해 온 독재자의 영상은 사실보다 크게 비치고, 그의 도전자는 온갖 박해와 모략 중상에 찌들려 상대적으로 작게 보이는 것이 어쩔 수 없는 보통 사람의 심리이다. … 이제는 유력한 대통령 후보로서 세계속의 한국을 돌아보고 자신의 정책을 미국 조야 지도자들에게 알리며 또한 그들의 협조를 얻을 필요가 절박했던 것이다.²⁵⁴

연방 수도 워싱턴DC. 중앙의 의사당을 중심으로 연방대법원, 백악관 그리고 연방정부 청사들이 배치돼 있다. 워싱턴DC에서는 의사당보다 높은 건물을 짓지 못하고, 12층을 넘지 못한다.

미국은 영향력의 나라다. 미국에서 통하면 다른 나라에서도 통한다. 세계적인 영향력을 지닌 그런 미국 유수의 언론들이 그의 입을 주시한다. 그가 어떤 정책 공약이 있고, 실현 가능성은 있는지, 그 공약으로 세운 정부는 어떤 모양일지, 그는 어떤 사상적 배경을 지녔는지, 미국을 보는 시각은 어떤지, 특히 앞으로 미국 등 전통적인 우방국들과 어떤 관계를 형성할지 등등을 살피고 밝히려고 할 것이기 때문이다.

김대중은 자신의 미국 방문에 대해 자서전에서 이렇게 썼다. "1971년 1월 말

"후보로 선출 넉 달, 이제는 미국이다" 미국 방문에 나서는 김대중, 이희호. 1971.1.25.

아내와 미국을 방문했다. 선거는 3개월 남아 있었다. 대통령 후보로서 여러 차례 주요 정책을 밝히는 회견을 했고 전국 주요 도시를 돌면서 유세했기 때문에, 미국을 비롯한 우방들도 나의 움직임을 주시했다. 미국 정부의 지도자들은 야당 대통령 후보인 나를 보고 싶어 했다. 당시 윌리엄 포터(William J. Poter) 주한 미국대사도 그런 뜻을 나에게 전했으며, 미국에 오면 상당한 대접을 할 것이라고 말해 주었다"[255]

동서고금을 막론하고 새로운 인물, 그것도 의외의 인물이 등장하면 더욱 관심 두는 것이 언론의 속성이다. 언론의 다른 이름이기도 한 뉴스(news)라는 말 자체가 '새로운(new) 소식의 집합체'로 new의 복수형(news)인 사실에서도 나타난다. 언론은 당연히 그 새로운 인물에 관한 기사, 프로필(profile)을 쓴다. 독자와 대중에게 그 사람에 대한 소개가 필요하기 때문이다.

김대중 후보는 미국 방문 기간 로저스(William P. Rogers) 국무장관과 그린(Marshall Green) 동아시아태평양 담당 차관보, 레너드(Donald L. Ranard) 한국과장 등 국무부의 주요 인사들을 만나 의견을 교환했고, 의회에서는 민주당의 에드워드 케네디(Edward Kennedy, 1932~2009) 상원의원, 풀브라이트(James William Fulbright, 1905~1995) 상원 외교위원장을 만나 의견교환도 하고 설전도 벌였다.

그리고 학계 인사로는 제롬 코언(Jerome A. Cohen)[256] 하버드대학 교수 등을 만났다. 케네디 의원은 김대중에게 "당신은 '한국의 케네디'라고 불리고 있던데, 우리 케네디가(家)는 지금까지 선거에서 패한 적이 없습니다. 그러니 김 후보도 반드시 승리해야 합니다. 지금 미국 정부는 한국의 독재 정권을 지지하고 있습니다. 하지만 우리는 이를 우려하며, 한국의 사태를 주의 깊게 보고 있으니 안심하고 선거에서 전력을 다하십시오. 만약 내가 도울 일이 있다면 한국에서 언제든 전화를 주십시오"라고 격려했다.

그러나 김대중은 풀브라이트 외교위원장과는 가벼운 설전을 벌였다고 자서전에 기록했다. 그는 '풀브라이트 장학금'으로 널리 알려진 의원이다. 풀브라이트 의원이 월남에 파병된 한국군을 '용병'(傭兵)이라고 지칭한 데 대해 항의하고 사과를 받는 내용이다. 김 후보는 "풀브라이트 의원이 한국이나 미국 정부

에드워드 케네디(1932~2009) 상원의원(좌), 김대중 후보, 제롬 코언(1930년생) 교수. 1971.1.

를 비난할 수는 있어도, 우방을 위해 그리고 민주주의를 위해 참전한 젊은이들을 돈에 팔려 간 용병이라고 지칭하는 것은 대단한 모욕"이라고 지적했고, 풀브라이트 의원은 바로 사과하고 정정했다고 기록했다. 김대중은 "케네디 의원의 격려는 자상하고 따뜻했고", "풀브라이트 위원장은 통이 크고 유연했다"고 적었다.

일주일에 걸친 김대중 후보의 워싱턴 방문이 마무리되면서 뉴욕타임스(NYT)는 그의 미국 방문을 결산하는 보도를 낸다. 제목은 "한국의 도전자, 대통령 선거에서 부정 예상"(South Korean Challenger Sees A Rigged Presidential Election), 대선의 공정성 문제 그리고 후보의 안보 관련 공약에 대한 논쟁을 다뤘다.

한국의 도전자, 대선에서 부정선거 예상

(워싱턴, 2.6) 한국 야당의 대선 후보인 김대중 씨는 오는 5월 한국의 대통령 선거는 여당(Government party)에 의해 부정 선거로 치러질 것이고, 이렇게 될 경우 격렬한 반정부 시위가 발생할 수 있다고 말했다.

신민당 대선 후보인 김 씨는 이번 주 워싱턴에서 가진 기자회견에서 박정희 대통령 정부에서 치러지는 이번 대선이 "불행하게도, 공정하게 치러진다는 그 어떤 징후도 찾을 수 없다"며 이같이 말했다. 박 대통령은 4년 임기의 대통령직에 세 번째 출마를 계획하고 있다.

국회의원이기도 한 김대중 후보는 "1960년보다 더 혼란스럽고 위중한 상황"이 예견된다고 말했다. 1960년 한국에서는 학생들의 부정선거 반대 시위로 인해 이승만 정권이 붕괴된 바 있다.

미국은 박정희 대통령 정부에 전적으로 외교 및 군사적 지원은 하지만, 한국의 국내 정치 상황에 대해서는 공개적으로 언급하지 않고 있다. 그러나 일부 미국 관리들은 사석에서 한국에서 부정선거 등으로 혼란한 상황이 발생한다면, 주한 미군 감축이 진행되는 와중에 북한 공산주의자들이 전복활동이나 테러 등을 저지를 여지를 줄 수 있다고 우려를 표명하고 있다. 미국은 의회의 승인을 받아 오는 6월 30일까지 64,000명에서 44,000명으로 주한 미군 감축을 추진하고 있다. 미군은 대개 의회에서 승인된 숫자보다 더 낮은 수준으로 운용되고 있기 때문에 주한미군의 규모도 44,000명보다 줄어들 것이다.

한국의 주요 정치인들이 선거가 치러지는 해에 주요 동맹국인 미국을 방문하고 그 사실이 한국 언론에 널리 보도되도록 하는 일은 거의 필수 코스라 할 수 있다. 김대중 후보는 한국의 국영방송과 민영 방송사들이 자신의 방송 연설을 거부해 왔다고 통역을 통해 말했다. 그는 자신의 대외정책 특히 북한에 대한 입장은 박 대통령의 정책과 차이가 있다고 말했다. 김대중 후보는 남북한 간의 우편물 교환과 가족 방문 여행 허용 등을 주장하고 있는데 박정희 정부는 이를 줄곧 반대해 왔다. 김 후보는 또 한국 정부 관리들의 부정부패 문제를 거론하고 일부 고위 관료들은 재임 중 엄청난 재산을 축적했다고 말했다.

김대중은 미국 주요 언론과 유럽 등의 미국 주재 특파원들과도 미국 기자클럽(NPC)에서 만났으나, 닉슨(Richard Nixon) 대통령은 만나지 못했다. 김대중은 야당 대통령 후보라는 정치적인 이유로 닉슨과의 면담이 이뤄지지 않았다고 기록했다. 그러나 미국 방문에 동행했던 이희호 여사는 백악관을 방문해 팻 닉슨(Pat Nixon) 여사를 만났다. 이희호와 팻 닉슨과의 만남은 그 뒤 서울에서 사진 촬영 여부로, 여야 간 거짓말 시비가 생기면서 항간의 화제가 됐다.

나는 당시 mbc특파원이었던 문명자 씨의 도움으로 백악관 행사에 참석해 리처드 닉슨(Richard Nixon) 대통령의 부인인 팻(Pat) 여사를 잠깐 만났다… 내가 닉슨 대통령 부인과 찍은 사진을 보도자료로 만들기 위해 무교동의 한 사진관에 복사를 맡겼다. 이를 어떻게 알았는지 경찰이 탈세 혐의로 사진관을 조사한다며 가택수색을 한 다음 사진이 없어졌다. 우리가 항의하자 공화당 의장과 대변인이 기자회견을 자청해 김대중 씨 부인은 닉슨 대통령 부인과 만난 적이 없으면서 거짓말을 한다고 나를 파렴치한 거짓말쟁이로 몰아붙였다. 마침 다른 컷 사진이 있어서 이번엔 사진 전문가를 집으로 불러 복사해 공개했다. 그러자 이번에는 단순 분실을 여당에 덮어씌우려고 간계를 부린다며 나를 비난했다. 참 어처구니

백악관을 방문해 펫 닉슨 여사를 만나는 이희호 여사. 1971.1

없는 일이었다.[258]

지금 생각해 보면 헛웃음이 나오는 이야기다. 옛날에는 경찰이나 정보기관들이 이런 코미디 같은 데도 끌려 나와 역할을 했다. 뒤에 언급하겠지만, 우리나라 최고 정보기관(KCIA)은 해외에서 유신체제를 비판하던 김대중의 입을 막을 목적으로 대낮 도쿄 시내 호텔에서 그를 납치해, 한밤중 서울 동교동 집 앞에 데려다 놓는 '택배업자' 노릇도 해서 국제적인 물의와 비웃음을 사기도 했다. 진짜 호랑이 담배 피우던 시절 같은데, 그게 불과 50년 전의 일이었다. 미국 방문을 마친 김 후보는 돌아오는 길에 일본에도 들른다.

> 자민당(自民黨)의 다나카 가쿠에이(田中角榮), 하시모토 토미사부로(橋本登美三郎) 의원과 민사당(民社黨)의 니시무라 에이이치(西村榮一), 공명당(公明黨)의 다케이리 요시카스(竹入義勝), 야노 준야(矢野旬也) 등 정계 중진들을 만나 간담회를 가졌다. 당시 일본 여당인 자민당은 박 정권과 밀월관계였다. 따라서 상대적으로 나에게는 별로 관심을 보이지 않았다. '3선 개헌'을 할 때도 자민당의 가마시마 소에(川島副) 총재가 "한국은 장기간 안정된 정권이 필요하다"는 내정 간섭 성격의 발언을 할 정도였다.

나는 일본 정치인을 만날 때마다 이런 당부를 했다. "독재 정권을 지지하는 일본에 대해서 한국인들이 호감을 가질 리가 없습니다. 이번 선거는 독재와 민주주의의 투쟁이며 나는 반드시 승리할 것입니다. 공명정대하고 깨끗한 선거가 되도록 여러분들이 관심을 가져 주십시오." 그리고 도쿄 외신기자클럽에서도 연설을 했다. 연설은 예상 밖의 호응을 불러일으켰다. 나는 독재와 싸우는 강력한 지도자이고, 자유민주주의의 실천자이며, 미국과 일본의 친근한 벗이 될 수 있음을 그들에게 각인시켰다.259

김 후보는 이렇게 상당히 서운한 상태로 일본 방문을 마쳤다. 그리고 불과 2년 남짓 지나, 일본과 엄청난 인연을 맺는다. 바로 납치 사건이다. 미국과 일본 언론도 대선이 진행 중이던 71년보다, 납치 사건이 발생한 73년 이후 김대중에 대한 보도가 대폭 늘어난다.

WP "다시 전쟁은 안 돼" | 김대중이 18일에 걸친 미국과 일본 방문을 마치고 서울로 돌아온 지 하루 뒤인 1971년 2월 13일 워싱턴포스트(WP)는 〈뉴스 분석〉(News Analysis) 난을 통해 "다시는 전쟁터가 되면 안 된다. 한국의 도전자 목표를 밝히다"(Never Again a Battlefield. Korean Challenger Maps Goals)라는 제목 아래, 거의 전면을 할애해 한국 야당 대통령 후보의 정견과 선거공약, 한국 상황 등을 아주 자세하게 보도했다. WP 도쿄 지국 셀리그 해리슨(Selig S. Harrison)260 특파원의 이 기사는 한국 정치인 김대중을 집중적으로 조명한 최초의 기사로서 의미가 크다.

한국의 도전자 공약 발표 "다시 전쟁터가 돼서는 안 된다"

(도쿄) 다가오는 대통령 선거에서 박정희 대통령의 강력한 도전자 김대중 후보는 "우리는 절대로, 절대로 한국이 또다시 전쟁터가 되도록 해서는 안 된다"라고 강조했다. "한국에서 전쟁이 다시 일어난다면 소련이나 중공 또는 이 두 나라가

The Washington Post
Democracy Dies in Darkness

함께 전쟁에 개입하게 될 것이고, 미국은 한국을 지원하도록 일본을 강하게 압박해 참전시킬 것이다. 이렇게 되면 한국민은 싫어하는 두 가지 즉, 공산주의와 일본 군국주의 사이에 놓이게 되고, 이것은 한국민을 두 조각으로 갈라놓을 것이다."

김 후보는 지난주 워싱턴DC에서 가진 여러 차례의 논의와 대화에서, 미국 관리들이 "지금은 6·25 침략이 있었던 1950년대와 상황이 아주 다르다는 사실을 잘 이해하고 있는 것으로 보였다"면서 로저스 국무장관과 다른 국무부 관리들도 자신이 제시한 미·소·중·일 4대국 안전보장론에 대해 "전혀 이의를 제기하지 않았다"고 말했다. "한반도에 대한 4대국 안전보장 구상은 남·북한 어느 쪽이라도 지원할 가능성이 있는 관련 4개국이 한반도 사태에 대해 간섭하지 않겠다는 데 합의하도록 하는 것으로, 박정희 대통령도 4대국 안전보장론과 북한에 대한 새로운 접근 방안에 대해 열린 마음을 갖기를 희망한다"고 말했다.

김 후보는 미국이 "오는 5월(4월 17일로 대선 날짜가 공고되기 전:필자 주) 대선이 공정하게 진행되길 진정으로 원하고" 있으며, 만약 박정희 대통령이 대선에서 패배하고 자신이 집권하더라도 미국은 신속하게 새 정부를 인정할 것이라는 사실에 만족하고 있다고 말했다. 그러나 김대중 후보는 3일간의 일본 방문 결과 일본 측의 공정성에 대해서는 일말의 의구심이 들며, 이승만 전 대통령을 하야시킨 1960년의 4·19혁명과 같은 국민적 시위 사태가 발생하지 않는 한 박정희 대통령은 권력을 내놓지 않을 수도 있다는 상황을 우려했다.

미 국무성 마샬 그린 차관보가 유엔 선거참관인단의 존재가 공정한 선거 결과를 지켜낼 것이라는 의견을 제시했으나, 김 후보는 오직 한국민들의 "피와 땀과 눈물"만이 정권교체를 이루어낼 수 있다고 말한 것으로 전해졌다. 김대중 후보는 이승만 정권을 타도한 것은 "유엔이 아니었다"면서 외국인 선거감시단이 활동하더라도 멀리 떨어진 지방의 구석구석까지 다 살필 수는 없을 것이라고 말했다.

중립적인 평가에 따르면 지난 1961년 군사쿠데타로 집권한 박정희 대통령은 45살의 달변가 국회의원 김대중 후보로부터 집권 이후 가장 거센 도전을 받고 있는 것으로 보인다.[261]

김대중 후보는 한반도 평화 이슈를 선거전에서 효과적으로 이용해 지지도를 확보하는 점 말고도, 반정부 성향이 강한 한국 남서부 전라도(Cholla provinces) 출신의 첫 대선 후보로서 지역에 기반하는 지지 세력을 갖고 있다. 전라도 유력 인사들은 전라도가 각종 개발 계획이나 발전에서 소외되고 있으며, 그 이유는 박 대통령이 라이벌인 경상도(Kyungsang) 출신이라는 사실에 기인한다고 비판한다. 전라도 지역 유권자는 전체 유권자의 34% 정도이다. 김대중 후보 선거캠프는 전라도 유권자들의 절대다수 지지와 지난 5대(1963), 6대 대선(1967)에서 나타난 도시 지역의 전통적인 야당 지지세를 더하면 박 대통령에 대한 비전라도(non-Cholla) 농촌의 지지세를 쉽게 넘어설 것으로 예상한다. 한국 전체 인구의 40% 이상이 도시 지역에 거주하고 있으며, 서울에는 3,140만 명의 전체 국민 가운데 500만 명이 거주하고 있다. 많은 농촌 지역 유권자들이 우르르 몰려다니면서 한꺼번에 투표하므로 대규모로 선거 부정을 저지르기는 어렵고, 대규모 불법행위는 드러나기가 쉽다고 대부분의 관측통은 말한다. 한국에서 흔한 선거 부정은 투표일 전에 유권자들을 포섭하는 방식인데, 이것은 각 지역 실정에 맞게 당근과 채찍을 적절하게 결합한 형태로 활용돼 왔다.

도시 지역에서 여당 지지자들은 12%에 달하는 경제성장의 파급효과로 인해 야당 지지세를 크게 잠식해 들어갈 것으로 믿고 있다. 지방에서는 경제성장 실적이 도시 지역보다 덜 나타나기 때문에 이런 기회가 없는 대신, 권위주의 정권이 모든 권력을 동원해 지방의 임명직 공무원들을 줄 세워 박 대통령을 지지하도록 할 계획이다. 집권 기반을 공고히 하기 위해 간접적인 방법으로 유효적절한 압력을 가하는 박 대통령은 노골적인 탄압이나 경찰의 잔인한 행동 등을 지금까지는 멀리하고자 했다. 기업인들은 만약 야당 측에 선거자금을 대 줄 경우 세금이나 대출금 회수 등으로 보복을 받을 것이라는 경고를 받고 있다. 대학가는 정부의 모든 정보망을 통해 세밀하게 감시당하고 있으며, 특히 교수들 사이에서 야당 지지 움직임이 일어나지 않을까 촉각을 곤두세우고 있다. 언론은 매일매일 동정을 감시당하고 있으며, 정부에 비판적인 언론인들은 수시로 수사당국으로 불려 가 조사받고 있다. 친정부 성향의 민영 라디오와 TV 방송은 야당이 정치 광고 시간을 사겠다고 해도 이를 묵살하고 있다. 시골 마을 구석구석까지 전국을 커버하는 가장 큰 방송망은 정부의 통제를 받는 국영방송이다. 야당 후보는 35일간의 공식 선거운동 기간 중 5번은 방송에 출연할 수 있게 관련 법은 규정하고 있다. 김대중 후보는 5번 모두 TV 방송에 출연하기를 원하고 있지만, 관련 규정은 라디오와 TV를 구별하지 않은 애매한 규정이라고 불만을 나타낸다.

현재 큰 문제는 김대중 후보 측 자금이 바닥나고, 정부의 압력은 가중되고 있는 가운데, 지난 12월에 전국 순회에서 표출됐던 동력을 계속 유지해 나갈 수 있느냐 여부다. 김대중 후보는 또 박 대통령이 아직은 국민에게 상당한 인정을 받고 있고 반면에 박 정권은 부패했다는 말도 듣고 있지만, 대통령 본인은 그렇지 않다고 대다수 국민이 믿고 있다는 사실도 불리한 점이다.

다가오는 선거에서 자신의 이미지 개선을 위해 취한 일련의 조치 중 하나로, 박 대통령은 1970년 12월 개각을 단행하면서 스캔들에 연루된 정일권 국무총리를 퇴진시켰다. 박 대통령은 또 저명한 학자들로 청와대 보좌관 진용을 갖췄으며, 집권 공화당에 대해서도 김종필 전 당의장을 민주공화당 고문으로 복귀하도록 함으로써 단결력을 되찾고 있다. 김종필은 1961년 5·16쿠데타를 주동했으며 1969년에는 대통령의 연임을 제한하는 헌법 조항을 철폐하려는 박 대통령에게 대항해 최후의 순간까지 맞섰던 인물이다.

1969년 3선 개헌 반대 투쟁 당시 분노와 흥분이 감돌던 때와 달리, 현재 서울에서는 체념과 냉소적 분위기가 감돌고 있는 것을 최근의 방문에서 알 수 있었다. 한국에는 경제 성장의 혜택이 박 대통령의 계속 집권을 원하는 정치적으로 비호받는 기업인들, 신흥 엘리트들에게 주로 돌아갔다고 많은 사람이 믿고 있다. 또 야당에 기대를 걸기에는 그 가능성은 다소 제한적이다. 김대중 후보가 야당의 새로운 인물로 나서고 있지만 국민들은 안정된 정부를 이루기에는 당내 파벌 싸움이 너무 심하고 신민당의 중진 정치인 가운데는 유혹에 취약했던 사람이 적지 않다는 사실을 지적하고 있다.

박 대통령 지지자들은 만약 박 대통령이 이번 선거에서 패배하고 권력을 넘겨준다면 군부가 제2의 쿠데타를 일으킬 것이라는 이야기를 흘리면서 조직적으로 국민 사이에 불안감을 조장하고 있다. 김대중 후보는 그러나 10년에 걸친 군사통치에도 불구하고 공무원들은 건드리지 않았기 때문에 정권교체가 이뤄지더라도 행정적으로 큰 혼란은 없을 것이라고 지적했다.

지금까지의 선거전에서 나타난 가장 뜻밖이며 중대한 의미를 갖는 것은, 김대중 후보가 4대국 집단안전보장 구상과 대북 유화정책의 필요성을 강조하는 평화적인 후보라는 사실을 널리 인식시키려는 노력이다. 평화 정책에 대한 냉소 분위기를 누그러뜨리려 김 후보는 북한 정권에 대한 묵시적인 인정과 새로운 "두 개의 한국" 정책에 바탕을 둔 한반도에서의 "점진적인 긴장완화"라는 희망을 제시하고 있다. 이를 위해 김대중 후보는 먼저 우편물과 스포츠, 언론인 교류 같은 "비정치적인 분야에서의 평양 측과 직접적인 접촉" 방안을 제시한다. 이어 2단계로 남북 불가침선언(no-war declaration)을 선포하고 나아가 공식적이든 비공식적이든 4대국 안전보장을 실현한다는 구상이다.

김대중 후보는 "50년대 60년대와 같은 이데올로기의 대립은 끝났다"고 말하고 "미국을 괴롭혀 오던 그런 단일체제의 국제공산주의는 이제 산산조각이 났다. 그렇지만 박 대통령은 반공과 국가안보라는 이름 아래 뻔뻔스럽게 정권 연장을 기도하고 있다"고 주장했다.

김 후보는 이어 4대국 안전보장론을 현실화하기 위해서는 한국 정부가 소련과 동구의 "비적성" 공산국가들과 "외교관계나 준 외교관계"를 수립하려고 노력함으로써 기선을 잡아야 한다고 말했다. 김 후보는 유엔에서의 중국 대표권 문제에 대해서는 명확한 견해를 밝히기를 보류하고 있지만, 4대국 안전보장 구상의 실현을 위해 베이징 당국과 대화를 갖겠다는 자신의 공약이 중국(PRC)의 존재를 사실상 인정하는 것이라고 했다. 김대중 후보는 표면적으로, 북한과 다양한 방면에서 접촉하는 것이 궁극적으로는 통일로 가는 길을 닦기 위한 것이지만,

소련과 중국 등의 보장이 필요한 한반도 중립화 개념은, 한국이 북한 정권을 인정하는 것과 두 개의 한국이 오랫동안 평화적으로 공존한다는 것을 가정하고 있다. 김대중 후보는 국가전복 행위 등이 너무 광범위하게 규정돼 있는 현행 "반공법" 조항들을 개정해 통일에 대한 논의를 억제하기보다는 장려함으로써 자신은 남북통일로 가는 과정을 적극적으로 돕는 정책을 펴겠다고 말했다.

박 대통령이 추진하는 대외정책에 쏟아지는 많은 비판으로 수세에 몰리고 있으며, 김 후보가 동유럽 국가들과의 외교관계 등을 언급하자, 박 대통령은 최근 "비적성" 공산국가와의 교역 금지를 해제하는 법안을 국회에서 통과시켰다. 과거 두 차례 실시된 대통령 선거에서 주요 야당 후보들은 대북정책에 있어 박 대통령에게 뒤졌다. 또 평양과의 접촉을 주장하던 소수 정당의 후보들은 수감되기도 했다. 그러나 김대중 후보는 국제적인 시류의 변화로 박 대통령이 도리어 흐름에 뒤떨어진 고루한 인물로 몰리고 있다고 확신하고 있다.

김 후보의 대외정책 선거 공약에 깔린 가장 중요한 변화는 1965년의 국교 정상화 이후 한국에 경제적 침투를 강화하고 있는 일본의 급부상과 관련된 문제다. 김대중 후보는 "한국은 정치, 경제, 군사 면에서 급속하게 일본 영향권으로 들어가고 있다. 한일 양국의 경제협력에서 발생하는 혜택이 국민 각계각층에 더 광범위하게 분배되는 대등한 관계를 만들기 위해, 일본과 새로운 회담을 갖겠다. 지금은 일부 재벌이나 정치인들에게만 부가 편중돼 그들의 부패가 심각한 상황"이라고 밝혔다.

김대중 후보는 박 대통령이 일본 기업과 원조자금에서 리베이트를 받아서 정치자금으로 사용한다는 점에 대해서는 선을 그었지만, 국민이 그 점에 대해 "의구심"을 갖고 있다고 말했다. 사토 일본 수상의 특사였던 가와시마 쇼지로가 3선 개헌을 긍정하는 발언을 한 사실을 지적하면서, 김 후보는 자신의 일본 방문을 근거로 생각해 볼 때, 일본 지도자들은 "한국 상황에 대한 그들의 태도를 재평가하고 있는 것 같다"고 말했다.

박 대통령은 최근 기자회견에서 일본이 아시아 집단안전보장 체제에 참여하기로 동의한다면, 일본이 "닉슨독트린의 이행으로 초래되는 아시아 지역에서의 힘의 공백을 메꾸는 데 반대하지 않겠다"라고 말해 큰 논란을 일으켰다. 이에 대해 김 후보는 재빨리 반격을 가했다. 김 후보는 "일본이 아시아 집단 안전보장체제에 가입하건 않건 간에, 일본은 미국의 대응이 될 수 없으며, 아시아 지역에서 지배적인 군사력을 보유해서는 안 된다"고 지적했다. 한반도에 대한 일본의 군사 개입을 피하고 식민 지배와 같은 과거를 되풀이하지 않기 위한 유일한 길은 북한과 불가침조약을 맺는 길밖에 없다고 경고했다. 이러한 주장은 몇 년 전만 해도 미국을 화나게 했을 것이지만, 현재의 국제 기류와는 너무나 잘 맞아떨어진다.

김대중 후보는 주한미군이 전쟁 도발 억제력을 지니고 있으며 주한미군의 철수는 "시기상조"라는 현 정부의 의견에 전적으로 동감을 표하고 있다. 그러나 김대중 후보는, 주한미군의 철수와 한반도 중립화 시나리오는 함께 작용할 것이기 때문에, 언젠가는 미국이 한반도에서 철수해야 할 것이라는 점을 인정한다는 점에서 박 대통령과 시각의 차이를 보이고 있다.

아주 긴 기사다. 김대중이 제시한 정책에 대한 소개와 비교 등이 아주 길게 이어졌다. 이 정도의 기사라면 김 후보의 워싱턴 방문이 일단 성과를 거둔 것으로 봐야 한다.

NYT "선거 부정만 없다면, 이긴다" | WP에서 자세한 기사가 나가고 한 달 정도가 지난 3월 29일. 이제 선거가 한 달도 남지 않았다. NYT도 〈뉴스 속의 인물〉(Man in the News) 코너에 야당 후보 김대중의 프로필을 보도한다(Korean Presidential Challenger, Kim Dae Jung).

한국 대권 도전자, 김대중

(한국, 서울, 3.28) 다음 달 한국 대선에서 박정희 대통령과 맞설 야당 국회의원인 김대중 후보는 자신을 빌리 브란트와 같은(Willy Brandt-type) 정치인이라고 부르는 농민의 아들이다. 올해 45살인 김대중 후보는 한국 정부 수립 이후 23년 역사상, 야당 측에서 내세운 최연소 후보다.

어제 민주공화당과 신민당은 오는 4월 27일로 공고된 대선 공식 선거운동을 시작했다. 그리고 대선이 끝나고 한 달 정도 뒤에는 국회의원 선거가 예정돼 있다. 공화당과 신민당은 둘 다 근본적으로 보수정당이다.

신민당 기수로서 김대중 후보는 활동적이며 빈틈없는 달변가다. 일찍이 20대에 사업가와 신문 발행인으로서 수완을 발휘했던 김 후보는 신민당 내 경제통 가운데 한 명이다. 현직 국회의원인 김 후보는 항상 깔끔하게 옷을 차려입고 숱이 많은 검은 머리를 단정하게 빗고 다닌다. 김대중 후보는 그 스스로 근본적으로는 보수 성향이지만 유권자들에게 가능한 한 진보적인 청렴한 후보라는 인상을 주고자 노력한다. 또 북한으로부터 직접적인 위협을 받고 있다고 생각하는 한국의 엄격한 반공법하에서도 가능한 한 북한과 좋은 관계를 유지하고 싶어 하는 평화주의자로 스스로를 내보이도록 애쓴다.

김 후보는 자신을 서독의 빌리 브란트 수상에게 비유한다. 그것은 김 후보의 선거 공약들이 2차 대전 후 분단된 독일 문제를 풀기 위해 애쓰는 브란트 수상의 노선과 닮아있기 때문이다. 김대중 후보의 공약 가운데는 공산주의 국가들 특히 북한에 대한 유화정책, 한반도에서의 전쟁 재발을 막기 위한 미-소-중-일 4대 강국 안전보장론, 베트남으로부터 한국군의 조기 철군, 200만 명에 이르는 향토예비군 폐지 그리고 "소수의 부유하고 부패한 계층" 대신에 대중(the Masses)에게 혜택이 돌아가는 대중경제론 등이 있다.

한국 서남부의 하의도라는 작은 섬에서 출생한 김대중 후보는 대대로 소외받은 지역 출신이다. 김 후보는 중농(中農) 집안의 7남매 가운데 차남이다. 1943년 항구 도시 목포의 상업고등학교를 졸업한 뒤, 일본인 소유의 선박회사에서 근무했다. 1945년 해방이 되자, 젊은 김대중은 그 해운회사를 인수했고 몇 년 만에 9척의 연안 화물선을 운영하는 등 상당한 재산을 모았다.

그 뒤 이승만(Syngman Rhee) 대통령의 독재정치에 자극받은 김 후보는 1954년 정치에 입문한 뒤 국회의원 선거에서 4차례나 낙선했다. 그렇지만 그는 계속해서 도전했고 마침내 1961년 5월 13일에 실시된 보궐선거(by-election)에서 당선됐다. 그러나 당선의 기쁨은 단 3일 만에 끝났다. 1961년 5월 16일 박정희 소장이 주도하는 군사쿠데타(military coup)가 발생해 정권이 무너지고 국회가 해산됐기 때문이다. 김대중 의원도 다른 정치인들과 함께 군사혁명위원회(junta)에 의해 일시적으로 수감됐다. 2년 뒤 김대중은 목포 지역구에서 압도적 득표로 국회의원에 당선됐다. 1967년 국회의원에 다시 당선된 김대중은 "저의 당선은 개인적으로 박 대통령에 대한 승리라고 생각한다. 박 대통령은 내가 신랄하게 정부를 비판했기 때문에 야당에서 나를 가장 미워했다"고 인터뷰에서 밝혔다.

"김 후보는 1967년 총선을 겪으면서 박 대통령과 직접 맞붙을 마음이 생겼고, 이번 대선에서도 부정만 없다면 이길 자신이 있다"고 말했다. 선거대책본부장 정일형 박사는 김대중 후보가 "뛰어난 지적 능력을 갖춘 활동적이고 능력 있고 또 용기 있는 정치인이며 어떠한 역경도 극복할 수 있는 정치인"이라고 격찬했다. 파벌이 난립한 신민당 내의 라이벌들을 포함해 김 후보를 비판하는 사람들은 김 후보가 두뇌가 명석하고 달변이지만 도량이 좁고 냉정한 사람이라고 말한다. 군부의 영향력이 오랫동안 지배해 온 한국과 같은 나라에서 김대중 후보의 가장 큰 약점은 그가 군 복무를 하지 않았다는 사실이다. 천주교로 개종한 김대중 후보는 1959년 첫 부인과 사별하고 3년이 지난 1962년 재혼했다. 현재 부인은 감리교 신자이며 테네시주 내슈빌의 스카릿 칼리지에서 수학했고 한국 YWCA 연합회 총무를 역임했다. 김 후보는 한국인으로서는 평균 키에 해당하는 168cm(5피트 6인치)에 70.6kg(156 pounds)의 체중이다. 김 후보는 술을 거의 마시지 않으며, 파이프 담배를 피운다. 김 후보는 첫 부인으로부터 21살과 20살 두 아들과 재혼한 부인과의 사이에서 6살 아들을 두고 있다. 김 후보 가족은 서울 시내 서부 지역의 온돌방 3개의 아담한 기와집에 거주하고 있다. 김 후보의 78세 난 노모는 서울의 이 집에서 함께 거주하고 있으며, 78세인 부친은 농사를 짓는 큰아들과 함께 고향 섬에서 거주하고 있다.

약 한 달 전 WP의 프로필이 김 후보의 정책과 대외 공약, 북한에 대한 공약 등을 소개하고 박 대통령 정부와 비교한 내용이 많았다면, 공식적인 선거운동이 개시된 뒤 실린 NYT의 프로필은 그의 개인적인 사항을 중심으로 공약까지 곁들였다. 같은 날 선거운동 개시에 관한 스트레이트 기사도 실렸다. 공식 선거운동 기간은 한 달이었다.

한국 공식 선거운동 개시

(한국 서울, 3.28) 한국의 두 주요 정당은 오는 4월 27일의 대선을 앞두고 어제부터 공식 선거운동에 돌입했다. 지금까지 등록한 7명의 후보 가운데 주요 경쟁자는 4년 임기의 대통령직 3선을 노리는 박정희 후보와 야당의 김대중 후보 등 2명이고 나머지는 반짝 주자들이다.

김대중 후보는 지방을 돌며 열성적으로 선거운동을 하고 있으며, 박 대통령은 아직은 선거운동에 나서지 않은 채 공화당 중진들이 유세를 다니고 있다. 박 대통령은 투표가 임박한 4월 10일께부터 직접 선거 유세에 나설 것으로 알려졌다.

부정부패 문제가 주요 쟁점

이번 대선의 주요 이슈는 공무원 부패 문제와 이 신생 공화국에서 한 사람의 장기 집권에 대한 찬반이 될 것으로 보인다. 올해 53살인 박 대통령은 1961년 이후 군사정부의 지도자로 그리고 민정 이양 이후 실시된 두 차례의 대선에서 승리해 10년을 집권했다.

3선 출마를 위해 이 예비역 장성 출신 대통령은 야당의 엄청난 반대에도 불구하고 한 차례의 연임만 허용하는 헌법을 개정하는 3선 개헌 국민투표에서 승리했다.

연속성 강조

4개 팀으로 나눠 전국을 돌고 있는 박 대통령 측 선거캠프는 "중단없는 국가 발전과 안정"을 위해서는 박 대통령의 계속 집권이 불가피하다는 점을 강조하고 있다. 한국은 지난 5년에 걸쳐 연 10%가 넘는 경제 성장을 기록하고 있다.

서울에서 동남쪽으로 75마일 떨어진 제천 유세에서 공화당 부총재 김종필은 "북한의 끊임없는 침략 위협이 존재하는 상황에 우리는 박 대통령을 당선시켜야 한다. 현 상황에서 우리나라를 이끌 유일한 지도자는 박 대통령뿐이다"라고 주장했다. 난 1961년 군사 쿠데타의 설계자이기도 한 그는 "만약 새로운 사람을 대통령으로 뽑는다면, 그가 제대로 일을 하기 전, 대통령으로 업무 파악을 하는 데만 2년이 걸릴 텐데, 우리는 그 시간을 낭비할 수 없다"고 말했다.

김대중 후보는 "부패한 10년 통치를 끝장내자"는 구호를 중심으로 선거운동을 펼치고 있다. 그는 박정희 후보가 "독재적인 총통체제"를 준비하고 있다고 주장하면서 정부 내 부정부패 문제를 신랄하게 비판하고 자신이 집권하면 획기적인 사회개혁, 경제개혁을 실시하겠다고 약속했다. 김 후보는 이어 북한과 우편물과 체육인, 언론인들의 교류를 포함한 공산권 국가와의 관계를 완화하겠다고 공약했다.

젊은 층 호응

200만 명에 이르는 향토예비군의 폐지와 대학생들의 의무 교련 폐지 공약은 젊은 층으로부터 상당한 호응을 받은 것으로 관측된다. 17개월 전 3선 개헌 반대 시위 이후 대학생들이 다시 정치적인 행동에 돌입할 징후들이 보인다. 대구 근처 한 도시의 학교 운동장에서 농민들에 대한 첫 유세를 하기 전 45살의 국회의원인 김 후보는 기자회견에서 "제가 만약 당선된다면 독재정치와 부패, 소수 특권층을 위한 경제를 거부하고 자유와 대중을 위한 경제(economy for the masses)

제7대 대통령 선거 벽보. 투표 전에 성보경(민중당)과 김철(통일사회당)이 사퇴했다.
이 선거는 사실상 박정희-김대중 양자 대결로 치러졌다. 1971.4.

그리고 정의를 사랑하는 전 국민의 대통령이 되겠다."고 밝혔다. 그는 "만약 이번 선거가 공정하고 투명하게만 진행된다면 제가 승리할 것이라는 믿음이 확산되고 있다"고 말했다…. (이하 생략)

이 기사에서 언급한 군(軍) 복무 문제는 김대중 후보에게 상당히 오랫동안 짐으로 따라다닌다. 1924년생인 김대중은 6·25전쟁이 발발했을 때 26살로 군복무를 하기에는 나이가 적지 않았다. 첫 부인과는 21살이던 1945년 4월 목포에서 결혼해 아이도 둘이나 있었다. 6·25전쟁이 발발했을 때는 사업차 서울로 출장 가서 머물고 있다가 20일간 걸어서 목포로 내려왔고, 인민위원회가 장악하고 있는 목포에서 경찰서에 잡혀가 죽을 고비를 넘기기도 했다. 김대중은 군 복무가 아니라 다른 방법으로 전쟁을 도운 사실을 기록하고 있다.

징발당한 우리 배 한 척은 정부 군수품을 수송하는 데 이용되었다. 나도 우리 군을 돕고자 1950년 연말에 해상방위대 전남지역본부를 결성해 오재균 씨가 대장이 되고 나는 부대장이 되었다. 우리는 전쟁에 필요한 식량이나 군수품을 선박으로 날라다 주었다. 해상방위대는 정규군처럼 직접 싸우지는 않았다. 게릴라 소탕 같은 국지전을 돕는 것이 주된 임무였다. 방위군이 결성되자 젊은이들의 지원이 물밀듯 이어졌다. 모두 공산 치하를 겪어보고 더 이상 그들에게 속지 않고, 더 이상 그들에게 이 땅을 내주지 않겠다며 방위군 소집에 응했던 것이다. 해운업을 하면서 나는 자연 해군 목포경비소 장교들과 관계를 맺을 수밖에 없었다. 해상방위대는 해군 목포경비소의 영향 아래 놓여 있었기 때문이다.[262]

새로운 신화, 장충단공원 유세 | 1971년 대선의 하이라이트는 두 후보의 서울 유세, 장충단공원 집회였다. 김대중은 18일, 박정희는 25일 유세를 가졌다. 김대중은 소위 '바람'을 타고 있었다. 조직과 돈이 열세인 야당은 전통적으로 바람을 이용한 선거를 시도했으나, 원한다고 바람이 불어주지는 않는다.

교체를 간절히 원하는 민심(民心)이 모여야 바람의 씨앗이 된다. 젊고 인물 훤하고 언변이 뛰어난 김대중은 비전과 정책도 갖추고 있었다. 큰바람이 될 수 있는 조건이 충분했다.

투표 9일 전 4월 18일, 김대중의 유세가 예정된 장충단공원에는 아침부터 사람들이 모여들었다. 후보와 함께 차를 타고 유세장으로 가던 양일동(梁一東, 1912~1980) 의원은 주변 인파를 보고 놀란 나머지 "동생, 선거 끝났네! 끝났어!"를 외치면서 흥분을 감추지 못했다. 15년 전인 1956년 5월(제3대 대선) 이승만에 맞서는 민주당 신익희의 한강 백사장 유세를 능가하는 인파였다. 당시 한강 백사장에는 서울 인구 160만 명의 5분의 1인 30만 인파가 모였다고 했다. "못 살겠다! 갈아보자!"라는 함성이 하늘을 쩡쩡 울렸다. 자유당은 "갈아봤자 더 못 산다. 구관이 명관이다!"로 응수했지만, 야당의 구호에 눌렸다.

하지만 신익희 후보의 한강 변 유세는 야당의 신화였지만 한(恨)으로 남는다. 신익희(申翼熙, 1894~1956) 후보는 한강 유세 사흘 뒤, 투표를 불과 열흘 앞두고(5.5) 돌연히 세상을 뜬다. 열흘 뒤 실시된 제3대 대선에서는 신익희에 대한 추모 표로 볼 수 있는 무효표가 185만 표 나왔고, 진보 성향의 조봉암(曺奉岩, 1898~1959) 후보는 216만 표를 얻어, 이승만을 놀라게 했다. 신익희 추모 표와

신익희의 한강 백사장(현 동부이촌동) 유세. 30만 명이 모여 "못 살겠다. 갈아보자"고 외쳤다.

해공(海公) 신익희(1892~1956) 죽산(竹山) 조봉암(1898~1959) 유석(維石) 조병옥(1894~1960)

조봉암이 얻은 반(反)자유당 표가 400만 표를 넘었다는 사실은 504만 표를 얻고 당선된 이승만에게는 위협으로 느껴질 만했다. 투표율이 무려 94.4%였다.

4년 뒤(1960) 제4대 대선에서 민주당은 또 유력한 대선 후보를 병으로 잃는다. 조병옥(趙炳玉, 1894~1960) 박사가 심장 질환으로 미국에서 치료 중 세상을 뜬다. 이승만으로서는 연거푸 유력한 상대의 유고로, 쉽게 당선된다.

11년이 흐른 1971년(제7대 대선), 김대중은 야당 대선후보로 새로운 신화를 쓴다. 장충단공원의 청중은 엄청났다. 우리 경찰이 자주 이용하는 인파(人波) 계산법이 있다. 유세장 면적에 평(坪)당 인원을 곱하는 방식이다. 우리의 전통 면적 단위 1평은 가로·세로 1.8m의 넓이(3.3㎡)를 말한다.

경찰은 한 평의 땅에 시민들이 빼곡하게 앉아 있으면 9명, 다소 여유 있게 앉아 있으면 6명으로 치고, 빽빽하게 서 있으면 15명, 좀 여유 있게 서 있으면 10명으로 본다. 예를 들어 서울 시청 앞 광장에 시민들이 빽빽하게 차 있다면 그 넓이 8,000평에 15명을 곱하고, 거기에 인근의 소공로와 을지로 세종로 입구까지 차 있다면, 그 면적의 인원만큼 더하는 방식을 말한다. 이날 모인 인파는 60~100만으로 제각각이었다. 장충단공원 29만 7,000㎡(90,000평)에서 시설물이나 수목 등을 제외하고 사람이 들어설 수 있는 면적과 인근 도로까지 빽빽하게 사람이 차 있었다면 100만 명 추산도 무리는 아니었다.

유세는 오후 3시로 예정되어 있었지만, 오전 9시부터 시민들이 몰려들었다. 낮 12시가 되자 공원 부지는 물론이요 퇴계로, 약수동, 한남동 고개에서 장충단에 이르는 길목은 차도까지 메워졌다. 나는 오후 2시쯤에 신민당사를 나와 안국동 네거리에서 무개차를 탔다. 종로를 거쳐 장충단으로 가는데 수만 명 인파가 내 차를 에워싸고 행진을 했다.

김대중은 제7대 대선 선거운동이 시작되자(3.27), 경북 의성에서 첫 유세를 하고 한 달 동안 전국적으로 유세 행군을 이어갔다. 71.4.18. 장충단공원 유세장.

500만 서울시민의 5분의 1 가까이가 몰렸다는 인파도 놀라웠지만, 연설 내용은 더 놀라웠다.

> 여러분, 이번에 정권교체를 하지 못하면 이 나라에는 박정희 씨가 영구 집권하는 총통시대가 오는 것입니다. 공화당은 지난 개헌 때 이미 박정희 씨를 남북통일이 될 때까지 대통령을 시키려고 했으나, 그 당시는 아직 자기 공화당 내부나 야당이나 국민이나 거기까지는 할 수 없어서 못 했던 것입니다. 나는 공화당이 그런 계획을 했다는 사실과 이번에 박정희 씨가 승리하면 앞으로는 선거도 없는 영구 집권의 총통시대가 온다는 데 대한 확고한 증거를 가지고 있습니다.

김대중은 10년 전 강원도 인제에서 사단장 박정희와 엇갈렸던 길, 쿠데타로 국회가 해산되면서 막혔던 길에 대한 분풀이도 양념처럼 집어넣었다.

> 5·16 당시에 박정희 소장은 국민들이 이름도 몰랐어. 그렇게 정치 10년 해서 오늘 이럴 줄 누가 알았겠어. 군대에서는 내가 박정희 씨보다 아래지만, 정치에는 내가 10년 선배요. 5·16 당시에 그 사람은 육군 소장인데 나는 국회의원이오! 그 당시 국회의원은 육군 소장쯤 경례 받으려면 받고, 말려면 그만두어. 나는 20년 정치를 배웠어. 아무것도 모르던 박정희 씨가 10년 하는데, 20년 정치 배운 내가 못 하다니 말이 되느냐 말이요.[265]

야당의 대규모 집회는 이튿날 NYT에 보도된다. 50만 명의 청중이 유세장에 몰렸고, 김 후보는 교련 폐지를 약속하고 정부의 부정부패를 비판했다고 했다.

김대중, 정부 부패 공격, 50만 운집

(서울, 한국, 4.18) 50만 명에 이르는 서울 시민이 오늘 김대중 야당 대통령 후보 유세장에 모여 극한에 이른 정부의 부패상에 관한 김 후보의 비판에 귀를 기울였다. 한국의 고참 언론인들은 오늘 김 후보의 집회는 한국 정치 23년 역사상 가장 큰 규모의 정치 집회라고 말했다.
올해 45살의 신민당 국회의원인 김대중 후보는 박 대통령이 "현 정부의 부정부패에 대해 법적으로 그리고 정치적으로 책임져야 할 장본인"이라고 주장했다.
김 후보는 자신이 집권하게 되면 230만 예비군을 해체하고 대학생들의 강제 교련 교육을 폐지하겠다고 거듭 다짐했다. 대학생들은 지난 2주일간 교련 폐지를 주장하며 반대 시위를 계속하고 있다.

일주일 뒤 같은 장소에서 박정희도 마지막 유세를 갖는다. 투표를 이틀 앞둔 그날 박정희는 "다시 대통령으로 출마하지 않겠다"고 했다. 참모들의 조언에 따른 발언이었다.
「영구 독재」와 「부정부패」, 이 두 가지가 10년 지속된 군사정권의 최대 약점

박정희의 장충단공원 유세. 유세장 항공사진. 역시 대단한 인파다. 71.4.25.

임을 대통령도 인정했다. 박정희는 본래 말솜씨도 없고, 말도 많지 않았다. 선거캠프에서도 '교사 같은' 연설 스타일을 바꾸라고 건의해도, 그건 고쳐질 게 아니었다. 외신도 박정희를 이야기할 때는 과묵한(taciturn), 깐깐한(wiry) 같은 형용사를 쓰고 모처럼 웃어도 쓴웃음을 짓는다(grim smile)거나 아예 무표정한 사람(stone face)이라고 했다. 별로 정(情)이 가지 않았나 보다.

> 야당은 총통제니 뭐니 해서 내가 두 번이고 세 번이고 인제까지나 집권할 것 같이 허위 선전을 일삼고 있습니다. 그러나 3선 개헌 때 국민투표로 한 번만 더 할 수 있도록 여러분이 허락한 것이지 몇 번이고 해도 좋다고 지지한 것은 아닐 것이며, 여러분이 나를 다시 뽑아주면 이 기회가 나의 마지막 정치연설이 될 것입니다.[266]

박정희는 이 마지막 유세를 마치고 정오도 되기 전에 청와대로 돌아왔다. 역시 정치인 체질이 아니었다. 그는 어려운 숙제를 마친 학생 같았다. 청와대에서 대통령을 기다리고 있던 김정렴의 기록이다.

> 사무실에 돌아온 박 대통령의 첫 마디는 "아이구 앓던 이 빠진 것 같이 시원하다. 이제 다 끝났지? 골프나 치러 나갈까!"였다. 무거운 짐을 던 해방감을 만끽하

는 듯했다. 물론 골프를 치러 나가지는 않았다.[267]

현재 대통령 선거는 물론 각급 선거에서 과학적인 여론조사 기법을 동원해 선거전략을 수립하고 취약점을 보강하는 작업은 필수적인 전략이 된 지 오래다. 우리나라에서는 1987년 12월 18일 실시된 제15대 대통령 선거 때부터 이런 과학적인 여론조사 기법이 동원됐다.
미국에서는 1936년 대통령 선거 때 처음으로 도입됐다.[268] 그전까지는 미국에서도 터미널이나 백화점 앞에서 오가는 사람을 불러 세워, "누구를 지지합니까?"라고 물으면서 스티커를 붙이는 식으로 선호도 조사를 했다. 그전까지는? 유세장에 모인 청중의 숫자와 열기가 그 역할을 했다.
김대중도 71년 선거유세를 하면서 청중들의 열렬한 반응과 시선, 움켜쥔 손아귀의 힘에서 지지를 실감하고 틀림없이 정권교체가 이루어질 것이라고 믿었다고 말했다.

"成長" 대 "변화" | 투표일 4월 27일을 이틀 앞두고 선거운동이 거의 마무리된다. 4월 25일 NYT는 "한국 대선 후보들 선거운동 마무리"(South Korean Candidates Winding Up Presidential Campaign) 기사로 두 후보의 선거운동을 결산했다. 25일은 박정희가 서울 장충단공원에서 유세를 가진 날이지만, 기사는 23일 전주(全州) 유세가 끝난 뒤 작성됐다.

한국 대선후보, 선거운동 마무리

(전주, 한국, 4.23) 선거 후보자 연설이 끝나고 박정희 대통령은 허리를 꼿꼿이 세우고 얼굴에는 어색한 웃음을 지으면서 마지못해하는 듯 가끔 손을 흔들며 유세장을 떠났다. 큰 종합운동장의 관중석이 빌 때까지 밴드는 "조국 찬가"를 연주했다. 출구 근처에서 친구를 기다리던 한 농부는 보기에도 어색한 양복을 입고

있었는데, "나는 박 대통령을 지지합니다만, 압도적인 승리를 할 것 같지는 않아요."라고 말했다. 농부의 이러한 발언은 옛날부터 가난하고 외면당한 결과, 이제는 반정부 성향이 강한 한국 서남부 지역 주민들의 정서를 대체로 반영하고 있다. 나이 지긋한 농부의 이 말은 박 대통령과 45살 야당 후보 김대중 간의 선거전이 거의 끝나가면서 한국의 관측통들이 갖는 의문이기도 하다.

오는 화요일 선거

투표일은 오는 화요일로 박 대통령의 승리가 점쳐지고 있다. 그러나 어느 정도 이길 것인가? 박 대통령 선거 캠프에서 자신만만하게 예측하듯이 백만 표 이상의 압도적인 승리가 될 것인가? 아니면 이 퇴역 장성 출신 정치인은 신승할 것인가? 2년 동안 국가재건최고회의 의장으로 또 8년간 민선 대통령으로 이 나라를 통치해 온 53세 박 대통령에게 선거운동은 분명 귀찮은 일일 것이다. 박 대통령은 헬기를 이용해 전주나 광주 그리고 다른 도청 소재지에 내려와 몇 시간 정도 선거 운동을 하고는 저녁이면 다시 청와대로 돌아가는 방식으로 유세를 했다. 그는 학생들에게 수업하는 "교사처럼" 선거운동을 했지, 유권자에게 표를 얻기 위해 호소하는 방식으로 하지 않았다고 한 측근은 말했다. 박 대통령은 성실과 헌신의 인상을 유권자에게 각인시키고 있다. 도전자 김대중은 박 대통령이 집권 내내 "독재적인 총통 체제"를 구축하기 위해 준비해 왔다는 느낌을 떨쳐버릴 수 없다고 주장한다.

그러나 대부분의 한국인, 심지어는 박 대통령과 그의 권위주의적인 통치에 반대하는 사람들조차도 그 체제 아래에서 새로운 도로와 공장들이 한국 곳곳에 건설되고 라디오와 재봉틀이 외딴 산간 지역까지 보급되는 경이적인 발전이 있었다는 데 동의한다. 수출액은 10년 전에는 상상도 못 했던 10억 달러 선을 넘어섰다. 생활 수준 또한 박 대통령이 집권한 지난 10년간 두 배로 높아졌다.

지난 6개월간 전국 방방곡곡을 누비고 다니느라 얼굴이 까맣게 타버린 김대중 후보는 "지금은 변화가 필요한 시간"이며, 한 사람이 아무리 유능하다고 할지라도 그 사람 아니면 안 된다는 생각은 버려야 한다고 말했다. 그는 며칠 전 이리의 한 고등학교 운동장에서의 유세를 통해 "만약 박 대통령이 갑자기 세상을 떠난다면, 하늘에 해가 뜨지 않을까요?"라고 반문했다. 그는 한층 엄숙한 어조로, 만약 이번 선거에서 박 대통령이 승리한다면 그는 영구 집권을 추구할 것이라고 말했다.

영구 집권에 이은 또 하나의 문제는 부정부패인데, 박 대통령 본인이 나랏돈으로 재산을 축적했다는 비판을 듣지는 않지만, 한국에는 고위 공직자들의 부패 문제가 존재하고 있다. 이 부패 문제는 이제 가난에서 갓 벗어난 한국민들을 분노케 한다. 박 대통령은 다시 당선된다면 부정부패 척결에 매진할 것이라고 거듭 밝히고 있다. 박 대통령의 최측근인 김종필은 최근 인터뷰에서 만약 대통령이 부패를 척결하지 않는다면, "지난 10년 동안 이룩한 업적이 무엇이든지 간에, 박 대통령의 모든 노력은 허사가 되고 여당인 공화당은 다음 선거에서 패배할 것입니다"라고 말했다.

1,500만 명의 유권자 가운데 58%는 도시가 아닌 농촌 지역에 거주한다. 야당은 쌀값에 대해 이중곡가제를 실시하겠다고 공약했다. 이중곡가제는 정부가 농민들에게서 적정한 가격으로 사들여, 소비자에게는 그보다 싼 값으로 파는 제도다. 김대중은 또 무상 의무교육을 중학교 과정까지 확대하고, 200만 명의 예비군(Home Guard)제도를 폐지하고, 대학생에 대한 강제적인 교련 교육을 중단하겠다고 공약했다.

김대중은 미국 중앙정보국(CIA)과 연방수사국(FBI)의 기능을 다 가진 한국의 중앙정보부(KCIA)를 해체하겠다고 약속했다. 한국 중앙정보부는 국가안보라는 이름으로 반정부 인사에 대한 억압적인 체포를 계속하고 있고 언론의 자유를 옥죄고 있다고 비난을 받아왔다. 향토예비군은 3년 전인 지난 1968년 동해상에서 미군 정보수집함 푸에블로호가 납치되고, 무장 공비의 청와대 습격 사건이 발생한 뒤 창설됐다. 북한이 그 뒤 호전적인 자세를 완화했지만, 한국의 20~35세 사이의 예비군들은 보상도 없이 군사훈련을 받느라 힘들어하고 있다.

한국 중앙정보부는 비밀경찰 같은 성격의 기관으로 1961년 창설 때부터 논쟁의 대상이 돼왔다. 최근 서울에 소재한 주요 신문사 기자들은 더 이상 중앙정보부로부터 기사 검열을 받지 않겠다는 선언문을 발표했다. 기자들은 이 선언문에서 지난 10년 동안 중앙정보부가 매일, 신문사 편집국으로 검열 담당 요원을 보내 논조나 보도 내용을 고치도록 "제안"(suggested)한다고 폭로했다. 중앙정보부는 최근 대선 기간에는 검열 담당 요원을 언론사로 보내는 일을 중단했다.

국제문제와 관련해, 김대중 후보는 박정희 대통령이 북한의 남침 가능성을 계속 강조하는 데 비해 북한에 대해 훨씬 유화적인 태도를 보인다. 김 후보는 미국 소련 중공 일본 등 주변 강대국에 의한 한반도 안전보장론을 제안하고 있다.

김대중 후보 공약 설명

김대중 후보는 비포장도로를 이용해 유세장을 이동하는 도중에 즉석 인터뷰를 가졌다. 네 사람이 타는 유세용 승용차 안에서 김 후보는 "미국은 아시아에서 발을 빼고 있고, 이것은 우리 한국이 막을 수 있는 문제가 아니다. 우리는 미국이 더 머물렀으면 하고 바라지만, 그들은 떠날 것이다. 결국 우리 스스로 나라를 지켜야 한다. 그러기 위해서 우리는 강력한 방위 태세를 갖춰야 하는데, 주변 4강대국이 이를 보장해 주지 않으면 우리는 평화를 누리지 못할 것이다. 미국은 우리가 북쪽으로 쳐들어가는 것을 막고, 러시아는 북한이 남쪽으로 쳐내려 가는 김일성을 막아야 할 것이다."

1971년 제7대 대통령 선거 포스터

지금까지 다음 4년(1971~1975)의 통치를 담당할 대통령을 뽑는 선거전은 정부에 항의하는 대학생들의 몇 차례 시위와 부정 선거를 규탄하는 야당 측의 상투적인 비난 성명을 빼면 아주 조용하게 진행돼 왔다. 4월 대통령 선거가 끝나면 이어 5월에는 4년 임기의 국회의원을 뽑는 선거가 예정돼 있다.

6개월 전 야당 신민당의 후보지명 전당대회에서 김대중 후보가 선출됐을 때 그는 그렇게 널리 알려진 상태가 아니었는데, 그동안 젊고 능동적이며 말 잘하는 창의적 정책 아이디어를 가진 후보자로 부상했다.

박 대통령은 김 후보가 가진 이런 장점에 대해 경쟁할 생각조차 하지 않고 있다. 선거 참모나 측근들이 선거운동을 국민에게 다가가는 좀 친근한 방식으로 바꾸도록 건의해도 그는 "나는 내 방식대로 산다. 국민은 내 인생과 업적을 평가하고 받아줄 것"이라고 무뚝뚝하게 말했다고 전했다.

박정희, 3선 대통령 | 4월 27일 제7대 대선, 박정희는 634만 표를, 김대중은 539만 표를 얻어, 94만 표의 차이로 박정희가 3선에 성공했다. 61년 5·16의 성공으로 통치자의 길로 나선 지 10년, 그의 임기는 1975년까지로 연장된다. 선거운동 기간 중 야당 신민당은 "청와대가 총통제를 연구한다" "공화당이 영구 집권을 계획한다"며 공격했다. 그리고 선거가 끝난 뒤, 이번 선거가 "부정 선거"라고 규정했다. 김대중은 "투표에서는 이겼으나 개표에서 졌다"고 했다.

> 개표는 지역에 따라 엎치락뒤치락 반복했다. 29일 정오를 지나서야 개표가 완료됐다. '박정희 634만 2,828표, 김대중 539만 5,900표'. 나는 선거에서 이기고 투개표에서 졌다. 전문가들은 공정하게 선거를 치렀으면 내가 약 100만표 정도 앞섰을 거라고 했다. 하지만 중앙정보부의 선거 부정 공작과 지역감정 조장에 졌다.[269]

투표에서 이기고 개표에서 졌다는 말은 김대중이 처음 한 이야기는 아니다. 67년 제6대 대선에서 패배한 윤보선도 "나는 투표에서 이겼지만, 개표에서 졌다. 나는 한국의 정신적 대통령이다"라고 했다. 아쉬움에서 나오는 정치적 수사다. 물론 아쉬운 선거였을 것이다.

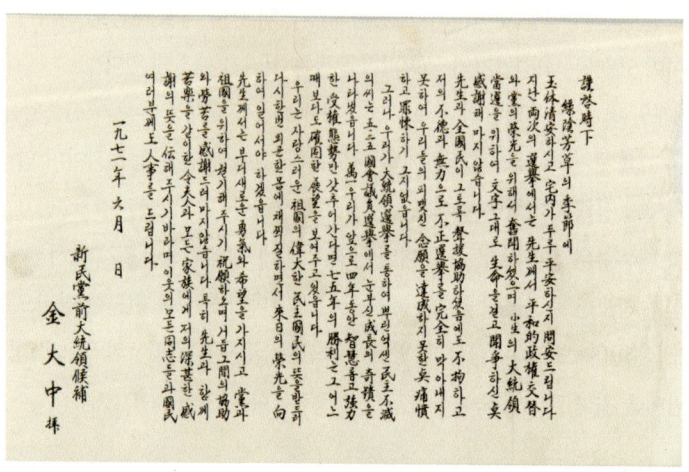

1971년 대선과 총선이 끝난 6월, 김대중은 비록 낙선했지만, 상당히 가벼운 마음으로 다음 대통령 선거
(1975년 대선)의 승리를 다짐하는 내용으로 낙선사례문을 보냈다.

한 달간의 공식 선거 운동 기간에 박정희는 최소한의 선거유세를 한 반면, 김대중은 가능한 한 많은 지역에서 유세를 펼쳤다. 이번에 당선되지 않아도, 좋은 투자라고 생각했다. 두 사람은 유세전을 펼치며, 이리저리 움직였으나, 마주쳤다는 기록은 없다. 김대중은 "표면적으로는 패배했지만, 민심을 얻었으니 분명 승리한 선거였다"라면서 마음을 달랬다(『자서전』). 어쩌면 출발이 아주 좋다고 생각했을지도 모른다. 국회의원도 4번 실패하고 다섯 번째 출마에서 승리했던 김대중이다. 분명 그는 대통령에 다시 도전할 것이다. 그 마음은 4월 대선과 5월 총선거가 끝나고 6월에 보낸 낙선사례문에 고스란히 담겨있다.

그는 지난 1956년 9월의 민주당 입당성명서(肅啓時下 菊香之節에 …)와 같은 근엄(謹嚴)한 문체로 71년 6월 "근계시하 녹음방초의 계절에…(謹啓時下, 綠陰芳草의 季節에)"로 시작하는 낙선 감사 서한을 발송한다. 지금은 휴대전화의 문자와 문서로 애·경사의 초청과 감사 인사 등 많은 일이 진행되고 있지만, 50여 년 전인 1971년의 문법은 그렇지 않았다.

그는 이 사례문을 통해 대통령 선거에서 여당의 부정선거를 막아내지 못해 낙선했다며 "앞으로 4년 동안 지혜롭고 강력한 수권태세만 갖추어 간다면 75년의 승리는 그 어느 때보다도 확고한 전망을 보여주고 있다"고 했다.

그러나 미리 말하지만, 4년 뒤인 75년에는 긴급조치로 찬 바람만 불었지, 대통령 선거는 실시되지 못한다. 김대중이 선거 유세를 하면서 누누이 주장한대로, "총통제를 연구하고" 있던 박정희는 '선거는 시간의 낭비, 자원의 낭비로, 국론분열만 일으킨다'면서 다른 생각을 하고 있었다.

찜찜한 승리, 나쁘지 않은 패배 | 7대 대선은 박정희로서는 이겨도 이긴 것 같지 않은 선거였고, 김대중은 져도 진 것 같지 않은 선거였다. 뒤에 전개된 정치 상황까지 감안해 본다면, 현직 대통령인 박정희의 충격이 더 커 보인다. 나름 치열하고 극적인 요소를 안고 진행됐던 제7대 대선은 몇 가지 의미를 갖고 있다. 먼저 71년 대선은 민주와 독재의 분수령이 됐다. 우리 국민은 대통령 직접선거를 선호했고, 이것을 민주주의의 중요한 요소로 생각해 왔다. 그렇지만 1971년 이후 87년 6월 민주항쟁으로 대통령 직선제를 되찾을 때까지 16년간 우리 국민은 직접투표로 대통령을 선출하지 못했다.

다음으로는 야당의 세대교체와 재야의 본격적인 등장을 들 수 있다. 1970~71년 대선 과정에서 야당의 젊은 지도자로 떠오른 김대중과 김영삼은 그 뒤 30년 이상 한국 정치의 한 축이 된다. 상당한 부침이 있었지만, 30년이란 긴 세월 정치 주역이 된다는 것은 이들이 갖는 정치적 카리스마(charisma)가 대단하다는 사실과 이들이 국민과 함께 호흡하는 대중 정치인이었음을 증명해 준다. 군이나 관료에서 변신한 정치인들과는 큰 차이가 있다. 특히 호남 출신의 김대중은 71년 선거를 통해 국내는 물론 해외에서도 한국을 대표하는 정치인 가운데 한 명이 된다.

호남인들은 정치인 김대중이 1971년 제7대 대통령 후보로 출마하면서부터 그에게 모든 희망과 기대를 걸었다. 김대중이 호남인의 꿈으로 인식되면서 '김대중 대통령=호남의 한(恨)과 지역감정 해소'라는 등식이 성립되었고 이에 따라 김대중의 정치적 입지와 일거수일투족은 호남인들의 최대 관심사로 떠올랐다. 김대중이 정치적으로 부상하면 호남인들은 웃음과 함께 더욱 큰 기대를 걸었고 김대중이 투옥, 연금, 납치되거나 선거에 패하였을 때는 슬픔과 눈물로 얼룩진 좌절감을 곱씹으면서도 결코 그에 대한 기대를 버리지 않았다.[270]

김영삼은 1992년, 김대중은 1997년 대통령에 당선된다. 이들이 1969년 40대 기수론을 외치고 30년 가까이 흐른 뒤였다.

7대 대선을 계기로 재야(在野)의 등장도 유의미하다. 65년 한일회담, 69년 3선 개헌 반대 투쟁 등에 실패하면서 힘이 빠져있던 재야는 71년 대선을 계기로 다시 뭉쳐, 「민주수호국민협의회」라는 단일 연합체를 결성하는 데 성공한다(71.4). 각각 따로따로 영역별로 활동하던 재야인사들이 하나로 결집하는, 말 그대로 각계각층이 참여하는 재야 조직체가 된다. 재야는 70년대, 80년대 한국의 상황에서 반정부 반체제 투쟁의 중요한 기반이 된다.

또 앞서도 살펴봤지만, 71년 대선은 여야 간에 정책대결이 처음으로 활성화된 선거였다. 4대국 안전보장론, 예비군의 폐지와 같은 안보 분야는 물론, 60년대에 지속된 경제개발의 결과였지만, 빈부와 형평의 문제 등 계층 간 갈등도 선거에서 이슈가 됐다.

더 중요한 사실은 67년의 6대 대선에서 그 조짐을 보였던 영남과 호남의 지역 대립이 71년 선거에서도 이어졌다. 경상남북도를 중심으로 한 국토의 동쪽은 여당 박정희 후보를 지지하고, 전라남북도를 중심으로 한 서쪽은 야당 김대중 후보를 지지하는 지역 대결 구도가 제7대 대선에서 형성됐다.

지역 갈등은 어느 나라에나 있다. 태어난 고향에 대한 애착 또는 귀소의식이란 사람의 타고난 본성 중 하나라는 점에서 그렇다. 우리나라에서 호남 출신자들의 지역감정 강도가 높은 것도 호남 출신자들이 수도권과 부산 등 기타 지역으로 가장 많이 이주해 거주하기 때문에 나타나는 것으로 분석된다. 세상에는 지역 갈등 해소에 실패한 나라가 많다. 지역 문제에 종교나 인종, 빈부 문제 등이 가세해 비극적인 분쟁으로 또 전쟁으로 악화되는 일이 지금도 세계 도처에서 진행되고 있다.

634만 표를 얻은 박정희(53.2%), 539만 표를 얻은 김대중(45.3%). 이겨도 이긴 것 같지 않은 선거를 치른 현직 대통령, 져도 진 것 같지 않은 선거를 치른 야당 후보, 이들은 이 선거를 계기로 달라질 것이다. 선거 결과가 그렇기 때문이다. '이거 자칫하면 큰일 나겠는데'하는 당선자와 '선거 부정만 없었다면 당선됐을 텐데. 다음에는 자신 있다'고 믿는 야당 낙선자, 이들은 이번 선거에서 드러난 의미를 어떻게 해석하고 나아갈까?

"선거라는 게 민주주의를 위해 불가피한 것이긴 하지만 이게 큰일 날 수도 있어. 다음엔 김대중이 당선될지도 몰라. 선거를 하다 보면 앞날을 제대로 내다보고 건전하게 나라를 열어 갈 위인이 아닌, 엉뚱한 사람이 뽑힐 수 있어. 그럴 땐 조국 근대화라는 혁명 과업에 지장이 생길 수 있어. 그러니 내 좀 특수한 것을 생각하지 않을 수 없어." 대통령은 단둘이 있을 때 이렇게 말했다.

제11장

서로 다른 길로 들어서다

"좀 특수한 결심" | 박정희는 4월 대선 결과에 불만이 많았다. 100만 표 가까운 표차는 보기에는 그럴듯해도, 내부적으로 분석해 보면 결코 안심할 수 없는 득표였다. 67년의 6대 대선보다도 표 차이가 줄어들었다. 그래서 선거에 대한 대통령의 불만은 결과에 대한 단순한 불만이라기보다는 불안감, 내놓고 말하기 쉽지 않은 불만과 불안감이 섞여 있는 그런 상태, 아니면 위기감(危機感) 같은 것이었다.

상대 후보에 비해 청중이 많으면 "이겼다!"라고 생각하던 시절의 유세장 풍경. 1971년 4월 수원 유세장.

박정희는 10년 집권하고 이뤄낸 경제적인 성과가 뚜렷한데도 국민이 이를 제대로 평가해 주지 않는 데 대한 불만이 컸다. 무엇보다도 박정희는 '뒤로는 나쁜 짓은 다 하면서 입만 열면 애국 애족을 외치는' 정치인을 가까이 하기 싫어했다. 심하게 얘기하자면 정치인이라는 존재 자체가 싫었다. 박정희는 생사(生死)가 걸린 쿠데타는 할 수 있어도 야당이나 정치는 하기 어려운 체질로 보인다. 앞서 인용했던 정구영(鄭求瑛) 전 당의장의 회고에서도 나왔듯이 박정희에게 김대중은, 입으로만 애국애족하는 그런 정치인의 전형처럼 생각됐다. 아니, 군인 체질 박정희는 김대중뿐만 아니라 애초부터 소위 정치인(政治人)에 대한 불신이 아주 강했다.

> 한강을 건너면서 본인은 많은 생각을 하고 있었다. 민주당 정권의 구악(舊惡)도 구악이지만 그보다는 본인의 뇌리에 맴돌고 있던 것은, 한국 정치의 병폐와 그 지독한 고질병을 어떻게 해결하느냐 하는 문제였다. 한국 정치의 이같은 증상은 비단 민주당 정권 하나에 국한되는 것이 아니었다. 자유당이고 신민당이고 무소속이고 할 것 없이 거의 공통적인 것으로, 말하자면 한국 특유의 악(惡)의 유산 같은 것이었다.[271]

그리고 보면 박정희는 54살이 되는 그때까지 민주주의 정치가 시간과 돈의 낭비를 기본으로 하는 정치제도라는 것을 알지 못했다. 민주주의의 바탕이 되는 선거가 얼마나 거짓투성이고, 낭비가 많은 제도인지도 배울 기회가 없었다. 박정희는 일제 치하에서 교육받고, 군국주의가 기승을 부리는 일제강점기 말기에 만주와 일본에서 사관학교 교육을 받았다. 그리고 군(軍)에서 생애를 보냈고 쿠데타로 집권한 이후 10년 동안, 가난을 몰아내고, 백성이 배곯지 않는 그럴듯한 나라를 만드는 것 외에는 큰 관심도 두지 않은 그였다. 그것만 하기에도 벅차고 시간이 빠듯하다고 생각해 집권 연장 개헌까지 한 그였다.
그가 게을러서 정치를 배우지 못한 게 아니라 정치에 소모되는 시간이 아깝고 에너지나 자원의 낭비가 싫었다. 정치나 선거는 비효율, 비정상의 표본으로 보였다. '이 시간에, 이 에너지를 쏟아부으면, 경제성장이 2~3%는 더 올라가겠다'라고 생각했을 법하다. 정치인에 대한 불신은 대통령으로 재임하면서 더욱 강해졌다. 안타깝게도 현실 정치를 하면서 정치나 정치인을 이해하기는커녕 부정적인 인식이 더 강해졌다.

> 한일국교 정상화를 추진한다고 하여, 나는 야당으로부터 매국노라는 욕을 들었

으며 월남에 국군을 파견한다고 하여, "젊은이의 피를 판다"고 그들은 악담을 하였으며, 없는 나라에서 남의 돈이라도 빌려와서 경제건설을 서둘러 보겠다는 나의 노력에 대하여 그들은 "차관 망국"이라고 비난하였으며, 향토예비군을 창설한다고 하여, 그들은 "정치적 이용을 꾀한다"고 모함·반대하여 온 것 등등 대소사를 막론하고 내가 하는 모든 일에 대해서, 비방·중상·모략·악담 등을 퍼부어 결사반대만 해왔던 것입니다. 만약 우리가 그때 야당의 반대에 못 이겨 이를 중단하거나 포기하였더라면, 과연 오늘 대한민국이 설 땅은 어디 있겠습니까? … 야당은 언필칭 나를 독재자라고 비방합니다. 내가 만일, 야당의 반대에 굴복하여 "물에 물 탄 듯" 소신 없는 일만 해왔더라면 나를 가리켜 그들은 독재자라고 말하지 않았을 것입니다. 야당의 반대를 무릅쓰고라도 국가와 민족을 위해 도움이 되는 일이라면 내 소신껏 굽히지 않고 일해온 나의 태도를 가리켜 그들은 독재자라고 말하고 있습니다.[272]

기성 정치인을 믿지 못해 쿠데타를 일으킨 10년 전과 비교해 그의 생각은 달라진 것이 하나도 없었다. 자유민주주의 체제에서 최고 지도자는 가장 분명한 현실 정치인 아닌가? 오랫동안(1969.10~1978.12) 청와대 비서실장을 지낸 김정렴은 가까이서 지켜본 결과, 박 대통령은 한 가지만을 추구했다고 말했다.

> 대통령은 "통일의 길이 조국 근대화에 있고, 근대화의 길이 경제자립에 있는 것이라면, 자립은 통일의 첫 단계가 되는 것이다"라는 3단계 목표를 설정하고 우선 자립경제 건설을 주도해 왔고, 간단없는 북한의 무력 침투에 대비하기 위해 국방의 역량을 꾸준히 배양해 왔으며, 평화통일의 여건 성숙에 항상 노력해 왔다.[273]

1971년 남북 관계는 엄중했다. 남북의 대치가 점점 심해져 가는 가운데, 1912년생인 김일성(金日成)은 "환갑(還甲, 1972.4.15) 잔치를 서울에서 열겠다"고 헛소린지 공갈인지 큰소리를 치는 데다, 국군 5만 명은 아직 베트남(월남)에서 싸우고 있는 와중에, 주한 미군은 선거 한 달 전인 3월 27일 1단계로 2만

2,000명(제7사단)이 철수를 완료했다. 또 대학가와 시민들은 정권이 부패했다고 틈만 나면 집회나 시위를 하고 성명서도 내면서 공세를 취하고, 총통제(總統制) 운운하며 영구 집권 가능성까지 꺼내서 공격했다. 경제력, 국방력, 국력 모두 아직 북한을 앞서지 못하고 있었다.

그런 판국에 야당 후보는 "4대국 안전보장론, 남북한 간 비정치적 교류 확대, 예비군 폐지, 교련 폐지" 등등 대통령 눈에는 말 그대로 '무책임'해 보였다. 야당은 집권당이 아니니 그럴 수도 있겠지, 이해는 하면서도 너무 심하다는 생각이 들었다. 그도 인간이었다. 박정희는 오기가 짱짱했다.

> 내가 해온 모든 일에 대해서, 지금까지 야당은 반대만 해왔던 것입니다. 나는 진정 오늘까지 야당으로부터 지지나 격려도 받아보지 못한 채, 오로지 극한적 반대 속에서 막중한 국정을 이끌어왔습니다. … 또 앞으로 누가 대통령이 되든 오늘날 우리 야당과 같은 "반대를 위한 반대"의 고질이 고쳐지지 않는 한, 야당으로부터 오히려 독재자라고 불리는 대통령이 진짜 국민을 위한 대통령이라고 나는 생각합니다.[274]

집권 후반기 비서실장 김정렴이 지켜본 대로 박정희가 추구한 한 가지, 즉 조국 근대화와 경제적 자립 그리고 국토 통일이라는 3단계 목표는 그 하나하나가 엄청난 정치다.

정치(政治)가 뭔가? 정치는 한 나라의 기본 제도를 짜고, 주요 정책을 세워 추진하고, 그 과정에서 발생하는 내부의 모순과 갈등을 풀어내고, 미래의 변화에 대비하는 일 아닌가? 그렇게 해서 정치가 잘되면 경제도 성장하고 사회도 활력을 되찾고 문화도 번창하고 다른 나라와의 관계도 편안해, 안보에 대한 위험도 줄어들어 구성원의 삶이 윤택해지고 행복을 느끼게 된다. 그런데 박정희는 이 목표를 달성하려고 하면서 그 근본인 정치와 정치인을 혐오하고 있었다. 그 자체가 모순이었다. 일제강점기인 1917년에 태어나 군인의 길을 걸었던 박정희의 한계였다. 그래서 박정희는 자신이 혐오하는 반대자와 방해자들을 향해 점점 거친 모습을 보이기 시작했고, 이들 또한 연대해 저항했다. 70년대가 흘러갈수록 대통령과 반대자들, 나라 전체가 힘들어지는 이유가 여기에 있었다.

> 그는 그의 성장 과정과 생애에서 단 1년도 민주주의를 학습할 기회가 없었으며, 따라서 민주주의가 무엇인지를 이해하지 못했고 이해하려고도 하지 않았다. 또한 그는 일제강점기에 교사와 군인의 경험 속에 형성한, 국가와 민족에 대한 실체적 윤리를 내용으로 하는 국가주의적 세계관에서 단 한치도 벗어난 적이 없었다. 따라서 박정희는 민주주의와 아무 관련도 없다는 의미에서 몰민주주의자沒民主主義者 또는 무민주주의자無民主主義者였다.[275]

전문가의 이러한 설명을 보면, 박정희가 1971년의 대선이 끝나고 마음속에 왜 그렇게 울화가 쌓였는지, 나아가 당시의 남북한 관계나 국제 정세에 대응하는 차원에서의 결정이라고 하지만, 왜 유신(維新)이라는 극단의 권위주의적인 체제까지 나아갔는지 조금은 이해가 될 듯하다.

현충사에는 당대의 명필 숙종이 쓴 현판(1707)과 박 대통령이 한글로 쓴 현판(1966)이 있다.

박정희는 투표 바로 뒷날, 4월 28일 충무공(忠武公) 탄신일을 맞아 아산 현충사(顯忠祠)[276]를 방문해 기념행사에 참석했다. 박정희는 현충사 성역화 사업(1967년)을 벌일 정도로 충무공을 숭앙했다. 대통령은 현충사 가는 길에 김종필을 "좀 보자"고 불렀다. 김종필은 서산(瑞山)[277]의 농장에 내려가 있었다. 점심 장소인 온양관광호텔 5층에는 대통령 혼자 있었다. 동행한 육 여사에게도 자리를 비키라고 한 모양이었다.

> 박 대통령은 창밖을 내다보며 한참 '음…' 하고 있더니 말문을 열었다. 이것 봐. 내가 그래도 그동안 잠자고 있던 국민이 일어서서 일하게 하는 세상을 만들고 나라를 위해 열심히 기여했다고 생각하는데, 김대중 씨가 뭘 했다고 95만 표 차이밖에 안 나? 내가 이름이 나도 김대중이보다 더 낫고, 선거비용을 써도 김대중이보다 훨씬 더 많이 썼는데 말이야. 행정력은 또 얼마나 사용했나. 선거라는 게 민주주의를 위해 불가피한 것이긴 하지만 이게 큰일 날 수도 있어. 다음엔 김대중이 당선될지도 몰라. 선거를 하다 보면 앞날을 제대로 내다보고 건전하게 나라를 열어 갈 위인이 아닌, 엉뚱한 사람이 뽑힐 수 있어. 그럴 땐 조국 근대화라는 혁명 과업에 지장이 생길 수 있어. 그러니 내 좀 특수한 것을 생각하지 않을 수 없어.[278]

대통령은 단둘이 있을 때 이렇게 말했다. 힘든 3선 개헌 과정을 거쳐서 4년 임기의 대통령에 당선된 바로 뒷날인데, 박정희는 이미 '좀 특수한 것'을 생각하고 있었다. 그는 언제부터인지는 몰라도 대선 전부터 그 '좀 특수한 것'을 생각하고 있었음이 분명했다.

김종필은 또 한 번의 개헌도 힘든 일이지만, 자신의 앞날에도 안개가 짙게 끼는 느낌이었을 것이다. '박 대통령이 이룩하고 또 씨 뿌려놓은 많은 것을 잘 다듬어 더 많은 꽃, 더 아름다운 열매를 맺게 할 자신이 있는데, 대통령이 길을 막는구나. 진짜 한 20년을 더 하려고 이러시나…' 하는 생각도 들었을 것이다.

김종필은 정말 속이 답답했다.

> 1969년 3선 개헌 찬성으로 돌아서기까지 고민에 고민을 거듭했던 나로서는 또 한 번의 개헌을 시사하는 박 대통령의 말을 걱정 반(半) 긍정 반으로 받아들였다. 훗날 알게 됐지만, 그날 박 대통령의 마음속에 10월 유신(維新)의 싹이 움트고 있었던 것이다.[279]

대통령은 '좀 특수한 것'이라는 말로 표현했고, 김종필은 '또 한 번의 개헌'으로 받아들인 그 내용은 실로 엄청났다. 대통령이 그날 내용을 언급하지 않았으니, 김종필도 알 도리가 없었을 것이다. 대통령이 모색하고 있는 새로운 정치체제는 1년 반 뒤에 모습을 드러낸다. 바로 「10월 유신」이었다. 제7대 대선 선거 운동 과정에서 야당과 야당 후보 김대중이 주장하던 총통제(總統制)와 크게 다르지 않았다.

유기천 교수 "총통제 연구" | 71년 대선이 끝나고 국회의원 선거를 앞둔 5월 13일, 한국 언론에 짧은 기사가 하나 뜬다. 서울대학교 법과대학생들이 서울대 총장을 역임한(1965.8~1966.11) 저명한 형법학자 유기천(劉基天, 1915~ 1998) 교수의 귀국 운동을 벌이기로 결의했다는 기사다. 기사가 길지도 않아, 자칫하면 그냥 지나칠 수 있었다. 동아, 조선, 한국일보는 물론 신민당 기관지 「민주전선」, 서울법대 학보인 「자유의 종」 등에 보도됐다.

> (5월) 12일 오후 1시경 서울대 법대생 300여 명은 동교 합동강의실에서 학생총회를 가진 후 선언문을 발표, 전 서울대 총장이며 법대 교수인 유기천 씨가 지난 5월 6일 당국에 의해 강제 추방당했다고 주장하며 유 교수의 귀국 운동을 벌이기로 했다. 유 교수는 한 달 전인 4월 12일 오전 3학년 형법 시간에 "교문 안에서 관권에 의해 폭력이 자행되고 있는 마당에 나는 강의할 필요를 느끼지 않

는다. 얼마 전 내가 자유중국(自由中國)에 갔을 때 자유중국 고위 장교로부터 지금 한국에서 총통제를 연구하러 온 사람이 있다는 얘기를 듣고 놀랐다"는 발언을 하고 강의실을 나갔는데, 학생들은 그 후 유 교수가 계속 학교에 나오지 않다가 돌연 출국했다고 주장했다. 서울 법대 당국은 유 교수가 서독 정부의 초청으로 그곳에서 발간 예정인 『법률대백과사전』의 한국법 부분을 집필하기 위해 떠난 것이라고 해명하며, 해외 출국을 운운하는 것은 학생들의 오해라고 말했다.[280]

유기천 교수는 굳이 분류한다면 천재(天才)에 해당하는 인물이다. 그의 학문적 업적이 그러하고 일상에서도 생각이나 행동이 그러했다. 특히 유기천은 세계적인 법학자 한스 켈젠(Hans Kelsen)의 수제자인 헬렌 실빙(Helen Silving)[281] 박사와 결혼해, 학문의 동지와 부부로 함께 연구와 집필 활동을 하면서 법학 발전에 크게 기여했다는 평가를 받는다. 그가 1년 남짓 서울대학교 총장으로 재직(1965.8~1966.11)할 때의 일화다. 한일 국교 정상화가 이루어진 직후인데. 오래 재직하기가 어려웠을 상황이 눈에 선하다.

어느 날 나는 박정희 대통령 집무실로 호출됐다. 내가 들어서자마자 대통령은 소리쳤다. "뭘 하는 거요? 학생들의 불법 행동을 멈추기로 하지 않았소? 그런데 시위는 아직도 계속되고 있단 말이오. 이 문제를 평화적으로 해결할 수 없다면 군대를 보내 서울대를 점령하여 질서를 회복시킬밖에! …" "이제 소리 다 지르셨습니까?" 이런 대답을 그는 상상도 못 했을 것이다. 나는 계속했다. "소리를 다 지르셨다면 이제 제가 말씀드리겠습니다. 서울대에 군대를 보내겠다는 식의 발언은 참을 수가 없습니다. 겨우 몇 주 전에 한 약속을 벌써 잊으셨습니까? 제게 책임을 맡기고 방해하지 않겠다고 하지 않으셨나요? 저는 지금까지 대학을 진정시키는 일을 계획대로 아주 잘 해내고 있습니다. 자, 군대를 보내고 싶으면 어서 보내 보십시오" 나도 화가 나 있었기 때문에 목청껏 소리를 질렀다. "저는 약속을 지키지 않는 사람과 함께 일할 수 없습니다. 총장직을 당장 물러나겠습니다." 이렇게 말하고 나는 대통령 집무실을 나서서 긴 복도를 걸어갔다. 대통령이 나를 죽일지도 모른다는 생각이 얼핏 들었다. … 20초쯤 지났을까, 나는 뒤쫓아 달려 오는 발소리를 들었다. 박 대통령이었다. 그는 내 왼팔을 붙잡으며 말했다. "화나게 해서 미안합니다. 할 말이 있어요. 내 집무실로 돌아갑시다." "제가 왜 돌아가야 합니까? 우리의 합의사항을 하나도 이행하지 못하고 있는 거 같은데 …".[282] 이런 실랑이를 한동안 벌이다가 학원 사태에 대한 대학의 상황을 설명해 주었다. 박 대통령이 점심을 함께하자고 해 "선약이 있어 실례해야겠다"고 말했으나, "대통령은 다른 어떤 사람보다 우선권이 있다"고 주장하며 함께 식사하자고 고집했다.

박정희 대통령(1917~1979)　　유기천 박사(1915~1998)　　헬렌 실빙-류(1906~1993)

한겨레신문은 총통제 연구 관련 기사에서 유기천의 행적을 이렇게 요약했다. "1971년 봄 유기천은 강의실에서 박정희가 총통제를 획책하고 있다는 발언을 하고, 그해 가을 교수회의에서 학생 처벌 근거를 따진다. 중앙정보부가 체포에 나서자 1972년 1월 미국으로 망명한다. 망명 후 유기천은 1973년 '최종길 교수 사건'[283]이 조작임을 미국 언론에 증언했다.

1980년 '서울의 봄'이 오자 귀국해 서울대 법대에서 강의를 재개했으나 신군부 등장을 보면서 미국으로 돌아갔다. 1987년엔 김영삼, 김대중 두 사람한테 편지를 보내 후보 단일화를 권고하기도 했다. 1998년 6월 27일 샌디에이고에서 숨진 그의 마지막 유언은 "정당, 논리, 재단!" "내 고향으로 날 보내달라"였다고 한다. 그의 유산과 장서(藏書)는 서울대 법대에 기증되고 이를 토대로 유기천교수기념사업출판재단이 유언대로 설립됐다.[284]

파동, 난동, 반란 | 상반기 중 대통령 선거와 국회의원 선거가 끝나자 1971년도 시끄러워진다. 앞에서 살펴봤듯이 경제 상황은 꾸준히 개선되고 있었으나, 68년 69년 안보 측면에서 위기 상황이 발생하고, 70년부터는 우리 내부에서 쌓인 부정과 부패의 더미에서 심한 악취가 나고 있었다. 우리 사회의 구조적인 비리, 농축되고 억눌렸던 여러 문제가 터지는 모습이었다.

지도층의 도덕적 타락을 의미하는 정인숙 사건이 그랬고, 「오적」이 상징하는 부정부패 문제, 하층 노동자의 열악하고 비참한 삶을 개선해달라는 전태일의 목숨을 건 절규가 그랬다. 3선 대통령이 된 박정희도 7월 1일의 취임식에서 우리 사회의 이런 숙제를 인정하고 고치겠다고 다짐한다.

> 제3차 경제개발 5개년계획은 민주 발전의 자양소요, 민주사회의 성장은 통일 기지의 확보인 것입니다. … 도시와 농촌의 발전을 균형화하고, 소득의 격차를 서서히 그러나 착실하게 해소해 나갈 것이며, 특히 건설과 생산에 피땀 어린 노고를 한 우리 농어민과 근로 역군들에게 충분한 보상이 돌아가도록 할 것입니다. … 한편 나는 산업화와 민주화의 초기 과정에 따르는 사회 일부의 부조리 현상을 새로운 결의로 시정해 나갈 것을 명백히 밝힙니다.[285]

대통령의 이런 다짐에도 불구하고, 취임식이 끝나자마자, 다시 일이 터진다. 종류는 다르지만, 오래 곪아온 종기(腫氣)들이다. 이런 경우 정상적인 민주주의 국가에서라면 언론이나 해당 기관이 중재자나 해결사로 나서 활발한 토론과 논쟁을 계속하면서 문제 해결에 지혜를 모은다. 하지만 1970년대 초 우리의 환경은 그런 수준에 미달했다. 정부나 지도층이 많이 미달했고, 학자나 언론이나 지식인도 층이 얇고 수준이 높지 않았다. 국민소득만 낮은 게 아니라, 우리의 수준, 능력, 우리가 가진 지적인 자산, 우리 사회의 총체적인 역량이 대략 그런 수준이었다. 지금도 마찬가지다. "모든 국민은 그 수준에 맞는 정부를 가진다" 또는 "정부는 그 나라를 구성하는 개인들을 반영한다"라는 정치 말이 생겨난 이유가 아닐까?

① **사법 파동** | 1971년, 대선과 총선이 끝나고 나자 사법부(司法府)에서 종기가 터진다. 정부 수립 이후 처음으로, 검찰은 서울형사지방법원 항소3부 소속의 두 판사와 입회 서기 등 3명이 변호인으로부터 제주도 왕복 비행기 표와 호텔비 등 10만 원 상당의 금품을 받았다며 구속영장을 신청했다(71.7.28).[286] 이 영장이 기각되자, 검찰은 29일 영장을 재신청한다. 현직 판사에 대한 검찰의 구속영장 청구에 반발해, 서울형사지방법원 판사 37명의 사표 제출을 시작으로 전국 법관 450명 가운데 153명이 사표 제출에 동조했다.
당시 정부는 시국 사건에 대해 관대한 판결을 계속하는 형사법원의 한 부장판사를 주목하고 있다가, 그를 겁주면서 사법부 장악 차원에서 영장을 신청했다. 검찰의 이러한 행동은 해당 재판부뿐만 아니라 사법부 전체에 대한 공갈과 위협으로 다가왔다. 사법부 길들이기였다.
실제로 영장 청구가 된 이범렬(李範烈, 1933~1996) 부장판사는 1971년 1~7월 사이 1심에서 유죄가 선고된 19건의 시국 사건에 대해 무죄를 선고했고, 반공법 위반 사건 5건에 대해서도 무죄나 일부 무죄를 선고해 법원 안팎으로부터 주목을 받고 있었다.
당시 변호인이 재판부의 출장에 동행해 경비를 분담하는 일은 일부 관행이었고, 설사 이런 경우가 드러나도, 조용히 처리하도록 했는데, 서울지검은 구속 수사를 고집해, 2차례나 영장을 청구했다. 이 사건은 사법부 독립과 관련한 첫 충돌로 기록된다. 정부는 며칠 뒤 칼을 거둬들였다. 사법부를 길들이기 위한

1차 사법파동을 보도한 조선일보(71.7.29). 판사에 대한 구속영장 청구에 분노한 전국 판사 153명이 사표에 동조했다. 대통령은 법무장관에게 수사 중지를 지시한다(8.1).

사법 파동은 그 뒤로도 여러 차례 발생한다. 그래서 71년 7월의 이 충돌을 1차 사법파동이라고 부른다. 법원은 위축되고 있었다.

② 광주대단지 난동 사건 | 8월에는 경기도 광주대단지(廣州大團地)에서 난동이 발생한다(8.10). 이 '광주대단지'는 경기도 광주군 중부면에 있는 철거민들이 모여 사는 대규모 단지라는 의미에서 그렇게 불렸고, 광주대단지는 그 뒤 행정구역 개편으로 경기도 성남(城南)시가 된다.

난동(亂動)은 당시 언론이나 정부가 좋게 마사지해서 붙인 이름이고, 폭동이고 민중 봉기였고, 민란(民亂)이었다. 4·19혁명이나 한일협정과 3선 개헌 등을 계기로 정부에 맞서는 시위도 많았지만, 광주대단지 난동은 생존 위기에 내몰린 주민들이 스스로 일으킨 최초의 시위로 심각한 생존권 투쟁이었다. 당시 신문 기사다.

> 10일 경기도 광주군 중부면 광주단지 주민 약 2만 명이 분양지 무상 불하를 요구하며 출장소 건물과 관용차, 경찰 백차 등을 불사르는 등 약 6시간 동안 무법천지를 방불케 하는 난동을 벌였다. 이 난동으로 서울관 1-356 서울시 부시장 전용 지프 등 차량 4대와 성남출장소(건평 80평) 등이 불타고 서울시 광주대단지사업

소(60평)와 성남지서(20평) 내부의 기물이 파손되었다.
또 경찰 약 20명과 주민 7명이 중경상을 입었으며 서울 영 2-271호 좌석버스 등 버스와 트럭 택시 등 약 20대의 유리창이 깨졌고 대왕주유소 앞에서 광주대단지까지 차량통행이 7시간 동안 막혔다.287

정부는 350만 평의 땅을 매입한 뒤 서울 시내 철거민 등 2만 1,372가구를 이주시켰다. 71.8.10.

당시 서울시나 경기도는 살길을 찾아, 고향을 떠나온 가난한 사람들에게 별 도움이 되지 않았다. 고향에서도 쫓겨나고 서울에서도 최하층민으로, 개천가와 야산에는 이들이 무허가로 지은 움막 같은 살림집과 토굴, 판잣집이 군집해 있었다. 서울시는 이들의 주거지를 철거하면서 69년부터 광주대단지로 내몰았다. 남한산성 아래 광주대단지(12㎢)는 이들이 지은 천막촌으로 미국의 서부 시대를 연상케 하는 풍경을 연출했다. 정부는 불도저로 땅을 고른 뒤 1가구에 20평씩 땅을 주고, 텐트를 치고 살게 했다. 이들은 유독 더 가난했다.

수만 명이 사는 천막촌에 상하수도 시설도 제대로 없었다. 서울과의 교통편도 한 시간에 한 대씩 다니는 시내버스 노선이 하나 있었다. 취업도 약속했지만, 공장은커녕 날품이라도 팔기 위해 서울 나가는 데만 2시간이 걸렸다. 이들을 내쫓을 때 정부는 주택도 약속했는데, 약속과는 너무 달랐다. 이들은 "100원에 매수한 땅, 10,000원에 폭리 말라"를 구호로 내세웠다. 돈이 없어 이곳 산비탈로 쫓겨왔는데, 정부는 평당 2,000원의 분양가를 약속했지만, 고지서에는 8,000원에서 16,000원이 적혀 있었다. 이들이 돈을 마련하지 못하자 서울 복부인들은 이들이 분양받은 땅까지 사들였다. 이들은 어디로 갈 수 있을까?

광주대단지 천막촌. 정부는 이곳을 '새로운 정착지'라고 했다. 난동에 놀란 정부는 주동자 22명을 구속했지만, 이들의 요구를 모두 수용했다. 당시 서울시장의 별명은 '불도저'였다.

③ **실미도 사건** | 같은 8월 실미도 사건이 터진다(8.23). 우리 현대사의 비극 가운데 하나인 이 사건은 지난 2003년 말 영화로도 제작돼, 1,000만 명 이상의 관객을 동원하는 기록을 세웠다. 길이도 2시간 15분으로 길었다. 국민에게 그만큼 할 이야기가 많았을 것이다. 이 사건과 관련한 첫 신문 보도다. 정부의 보도 통제 탓에 이들은 '무장 괴한' '군 죄수'로 등장한다.

> 23일 낮 12시 10분께 무장 괴한 20여 명이 인천 송도 해안에 상륙, 민간 버스를 뺏어 타고 승객을 태운 채 서울로 침입, 서울 영등포구 대방동 유한양행 앞에서 군·경 타격대와 총격전 끝에 2시 14분께 자폭했다. 대간첩대책본부는 3시 10분께 무장 공비 21명이 서울 침투를 기도했다고 발표, 서울 일원에 비상망이 쳐졌으나 4시간 30분이 지난 6시 40분께 정래혁 국방부 장관은 다시 군 죄수 23명이 무장 탈출해 난동을 부린 것이라고 대간첩대책본부 발표를 정정했다. 정 국방의 정정 발표에 의하면 공군 관리 하의 인천 앞 실미도에 수용 중이던 특수

범들은 이날 상오 6시 경비병 23명을 감금, 12명을 사살하고 1명을 중상(다른 7명은 실종, 생존 3명), 10톤급 민간인 배를 뺏어 타고 탈출했다는 것이다. … 이러는 동안 서울 시민은 공포에 휩싸였고 김포국제공항이 폐쇄되고 한강교가 막혀 서울의 남북 교통이 차단되는 등 비상사태를 연상케 하는 혼란이 거듭됐다.[289]

자폭한 실미도 부대원들의 시신. 1971.8.23.

영화 「실미도」의 한 장면(2003)

이들은 1.21 사태가 발생한 뒤 북한에 보복하기 위해 인천 앞 바다 실미도에서 훈련을 받던 특수부대원 31명이었다. 북한에서 내려보낸 124군 무장 공비와 숫자도 맞췄다. 중앙정보부(김형욱)가 충원해 조직하고, 훈련과 관리는 공군이 맡았다. 북한 김일성 주석궁을 공격하기 위해 68년 4월 창설돼 3년 이상 혹독한 훈련을 받아왔다.

그러나 미국과 중공 사이에 해빙 분위기가 조성되고, 남북 간 대화가 진행되자, 이 특수부대는 존재 자체가 공중에 뜨게 됐다. 훈련은 심한데, 지원과 관심은 점점 줄어들자 이에 불만을 품은 일종의 군 반란 사건이었다. 말 그대로 역사의 수레바퀴에 깔려서 희생된 참으로 안타까운 젊은이들이었다.

④ **KAL빌딩 방화 사건** | 9월에는 한진상사(韓進商社) 소속으로 베트남에 파견됐다가 돌아온 근로자 수백 명이 서울 소공동 대한항공(KAL) 빌딩을 점거했다

(9.15). 이들은 KAL 빌딩 입구의 대형 유리문을 부수고 1층에 있던 대한항공 국제선 사무소에 불을 지르기도 했다. 추석을 보름 정도 앞둔 시점이다.

그들은 대한항공 여객기를 타고 베트남으로 갈 때 행복했다. 치열한 경쟁을 뚫고 한진상사에 입사해 열심히 일하고 나면, 목돈을 쥘 수 있다는 기대가 컸다. 그런 근로자들이 "피와 땀의 대가를 지불하라"고 외쳤다.

당시 한진그룹을 '월남재벌'(越南財閥)이라고 했다. 한진 소속 기술자들은 베트남 현지에서 군대 생활에 준하는 일상을 반복하며 매우 위험한 환경에서 근무했다. 전쟁터 한복판에서 미군의 군수물자를 하역해 운반하는 일은 그 자체가 전쟁이었다. 운송 차량은 걸핏하면 베트콩의 습격을 받곤 했다. 1968년 통계로 베트남 한진상사 직원 4,000명 가운데, 현지인 1,000명에 우리 근로자 3,000명이었다. 한진은 이런 위험을 뚫고 1966년부터 1971년까지 1억 5,000만 달러를 벌어들였다.

한진 근로자들은 주 60시간, 한 달 260시간의 근로계약서를 썼지만, 실제로는 하루에 20시간을 일하고 다음 날 하루를 쉬는 격일제 근무로 한 달에 300

한진상사의 파월 근로자들은 회사 측 일 처리에 격렬하게 항의했다. 당시 언론은 이들의 항의를 난동(亂動:질서를 어지럽히며 마구 행동함)이라고 기록했다. 1971.9.15.

시간을 일했다. 한 달에 야간 근무만 100시간이었다. 초과근무, 야간근무, 연월차 수당 등이 제대로 지급되지 않았다. 이들이 주장하는 체불임금은 149억 원. 당시로는 엄청난 금액이었다.

이들은 피와 땀의 대가, 체불임금을 달라고 외쳤다. 약자인 이들은 진정도 하고 탄원도 하고, 면담하면서 읍소(泣訴: 눈물을 흘리며 간절히 호소함)도 했으나, 끝내는 법원으로 갈 수밖에 없었다. 그러나 12건 중 11건은 근로자의 패소로 결론 났다. 위험하고 힘든 일을 한 근로자들을 보호하는 정부나 법원은 아직 이 땅에 없었다.

이 사건으로 난동 근로자 63명이 구속됐고, 주동자로 분류된 13명은 1심에서 징역 1~5년을 선고받았다. 돈 없고 소위 빽[배경]없으면, 세상은 이렇게 살기가 어렵다.

> 사회 구석구석에 악취가 풍겼다. 자고 나면 사고요 사건이요 사태였다. 서울 동대문 시장의 상인들까지 정부에 집단으로 항의했다. 대기업은 봐주고 상대적으로 중소기업과 자영업자에게는 세금을 무겁게 매기는 세무 행정을 바로잡아 달라고 요구했다. 서울대 의학부 인턴들은 자신들의 처우를 개선해 달라고, 대학교수들은 학원에 대한 중앙정보부의 간섭과 압력을 중지하라고 외쳤다.290

수염 뽑힌 국회의원 | 우리 사회 구석구석의 문제들이 개선되지 않고 방치된 가운데, 정치 쪽에서도 바람이 심상치 않았다. 이런 사건 사고들이 줄을 잇자, 야당에서는 책임자인 오치성(吳致成) 내무장관과 신직수(申稙秀) 법무장관, 김학렬(金鶴烈) 부총리 겸 경제기획원 장관의 해임을 요구했다. 이 요구가 거부당하자, 불신임 결의안이 국회에 제출된다(9.29). 야당으로서는 대정부 공세 차원에서 할 수 있는 요구였고 절차였다. 문제는 여당인 공화당 내부에서 터져 나왔다.

권오병(1918~1975,좌) 문교부장관, 오치성(1926~2017,중) 내무장관. 김성곤(1913~1975)의원. 두 장관은 독선적인 일 처리로 4·8항명파동(1969)과 10·2항명파동(1971)의 중심이 됐다.

소위 공화당 내 실권을 장악한 4인방(백남억 당의장, 길재호 정책위의장, 김성곤 중앙위의장, 김진만 재정위원장)은 관계가 불편한 오치성 장관을 차제에 불신임해 제거하기로 모의한다. 오 장관이 4인방의 영향권 안에 있는 경찰서장과 시장·군수에 대한 인사이동을 상의도 없이 단행해, 이들의 손발을 잘라 버린 괘씸죄가 적용됐다. 전체 의원 204명 가운데 공화당 의원이 113명, 비공화당 91명이었는데, 해임 찬성표가 과반인 107표가 나와, 불신임안이 통과됐다. 「10.2 항명파동」이다.

당 총재인 대통령이 해임건의안의 부결 처리를 지시했는데, 공화당 내에서 많은 이탈 표가 발생했다. 당 총재이기도 한 대통령은 불같이 화를 냈다. "지위 고하를 불문하고 모조리 잡아들이라"고 지시했다. 청와대 특명(特命) 사건은 당시 중앙정보부(中情) 6국이 담당했다. 이들은 공화당 국회의원 23명을 연행했다. 4인방의 리더 격인 김성곤과 길재호, 대통령의 처남 육인수 의원도 중정 지하실로 끌려와 험악한 대접을 받았다. 이들 가운데 김성곤과 길재호 의원은 탈당계를 내고, 국회의원직에서도 쫓겨난다. 김성곤은 수염까지 뽑힐 정도로 호되게 수사를 받았다는 말들이 나왔다. 김성곤은 숨지기 전(1975) 김종필에게 이런 고백을 했다.

나는 대통령은 생각해 본 일 없습니다. 내각책임제에서 총리를 한번 지내보는 게 내 소원이었습니다. 여야의원들 다수가 내 세력하에 있으니 할 수 있겠다고 생각했습니다…. 대통령이 얼마나 무서운 권력을 갖고 있는지 그때(10·2항명파동)야 알았습니다. '여야 의원 다수를 가지고 저항을 하면 대통령인들 덮어놓고 자기 고집을 부리겠느냐, 타협으로 나올 거다'라고 생각했는데, 어림없는 생각이었습니다.[292]

김성곤의 이 고백에 나타나듯이 대통령은 이미 머릿속으로 구상하고 있는 '좀 특수한 것'에 방해가 될 수 있는 세력들은 미리 정리하는 것이 이로울 것으로 계산하고 있었다.

그런 모습을 대통령은 3선 개헌 과정을 통해 보여준 적이 있다. 소위 권오병(權五柄) 문교부 장관의 해임안 통과를 뜻하는 1969년의 「4·8항명파동」이다. 이와 관련해 양순직, 박종태, 예춘호, 정태성, 김달수 의원 등 5명이 공화당에서 제명됐다(4.15). 박정희는 3선 개헌을 추진하면서 김종필에게 부탁해 앞장서도록 했지만, 한편으로는 김종필을 따르면서 3선 개헌에 부정적인 생각을 갖던 의원들을 4·8항명파동을 계기로 정리했다. 대통령은 권력투쟁에서는 확실했다. 피도 눈물도 없었다.

박정희는 이번에 다시 김종필을 견제해 오던 4인방과 계파 의원들을 굴복시킴으로써 이제 공화당 내에서 대통령에게 반기를 들거나 딴생각을 품는 일이 불가능해졌다.[293] 권력의 칼날은 예리하다. 그래서 무섭다. 민주주의는 본래 시끄럽고 낭비가 많은 제도고 권력자에게 불편한 제도다. 법과 시스템으로 권력을 견제하는 원리다. 여기에 건강한 시민의식, 공정한 언론, 견고한 사법제도가 뒤를 받쳐주어야 하는데, 당시 우리는 그 단계에 이르지 못했다.

두 번째 위수령 | 많은 사건 사고가 이어져 다른 해보다 길게 느껴지는 때가 간혹 있다. 대선과 총선을 치른 1971년이 여기에 해당한다. 상반기 선거를 치

르고 여름부터는 대형 사건 사고를 여러 차례 겪었는데도 아직 10월이었다. 10월 15일, 이번에는 위수령(衛戍令)이 발동된다(10.15~11.9).

본래 위수령은 6·25를 앞두고(1950.3) 북한에서 남파했거나 그쪽을 추종하는 무장 반도(叛徒)들의 준동에 신속하게 군을 출동시켜 대처할 필요성 때문에 생겨났다. 위수령은 치안 유지에 군 병력을 동원하는 점에서는 계엄령(戒嚴令)과 비슷하지만, 국회 동의가 필요 없는 대통령령(令)으로, 일종의 '약식 계엄령'이라고 할 수 있다. 군에 법 집행권을 부여하면서도 상위법에 구체적 근거가 없다는 점에서 논란이 되는 규정이었다.

위수령이 발령된 연세대학교(71.10.15). 위수령은 한일회담 반대(65), 교련 반대(71), 부마사태(79) 등 3차례 발령됐다. 68년 만인 2018년 9월 폐지됐다.

대통령으로서는 두 번째의 위수령 발동이다. 첫 번째는 한일협정 비준안이 국회를 통과하면서(1965.8.14) 학생 시위가 격화되자 위수령(8.26~9.25)을 발동했다. 정부는 한 해 전(64년 6·3사태)에 계엄령을 발동했는데 또 계엄령을 내려 사회질서를 확보하는 데 대한 부담 때문에, 위수령을 발령했다.

> 정부는 최근 학생들의 집단 시위 행동으로 학원의 질서가 정상 수업을 실시할 수 없게 문란해져 학원 스스로가 질서를 바로잡지 못할 긴박한 사태에 도달했다고 판단해 이같은 강경한 자세로 나온 것이다. … 민관식 문교부 장관은 일부 불순 학생들에게 강점되어 있는 학원을 되찾아 공부하려는 선량한 학생들에게 면학의 분위기를 마련해 주자는 것이 이번 정부 조치의 의도라고 밝혔다.[294]

정부는 서울대 등 서울 8개 대학에 군 병력을 출동시켜, 학생 시위의 불길을 끈다. 문교부는 위수령 기간 전국 23개 대학에서 시위 주동이나 적극 참여 학생 177명을 제적시키고, 국방부는 이들을 강제로 징집해 입영 조치했다. 이렇게 철퇴를 맞은 대학가는 1973년 10월까지 2년 가까이 동면에 들어간다.

국가비상사태 선언 | 그런데 위수령이 끝이 아니었다. 위수령이 풀리고 초겨울로 접어든 12월 6일 대통령은 국가비상사태(國家非常事態)를 선언했다. 대통령은 "최근 중공(中共)의 UN 가입을 비롯한 제(諸: 여러) 국제 정세의 급변과 이런 변화가 한반도에 미치는 영향, 북괴의 남침 준비 등을 예의 주시 검토해 본 결과, 현재 대한민국은 안전보장 차원에서 중대한 시점에 이르렀다고 단정"하고, 국가비상사태를 선언한다고 발표했다.

대통령은 비상사태 6개 항 조치를 발표하면서 ①정부의 모든 시책은 국가안보를 최우선으로 한다 ②안보상 취약점이 될 일체의 사회불안은 용납하지 않겠다. ③언론은 무책임한 안보 논의를 삼가야 한다 ④최악의 경우 우리가 향유하고 있는 자유의 일부도 유보할 결의를 가져야 한다고 했다. 마치 그 뒤에 나

국가비상사태 선언을 보도한 동아일보 1면. 1971.12.6.

올 10월 유신과 긴급조치의 예고편 같았다. 국민은 몰랐지만, 대통령은 준비된 길을 가고 있었다.

정치와 정권이 점차 궤도를 벗어나 험악한 길로 가고 있는데도, 야당은 먼 산을 보고 있었다. 다른 내용도 아닌 국민의 기본권이 침해되거나 위축될 상황인데도 야당은 아무 말도 하지 않고 있었다. 김대중은 이상하다고 생각했다.

그런데도 야당은 보이지 않았다. 신민당은 오히려 '일부 학생들의 시위는 도가 지나쳤다'는 내용의 성명을 발표했다. 정부의 견해와 다름이 없었다. 야당의 이러한 미온적인 태도로 여당은 정국 운용에 거침이 없었다. 국회 예산안 심의에서도 야당은 무기력했다. 법률로 정해진 11월 2일까지 예산안을 처리하지 않으면 중대 조치를 취하겠다는 대통령의 협박에 어물쩍 통과시켜 주었다.

대통령에게 비상대권(非常大權)을 부여하고, '자유의 일부도 유보할 결의가 필요하다'는 말은 국민 기본권이 제약될 수 있다는 아주 중대한 사안이다. 당시 헌법이나 법률 가운데는 대통령은 '전시, 사변 또는 이에 준하는 국가비상사태에 있어서' 계엄령을 선포할 수는 있지만, 국가비상사태를 선언하면서 국민의 기본권을 제한하는 행위를 허용하는 헌법 조항이나 법률이 없었다.
이런 지적이 나오자 그제야 여당은 대통령에게 비상대권(非常大權)을 부여할 수 있는 『국가보위에 관한 특별법』안을 국회에 제출했다(12.21). 그러나 야당의 반대에도 불구하고 27일 새벽 국회 별관에서 변칙으로 통과시켰다.
이 특별법은 언론 출판 집회 시위와 관련한 국민의 기본권을 대통령이 독자적으로 제한할 수 있고, 노동자들의 단체교섭권과 단체행동권 등을 주무 관청의 허가를 받고 행사할 수 있도록 했다. 좋게 말하면, '하지 말라'는 이야기인데, 당시 정부와 국민은 좋은 사이가 아니었다. 그냥 지나갈 김대중이 아니다.

> 나는 박 대통령의 속셈을 꿰뚫고 있었다. 민주화 욕구는 더 이상 억누를 수 없는 한계점에 이르렀고, 박 정권도 지금까지의 방식으로는 체제를 유지할 수 없다고 판단했을 것이다. 영구 집권을 위한 최후의 수단은 북한을 끌어들여 긴장감을 조성하는 것뿐이었다. 그러나 세계는 냉전 체제를 벗어나고 있었다. … 그럼에도 박 대통령의 이러한 강경 조치들은 긴장 완화의 세계 흐름을 거스르고 있으며 그 속에는 음모가 있음을 밝혔다. … 나는 신변의 위험을 무릅쓰고 국민에게 알렸다. 그러나 이런 호소는 국민에게 전달되지 않았다. 기자회견이나 성명을 통해 밝혀도 신문에는 한 줄도 실리지 않았.

이런 반대 의견이 보도되지 않도록 국가비상사태를 선언했는데, 보도될 리가 없다. 언론에 공갈 협박을 일삼는 정권이 더 문제이기는 하나, 그런다고 입 다물고 있는 언론이나 야당도 제 역할에서 벗어나 있기는 마찬가지다. 대통령이나 힘을 가진 권력자들에게 쓴소리를 해서 바른길을 잡아주어야 할 언론이나 야당이 이렇게 무기력해지면, 그 피해는 시간이 흐르면서 국민에게 돌아간다. 민주주의의 기본 원리 가운데 하나가, 싫은 소리를 하는 사람이나 집단에도 말할 권리를 보장해 주는 것이다. 그것이 우리 공동체를 더 건강하게 하고 그래서 더 큰 피해를 막자는 것이다.

천하흥망, 필부유책(天下興亡 匹夫有責), "천하의 흥망에는 필부(匹夫: 보통 사람)도 책임이 있다"고 했다. 독재를 고집하는 권력자나 정부가 가장 큰 문제지만, 이를 제도적으로 방지하거나 말릴 책임이 있는 모든 기관이나 개인들도 각자의 자리에서 최선을 다했는지, 생각해 볼 일이다. "나라가 이 지경에 이르게 된 데는 내 책임도 있지 않을까?" 이 말은 과거에도 옳았고, 지금도 맞고, 앞으로도 맞을 것이다.

국가비상사태가 선언된 이튿날 리처드 핼로란(Richard Halloran)[297] 기자는 서울 발(發)로 이 소식을 전하고, 바로 뒤에 미국 워싱턴[국무부]의 견해를 붙인다. 미국은 "현재 한반도에는 북한의 공격이 임박한 징후는 없다"(U.S. Sees No Attack Imminent)라고 했다(12.7). 한국의 국가비상사태 선포를 이해할 수 없다는 말이다.

미국, 북한 공격 징후 없다

(워싱턴, 12.6) 국무부는 오늘 한국이 북한 침략 위협에 노출돼 있다는 박정희 대통령의 판단에 미국이 동의하는 것은 아니라고 밝혔다. 국무부 찰스 브레이 3세(Charles W. Bray 3rd) 대변인은 "미국은 현 북한의 군사적 상황에 대해 한국 정부와 언제나 견해를 함께 하는 것은 아니다. 북한의 공격이 임박했다는 정보는 없다"라고 밝혔다.

미국 시사잡지 타임(TIME)도 박 대통령의 국가비상사태 선언을 "상상적 비상사태"(Imaginary Emergency)라는 제목으로 분석했다. 비상사태가 선포될 만한 위협의 실체가 없다고 했다(71.12.20). 연말(71.12.28), NYT는 한국 정부의 비상사태선언에 대해 다시 의문을 제기한다. 「한국의 진짜 비상사태」(Korea's Real Emergency)라는 사설이다. 박 대통령이 시대착오적인 억압 책으로 대처하는 것이 옳지 않다고 지적한다. "열을 내리기 위해 온도계를 깨버리는 것과 같은 어리석은 일이 될 것"이라는 따끔한 경고다.

한국의 진짜 비상사태

박정희 대통령이 은밀하고 강압적 절차를 거쳐 어제 국회로부터 부여받은 비상대권은 북한의 위협보다는 경제, 정치 그리고 국제적 지위와 관련해 한국이 당면하고 있는 고통스러운 적응 기간에 대처하기 위해 고안됐다. 미 국무부와 주한 미국대사관 등 외부 관측통들은 박 대통령이 강조하고 있는 조기 남침을 위한 북한의 준비나 간첩의 침투나 공산주의자들의 테러가 늘어나는 등의 외부적 징후를 전혀 감지하지 못했다고 말한다.

박 대통령이 분명 두려워하고 있는 외부의 위협은 군사적인 공격이 아닌 정반대의 사태 즉, 긴장완화(Détente)다. 닉슨 대통령의 중공 방문과 이산가족 상봉을 위한 남북 간 협상 등에서 비롯된 긴장완화 움직임은 국민 단합 기반을 느슨하게 하는 한편 박 대통령의 국정 장악력을 약화시키고 나아가 사회 불안과 정치적 알력, 경제난을 심화시킬 것이다. 사실 박 대통령은 의회로부터 비상대권을 부여받게 되면서 이같은 국내 위험 요소에 대응할 수 있게 되었는데, 임금과 물가 통제, 파업 억제, 시위 금지, 언론 검열 등을 할 수 있는 권한을 갖게 되었다.

한국은 1967년 이후 일본보다도 더 높은 연평균 11.4%의 경제성장을 기록했으나 그 부작용으로 인플레이션에 시달리게 됐으며 1960년 이후 연평균 40%의 수출 신장을 기록하고 실질소득이 두 배로 늘었지만 막대한 무역적자로 골머리를 앓고 있다. 한국의 무역 수지 적자는 한국의 주 외화 수입원인 베트남과 주한 미군의 감축과 일본과 미국의 경제적인 침체 또 미국의 한국산 섬유류 제품의 수입제한 조치 등으로 인해 악화되고 있다. 한국 경제를 특히 취약하게 만든 요인은 수출품의 70%가 섬유류 제품과 가발, 합판 등이며, 전체 수출 물량의 75%가 미국과 일본으로 나간다는 사실에다.

사정이 이렇다 보니 한국 정부가 인플레이션을 잡기 위한 경제정책을 편다면, 성장률은 떨어지고 실업률은 높아져 사회적인 불안이 가중될 것이다. 의무 교련 교육과 공무원 부패에 대한 학생들의 불만과 열악한 주거환경과 사회 복지 서비스 부족에 대한 시위를 진압하고 질서를 회복하기 위해 한국 정부는 이미 군병력을 동원하고 있다. 이런 과정에서 발생한 민심 이탈 현상으로, 공화당 소속 의원 가운데 이탈 세력이 야당에 동조해 박 정부의 내무부 장관이 불신임당하는 사건이 발생 하기도 했다. 더구나 집권 공화당은 1당이기는 하지만 박 대통령이 1975년 다시 4년 임기의 대통령으로 출마할 수 있도록 하는 개헌을 위해 필요한 3분의 2선에는 미달하는 의석을 지니고 있다. 그래서 박정희는 자신보다도 더 논쟁의 소지가 있는 조카사위인 김종필 국무총리에게 차기 권력을 넘겨주는 준비를 해야 할지도 모른다.

이런 상황은 닉슨 행정부가 의회의 압력을 받아서 한국에 대한 군사원조를 감축하는 시점에 발생했는데 미군 철수에 대비해 앞으로 5년에 걸쳐 한국군의 현대화 계획을 추진 중인 박 대통령에게 이 지원은 반드시 필요하다. 유엔군사령부의 존치 여부가 논의되고 있는데, 유엔 상임이사국이 된 중공이 주도적으로 존치를 반대할 수 있게 됐다.

그래서 문제는 박 대통령이 이러한 내·외부적 상황 변화에 이렇게까지 긴장할 이유가 있는가 보다, 박 대통령의 대응책이 적절한가의 여부에 있다. 박 대통령이 국민적 단합을 위해, 또 반대 의견을 탄압하기 위해 비상대권을 부여받으려고 북한의 침략에 대한 공포심을 부추기는 것은 부메랑이 될 수 있다. 실체가 없는 북한 위협은 오래 써먹을 수 없다. 문자 해독률이 90%에 이르는 한국 같은 나라에서 반대의견을 탄압하는 것은 열을 내리기 위해 온도계를 깨버리는 것과 같은 어리석은 일이 될 것이다.

박 대통령은 십 년 전 군사 쿠데타로 집권 후 혁명 동지들과 함께 군복을 벗고 대의제 민주국가를 위해 통 크게 행동해 왔다. 박 대통령은 시계를 되돌려 시대착오적인 대응책을 추구하기보다는, 앞에 놓인 어려운 시기에도 민주국가 건설을 위해 계속 힘차게 전진하기를 바라 마지않는다.

시기적으로 느닷없고 엉뚱해 보이는 대통령의 국가비상사태선언 여진 속에서 이제 1971년은 저물어간다. 1년이 2~3년 같다고 느껴질 만큼 일이 많았던 한 해가 이렇게 긴장 속에서 저물고 있었다.

추기경의 성탄(聖誕) 강론

그런데 이 국가비상사태선언도 그해의 끝이 아

니었다. 1971년은 참으로 긴 1년이다. 12월 24일 밤 서울 명동성당에서 성탄 자정 미사가 열린다. 통금이 실시되던 37년 동안(45.9~82.1) 크리스마스이브는 고요한 밤, 거룩한 밤이기도 하지만, 1년에 단 하루 통금(通禁)이 없는 온전한 밤으로 온 나라가 집 나온 사람들로 시끌벅적했다.

당시 서울 명동(明洞)성당의 자정 미사는 크리스마스이브의 하이라이트로 국영 KBS-TV가 생중계하는 큰 행사였다. "왜 가톨릭 행사만 중계하냐?" 같은 시비의 소리도 들리지 않을 때였다. 아마 가톨릭 서울대교구장 김수환(1922~2009) 대주교가 세계 최연소 추기경(樞機卿)으로 서임된(69.3) 사실도 영향을 미쳤을 것이다. 김 추기경은 66년 마산교구장을 맡으면서 주교로, 2년 뒤 68년 서울대교구장을 맡으면서 대주교로 승품되고, 1년 뒤에는 추기경이 돼 온 국민의 축하를 받았다. 추기경은 가톨릭에서 교황 다음가는 자리로 '교회의 왕자'로 불리며 '전하(殿下, Your/His Eminence)'라는 존칭을 받는다.

박 대통령의 장기 집권은 69년 3선 개헌 때부터 실체를 드러낸다. 대통령이 장기 집권과 독재정치를 본격화할 무렵 천주교는 추기경 서품(敍品)의 기쁨을 맞이한 셈이다. 1951년 신부가 되고부터 가난한 사람들, 고통받는 사람들, 사회적 약자들의 편에 서서 사랑을 베풀면서 그들의 존엄성을 지켜주려고 노력해 온 김수환 추기경은 점점 독재로 다가가는 국내 정치 때문에 마음이 무거웠다. 독재는 서민이나 없는 자를 위한 정치가 아니라 기득권자들을 위한 정치라는 믿음 때문이었다.

71년 겨울도 그랬다. 추기경은 성탄 자정 미사를 앞두고 강론에 담을 내용을 놓고 오래 고민하고 확인했다. 추기경은 국가비상사태선언과 대통령의 비상대권 요구가 대통령의 의지인지 주변 사람들의 아부성·일과성 조치인지를 대통령 측근 인사에게 직접 확인해 봤다. 크리스마스를 앞두고 전방으로 국군 장병 위문 행사를 함께 가는 길이었다. 그 고위 측근은 "글쎄요, 대통령 각하 본인의 의지라고 보시면 됩니다."라고 답했다. '그렇다면 문제는 대통령에게 있구나. 그에게 직접 메시지를 보내는 수밖에 없다.' 71년의 성탄절 강론은 이렇게 세상에 나온다.

김수환 추기경이 대통령의 초청을 받고 청와대를 방문해 고등학생인 박근혜와 악수하고 있다. 육 여사와 박 대통령이 환히 웃으며 지켜보고 있다. 1969.7.1.

정부와 여당에 묻겠습니다. 비상대권을 대통령에게 주는 것이 나라를 위해서 유익한 일입니까? 그렇지 않아도 대통령한테 막강한 권한이 가 있는데, 이런 법을 또 만들면 오히려 국민과의 일치를 깨고, 그렇게 되면 국가안보에 위협을 주고, 평화에 해를 줄 것입니다.²⁹⁸

청와대에서 중계방송을 시청하던 대통령은 크게 화를 냈다. 71년 크리스마스를 계기로 대통령과 추기경의 사이는 이렇게 멀어진다. 김수환 추기경은 서울 대교구장을 맡아 취임 인사차 청와대를 방문해(68.6) 처음으로 박 대통령을 만났다. 추기경은 '대통령의 첫인상은 듣던 대로 소박하고 소탈했다.'고 기록했다. 서울 대교구장을 맡은 지 1년 만에 다시 추기경으로 승품된다. 이번에는 청와대가 추기경 서임을 축하하면서 김 추기경을 청와대로 초청했다. 대통령과 추기경, 이들의 출발은 이렇게 부드러웠다.

그러나 대통령은 추기경 대하듯 국민을 대하지 않았다. 장기 집권의 길, 독재의 길로 점점 다가갔다. 추기경은 69년 3선 개헌 때부터 나라가 점점 어둠으로 향하고 있다고 생각했다. 70년, 71년, 시간이 갈수록 나라가 수렁으로 빠져든다는 느낌이 왔다. 그러나 언론은 말할 것도 없고 그 누구도 서슬 퍼런 군사 독재정권의 비위를 거스를 엄두를 내지 못했다. 추기경은 나라와 국민을 위해 자신이 나설 수밖에 없다는 결론을 내렸다.

명동성당에서 열린 가톨릭 시국기도회(1976.3.)

누군가 용기 있는 사람이 있으면 자신이 결코 나서지 않았을 것이라고 추기경은 말한다. 아무도 말하지 않았기 때문에 나라도 나설 수밖에 없다는 비장한 절박감을 그는 외면할 수 없었다.[299]

이후 많은 종교계 인사들, 특히 가톨릭과 개신교, 불교 성직자들이 독재 정치 종식과 인간성 회복, 사회적 약자에 대한 배려 등 한국 사회의 민주화에 큰 힘을 보탰다. 희망과 절망, 열망과 성장의 60년대 70년대 80년대를 지나고 보니, 기독교, 불교, 가톨릭 등 종교 인구도 많이 증가한다. 종교 인구의 증가는 경제 성장의 숨 가쁜 과정에서 우리가 소중한 그 무엇을 잃고 있었다는 고백과 다름없다. 급격한 변화와 이동으로 말미암아 마음이 편치 않은 사람들은 마음의 안식처, 불안의 피난처로 종교를 찾았을 것이다. 종교 또한 본질적으로 이런 사람들을 찾아 봉사해야 했다. 18세기 19세기 영국도 산업혁명을 겪는 과정에서 고향을 떠나 온 도시의 약자들, 영세민들을 위로하고 구휼을 베풀면서 교회의 성장을 경험했다. 당시 힘든 사람들이 겪는 마음속 불안과 현실의 가혹함을 희망과 축복으로 바꾸는 힘은 정부가 아니라 종교가 갖고 있었다.

"10월 유신의 기본 목적과 이념은 격변하는 주변 정세에 우리가 슬기롭게 대처해 나가면서 나라를 지키고 민족의 생존권을 지키며, 또 우리의 민족사적 정통성을 지켜나가자, 그러기 위해서는 능률의 극대화와 국력의 조직화가 필요하다, 이것을 통하여 국력 배양을 가속화하자, 여기서 배양된 우리 스스로의 힘으로 평화와 번영을 쟁취하자, 그렇게 해서 평화통일까지도 앞당기자고 하는 데 있습니다." (대통령 박정희)

제12장

10월 유신(維新)

멀어지는 두 사람 | 박정희와 김대중, 이 두 사람 관계에서 3선 개헌에 이은 71년의 대선과 10월 유신(維新)까지, 이어지는 3~4년은 아주 중요한 변곡점에 해당한다. 3선 개헌으로 드러난 공화당의 장기 집권 기도에 대응해 야당에서 40대 기수론이 등장했고, 경쟁 끝에 예상을 깨고 김대중이 신민당의 후보가 된다. 민정이양 이후 실시된 두 차례 대선에서 박정희는 젊었지만, 야당의 윤보선은 고령에 가까웠다. 이제 판이 바뀌고 있다. 박정희가 50대인 데 비해 야당은 40대 후보였다.

71년의 제7대 대통령 선거는 표면적으로 '10년 집권에 이어 다시 4년 집권을 추구하는 군 출신 현직 대통령'과 '군부 쿠데타로 빼앗긴 정권을 10년 만에 되찾으려는 야당의 젊은 후보'와의 대결로 나타났지만, 그 뿌리는 그렇게 간단치 않다. 김대중은 투지에 불타고 있었다.

> 야당에 불어온 세대교체의 바람으로 새로운 정치의 서막이 열렸다. 나는 박 대통령과 운명적인 대결을 하게 되었다. 박정희가 지난(67년) 총선에서 그토록 나를 떨어뜨리려 했지만 나는 대통령 후보로 그의 앞에 다시 나타났다. 박정희는 동물적인 정치 감각으로 '미래의 정적'을 제거하려 했는지도 모른다. 나는 박 정권을 종식시키기 위해 목숨을 걸고 싸울 것을 가슴속 깊이 다짐했다.[300]

지난 67년의 제7대 국회의원 선거 과정에서 박정희는 김대중을 불편하게 생각하고 믿음이 가지 않는 정치인으로 여긴다는 사실을 온 사방에 분명하게 드러냈다. 김대중도 선거를 치르면서 대통령의 그 마음을 읽었을 것이다. 그래서 67년 목포 국회의원 선거는 수단과 술수가 총동원돼 치열하게 전개됐다. 대통령이 여당 후보를 지원하기 위해 목포에 내려와 국무회의를 열고, 개발 공약을 뒷받침해 주었다. 막대한 선거자금 지원은 기본이었다.

치열한 선거전에서 승리한 김대중은 68년 새해 첫날 청와대에서 박정희와 첫 대면 인사를 나눈다. 5분 정도의 짧은 대화라지만, 수백 명이 줄지어 인사를 나누는 가운데 5분 정도 두 사람이 따로 대화했다는 사실은 보통의 인사 수준을 넘는다. 당시 청와대 신년하례회에는 여야 국회의원은 물론 사법부와 행정부의 주요 인사, 주한 외교사절, 유엔군 장성, 각 분야 단체장에 이어 일반 하객들도 참석했다. 유진오 신민당 총재는 정당 대표가 아니라 국회의원 개인으로 초청장이 와서 '대통령과 신년 인사를 나누려면 줄을 서서 기다려야 한다'는 의전상 문제 때문에 청와대에 가지 않았다. 그 대신 김대중, 서범석, 고흥문, 김홍일, 박병배, 김상현, 편용호, 정해영 의원 등 많은 야당 국회의원이 참석해 대통령과 신년 덕담을 나눠서 언론의 주목을 받았다.

하지만 68년에는 정초부터 북한의 무력 도발로 나라 분위기가 긴장 국면을 유지했고, 박정희와 김대중은 더 이상 가까워질 기회가 없었다. 도리어 69년 연초부터 3선 개헌 문제가 이슈화되고부터는 두 사람 관계는 더욱 불편해졌다. 신민당과 재야가 개헌 반대 투쟁을 함께 벌이면서 김대중은 크고 작은 집회에서 연설을 도맡았다. 좋은 말이 나올 리가 없었다.

> 만일 당신이 기어이 3선 개헌을 강행했다가는 이 조국과 국민들에게 말할 수 없는 저항을 받을 뿐 아니라 박정희 씨 당신 자신도, 내가 몇 날 며칠 그렇게 된다고 날짜와 시간은 말 못 하지만, 당신이 제2의 이승만이 되고, 공화당이 제2의 자유당이 된다는 것을, 해가 내일 동쪽에서 뜬다는 것보다 명백하게 말씀드립니다.[301]

야당과 재야, 대학생들의 개헌 반대 투쟁에도 불구하고 3선 개헌안은 변칙으로 통과되고 국민투표에서 확정된다. 이제 야당에 남은 길은 71년 대선에서 박정희에게 맞서 이길 수 있는 강력한 후보를 내세우는 길밖에 없었다. 이런 분위기에서 열린 신민당의 후보 선출 전당대회는(70.9) 2차 투표에서 김대중을 후보로 선출한다. 71년 대선에서 김대중은 45%가 넘는 득표를 기록했다. 박정희는 뜨끔했다. 본인의 말처럼 "돈도 더 많이 썼고 이름도 더 많이 알려져 있는데" 표차는 100만 표에도 미달했다.

이 무렵 박정희의 마음속에서 유신의 싹이 텄다고 김종필은 증언했다. 1년 반 뒤 단행된 10월 박정희 김대중 두 사람을 아예 갈라놓는다. 박정희는 서울에서, 김대중은 미국과 일본에서, 유신과 반유신, 방패와 창이 된다. 하루하루 멀어졌다. 이제 박정희는 10월 유신을 통해 법도 인권도 가볍게 여기면서 장기집권을 추구하는 대통령(大統領), 지금으로서는 상상하기도 어려운 입법 사법 행정의 모든 권한을 한 손에 틀어쥔 통치자(統治者)의 길로 나아갔다.

> 박정희가 집권 10년여 만인 1972년 유신을 선포하면서 제2의 쿠데타를 일으켰을 때 한국 정계에서 그와 개인적으로 대등하게 맞설 기량과 능력, 준비를 함께 갖춘 정적이 없었다. 그때 김영삼, 김대중은 아직 역부족이었다… 이미 개헌에 따라 3선 대통령이 되었으므로 더 집권하기 위해서는 헌법을 뒤집는 제2의 쿠데타를 일으킬 수밖에 없었다. 그래서 유신시대를 선언하게 된 것이다.[302]

반면 김대중은 '가택연금과 망명 등 권력으로부터 탄압받고 감시당하는 야당의 전(前) 대통령 후보요, 민주투사' 쪽으로 언론의 수사가 바뀐다.

> 박정희는 1971년의 대통령 선거에서 김대중에게 위협적인 추격(박정희 634만 2,828표, 김대중 539만 5,900표)을 당했다. 이때의 위기의식이 그로 하여금 '10월 유신'이라는 이름의 친위쿠데타를 감행하도록 했을 것이다… 김대중에게는 수난의 시작이었다. 박정희 정권의 핍박은 집요하고 험악했다. 그와 함께 강력한 야당의 리더로 부상해 있던 김영삼 또한 정치적 박해의 대상이 되었다. 그럼에도 불구하고 이들, 즉 양 김은 집권에의 도전을 포기하지 않았고 그 때문에 박정희 정권의 핍박도 그 운명이 다할 때까지 계속되었다.[303]

2024년, 박정희가 세상을 떠난 지 45년이 흘렀다. 그에 대한 객관적인 평가가 가능한 시간이 됐다. 박정희는 대한민국에서 가난을 몰아내고 산업화의 초석을 놓고 경제적 번영으로 이끈 공로가 지대하지만, 권위주의적인 지도자, 독

박정희(1917~1979)   김대중(1924~2009)   김영삼(1927~2015)

재자였다는 평가를 받는다. 그 명백한 근거가 10월 유신이다.

역사는 비정하다. 공(功)과 과(過)를 그냥 기록할 뿐이다. 정상을 참작하지 않는다. 정상 참작은 비정한 역사가 하는 것이 아니라 '이성과 감정을 지닌 인간'인 역사가와 후대인 우리가 할 일이다. 그래서 역사는 기록에서 끝나지 않는다. 기록만 한다면 역사는 잠자는 사건의 무덤이 될 뿐이다.

기록된 사실(史實)은 역사가에 의해 부단하게 해석 또 재(再)해석된다. 그렇지 않다면 사람들은 현재 일어나고 있는 일들을 쉽게 또 바르게 이해할 수 없게 된다. 역사는 현재와 과거의 대화이고, 역사가와 사실 사이의 부단한 상호작용이다. 그래서 역사는 과거가 아니라 현재다. 역사를 해석의 학문이라고 하지만, 현재에 앉아서 과거를 제대로 해석하기가 쉽지 않다. 특히 일반인들의 경우는 그러하다. 그래서 가끔 우리는 '그것이 그 당시 상황에서는 어떠했는가?'라는 해석의 틀을 빌려다 사용한다. 기록에 해석이 보태져야 역사가 완성된다.

10월 유신은 박 대통령이 측근들의 권유나 단기간의 대응책으로 선포한 것이 아니다. 박정희는 당시 대한민국이 처한 안팎의 상황을 놓고 오랫동안 깊이 고민한 끝에 그 결론을 얻은 것으로 보인다.

밝혀진 기록만 봐도 그렇다. 김대중과 야당은 이미 3선 개헌 과정과 71년의 대선 과정에서 총통제 가능성, 영구집권의 가능성을 여러 차례 경고했다. 비슷한 시기 유기천 교수도 강의 도중 총통제 연구와 관련한 사실을 발설했으며, 대통령도 대선 바로 뒷날(71.4.28), 이 구상의 일단을 김종필에게 넌지시 말한 바 있다. 그러니까 박정희는 71년 4월 대선 이전부터 장기 집권이 가능한

"좀 특수한 것"을 구상하고 있었고. 72년 여름부터는 본격적으로 법조문을 다듬은 것으로 보인다.

그렇다면 10월 유신은 그의 평생 체화된 정치적 이상이 최상의 형태로 구현돼 현실에 적용된 것이 아닐까? 그가 성인이 된 만주 시절부터 오랫동안 꿈꾸어 온 최고의 정치, 최상의 국가 시스템이 그토록 독재적인 형태였다는 사실은 충분히 비극적이고 안타깝다. 1972년 10월 유신을 앞두고 박정희에게, 나라에 또 세계에는 어떤 일들이 있었을까? 당시 외신이 지적했듯이 그가 느낀 비상 상황은 '상상(想像)'의 산물이었을까 아니면 실체가 있었을까?

괌(Guam) 독트린 | 남북한 사이에는 엄청난 경쟁이 있었고, 치명적인 전쟁도 있었다. 전쟁이 없을 때도 북한은 도발을 쉬지 않았다. 1968년 한 해는 아슬아슬했다. 69년 4월 15일(김일성 생일)에도 큰 사건이 발생했다. 일본 내 미군 기지에서 발진해 소련의 블라디보스토크 일대와 북한 동해안 지역을 정찰하던 미 해군 소속 EC-121 워닝스타(Warning Star) 전자정찰기 1대가 오후 4시쯤 북한 공군기의 공격으로 동해상에 추락하고 승무원 31명이 사망했다. 이때도 미국은 항공모함과 구축함, 순양함 등을 동해에 출동시켜 무력시위를 벌였지만, 보복하지 못했다. 한 해 전에 발생한(68.1.23) 푸에블로호 납북 때도 미국은 보복은커녕, 1년 가까운 협상 끝에 함정은 포기하고 승조원만 돌려받았다. 영해 침범 사실을 비공개리에 사과했다는 소문까지 돌았다. 푸에블로호는 지금도 평양 보통강(普通江) 변에 전시돼 있다. 이번에도 북한은 미군 정찰기가 자국 영공을 침범했다고 주장했다. 미국은 우물우물했다.

이렇게 안보 위기가 고조되던 1968년 가을, 미국 대선에서 공화당의 리처드 닉슨(Richard Nixon, 37대)이 당선된다. 우리도 그렇지만 미국도 대통령이 달라지면 (민주당 존슨 →공화당 닉슨) 많은 정책이 바뀌고 뒤집어진다. 닉슨(재임 1969.1~1974.8)은 미국의 월남전 개입으로 인해 경제도 힘들어지고 반전 여론도 전 세계적으로 거세게 불고 있다고 판단하고, 베트남전쟁의 명예로운 마무리를 선거 공약으로 제시했다. 취임 직후 유럽을 순방한 데(1969.2) 이어, 7월 괌에서 기자들에게 말한다.

"길지 않은 기간 동안 미국은 세 번이나 태평양을 건너 아시아에서 싸워야 했다. 일본과의 태평양전쟁, 한국전쟁 그리고 아직도 끝나지 않은 베트남전쟁이

WP는 1면에서 "사진과 동일한, 해군 EC-121 정찰기 1대가 실종됐다"고 보도했다(69.4.16).

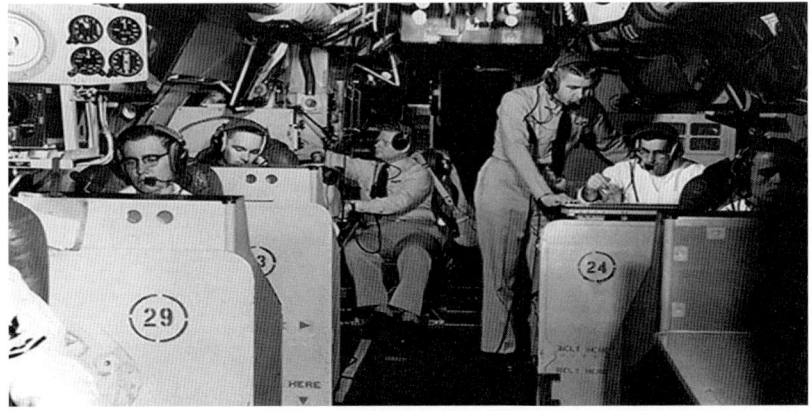

EC-121 정찰기 내부. 지금처럼 군사용 인공위성이 보편화되기 전, 미군은 정찰기와 정보수집함을 이용해 군사 정보를 수집했다. 일부 특수 고공 정찰기는 지금도 활용된다.

그것이다. 2차 대전 이후 아시아처럼 미국의 국가적 자원을 소모시킨 지역은 일찍이 없었다. 아시아에서 미국의 직접적인 출혈은 더 이상 계속되어서는 안 된다"고 선언했다.

유럽과 아시아 등 냉전 시절 동서대결의 두 축 가운데, 아시아 문제는 아시아인의 손으로 해결하라는 선언이다. 미국은 베트남에서도 철수하기로 하고 협상으로 돌아선다. 그 영향은 한국을 비껴가지 않았다. 2개 사단, 6만여 명의 주한미군(USFK)도 감축에 들어가 1975년까지 완전히 철수하겠다고 했다.

대통령 닉슨(1913~1994)은 재선에 성공한 뒤, 워터게이트 스캔들이 터져, 중도에 사임했다(1974.8). 키신저는 안보보좌관(69.1~75.11)과 국무장관(73.9~77.1)을 겸임하기도 했다.

미국의 동맹국으로, 5만 명 규모의 국군을 베트남에 파병한 한국으로서는 보통 일이 아니었다. 67년 대선에서 박정희는 "한국군이 베트남에 파병되지 않으면 주한 미군이 한국을 떠나 베트남으로 이동할 수도 있어, 파병이 불가피하다"고 국민을 설득했는데, 국군이 베트남에서 철수도 하기 전에 미군부터 감축한다니, 입장이 낭패스러워졌다. "한국군이 베트남에 파병돼 있는 동안 주한 미군 감축은 없으며, 설사 감축하더라도 사전에 상의하겠다"고 한 대통령 존슨(Lyndon B. Johnson, 재임 1963.11~1969.1)의 약속도 우습게 됐다.

미국은 베트남에 최고 54만 명(1968)의 미군을 파견해 전투했으나 전황은 갈

수록 불리했다. 사상자 발생이나 전쟁 비용도 문제였다. 미국은 명분에서 밀리는 베트남 참전에 반대하는 국내외 여론의 악화가 더 무서웠다. 미국 등 많은 민주 국가에서는 선거가 중요하다. 권력이 거기서 결정되기 때문이다.

위기의 시작, 주한미군 철수 | 미국이 아시아에서 발을 뺀다. 베트남 주둔 미군과 주한 미군의 철수가 그 주요 내용이 된다. 지금도 그렇지만 우리의 국력이나 군사력이 북한에 비해 열세였던 1970년대 중반까지만 해도 주한미군의 철수는 우리에게 큰 두려움이었다. 미군의 전쟁 억제 기능이 거의 절대적이라는 믿음 때문이었다. 우리 정부가 수립되고 나서 미국이 500명 규모의 고문단만 남기고 철수하자(1949.6.30), 북한은 1년 뒤 남침을 감행한 과거가 있다. 1973년 11월 16일 헨리 키신저 미 국무부 장관이 서울을 찾았다. 그는 열 달 전 베트남전 휴전을 성사시켜, 그해 노벨 평화상 후보로도 선정됐다. 키신저는 이를 자랑스러워했다. 박정희는 키신저의 자랑을 싸늘하게 잘라버린다. 그 자리에 함께했던 총리 김종필은 이를 박정희의 "혜안"(慧眼: 사물의 본질을 꿰뚫어 보는 안목과 식견)이라고 했다.

> "이제 월남은 끝났구먼. 끝의 시작이오. 정전협정을 했다고 하지만, 공산주의자들은 가만히 있을 족속들이 아닙니다. 미군이 다 철수했으니 월맹이 본격적으로 침공을 시작할 겁니다. 월남군은 막지 못합니다. 남쪽은 이제 평화가 왔다고 민주주의 운운하면서 미국 원조나 기다리고 있겠지만, 월맹에선 이제 월남 통일이 눈앞에 보인다고 할거요." … 키신저는 박 대통령이 자신이 이룬 성과를 일언지하에 꺾어버리자, 기분이 상한 듯했다. 그는 안색을 바꾸며 "그런 염려는 마시라"면서 언급을 피했다.

박정희의 그 발언이 있고 1년 반 뒤인 1975년 4월 30일 오전 10시 14분, 월맹(북베트남)군 탱크가 사이공(Saigon)의 대통령 관저 철문을 깔아뭉개고 진입한다. 그리고 월맹 깃발이 올라갔다. 그날 그 탱크는 역사 유적으로 지정된 옛 월남대통령 궁(관저) 정원에 지금도 전시돼 있다.

(좌)북베트남의 전차가 남베트남 대통령궁(관저)의 철책을 밀고 진입한다. 1975.4.30. / (우)현재 모습

한반도에 미군이 처음 발을 디딘 것은 해방 직후다(1945.9.8). 태평양전쟁에서 항복한 일본군의 무장해제를 위해 7만 7,000명의 미군(미 태평양사령부 산하 제24군단)이 들어왔다. 38선 이북에는 비슷한 규모의 소련군(극동전선 1군 산하 제25군)이 한 달이나 먼저 와 있었다(1945.8). 만주에서 패주하는 일본 관동군을 뒤쫓아 그냥 한반도의 북부로 진입했기 때문이다.

주둔 초기(45~46년) 미·소 양국 군은 우호적 분위기였다. 하지만 상황이 정리된 뒤, 38선을 따라 20여 개의 검문소를 각기 따로 설치·운용하면서 38선은 점차 국경선으로 굳어갔다. 냉전 격화의 한 단면이었다. 일본군 무장해제를 위해 진주했던 미군과 소련군은 49년까지 모두 철수했다. 소련군은 T-34 탱크와 Yak-3 전투기, 어뢰정, 야포 등 중장비를 모두 북한군에게 넘겨주고 갔으나, 미군은 다 챙겨서 철수했다. 1950년 북한은 소련이 넘겨준 무기와 중공의 지원을 등에 업고 남침을 감행했다. 북한은 철수한 미군이 한국으로 돌아와 반격전을 시작하기 전에 전쟁을 끝내려고 했다. 그러나 유엔군이 신속하게 파견됐고, 그 주축인 미군은 최고 32만 5,000명에 이르렀다.

1953년 7월 정전이 되면서 한-미 두 나라는 「한미상호방위조약」을 체결했고(1953.10.1), 외부로부터의 무력 공격에 한미 양국이 공동으로 대처한다는 이 조약에 따라 미군이 한국에 주둔할 수 있게 된다(방위조약 제4조). 당연히 전쟁이 끝난 한반도에 대규모의 미군은 필요하지 않았다. 휴전 이후 주한미군은 7~8만 명 선을 유지하다가, 60년대는 6만 명 선으로 내려갔다.

그러나 미국은 64년 8월 통킹만(Gulf of Tonkin) 사건을 계기로 베트남전에 개입하기 시작하고, 65년부터 본격적으로 파병한다. 한국군도 파견된다. 그리고 베트남전 마무리를 공약으로 내건 새 대통령이 당선된다. 그가 내세운 아시아 문제 불개입 공약은 곧이어 베트남과 한국에 여파를 미친다. "한국, 미군 철수에 항의"(Seoul Protests U.S. Plan for Withdrawal) 한다. 상대의 약속 위반에 항의하는 것은 당연한 일이다.

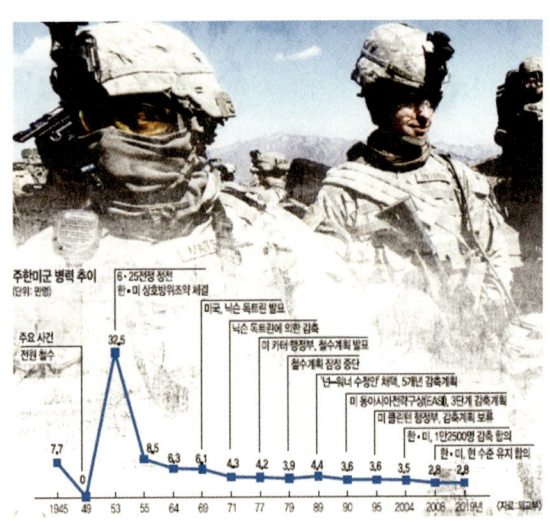

해방 이후 주한미군은 6·25전쟁 기간을 빼면, 감축 추세를 지속해 2~3만 명 선을 유지하고 있다. 해외 주둔 미군은 독일, 일본에 이어 한국이 3위 수준이다. (도표=국민일보, 2019)

한국, 미군 철수에 항의

(서울, 한국, 6.16) 박정희 대통령의 한 고위 보좌관은 오늘 미국의 주한미군 철수계획은 "국제적인 신뢰를 깨는 행위"라고 비난했다. 이 보좌관은 자신의 발언이 박 대통령의 의중을 반영하고 있다면서, "존슨 대통령, 러스크 전 국무장관, 주

한 미군 사령관, 주한 미국대사 등 모두가 주한미군의 철수는 없을 것이라고 약속했다"고 말했다. "그런데 이제 미국은 주한미군 철수 문제를 끄집어냈다"며 "한국은 매우 실망했다"고 강조했다.

이 보좌관은 대통령 집무 공간인 청와대 내 사무실에서의 인터뷰를 통해 한국의 실망뿐만 아니라 분노, 충격, 어쩌면 공포감까지 전달하고 있다. 한국의 이러한 분위기는 지난주 미국 언론들이 닉슨 행정부가 앞으로 3~4년 안에 대부분의 주한미군 철수를 고려 중이라고 보도한 이후 생겨난 것이다.

예산 압박 때문에

지난 12일 뉴욕타임스는 국방부 고위 관리의 말을 인용해 예산 압박 때문에 닉슨 행정부가 64,000명 규모의 주한미군 가운데 대부분을 철수시키는 문제를 두고 한국 정부의 동의를 모색하고 있다고 보도했다. 이 신문은 몇 주일 내로 주한미군 철수 일정을 짜기 위한 두 나라 간 비공개 협상이 서울에서 시작될 예정이라고 전했다. 서울의 정통한 소식통들에 따르면 미국은 앞으로 몇 달 안에 한국에 주둔하는 두 개의 육군 사단 가운데 한 개 사단을 철수시키기를 원하고 있다. 그러나 한국 정부의 강력한 항의 때문에 닉슨 행정부는 철수 시기를 내년으로 늦추게 되었다고 이 소식통들은 전했다. 박정희 대통령은 지난 8일 야당 신민당 국회의원들의 질의에 대한 서면 답변에서 북한 공산정권의 위협에 맞서기 위해서는 지금 수준의 주한미군을 유지하는 것이 필요하다고 밝혔다.

1975년까지 철수 연기 촉구

청와대의 이 고위 관리는 한국 입장을 기록에 남기려는 듯 미국은 아무리 일러도 1975년이 돼야 남침에 대한 걱정 없이 주한미군을 철수시킬 수 있을 것이라고 강조했다. "지금 주한미군을 감축한다는 것은 우리 한국에 위기를 불러오는 행위"라며 "앞으로 5년은 북한 김일성의 남침 가능성이 가장 높은 시기로, 한국에 아주 중요한 시기"라고 강조했다.

이 고위 보좌관은 "우리는 미군의 영원한 주둔을 원하는 것이 아니다. 그러나 한국은 시간이 필요하다. 1975년이 되면 모든 측면에서 한국의 국력이 북한을 앞서게 될 것이며 우리 스스로를 방어할 수 있을 것"이라고 말했다. 현재 주한미군 철수 문제는 한국전쟁이 끝나고 그 연유로 미군이 주둔하게 된 지난 17년 사이 양국 사이에서 발생한 가장 껄끄러운 문제 중 하나가 되고 있다.

이 보좌관은 이미 한국에서는 베트남에 파병된 한국군 2개 사단을 철수하라는 압력이 강해지고 있다고 전했다. 서울의 일부 외교 관측통들은 한국 정부가 미국으로부터 최대한의 양보, 즉 주한미군 철수를 최대한 늦추고 또 미 의회로부터 최대한 많은 군사 원조를 얻어내기 위해 미군 철수 문제를 과장하고 있다고 본다.

그러나 보도된 철군 계획과 관련해 한국 정부가 심각하게 보고 있다는 징후는 청와대 보좌관도 경고했듯이, 한국 다수의 가난한 국민이 미국 대신 공산주의 북한을 동경하게 만들 수도 있다는 사실이다. 일부 외국 외교관들이 사석에서 언급하는, 반공(反共)이 국교로 여겨지던 한국에서, 이전에는 정부가 공개적으로 국민 가운데 누구도 자발적으로 공산주의를 선택할 수 있다는 말을 한 적이 없다. 이 보좌관은 중공이 김일성 주석에 대한 지원을 늘리겠다고 약속하고 있는 마당에, 닉슨 대통령은 한국을 포함한 전 세계의 미군을 감축하겠다고 말하고 있는 사실을 지적했다. "한국의 가난한 대중들과 가난한 농민들은 체제 경쟁에서 어느 쪽이 승리할 것인가를 나름대로 생각해 본 뒤, 공산주의자들을 선택할 수도 있다"고 경고했다. (NYT, 1970.6.17)

그럼, 대통령을 포함한 한국 지도부를 '실망, 분노, 충격, 공포감'으로까지 몰고 갔던 '12일 자 NYT 기사'는 어떤 내용의 기사였을까? "미국, 예산 절감 위해 주한미군 감축"(U.S. Troop Cut in South Korea Reported Sought to Save Funds)이다.

예산 절감 위해 주한미군 감축

(워싱턴, 6.11) 국방부의 한 고위 관리는 오늘 의회로부터의 강한 예산 절감 압력 때문에 6만 4,000명인 주한미군을 내년부터 2~3년 사이에 대폭 감축하기 위한 동의를 구해야 할 입장에 처해 있다고 말했다. 이를 위해 미국은 철군 일정 조율을 위해 앞으로 몇 주 안에 서울에서 비공개 협상을 개시할 예정이라고 고위 군

사와 외교 소식통들이 밝혔다.

예정된 감축으로 생길 공백을 메울 방안으로 미국은 한국군 현대화를 위한 비용을 앞으로 5년 동안 10억 달러를 지원하는 의회 특별지출법안을 준비하고 있다고 행정부 관리들은 말했다. 연간 2억 달러의 특별 지출은 현재 진행 중인 연간 1억 4,000만 달러의 군사 지원에 추가되는 것이다.

행정부 최고위 관리들은 한국에 대한 이러한 거액의 지원을 의회가 승인해 줄지 여부에 대해 우려하고 있는 것으로 알려졌다. 그러나 한 소식통은 추가될 연간 2억 달러의 비용이 부담되나, 한국에서 1개 사단을 철수함으로써 더 큰 비용을 절감한다는 쪽으로 설득의 방향을 잡고 있다고 말했다. 한국에는 현재 2개 사단이 주둔하고 있다. 이 가운데 1개 사단이 철수한다면 연간 5억 달러 정도의 예산이 절감된다는 것이다. 관리들은 한국이 침략을 당한다면 먼저 공군력을 제공할 것이라고 강조한다. 또 상징적으로 5천 명 정도의 1개 보병 여단 규모의 지상 병력을 현지에 주둔시킴으로써, 침략이 발생하면 언제든지 한국으로 돌아와 방어를 책임진다는 인계철선으로 삼겠다고 강조했다.

닉슨독트린 적용

주한미군 철수는 닉슨독트린이 인도차이나반도 밖에서 처음으로 적용되는 경우다. 작년 여름 닉슨 대통령이 괌(Guam)에서 처음으로 공개한 이 독트린은 아시아인들이 자력으로 자신을 방어하고 필요할 경우 미국이 군수 지원을 제공한다는 내용이다.

미국 관리들은 서울에서 열릴 협상은 북한이 침공할 경우 미국의 군사적 지원이 계속된다는 사실을 한국민에게 확신시키면서, 베트남에 파병된 5만여 명의 한국군 철수 없이 미군 감축 시간표를 짜기 위한 것이라고 말했다. 주한미군 감축 결정은 존슨 행정부 때 시작된 18개월 동안의 연구에다가 닉슨 행정부 국가안보회의(NSC)의 검토 결과를 종합한 결정이다. 국가안보회의는 62만 명 규모의 한국군이 6·25전쟁과 2차 대전 때부터 사용하던 장비들을 현대적인 화기와 트럭, 무전 장비, 헬기 등으로 대체한다면, 한국군은 중공(中共)의 도움이 없는 북한군의 단독 침공을 충분히 감당할 수 있다고 보고 있다.

공군 자위 능력 반대

이 연구는 한국군 전력이 현대화되는 데 맞춰서 5~6년간에 걸친 점진적인 미군 감축 내용을 담고 있다. 그러나 예산감축을 요구하는 의회의 압력이 거세지자, 행정부는 미군 철수 기간을 단축하게 됐다고 말한다.

미국의 안보 전문가들은 현시점에서 한국은 지상군 자위 능력에 덧붙여 공군력까지 자위 능력을 갖추도록 해서는 안 된다고 말한다. 미국이 이렇게 하는 데는 몇 가지 이유가 있다. 우선, 예산이 엄청나게 든다. 다음, 미국이 압도적인 공군력을 제공한다는 약속을 중단하면, 미군의 전쟁 억지력은 감소하고 북한의 침략 야욕을 불러일으키게 된다. 마지막으로는 한국이 압도적인 공군력을 갖추게 되면 북한을 공격해 한국 주도의 통일을 이루려는 유혹에 빠질 수 있다.

새로운 전투기 계획

미 국방부는 한국과 타이완, 베트남, 태국 등지에서 공산권의 MIG-21에 대응할 수 있는 상대적으로 단거리이면서 저가의 제트전투기 개발을 위한 계약 체결을 검토하고 있다. 이를 위해 4개 항공기 제작회사가 기존 전투기의 개조 계획을 국방부에 제시했다. 맥도넬-더글러스 사는 F-4E 전투기의 무장 경량화 방안을, 록히드사는 F-104의 개조 방안을, 노드롭사는 F-5 전투기의 고급화 방안을, 링템코-보트사는 F-8 전투기의 개조 방안을 각각 제시하고 있다. 한국 공군의 경우, 6·25 때부터 사용하던 F-86 세이버 전투기가 주종을 이루고 있는데, 새 전투기는 이 구형 전투기를 대체하게 된다.

여기에 더해 미국은 최근, 한국이 현대적인 소총 생산 공장을 건설할 수 있도록 하는 차관 제공에 동의했다. 관리들은 한국군의 소총이 현재 미군이 베트남에서 주요 개인화기로 사용하는 콜트사의 M-16 소총이 될지 아니면 M-16처럼 비록 5.56mm 탄환을 사용하지만, 값이 더 싼 AR-18이나 스토너(Stoner)63이 될지에 대해서는 확인을 거부했다. (NYT, 1970.6.12)

예산 절감을 금과옥조로 삼고 있는 미 의회의 압력 때문에 미국은 5~6년에 걸칠 주한미군 감축을 2~3년 내로 앞당겨 마무리한다는 기사다. 이에 대한 한국의 강력한 반대에 대해서는 이미 살펴봤다. 미국의 입장(6.12), 한국의 항의와 반대(6.17), 다음으로 두 나라의 입장을 정리하는 사설을 살펴볼 순서다. 「한국, 한국화 정책에 반대」(Seoul Resists Koreanization), 6월 25일 자 NYT 사설이다. 한국전쟁이 끝난 지 17년이나 됐고 경제 발전도 제법 이루어졌는데 아직도 북한을 두려워하고 있는 한국을 비판적으로 보고 있다.

한국, 한국화에 저항

아시아 지역 국가들의 자주국방을 목표로 하는 닉슨 대통령의 정책이 한국에서 매우 완강한 반대에 직면했다. 한국 정부는 1953년 정전협정 이후 17년간 한국에 주둔해 온 6만 4,000명 규모의 미 육군과 공군의 점진적인 철군 계획이 보도되자 거세게 반대하고 있다.

박정희 대통령은 "한국이 성공적으로 북한 침략에 대응하는 역량을 가질 때까지" 미군의 주둔은 "절대적으로 필요하다"고 말한다. 한국이 이러한 능력을 갖추는 데는 최소한 5년의 시간과 20억 달러의 추가적인 군사 원조가 필요하다고 한국 정부는 주장한다.

한국이 이처럼 지속해서 미군에 의존하겠다는 입장을 발표한 것은 부적절하고 당치 않은 일이다. 한국은 미국의 후한 경제원조와 군사원조에 힘입어 1950년대 초반의 암흑기에서 벗어나 엄청난 발전을 이룩했다. 6·25전쟁 동안 3만여 명의 미군과 수십만 명의 한국인들이 목숨을 바쳐, 북한의 침략을 격퇴했다. 이제 한국은 북한이 제안하는 불가침조약의 협상 결과에 상관없이, 미국으로부터 최소한의 도움으로 스스로 자립할 수 있어야 하고 또 기꺼이 그래야 한다.

보도된 닉슨 행정부의 주한미군 감축 계획은 갑작스러운 전면 철군이 아닌, 유사시 공군력과 5,000명 규모의 지상 병력 개입에 대한 약속 즉, 인계철선으로 남기는 수년에 걸친 점진적인 철군이다. 또 미군이 철수하면서 한국군의 현대화를 위해 10억 달러의 추가 군사 지원을 하는 방안도 논의하고 있다.

강인하고 비범한 한국인들마저 이처럼 좋은 조건의 미군 철수에도 자립 국방을 하지 못한다면, 아시아의 아시아화를 추구하는 닉슨독트린은 아시아의 그 어느 나라에서도 성공할 희망이 없다고 봐야 한다. 전쟁이 끝난 지 17년이나 되었음에도 자주국방에 자신 없어 하는 한국을 보면 미국 베트남화 프로그램의 앞날이 걱정스럽다. 베트남화 프로그램은 한국과는 다르고 훨씬 어려운 조건에 있는 베트남에서 한국식 해결책을 달성해 보려는 시도이기 때문이다. (NYT, 1970.6·25)

언론 보도로 떠돌던 주한 미군 철수는 1970년 7월 초 우리 정부에 공식적으로 통보된다. 한국 정부는 "사전 협의 없는 주한미군 철수는 한미상호방위조약 위반"이라고 강력하게 항의한다.[307] 주한 미군 철수 통고와 강력한 항의, 50여 년 전, 한미 양국은 어떤 논리로 서로 다퉜을까? 먼저 미국 쪽 입장이다.

첫째, 미국은 아시아에서 자동으로 개입하게 될 상황을 유지해서는 안 된다는 것이었다. 둘째, 한국은 미군이 전쟁에 개입할 '인계철선(tripwire)'이 될 만한 가치를 갖지 못했다는 것이었다. 셋째, 소련이나 중국 모두가 한국에서의 전쟁 재발을 원치 않기 때문에 그들은 북한이 다시 남침을 감행하는 것을 저지할 것이라는 점이었다. 넷째, 한국 경제가 자체의 방위를 감당할 만큼 성장했다는 것이었다. 다섯째, 한국이 이제는 자체 방위를 위해 다른 나라에 의존하는 버릇에서 벗어나 자립정신과 자신감을 조성해야 한다는 것이었다. 끝으로, 미국은 한국에 지상군을 주둔시키지 않고도 전쟁에 필요하면 공군력과 해상 군사력만으로도 효과적으로 한국군을 지원할 수 있으리라는 것이었다.[308]

이러한 미국 측 논리에는 미국의 우월한 입장이 많이 녹아있다. 과거 미군이 철수한 뒤 북한으로부터 침략을 당했던 한국은 왜 미군 철수에 반대할까?

첫째, 남북한 간에는 아직도 상당한 군사력의 불균형이 있으므로, 시기상조의 주한 미군 철수는 북한이 남한에 대하여 군사적 모험을 감행하게 할 염려가 있다. 둘째, 남북한은 값비싸고 위험한 군비경쟁에 들어갈 가능성이 크고 그 위험

중에는 핵무기의 개발도 포함된다. 셋째, 일본이 미국의 아시아에 대한 군사 보장의 신빙성을 의심하게 될 것이며, 이는 일본이 조기 재무장을 추구하거나 소련과의 화해를 선택하게 할 수 있다. 넷째, 소련은 이미 활발한 군비증강을 추진하고 있고, 이로 인해 미국에게 일본뿐 아니라 미국 자체의 안보에도 한국이 갖는 결정적인 전략적 가치가 증대할 것이다. 다섯째, 미국이 일방적으로 군사력을 축소한다면 이는 미국과 한국으로 하여금 공산 세력과 한국 상황에 있어서 거래할 때 쓸 수 있는 지렛대를 상실하게 할 것이다. 여섯째, 중국과 기타 동아시아와 동남아시아 국가들은 주한 미군의 조기 철수를 선호하지 않을 것이다. 그리고 일곱, 미국의 군사력 축소는 한국의 지속적인 경제 성장에 장애를 줄 것이며, 이는 한국으로 하여금 자체적인 군사력 증강의 기회를 박탈할 것이다.[309]

50여 년 전 두 나라의 견해 차이는 현재 상황과는 거리가 먼 부분도 있다. 양측은 이러한 차이를 좁히기 위해 대화를 이어간다. 결국, 두 나라는 미군이 단계적으로 철수하되 그 공백을 메우기 위한 한국군 전투력 증강과 현대화에 합의한다(1971.2.6.).

미 제7사단 이한고별식(71.3.27). 7사단은 해방 직후 한국에 진주했다가 49년 일본으로 철수했다. 북한이 남침하자, 다시 한국으로 돌아와, 압록강 변 혜산진까지 진격했다.

①1971년 7월 말까지 7사단 철수를 완료하고, 서부전선의 2사단은 후방으로 이동해 배치한다. 휴전선 방위는 한국군이 전담한다. ②미국은 15억 달러 규모의 군사원조와 차관을 제공하고 한국군 현대화 5개년 계획을 지원한다. ③한·미 두 나라 외무, 국방 고위 관리가 참석하는 연례 안보협의회를 개최한다. 이 합의에 따라 한국은 소형 화기(火器)와 탄약의 한국 내 생산이 가능하게 됐으며, 한국의 자주국방 방안과 무기 현대화를 연구하기 위한 「국방과학연구소」(Agency for Defence Development, ADD)가 71년 9월 설립된다.

닉슨은 72년 대선에서 재선됐지만, 워터게이트(Watergate) 스캔들로 중도 퇴임하면서 남은 제2사단의 철수는 자연스럽게 연기됐다. 후임인 포드(G. Ford, 재임 74.8~77.1)는 주한미군의 추가 철수에 대해서 아무 결정도 하지 않았다. 포드의 후임 지미 카터(Jimmy Carter, 재임 77.1~81.1)는 주한미군 철수를 76년 대선의 선거 공약으로 제시했고, 재임 중 주한 미군을 실질적으로 줄이지는 못했으나 이 문제로 박 대통령과 심한 불화를 겪었다.

한참 뒤 동유럽의 해체와 소련의 붕괴 등 냉전 종식으로(1991) 주한미군은 3만 6,500명 수준으로 감축된다. 또 9·11사태가 난 뒤 미국이 이라크전에 돌입하면서 주한미군 제2사단 소속 보병 여단을 이라크전에 투입하고 복귀시키지 않는 방식으로 미군은 또 줄어들었다. 현재 주한미군은 2만 8,500명 수준을 유지하고 있다(2024 회계연도). 미국은 현재 세계 80개국 750개 기지에 17만 3,000명의 미군을 주둔시키고 있다. 전체 미군 규모는 137만 명 정도다(2022).

북한의 평화 공세 : NYT와 WP 초청 | 냉전 해체라는 세계사적 전환기에 북한이 팔짱 끼고 가만히 있을 리 없다. 남북한 사이에서 물밑 대화가 이미 시작돼, 최고 지도자의 밀명을 받은 특사들이 남북한을 오갈 때였다. 북한은 '철천지원수' 미국과의 관계 개선을 시도한다. 이를 위해 북한은 미국의 유력 언

론사 두 곳, 뉴욕타임스(NYT)와 워싱턴포스트(WP)를 평양으로 초청한다. 뉴욕타임스에서는 해리슨 솔즈베리(Harrison Salisbury, 1908~1993)[310] 부국장과 존 리(John M. Lee, 1930~2009)[311] 특파원이, 워싱턴포스트에서는 셀리그 해리슨(Selig Harrison, 1927~2016) 도쿄지국장이 평양을 방문한다(1972.5~6). 북한이 미국 언론인을 공식으로 초청한 것은 한국전 이후 처음이었다. 이 화해 제스처에 당연히 세계의 관심이 쏠린다.

당시 세계는 약간 들뜬 상태였다. 닉슨 대통령이 1972년 2월 중국을 방문해 모택동과 회담하고 역사적인 미·중 화해를 이끈 직후였기 때문이다. 닉슨은 69년 대통령으로 취임하자마자 중국과의 화해를 추구했고, 그 첫 단계가 성공적으로 이행됐다. 이제 세계는 전쟁도 사라지고, 평화와 공존만 있는 듯한 분위기가 조성된다. 닉슨의 말처럼 "7억 5,000만 명의 인구를 외면하고" 세계 평화를 말한다는 일이 가당키나 한 일인가? 듣고 보니 맞는 듯해, 지구촌 사람들은 고개를 끄덕였다.

북한이 이 과정을 벤치마킹한 듯하다. 닉슨이 취임하고 키신저가 국가안보 보좌관을 맡은 뒤 미국은 여러 경로로 중국과 관계 개선을 추구한다는 신호를 보내고, 키신저와 주은래가 만나(71년 7월과 10월) 밑그림을 그렸다. 이 초기 단계에서 모택동은 북경을 방문하고 있던 자신의 오랜 친구인 미국 언론인 에드거 스노(Edgar Snow, 1905~1972)[312]를 아침 식사에 초대한다(70.12). 모택동은 스노에게 "미국 인민을 포함한 전 세계 인민이 중국의 친구들이다. 중국은 미국과의 관계 개선과 우호 친선을 원한다"는 메시지를 보낸다. 김일성이 이 과정을 비슷하게 밟는다.

북한의 초청에 응해 뉴욕타임스 취재팀이 먼저 들어간다. 해리슨 솔즈베리와 존 리 특파원은 5월 12일 평양에 도착한다. 북한은 6·25전쟁 기간 미군 폭격으로 "온전한 집 3채만 남았다"고 선전하던 그곳, 평양이다. '그런 평양이 이렇게 재건됐다'는 듯이 22층의 김일성대학, 크고 작은 방이 500개가 넘는 학생소년궁전, 3시간짜리 반미 뮤지컬과 7만 명을 수용하는 경기장 관람에 이어 6·25전쟁 기간 3만여 명의 주민이 학살됐다고 하는 황해도 신천(信川)까지 2주일 동안 안내했다.

북한의 신천박물관은 '북한에는 모르는 사람이 없고, 남한에는 아는 사람이 드물다'는 이상한 박물관이다. NYT는 "신천박물관이 공포의 방(chamber of horrors)을 방불케 했다"고 썼다. 미군이 6·25 때 폭격은 물론 세균전까지 벌였다며, 아주 참혹한 사진과 모형물로 온 박물관을 꾸며 놓았다. 인천상륙작전에 밀려 퇴각하던 북한군이 1차로 주민들을 학살하고, 북진하는 국군을 따라 고향을 찾았던 기독반공청년단이 북한군의 학살 참상을 목격하고 보복으로 2차 학살을 저질렀고, 3차는 중공군을 따라 남하한 북한군이 다시 보복 학살을 저지른 것이 진실에 가까운 사실이다. 북한은 이 3차례의 학살 책임을 모두 미군에게 덮어씌웠다. 당시 신천박물관장은 "한 해 35만 명의 북한 학생과 주민들이 찾아와 미군의 잔인한 전쟁 범죄에 대해 학습한다"고 했으니, 진짜 북한에는 모르는 사람이 없을 것이다.

솔즈베리 기자는 2차 대전 후 NYT의 초대 모스크바 지국장을 지내면서 동구권이나 아시아의 여러 공산 국가를 취재한 노련한 기자였다. 그는 취재 후기에서 "나는 공산주의 국가에 가면 고향에 온 듯한 편안함을 느낀다. … 나는 공산주의자들의 심리를 잘 알고 그들이 취재 기자를 다루는 방식을 잘 안다고 생각했다. 그러나 북한과 같은 곳은 전혀 경험하지 못했다"고 기록했다.

2주일간 '북한 현장학습'이 끝나고 두 특파원은 김일성을 인터뷰한다. 5월 26일, 두 특파원은 평양 시내의 김일성 집무실로 안내된다. 오전 10시 엘리베이터에서 내리니 김일성이 앞에서 환하게 웃고 있었다. 3시간 동안의 인터뷰 도중 남성 접대원이 커피를 내왔고, 사진을 찍을 때는 통역원이 자리를 비켰다. "솔즈베리 기자는 지난 10년 동안 여러 차례 북한 방문을 신청해 왔는데, 궁금한 게 뭡니까?"라고 김일성이 먼저 질문을 했다. 김일성도 성질이 급한 모양이

김일성과 인터뷰 하는 NYT 취재팀(왼쪽부터 존 리, 솔즈베리). 1972.5.26. 사진=노동신문

다. 미북 관계에 대해서 김일성은 "모든 것이 미국에 달려있다. 미국이 바뀌면 우리도 바뀐다. 미국이 우리를 없애려고 하는데, 우리가 가만히 있을 수만은 없지 않느냐? 가장 중요한 것은 미군이 철수하면 남북한이 서로 협의해서 통일 문제를 자주적으로 해결해 나간다. 미국과 중국이 화해하고 있는데, 미군이 남한에 주둔할 필요가 있는가?"라고 했다. 북한은 미국과의 화해, 관계 정상화를 절실하게 원하고 있었다.[313]

솔즈베리의 기사는 "김일성, 주한미군 철수는 평화로 가는 발걸음이라고 주장"(North Koran Leader Bids U.S. Leave the South as Step to Peace)이라는 제목으로 5월 31일 자 1면에, 존 리 기자의 김일성 프로필은 14면 〈뉴스의 인물〉(Man in the News) 코너에 실린다.

김일성, 주한미군 철수는 평화로 가는 발걸음이라고 주장

(평양, 북한, 5.26) 북한 김일성 내각수상은 북한이 법적으로는 여전히 휴전상태에 있지만, 미군이 남한에서 철수한다면 미북 관계는 개선될 수 있다는 희망적인 견해를 표명했다. 김일성은 인터뷰에서 미군이 남한에서 철수하면 남북한이 외세의 간섭없이 서로 협의하면서 한반도 평화통일의 길이 열릴 것으로 전망했[314]

다. 김일성은 미국이 일단 남한에서 철수하면 남북한에서 전쟁은 일어나지 않을 것이며 남북한을 하나로 묶는 과정이 진전될 것이라고 자신감을 나타냈다.

1945년부터 집권하고 있는 올해 60살의 김일성은 미북 관계에 관한 근본적인 질문들을 중심으로 3시간 동안 자유롭게 인터뷰했다. 큰 체격에 인상적인 모습의 김일성은 다양한 표정으로 수시로 웃음을 터트리며 한국어로 말하고 공식 통역원이 통역하도록 했으며, 자신이 강조할 부분에 가서는 왼손으로 쉼 없이 제스츄어를 써가면서 이야기를 이어갔다.

김일성은 북한이 오랫동안 미국 정부와 겪었던 어려움을 강조하면서 1953년에 끝난 한국전쟁이 엄밀하게 말해 여전히 정전 상태에 있는 상황에서 "우리는 항상 전쟁에 대비할 수밖에 없다"고 말했다. 그는 "북한은 군사적 대비 태세를 비밀에 부치려는 노력을 전혀 하지 않았다"며 그 이유에 대해서는 "당신이나 나나 미국이 언제 우리를 덮칠지 모르는 것 아니냐"고 말했다. 그는 이어 "내 생각에, 전쟁 준비에서 가장 중요한 점은 우리 국민이 철저한 반미의식을 갖도록 교육하는 일이다. 우리 국민을 이렇게 철저하게 교육하지 않으면 우리는 군사기술에서 우위에 있는 미국을 이길 수 없다"고 말했다.

그는 6·25전쟁 희생자 숫자를 언급하며 "이런 상황에서 우리는 미국인들에 대해 나쁜 감정을 가질 수밖에 없다"고 말했다. 그는 미국이 남한을 계속 점령하고 있고 일본의 군국주의를 장려하고 있을 뿐만 아니라 지난 두 달 동안 그랬던 것처럼 고고도 정찰 비행을 계속하는 등 북한에 대한 적대적인 행동을 지속해 왔다고 지적했다. …(생략)….

한국 문제 해결과 관련해 김일성은 일단 미국이 남한에서 철수하고 나면 남북한이 함께 문제를 해결해야 한다는 구상을 강조했다. 그는 이 방식이 쉬울 것이라고 말하지는 않았다. 그는 어려운 일이라는 것을 알고 있지만, 남북한이 가능한 한 빨리 대화를 시작하면 문제가 점차 해결될 것이라고 말했다. 그는 북한이 공산주의 체제를 유지하고 남한이 자본주의 체제를 유지하는 동안에는 남북한 연방 하의 민족최고위원회(Supreme National Committee)가 공동 관심사를 협의하고 논의하는 일종의 연방 체제를 제안했다.

교류의 길 열려있어

북한은 즉각적으로 경제협력, 문화와 과학 분야의 교류, 정치인과 국회의원 등이 참여하는 회담을 할 준비가 돼 있다고 덧붙였다. 현재 남북한 대화의 소강상태는 대화의 문을 닫은 남쪽에 책임이 있다고 김일성은 주장했다. "우리는 아무 것도 두렵지 않다. 우리는 자본주의적 영향이 들어오는 것도 두렵지 않다. 두려워해야 할 이유가 없기 때문이다. 그러므로 우리는 문을 열었다. 한국이 문을 열면 모든 것이 해결될 것이다"라고 주장했다. 김일성은 미군이 철수하더라도 새로운 전쟁 위험은 없을 것이라고 거듭 말했다.

김일성은 미국인 손님들에게 포트와인으로 건배를 제의하면서 인터뷰를 마무리했다. "우리 함께 건배합시다. 우리는 미국 정부와 미국 국민은 다르다는 것을 잘 알고 있습니다. 우리는 더 많은 미국인 친구들을 갖고 싶습니다."라고 말했다.

솔즈베리 특파원의 기사와 함께 실린 존 리 특파원의 김일성 프로필, "북한의 절대 통치자, 김일성"(Absolute Ruler of North Korea Kim Il Sung)은 20년 만에 처음으로 초청받은 미국 메이저 언론사의 프로필이다. 김일성에 대한 첫 프로필, 미국의 독자들은 어떤 김일성을 만났을까?

북한의 절대 통치자 김일성

(평양, 북한, 5.26) 김일성의 초상화는 약간 뚱하고 웃지 않는 모습을 보여주지만, 실제 만나보니 김일성은 외향적인 성격에 심지어 카리스마가 있는 사람이었다. 그는 절대 권력을 휘두르지만 활짝 웃는 얼굴과 몸짓으로 호감까지 풍기고 있다. 그는 말이 끝날 때마다 웃음을 터트렸다. 김일성은 몸집이 크고 건장한 60세로 굵은 테의 안경을 끼고, 목뒤에는 커다란 혹 같은 것이 부풀어 올라 있었고 걸음걸이는 가뿐해 보였다. 담배는 자주 피우고 술은 삼가하고 있다고 한다. 북한의 놀라운 특징 가운데 한 가지는 이 비범한 인물, 김일성의 삶 속에 국가를 구현하고 있다는 사실이다. 북한에는 아마도 세계에서 가장 밀도 높게 지도자의 석조 흉상, 청동 조각상, 초상화, 사진 그리고 관련 그림이 널려 있다.

개인 지도를 하다

북한을 방문하는 사람들은 곧바로 "현지 지도"라는 말을 듣게 된다. 현지 지도란 김일성이 흥남비료공장이나 인민경제대학, 룡성기계공장, 김일성종합대학 등 모든 공장과 농장, 학교를 둘러보고 직접 지도를 하는 것을 말한다. 공장 자동화를 지시하고, 교과서의 틀린 내용을 수정하도록 하며, 흙바닥에 기계 설치를 위한 선을 그어주거나, 학생들의 급식 향상을 지도하고, 부지 확장을 현장에서 지시한다는 것이다.

모든 현지 지도 내용이 두드러지게 특별한 것은 아니다. 만경대양계장 엘리베이터에는 "더 싼 가격으로 더 많은 달걀을 생산하라"는 김일성의 교시가 적혀있다. 그의 현지 지도는 사진과 함께 모든 내용이 자세하게 기록·게시돼 있다. 어떤 경우에는 지도 내용이 붉은 글씨로 바위에 새겨져 있기도 한다. 청산리협동농장의 농민들은 김일성이 62번이나 현지 지도를 왔다는 사실을 자랑하고 있다. 이것이 과장된 말처럼 들리지만, 김일성을 만나보면 사람들은 김이 전국을 돌아다니면서 현지에서 진행되는 일에 개입해 시시콜콜 챙기는 것을 즐긴다는 것을 알게 된다. 김일성은 최근 "인민들과 만나서 토론함으로써, 진행되는 사업들이 가진 문제점에 대해 알게 된다. 평양의 책상머리에 앉아만 있으면 좋은 아이디어가 나오지 않는다"고 말한 적이 있다.

수많은 조형물에 조각되고 게시된 김일성의 위업은 일본이 식민 통치를 하고 있던 그의 어린 시절의 혁명적인 교시로부터 시작된다. 계속해서 그는 1930년대 만주 접경지역에서 항일 게릴라 지도자로 활동했고, 1945년 해방 이후 권력을 장악했고, 1950~53년 6·25전쟁 때는 미국과 싸웠으며 지금까지 대적하면서 강력하고 떳떳한 공산주의 국가를 건설했다는 내용이 이어진다.

일부 행적은 의문스럽다

김일성이 소싯적부터 혁명을 지도하고 수많은 위업을 달성한 독보적인 인물이라는 주장은 박물관과 수많은 게시물을 통해 인민들에게 널리 선전된다. 그의 직계 가족 외에 국가적으로 추앙받는 다른 인물은 없다. 그의 개인적인 삶, 방대한 이론 전집 그리고 도덕적인 행위 등은 북한 각급 학교 교육의 중핵적인 내용이 된다. 모택동의 중공이나 스탈린의 소련도 이에 비할 수 없다.

김일성의 정체성을 담은 기본적인 내용을 포함한 일부 사실들에 대해 서방에서는 의구심을 갖고 있다. 본명 김성주가 김일성으로 바뀌는 과정에 일정 부분 혼란이 있고, 1941~1945년 사이의 행적에 대해서는 북한 당국도 단편적인 설명만 하고 있을 뿐이다. 서방에서는 그가 러시아인들과 함께 시베리아에 있었다고 추측하고 있다. 그는 1945년 8월 남진하는 소련군과 함께 조선에 다시 나타났고 소련군의 후원을 받아 38선 이북에 공산주의 국가를 건설했다. 1948년 9월 9일 조선민주주의인민공화국(DPRK)이 창설됐을 때 그는 수상으로 선출됐으며, 이후 계속 그 직위를 유지하고 있다. 돌이켜 보면 러시아인들은 자신들의 선택이 잘못된 것은 아닌가 하고 생각할지도 모른다. 김일성은 1950년대 중반 이후 소련과 중공 사이를 오가며 점점 더 민족주의적이며 독립적이며 자주적인 정책을 펴 왔다.

순탄치 않았던 노정

북한의 발전 과정은 절대 순탄치 않았다. 김일성은 집권한 뒤 반당·반동분자, 불평불만 분자, 무능력자 등을 제거했다. 최근에는 7개년 경제개발계획을 3년이나 늦은 10년 만에 마무리하기도 했다. 김일성은 현재의 위치를 굳히기 위해 1960년대 중반까지 권력 투쟁을 벌여왔다.

지금 김일성은 엄청난 찬사를 받고 있다. 그는 "경애하는 지도자 동지"로 불리고 북한 신문들은 그를 "절세의 애국자, 불굴의 승리자, 강철 같은 의지를 지닌 영명한 지도자, 국제공산주의 운동의 뛰어난 지도자 중 한 사람"으로 칭송하고 있다. 유치원 어린이들은 1912년 4월 15일 "만경대의 한 작은 초가집에서 경애하는 우리의 지도자가 태어나셨네"라고 노래한다. 북한의 기록들은 어린 김일성이 13살 때 가족들과 함께 만주로 이주했고, 불과 1년 뒤 김일성은 타도제국주의동맹을 결성해 주변의 청년과 학생들에게 마르크스-레닌 사상을 전파하고 조국해방 투쟁에 나섰다고 한다. 북한에서 출판된 책자에 따르면 김일성은 1936년 만주 남부의 한 숲에서 첫 번째 부인 김정숙을 만났는데, 그녀는 항일 게릴라 기지의 요리사였다. 그녀는 훗날 결핵으로 숨을 거둔다. 김일성의 두 번째 아내 김성애는 그의 비서 겸 여성동맹 위원장이었다.

가족 관계

한국 관계자들은 김일성의 자녀가 많다고 말한다. 서방 소식통들은 김일성이 첫 부인에게서 2명의 자녀를, 두 번째 부인으로부터는 3명의 자녀를 가졌다고 말한다. 작년 김일성은 49살인 친동생 김영주를 당 비서로 임명했다. 김영주는 명목상으로 당 서열 6위이지만 외부 분석가들은 그가 실질적인 서열 2위로 김씨 왕조가 만들어지는 중이라고 분석한다. 김일성은 은퇴할 나이인 60세를 넘겼지만 전혀 물러날 의향이 없다. 몇 년 전 북한에서는 "60세는 청춘, 은퇴는 90세"라는 새로운 구호가 발표됐다.

NYT의 김일성 보도에 대해 미 국무부와 한국 정부는 각각 김일성의 인터뷰 내용에 문제가 있다고 지적했다. 미 국무부는 김일성의 발언이 "한국에서 미국의 역할과 활동에 대한 왜곡으로 가득 찬 내용"이며, 북한의 극단적인 반미 선동은 미국과 "진지한 대화"를 바라고 있지 않다는 사실을 보여준다고 논평했다. 한국 정부는 북한이 "주한미군 철수를 요구하는 것은 미군 철수에 따른 남북의 군사적 불균형을 이용해 공산화 목적을 달성하려는 사악한 욕심에서 비롯된다"고 주장했다.

NYT팀을 보내고, 김일성은 약 한 달 뒤(6.21) 워싱턴포스트(WP)와 인터뷰를 갖는다. 김일성은 이번에는 남·북한 정상회담 개최와 4단계 병력 감축안, 평화조약 체결 등을 주장한다. WP 셀리그 해리슨(Selig Harrison) 도쿄지국장의 인터뷰는 "김일성, 남북 정상회담과 병력감축 용의"(Kim Seeks Summit, Korean Troop Cuts)라는 제목으로 26일 1면에 보도된다.

김일성, 남북한 정상회담과 병력 감축 용의

(평양 6.21, 연착 기사) 북한 김일성 내각 수상은 오늘 판문점 휴전선을 따라 완충지대를 비무장화하고 남북한의 병력을 15~20만 명까지 감축하는 중대한 문제를

논의하기 위해 박정희 대통령과 남북한 정상회담을 가질 용의가 있다고 밝혔다. 김일성은 인터뷰에서 "남한 당국이 우리와 마주 앉아 협상할 준비가 돼 있다면, 북한은 다양한 새로운 제안들에 관한 논의를 진전시킬 의향이 있다"고 말했다. "우선 우리는 긴장 완화에 도움이 되도록 양측 합의로 비무장지대에서 군 병력과 무기와 군 시설물 철수가 가능할 것이다. 지금 남북한은, 만약 방아쇠를 당기기만 하면 바로 전쟁이 발생할 수 있는 위기에 있다. 이러한 전쟁 분위기 완화를 위해 남북한 합의하에 공히 15만 명의 병력을 감축할 수 있고, 대화가 더 잘 진행되면 20만 명 정도의 병력 감축도 가능하리라고 본다"고 덧붙였다.

또 남북 대화가 잘 진행되면 남북한은 "불가침협정을 맺을 수 있고, 미군이 남한에서 철수한다면 남북은 각각 10만 명 이하 정도의 병력만 보유하는 수준으로 대폭 감축할 수도 있을 것이라고 말했다.

김일성은 이런 문제를 논의하기 위해 한국의 박정희 대통령을 만날 용의가 있느냐는 질문에 대해서는 "박 대통령이 나를 만나기를 원한다면 나도 그를 만날 용의가 있다"고 대답했다. 김일성은 사전 합의한 질문에 답하면서 80분 동안 인터뷰를 진행했다. 인터뷰하는 동안 그는 손짓도 하고, 담배를 쥔 손을 흔들며, 얼굴을 찡그리고 또 활짝 웃기도 했다. 김일성은 몇 가지의 즉석 질문에도 답변하고는, 인터뷰가 끝나자, 북한산 샴페인을 들고 "조선 인민과 미국민의 우호를 위하여"라며 건배를 제의했다.

김일성의 오늘 제안은 지금까지 북한이 제시한 평화안보다 훨씬 진전된 것으로, 주한미군 주둔에도 불구하고 남한 측과 긴장 완화를 계속 추구하겠다는 의지가 있음을 분명하게 보여주고 있다. 이것은 또한 김일성이 박 대통령과 기꺼이 만나겠다는 의지를 처음으로 공개적으로 밝힌 것으로, 북한은 그동안 박 대통령이 일제 식민 시절 일본군 장교로 만주에서 복무했고 최근에는 미국에 비위를 맞추는 앞잡이 노릇을 해왔다고 비난해 왔다.

지난 1월까지만 해도 북한은 미군 철수를 불가침협정 체결의 전제조건으로 제시했다. 당시 김일성은 미군 철수 문제를 언급하지 않은 채 "남조선 당국"과 평화협정에 관해 논의하자고 제안했다. 김일성은 미군이 철수하지 않은 상황에서 남북한의 병력감축에 관한 구체적인 제안은 하지 않았고, 미군이 철수할 경우 '10만 명 선으로 감축'이라는 한가지 감축안만을 제시했다.

그런데 김일성은 이번에 미군의 선(先) 철수를 주장하지 않고 남북한 간의 대화를 위해 두 가지 새로운 전제조건을 추가했다. 이 두 가지 제안은 모두 남북한 화해에 대한 새로운 접근을 구체화한 것이다.

남한과의 대화

김일성은 판문점 휴전선 지역에서의 군사시설물을 철거하는 문제에 대해 한국 정부와의 회담을 제안함으로써, 북한이 지난 20년에 걸쳐 유엔으로부터 받아온 정전 협정 위반 혐의를 부인하며 분노에 찬 비난을 해오던 것을 한꺼번에 털어버리려고 시도했다. 실제로 북한은 완충지대를 비무장화하는 것에 반대하지 않지만, 유엔 깃발을 단 미군 장교들보다는 남한과 직접 합의함으로써, 이것을 통일이라는 더 큰 목표와 연결하고자 한다. 유엔군 사령부와 판문점 군사정전위원회를 우회해 한국과 직접적인 거래를 하려는 또 다른 중요 목적은 한국에서 유엔의 전반적인 지위를 약화하려는 것이다.

폭 2.5마일의 비무장지대는 원래 1953년 정전협정 때 비무장 완충지대로 계획되었으나, 지속적인 무력 충돌의 현장이 되어왔다. 양측은 여러 차례 상대방이 완충 지대 한가운데를 관통하는 군사분계선을 따라 불법적인 철조망과 요새 같은 초소를 설치하고 무기를 배치했다고 비난했다. 아이러니하게도 전 유엔군사령부의 F.M. 로저스 소장(少將)은 작년 한국을 떠난 후 기자에게 "이제는 판문점에서 한국인들이 한국인들과 대화할 때"라고 말했다. 그러나 이 아이디어는 미국 정부에 의해 즉각 부인되고 한국 지도자들도 냉담하게 받아들였다.

김일성은 남북 모두 비무장지대 내에 '군사시설'을 설치한 사실을 그럴듯한 말로 얼버무리지 않았다. 그는 "지금 양측은 비무장지대에 많은 군 병력과 군사시설을 두고 있다"며 "이 군인들과 군사시설들을 없애면 긴장 상황이 많이 완화될 것"이라고 말했다. 북한은 한국군의 감축에 맞춰 북한군을 15만~20만 명 감축하겠다고 제안하면서, 양측이 감축 협상에 성공해 각기 10만 명 수준의 군병력을 보유하기 전까지는 현재의 군사적 균형을 유지하는 데 동의해 왔다.

남북한 군인

일반적으로 한국은 베트남에 파병한 군인을 포함해 67만 2,000명의 병력을 보유한 반면, 북한군은 40만 명에 약간 못 미치는 것으로 추정된다. 김일성의 제안은 북한이 최대한의 병력을 감축한다면 북한군은 약 20만 명 수준이 될 것으로 예상되며, 남한은 47만 2,000명으로 현재의 우위를 유지하게 된다는 것이다. 그러나 남한은 북한이 130만 명 규모의 '노동자·농민·학생 홍위병' 민병대를 남한의 향토예비군보다 훨씬 더 강도 높게 훈련하고 있다고 비난하며 북한의 병력감축 제안을 종종 일축해 왔다.

김일성은 이런 반응을 예상했다는 듯이 "필요하다면 양측 합의에 따라 앞으로 노농적위대도 감축할 수 있다"고 말했다. 오늘 이 제안들은 지난주 판문점에서 열린 남북적십자회담에서 이산가족 상봉에 대한 중대한 돌파구를 마련한 데 이어 나온 것이다. 수개월 교착상태 끝에 양측은 평양과 서울에서 열릴 본회담의 의제에 합의했다. 김일성은 회담이 "조만간" 열릴 것이라고 예상하면서 "오랫동안 닫혀 있었던 남북 간의 문이 좁기는 하지만 열렸다"고 말했다. "따라서 양측이 이 사실을 매우 중요하게 여긴다. 비록 회담의 속도는 매우 느리지만 전망은 매우 밝다."

이 인터뷰는 북한 기준으로 볼 때 반미적인 욕설이 거의 없다는 점에서 주목받는다. 김일성은 "미국인들이 파시즘에 맞서 2차대전에서 공동으로 싸우고, 히틀러의 파시즘과 일본 제국주의에 맞서 싸웠을 때, 한국인으로부터 아낌없는 찬사와 지지를 받았다"고 말했다. 그 뒤의 관계 악화는 한국의 내정에 대한 미국의 개입과 조선민주주의인민공화국에 대한 적대적이고 공격적인 정책에 기인한다고 말했다. 김일성의 이러한 발언은 "미 제국주의는 한 세기 이상 조선 인민의 철천지원수였다."라는 북한 당국의 선전탑 문구를 보는 기자의 씁쓸한 마음을 좀 누그러뜨린다.

김일성은 일본의 지배로부터 조국을 해방 시킨 인물로 북한의 여러 박물관에 전시돼 있다. 제2차 대전 종전 당시 이곳에서 소련이 한 역할에 대해서는 짤막하게나마 긍정적으로 기록돼 있으나, 일본을 패배시킨 미국의 역할에 대해서는 아무런 기록이나 전시가 없다. 그런데 이번 인터뷰에서 김일성은 미국의 역할을 간접적으로나마 인정했다. 그는 "우리 조선 인민들은 미국 국민과 미 제국주의자들을 구분한다."며 "조선 인민들은 현재뿐만 아니라 미래에도 미국 국민과 우호를 증진시키기를 원한다"고 김일성은 말했다.

언론인들의 교류

민간 교류에 대해 북한은 "미국이 한국에서 미군을 철수시킬 때까지 미국과의 모든 공식적인 접촉을 금지한다"고 과거 여러 차례 강조했다. 관련 질문에 대해 김일성은 북한 언론인들이 워싱턴에 초청받아 방문하게 되면, 자신은 북한 언론인이 미국 관리들과 접촉하는 데 반대하지 않을 것이다"라고 말했다.

북한에서는 유수의 출판사나 언론인들이 북한 국가나 노동당을 대변하기 때문에 북한 언론인들과의 접촉이 간접적으로 북한 정부와 접촉하는 것이 된다. 김일성은 또 미군이 한국에서 철수하고 "미국과 무역 및 경제 관계를 수립하는데 반대하지 않을 뿐 아니라 환영할 것"이라고 말했다. 그리고 김일성은 "일본이 원한다면, 일본과의 무역도 기대하고 있다"고 말했다.

미국의 위협

일본과 미국 사이에 의견 차이가 커지고 있는가라는 질문에 대해서 김일성은 답변을 회피하면서, 미국과 일본이 서로에게 위협이 되기보다 조선에 더 큰 위협이 된다고 평가했다. 그는 "미 제국주의자들과 되살아난 일본 군국주의자들"은 한통속이라는 종래의 주장을 되풀이하고 "일본과 미국 사이의 모순에 대해서는 미국인들이나 일본인들이 우리보다 더 잘 알고 있으리라고 생각한다"고 답했다.

김일성은 유엔(UN)이 주한 미군 주둔을 위해 만든 유엔군 사령부라는 우산을 철수해야 한다는 입장을 재확인하면서, 북한을 한국전쟁의 침략국으로 낙인찍는 결의안을 폐기하고 유엔한국통일재건단(UNCURK)을 해산해야 한다고 촉구했다.

김일성은 유엔에 대해 과거와 같은 공격적 어조를 약간 누그러뜨리며, "남북한 국민이 한반도 통일을 열망하고 있고 평화적 통일을 향한 여론이 용솟음치고 있기 때문에 유엔은 한국 통일에 도움이 되는 조치를 취해야 한다고 촉구했다. 김일성은 어떤 "조치"들을 구체적으로 염두에 두고 있는지를 밝히지는 않았지만, 지금이 유엔한국통일재건단(UNCURK) 해체뿐만 아니라 유엔의 깃발 아래 한국에 주둔하고 있는 주한미군의 명칭에서 "유엔군"을 뺄 "적절한 시기"라며, 주한미군의 지위에 변화를 줄 수 있다고 시사했다. …

이번 인터뷰는 평양 시내 정부 청사의 큰 접견실에서 진행됐는데, 정부 청사 경비 상태는 그리 삼엄한 편이 아니었다. 노동당 중앙위원회 서기와 노동당 기관지인 노동신문 편집인 등 관련 측근들이 총출동했다. 살이 좀 붙은 얼굴에 날카로운 눈매를 가진 육중하고 위풍당당한 몸집의 김일성은 거북이 등껍질 안경과 모택동 복장을 연상시키는 짙은 회색 정장을 입고 있었다. 그는 거만하게 비칠 만큼 자신만만한 미소가 가득했고 큰 제스처를 사용했으며, 한 번씩 눈썹을 추켜 세우기도 했고, 스스로 만족스런 답변을 했을 때는 의기양양하게 의자에 몸을 기댔다.

김일성은 지난 4월 15일에 60세가 되었지만, 곱슬기 있는 검은색 머리는 숱이 그대로 남아 있고, 귀 주위에만 약간의 흰머리가 섞여 있었다. 김일성은 1945년부터 북한을 통치해 왔고, 전 세계 장기 집권 통치자 가운데서도 1위를 차지한다. 북한 지도자가 미국의 특파원을 만난 것은 이번이 두 번째다. 평양은 지난달까지 미국 취재진의 출입이 일절 금지된 곳이었다.

박정희 "1980년쯤 만나자" | 김일성은 WP와의 인터뷰에서도 "미 국민과의 우호"를 위해 건배했다. 이 두 차례의 건배사처럼 김일성은 미국 정부가 아니라 먼저 미 국민과의 친선과 우호를 바랐을 것이다. 오랜 적대적 관계를 푸는 데는 민간 차원의 접근이 더 효과적이라는 사실을 김일성은 알고 있었다. 이 인터뷰는 김일성이 남한의 밀사(이후락)를 만나고 7.4 남북공동성명이 발표되는 그 중간인 5~6월에 진행됐다. 7.4 남북공동성명의 사전 작업으로 남쪽에서는 이후락 중앙정보부장이 북한으로 넘어가 김일성 김영주 등을 만났고, 이어 북한에서는 박성철 부수상 일행이 서울을 방문해 박 대통령을 면담했다.

북한 박성철 제2 부수상 일행 접견. 72.5.31. 왼쪽에 북측 대표 3명이 앉아 있다.

2023년 7월, 한국 정부는 「남북회담 사료집」을 공개했다. 이 사료집은 71년 11월부터 79년 2월까지 정치 분야 남북회담 문서로 2권으로 1,678페이지 분량의 문서다. 이 사료집을 보면 7·4 공동선언을 두고 사전 접촉을 하는 과정에서 북한은 두 차례나 남북한 정상회담을 집요하게 거론한 것으로 드러난다.
먼저는 1972년 5월 초 평양을 방문한 이후락 중앙정보부장이 김일성을 면담하기 전 김영주(金英柱, 1920~2021) 노동당 조직지도부장을 두 차례 만났을 때였다. 김영주는 이 부장에게 "총비서동지(김일성)와 박 대통령이 정치협상을 한다면 한반도 긴장 완화가 이루어질 것"이라며 "닉슨이 중공을 방문해 많은 문제를 해결했다. 우리도 수뇌자 회담을 해야 한다"고 했다.
그러나 이 부장은 "오래 분단된 상황에서 너무 섣불리 정치협상을 했다가 희망이 큰 실망이 될 수도 있다. 우선 인적·물적·통신 교류 등을 통해 남북 주민이 서로의 체제를 이해한 뒤 통일 분위기가 충분히 무르익으면 정상 간 만남을 추진하자"고 했다.
이어 5월 말 북한 박성철(朴成哲, 1912~2008) 제2 부수상이 서울을 방문했다. 그도 "이미 김일성 수상은 박 대통령과 친우로서 관계를 맺을 수 있다고 말씀하셨다. 박 대통령께서 응낙만 하신다면 두 분의 상봉은 쉽게 이루어질 수 있다"고 또 정상회담 건을 꺼냈다. 이 부장은 "우리가 통일을 지향하는 정치회담을 열 때는 기필코 그 회담을 성공시키는 안전판을 마련해 놓고 시작해야 한다. 당장 정상회담 개최는 불가능하다"고 선을 그었다.

7·4 남북공동성명 당시 중앙정보부 9국장(북한 국장)으로 이후락 부장을 보좌하고 그 뒤 김대중 정부에서 통일부 장관(재임 98.3~99.5)을 역임했던 강인덕(康仁德, 1932년생)은 언론 인터뷰에서 이렇게 증언한다.

> 박 대통령을 예방한 박성철이 주머니에서 종이를 꺼내서 '노동당의 기본 원칙입니다'라면서 읽어 내려갔는데, 통일 문제는 김일성 수령이 추신하고 나섰으니 박 대통령께서 좋다고만 하시면 저절로 해결이 된다면서 정상회담부터 하자는 것이 핵심이었다고 당시를 기억했다. 또 박 대통령은 이에 대해 '지금 당장이라도 오늘 업무를 마치고 평양까지 가서 아이들하고 같이 냉면 한 그릇 먹고 돌아올 수 있는 거리인데 왜 내가 가고 오고 못 하겠느냐, 그러나 아무것도 해결된 것이 없지 않으냐'며 분명하게 반대했다고 말했다. 이어 박 대통령은 '시험 칠 때도 쉬운 문제부터 풀지 않으냐, 그러니 쉬운 문제부터 풀자'고 하시면서 '이산가족 문제부터 해결하자'고 했다고 전했다. 박성철의 면담이 끝난 뒤 대통령은 '벽돌을 한 장 한 장 쌓아 올리듯이 하라'고 중앙정보부에 지시했다고 소개했다.[315]

이러한 북한의 제안에 박정희 대통령이 김일성과 정상회담을 할 용의가 있다고 밝힌 것은 그보다도 3년이 지나서였고 만날 시점은 '1980년쯤'이었다. 박정희는 75년 8월 20일 뉴욕타임스(NYT)와 2시간에 걸친 인터뷰를 통해, 4~5년 뒤 한국군 현대화가 끝나면 주한미군이 철수해도 한국의 방어에 아무 문제가 없고, 또 김일성이 원한다면 언제든지 만나겠다고 말했다. 리처드 헬로란(Richard Halloran) 특파원은 "박 대통령, 주한미군 1980년까지만 주둔 필요"(Park Sees Seoul Needing U.S. Force Only Till 1980)라는 제목으로 보도했다.

박 대통령, 주한미군 1980년까지만 주둔 필요 전망

(서울, 한국, 8.20) 박정희 대통령은 앞으로 5년만 지나면 소련이나 중공의 지원 없이 북한이 단독으로 침략해 온다면, 한국은 주한 미 육·해·공군의 지원이나 병참 지원 없이도 한국을 방어할 수 있게 될 것이라고 말했다.

박 대통령은 지금도 북한 침략을 막아내는 데 미 지상군은 딱히 필요가 없다고 2시간 동안의 인터뷰에서 밝혔다. 군 장성 출신인 박 대통령은 "만약 북한 공산주의자들이 외부의 도움 없이 한국을 침략해 올 경우 한국군은 미국 해·공군의 지원과 적절한 병참 지원만 있다면 북한의 공격을 너끈하게 물리칠 수 있다"고 말했다. 박 대통령은 조심스럽게 몇 가지 조건을 달고는 있지만, 40,000명에 이르는 주한 미 지상군과 공군의 감축, 나아가서는 완전 철수의 길을 열어주려는 듯이 보인다. 지금까지 박 대통령은 당분간 현 수준의 미군이 주둔하고 있어야 한다고 누누이 강조해 왔다. "우리 군의 역량을 강화하기 위해 무한정 미국의 지원에 기댈 수 없다는 사실을 잘 알고 있다"며 "자력으로 자주국방 역량을 갖추는 것이 우리 역시 바라는 바다. 앞으로 4~5년 뒤에는 그것이 가능하리라고 본다"고 박 대통령은 밝혔다. 대통령은 이어 "미국의 지원으로 진행되는 한국군 현대화 계획이 끝날 무렵이면, 한국은 소련이나 중공의 지원을 받지 않는 북한 단독의 어떠한 공격도 자체적으로 방어할 수 있다"고 말했다.

박 대통령은 청와대 내 넓고 쾌적한 집무실에서 통역을 중간에 두고 인터뷰를 진행했다. 인터뷰 도중 담배도 피우고, 커피도 간간이 마시면서 박 대통령은 최근 남쪽 지방에서 휴가를 보낸 뒤여서 그런지 약간 그을린 모습에 건강해 보였다. 박 대통령은 작년 8·15 경축식장에서 암살범의 총격으로 육영수 여사를 잃었고, 올해는 8.15를 전후해 며칠간 언론에 등장하지 않았다.

기꺼이 김일성 만나겠다.

이번 인터뷰에서 박 대통령은 다음 몇 가지 사실을 명확하게 밝혔다.

박 대통령은 북한 김일성이 진심으로 남북 평화통일에 관심 있다면 직접 그를 만나 한반도 긴장 완화에 관해 논의할 용의가 있다.

- 박 대통령은 김일성이 제안한 미국과 북한 사이의 직접 협상에 대해서는 강력하게 반대한다. 왜냐하면, 한국은 미국으로부터 북미 간 직접협상에 대한 거

부권을 사실상 약속받았기 때문이라고 주장했다.
- 박 대통령은 유럽 국가들이 아프리카의 과거 식민지국에 한 것처럼, 일본도 한국에 대해 무역과 경제 관계에서 우대해 줄 것을 일본 지도자들에게 제안했다.
- 박 대통령은 또 한·일 두 나라가 각각 미국과 상호방위조약을 맺고 있으므로, 한.일 두 나라는 방위 분야에서 특별한 관계를 유지해야 한다는 사실을 일본 지도자들에게 말해왔다.

국내 정책 옹호

박 대통령은 정치적 사회적 활동을 엄격하게 제약하고 있는 자신의 정치적 입장에 대해 열심히 설명하면서 방어했다. "우리 국민 절대다수는 현 정부의 긴급조치가 북한 위협에 대처하기 위해 꼭 필요한 것이라고 믿고 있다"고 주장했다. 그러나 그는 북한이 "무력과 폭력적인 방식으로 한반도를 통일하려는 목표를 포기하고, 한국과의 평화적 공존을 받아들인다면 나는 긴급조치들을 즉시 폐기하고 폭넓은 자유를 인정하는 정책들을 채택할 것"이라고 말했다. … (이하 생략)

박 대통령이 몇 년 더 재임했다면, "1980년쯤 정상회담을 하자"고 한 인터뷰 내용처럼, 정상회담이 성사됐을까? 모른다. 역사는 가정을 허락하지 않는다. 하지만 남북한 간의 정상회담 논의는 그 뒤로도 전두환, 노태우, 김영삼 대통

이후락, 김일성 면담(5/2~5)

박 대통령, 박성철 면담(5/29~6/1)

령까지 오가다가, 김대중 대통령 재임 시절인 2000년 6월에 성사된다.
북한이 핵확산금지조약(NPT)을 탈퇴하면서 발생한 1차 북핵 위기 때 김영삼과 김일성 사이의 정상회담은 날짜와 장소까지(1994.7.25.~27, 평양) 정해 발표됐지만, 김일성이 회담을 보름 정도 앞두고 갑자기 사망하는(7.9) 바람에 무산되는 안타까움도 있었다. 역사에도 때가 있고, 거기에 맞는 사람도 따로 있는 모양이다.

"평양에 다녀왔습니다" | 2차 대전 이후 20년 이상 계속돼 온 자본주의와 공산주의 진영 간의 긴장은 미·소 군축, 미·중 화해, 서독 동방정책(Ostpolitik) 등으로 구체화된다. 남북한은 후견국들이 악수하면서 웃고 있는데, 과거처럼 위협적인 도발을 계속하면서 적대적으로 지낼 수는 없었다. 동서(東西) 간 긴장 완화의 핵심 현장은 동-서독과 남-북한이 된다.

이후락 중앙정보부장은 72년 5월 초 평양을 비밀리에 방문해 김일성과 그 동생 김영주(노동당 조직지도부장) 등을 만나고, 5월 말에는 북한의 박성철 부수상이 청와대에서 대통령을 면담한다. 대통령은 북에서 온 박성철 일행(박 부수상, 유장식 노동당 조직지도부 부부장, 김덕현 노동당 정치위원회 직속 책임지도원)에게 이렇게 알아듣게 말했다.

> "당신들이 한 일을 하나도 우리 국민은 믿을 수가 없다. 말은 평화다 뭐다 하면서 김신조 일당을 청와대 앞까지 보내 나를 없애려 하지 않았는가. 말보다 하나하나 실천해서 하나씩이라도 믿을 수 있게 하라. 이런 말을 북한에 가거든 전해라"[316]

1972년 7월 4일 오전 10시, 남북한은 분단 이후 처음으로 자주(自主), 평화(平和), 민족대단결(民族大團結)이라는 평화통일 3원칙에 합의하고 공동선언을 발표했다. 남북한 간 최초 합의라는 측면에서 크게 축하할 만했다. 그러나 "통일을 외세의 간섭없이 자주적으로 해결한다"는 현실적으로도 국제법적으로 불가능한 내용이 나오는 등 처음부터 회담의 앞날을 걱정하는 표현이 등장한다. 남북한은 중상·비방과 도발의 중지, 다방면적 교류 실시, 직통전화 개설, 남북조절위원회 운영 등 7개 항을 합의했다고 발표한다. 국민은 통일이 가까이 다가온 듯한 열기와 환상을 느낀다. 미국의 반응도 빨랐다. 「남북한의 대화 합의」(The Korean Accord)에 큰 기대를 나타낸다. 7월 5일 NYT 사설이다.

남북한 대화 합의

이번 주 남·북한 간 합의는 아시아 지역과 전 세계의 정치적 상황을 개선하는 아주 중요한 역사적 진전이다. 과거 두 나라가 상대방에 대해 통상적으로 표출했던 악의와 증오를 공동성명의 합리적이고 온건한 어조와 대조해 보면 이번 합의가 얼마나 놀라운 것인지 금방 드러난다. 남·북한이 고위급 밀사를 상대방의 수도에 파견해 접촉한 끝에 체결한 합의는 평화적 통일이라는 목표를 설정하고 있다. 남·북한은 서울과 평양 사이의 직통 전화선 설치와 상호 비방 중단, "우발적인 무력 충돌"의 방지 그리고 합의를 이행하고 통일이라는 목표를 진전시킬 남북공동조절위원회의 설치에 합의했다. 수년간 서로 간에 전쟁 발생을 우려하며 대치해 온 두 나라는 상호 교류를 끊고 대치하는 대신 긴장 완화를 위한 대화의 길을 선택했다.

우리는 이번 합의를 환영한다. 그러나 이번 합의가 화해(rapprochement)를 위한 이 첫 단계로서 중요한 것이기는 하지만 이로써 남한과 북한의 모든 문제가 해결되었다거나 한반도에 도사린 위험들이 모두 끝났다고는 생각지 않는다. 남·북한 국민 사이에 공포와 적대감이 20년 이상 존재해 왔고 또 두 나라 사이의 오래된 불신과 긴장이 하룻밤 사이에 사라지지는 않을 것이다. 이번 합의에도 불구하고 남·북한은 합의를 위반하고 군사적으로 혹은 정치적으로 상대방을 굴복시킬 수 있다는 불안감이 여전히 있다. 남북한 간에는 6·25전쟁으로 인한 참혹한 기억들이 아직 생생하게 남아있다.

이번 남·북한의 진전은 닉슨 대통령의 중국과 소련 방문으로 개선된 세계적인 정치 환경 변화의 직접적인 결과로 보인다. 닉슨의 방문을 둘러싼 우호적인 분위기 조성은 미·중·소 세 강대국 사이에서의 긴장 완화뿐만 아니라 각 동맹국에도 좋은 신호를 주고 있다. 서울과 평양의 지도자들은 이 신호를 알아챘고 서로 현명하게 행동했다.

올 초에 있었던 미-소, 미-중 협상은 국익이 이데올로기보다 훨씬 중요하다는 것을 확실하게 보여주었다. 남북한 지도자들도 이데올로기보다 국익이 중요하다는 국제적 기류를 간파했다. 남북 공동성명은 "남·북한이 한민족이며 민족의 대단결이 사상, 이념, 체제의 차이를 뛰어넘어" 다른 어떤 목표보다 중요하다는 사실에 서로 동의하고 있음을 보여준다.

불가피하게도, 오랫동안 분단된 남북 화해를 위한 합의는 한반도 안에만 국한되지 않는다. 남·북한의 이번 진전이 뉴스로 보도되면서, 왜 베트남에서는 이와 비슷한 합의가 이루어지지 않는가 하는 질문을 불러일으킬 것이다. 더구나 남·북베트남의 지도자들은 북한이 주한 미군의 우선 철수와 남한 정권의 교체를 요구하지 않고도 통일을 향한 중요한 진전을 처음으로 하고 있다는 점을 깨닫게 될 것이다. 한국에서의 진전으로 베트남에서도 분명 진전이 있을 것이라고 결론을 내린다면 너무 성급하고 당치 않은 일일 것이다. 그러나 서울과 평양은 하노이나 사이공이 못 본 척하고 넘어갈 수 없는 유용한 사례 하나를 만들었다.

이 합의에 따라 남북은 남북조절위원회(南北調節委員會)를 설치해 세 차례 본회의를 이어갔으나. 견해 차이가 너무 컸다. 조국 통일 3대 원칙에 사용된 자주(自主)는 남한에서는 남북 당사자 간 해결을 의미했지만, 북한은 외세 배격 즉 주한미군의 철수와 유엔군사령부의 해체로 해석했다. 평화(平和)의 경우, 남한은 당연히 북한의 무력도발 포기와 상호 불가침을 의미했으나, 북한은 한미 합동군사훈련과 자주국방 정책의 중단을 의미했다. 민족대단결(民族大團結)의 경우도, 우리는 자유와 민주의 바탕 위에 민족 구성원 전체의 의사를 결집하는 것으로 해석한 데 비해, 북한은 반공정책과 국가보안법을 폐지하고 공산주의자에게도 자유로운 활동을 보장해 주는 것으로 해석하니, 대화가 계속될 수록 말문이 막혔다.

	대한민국	북한
자주(自主)	남북 당사자 간 해결	외세 배격, 주한미군 철수와 유엔군사령부 해체
평화(平和)	북한의 무력도발 포기, 상호 불가침	한·미 합동군사훈련 중단, 한국의 자수국방 정책 중단
민족대단결 (民族大團結)	자유와 민주의 바탕 위에 민족 전체의 의사 결집	반공정책과 국가보안법 폐지, 공산주의자에게도 자유로운 활동 보장

당시 국무총리 김종필의 증언이다.

> 박 대통령은 7·4남북공동성명에 그렇게 큰 의미를 부여하지 않았다. 남북이 합의한 내용이 그대로 이행될 수 있을 거라고 믿지도 않았다. 오히려 이로 인해 남북관계에서 이외의 결과가 조성되는 것은 아닌지 걱정했다. 당시 박 대통령은 유신(維新)을 단단히 결심하고, 준비 작업을 한창 밀어붙이고 있었다.[317]

남북한 간 견해의 차이는 50년이 지난 지금도 존재한다. 50년이 지나면서 도리어 장벽이 더 두꺼워지고 높아졌을 수도 있다. 이때만 해도 북한의 경제력이나 국방력이 남한에 비해 약간 우위를 유지했겠지만, 지금은 비교가 무의미할 정도다. 그래서 북한은 온갖 어려움을 뚫고 핵무기 개발에 성공했고, 이 무기를 들고 체제 보장, 왕조(王朝)식 세습 정권의 보장을 요구하며 세계를 상대로 위험한 게임을 벌이고 있다. 북한의 선택이 엉뚱하고도 놀랍다. 결국, 대화로 분단 상태를 해소한다는 남북의 긴장 완화 움직임은 1년을 겨우 넘기고, 김대중 납치 사건 발생한 직후인 1973년 8월 막을 내린다.

그들이 회담을 중단한 이유는 그들 자신이 내세우는 이유가 무엇이든 사실은 당

초 계획인 공산주의 활동의 합법화와 미군 철수라는 목표를 달성할 수 없었던 반면 한국이 오히려 정치적 이득을 얻고 있다고 판단한 데서 비롯된 것이다.[318]

독일 통일의 기초가 된 동방정책의 설계자인 에곤 바르(Egon Bahr, 1922~2015)가 말하듯이 "독일에서나 아시아에서나 공산주의자가 주장하는 바는 똑같다." 공산주의자들의 미사여구에는 칼날이 숨어있다. 박정희도 직관력이 뛰어난 지도자다.

> 박 대통령은 남북통일 문제가 논의될 때 자주 "김일성이 살아 있는 한, 통일은 어렵다"고 말하곤 하였다. 이 말을 통해서 알 수 있듯이 박 대통령은 김일성이 자기 신격화가 와해되는 것을 감수하면서까지 통일에 협력하겠느냐는 의심을 버리지 않고 있었다.[319]

북한의 이러한 평화공세에 대해 박 대통령도 6·23선언(1973)을 통해 '남북한 유엔 동시 가입'을 제안하기도 하고, '남북상호불가침조약' '남북 자유총선거에 의한 통일' 방안 등을 제안했다(1974.8.15). 당시의 긴장 완화 분위기를 이용해 남북한이 경쟁적으로 '평화로 가는 길'을 제시했다. 이 무렵 ·4 남북공동성명과 관련해 '재미있는' 사건이 발생한다.

> 이듬해 봄 이후락이 경남 통영 해변의 충무관광호텔에서 며칠 쉬고 있는데 괴한들이 들이닥쳤다. 소형 잠수함을 타고 북한에서 내려온 무장 공비들이었다. 새벽 어둠을 틈타 3명이 해변으로 올라왔는데 경비를 서던 경비대에 1명이 사살되고 1명은 총상을 입은 채 잡혔다. 또 다른 1명은 바다로 뛰어들었다. 체포된 간첩을 문초해 보니 "이후락을 죽이러 왔다"고 진술했다. 김일성은 박 대통령의 유신 발표를 보고 "내가 이용당했다. 이후락이 나쁜 놈, 처치해라"고 말했다고 한다.[320]

다행히 이후락(1924~2009)의 명(命)이 길어선지, 서울에 급한 일이 생겨 통영을 떠나고 없었다. 남북한 해석의 차이가 커진 자주, 평화, 민족대단결이라는 3원칙도 김일성이가 꺼낸 용어로 착각하기 쉽지만, 김일성이 동의할 만한 용어라고 생각해서 이후락이 먼저 꺼낸 용어라고 김종필은 증언한다. 그래서 김일성은 처음에는 이후락을 민족의 영웅이라고 추켜세웠다. 그런데도 『국가보안법』을 철폐도 하지 않고, 7·4 공동선언을 10월 유신을 위한 수단으로만 이용했다는 생각에 화가 난 김일성은 "이후락이를 처치하라"고 지시하기에 이른다. 뒤에 이후락의 이런 개인적인 휴가 계획을 북한이 어떻게 알고, 암살 요원들을 진남포에서 출발시켰는지, 우리 내부에 간첩이 있었던 것이 아니냐 하는 이야기가 나왔다.

박정희의 권력의지 | 우리는 지금 10월 유신을 앞두고 박정희 대통령이 왜 '제2의 쿠데타'를 결심했는지 국내외적인 상황을 살펴보고 있다. 거기에는 북한의 격화되는 무력 도발과 전쟁 준비 완료, 약속을 어긴 주한 미군의 철수와 베트남전 조기 종결, 국력과 국방력의 열세, 야당의 무책임한 주장으로 인한 국론 분열 등 여러 가지 이유가 있겠지만, 더 집권해야겠다는 대통령 개인의 권력의지도 강하게 있었다고 생각한다. 선의로 해석하면 박정희는 좀 더 집권하면서 나라의 기반을 더 단단하게 만들어 놓고 권력을 넘기겠다는 '독재자의 함정'에 빠졌다고 보인다.

국민이 투표로 선출한 권력도 견제가 되지 않으면 독재로 연결된다는 것을 박정희는 몰랐을까? 박정희의 혁명 동지이자 조카사위인 김종필은 1968년 말 무렵 박정희가 예전과는 다른 사람이 됐다는 느낌을 받은 적이 있다고 말했다. 박정희를 누구보다도 잘 알고, 깊이 아는 그다. 1968년 말, 3선 개헌이 꿈틀거릴 때다.

정계를 떠나기(1968.5) 전부터 나는 이런 상황을 예감하고 있었다. 가만히 보니까 박 대통령은 이미 대통령을 한 번 더 하고 싶다는 생각을 갖고 있었다. 혁명 초기엔 몇 번이나 그만두겠다고 하셨던 분이 두 번 대통령에 당선되고 자신감이 붙으면서 그런 마음이 생긴 것이다. 대통령의 의중을 간파한 6인방은 이를 십분 이용해 자신들의 자리를 공고히 하고자 했다.[321]

사실 권력에 대한 박정희의 집념은 그의 일생을 관통하는 용어로, 그가 만주로 올라갈 때 이미 증명이 됐다. 젊은 시절의 만주행(滿洲行)도 만주행이지만, 단적으로 권력의지가 없는 사람이 생사를 걸고 쿠데타를 하겠는가?
박정희도 애초 쿠데타를 결심한 동기가 "나라를 이대로 버려두어서는 안 되겠다. 수천 년 내려온 가난 때문에 수많은 국민이 굶고 있는 현실을 고쳐야 한다. 그리고 이를 위해서는 나라의 정치를 바꿔야 한다"에서 출발했다. 젊은 김대중이 정치를 결심한 계기도 "6·25 남침을 당해 정부가 부산까지 쫓겨 왔는데도 정신 차리지 못하는 정치인을 보고, 정치만 제대로 돌아가면 나라도 제대로 돌아갈 것"이라는 생각에서 출발했다.
박정희의 소학교 시절이나 사범학교 시절의 기록을 보면 그는 군인을 동경하고 있었고, 문경에서의 교사 시절에도 마찬가지였다. 그는 긴 칼이 차고 싶어서 만주로 갔다고 했다. 당시 식민지 상황에서 사범학교를 졸업하면 누구나 인정하는 안정된 교직(教職)이 보장됐지만, 그는 나이 제한이 있는데도 불구하고 군관학교 진학을 위해 만주로 건너갔다. 긴 칼, 즉 권력에 대한 집념이 엄청났다. 그의 일생은 동기도 그렇고 과정과 결과도 그렇고, 권력을 떼어놓고 생각하기 어렵다. 이런 분석이 있다.

> 사실 권력 추구라는 미시적 동기를 떠나서 박정희의 삶을 이해할 수는 없다. 박정희에게 권력은 자신의 생명과도 같은 것이었다. 그렇기 때문에 그는 일제 강점기에는 일본군 장교가 되었고, 좌파가 득세하던 해방 정국에서는 공산주의자

가 되었으며, 한국전쟁 이후 우파들의 세상이 되자 철저한 반공주의자로 변신했다. 그렇다고 그를 친일파로 규정할 수도 없고, 용공분자로 규정할 수도 없으며, 반공투사로 규정할 수도 없다. 왜냐하면 그에게 있어 자신의 권력 추구라는 미시적 동기를 넘어서는 어떠한 거시적인 담론이나 가치는 있을 수 없기 때문이다. 만일 그가 어떠한 가치에 몰입했다면 그것은 자신의 권력 추구와 유지를 위한 '도구'에 불과했다.[322]

이 연구자의 지적이 맞을 것이다. 또 3선 개헌을 염두에 두고 실시된 1967년 국회의원 선거를 앞두고 박정희는 자신이 계속 집권해야 한다는 점을 당시 김형욱 중앙정보부장(재임 63.7~69.10)에게 거듭 강조한다.

박정희의 3선 개헌에 관한 결의는 철석과도 같았다. "나 정권 절대로 못 내놔. 임자가 알아서 해"하고 몇 번이나 다짐하던 박정희의 말뜻을 나는 확연히 깨닫게 되었다. 어떤 일이 있어도 3선 개헌을 강행하겠다는 것이었다. 만약 통과가 안 된다면 친위 쿠데타라도 일으킬 뱃심이었다.[323]

정치인에게 권력욕을 탓하는 것은 젊은 남녀의 몸치장을 탓하는 것과 별반 다르지 않다. 우리가 살면서 보지만 정치나 권력에 관심이 없는 사람은 아예 그 근처를 얼씬거리지 않는다. 그래서 권력욕이 없는 정치인이 무능함에 가깝고, 치장하지 않는 젊은이가 이상한 일이 아닐까? 박정희는 권력의지가 강했다.

10월 유신(維新)[324] | 일반적으로 유신 시대라면 대통령이 계엄령을 선포하면서 대통령 특별선언을 발표한 1972년 10월 17일부터 박 대통령이 숨을 거둔 1979년 10월 26일까지의 7년을 말한다. 일부에서는 박정희 치하의 유신 7년에 더해 같은 헌법에 기초한 전두환 치하와 그를 이은 노태우의 집권기까지를 유신체제 또는 유사 유신체제라고 보기도 한다.[325] 그럴 경우 유신은 짧게는 7년에서 15년 이상 영향을 끼친 체제다.

박정희 대통령이 1972년 10월 17일 저녁 7시를 기해 전국에 비상계엄(非常戒嚴)을 선포한다. 대통령은 "국민 여러분! 지금 우리 주변에서는 아직도 무질서와 비능률이 활개를 치고 있으며, 정계는 파쟁과 정략의 갈등에서 좀처럼 헤어나지 못하고 있습니다. … 이처럼 민족적 사명감을 저버린 무책임한 정당과 그 정략의 희생물이 되어 온 대의(代議)기구에 대해 과연 그 누가 민족의 염원인 통일의 성취를 기대할 수 있겠으며, 남북 대화를 진정으로 뒷받침할 것이라고 믿겠습니까? 국민 여러분! 이제 일대 개혁의 불가피성을 염두에 두고 우리의 정치 현실을 직시할 때, 나는 정상적인 방법으로는 도저히 이런 개혁이 이루어질 수 없다는 판단을 내리게 되었습니다."라고 선언했다.

대통령은 이를 위해 "①1972년 10월 17일 19시를 기해 국회를 해산하고, 정당 및 정치 활동 중지 등 현행 헌법 일부 조항의 효력을 정지시킨다. ②일부 효력이 정지된 헌법 조항의 기능은 비상 국무회의에 의하여 수행되며, 비상 국무회의 기능은 현행 헌법의 국무회의가 수행한다. ③비상 국무회의는 1972년 10월 27일까지 조국의 평화적 통일을 지향하는 헌법 개정안을 공고하며, 이를 공고한 날로부터 1개월 이내에 국민투표에 부쳐 확정시킨다. ④헌법 개정안이 확정되면 개정된 헌법 절차에 따라 늦어도 금년 연말 이전에 헌정질서를 정상화시킨다."라고 밝혔다.

박 대통령은 카랑카랑한 목소리에 힘이 실려 있는 연설을 했다. 1972.

미국도 계엄 선포 몇 시간 전에야 한국 정부로부터 통보받았다. 미국은 즉각 한국의 계엄령 선포와 유신에 반대한다는 입장을 "가장 강경한 어조로"(in the "stiffest terms") 한국에 전달한다. 로저스 미 국무장관은 16일 밤(미국 시간) 김동조(金東祚) 주미대사를 국무부로 초치해 이러한 미국 정부의 입장을 전달했고, 필립 하비브(Philip Habib) 미국대사(재임 71.10~74.8)도 김종필 국무총리와 김용식 외무장관을 방문해 같은 입장을 전달했다. 국무부 관리들은 "어제 하비브 대사가 계엄 선포 몇 시간 전에 김 총리로부터 그 사실을 통고받았다"라고 밝히며, "미국 정부는 박 대통령의 계엄 선포에 대해 아주 당혹스러운 입장"이라고 말했다(NYT, U.S. Voices Disapproval in 'Stiffest Terms', 10.18).

열흘 뒤 유신헌법의 구체적인 내용이 나온다. 헌법상 최고의 수권 기구로 통일주체국민회의(統一主體國民會議)를 설치한다. 대통령은 통일주체국민회의 대의원들이 선출하고, 임기도 6년, 연임 제한도 없앤다. 대통령은 국회의원의 3분의 1을 지명하고, 나머지 3분의 2는 한 지역구에서 2명씩 뽑도록 했다. 대통령은 계엄선포권 외에도 긴급조치권과 국회해산권을 갖도록 했다. 또 기본권인 언론·출판·집회·결사의 자유도 제한할 수 있도록 했다.

연임 제한도 없는 대통령 권한이 어마어마해졌다. 이렇게 된다면 야당이 비판해 온 것처럼 장개석(蔣介石)과 히틀러(A. Hitler)를 호칭하는 '총통'(總統)과 다름없는 대통령이 탄생하게 된다. 이런 10월 유신에 대해 미국은 아연실색한다. NYT는 22일 한국의 민주주의가 그 지도자에 의해 훼손당하고 있다는 통렬한 비판을 담은 사설을 게재한다. 사설의 제목은 「한국은 지금」(Now Korea)이다.

한국은 지금

한국에서 박정희 대통령의 계엄령 선포는 미국이 취하고 있는 아시아 정책의 도덕적 기반에 또 한 번 당혹스러운 타격을 입혔다. 막대한 경제, 군사 원조와 함께 43,000명의 미군은 자유주의 세계의 첨병인 한국을 지켜주고 있다. 지금 이

자유의 전초 기지는 외부의 적에 의해서가 아니라 한반도에서 민주적 정부 수호의 임무를 부여받은 그 지도자에 의해 훼손당하고 있다. 11년 만에 세 번째인 최근의 계엄령 선포에 대한 박 대통령의 설명은 설득력이 약하다. 그는 한국의 권력 집중이 "한국을 둘러싼 급변하는 국제 정세에 대처"하고, 한반도의 평화적 통일을 위한 북한과의 협상 추진에 필요하다고 말한다.

그러나 남북한 대화를 포함해 아시아의 새로운 긴장 완화 분위기는 한국에 대한 외부적인 위협을 감소시켜 준다. 박 대통령은 작년 12월 국가비상사태 선포에 따라 이미 많은 비상 조치권을 갖고 있고, 지금은 해산된 국회에서도 여당은 절대다수 의석을 차지한 것은 말할 것도 없다.

한국의 계엄령은 대통령의 권력을 무한대로 강화하고 영속시키는 내용으로 돼 있다. 이 점에서 한국의 계엄령 선포는 지난달 필리핀 마르코스 대통령이 취한 조치와 아주 닮아 있고 미국이 지원하는 베트남과 캄보디아의 정권들이 취한 자유 탄압과 무척이나 유사하다.

워싱턴 당국은 과거 친미적인 국가들에서 독재를 묵인하던 관례에서 벗어나, 한국의 계엄령에 따른 억압 조치에 동의하지 않는다고 신속한 의사를 표명했다. 이런 반대 표명은 한국이 자유에 대한 근본적인 약속과 더욱 부합하는 정책으로 전환하도록 하는 신호가 될 수 있다. (72.10.22)

제8대 대통령 선출을 위한 통일주체국민회의의 제1차 회의 소집공고와 투표. 1972.12.23.

10월 17일 저녁 특별선언의 발표로 시작된 10월 유신은 헌법안 공고(10.27),

국민투표 실시(11.21, 투표율 91.9%, 찬성률 91.5%). 새 헌법에 따른 통일주체국민회의(National Conference for Unification) 대의원 선출(12.5, 2,359명)로 이어진다. 그리고 대의원들은 단독으로 출마한 박정희 후보를 제8대 대통령으로 선출한다(12.23). 이런 아이디어는 누구의 작품일까?

유신, 누구의 구상인가? | "10월 유신은 철저하게 박 대통령이 구상하고 직접 지휘해 이끌었으며, 결국 죽음으로 마지막 책임까지 지고 갔다."고 당시 국무총리였던(재임 1971.6~1975.12, 11대) 김종필은 증언한다.

> 박 대통령의 흉중(胸中:마음속)에서 유신의 싹이 튼 건 1971년 4월 대선에서 김대중 후보에게 95만 표라는 예상외로 적은 표차로 이겨, 위기감을 느낀 때였다. 박 대통령의 이런 마음을 읽고 강력한 통치 체제 구축이 필요하다고 건의한 게 이후락인 건 맞다. 건의 시점은 1971년 말께로 짐작된다. 그는 김일성을 만나러 평양에 다녀온 1972년 5월부터는 남북 관계에 몰두하는 바람에 유신 개헌 작업에 거의 관여하지 못했다.[326]

그리고 국무총리 김종필 자신은 1972년 5월의 어느 토요일, 대통령으로부터 유신이 추진되고 있음을 직접 들었다고 증언했다.

> 청와대에서 전화가 왔다. 박 대통령이 골프를 치자고 했다. 고양의 뉴코리아 컨트리클럽으로 가는 차 안에서 이렇게 말을 꺼냈다. "내가 국가 비상관리체제를 생각하고 있어. 국민 총동원 체제가 필요해. 이대로는 70년대가 순탄하지 않아. 심한 반대에 부닥칠 수 있겠지만 일단 해놓고 보면 나중에 1970년대를 잘 이겨냈다는 말을 들을 거야. 이 체제는 국가 위기를 극복할 때까지 한시적으로만 갈 거야." 박 대통령은 개헌이란 말을 입에 올리진 않았지만 나는 자연스럽게 그런 뜻으로 받아들였다.[327]

김종필은 유신을 '국가 비상관리 체제, 국민 총동원 체제, 또 한 번의 개헌' 등 정체(政體)의 큰 변화로 막연하게 파악하고 있었다. 통일주체국민회의가 간선으로 대통령을 선출해 영구집권이 가능한 체제라는 유신헌법의 핵심 내용을 김종필은 모르고 있었다고 김정렴은 기록하고 있다.

사실 김 총리도 사흘 전에야 이를 알게 됐다. 김 총리는 유신 추진 과정에서 철저히 배제되어 있었다. 박 대통령은 김 총리에게 알리지 않도록 엄명을 내렸고 마지막 단계에 가서야 주한 외교 사절에게 통보해 주어야 할 절차상의 문제 때문에 미리 알려 줬을 뿐이다.328

1972년 5월 이후 본격화된 유신헌법 제정에는 홍성철 정무수석, 김성진 공보수석, 유혁인 정무비서관, 신직수 법무장관, 중앙정보부 김치열 차장 등이 동

홍성철(1926~2004)

김성진(1931~2009)

신직수(1927~2001)

김치열(1921~2009)

한태연(1916~2010)

갈봉근(1932~2002)

원돼 골격을 짰다. 그리고 한태연, 갈봉근 교수가 헌법의 초안을 잡았다. 대통령은 몇 년 뒤(1978) 연두 기자회견에서, "왜 10월 유신을 단행했는지" 간명하게 자신의 언어로 설명한 적이 있다.

> 10월 유신의 기본 목적과 이념은 격변하는 주변 정세에 우리가 슬기롭게 대처해 나가면서 나라를 지키고, 민족의 생존권을 지키며, 또 우리의 민족사적 정통성을 지켜 나가자, 그러기 위해서는 능률의 극대화와 국력의 조직화가 필요하다, 이것을 통하여 국력 배양을 가속화하자, 여기서 배양된 우리 스스로의 힘으로 평화와 번영을 쟁취하자, 그렇게 해서 평화통일까지도 더 앞당기자고 하는데 있습니다.³²⁹

대통령은 주한 미군 철수를 북한의 남침 가능성이 극대화되는 위기 상황으로 파악해 자주 안보와 국민 총동원 체제의 구축이 필요하다고 정리했다. 정부는 예비군 훈련과 교련 교육을 강화하고, 대(對)전차 장벽을 쌓고 또 서울 시내 곳곳에 대공고사포까지 설치했다. 박정희는 당시 북한의 위협을 실제적인 위협으로 인식하고 국민 기본권이 일정 부분 희생되더라도 경제발전, 자주국방, 평화 통일의 길로 일사불란하게 나가야 한다고 생각했다. 그러나 민주화 세력은 좀 더디더라도 민주화를 해 나가면서 자주국방과 경제 건설을 추진하자는 입장이었다.

사실 민주화와 산업화, 선후(先後)에 관해서는 관련 전문가들이 자주 논쟁하는 문제이기도 하다. 우리에게는 안보라는 문제까지 끼어 있었다.

박정희 집권 초기 우리도 이 문제로 치열하게 토론했다. 일반적으로는 산업화가 먼저 가고 적절한 단계에서 민주화가 뒤따르면서 산업화와 민주화 두 가지 모두에서 성공하는 경우는 많지만, 그 반대의 경우는 거의 없다고 한다. 박 대통령은 분명한 '선(先)산업화 후(後)민주화주의자'였다. 1970년 청와대에 특별보좌관 제도가 신설될 때, 박정희는 한국일보 논설위원이던 임방현(林芳鉉,

1930~2022)을 사회담당 특보로 직접 선택했다. 김정렴의 회고다.

    한국일보 논설위원이던 임방현 씨를 박 대통령이 직접 지명해서 특보로 발탁한 배경에 대해 임 씨는 "1963년 민정이양 이후 사회 일반의 관심은 민주가 먼저냐, 경제발전이 먼저냐에 모아져 있었다. 어느 날 KBS 토론회에 나가 이 문제를 놓고 의견을 개진한 적이 있었다. 당시 상대 토론자가 남재희(南載熙) 씨였는데 나는 '경제 우선론'을, 남 씨는 '민주 우선론'을 주장했다. 얼마 뒤 신문사 논설위원들과 박 대통령이 점심을 함께하는 자리를 갖게 됐는데 박 대통령이 토론회 얘기를 꺼내면서 '나는 임 위원 편입니다' 했다 한다. 아마 신문 사설이나 토론회 등을 통해 밝혔던 내 소신이 어필했던 것 같다"고 회고했다. (국민일보, 1996.9.20)[330]

경제우선론을 보면, 가난하고 실업자가 지천인 사회, 자본축적도 없고 기술수준도 낮으며 국민의 교육 수준도 별로 높지 못한 후진국적 상황에서는 원하든 원치 않든 간에 국가가 근대화 초기의 추진 세력으로 등장한다. 그래서 정부 주도의 경제개발이 시작돼 어느 단계에 이르면 중산층이 생겨나고, 이 중산층을 중심으로 정치적 민주화가 진행돼 사회 전 분야로 펴져 나간다는 이론이다. 남미의 아르헨티나와 베네수엘라는 그 반대의 경우로, 민주화도 산업화도 모두 실패한 경우로 거론된다. 우리가 지나온 경로가 모범답안에 가깝다는 국제적인 평가가 일반적이다.

유신국회(제9대) 구성 | 연말 대통령 선출은 끝났고, 해가 바뀌어 1973년 2~3월 유신헌법에 따른 첫 국회의원 선거(제9대 총선)가 실시된다. 기존 선거와 많은 면에서 달라, 좀 살펴볼 필요가 있다.

유신헌법에 따라 새로 구성되는 제9대 국회는 직접선거와 간접선거 두 가지 방식으로 219명의 국회의원을 선출했다. 직접 투표를 통한 지역구(1구 2인 선

제9대 총선, 서울 종로 선거구에서 당선된 장기영(공화당), 정일형(신민당) 후보 포스터

출) 국회의원 선거가 먼저 실시된다(2.27). 이들의 임기는 대통령의 임기와 같은 6년이었다. 지역구 선거 결과는 여당 민주공화당(박정희)이 73석, 야당 신민당(유진산)이 52석, 민주통일당(양일동) 2석, 무소속 19석이었다.

득표율은 공화당이 38.7%, 신민당이 32.5%, 민주통일당이 10.1%로, 두 야당의 득표율[42.6%]이 더 높았다. 국민은 야당에 대한 지지를 철회하지 않았다. 엄혹한 유신 시절이지만, 희망은 남아 있었다. 해외에서 선거 결과를 지켜본 김대중은 "그나마 위안이었다"(『자서전』 276페이지)라고 적었다.

지역구 의원 146명의 선거가 끝난 일주일 뒤(3.7), 통일주체국민회의 대의원들이 뽑는 국회의원 73명과 예비후보 14명에 대한 간접선거가 시행된다. 통일주체국민회의 대의원들은 대통령이 추천한 73명의 국회의원 명단을 놓고 일괄 선출하는 방식으로 뽑았다. 언론은 이들을 유신정우회(維新政友會, 유정회)라고 불렀다. 이들의 임기는 3년으로, 그 활동 실적 등을 평가해, 대통령이 3년 만에 바꿀 수 있도록 했다. 이건 선거라기보다는 그냥 대통령이 제시한 후보자 명단을 보고, 승인만 하는 형식적인 투표였다.

당시 처음으로 실시되는 유정회 의원 즉, 임명제 국회의원에 누가 포함되는가에 대해 많은 국민의 관심이 쏠렸다. 1기 유정회 의원은 정계 20명, 학계 7명, 교육계 3명, 언론계 7명, 장차관 등 공무원 16명, 예비역 장성 8명, 여성계 8명, 기타 해외동포와 사회 각계 대표 4명 등으로 구성됐다. 이들 임명제 국회의원은 국민의 직접선거에 의해 선출된 지역구 출신 의원들로부터 좀 무시당했다. 이들은 9대 국회 내내 대통령의 통치 이념과 계속 집권을 보증하는 체제수호의 전위조직으로 활동한다. 그리고 이런 활동에서 뛰어난 활약상을 보인 의원들은 중도 탈락 없이 의원 생활을 이어갔다. 실제로 3년 뒤인 76년 2월, 2기 유정회 의원 추천 명단을 보면 1기에서 맹활약을 했던 50명은 재추천됐으나, 활동이 미진했던 23명은 탈락했다.

사실 9대 국회 자체가 대통령이 지명한 의원(유정회)이 3분의 1이나 되는 데다, 대통령이 국회해산권까지 갖고 있어, 국회는 제대로 역할을 하지 못했다. 당연하게도 정치의 중심은 국회가 아니었다. 형용 모순(Oxymoron) 같지만, 여권 쪽에서는 중앙정보부가, 야권 쪽에서는 재야(在野)가 나서서 정치를 담당한다. 여당과 야당은 들러리 비슷했다.

NYT, "아직도 한반도는 위험하다"

1972~1973년 남북한 관계는 변하고 있었다. 몇 해 전(68~69) 한국과 미국에 대한 북한의 무력 도발이 고조됐으나, 이제 그 파고는 지나갔고, 7·4 남북공동성명으로 대표되는 유화 국면이 계속되고 있었다. 한국에는 유신체제가 등장했으나, 긴급조치 같은 비상조치가 나오기 전이고, 김대중도 도쿄에서 납치되기 전이다.

북한에서는 몇 해 전부터 계속되는 경제 침체에 대한 책임을 물어 빨치산 강경파(박금철, 이효순 등 갑산파)가 물러나고 실무형 관료와 혁명 2세대가 등장하고 있었다. 김정일(金正日, 1942년생)과 김일성의 친인척들(김영주, 김성애, 양형섭, 허담, 강현수, 장성택 등)이 권력의 핵심에 자리 잡는다. 북한은 남한의 유신헌법 제정에 대응해, 인민민주주의 헌법을 폐지하고「사회주의 헌법」으로 바꾸어,

내각 수상을 '주석'(主席)으로 바꾸고, 주석에게 직속된 '중앙인민위원회'에 행정·입법·사법의 모든 권한을 집중시켰다. 북한은 또 헌법상 수도를 서울에서 '평양'으로 바꾸고, 평양을 민족의 심장부라고 홍보하기 시작한다. 북한은 우리 역사에서 평양에 수도를 두었던 고조선과 고구려의 역사에 큰 비중을 두어 서술하기 시작했고, 신라는 민족을 반역한 국가로 폄훼했다. 이즈음 등장한 김정일은 김일성 주체사상을 북한 주민들에게 뿌리내리게 하는 데 큰 역할을 했다.

이런 변화 와중에 있는 남북한을 심층적으로 분석한 기사가 NYT 매거진에 실린다(1973.5.20). 제목은 "아직도 한반도에는 위험이 남아 있다"(There's danger in Korea still). 7페이지에 이르는 이 기사의 필자는 유명한 전문가다. 일본 주재 미국대사를 오래 지낸(1961~66) 하버드대학 에드윈 라이샤워(Edwin O. Reischauer, 1910~1990) 교수와 한국에서도 오래 근무한 외교관 그레고리 핸더슨(Gregory Henderson, 1922~1988) 터프츠(Tufts) 대학 교수다. 라이샤워 교수는 미국 내에서 자타가 인정하는 일본통이고, 핸더슨 교수는 한대선(韓大善)이라는 한글 이름도 가진 한국통이다. 7년간 한국에서 근무한 그가 저술한 『한국:소용돌이 정치』(Korea:The Politics of the Vortex)는 영어로 된 한국 현대

북한의 반미 포스터와 교련 교육을 받고 있는 한국의 여고생들. 1972년.

사와 한국 현대 정치에 관한 교과서라고 해도 될 정도의 필독서다. 이 두 아시아 전문가는 그 시점 한반도와 동북아의 질서를 어떻게 읽어냈을까?

아직도 한반도는 위험하다(There's danger in Korea still)

키신저와 주은래는 줄곧 웃으며 악수하고 있다. 미국은 지난 10년 만에 처음으로 베트남전쟁 부담에서 벗어나고 있다. 일본은 아무 부담 없이 기쁜 마음으로 베이징에 자국 대사관을 개설했다. 소련과 일본, 미국 세 나라는 시베리아에 대한 수십억 달러 규모의 투자를 진지하게 논의하고 있다. 남한과 북한조차도 서로 대표단을 교환하고 평화 통일에 관한 대화를 시작했다. 동아시아의 미래는 아주 좋아 보인다.

그러나, 정말로 모든 것이 그렇게 장밋빛일까? 미국의 태도를 보면 동아시아와 관련해 기대감이 상승세를 타고 있는 것을 알 수 있다. 미국 역사에서 보면 작은 구름이 수평선에서 생겨나 거대한 허리케인으로 변하는, 그런 과거의 악몽은 바로 지금과 같이 현실에 대한 해이한 마음가짐과 무관심이 지배하고 있는 시점이다. 그리고 한국의 상황은 이 단계에서 받아들이기 어렵고 불쾌한 기분마저 들지만, 통제할 수 없는 허리케인으로 빠르게 변해 구름으로 발전할 가능성이 있다. 한국에서 전쟁이 임박한 것처럼 보이거나 미국이 직접 개입할 일이 생길 가능성은 전혀 없다. 하지만 우리는 한국의 문제들이 다 끝났다고 가정해서도 안 되며, 또 어떤 상황에도 세계 다른 나라에 큰 영향을 미치지 못할 그저 작은 변방이라고 가정해서도 안 된다. 지리적인 위치나 잠재적 폭발력 관점에서 볼 때, 한국은 베트남과 상당히 다르고, 낙관만 하기보다는 경계해야 할 이유가 더 많다. 미국이 한국 상황에 대해 낙관적 견해를 갖는 가장 주된 이유는 최근까지 계속돼 온 남북통일 회담 때문이다. 남북한에 통일 정서는 매우 강하다. 한국인들은 예외적으로 동질적이고, 서기 668년 이후부터 거의 중단없이 정치적인 통합을 누려왔다. 이것은 유럽의 어느 국가보다도 오랜 기간이다. 한반도의 분단은 1945년 한반도가 일본의 지배로부터 해방된 후, 미국과 러시아가 공동 점령과 신탁통치에 대한 합의를 도출하는 데 실패하고, 그 결과 남·북 양측에서 각각의 정부를 수립하도록 만든 미·소 두 나라의 실수 때문에 발생했다. 그 후에 계속된 냉전은 분단을 더 확고하게 만들었다.

한국의 박정희 대통령은 1971년 8월 12일 남북적십자회담을 제의하면서 한반도 통일 문제에서 주도권을 잡았다. 남북 접촉을 확대하자고 옛날부터 주장해 온 북한은 이 제안을 받아들였다. 판문점에서 예비 접촉이 1년여 진행됐고 1972년 8월 30일부터 11월 22일 사이에 적십자 본회담이 서울과 평양에서 두 차례씩 모두 4차례 열렸다. 한국은 이런 회담을 이산가족 상봉으로 제한하려고 했지만, 남북한 정권의 2인자를 대표로 하는 남북공동조절위원회가 구성됨으로써, 더 많은 정치적 주제가 폭넓게 논의될 것으로 보인다. 남북조절위원회 대표는 남한 이후락 중앙정보부장과 북한 노동당 조직지도부장인 김일성의 동생 김영주다.

작년 7월 4일, 남북한 통치자의 후계자로도 거론된 적이 있는 이후락과 김영주는 외부의 간섭없이 평화적인 통일을 이룩하자는 목표에 합의하고 "이념, 사상, 체제의 차이를 초월"하자는 데 의견 일치를 보았다. 그들은 또한 남북한이 상호 비방을 중단하고 무력 도발을 피하고 전화 통신선을 가설해 운영하기로 합의했다. 실제로 서울과 평양 사이에 전화선이 9월부터 개통됐고, 작년 7월부터 연말까지 적대적인 선전 공세가 감소했다. 상당한 규모의 대표단이 상대방의 수도를 방문했고, 한반도를 가른 4반세기 동안의 엄중한 분단 상태가 충분히 감지할 만한 수준으로, 희망적으로 변했다.

이 모든 상황은 멋지게 들린다. 그렇다면 왜 옛날 생각에 빠진 수구꼴통을 제외한 일반인들이 한국을 주의 깊게 관찰해야 하는가? 경보가 발령되는 대부분의 일들과 마찬가지로 한국 상황은 아주 복잡하고 심층적인 분석이 필요하다. 우선, 박 대통령은 "남북한 간의 대화"를 촉진하기 위해 작년 10월 한국의 근본적인 "유신"(reforms)을 선언했다. 이 유신은, 사실, 새로운 헌법을 통해 한국의 취약하고 불완전한 민주주의를 없애버린 계엄령 선포였다. 이 10월 유신은 남북한의 대화를 촉진하기는커녕 대화를 망치는 데 도움이 될 것으로 보인다.

북한 김영주는 가을에 열린 남북조절위원회 회의에 "신병"을 이유로 불참했다. 3개월 반 만에 처음으로 열리는 3월 15일의 조절위원회는 이견만 낳았을 뿐 다음

회의 날짜도 잡지 못했다. 이산가족 상봉 문제를 논의하기 위해 작년 11월 22일 예정됐다가 지난 3월 21일로 연기됐던 남북적십자회담도 아무런 성과를 내지 못했다. 한편 북한 측에서는 만족의 목소리는 사라지고 으르렁거리는 소리가 다시 들린다 : 비무장지대에서 위반행위를 했다는 비난-1971년 이후 처음으로 지난 3월 7일 2명의 한국인이 비무장지대에서 살해됐다-이 재개되고, 남한과 박 대통령의 "유신 체제"에 대해 적대적인 선전·선동도 시작됐다. 북한은 박 대통령에 대해 "파시스트 사형집행인으로서의 반역적인 본성"을 드러냈다고 비난했다.

어떤 이들은 남한 정권이 독재적으로 변해 이제는 북한과 비슷해졌기 때문에, 남북한 간 화해와 통일 장애물들이 실질적으로 감소했다고 말하기도 한다. 그러나 이것은 말도 안 되는 소리다. 독재자들은 같은 독재자라고 해서 더 사이좋게 지내지 않는다. 무솔리니는 히틀러에게 의존할 수밖에 없었을지 모르지만, 독재자 알퐁스(Alphonse)가 같은 나라 독재자 가스통(Gaston)에 자발적으로 복종한다는 말을 들어본 적이 있는가? 김일성은 전형적인 1인 개인숭배 유형의 독재자이다. 박정희는 무질서와 반대에도 소신을 굽히지 않는 야심에 가득 찬 장군이다. 김일성은 게릴라전을 겪어내고 소련군에서 경력을 쌓은 인물이다. 박정희는 2차 대전 전 일본제국 육사를 졸업한 군인이다. 세계에서 가장 군사화된 두 정권이 서로 수십 년째 다투면서 내전(內戰)만이 가질 수 있는 모든 증오를 서로에게 품고 있다.

남북한 평화 회담은 화해로 가는 한 걸음이기보다는 남북한 경쟁 관계에서 채택되는 책략에 가깝다. 북한은 주도권을 다시 잡은 것 같고, 남한은 어느 때보다 수세에 몰린 듯하다. 동서 화해 분위기가 일반적인 현재, 유엔 군사령부와 주한미군은 한국에서 즉각 철수해야 한다는 북한의 주장에 공감하는 편이 늘어나고 있다. 그러나 병력 감축에 대한 상호 사찰과 같은 문제에 있어, 북한의 양보가 없는 미군 철수는 남한 입장을 크게 약화시킬 수 있다. 동시에 남한 사람들은 통일에 대한 공허한 대화의 대가로 정치적 자유를 잃은 것에 대해 환멸을 느낄 것이고 따라서 박 대통령의 입지는 더욱 좁아질 것이다. 화해가 아니라 불안정이 한국의 미래 모습일지도 모른다.

작년 가을 "유신" 선포 당시, 대통령의 명분은 남북 대화를 지원하기 위한 것이라지만, 실제 동기는 이와 다를 수 있다. 온전하지는 않지만 반(半)민주주의 체제 아래의 박 대통령은, 언론이나 야당의 저항 없이 통일극을 연출하는 김일성을 상대하면서 아마 불리하다고 느꼈을 것이다. 박 대통령은 김일성의 교활함과 한국 야당과 일부 언론의 희망적인 사고, 선동, 그리고 야당과 언론에 대한 대통령 개인의 적대감 사이에 갇혀 있었다. 동아시아의 일반적인 데탕트 분위기는 통일에 대한 압력을 가중 시킨 반면, 미국이 독재정권에 반대하지 않을까 하는 대통령의 우려는 한국에 대한 미국의 관심이 감소함에 따라 약해졌다.

1972년 10월 17일, 박 대통령은 자신이 지난 1962년에 기초한 헌법의 여러 조항을 중단시켰다. 그는 국회를 해산시켰으며, 모든 정치 활동을 금지하고, 전국 81개 대학의 문을 한 달 반 동안 닫게 했으며, 언론에 대한 전면적 사전 검열을 시작했다. 이어 계엄령하에서 일체의 토론 없이 11월 21일 실시된 국민투표를 통해 그는 민주주의에 필수적인 모든 제도를 쓸모없게 만들어 버리는 유신헌법을 통과시켰다.

필리핀의 페르디난드 마르코스 대통령은 쿠데타의 이유로 국내 사정을 거론할 수도 있으나, 박 대통령이 주도한 쿠데타는 대내·외적인 어떤 상황에서도 정당화되지 않는다. 박 대통령의 쿠데타는 기본적으로 비판과 야당을 제거하고 대통령의 강권 통치를 무한정으로 연장하기 위한 것이다. 175개 부분에 걸친 헌법 조문의 개정은 한국민들의 인권과 기본권을 박탈하고, 그 헌법이 적용되는 한, 완전하고 영구적인 독재를 가능하게 한다.

사법부의 권한도 심각하게 무력화되었다. 대법원에 의한 위헌법률심사권 등이 폐지되고, 인신 보호 영장제도는 사라졌다. 고문으로 취득한 증거를 유죄의 근거로 판단하지 못하도록 한 법조문은 없어졌고, 시민들은 영장 없이 체포될 수 있고, 법원에 체포의 적법성을 재검토해 달라고 요청할 권리도 없이 체포의 대상이 됐다.

선거 과정을 관리하는 선거관리위원회와 입법부는 조롱의 대상이 됐다. 유신헌법은 2,359명으로 구성된 통일주체국민회의(National Conference for

Unification)를 신설했는데, 대의원은 당적을 가질 수 없도록 해, 사실상 야당의 참여를 완전히 배제한 상태에서 선출됐다. 국회의원의 3분의 1은 대통령의 지명을 받아 통일주체국민회의로부터 승인을 받는데, 이것은 야당이 과반수를 차지하기 위해서는 지역에서 뽑는 국회의원의 4분의 3을 석권해야 한다는 것을 의미한다. 국회의원 선거운동은 크게 제한됐으며 국회의 회기도 줄어들었고 국회의 토의와 조사, 입법의 권한도 대폭 축소됐다. 모든 지방 자치는 "조국이 통일될 때까지" 실시가 연기됐다. 그렇지만 대통령의 권한은 거의 전방위적이고 견제를 받지 않게 됐다.

유신으로 비롯된 이러한 변화는 더 자유롭고 민주적인 사회를 희망해 왔던 한국민을 낙담시킬 수도 있다. 왜 그것이 다른 사람들을 위협해야 하는가? 민주주의에 대한 희망이 사그라드는 일은 개발도상국에서는 흔한 일이다. 한국의 민주주의는 이상한 모습으로 쪼그라들었다. 1961년 군이 쿠데타를 일으킨 이후 박 대통령과 그의 측근들은 민주공화당을 비밀리에 조직하고 선거 과정에서도 술수를 부렸고, 국회는 토론 하는 장소로 최소한의 기능을 유지해 왔다. 한국의 중앙정보부는 정치인과 민간인을 공히 괴롭혀왔으며, 법원은 거의 독립성을 잃었다. 부패가 만연했고 모든 계층의 정치인은, 군 장성들처럼 권력을 독점하고 경제를 자신들의 이익을 위해 조작하는 일에 열심이었다.

좀 독재적인 정권이 국민의 몇몇 절박한 요구에 더 효과적으로 대처할 수 있고, 경험 많은 행정부가 개인들이 쟁탈전을 벌이는 중간급 다툼을 더 잘 제어할 수 있고, 서울의 강력한 중앙정부가 경제적인 불평등 문제를 더 잘 해결할 수 있다고 말할 수는 있다. 한국과 비교해 북한의 물질적인 부는 좀 더 균등하게 분배돼 있다. 한국의 주요 고속도로에서 멀리 떨어진 농촌 지역의 가난은 아주 심각하다. 그리고 농촌의 좁은 땅에 식구가 너무 많아서 서울로 혼자 떨어져 나온 한 젊은이는 다른 140만 명의 동료들과 마찬가지로 불법이고 전기도 들어오지 않는 판잣집에서 아내와 아기와 함께 살고 있다. 그 판잣집은 성인이 일어서기에는 천정이 너무 낮고, 동네의 공동 수도에서 물을 지고 한참 오르막길을 올라와야 하는 위치에 있다.

그러나 한국은 태국이나 파라과이와는 전혀 다르다. 한국인들은 고도로 정치화된 유교적 환경 아래서 수 세기 동안 자치를 누려왔다. 한국이 누려온 유교적 환경은 양질의 교육을 받은 소수가 통치했지만, 군대는 소규모에 보통 권한이 없고 또 대대로 제 대접을 받지 못했다. 전통적으로 한국에서 정부는 뿌리 깊은 문민적 전통을 지닌 관료들에 의해 주도돼 왔는데, 일제 식민지 기간(1910~1945) 동안 짧고 강력한 그리고 강요된 군국주의에 의해 중단됐을 뿐이다. 한국인들의 90%는 문자를 읽고 쓸 수 있다. 그들은 사전 검열에 시달리기보다는 언론의 자유를 즐기는 아주 발달한 신문과 다른 대중매체를 보유하고 있다. 한국인의 정치의식도 높다. 최근 정부의 강경한 단속이 있기 전까지 학생들과 택시 운전사들은 그들이 대통령이 된다면 무엇을 할 것인지에 대해 서로의 생각을 이야기했다. 선거는 부분적으로 조작도 있었지만, 그런대로 많은 유권자의 선택을 반영하고 있다. 야당 후보들은 정부의 감시와 재정적, 행정적 압력으로 인해 심각한 불이익을 받았음에도 불구하고, 대통령 선거와 국회의원 선거에서 46%에서 52%의 지지를 받아 의미 있는 소수자의 위치를 지키고 있다. 의회의 입법 활동은 그렇게 활발하지는 않지만, 생생하고 비판적이어서 국민과 정부 사이에 소통의 통로를 제공했다. 정당들은 취약한 상태이기는 하나, 양당제(兩黨制) 쪽으로 나가고 있다.

이런 국민에게 독재의 굴레는 쉽게 씌워지지 않는다. 몇몇 분야에서 박정희 정권이 성과를 냈지만, 다른 분야에서는 실망과 분노가 쌓일 것이다. 크고 작은 좌절에도 불구하고 한국인들은 정부 수립 이후 25년 동안 어느 정도 민주주의를 경험했고, 학교에서 민주주의를 찬양하는 교재로 공부하고 있다. 이렇게 한국인들이 차분하게 민주주의를 습득하고 있다는 사실은 한국의 독재정권이 줄 수 없는 자부심을 느끼게 해준다. 많은 한국인은 6·25전쟁에서 자신들이 지키고 1960년에 복구하기 위해 거리에서 싸웠던 민주주의가 강제로 훼손당한 데 대해 마음속으로 수치심을 느끼고 있다. 이에 따른 환멸은 분명히 올 것이다. 아니, 그것은 이미 시작되었다. 박 정권은 남북한 통일에 대해 국민에게 한 약속을 지키지 않고 있다. 지난 2월의 국회의원 선거에서 정부 여당 측의 공작에도 불구하고, 여당이 38.2%를 득표한 데 비해 두 야당은 43%를 득표해, 무소속을 포함한 야권(non-Government) 후보들이 여당 후보와 같은 수의 의석을 확보했다. 이것은 1961년 쿠데타 이후 처음이다. 그러나 현행 헌법에서는 대통령이 국회의원의 3분의 1을 지명하기 때문에 야당은 국회에서 거의 무력화됐고, 이 총선의 단기적인 효과는 사실상 제로(0)다.

비록 통일에 대한 희망과 함께 박 대통령의 최근 쿠데타[10월 유신]에 대한 충격이 한국에서는 비교적 평온하게 관리되고 있지만, 압력이 증가하는 것은 불가피해 보인다. 끓는 냄비에 뚜껑을 덮으려는 그러한 시도는 후진적인 시골 지역에서는 성공할지 모르지만 90%의 문자 해독률을 기록하고 50%의 도시화가 진척된 지역에서는 성공하기 어렵다. 압력, 즉 국민의 불만이 증가함에 따라 정부의 억압도 증가할 것이다. 경찰의 체포는 더욱 자의적이고 비밀스러워질 것이다. 유신헌법 아래에서는 너무 쉽게 이루어질 수 있는 고문은 더욱 빈번하게 자행될 것이다. 고문이 공공연하게 자행된다는 소문이 벌써 무성하게 나돌고 있다. 이러한 억압의 결과는 반대의견을 더욱 불러일으키고 국내 불안을 더욱 증가시킬 것이다.

고령의 이승만 대통령은 지금보다는 훨씬 유연하고 덜 즉각적인 방식으로 독재 정치를 계속하면서, 1960년 선거에 노골적으로 간섭했고 이에 따라 대규모 학생 시위가 발생하게 되었고, 경찰이 실탄을 사용하면서 시위가 혁명으로 바뀌어 결국 이승만 정권은 무너졌다. 1919년 일제에 대한 소규모의 덜 성공적인 봉기를 제외하고는 한국의 오랜 정치 역사에서 그 어떤 사건도 4·19처럼 대중의 반향을 불러일으킨 적이 없다. 지난 3월 10일 북한 측 인사들과 접촉한 혐의로 서울 지역 군사령관이 해임된 데서 볼 수 있듯이, 앞으로 수개월 또는 수년 내에 유사한 문제들이 발생하리라는 것은 상당히 예측 가능해 보인다. 이러한 불만 제기는 군부 내의 불평분자들에 의해서도 가능할 것이다. 현 정부는 이러한 경우를 이승만 정권 때보다 더 잘 처리하겠지만, 그 결과 생기는 충격파는 한국과 나아가서는 동북아까지 불안정하게 할 수 있다.

1965~1970년 사이 남한의 놀랄만한 경제 성장과 철저한 반공 정책 그리고 한국전쟁 기간 북한 침략자들의 잔인함에 대한 기억들이 합쳐져, 한국에 공산주의

자들의 정부 전복을 시도하는 행위는 오래전에 사라졌다. 그러나 박 대통령이 지금 가고 있는 이 길은 그런 가능성을 다시 열 수도 있다. 공산당대회에서 종종 발표되는 김일성의 통일에 관한 기본정책은, 북한이 지원하는 남한에서의 혁명운동이 아직도 존재하고 있음을 강조하는 내용이다. 이러한 혁명운동은 현재로는 아무도 믿지 않는 신화 같지만, 남한에서 더 가중되는 억압과 통일에 대한 열망이 그것을 현실로 만들 수 있다. 김일성은 현재 통일 문제에 있어 이전보다 더 쉽게 박 대통령을 좌지우지할 수 있다. 남북한 공히 석유와 첨단 무기를 외부로부터 구매한다는 사실은 강대국들이 한반도에서 전면전을 조성할 가능성을 열어주지만, 현재 강대국 사이의 해빙 무드는 한반도를 안정시키는 데 많은 도움이 될 것이다. 그러나 한반도 적화 야욕이 평생의 꿈인 김일성을 소련이나 중공의 온건론자들이 제어하지 않는다면 김일성은 제한적인 무력을 사용한 정부 전복을 기도할 수도 있다.

한국에서 민주주의라는 아기가 조용히 질식사하는 일은 세계의 주목을 거의 끌지 못했다. 미국인들에게 그것은 불쾌한 다른 나라의 이야기들과 겹치지만, 금방 잊혀진다. 가난한 가정에서 아기들은 매일 죽는다. 일본은 한국에 별 관심이 없다: 한국에 대한 기대치가 낮은 데다가, 한국과 관련한 사업이 호황인 한 걱정할 이유가 없다고 본다. 그러나 한국 경찰과 군인들이 학생이나 민간인들을 마구잡이로 진압하는 사진들이 언론에 나오고 세계의 관심이 한국으로 다시 쏠리면 미국과 일본 정부는 불행한 선택에 직면하게 될 것이다.

이미 미 상원 국제관계위원회는 미국이 베트남에서 철수한 지금 왜 40,000명의 한국군이 아직 베트남에 남아있는지 이유를 묻고 있다. 미국은 지중해 전체의 방어가 그리스 내 군사 기지에 달려 있다는 주장으로, 그리스 군부의 독재정치를 이해할 수도 있다지만, 한국의 장군들을 지지하는 데는 적당한 근거가 없다. 한국에서 미군을 철수하고 모든 군사원조를 일시에 중단하라는 끈질긴 요구가 나올 수 있다. 이러한 조치는 적당한 절차를 밟아서 진행되는 것이 바람직하며 너무 급작스럽게 이뤄진다면 한반도에서 정부 전복이나 전쟁 가능성이 매우 높아지게 될 것이다.

민주주의 회복을 위한 한국인들의 투쟁이 시작되면 일본 정부는 한국에 대한 차관을 동결하거나 대규모의 경제 관계를 축소하라는 압력을 받게 될 것이다. 미국이나 일본 기업인들은 한국 투자에 대해 우려하게 될 것이다. 한국 경제가 잘 작동하는 동안에는 한국은 미국, 일본과 발전적인 경제 관계를 유지하면서 아주 활발할 것이다. 한국은 1971년 10억 달러, 72년 7억 2천만 달러의 무역 적자를 보이고 있으나 신규 자금 유입이 지속되고 있다. 그러나 미국이나 일본과 같은 주요 투자국이나 교역국들이 빠진다면 한국 경제에 미치는 영향은 재앙적 수준이 될 것이다. 한국 정부의 대기업 지원은 흔들릴 것이고, 실업과 불만은 증가할 것이다. 한국은 비민주적인 법률 때문에 합법적인 출구가 부족한 가운데, 국민의 정치적인 불만이 한꺼번에 터져 나오면 더욱 폭력적이 되고 북한에 의한 정부 전복의 길은 더 넓어지게 될 것이다.

한국인들은 기본적으로 자신들의 미래에 관심이 많은 강인하고 활기찬 국민이다. 베트남 경우와는 달리, 한국인들은 외부인들이 자신의 미래를 결정하도록 내버려두지 않는다. 만약 한반도 상황이 심하게 불안정해진다면, 중공, 소련, 미국 등 관련국들은 대대적인 상호협의 과정을 거쳐 한반도 위기 상황을 바로잡으려고 할 것이다. 강대국 간 상호 깊은 불신을 고려할 때 불안정한 한반도를 바로 세우기 위한 통일된 견해를 도출하는 데만도 수년이 족히 걸릴 것이다. 하지만 완전한 합의 없이 대규모 개입이 시도된다면 세상의 재앙을 초래하게 될 것이다. 다시 말하자면, 한국과 관련한 이 모든 이야기는 미국이 현재 직면하고 있는 비슷비슷한 다른 나라들의 문제처럼 들릴지 모르겠다. 그러나 한국은 필리핀, 나아가서 베트남과도 다르다. 우리는 베트남전에 미국, 넓게는 세계의 사활적인 이익이 달려있다고 생각하는 실수를 저질러왔다. 필리핀은 상대적으로 약하고 고립된 섬나라이기 때문에 경제적으로나 정치적으로 조각조각 날 수도 있다. 필리핀이 이렇게 된다 해도 그 비극은 그 지역에 국한될 수 있지만, 한국은 다르다. 지도를 보면 한국은 미국 미네소타주보다 약간 큰, 작은 나라다. 그러나 4,700만 인구 규모는 이탈리아, 영국, 프랑스에 조금 뒤질 뿐이다. 110만 명의 남북한 군인은 고도로 훈련되고 강인한 전사들이다. 한국은 350만 명에 이르는 준 군사조직을 빼고도 상비군 숫자 면에서 세계 5위이다. 한국의 지정학적인 위치 때문에 이 모든 군사력을 화약고로 만든다. 한국은 중국, 소련, 일본 등 세계 4대 강국 중 3개국에 끼어 있다. 네 번째 강대국인 미국은 오래전부터 한반도 문제에 깊이 관여하고 있으며, 한국과 방위조약을 맺고 있다. 미국은 아시아 대륙에서 유일하게 한국에 핵무기를 배치하고 있다.

역사는 그 위험성을 설득력 있게 말해준다. 지난 80년 동안 강대국 간의 전쟁이 바로 이 지역에서 발생했다 : 1894~1895 청일전쟁, 1904~1905 러일전쟁, 1950~1953 한·미·중 사이의 6·25전쟁. 오늘날 남북한의 막강한 정규군은 폭 4km의 비무장지대를 사이에 두고 서로 노려보며 강대국의 대리인 노릇-강대국들이 통제할 수 없는 복잡하고 위험한 대리인 역할-을 하고 있다.

만약 한반도가 남북 간 과잉 군사력 때문에 심각하게 불안정해 지거나 적대 행위가 발생한다면 즉각적인 영향은 한국인들에게만 국한될 수 있다. 미국은 중국과의 화해 분위기와 아시아로부터 군사력 감축 등으로 제2의 한국전쟁을 막기 위해 최선을 다할 것이다. 그러나 미국 중국 러시아 일본 등이 아무리 긴장 완화를 원하더라도 그들의 선의는 한국에서의 폭발로 인해 사라질 수 있다. 그렇다면 시베리아와 만주 지역의 자원 개발 협력을 포함한 그 지역에서의 밀접하고 건설적인 관계 가능성은 크게 희박해질 것이다.

가장 심각한 점은 미국이 한국의 비상 상황에 직접 대처하길 꺼리고, "한국의 비수가 일본의 심장을 겨누고 있다"는 추측에 자극받은 일본이 현재 추진하고 있는 재무장화의 규모를 확대하는 일이다. 이렇게 된다면, 일본 내 정치적 긴장이 증가하고, 이웃 국가 대부분과의 관계를 크게 해치고, 미국과 서유럽 등 중요하고 자연스러운 파트너들과의 관계를 위험에 빠뜨리게 될 것이다. 나아가 일본의 재무장을 향한 실질적인 움직임을 상상할 수도 있는데, 이는 시간이 지나면 핵무장과 이것이 수반할 핵확산 위험을 수도 있다.

한국에 대한 안일함과 잘못된 낙관주의는 현재 미국과 일본 모두에게 안정을 준다. 그러나 이러한 감정에 빠져서 결정을 미루게 되면 그때는 어떤 선택을 해도 모두 불행하게 되는 상황이 올 수도 있다. 미·일 양국은 한국의 사회적 불안과 잔혹한 정치 탄압에 어떻게 반응할 것인가? 한국에서 전쟁이 발발하거나 심각한 무질서 상태가 발생한다면 미국은 무엇을 할 것인가? 불안정한 한국 나아가 한반도에서 더 위협적인 상황이 발생할 경우 일본은 어떤 반응을 보일 것인가?

대개 탁상에서 논의되는 이런저런 걱정들은 쉽사리 현명한 행동으로 연결되지 않는다. 직접 개입은 생각할 수조차 없다. 위협과 공개적 압박은 오히려 역효과를 낳을 가능성이 높다. 그러나 상호 이런 문제에 대해 신중하고 진지한 의사소통의 여지는 있다. 만약 좀 더 세밀히 대처한다면, 미국과 일본은 지금 박 대통령이 추구하는 길이 그 자신뿐만 아니라 미국과 일본에도 위협이 된다는 사실을 깨닫도록 도울 수 있다. 아마도 미국과 일본은 박 대통령이 완전한 독재를 민주주의라고 부르는 자기기만에서 벗어나 열린 사회와 민주적인 정치제도로 가는 바람직한 문을 다시 열도록 설득할 수 있을 것이다.

아마도 그는 민주주의로 가는 불편함이, 독재로 향하는 재앙보다 훨씬 덜 위험하다는 것을 알게 될 것이다. 또한 군사 독재 정치가 대개 경제·문화적으로 막다른 골목으로 몰린다는 사실을 깨닫도록 도움받을 수 있을 것이다. 반면 다른 길은 울퉁불퉁하고 험난하지만, 일본이 겪어온 것처럼, 훨씬 좋은 결과가 있는 미래로 나아갈 수 있다. 어쩌면 그는 한국의 평화적 통일을 위한 가장 좋은 방법은 한국 사회를 경제적으로 사회적으로 건강하게 유지하고, 한국 사회를 정치적으로 평화롭게 만드는 것이라는 사실을 이해하게 될 것이다.

기사가 다소 길지만, 이것은 NYT가 자랑하는 일요판 매거진(Magazine)에 실린 전문가의 글이다. 한 편의 잘 정리된 정치학 논문을 읽는 느낌이다. 라이샤워 교수와 핸더슨 교수는 자신들이 평생 쌓아온 지식과 경험을 바탕으로 남북한 간의 취약한 평화 구조, 특히 한국의 유신체제가 독재체제로서 가진 위험성과 거기서 발생할지 모르는 비극적인 상황을 자세하고 설득력 있게 분석했다. NYT는 전문가의 글을 빌려 한국의 민주화를 간곡하지만 아주 강력하게 권유하고 있다. 1973년, 박정희나 김대중 나아가 한국민 누구에게도 편하지 않은 시간이 계속되고 있었다.

박정희 대통령은 주한미군이 철수하더라도 한국은 마지막 한 치의 땅을 지키기 위해 싸울 것이라고 다짐하면서, 미국의 핵우산이 철수된다면 한국은 독자적으로 핵무기를 개발할 수 있고 또 개발할 것이라고 말했다.

박 대통령은 인터뷰를 잘 하지 않는 편인데 본지와 가진 오랜만의 인터뷰에서 북한의 군사적 위협이 지속되는 한, 한국에 내려진 대통령 긴급조치를 완화하지 않겠다고 말했다. 그는 시민의 자유를 완전하게 회복시키는 것이 미 의회로부터 호평을 받을 것임을 인정하면서도 그러한 완화 조치가 한국을 또 하나의 베트남으로 만들 수 있기 때문에 큰 변화를 주는 조치를 할 수 없다고 말했다. (1975.6.12. 워싱턴포스트)

제13장

방위산업 : 막다른 선택

자주국방 | 남북한은 6·25전쟁 동안, 국토의 80%가 심각한 피해를 보았다. 미국이 제공권을 장악한 관계로 피해는 북한이 더 심해, 전력 시설의 74%, 연료공업의 89%, 화학공업 70% 등이 파괴됐다. 그러나 북한은 공산 형제국들의 도움으로 재빨리 복구에 나섰고 50년대 후반에는 소형 병기 생산을 다시 시작하고, 60년대는 중화기 생산을 그리고 70년대에는 대형 군사 장비까지 생산하기 시작했다. 북한은 66년부터 「4대 군사노선」을 채택해 촘촘하게 국방력을 다지면서 전쟁 준비를 거의 완료하고 군사적 도발을 계속했다. 북한은 중국을 모방해 미국을 '종이호랑이'[紙老虎] 라고 조롱했다.

북한은 68년에 이어 69년 그리고 70년 들어서도 120톤급 해군 방송선 납치사건(6.5), 현충문 폭파사건(6.22) 등 끊임없이 도발했다. 이 가운데서도 1·21 사태나 현충문 폭파(미수)사건은 직접적으로 박정희 대통령 등 3부 요인의 생명을 노린 사건이었다. 한참 뒤 북한은 미얀마(버마)를 방문한 전두환 대통령을 폭살하기 위해 아웅산 묘소에 폭발물을 설치해 서석준 부총리와 이범석 외무장관 등 한국 수행원 17명의 목숨을 앗아갔다(83.10.9).

박정희는 자신의 생명을 노리는 등 도발을 이어가는 북한에 대한 단호한 보복이나 대응이 필요한 시점이라고 생각하는데, 미국은 한국에서 일방적으로 미군 철수를 시작한다. 냉전 완화에 따른 대(對)아시아 정책, 대한(對韓)정책의 변화였다. 닉슨 독트린으로 달라진 안보 환경에 대한 대통령의 대응은 군사 안보 면에서는 자주국방을, 산업 측면에서는 중화학 공업화와 방위산업의 추진을, 그리고 정치적으로는 국가비상사태 선언과 10월 유신으로까지 이어진다. 이런 일련의 정책은 국제적으로 고립을 불러오고 국내적으로는 독재라는 비난에 직면한다.

닉슨 독트린에 따른 주한미군의 감축이나 철수는 미국으로서는 취할 수 있는 정책이었지만, 박정희나 한국으로서는 정권이나 국가 생존의 위기로 해석됐다. 두 나라의 시각 차이가 컸다.

북한은 병력이 100만 명이 넘는다고 하지만, 전문가들은 70만 명 정도로 추산한다.

북한의 자위노선이나 남한의 자주국방 결정은 각기 소련과 미국의 방위공약에 대한 신뢰 약화와 군사 지원 감축 때문이었다. 그러나 남한은 군비경쟁에서 뒤지게 되어 객관적으로 볼 때 1960년대 중반 이후 15~20년간 군사력의 열세(일부에서는 주관적으로 아직도 열세)를 보이게 되었다. 한-미 군사동맹에 주로 의존해 왔던 남한은 1960년대 후반 북한의 무력도발이 고양되던 시기에 1968년 향토예비군의 편성 외에는 군사력증강에 소극적이었기 때문이다. 물론 남한은 1975년 자주국방에 착수하고 1980년대에는 국방비 전액을 조달한다는 제한적 의미에서 자주국방을 실현하게 되었다.[335]

	병력(만 명)		군사비(억 달러)	
	남한	북한	남한	북한
1965	60.4	41.1	1.1	2.6
1970	64.5	46.7	3	6.8
1975	63	56.7	9.1	17.1
1980	63	70	37.1	32.5
1985	63	78.4	45.5	34.3

함택영, "남북한의 군비경쟁 추이"에서

1965년부터 1985년까지 남북 군사력 경쟁에서 병력과 군사비를 비교해 보자.

위 표를 보면 북한이 우리보다 소득이 높거나 비슷했을 경우(70년대 중반 이전) 북한은 군사비를 우리보다 많이 지출했다. 그러나 소득이 역전된 뒤로 북한은 병력이 우리보다 많아진 대신, 군사비는 줄어들고 있다.[336] 북한은 과거에도 그랬지만, 지금까지도 군사력에 있어서는 만만하지 않다.

박정희는 국군을 베트남에 파병해 놓은 상태에서 맞이한 미군의 일방적인 철수(71.3)를 무겁게 받아들였다. 그리고 미국의 정책 변화에 따라서, 언젠가는 우리 국군이 독자적으로 휴전선을 지키면서 북한의 침략에 맞서야 하는 자주국방의 시간이 다가오고 있고, 이에 적절하게 대처하는 일이 나라의 명운을 가르는 큰 책무임을 절감했다. 미국에 등 떠밀려 맞이한 현실, 우리로서는 자주국방(自主國防) 외에는 다른 길이 없었다.

"우리도 핵무기를 연구해야겠어" | 대통령이 김종필 총리에게 "우리, 원자폭탄을 연구해야겠어. 미군이 언제 떠날지 모르는데 우리를 지켜줄 무기가 필요해."라고 나직하게 말하던 시점은 미국 닉슨 대통령이 취임하고 괌 독트린이 나온 뒤였다. 국군 5만 명이 베트남에 파견됐고, 북한이 각종 도발을 이어갈 때였다. 대통령은 또 1970년 어느 날 총리에게 "핵무기를 개발하다 미국 방해로 못 만들게 되면 언제든지 다시 만들 수 있는 수준의 기술이라도 갖춰놔야 하지 않겠냐"는 우려도 전한다. 핵 개발은 대통령이 분위기를 이끌었다. 총리 또한 대통령의 이러한 뜻에 충실하게 따랐다(『증언록』). 김종필은 73년 봄 유럽을 한 달간 순방하면서 프랑스에 들러 한국의 방위산업과 중화학공업 육성도 논의하고 자연스럽게 우리의 핵기술 확보를 위한 이야기도 나눴다. 그런데 핵기술, 핵무기 개발에는 미국이 문제였다. 감시자요 훼방자였다.

한국의 핵무기 개발을 좌절시킨 것은 미국 책임이다. 우리가 핵무기를 갖게 되면 북한을 치고 들어가 전쟁을 일으킬 수 있다는 게 미국의 판단이었다. 이 때문에 1970년대 한국의 핵무기 개발은 중단됐지만 북한은 아무 제한도 받지 않고 2010년대에 상당한 수준의 핵무기를 과시하고 있다. 미국은 정작 막았어야 할 북한 핵무기는 못 막고 엉뚱하게 우리의 손발만 묶은 셈이다.[337]

미국은 우리가 핵무기를 가질 경우 손바닥 안에 놓고 마음대로 한국을 움직이는 게 불가능해지니까, 우리의 핵 개발을 반대했다고 김종필은 증언했다. 김종필은 이렇게 기록한다. '핵무기는 북한에서 이념으로 개발된 데 반해 핵기술은 한국에서 중화학공업의 한 산업으로 다뤄졌다. 핵무기든 핵기술이든 실질적인 핵 개발은 우리 경제가 방위산업과 중화학공업 시대로 전환한 1973년을 기점으로 진행됐다.' 대통령과 총리가 한 몸같이 뛰었다.

 1974년 말 박정희는 77년까지 핵무기 제조 기술을 개발하는 계획을 비밀리에 수립하라고 경제2수석비서관(오원철)에게 지시한다. 이에 따라 한국원자력연구원이 75년 초 프랑스 CERCA사와 핵연료 시설 공급계약을, SGN사와는 핵연료 재처리 건설 용역 계약을 체결했고, 이 사실은 결국 미국에 알려진다.

1975년 4월 한국의 원자력연구소와 프랑스의 재처리 국영회사인 SGN 사이에 '재처리 시설 건설과 기술용역 공급계약'이 맺어졌다. 이 계약이 실행됐다면 재처리를 통해 핵폭탄 연료인 플루토늄을 연간 20kg을 추출할 수 있었을 것이다. 보통 핵폭탄 하나에 5~10kg의 플루토늄이 들어가므로 연 2~4개의 핵무기를 만들 수 있는 분량이다. 때마침 74년 5월 인도의 핵실험 성공을 계기로 미국은 핵무기를 개발하고 있는 나라들을 조사했다. 한국은 금세 표적이 됐다.[338]

미국은 키신저 국무장관을 중심으로 주한 미국대사관과 긴밀하게 연락하며, 한국의 핵 개발을 막기 위한 압박을 계속한다. 미국은 한국과 원자력발전소 건설 계약을 맺은 프랑스와 캐나다 정부를 설득하면서 한국을 주저앉히기 위해 백방으로 노력한다. 그러나 대통령은 포기하지 않는다.

1975년 6월 초 박정희는 WP와의 인터뷰에서 핵무기 개발에 대한 강한 의지를 밝힌다. 기사 제목은 "한국, 박 대통령은 단호했다"(Korea's Park is inflexible, 6.12)이다. 대통령은 베트남 패망(75.4.30)에서 받은 큰 충격을 삭이면서 오랜만에 미국 신문과 인터뷰했다. 미국 측에 전할 말이 있다는 뜻이겠다. 미국의 유명 칼럼니스트 로랜드 에반스(Rowland Evans)와 로버트 노박(Robert Novak)[339] 이 인터뷰를 맡았다.

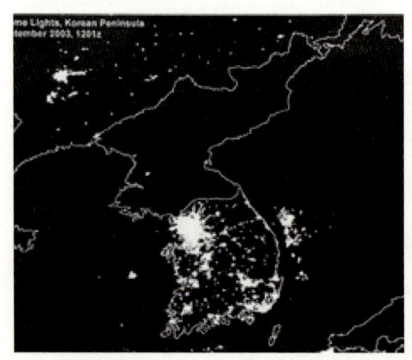
한반도 위성사진 야경, 2003.9 촬영

북한 화성-15형 ICBM. 2023.2.18.

한국, 박 대통령은 단호했다

(서울) 박정희 대통령은 주한미군이 철수하더라도 한국은 마지막 한 치의 땅을 지키기 위해 싸울 것이라고 다짐하면서, 미국의 핵우산이 철수된다면 한국은 독자적으로 핵무기를 개발할 수 있고 또 개발할 것이라고 말했다. 박 대통령은 인터뷰를 잘 하지 않는 편인데 본지와 가진 오랜만의 인터뷰에서 북한의 군사적 위협이 지속되는 한, 한국에 내려진 대통령 긴급조치를 완화하지 않겠다고 말했다. 그는 시민의 자유를 완전하게 회복시키는 것이 미 의회로부터 호평을 받을 것임을 인정하면서도 그러한 완화 조치가 한국을 또 하나의 베트남으로 만들 수 있기에 큰 변화를 주는 조치를 할 수 없다고 말했다.

4성 장군 출신의 박 대통령(Gen. Park)은 인도차이나 사태로 정신적 충격을 받은 다른 동아시아 지도자들과는 달리, 공산주의의 확산과 관련해 적절한 대처 방안을 모색하고 있다. 병영국가 북한의 막강한 무력에 직면하고 있는 박 대통령은 동맹국 미국에 크게 의존하고 있다. 하지만 그는 미국 내 비판자들을 달래기 위해 안보를 약화시킬 수 있는 행동을 하지는 않을 것이며, 방위를 위해 필요하다면 독자적으로라도 행동할 준비가 돼 있다고 말했다.

박 대통령은 청와대 집무실에서 두 시간 가까이 진행된 인터뷰에서 무뚝뚝했지만, 열의를 가지고 인터뷰에 응했다. 체구는 왜소한 편이었고 집권 15년 차인 57세의 군인 출신 대통령은 건강이 매우 양호해 보였으며 자신이 추구하는 노선이 옳다고 확신하고 있었다.

박 대통령은 미국의 한국에 대한 공식적인 지지를 재확인하겠다는 자신의 믿음을 밝히면서도, 베트남 패망 이후 "미국의 방위 공약에 대해 의심하는 한국인들이 많이 있었고 지금도 꽤 있다"고 우리에게 말했다. 만약 그러한 의심이 충분히 근거가 있다면 어떻게 될까? "비록 미국의 도움 없이도 우리 국민은 마지막 한 사람까지 싸울 것이며 우리 영토의 한 치도 양보하지 않을 것을 굳게 결심하고 있다"고 말했다. 그는 만약 한국이 미국에 버림받는다면, 한국은 핵보유국이 될 것이라고 처음으로 확인했다. "우리는 능력이 있지만 핵무기를 개발하고 있지 않으며, 핵확산금지조약을 준수하고 있다" 그러나 그는 "만약 미국의 핵우산이 제거된다면, 우리 스스로를 지키기 위해 핵무기 개발을 시작해야 한다"고 말했다.

핵우산과 공군력은 북한의 공격에 대한 미국의 주요 억지력이지만, 박 대통령은 한국에 주둔하고 있는 미 제2보병사단이 "북한의 공격을 저지하는 데 있어 필수적 역할을 한다"고 말했다. 만약 미 지상군이 철수한다면 "적들은 오판할" 수 있으며 "말로 하는 안전보장 약속에는 힘이 실리지 않을 것"이라고 말했다. 대통령은 큰 소리로 웃으면서, 미 지상군은 축구로 말하면 최후의 방어선으로서 풀백(full-back)의 역할을 하고 있다고 말했다. 다시 말해 제2사단은 지상 전투의 핵심 전력이 아니라는 것이다.

박 대통령은 한국 내 반체제 활동을 규제하기 위해 선포한 5.13 대통령긴급조치에 대해, 그렇게 하지 않으면 한국이 또 하나의 베트남이 될 수도 있어서 선포한 것이라고 설명했다. 그럼 완화될 희망은 있을까? "그것은 북한의 행동에 달렸다. 북한 위협이 줄어든다면 우리는 긴급조치를 완화할 수 있을 것이다. 만약 북한의 위협이 더 고조된다면, 우리는 더 엄중한 조치를 취해야 할 것이다. 다른 방법이 없다"고 말했다.

대통령은 자신이 선포한 대통령 긴급조치 때문에 미국의 신뢰를 잃게 되었다는 사실을 충분히 이해하는 듯 보였고, "이 문제가 나의 가장 큰 골칫거리"라고 말했다. 대통령은 "내가 만약 학생들의 시위를 허용한다면, 미국인들은 "훌륭하다"(한국어로 인터뷰하던 대통령은 이때 very nice라는 영어 단어를 사용했다)라고 말할 것이다. 그러나 그 조치는 한국의 안보를 해치고 공산군의 공격에 한국을 취약하게 만들 것이라고 덧붙였다.

박 대통령은 특별한 조건에서 민주주의 국가도 시민의 자유를 제한하게 되는 3가지 경우를 예로 들었다 : 퀘벡 분리주의자에 대한 캐나다 정부의 탄압, 알제리 위기 당시 드골 장군의 강권적 조치 그리고 2차 세계대전 당시 미국이 미국 내 일본인 2세(Nisei Japanese)들을 구금한 일(박 대통령은 "강제수용소"에 가뒀다는 표현을 썼다) 등이다. 박 대통령은 한국에서 인권이 약화되고 있다고 말한다면, 북한에는 아예 "인권의 흔적조차 없다"는 사실을 미국인들은 알아야 한다고 강조했다. 박 대통령의 다른 인터뷰 내용은 다음과 같이 정리된다. … (이하 생략)

박정희는 이 무렵 미국으로부터 핵무기 개발을 포기하라는 압력을 엄청나게 받고 있었다. 미 원자력위원회 위원장과 CIA 국장을 지낸 강경파인 제임스 슐레진저(James Schlesinger) 미 국방장관(재임 1973.7~1975.11)은 이 인터뷰가 나간 뒤 박 대통령을 예방한 자리에서(75.8.27) 한국의 핵 개발에 관한 미국의 입장을 이렇게 설명했다.

슐레진저 장관은 박 대통령에게 "한국이 자체적으로 핵무기를 개발하려는 노력은 소련이 한국을 핵무기로 위협하는 명분을 제공할 것"이라며 "한-미 관계를 손상시키는 가장 유일한 요소가 바로 한국의 자체적 핵 개발 노력이다. 핵무기가 한국에 없는 것이 최선이다. 평양에 핵무기를 사용한다면 2~3만 명이 사망하지만 반대로 소련이 서울을 향해 핵무기 공격을 가한다면 300만 명이 사망할 것이다. 한국의 이같은 취약성 때문에 우리는 한반도에 핵무기를 배치하는데 매우 조심하고 있다"고 강조했다.[340]

프랑스와의 계약은 미국의 압력으로 끝내 파기된다(76.1). "정 끝까지 가겠다면 결정적인 제재를 가할 수밖에 없다"는 미국의 최후통첩에 박정희는 손을 들었다. 북한의 도발과 미군 철수를 계기로 박정희의 마음속에서 피어났던 핵무기의 집념은 꽃으로 피어나지 못한다.

미국은 한국의 핵무장을 완강하게 반대하는 대신 '핵우산'을 제공해 우리 국민과 대통령의 안보 불안감을 달래려 시도했다. 미국은 1978년 7월에 열린 제11차 한-미 연례안보협의회(SCM)에서 핵우산 제공을 처음으로 공개적으로 밝혔고 그 이후 매년 개최하는 SCM에서 그 사실을 반복해 발표하고 있다.

사실 미국이 우리의 발목을 잡은 것은 핵무기 개발뿐만이 아니었다. 우리가 자주국방을 추구하자, 미국은 이 문제, 저 사안에서 우리의 행동을 제한했다. 미국은 우리의 미사일 사거리(射距離)나 탄두의 중량을 제한하고, 우리 해군 함정이나 어선들이 동해, 서해에서 북한 함선이나 해안포에 판판이 당해도 성능 좋은 함대함(艦對艦) 미사일도 판매하지 않았다. 앞에 말했듯이 미국은 우리의 군사력이 북한과 비등하거나 약간 모자라는 상태를 유지하도록 했다. 북한에 대한 한국의 선제공격을 우려했다. 모자라는 부분은 주한 미군이 메꿔준다는 논리였다. 우리의 자주국방은 미국의 견제 속에서 어렵게 출발했다. 좀 어이없는 일이었다.

방위산업 1차 시도 | 박정희는 1·21사태 때부터 미국의 믿지 못할 모습, 매

정한 모습을 봐 왔기 때문에 더 이상 구차하게 매달리지 않기를 원했다. 특히 대통령과의 청와대 회담에서 "2만 명 이상의 주한 미군 철수는 없다"라고 약속한 스피로 애그뉴(Spiro Agnew) 부통령(재임 69.1~73.10)이 바로 뒷날 타이완으로 가는 기내에서(70.8.26) 앞으로 5년 이내에 주한미군을 완전히 철수시킨다고 발언하자, 심한 배신감을 느낀다. 이 발언 내용을 김정렴 비서실장이 보고하자, '한참 동안 말이 없던' 박정희 대통령이 이렇게 지시한다.

> "자주국방만이 우리가 살길이다. 미국 측 방침에 일희일비하는 처지를 빨리 초월해야 한다. 자주국방에는 막대한 내·외자가 소요되므로 경제가 잘되어야 하며 첨단 정밀무기는 고가이므로 외화는 신종 고성능 무기 도입에만 충당하고, 전통적 기본 무기는 하루빨리 국산화해야 한다. 실장은 이 점에 각별히 유의해서 추진해 주기 바란다."[341]

60만 국군이나 250만 향토예비군에 가장 시급한 무장은 개인화기인 M-16 자동소총의 보급이었다. 그때까지도 국군은 2차 대전 이전부터 미군의 기본 화기 역할을 해온(1936~1957) M-1이나 카빈(Carbine)으로 무장하고 있었다. 예비군뿐만 아니라 국군의 소총 교체가 시급했다. M-16 소총공장 건설은 한국군의 베트남 파병 때부터 나온 이야기인데 시간만 끌고 있었다. 1968년 한-미 국방장관회담에서 합의하고도 3년이나 지난 71년 4월에 공사에 착수해 72년에 완공돼 보급이 시작된다. 미국 콜트(Colt)사에 소총 1정마다 생산가격의 6%를 특허료로 지급하는 조건이었다.

앞에서 살펴봤듯이 68년부터 본격화된 북한 도발에 직면해, 정부는 싸우면서 건설하자는 구호를 내세웠다. 68년, 69년, 70년 3년 연속 '일면 건설, 일면 국방'이었다. 건설 분야는 성과가 보였으나, 일면 국방의 첫 모습은 초라하기 그지없었다.

(1968년) 11월 2일 북한 무장특공대 100여 명이 울진·삼척 지구에 침투, 1개월 이상 준동할 때 향토예비군의 활동은 소탕 작전에 크나큰 기여를 하였다. 무장을 거의 하지 못했으나 부락마다 편성·동원된 향토예비군이 요소요소에 주야를 가리지 않고 펴놓은 경계망 때문에 북한 병은 여지없이 포착되었으며 자기 고장 지리에 정통한 향토예비군의 길 안내는 무장간첩을 추적, 섬멸하는 데 근본적인 공을 세웠다. … 향토예비군의 무장화가 시급한 과제로 대두되었다.[342]

M-16 소총공장이 착공되고 나서, 박정희는 다음 단계의 화기(火器) 생산을 위한 준비에 들어간다(70.7). 그는 중공업 공장 건설로 명명한 이 프로젝트를 김학렬 부총리에게 맡긴다. 중구경(中口徑)이나 대구경(大口徑) 화기를 생산하기 위해서는 특수강(特殊鋼), 중기계(重機械), 주물선(鑄物銑), 조선(造船) 등 4가지 공장의 건설이 필수였다. 정부는 무기 제작을 위한 차관을 금지한다는 일본의 입장을 감안해 중공업 공장을 건설한다고 했다. 이어 열린 한일 정기각료회의에서는 특수강과 중기계 공장은 협의 대상으로 올랐으나, 주물선과 조선은 거부됐고, 따라서 차관 문제도 진전이 없었다. 마음은 급한데 시간만 흘러갔다. 1년 뒤 박정희는 기획원으로부터 진전이 없다는 보고를 받고 청와대로 돌아오는 차 안에서 실망과 낙담을 토로했다(71.11.9). 김정렴 비서실장도 고민하고 있는데, 그때 상공부 오원철 광공전(鑛工電) 차관보한테서 전화가 왔다.

> 오원철 씨는 오늘 기획원 보고에 배석한 바가 있는데, 자기 나름대로 방위산업 육성에 대한 아이디어가 있으니 한번 상의했으면 한다는 이야기였다. 나는 곧 청와대로 올라오라고 했다.[343]

방위산업 2차 시도 | 김정렴은 대통령 비서실장을 맡기 직전 상공부 장관을 지낸 관계로(67.10~69.10) 오원철 차관보를 잘 알고 있었다. 오원철은 "여하한 병기(兵器)도 분해하면 부품"이라면서, "부품(部品)을 설계대로 정밀가공 하면

수십 개의 공장에서 만들더라도 결합하면 하나의 무기가 된다." 또 "우리 경제의 고도성장과 수출의 지속적인 증대, 국제수지의 개선 그리고 방위산업 육성을 위해서는 어차피 선진국 수준의 중화학공업과 정밀하고 고도화된 기술이 꼭 필요하다." 그러므로 "방위산업을 중화학공업화의 일환으로 추진하되, 부품별로 또는 뭉치별로 유관 공장에 분담시켜, 무기 수요의 변동에 대처하도록 하면 된다"고 설명했다. 문제가 풀리는 순간이었다. 김 실장과 오 차관보는 대통령 집무실을 노크한다.

> 대통령은 지대한 관심을 가지고 보고가 끝난 후에도 여러 각도에서 질문하였다. 이야기는 가족 식사 시간이 다 될 때까지 두서너 시간이 지속되었다. 대통령은 우리들의 건의에 원칙적으로 찬성했다.[344]

대통령의 지시를 모두 받아 적고 집무실을 나왔는데, 대통령이 비서실장을 다시 찾는다는 전갈이 왔다.

> 급히 대통령 집무실로 들어갔더니 방위산업 육성은 물론 그 기본인 중화학공업 건설도 박 대통령이 몸소 챙겨야겠다면서 참모진으로 오원철 씨를 청와대비서실에 근무케 하라는 분부였다. 나는 경제 제2비서실을 신설하여 차관 대우 수석비서관에 임명할 것을 건의해, 오원철 씨는 그다음 날 정식 발령을 받고 방위산업 및 중화학공업을 관장하게 되었는데, 그때가 1971년 11월 10일이었다.[345]

대통령 박정희의 다급한 마음이 읽히는 대목이다. 대통령은 보고받고 확신이 들자, 바로 결정했다. 오원철은 보고 뒷날, 바로 차관급 경제2수석비서관이 된다. 전광석화(電光石火: 번갯불이나 부싯돌의 불)였다. 김학렬 부총리에게 맡긴 방위산업 계획이 일본과의 협의 과정에서 막혔다. 한시가 급한 일이라고 생각하고 있는 대통령에게 오원철의 건의는 새로운 가능성이었다.

대통령은 이번에는 국방부에 이 과업을 맡긴다. 국방부가 독자적으로 민간업체를 지정하고, 중구경(中口徑) 화기의 시제품 제작에 착수했다. 이것도 초기에는 제대로 성능을 내더니, 발사를 거듭할수록 성능이 떨어졌다. 형태는 만들어졌으나 쓸 만한 물건은 나오지 않았다.

소재(素材)의 부적합, 가공 시설의 정밀도와 가공 기술의 미흡 등이 문제였다. 혹한, 혹서, 폭우 등 극한적인 기상 조건과 치열한 장기 전투 때의 연속 사용 등 극한 상황에 견뎌내기 위해서는 특수한 고도(高度) 소재가 소요되며 적중률과 무사고 그리고 총신(銃身)이나 총렬(銃列) 등 주요 부분의 교체 사용 등을 위해서는 1천분의 1mm 또는 1만분의 1mm의 초정밀도가 요구되기 때문이다.[346]

김정렴 실장은 이 건과 관련해 '1972년 1년간의 노력과 시행착오 끝에 자주국방, 국군 현대화를 위한 방위산업 육성에는 선진 수준의 중화학공업 건설이 필수적이고 기본적인 사항임을 여러 관계자가 명심하게 되었고 1년 전에 박

박 대통령이 국산 병기 시험 발사에 앞서 장비를 살펴보고 있다. 1973. 사진=동아일보

대통령에게 건의한 나와 오원철 수석비서관의 방향이 옳다는 것이 입증되었다'고 회고록에 기록했다.

즉 방산의 기본 소재인 철과 특수강 그리고 동과 아연 생산을 위해서는 철강공업과 비철(非鐵) 금속공업이, 정밀 고도가공을 위해서는 기계공업이, 전자무기와 전자부품을 위해서는 전자공업이 육성되어야 하고 60만 현역과 250만 이상의 향토예비군의 방대한 수요에 비추어 그 규모도 큰 것이 소요되었다.³⁴⁷

나라를 지켜낸 결정 | 두 차례의 시행착오를 겪으면서 시간도 2년 이상 흘러갔다. 박정희는 제대로 된 방위산업은 탄탄한 중화학공업과 함께 가야 한다는 김정렴과 오원철이 제시한 방안에 찬성하면서도 4~5년이 소요된다는 점을 못마땅해했다. 북한군의 동향과 미군 감축 상황을 고려할 때 4~5년은 너무 길었다. 그래서 박정희는 2~3년 안에 무기 생산이 가능하다는 국방부 손을 들어주었다가 다시 1년을 흘려보냈다. 이제는 달리 방법이 없었다. 중화학공업을 제대로 육성해야 결국 믿을 수 있는 좋은 병기가 만들어진다는 사실을 대통령은 새삼 깨닫는다. 이런 과정을 거쳐 중화학공업과 방위산업은 점점 가까워진다.

"지금 씨가 뿌려져 있는 중화학공업이 제대로 자라나야, 수출이 증대하고 국제수지도 개선되고, 방위산업도 육성되고 우리 경제가 성장할 수 있다"는 김정렴·오원철의 제안을 대통령이 받아들였다. 시간이 많이 흐른 뒤, 오원철은 대통령의 중화학공업화와 방위산업 병행 정책이 한국의 가치를 높이고 한국을 지켜냈다고 말했다.

"미국은 가치 없는 나라는 버린다. 스스로 가치 있는 나라를 만들어야 한다. 우리는 1970년대 핵기술, 방위산업, 중화학공업을 육성하면서 한국 전체를 거대

국내 최초 미사일(백곰) 시험 발사를 지켜보는 박 대통령. 1978.9.26. 충남 서산.

한 병기창(兵器廠)으로 변모시켰다. 미국은 월남 같은 농업국가는 버려도 한국 같은 공업국가는 버리지 않는다. 철강, 석유화학, 조선, 전자, 화학의 나라인 한국이 소련이나 중국의 수중에 들어간다고 생각해 보라. 미국은 전략적으로 치명적인 손실을 입게 된다. 카터 대통령이 1979년 철군하지 못한 진짜 이유가 여기에 있다. 우리는 우리 실력으로 미군 철수를 막았다."[348]

오원철의 이 말은 맞을 것이다. 미국 부통령을 지낸 애그뉴(S.T.Agnew, 재임 1969.1~1973.10)도 퇴임 후 한국을 방문해 이 사실을 확인해 준다. 그는 박 대통령을 예방한 자리에서 미국이 2차 대전 후 동구의 헝가리(Hungary)와 체코슬로바키아(Czechoslovakia) 등 중화학공업 국가를 공산 진영에 넘긴 실수를 뼈아파 했다고 말했다. 김정렴의 증언이다.

(그 이후 미국은) 방위산업을 가진 중화학공업 국가는 반드시 수호한다는 것이 역대 미국 정부와 미 의회 지도자들의 확고한 내부적 결의와 합의이며, 앞으로도 절대로 변하지 않는다고 확신한다. … 중화학공업 발전과 방위산업 육성이 국군

전력 강화 못지않게 안보상 매우 중요하다"[349]

50년 전 대통령은 나라를 지키기 위해 핵무기 개발까지도 추진했다. 오원철은 미국의 방해 때문에 우리가 핵무기를 만들지는 못했지만, 우리는 언제든지 만들 수 있는 기술과 능력을 확보했다고 말했다. 그리고 우리의 핵 개발 실력은 국가적 의지의 문제일 뿐 기술적으로는 아무런 문제가 없다고 했다.[350]

남·북한과 일본의 핵 능력 │ 일반적으로 핵(核)에는 핵(核)이 답이다. 상호주의니, 상호확증파괴니, 최소 억지력이니, 비례억지전략이니 복잡하고 길게 말할 필요가 없다. 여건이 된다면, 핵에는 핵을 준비하는 것이 최고 최선의 대응이지만, 현실은 아주 복잡하게 얽혀있다.[351]

국경, 인종, 종교 등 여러 분쟁 요소를 안고 있어 앙숙 관계라 말할 수 있는 인도(India)와 파키스탄(Pakistan) 두 나라는 거의 동시에 핵실험을 실시하고, 핵보유국이 된 과거가 있다. 인도는 1998년 5월 11일 13일에, 파키스탄도 보름 뒤인 5월 28일과 30일, 핵실험을 실시한다. 다른 나라들이 끼어들 틈이 없었다. 인도는 중국이 침략해 일으킨 중-인(中印) 국경전쟁에서(1962.10~11) 크게 당한 뒤, 적대적인 중국이 핵실험에 성공하자(1964), 핵 개발에 전념했고, 1974년 비공개 핵실험을 한 뒤 이를 덮어 두었다가, 파키스탄과의 관계가 악화되자 다시 1998년 공개적으로 핵실험을 실시했다. 파키스탄 역시 인도와의 국경 분쟁(1947, 1965, 1971)에서 패배한 뒤 핵 개발에 박차를 가했다. 두 나라는 그야말로 '핵에는 핵으로' 원칙에 충실했다.

2022년 2월 우크라이나를 침공한 러시아의 푸틴(V. Putin)도 전세가 불리해지면 엄포용으로 '핵무기를 사용할 수 있다'고 발언한다. 또 사우디아라비아의 실세 무함마드 빈 살만 알 사우드(MBS) 왕세자도 2023년 9월 서방 언론과의 인터뷰에서 이란(Iran)이 핵무장을 한다면, 사우디도 똑같이 핵무장을 하겠다고 말했다. 핵무기 앞에서 재래식 무기는 어딘가 공허하고 약해 보인다. 그것만으로는 국민이나 국경, 국가를 지켜내기가 불안해 보인다.

인도-파키스탄, 인도-중국 등은 핵무기를 보유한 뒤에도 몇 차례 무력 충돌을 이어갔다. 그래서 외부에서는 핵무기를 보유한 나라 간의 전쟁에 비상한 관심을 쏟았지만, 이들은 핵무기는 없는 것처럼 재래식 무기로 맞섰고 심지어는 돌멩이나 못 박힌 몽둥이를 사용해 다툼을 끝냈다. 핵무기의 본래 기능인 억제력(deterrence)에 걸맞게, '핵' 자도 꺼내지 않았다. 그래서 '핵에는 핵이 답이다'라는 말이 더욱 신뢰를 얻는다. 사실 남북한은 6·25전쟁이 끝난 뒤부터 다음에 있을지도 모르는 전쟁에 대비하면서 군비를 계속 증강해 왔다. 남북한은 70년대 들어서는 모두 핵무기에 관심을 보이며 개발에 나섰다.

우리나라가 프랑스에 손을 내민 이유가 있다. 프랑스도 처음 핵무기를 개발할 때 미국이나 영국 등 동맹국들로부터 엄청 견제를 받았다. 유엔(UN) 안전보장이사회에서 미국과 소련이 공동으로 '프랑스의 핵 개발을 포기시키기 위한 결의안'을 통과시키기도 했다. 고집스러운 드골(Charles de Gaulle, 1890~1970)은 "우리가 독자적인 핵전력을 갖추지 못하면 프랑스는 더 이상 유럽의 강대국도

세계 최초의 핵실험인 '트리니티 핵실험'의 버섯구름. 1945.7. 미국

아니고 주권국일 수도 없고, 통합된 위성국에 지나지 않는다"고 했다. 또 미국이 핵우산을 제공할 테니 독자적인 핵 개발을 그만두라고 설득하자 "미국은 파리(Paris)를 위해 뉴욕(New York)을 희생할 수 있겠는가?"라면서 개발을 고집했다. 프랑스는 기어코 1960년 2월 당시 식민지였던 알제리(Algeria)의 사하라 사막에서 핵실험에 성공한다.

박정희는 주한 미군이 다 철수하고 나면, 핵무기를 개발해 보유하면서 이 땅과 국민을 지켜 나가려고 했다. 그러나 약소국의 의지는 강대국의 압력에 그냥 꺾이고 만다. 우리의 위상이 프랑스와 다르고, 우리의 결의와 고집이 이들만 못했을 것이다.

지금 핵무기는 미국, 영국, 프랑스, 중국, 러시아 등 유엔(UN) 상임이사국 5개국이 공식적으로, 인도, 파키스탄, 이스라엘, 북한 등 4개국이 비공식적으로 보유하고 있다. 북한은 2006년부터 2017년까지 6차례에 걸쳐 핵실험을 했으며, 2017년 핵 무력 완성을 선언한 이후에도 소형화, 경량화, 고도화, 전략화에 몰두하고 있다. 북한이 보유한 핵탄두는 조사기관에 따라 다르지만, 30~40기 정도로 추정된다.[352]

전문가들은 6·25가 끝나고 북한이 핵을 갖기까지 몇십 년 동안 북한은 주한 미군이 한국에 배치해 둔 핵탄두 때문에 불안과 공포에 시달려 온 사실을 지적한다. 60년대 '한반도 비핵화'라는 구호가 북한에서 먼저 나왔던 연유다. 미국은 1950년대 후반(1958)부터 냉전이 끝나는 1991년까지 주한 미군 기지에 수백 기의 핵탄두를 배치했다. 가장 많을 때는 1967년 8가지 종류의 전술 핵탄두 950기를 배치해 두기도 했다. 그 무렵 중국이 보유한 핵탄두보다 더 많은 핵탄두가 한국 내 미군기지에 배치됐다. 이러한 전술 핵탄두는 주로 소련을 견제하기 위한 것으로 주한 미군을 보호하기 위한 용도였다.

일반적으로 한국은 언제라도 핵무기 개발에 관한 규제만 없어진다면 6개월에서 1년 사이에 핵무기를 만들어 낼 수 있는 기술과 기반 시설을 갖추고 있다는 평가를 받고 있다. 북한의 핵무기가 실전 배치 상황에 이르자 위기감을 느낀 한국민 사이에서 핵무기 보유에 대한 지지여론이 80% 가까이 높아가고 있다. 윤석열 대통령도 2023년 4월 미국을 방문해 대한민국은 핵무장을 하겠다고 마음만 먹으면, 빠른 시일 내에 심지어는 1년 이내에 핵무장을 할 수 있는 기술 기반을 갖고 있다고 언급하기도 했고, 2024년 신년 방송 대담에서도 기술이 문제가 아니라 NPT(핵확산금지조약) 체제를 준수하는 쪽이 우리 국익에 부합하기 때문에 이 체제를 따르고 있다고 말했다.[353]

실제로 지난 2000년 우리나라 원자력연구소의 과학자들은 우라늄 농축 실험을 실시했다. 첫 실험에서는 농축도가 12%였지만, 추가 실험에서 농축도가 77~90%로 올라 무기급 수준을 달성했다. 당시 우라늄의 양은 0.2g, 깨알만한 크기에 불과했지만 완벽하게 성공했다는 점에서 의미 있는 실험이었다.

일본 아오모리현 롯카쇼무라의 핵시설 단지. 연간 80만kg의 사용후핵연료를 재처리해, 8천kg의 플루토늄을 얻는다. 2012년 완공된 이 시설은 국제원자력기구 감시하에 있다.

우라늄 0.2g은 무궁화꽃을 피우기 위한 씨앗이었을까? 한국원자력연구소가 학문적 호기심으로 분리 추출했다는 우라늄이 세계를 놀라게 했다. 분리 추출한

양(0.2g)은 깨알보다 작다. 문제는 양보다 질. 0.2g은 핵무기를 당장 만들 수 있는 15kg에 비하면 턱없이 부족하다. 하지만 농축도에 따라 박정희 정권의 핵 개발 프로젝트인 '무궁화꽃'을 되살리는 밀알로 오해받을 수 있었다.[354]

이 사례에서 알 수 있듯이 우리 기술은 우라늄 농축은 물론 당시 실험장비 자체도 우리 기술로 제작한 것이어서, 시간과 재원만 확보되면 언제든지 핵무기를 양산할 수 있다. 기술과 자료들이 다 남아있기 때문에 우라늄 농축은 물론 국내 원자력발전소 창고에 쌓여있는 사용 후 핵연료에서 플루토늄을 추출할 수 있는 기술도 충분하다.

실제로 지난 2016년 트럼프(D. Trump)가 미국 대통령 선거에 나섰을 때, 그는 "한국과 일본의 핵무장 요구를 이해한다. 그럴 필요도 있다. 미국은 이 두 나라에 강한 확신을 주지 못하고 있다"는 의견을 밝히기도 했다. 북한이 핵무기 개발에 성공하고 "주적인 대한민국을 초토화 시킨다"고 우리에게 핵 위협을 가하는 상황에서(2024.1.10) 우리가 언제까지 인내할 수 있을지, 또 일본은 언제까지 인내할 수 있는지, 참으로 어려운 시간이 되고 있다. 한국과 일본 두 나라의 핵무장은 중국과 북한 등 동북아 정세 변화 또는 미국의 세계전략에 따라 요동칠 것으로 보인다.

특히 2024년 가을 미국 대선에서 트럼프 전 대통령이 다시 당선될 경우, 주한 미군의 규모나 성격, 한국이나 일본의 핵 개발과 관련해 의외의 상황이 전개될 가능성도 거론되고 있다. 나아가 미국은 북한 핵무기와 관련해서도 완전 비핵화 이전의 중간 단계(Interim steps) 문제도 조심스럽게 거론하고 있는 상황이다.

이웃 일본은 핵기술에서 우리보다도 한발 앞서있다. 일본은 지난 1988년 미국과의 원자력협정을 개정해, 발전소에서 나온 사용 후 핵연료를 재처리해 플루토늄 50,000kg가량을 추출해 보유하고 있는 것으로 알려졌다. 핵탄두 수천

개 이상을 만들 수 있는 양이다. 거의 자본주의 진영의 플루토늄 창고 수준이다. 1994년 북한 1차 핵위기 당시 일본의 구마가이 히로시(熊谷弘) 관방장관은 "일본은 기술적으로는 3개월이면 핵무기 개발이 가능하다"고 말한 바 있다. 그래서 핵무기에 관한 한 한국은 무서운 나라고, 일본은 더 무서운 나라라는 말을 듣고 있다. 자고로 달라지는 환경에 제대로 대처하지 못한 정권이나 국가는 모두 사라진다. 과잉 대응도 문제겠지만, 엉뚱하게 해석해 대비에 소홀하면, 정권은 물론 나라가 망하거나 골병이 심하게 든다.

그는 도망자였다. 그는 본명으로는 호텔에 체크인하지도 않고, 체크인을 해도 같은 방에 하루 이상 자지 않고, 같은 호텔에서도 하루나 이틀 이상 묵지도 않는다. 그는 전화가 당연히 도청되리라고 생각하고, 사무실과 지인들도 감시당하고 있다고 생각한다. 그의 경호원들은 호텔 웨이터나 보이들 심지어는 그가 요청해 만나는 상대방에게도 의심의 눈초리를 거두지 않는다.
지난 8월 8일 수요일 바로 그날, 그는 어느 날보다도 기분이 좋고 마음도 편안했다. 한국에서 두 명의 오랜 친구이자 동료인 의원 2명이 도쿄에 왔다. (1973.8.26. 워싱턴포스트)

제14장

김대중의 시간(3) : 납치

일본에서 맞이한 유신 ｜ 김대중은 박정희의 유신 선포를 일본에서 맞았다. 그는 한 해 전(71.5.24) 교통사고로 다친 고관절(股關節)을 치료하기 위해, 10월 11일 도쿄에 도착해 치료와 관련한 일정을 거의 마치고 귀국을 준비하고 있었다. 당시 국회 주변에서는 정부 여당이 뭔가 큰일을 꾸미고 있다는 말들이 있었지만, 언제 어떤 내용이 어떤 형태로 나올지는 모르고 있었다. 그래서 17일 저녁에 발표된 대통령 특별선언(10월 유신)은 충격이었다.

1년 전 대선 유세 과정에서 김대중은 "만약 이번에도 정권교체에 실패하면 박 정권하에서 우리 손에 의한, 국민 직접투표에 의한 정권교체는 영원히 불가능할 것이다"라고 한 예언이 불행히도 맞아 들어가고 있었다.

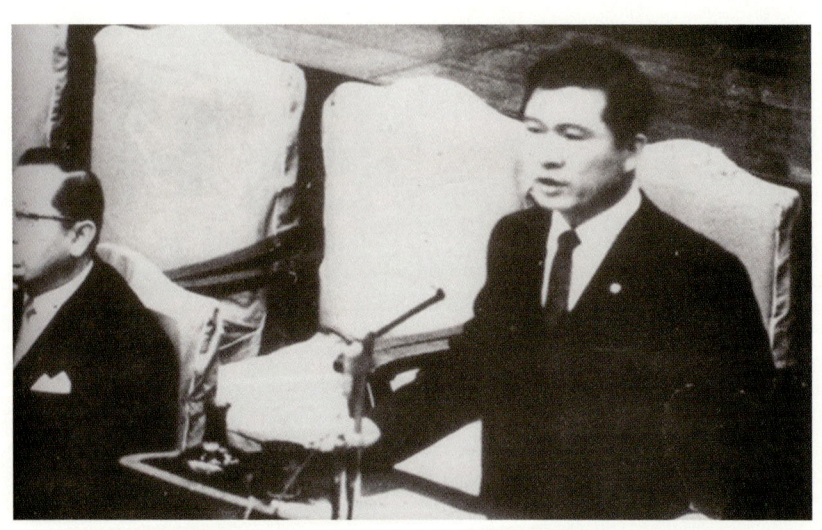

김대중 의원은 김준연 의원의 구속동의안 처리를 막기 위해 5시간이 넘는 기록적인 의사진행 방해 연설로 유명세를 탔다. 1964.

김대중은 도쿄 호텔 방에서 대통령이 제시한 유신(維新)과 그 이유에 대해 꼼꼼하게 분석해 봤다. 그는 마치 국회에서 대정부 질문을 하듯 하나하나 자문자답한다. 대통령이 내세우는 남북 통일체제 즉, 남북 화해, 남북 교류, 남북 평화공존, 남북 평화통일 등 일련의 정책은 자신이 71년 대선 과정에서 공약으로 제안한 것이었다. 그때 대통령은 용공(容共) 운운하면서 비난했었다. 그러나 선거가 끝나고 달라진 세계 정세에 맞춰 대통령이 북한과 대화를 계속하자, 김대중은 대통령을 지지했다. 독일 사회민주당 빌리 브란트(Willy Brandt 재임 69.1~74.5)의 동방정책에 대해 야당인 기독교민주당(CDU) 계열에서 반대하는 것과 달리, 한국의 야당 신민당은 박 대통령의 대북 정책을 지지하고 있었다.

김대중의 생각은 이어진다. 강대국 간의 긴장 완화가 오히려 한반도에 위협이 된다는 대통령의 말은 이해하기가 어려웠다. 미-중 접근, 일-중 수교, 미-소 간의 긴장 완화로 베트남전이 대화 분위기로 돌아섰다. 주은래(周恩來)는 71년 10월 북한을 방문해 "남북한은 평화협정을 체결해 상호공존해야 한다"는 입장을 내놓고 있었다. 대통령의 진단과는 달리 한반도는 과거 어느 때보다 안정된 분위기에 접어들고 있다.

또 한국적 민주주의는 독재자들의 프로파간다라고 단정했다. 인도네시아 수카르노(Sukarno, 재임 1950~1967)의 교도민주주의(Guided democracy), 파키스탄 아유브 칸(Ayub Kahn, 재임 1958~1969)의 기본 민주주의(Basic democracy)처럼 독재자들이나 쓰는 용어라고 규정했다. 더구나 현행 헌법은 박정희 자신이 민정 이양을 앞두고 개정한 헌법 아닌가?

밤새 이런저런 문답과 놀라움과 걱정 등으로 잠을 이룰 수 없었던 김대중은 귀국을 포기하기로 한다. 김대중은 나라 밖에서 자유롭게 말과 글을 이용해 유신 반대 투쟁을 하기로 결심한다.

한국에서는 독재의 서슬에 누구도 말 한마디 제대로 못할 것이다. … 독재정권의 해악을 세계에 알려 박 정권과의 유착을 차단하자. 그러면 국내에서도 용기를 가지고 유신 반대 투쟁을 벌일 것이다. 민주화를 바라는 국민을 위해서라도 해외에서 싸우자. 민주 투쟁을 위한 국제적인 조직도 결성하고, 생각과 뜻이 같

은 교포들과도 함께 투쟁해 나가자.[355]

김대중의 유신 반대는 이렇게 시작된다. 신병 치료차 건너간 일본의 호텔 방에서 아무런 준비나 지원도 없이 뜬눈으로 밤을 새우며 고심한 결과다. 유신의 핵심은 영구집권이었다.

> 박 정권은 영구집권화를 목표로 삼고 있었다. 또한 그동안의 대통령의 강력한 권한마저도 시원치 않아 삼(三)권을 더욱 단단하게 장악할 수 있는 철저한 독재 체제를 쌓으려고 한 점, 그리고 직접선거를 해서는 대통령 선거에서 승리할 자신이 없기 때문에 간접선거로 바꾸고자 했던 점이다.[356]

이튿날 그는 계엄령 선포의 부당성을 알리는 「계엄령에 대해」라는 제목의 성명을 발표한다(10.18). 귀국 포기와 반유신 투쟁의 신호탄이었다.

> 박정희 대통령의 이번 조치는 통일을 말하면서 자신의 독재적인 영구집권을 목표로 하는 놀랄만한 반민주적 조치이다. 이는 완전한 헌법위반 행위인 동시에 한국 내에서 민주 역량의 성장을 통해 북한과 호각의 입장에서 하루속히 조국 통일을 성취시키려는 국민의 염원을 무참하게 짓밟은 것과 다름없다. 나는 박 대통령의 행위가 세계의 세론으로부터 준엄한 비판을 받는 동시에 민주적 자유를 열망하면서 이승만 독재정권을 타도한 위대한 한국민의 손에 의해 반드시 실패하리라는 것을 확인하는 바이다.
>
> 1972. 10. 18. 도쿄에서 김대중[357]

당시 한국 현실 정치는 김대중이 귀국을 포기하고 해외에서 반정부 투쟁을 결심할 정도로 낮은 수준이었다. 그는 서울에 있는 가족과 측근들이 대신 고통을 받는다는 사실도 고려했을 것이다. 그 고통은 바로 현실화된다. 소위 김대중계에 속하는 김상현, 김한수, 김녹영, 조윤형 등 11명의 의원은 중앙정보부나 헌병대 등으로 연행된다. 이들은 고문과 구타를 당했다. 국회의원뿐만이 아니었다. 이희호 여사도 가택연금을 당해 집 밖으로 나갈 수가 없게 되고, 권노갑 특보와 한화갑, 김옥두, 이수동, 방대엽 비서 등도 연행된다. 이들은 몇 년이 지난 뒤, 아직 유신이 엄혹하던 1975년 2월 28일 합동 기자회견을 통해 자신들의 끔찍했던 경험을 폭로한다. 유신이 선포되던 날 김옥두 비서는 동교동에서 광화문 근처 중앙정보부 대공 분실로 잡혀간다.

> 몇 시간 동안 각목으로 사정없이 후려치고 통닭구이 고문과 물고문을 한바탕 해 댄 그들은 드디어 나를 의자에 앉혔다. 여전히 몸뚱이는 실오라기 하나 걸치지 않은 알몸으로 온몸은 이미 퉁퉁 부어올랐고, 푸르딩딩한 멍이 일직선을 긋거나 아니면 동그랗게 뭉쳐 있었다. 여기저기서 핏물이 조금씩 조금씩 몸 밖으로 빠져나오고 있었다. … "김대중이가 빨갱이라는 걸 써주면, 네가 원하는 대로 돈을 주겠다. 국회의원이 되고 싶다면 국회의원 시켜주고, 해달라는 대로 다 해 줄 테니 제발 좀 써주라!"[358]

국가 수사기관에 의한 이런 비인간적인 고문의 망령은 1987년 민주화 때까지 한국의 하늘 위에 떠돈다. 과거에는 '인권의 수호자'라는 법원조차도 피고인들의 고문 호소를 외면하던 시절이 있었다. 그렇게 뭉개지던 한국의 인권은 박종철 고문치사 사건(1987.1.14)으로 폭발한다. 민주주의는 피를 먹고 자란다는 말은 잔인하기는 하지만, 맞는 말이다.
김대중은 '몸조심하시라'는 가족의 편지만으로는 동지들의 고문 실상을 알기 어려웠다. 김대중은 한국 정부의 유신헌법안 공고에 맞춰 「개헌에 대해」를 발표하고(10.27) 일본 매체에 대한 기고와 인터뷰 등도 활발하게 전개한다. 미국으로 가기 전, 김대중은 도쿄에서 기자회견을 갖고 미국과 일본이 아시아의 독재자들을 돕고 있다고 비판했다. NYT에 그 내용이 실렸다.

김대중, 미국과 일본 비판

(도쿄, 11.10) 한 한국 야당 지도자는 미국과 일본이 박정희 대통령과 다른 아시아의 권위주의적인 지도자들을 지원해 이들을 독재자로 만들고 있다고 비판했다. 지난해 한국 대선에서 박정희 대통령과 겨루어 46%를 득표한 김대중 씨는 아시아 각국의 민주 세력들은 미국과 일본으로부터 무기와 경제적 지원을 받아 강력해진 독재정권의 자금과 무기에 의해 억압받고 파괴되고 있다고 주장했다. 지난 10월 17일 계엄령으로 해산된 국회의 국회의원이었던 김대중 씨는 기자들과 만나 만일 미국과 일본이 "이러한 잘못된 정책을 즉각 고치지 않는다면 아시아의 민중들은 정치적 자유와 빵을 얻을 수 있다는 희망을 잃고 공산주의로 빠져들어 갈 것이다. 왜냐하면 공산주의는 최소한 빵은 보장해 주기 때문이다."고 경고했다. 김대중 씨의 이러한 공개적인 비판은 상당히 드문 경우다. 박 대통령은 반대자들의 비판을 봉쇄해 왔다. 김 씨는 개인적인 일로 도쿄를 방문 중이다. (1972.11.11. NYT)

미국으로 | 김대중은 일본에서 미국으로 건너간다(11.10). 미국에는 박정희의 1961년 군사쿠데타에 반대해 그때부터 반정부 활동을 계속해 온 교민을 비롯해 그의 장기 집권과 독재정치를 반대하고 우려하는 교민들이 적지 않았다. 김대중은 이들과 힘을 합쳤다.

> 미국에 도착해 지인들에게 연락을 했다. 임병규, 임창영, 유기홍, 이근팔 그리고 처남 이성호 등과 미국에서 앞으로의 활동에 대해 의견을 나눴다. 나는 미국에서 한국의 자유민주주의와 독재 타도를 위해 싸울 것임을 밝혔다. 그들은 재미교포 중에 한국의 민주화에 관심을 가진 사람들이 많으니 그들과 함께 싸워 나갈 방안을 찾아보자고 했다.[359]

교민뿐만 아니라 김대중은 그전부터 잘 알고 있던 하버드대학 에드윈 라이

450여 명의 한인 교민들이 워싱턴DC에서 반유신 시위를 벌이고 있다. 72.11.5.

샤워(Edwin O. Reishauer, 1910~1990) 교수와 자주 접촉했다. 그는 마이크 맨스필드(Mike Mansfield, 1903~2001) 민주당 원내총무, 휴 스콧(Hugh Scott, 1900~1994) 공화당 원내총무 등을 소개해 주었고, 대선 후보 시절 만난 에드워드 케네디(1932~2009) 상원의원도 큰 힘이 돼 주었다. 김대중은 미국에서 주로 대학이나 교민 상대로 연설회를 가졌다. 기대보다 많은 청중이 몰리는 등 반응이 좋았다.

이 무렵 김대중은 아내로부터 편지 한 통을 받는다. 당시 한국 정부는 김대중의 동교동 자택 주변에 초소를 설치해 감시하고 있었다. 국내 기자들은 관련 기사의 보도가 금지된 상태라, 아예 접근조차 없었다. 이희호는 "그의 성명이나 기자회견, 강연회 등은 전혀 보도되지 않았다. 그는 이미 한국에서는 존재하지 않는 사람이었다"고 적었다(『동행』, 129페이지). 미국이나 일본 매체 소속 외신기자들은 그나마 동교동 취재가 허용되고 있어서, 이 루트를 이용해 몰래 보낸 편지였다.

　현재로서는 당신만이 한국을 대표해서 말할 수 있는 것이 아니겠어요? 어느 누구도 바른말을 하지 못하고 가슴 답답해하고 있으니까요. 정부에서는 당신이 외국에서 성명 내는 것과 국제적 여론을 제일 두려워한다고 합니다. … 미국이나 일본이나 혼자 다니지 마시고 음식도 조심하세요. 언제 어디서고 당신을 노리고 미행한다는 것 잊지 마셔야 해요. 늘 몸조심 단단히 하세요.[360]

당시 김대중은 언론과 주변에 대해 상당히 섭섭함을 느끼고 있었다. 한국의 독재에 관한 실상을 호소해도 이들은 건성으로 듣고 반응했다. 아주 미지근했다. 남북한 정부가 평화통일을 위해 처음으로 진지하게 대화를 계속하고 있는데, 낙선한 야당 대통령 후보가 정부의 노력을 인정하지 않고 비판만 하고 있다고 생각하는 듯했다.

권력자나 비판자나 자신들의 목소리나 의도가 언론을 통해 국민에게 제대로 전달되지 않게 되면 모두 답답해한다. 김대중에 대한 언론의 보도가 현저하게 줄어든 게 이 무렵이다. 국가비상사태 선포 때부터 위축되기 시작해, 유신헌법 제정을 위한 계엄령이 선포되자 언론의 몸 사리기가 더욱 심해졌다. 정부의 언론통제가 제대로 먹히고 있었다.

> 박정희가 독재 체제를 강화하면서 민주세력을 체포, 고문, 연금하고 있음에도[361] 북한은 적십자회담과 남북공동위원회 구성에 합의하였다. 뿐만 아니라 박 정권의 헌법 개정과 보조를 맞춰 북한도 헌법을 고쳤다. 참으로 이상했다. 북한의 이러한 태도는 미국과 일본의 일부 지식인들에게 '남과 북이 진정 통일을 원하고 있는지도 모른다'는 그릇된 인식을 심어 주었다. 미국과 일본 정부는 안정과 안보라는 명분으로 박 정권의 독재 강화를 위한 일련의 조치를 묵인했다. … 우리는 철저히 고립됐다.[362]

미국에서 활동을 시작했으나 국내외 모두 보도가 잘되지 않자 답답한 김대중은 "아시아 문제에 대한 조언"(Advice on Asia)이란 글을 NYT에 기고한다

(1973.2.23). 몇 달 전 도쿄를 떠나 미국으로 향할 때 가졌던 그의 생각, 즉 미국이 아시아 지역의 평화와 인권을 위해 지원을 계속하는데도 독재정권이 더욱 기승을 부린다는 그 시대의 역설(逆說)을 지적했다.

아시아 문제에 대한 조언

워싱턴 - 지난 27년 동안 아시아에서 영향력을 행사해 온 미군은 닉슨독트린의 이름 아래 아시아에서 점차 철수하고 있다. 그 결과 미군이 떠난 아시아에는 군부 독재 정권이 연이어 탄생하는 경향을 보인다. 미국이 자랑하는 민주주의 역사는 이를 좋게 기록하지 않을 것이며, 결국에는 미국 국민의 양심에 고통을 안겨줄 것이다: 권한에는 책임이 따르기 때문이다. 절망과 이루지 못한 꿈의 순간이 오게 되면, 자유를 사랑하는 아시아인들은 미국과의 소중한 우정을 씁쓸하게 되새길 것이다.

독재 치하의 여러 아시아 국가는 빵도, 자유도 누리지 못하고 있다. 공산주의는 적어도 그들에게 빵은 보장해 주기 때문에, 이 사람들이 어느 길을 선택할 것인지 미국은 잘 알 것이다. 만약 아시아, 그중에서도 한국이 공산주의로 돌아선다면, 일본은 필연적으로 핵무장을 하게 될 것이며, 다시 군국주의로 돌아갈 것이다. 일본이 재무장한다면, 태평양에 또다시 등장하지 않을 것이라고 누가 예언하거나 보장할 수 있겠는가?

이 지면을 빌어, 나는 지난 71년 대선 후보 당시 주요 공약으로 미국, 소련, 중공, 일본 등 4대 강국의 한반도 집단 안전보장 방안을 내걸었다는 사실을 상기시키자 한다. 한 걸음 더 나아가 4개국은 아시아의 안전 보장하기 위해 불가침 조약을 체결해야 한다.

지난 27년 동안 미국이 아시아에서 겪은 경험은 쓰라린 기억과 때로는 배은망덕한 기억을 떠올리게 할 수도 있지만, 미국은 진정한 민주주의 세력이 아시아에 뿌리내릴 수 있도록 계속 도와야 한다. 또한 어떠한 독재자도 미국이 원조한 무기와 돈으로 자국민을 억압하고 약화시키는 데 사용되지 않도록 늘 주의해야 한다. 아시아에서 민주주의 세력이 깊이 뿌리를 내리고 성장할 때만 한국전에서

3만 4,000명, 또 베트남전에서 4만 5,000명의 젊은 미군 용사들이 목숨을 바쳐 희생한 것이 그만한 가치가 있었다는 것이 입증될 것이다.

우리는 아시아 국가들에 대한 미국의 영향력이 더 이상 과거와같이 크지 않다는 사실을 알고 있다. 그러나 미국의 영향력이 새롭게 부상하는 일본의 영향력과 결합한다면, 미국은 1950년보다 훨씬 더 강력한 위치를 점할 수 있게 된다. 미국과 일본 두 나라가 다른 아시아 지도자들에게 민주주의 정책을 요구할 때, 그 요구를 거절할 수 있는 지도자는 거의 없을 것이다.

북한과 중공은 여전히 주한 미군의 철수를 지지하고 있다. 그러나 미군이 아시아, 특히 한국에서 철수한다면, 일본이 재무장할 뿐만 아니라 군국주의 체제로 기울 것으로 예상되기 때문에 이들 공산주의 국가는 크게 우려하게 되고 미군 철수에 대해 다시 생각하게 될 것이다. 미군은 단지 북한의 또 다른 침략을 막기 위해 한국에 주둔해 왔지만, 아시아에서 새로운 정치 상황 전개로 인해 미국의 대아시아 정책 전반에 걸친 전면적 재평가를 요구하는 상황이 도래했다. (현재 워싱턴에 거주하고 있는 김대중 씨는 1971년 한국 대선에서 신민당의 대통령 후보였다)

그는 박 대통령이 주한 미군 철수와 그에 따른 안보 불안을 명분으로 독재체제를 강화하고 있는 한국의 현실을 비판했는데, 이 기고문은 미국이 이를 방치하다가는 후회할 수도 있다는 경고에 다름 아니다. 하지만 한국 중앙정보부는 미국 내 김대중의 집회나 연설 모임까지 방해하다가 미국 당국으로부터 항의를 받을 정도로 이미 그의 주변 가까이에 다가와 있었다.

서울 측 요원들이 재미 교포 괴롭혔나?

(워싱턴, 6.9) 미 국무부는 오늘 한국중앙정보부(KCIA) 요원들이 미국 안에서 행해지는 집회(meetings)를 방해하고자 시도한 "부적절한 행위들"에 대해 주미 한국대사관에 항의했다고 말했다. 존 킹(John F. King) 국무부 대변인은 최근 몇 주 사이 최소한 두 차례에 걸쳐 미국 관리들이 한국대사관 측에 이 문제를 제기했

다고 밝혔다. 이 문제는 주미 한국대사관의 이재현(Jai Hyon Lee) 공보관장이 사직하면서, 한국중앙정보부가 미국 내에서 불법적인 사찰 활동과 미국 거주 교민들을 상대로 협박 공작을 진행하고 있다는 성명을 발표하면서 알려졌다.

한 국무부 관리는 지난 4월 24일 미주리주 세인트루이스에서 예정된 한국 기독교 지식인들의 모임이 지연된 적이 있었는데, 당시 이 모임의 책임자는 '회의가 열리게 되면 좋지 않은 일이 생길 것'이라는 서울 정보기관 고위 간부의 협박 전화를 받았다.

모임은 계속

박정희 대통령의 계엄령 선포에 항의하는 이 모임은 늦었지만, 예정대로 열렸고, 국무부는 이 사건의 자초지종에 관해 설명 들었다. 또 5월 중순 샌프란시스코에서 발생한 두 번째 사건은 케첩과 계란을 소지한 훼방꾼들이 김대중 지지 집회를 방해하기 위해 일으킨 소란을 말한다. 국무부는 이 사건에도 정보부가 '관여했다' '아니다' 하는 소문이 돌고 있다고 말했다.

이재현 전 공보관장은 보스턴에서 한국정보부 요원들이 반(反)박정희 집회주도자들을 위협하기도 했다고 폭로했다. 국무부는 만약 한국 정보기관원들이 실제로 그러한 방해 공작을 수행했다면 그것은 미국의 법과 전통에 어긋나는 것으로 재발돼서는 안 된다는 사실을 한국대사관에 전달했다고 이 관리는 밝혔다.

한국대사관은 부인

주미 한국대사관은 이러한 사실을 부인하고 이 전 공보관장의 성명은 근거 없는 것이라고 말했다. 이 전 공보관장은 사직 성명에서 "나는 더 이상 미국에서 한국 정부를 대변하는 공직을 수행할 수 없다. 나는 독재와 전제정치가 판치는 한국을 자유로운 국가로 포장해 대변하는 업무를 계속할 수 없다."고 말했다. 이 전 공보관장은 그 이후 미국 체류를 요청했고, 한국으로부터 가해질지 모르는 위해를 피하고자 잠적했다. (NYT, 73.6.9)

NYT는 같은 날 서울발 기사를 통해, 중앙정보부 요원들의 미국 내 부적절한 행동에 대해 '할 말이 없다'는 한국 정부의 반응과 함께, 이재현 전 공보관장과 김영호(Kim Young Ho), 한혁훈(Han Hyuk Hoon) 등 모두 3명의 공보관 소속 공무원들이 박정희 정부가 정치적 자유를 제한하는 데 항의해 사임했다고 전했다. 이 문제에 대해서도 한국 정부는 '코멘트할 게 없다'고 했다.

한민통(韓民統) 결성 | 김대중은 일본과 미국에서 기자회견, 성명서 발표, 강연회, 저술 등을 이어가면서 교포들의 민주화 의식을 깨우고, 지지세를 늘려 가고 있었다. 유신 선포에 항의해 아예 귀국을 포기하고 해외에서 목소리를 내자고 결심할 때부터 김대중은 민주 투쟁을 위한 국제적인 조직 결성을 염두에 두고 있었다. 해외 활동 9개월, 이제 첫 열매가 나온다.

김대중은 우선 민주 회복에 대한 열기가 높은 미주 지역 교민들과 함께 미국에서 한국민주회복통일촉진국민회의(한민통 韓民統)을 결성한다. 1973년 7월 6일, 워싱턴DC 도심의 유서 깊은 메이플라워 호텔에서 김상돈, 임창영, 안병국, 문명자, 이근팔 등 30여 명이 참여한 가운데 발기인 대회를 가졌다.[363]

한민통 설립 과정에서 김대중은 "망명정부를 세우자" "통일운동이 우선이다" "민주회복이 먼저다" 등 여러 갈래로 나뉜 미주지역 교민들의 의견을 정리하느라 상당히 애를 먹었다. 김대중은 두 가지를 강조했다. 대한민국 절대 지지와 선(先)민주회복, 후(後)통일이었다.

> 당시 미국에서는 한국 독재정권이 통일을 내세우는 것을 보고 통일 우선 운동을 펼치자는 부류도 생겼다. 나는 이에 반대했다. 박 정권의 책략에 말려들 수 있기 때문이었다. 박 정권은 통일을 빌미로 민주정치를 짓밟고 있지만, 통일 세력을 언제 용공 분자로 몰아세울지 알 수 없었다.[364]

다행히 교민들에 대한 설득이 통해, 단체 이름도 민주회복(民主回復)이 앞에, 통일촉진(統一促進)이 뒤에 들어가게 됐다. 워싱턴에서 한민통 구성이 끝나자, 김

김대중 등이 「한민통」을 처음 결성한 메이플라워 호텔은 1925년에 건축된 유서 깊은 호텔이다. 백악관에서 가까운 워싱턴 DC 도심에 있다.

대중은 7월 10일 일본으로 향한다. 한민통 일본 지부를 구성하기 위해서다. 우리도 알듯이 일본 내 교민들은 한국에 호의적인 민단(民團, 재일본대한민국민단)과 북한에 충성하는 조총련(朝總聯, 재일조선인총연합회)[365] 등 두 개로 분열돼 있다. 또 민단은 한국 정부 지지파와 한국의 민주화를 촉구하는 세력으로 양분돼, 서로 대립하고 있었다.

한민통 일본지부 결성 준비 모임에서 김대중은 미국에서와 같이 대한민국 절대 지지와 '선 민주회복, 후 통일' 원칙을 강조하고, 조총련과의 관계도 선을 그었다. 김대중의 일본 내 동지들 김재화, 배동호, 정재준, 조활준, 김군부, 김종충, 곽동의 등은 한국 정부나 민단의 활동 내용에 불만을 품은 민단 이탈파(베트콩파)에 속했다. 한국의 민주화를 촉구하는 민단 이탈파는 조총련과 내통한다는 비난도 듣고 있었다.

그 무렵 일본 교민들은 본국의 남북대화 분위기에 영향을 받아, 8월 15일 광복절 경축 행사를 민단과 조총련이 공동으로 치를 준비를 하고 있었다. 김대중은 공동 개최에 강하게 반대했다. 민단 일부에서는 본국에서도 북한과 통일을 협의하는 데 문제 될 것이 없다면서 반발했다. 김대중은 "그럴 경우 박정희

조총련 결성 30주년 기념대회(1985, 도쿄)   한민통 일본본부 발기대회(1973.8.15, 도쿄)

정부가 악용할 소지가 있다" "북한을 추종하는 조총련과의 공동 행사는 한국의 현행법에 위반된다"고 거듭 주장했다.

다행히 민단 측의 반발이 수그러들었다. 한민통 일본 지부 창립대회는 8월 15일로 정해졌고, 장소도 도쿄 시내 히비야(日比谷) 공원 안 히비야공회당(公會堂)으로 합의됐다. 히비야공회당은 일제 때 세계적인 무용가로 인정받던 최승희(崔承喜, 1911~1969)가 공연을 하기도 했고(1936.10), 3.1운동의 도화선이 된 도쿄 조선인 유학생들의 「2.8 독립선언」도 공원 안에 있는 소 음악당에서 낭독될 정도로 우리와 인연이 깔려있는 장소였다.

김대중은 미국에 이어 일본 한민통 지부가 결성되고 나면, 캐나다로 건너가 그곳에서 활동하는 김재준(金在俊, 1901~1987) 목사의 도움을 얻어, 캐나다 지부 결성을 구상하고 있었다. 그는 자서전에서 "캐나다에는 김 목사의 사위 이상철 목사가 교포 사회의 신망을 얻고 있어서 여러모로 든든했다"고 적었다. 그리곤 미국으로 가서 하버드대학에서 연구 활동을 계속하면서 한민통 의장으로 해외 한국의 민주화 운동의 구심점 역할을 맡을 계획이었다. 그렇지만 김대중의 이러한 구상은 실현되지 못한다. 8월 도쿄에서 납치(拉致)돼 서울로 끌려갔기 때문이다.

납치(拉致) │ 김대중은 한민통 일본 지부 결성을 위해 7월 10일 도쿄에 재입국한 뒤부터 여러모로 조심하고 있었다. 10월 유신이 선포된 뒤 9개월째 해외를 떠돌고 있는 김대중 입장에서는 활동자금도 문제였지만, 신변 안전이 제일 큰 문제였다. 활동이 많아짐에 따라 한국 기관이나 주변 인사들로부터 전해지는 압력이나 느껴지는 분위기가 좋지 않았다.

가족 없이 떠돌다 보니 밤에는 어김없이 고독이 찾아왔다. 곁에 아무도 없다는 사실이 실로 견디기 힘들었다. 그리고 늘상 누군가 나를 노리고 있다는 생각에 소름이 돋곤 했다. 그래도 미국에서는 이근팔 비서가, 일본에서는 친구 김종충이 내 곁을 지켜 주었다.366

김대중은 도쿄에서 활동이 길어지면서 사무실 기능이 보강된 숙소(신주쿠 다카다노바바 지하철역 근처의 하라다 맨션 11층)를 구했다. 그러나 신변 안전을 위해 잠자는 장소는 맨션과 호텔 등을 2~3일간 번갈아 가면서 바꾸었다. 본인은 몰랐지만, 납치행 기차는 이미 출발해 김대중에게 아주 가까이 다가오고 있었다. 한민통 일본 지부 결성(8.15)이 끝나면 김대중이 바로 미국 하버드대학 연구원으로 간다는 첩보가 있어, 한국의 중앙정보부도 마음이 급했다.

김대중이 7월 10일 일본으로 돌아오자 해외공작국은 주일 파견관에게 김대중의 동향을 집중 감시하라는 지침을 내렸다. 중정이 김대중에 대한 공작 계획을 구체적으로 준비한 것은 이 무렵의 일이다. 김대중에 대한 공작은 일본에서 이루어지는 것이기 때문에 공작 계획의 수립은, 본부가 아닌 일본 파견관들이 담당했다. 주일 공사 김재권은 주일 대사관 일등서기관 신분으로 위장하고 있던 김동운에게 공작 계획의 수립을 지시한다.367

일본 자민당 내 친한파(親韓派) 의원을 통한 회유, 아내 이희호를 통한 중앙정보부의 귀국 종용과 협박, 미국에서 중정(中情) 요원들의 집회 방해 등 가히 전방위적으로 조여 오는 압박과 위협 때문에 주변에서는 다들 걱정이었다. 그때 서울 집에서 도쿄로 편지 한 통이 몰래 전달됐다.

메신저 편으로 남편에게 (중앙정보부) 6국장(이용택)을 만난 사실과 지금은 귀국할 때가 아니라고 알렸다. 이후 이 국장이 연락해 와 다시 만났다. 이는 도쿄 납치사건 2~3일 전의 일이다. "여권 기한도 다 되었을 텐데 귀국도록 권유하세요. 해외에서 반한(反韓) 활동을 계속하면 위험이 생길 수도 있습니다" 함께 일본에 가서 권유하자는 김정례 씨의 제안에 생각해 보겠다고 말했다.[368]

김대중은 이런저런 위협에 관한 소식을 전해 들었지만, "일본과 미국의 치안 능력을 믿었다. 어쩌면 믿을 수밖에 없었다"(『자서전』 284페이지). 도쿄에 재입국한(7.10) 이후 김대중에게는 구체적인 이야기가 전해진다. "재일 한국인 야쿠자들의 움직임이 수상합니다" "납치한다는 얘기를 대사관 쪽에서 들었습니다" "대사관이 야쿠자들에게 청부 폭력을 맡긴답니다."

또 인편(人便)으로 전해지는 집에서 오는 편지에도 걱정이 가득했다. "정보부가 무슨 일을 할지 모르겠어요. 당신이 외국에서 활약하는 일에 몹시 신경을 쓰고 있을 뿐 아니라 어떤 방법으로든지 당신이 일을 못 하도록 방해할 것 같아요." "저들이 당신 때문에 두통을 앓고 있는 것이 사실이에요. 그럴수록 귀국해서는 아니 됩니다." 미국과 일본에서는 김대중 본인과 지지자들에게, 서울에서는 동교동 가족에 대해 감시망이 사방에서 죄여 든다고 생각하니 여름인데도 으스스했다.

서울도 그렇지만, 도쿄의 8월은 끈적거리는 더위로 악명이 높다. 중동 지역의 여름이 타는 듯한 더위라면, 일본은 바람 한 점 없고 그늘로 들어가도 습도 때문에 찜통 속에 있는 듯한 동남아식 찜통더위다.

1973년 8월 8일, 도쿄는 아침부터 덥고 습했다. 김대중은 '고향의 형님처럼 반갑고 포근한' 양일동(梁一東) 민주통일당(1973~1980) 총재가 서울로 귀국하기 전에 그를 한 번 더 만나기 위해 숙소를 나섰다. 김대중은 비서 겸 경호원 역할을 하는 재일교포 청년 김강수와 함께 택시를 탔다. 김강수는 무술에 능

그랜드팰리스 호텔, 지상 24층. 458개의 객실로 1972년에 개관해 2021년 폐업했다.

한 청년이었다. 김대중은 20분 거리에 있는 그랜드 팰리스(The Grand Palace) 호텔 앞에서 내렸다. 양 총재는 이 호텔 2211호실에 묵으면서 지병인 당뇨병 치료를 받고 있었다. 김대중은 11시쯤 도착해 김강수와 함께 엘리베이터를 타고 22층으로 올라갔다. 김강수는 22층에서는 기다릴 곳이 마땅치 않아, 로비로 내려가 기다리기로 했다. 김강수는 그 뒤로 김대중을 만나지 못한다.

김대중은 10일 만에 다시 만난 양일동 총재 방에서 한국의 정치 상황과 시국에 관해 얘기를 나눴다. 양 총재가 머무는 2211호는 스위트룸(suite)으로 침실과 거실이 분리된 넓은 객실이었다. 양 총재는 귀국을 권유하기도 했고, 김대중은 양 총재에게 망명 자금이나 좀 대 달라고 부탁하기도 했다. 그때 책을 사러 외출했던 김경인(金敬仁) 의원이 돌아와, 세 사람은 객실에서 점심 식사를 했다. 김대중은 오후에 기무라 토시오(木村俊夫) 자민당 의원과 약속이 있어, 1시 15분께 2211호 객실을 나섰다. 그때 어디선가 건장한 사내 대여섯 명이 뛰쳐나왔고, 두 명이 멱살을 잡았다. "무슨 짓이냐. 너희들은 누구냐?"

어떻게 손을 써 보지도 못하고 제압당했다. 그들은 나를 침대 위에 팽개치더니 손수건을 코에 대고 눌렀다. 순간 마취제일 것이라는 생각이 뇌리를 스쳤다. 한

순간 정신을 잃었다가 깨었다. … "조용히 해. 말 안 들으면 죽여 버리겠다" 유창한 한국말이었다. … 지하에 내려가자 승용차가 대기하고 있었다. 그들은 그 차에 나를 밀어 넣더니 내 양옆으로 한 명씩 타고, 앞좌석에는 두 명이 탔다.[371]

노무현 정부 때 활동한 국정원과거사진실규명위원회(2004.11~2007.10) 보고서를 보면, 납치된 김대중은 자동차에 실려 오사카항(港)으로 갔고, 중정 공작선 용금호("500톤급으로 1,000마력 이상의 성능", 『자서전』 293페이지)에 실려 부산(외항)으로 간다. 납치 나흘째인 11일, 용금호에서 내린 김대중은 자동차 편으로 이동해 서울 외곽의 안가(安家)에서 하룻밤을 지내고 13일 밤, 동교동 집 근처에서 풀려난다.

나는 집으로 걸음을 옮겼다. 아침에 걸어 나온 길처럼 눈에 익었다. 저녁 산책을 마치고 돌아가는 듯한 착각이 들었다. 밤은 깊었다. 대문 앞에 서서 문패를 올려다보았다. '김대중 이희호'. 문패가 물끄러미 나를 내려다보았다. 골목 안은 조용했다. 집안에서 불빛이 새어 나왔다. 대한민국, 한여름 밤. 나는 초인종을 눌렀다. 막 퇴근한 가장처럼. 인터폰에서 누구냐고 물었다. "나다, 나야."[372]

"의원님 오셨다!"는 외침과 함께 식구들이 맨발로 몰려나왔다. 실로 오랜만의 귀가였다. 세상에 누가 출근한 지 열 달 만에 한밤중 퇴근하겠는가? 1972년 10월 11일 아침 도쿄로 출국한 뒤 10개월 만의 퇴근이요 귀가요 귀국이었다. 한참 뒤 어떻게 알았는지 내외신 기자 50여 명이 집으로 들이닥쳤다. 밤 11시부터 14일 새벽 2시 반까지 기자회견이 이어졌다.

1980년 전두환 정부의 언론 통폐합 조치로 없어진 동아방송(DBS)은 밤 10시 반쯤 '김대중이 집으로 돌아왔다'라는 제보 전화를 받고 이를 확인한 뒤, 긴급뉴스를 통해 김대중의 귀가[귀국]를 처음으로 보도했다.

당시 국내 언론들이 김대중 납치 사건에 대해 발생 초기부터 제대로 보도하지 못한 데 비해, WP나 NYT는 달랐다. 8월 8일 납치 당일 도쿄 발신 기사는 돈 오버도퍼(Don Oberdorfer) 기자가 작성한 WP 쪽이 더 자세하다. "한국 야당 1인자 납치"(Korea Opposition Chief Kidnaped). 이 기사의 한국 야당 1인자는 물론 김대중이다.

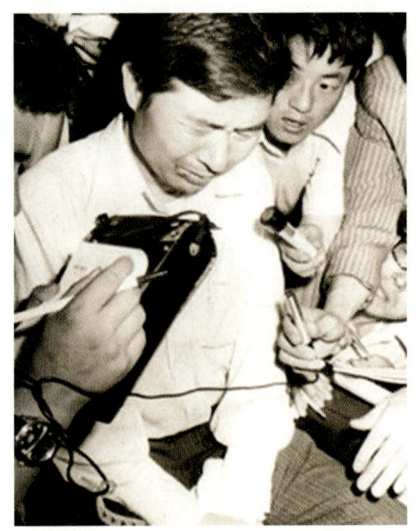

13일 밤 자택에서 기자회견 도중 울음을 터트린 김대중(좌). 김대중의 바지 뒷주머니에서 발견된 협박문 쪽지. 붉은 사인펜으로 쓰여있었다. 애국청년구국대는 중앙정보부로 밝혀졌다.

김대중 납치

(도쿄, 8.8) 대단히 명료하고 거침없는 목소리로 한국 정부와 맞서고 있는 김대중 씨가 오늘 도쿄 시내 호텔에서 5명의 무장 남성에 의해 납치됐다. 김 씨 측근인 누나타 타다시 씨는 사건 직후, 오늘 납치는 한국 중앙정보부의 소행이라고 주장하고 김 씨가 살아서 풀려날 수 있을지 의문스럽다고 말했다. 목격자들은 납치범들이 분명한 서울 말씨를 쓰고 있다고 전했으나, 이들의 신원을 짐작할 수 있는 다른 내용은 거의 없다고 말했다.

지난 1972년 10월 17일 박정희 대통령이 한국의 모든 권력을 장악한 뒤 도쿄와 워싱턴을 오가며 생활하고 있는 47살의 김대중 씨는 미국 하버드대학에서 연구교수 준비를 위해 2주쯤 뒤에는 도쿄를 떠날 계획이었다. 김대중 씨는 지난 몇 달 동안 신변 안전 문제로 걱정해 왔으며, 납치 직전 점심 자리에서도 자신이 미행당하는 느낌이 든다고 말했다.

야당 신민당의 대선후보로 김대중 씨는 지난 71년 대선에서 현직 박정희 대통령에게 도전해 46%라는 놀라운 지지를 기록했다. 대선 과정에서 김 씨는 박 대통령이 다시 당선된다면 박 대통령은 민주주의 제도를 짓밟고 영구 집권으로 치달을 것이라고 말해왔다.

반대 목소리를 낸 첫 정치인

작년(1972) 가을 박 대통령이 계엄령을 선포하고 자신의 권한과 임기에 거슬리는 제약을 모두 없애버렸을 때, 많은 야당 정치인이 체포됐다. 김대중 씨는 일본 국회를 방문 중이었는데, 그는 한국 인사로는 처음으로 한국에서 진행되는 상황에 관해 강력하게 비판했다. 김 씨는 부인과 세 아들이 서울에 있는데도 불구하고 공개적으로 비판의 목소리를 높여왔다.

김 씨는 한국에서 의회민주주의를 회복하기 위해 미국의 개입을 요청해 왔다. 그러나 미국은 4만 명의 장병을 주둔시키고 대규모의 군사적 경제적 외교적 지원을 제공하고 있지만, 한국 문제에 더 깊숙하게 얽혀들까 봐 개입을 거부하는 상황이다. 최근 김 씨는 미국이 민의에 기초한 민주적인 통치 체제를 회복시킬 것이라는 희망이 많이 사라졌다고 지인들에게 말해 왔다. 김 씨는 도쿄 거주 한국 교민들과 일본 정계 지도자들과의 밀접한 관계 구축을 위해 노력하고 있다. 일본은 한국과 실질적인 관계를 점차 늘리고 있다.

김대중 씨는 지난 7월 10일 미국에서 일본으로 건너왔으며, 오늘 오후에는 관방장관을 지낸 자민당 중진 기무라 도시오 의원을 만날 예정이었다. 김 씨는 오는 8월 15일 광복절에 도쿄의 대형 집회장에서 박정희 정부에 반대하는 연설을 할 계획이었다.

경호원 동반 안 해

김대중 씨는 보통 24시간 경호원을 동반하고 다니지만, 오늘 낮 서울에서 온 야당 국회의원 2명과 점심을 하기 위해 도쿄 시내 그랜드 팰리스 호텔에 갈 때는 경호원을 동반하지 않았다. 신생 민주통일당 당수인 양일동 의원은 김대중 씨가 자신에게 만나자고 요청했다고 말했으나, 도쿄의 김대중 씨 측근은 양 의원이 김 씨와의 만남을 요청했다고, 그 반대로 말한다. 이 측근은 또 양 의원이 김대중 씨에게 경호원을 대동하지 말도록 요청해, 경호원은 호텔 로비에 머물렀다고 말했다.

도쿄 주재 한국대사관은 2명의 야당 국회의원에게 김대중 씨를 만나거든 귀국을 설득해 달라고 요청했다. 양 의원은 "한국 대사관은 늘 귀국을 종용해 달라"고 부탁하지만, 김 씨는 자신이 서울로 돌아오면 체포돼 고문을 당할 우려가 있다고 말해 왔다고 뒤에 술회했다. 점심 식사 자리에서 김대중 씨는 도쿄에 도착한 뒤 늘 감시당하는 느낌을 받았다고 말했다. 점심을 마친 오후 1시 반, 김 씨가 객실을 나와 카펫이 두껍게 깔린 복도를 7~8걸음 옮겼을 때 옆방에서 두 사나이가 나왔고, 이어 건너편 객실에서 세 사나이가 나왔다. 점심을 함께한 제3의 인물이자 김대중 씨의 친척인 김경인 의원은 3명의 사나이가 김대중 씨를 그 옆방으로 끌고 들어갔으며 문을 안에서 잠갔다고 말했다. 객실 밖에서 망을 보던 2명의 사나이는 자신과 양 의원에게 자리를 뜨라고 했다고 진술했다. 두 의원은 망을 보던 남성들이 서울말을 썼다고 말했다.

마취제 발견

몇 분 뒤 그 사나이들은 사라졌다. 호텔 마스터키로 옆방을 열어보니, 약병에 마취제가 남아있었고 총알 한 발이 비는 탄창 한 개, 두 개의 등산배낭 등이 발견됐고. 객실 안에서는 마취제 냄새가 강하게 났지만, 김대중의 흔적은 어디에도 없었다. 김대중은 끌려 들어갔던 객실 건너편의 내부 비상구를 통해 지하 주차장으로 내려가, 기다리고 있던 자동차에 태워져 사라진 것으로 보인다. 김대중 씨와 친한 일본 의원들의 신고를 받고 경찰이 오후 3시쯤 현장에 출동했고, 기자들도 많이 와 취재에 열을 올리고 있다. 경찰은 국제선 여객기와 장거리 기차, 도쿄항에 대한 밀착 감시와 함께 도쿄 시내 전역에 수색령을 내렸다. 경찰은 어선을 이용해 김 씨를 몰래 국외로 옮기는 가능성에 대해서도 대비하고 있다.

다음 날 WP는 김대중 씨 납치 사건에 대한 한국 정부의 입장을 보도한다. 첫 날 납치에 관한 보도에 이은 오버도퍼 기자의 기사 제목은 "한국 정부, 납치 부인"(Kidnapping Is Denied By Seoul)이다.

한국 정부, 납치 부인

(도쿄, 8.9) 한국 정부는 어제 도쿄에서 가장 유명한 정치적 비판자인 전 대통령 후보 김대중 씨가 무장 괴한에게 납치된 사건에 관해, 알지도 못하고 전혀 관련이 없다고 오늘 공식적으로 부인했다. 한국 정부의 부인은 이호 주일 한국대사가 호겐 신사쿠(法眼晉作) 외무성 사무차관에 전달한 성명서에서 천명됐다. 이 성명은 그 뒤 한국 문화원에 의해 언론에 공개됐다.

김대중 씨가 어제 한낮에 도쿄 도심 호텔에서 한국 야당 정치인과 회동한 직후 납치되자 그의 측근들은 즉각 중앙정보부(KCIA)가 개입했다고 주장했다. 김대중 씨는 한국의 박 대통령이 지난해 10월 유신을 선포한 뒤 전권을 장악하자 명료하고 큰 목소리로 그를 비판해 왔다. 김 씨의 납치에 관해 발생 초기 침묵을 지키던 한국의 통제받는 언론들은 오늘에야 김 씨의 납치가 "5명의 한국말을 하는 청년들"의 소행이라는 거의 동일한 내용의 기사를 싣고 신문 1면에 겨우 알아볼 정도로 짧게 보도했다. 목격자들은 납치범들이 짙은 색 양복에 넥타이를 매고 다부지게 생겼다고 전했다.

일본 경찰은 김대중 씨를 찾기 위해 특별수사본부를 꾸렸고, 일본발 여객기나 선박 등에 대한 검색을 강화했다. 그러나 경찰 소식통은 김 씨의 행방이나 납치범들의 신원에 관해서는 구체적인 단서를 확보하지 못하고 있다. 한국과 연계된 재일 한국 교포 조직은 김대중 씨 구출을 호소하고 이번 사건과 관련한 정보들을 모으기 위한 위원회를 구성하기로 했다. 이들은 한국거류민단 내의 반 박정희 계열이다.

현재 일본을 방문 중인 북한 무용단은 이번 납치 사건이 한국중앙정보부의 소행으로 "테러리스트의 계획된 폭거에 다름 아니다"라는 성명을 발표했다. 일본 내 친북한계 교민 단체의 한덕수 의장은 조총련은 김 씨와 아무 관계도 없다면서,

납치 행위를 비난하고 사건의 조속한 해결을 촉구했다.

유엔 주재 한국 대사를 역임한 임창영(Channing Liem) 박사를 위시한 김대중 씨의 지인들은 미국 정부가 김 씨의 석방을 위해 모든 노력을 기울여줄 것을 호소했다. 임 씨는 미국 관리들이 일본 외무성에 전화해 이 사건에 관한 우려를 전달했다고 밝혔다. 임 박사는 김대중 씨의 즉각적인 석방과 납치범에 대한 엄중 처벌을 박정희 정부에 요구하고 한국에 정치적 자유를 허용해 야당 지도자들이 망명길에 나서지 않도록 해 달라고 요구했다.

앞서 보도된 것처럼 주일 한국 문화원은 일본 외무성에 보낸 성명에서 한국 정부는 "이 사건에 관해 전혀 알고 있지 못하며 아무 관련도 없다"고 밝혔다. 한국 정부는 나아가 "이 사건을 철저히 수사하고 김대중 씨의 안전을 확보하기 위해 최선을 다해 달라"고 일본 정부에 요청했다.

일본 외무성 대변인은 납치 사건에 외국 정부가 관여했는지 여부에 대한 언론의 관심이 집중되는 가운데, 외국 정부가 이 사건에 관여하지 않았기를 희망한다고 밝혔다. 외무성 대변인은 "이 사건 전체가 미스터리로 아직은 어떤 가정도 할 수 없다. 그러나 외국 정부가 여기에 관여했을 가능성은 거의 없다고 생각하고 또 희망하고 있다"고 말했다. 이 대변인은 어떤 근거로 이러한 기대를 하는지는 밝히지 않았다.

WP의 8일과 9일 자 기사를 읽어봤다. 우선 8일 자 WP의 첫 기사와 한국에서 보도된 첫 기사를 한번 비교해 보면, 미국과 한국의 독자들이 김대중 납치라는 기상천외한 사건을 어떻게 받아들일까를 헤아려 볼 수 있을 듯하다. 8월 9일 자 동아일보 1면 중간쯤에 실린 "金大中(김대중) 씨 失踪(실종)"이다. 실종과 납치는 뜻이 다르다. 기사를 읽어보면 '납치를 실종이라고 제목을 달았구나'라는 것을 금방 알게 된다. 당시 한국의 언론 상황, 국가비상사태가 선포된 한국의 모습이 그랬다.

金大中 씨 失踪

(동경, 9일. 신용순 특파원) 사실상 망명 생활을 계속하고 있는 신민당 전 국회의원 김대중 씨는 8일 오후 호텔에 나타난 한국말을 쓰는 5명의 괴한과 만난 후 함께 어디론지 사라져 9일 정오 현재까지 행방이 묘연하다.

8일 김대중 씨는 동경 구단(九段)에 있는 그랜드 팔레스 호텔에 투숙 중인 통일당 양일동 당수와 김경인 의원과 함께 점심을 먹고 오후 1시 반쯤 호텔 2212호에서 나오는 순간 괴한들과 함께 어디론지 사라졌다.

괴한들은 사전에 양 당수 객실 근처의 2210호와 2215호에 투숙하고 있었던 것으로 알려졌으며 모두 35세 전후의 청년들로 한국말을 쓰고 있었다.

김 씨는 이날 양 씨와 점심 식사 후 김경인 의원과 함께 나오다가 다른 방으로 끌려갔다. 김 씨가 일시 끌려가 있던 2210호실에는 강한 마취약이 뿌려진 흔적이 있으며 괴한들이 놓고 간 것으로 보이는 권총 탄창(실탄 7발) 1개와 사람이 들어갈 수 있는 크기의 륙색 3개, 그리고 김 씨가 애용하고 있던 파이프가 발견됐다.

1973년 8월 9일, 김대중 납치 1보 기사(중간 아래쪽)가 실린 동아일보 1면.

상황이 이런데, 어떻게 '실종'이 되는가? 당시 국내 최고의 유력지이자 야당지(野黨紙)라고 평가를 받는 동아일보의 이런 보도에 대해 한 원로 언론인은 비판적인 견해를 제시한다. 대낮 도쿄 도심의 고급 호텔에서 발생한 김대중 씨 납치에 관한 제1보가 기사 비중에 어울리지 않게 1면 중간쯤 2단 크기로 실린 점부터 문제라고 지적했다.

1면 톱기사가 물가 동결에 관한 기사고 중간 톱이 언커크(UNCURK, 유엔통일부흥위원단) 미군 문제 결의안 합의인데, 대통령 후보를 지낸 유명 정치인, 외신은 '한국 야당의 1인자'라고 하는 정치인이 대낮에 인접국의 수도에서 실종[납치]된 사실을 이런 비중으로 다루는 것이 정상인지에 대해 문제를 제기한다.[374] 한 미 두 나라의 유력 언론 보도를 살펴보면 차이가 상당하다. 미국은 언론의 자유를 포함한 표현의 자유를 우월한 자유(Preferred freedom), 다른 자유를 가능하게 하는 자유로 취급해, 침해받지 않을 기본권으로 건국 초기부터 선포한 나라로서, 우리나라와 그냥 비교하기는 무리가 있다.

어찌 됐든 이제 문제가 커졌다. 커져도 엄청나게 커져 버렸다. 앞에서 이야기했지만, 쿠데타를 도모해 실권을 잡기 전까지의 육군 소장 박정희와 국가재건최고회의 의장 박정희 소장이 다르듯이, 야당 정치인 김대중과 제1야당 대통령 후보 김대중이 다르고 해외를 떠도는 전 야당 대통령 후보와 해외를 떠돌다가 도쿄 시내 호텔에서 백주에 납치당해[실종돼] 생사 여부가 불투명해진 전 야당 대통령 후보도 뉴스 가치(News Value)라는 측면에서 엄청나게 달라진다.

사람들은 흔히 뉴스가 별거냐? 혹은 그게 뉴스가 되냐? 라는 말을 한다. '무엇이 뉴스인가?'에 대한 가장 유명하고 간단한 정의는 미국 「뉴욕 썬」(The New York Sun) 지의 편집국장 찰스 다나(Charles A. Dana, 1819~1897)가 내렸다. "개가 사람을 물면 뉴스가 되지 않지만, 사람이 개를 물면 뉴스가 된다"(When a dog bites a man that is not news, but when a man bites a dog that is news.)는 정의다. 요즘 인터넷 시대를 맞아 말도 안 되는 각종 쓰레기 같은 기사가 도배를 하자, 개가 개를, 사람이 사람을, 사람이 개를, 개가 사람을 물어도, 뉴스가 되지 않는다. 단지 우리 편이 상대편을 물때만 뉴스가 된다는 말이 널리 회자(膾炙: '생선회와 구운 고기'라는 뜻으로 널리 사람들의 입에 오르내림)된다.

언론학자들은 일반적으로 기사[뉴스]가 되려면, 사람들이 흥미를 느낄만한 일(흥미성), 최근의 일(시의성), 영향이 크게 남을 일(영향성), 가까운 곳에서 일어난 일(근접성), 전쟁이나 싸움(갈등성), 처음 일어나는 신기한 일(참신성), 유명한 사람이 관련된 일(저명성), 오락거리가 되는 사건(오락성), 감동적인 내용의 이야기(스토리), 생활에 유익한 내용(유용성) 등 10여 가지의 요소를 갖춘 사건, 사고, 사람은 뉴스거리가 된다고 본다.[375]

한국의 유력한 야당 대통령 후보가 대낮 일본 도쿄의 고급 호텔에서 권총으로 무장하고 한국말을 하는 5명의 사나이에 의해 납치된 사건은 뉴스 가치의 여러 기준에 해당해, 당연히 기삿거리가 된다. 게다가 납치범들은 한국 중앙정보부 요원들이라는 말도 돌고 있다. 완벽한 뉴스거리다. 위에서 인용한 뉴스 가치 기준 가운데 마지막 유용성(Usefulness)만 빼고, 모두에 해당하는 사건이다. 어쩌면 이 사건은 국가 정보기관이 그런 짓을 하면 안 된다는 교훈을 남겼다고 본다면 이 사건은 유용성(有用性)의 요건도 충족시키는 완벽한 뉴스감이다. 그렇다면 이 만고의 교훈을 만든 사람은 누구일까?

누구의 지시인가? | 박정희는 납치사건이 발생한 8일 오후 늦은 점심을 끝내고 집무실에 들어와서 김정렴(金正濂, 1924~2020) 비서실장에게서 최초 보고를 받고 "정말이야? 무슨 일일까!" 하며 놀라워했다. 그리고 3~40분이 지났다.

> 곧 집무실로 내려오라는 분부가 있었다. 집무실에 들어서니 대통령은 만일 金大中 씨의 납치가 사실이라면 네 가지 경우를 상정할 수 있다면서 첫째, 우리 中央情報部의 공작 둘째, 일본 右翼의 소행 셋째, 在日거류민단의 과잉 충성 행위 그리고 마지막으로 金大中 씨계 하부의 조작극일지 모른다고 열거하면서 지체 없이 中央情報部長과 일본의 우익과 교분이 있는 朴鐘圭 경호실장 그리고 在日거류민단을 장악하고 있는 부서에 체크해서 관련 여부를 보고하라는 지시가 있었다. … 관련 여부를 문의했던바 모두 전혀 관련이 없다는 회답이었다. 나의 복명

을 받은 朴 대통령은 그렇다면 金大中 씨 계열 하부의 조작극일지 모르겠군 하는 반응이었다.
다음날 나에 대한 駐韓 미국대사 하비브 씨의 면담 요청이 있었다. … 나는 하비브 대사에게 어제 외신 보도를 입수한 후 일련의 움직임, 특히 朴 대통령의 지시에 따라 네 가지 경우를 가상해서 관계기관에 긴급 조회한 결과 우리 정부 기관은 전혀 관련이 없어 朴 대통령은 金大中 씨 계열 하부의 조작극이 아닌가 의심하고 있다는 이야기를 해주었다.[377]

앞에서도 말했지만 김종필은 박정희의 내밀하고도 오랜 관찰자다. 혁명을 함께 모의하고, 거사에 성공하자 혁명정부를 지키기 위해 중앙정보부와 수도경비사령부를 창설하고, 민정 이양에 대비해 민주공화당도 만들고, 그 뒤의 많은 정치적 어려움도 함께 헤쳐 온 인물이다. 박정희는 김종필을 후계자로 공개적으로 언급한 적은 없지만, 국민은 '박정희 다음은 김종필'이라고 생각하고 있었다. 그의 증언을 들어본다.

8월 8일 납치 사건이 발생하던 날 국무총리 김종필(11대, 71.6~75.12)은 농수산부 장관과 함께 전국의 낙농 실태를 점검하고 있었다. 8일 오후 늦게 황인성(黃寅性, 1926~2010) 총리 비서실장이 전화해 김대중의 도쿄 납치 소식을 보고한다. 이 사건에 관해 수시로 보고하던 황 실장은 13일 밤 11시쯤 김대중 씨가 서울 자택에 나타나 지금 기자회견을 하고 있다는 보고를 했다. 김종필은 다음 날 일정을 모두 취소하고 바로 서울로 올라갔다.

서울로 올라가 오후에 박정희 대통령을 뵈었다. 박 대통령은 화가 잔뜩 난 표정으로 "임자는 몰랐어?"라고 물었다. 내가 알 도리가 없는 일이었다. 박 대통령은 "아 글쎄, 이후락 그자가 서울에 김대중을 데려다 놓은 후에 나한테 보고를 하잖아. 나한테 한마디도 않고 이런 일을 저질렀으니 …"라며 화를 감추지 못했다. 그제야 나는 김대중 납치 사건을 박 대통령이 지시했거나 개입하지 않았음을 알

고 안도했다.[378]

'대통령의 지시가 아니라면 ….', 김종필은 속으로 '이 사람이 또 일을 저질렀구나' 하고 탄식했다. 이후락에 대한 김종필의 평가는 이렇다.

황인성(1926~2010)

윤필용(1927~2010)

이후락(1924~2009)

머리 회전이 빠른 이후락은 독특한 책사(策士)형 인물이었다. 자기가 아니면 안 되는 문제를 꾸며서 존재를 과시하고, 그것 때문에 박정희가 자신을 제거하지 못하도록 만드는 특별한 재주가 있었다 …. 박 대통령은 윤필용을 가혹하게 처리했지만[379] 이후락은 일단 살려뒀다. 괘씸하게 여겼지만 대통령으로서는 그때 그가 꼭 필요했기 때문이다. 이후락만큼 대통령의 의도를 미리 알고 그에 대처하는 수단과 방법을 조언하는 사람이 없었다. 그렇다고 그를 용서한 것은 아니었다. 이후락에 대한 박 대통령의 신임은 추락했다. 초조해진 이후락이 궁리 끝에 죽을 꾀를 낸 것이 바로 김대중 납치 사건이다.[380]

김종필은 평소에도 달갑지 않던 이후락이 일으킨 사건으로 온 나라가 들썩이고 급기야는 한일 관계도 1965년 정상화 이후 최악으로 치닫자, 마음이 상했다. 또 미국에서는 중앙정보부 요원들이 김대중 관련 집회를 방해하고 교민들을 감시하는 등 촌스럽게 행동하고 다녀, 정부가 항의받고 있었다.

이 사태에 대한 언론 보도도 점차 가열돼 갔다. 한국 언론은 어느 정도 손을 쓸 수가 있다 해도, 국가 주권과 집회의 자유, 인권 등 기본권이 침해당했다고 길길이 뛰는 일본과 미국 언론들의 보도에 대해서는 대책이 없었다.

국회에서는 야당이, 대학에서는 학생들이 진상규명과 중앙정보부 해체를 외치고 있었다. 심지어는 북한도 이를 이유로 남북한 간의 대화 중단을 발표했다. 유신 선포 이후 잠잠하던 학원가가 이 문제를 계기로 긴 잠에서 깨어난 듯했다. 하루속히 상황이 정리돼야 했다.

미국과의 문제는 대화로도 정리가 가능했지만, 주권 침해라고 핏대를 세우는 일본에 대해서는 정부 차원의 진사(陳謝: 이유를 밝히며 사과의 말을 함) 사절이 필요했다. 2인자인 총리가 나설 수밖에 없게 됐다. 대통령이 사과할 수는 없지 않은가? 사건 발생 두 달이 훨씬 지났고, 내용도 나올 만큼 다 나왔다.

> 10월 31일 오후 6시 청와대로 올라갔다. 나는 박 대통령에게 "사안이 중대하니 아무래도 도쿄에 직접 가서 일본 총리를 만나 사과해야겠다"고 말했다. 그때 옆에 있던 이후락 부장이 "거기는 갈 필요가 없습니다. 그대로 내버려두면 가라앉을 겁니다."라고 끼어들었다. 화가 불같이 솟았다. 나는 "당신은 가만히 있어. 결국 내가 해결해야 하는 문제를 만들어 놓고 말도 안 되는 소리를 하고 있어"라며 야단쳤다. 지그시 눈을 감고 얘기를 듣고 있던 박 대통령은 나에게 "임자말이 옳아. 다녀오시오"라고 말했다.

이렇게 김 총리의 일본 방문이 결정되고, 대통령과의 면담 이튿날(11.1) 대통령이 일본에 보내는 친서도 완성됐다. 삼청동 총리 공관에서 김 총리와 이후락 중앙정보부장, 김용식 외무장관, 김정렴 대통령 비서실장 등 핵심 4인이 모여 방일(訪日) 대책을 논의했다.

> 김종필은 "일본으로 사과하러 가는 마당에 사건 경위와 진상이라도 알고 가야

할 거 아니오"라며 구체적인 사건 경위를 물어봤다. 이후락은 "나는 잘 모른다"고 잡아뗐다. 나는 그 자리에서 벌떡 일어나 "당신이 모르면 누가 알아? 당신이 이따위 짓을 하고 나는 일본에 가서 머리를 숙여야 하는데 미안하지도 않아?"라고 소리를 쳤다. 순간적으로 너무 화가 나서 이후락에게 다가가 덤벼들려고 했다. 옆에 있던 김정렴 비서실장이 만류하는 바람에 가까스로 화를 참고 자리에 앉았다.[382]

사건 발생 초기 알지도 못하고 아무 관련이 없다고 잡아떼던 한국 정부도 하나씩 드러나는 증거 앞에 더는 할 말이 없었다. 중앙정보부의 어설픈 작전이 탈이었다.

영화에도 자주 나오는 마피아(Mafia)나 조폭에는 훨씬 못 미치고 동네 골목 불량배 수준의 일솜씨였다. 컵에 지문을 남기지 않나, 그랜드 팰리스 호텔 지하 주차장에서 김대중을 우격다짐으로 싣고 다급한 나머지 주차비도 내지 않고 내빼는 와중에 경비원이 차량 번호를 적어 놓도록 하는 등 허점투성이였다. 세금을 물 쓰듯 쓰며 당(唐, 618~907)나라 군대도 하지 않을 짓들을 하고 다녔다.

김종필(1926~2018)   이후락(1924~2009)   김용식(1913~1995)   김정렴(1924~2020)

진짜 이후락이 했나? | 김대중 납치는 한국 중앙정보부장(KCIA) 이후락이

지시해서 발생한 사건이 맞다. 87년 6월 민주화 대항쟁이 있고 난 뒤, 『신동아』(87.10) 인터뷰에서 본인이 말했다.

"김대중 씨 납치는 박 대통령의 지시가 아니라, 내가 지휘했고, 처음부터 김대중 씨를 살해하려는 계획이 아닌 납치가 목적이었으며 미국의 개입은 없었다"고 이후락은 신동아의 이종각(李鍾珏) 기자와의 인터뷰에서 밝혔다. 이후락의 실토가 담긴 이 인터뷰 기사가 실릴 『신동아』 10월호는 당시 국가안전기획부(중앙정보부)의 인쇄소 점거로 8일 만에 나오게 된다. 이미 세상이 그만큼 바뀌었다.

그 한 달 전 김대중은 『신동아』 9월호에 기고한 글 〈김대중이 폭로하는 '납치' 전후, '박 대통령이 나에게 부통령을 제의했다'〉에서 "이런 비극에 종지부를 찍기 위해서도 당시 사건의 총책임자였던 이후락 씨는 사건의 전모를 공개적으로 밝혀야 한다"고 요구한 데 대한 응답 성격의 인터뷰에서 말했다.

이후락은 "이건 내 책임이다. 어떤 사람들이 어떻게 이 일을 했는가에 대해서는 더 많은 문제가 파생될 수 있기 때문에 더 이상 밝히기 어렵다"고 비슷한 시기에 인터뷰한 오효진(吳效鎭) 『월간 조선』 기자에게도 말했다.[383]

당시 국가안전기획부는 『신동아』 10월호의 인쇄를 막았다. 기자들은 8일 동안 항의 농성을 벌였다. 이종각 기자(오른쪽 끝) 등이 갓 인쇄된 잡지를 들고 기뻐하고 있다.

앞에서 살펴봤듯이 이후락은 윤필용 사건(1973.4) 때문에 박정희로부터 싸늘한 시선을 느끼고 이를 만회하기 위해 중정 조직을 동원해 저질렀다고 김종필은 증언했다. 청와대 비서실장 김정렴도 대통령이 사전에 이에 대해 전혀 모르고 있었다고 기록했다. 또 다른 증언자는 박태준(朴泰俊, 1927~2011) 포항제철 회장이다.

>박 대통령은 79년 2월 1일 포철 4기(850만 톤 체제) 종합착공식을 하루 앞둔 1월 31일 포항에 내려와 박태준 회장과 하룻밤을 통음(痛飮)한 적이 있다. 이런저런 이야기 중에, 박 회장이 김대중 납치 사건을 언급했다 "국내 정치를 더 어렵게 만든 계기는 김대중 납치 사건이 아닌가 합니다. 아무리 정적이어도 그런 방식으로 다룬 것은…" 이때 말을 막은 대통령은 당시 이후락의 보고에서 사건을 처음 알게 됐으며 자신과 무관함을 뒷받침하기라도 하듯 강하게 질책한 상황을 자세히 설명했다. '이후락이 다급하게 청와대에 들어와 당황해하면서 보고해 알게 된 후 화가 치밀어 탁자 위에 있던 재떨이를 얼굴을 향해 집어 던지고는 당장 집어치우라고 고함을 질렀다'는 것. 이어 "김형욱이, 이후락이, 너무 오래 썼어"라는 독백과 함께.[384]

그 뒤 노무현 정부 시절 설치됐던 「국정원 과거사건 진실규명을 통한 발전위원회」(진실위)도 김대중 납치 사건과 관련해, 박 대통령의 지시 여부에 대해서는 "이를 확인할 수 있는 직접적인 증거 자료가 발견되지 않았다"고 밝혔다(2007.10.24). 또 중앙정보부의 공작 목표가 단순 납치인지 살해 계획이었는지에 대해서는 단순 납치로 무게를 뒀으나 명확한 결론을 내리지 못했다.

이에 대해 김대중 전 대통령 측은 "진실위가 이번 조사를 통해 당시 박정희 대통령이 범행을 지시했고 살해를 목적으로 납치했다는 것이 분명하다는 것을 밝혀내고서도 결론을 명확하게 밝히지 않았다."고 유감을 표했다. 이어 "뚜렷한 범죄 증거를 갖고 있으면서도 수사를 포기한 일본 정부와 이를 은폐한 한국 모두가 두 나라 국민과 세계 앞에 큰 과오를 저질렀다"면서 이 점에 대해 양국 정부에 깊은 유감을 표한다고 밝혔다.

김대중 납치 사건은 유례가 드문 사건이고, 그 후의 사건 전개도 엄청났다. 북한은 한국의 유신 선포(72.10.17)에 이상한 감을 잡고, 대화 중단 핑곗거리를 찾던 중 납치 사건이 발생하자, 그동안 찜찜하게 꾸려왔던 남북대화(72.7.4 ~73.8.28)를 중단한다고 일방적으로 발표한다. 유신 선포 후 잠잠하던 대학가도 다시 들썩이기 시작했다.

또 납치 사건에 격분한 좌익계열 재일교포 청년 한 명이 이듬해(74.8.15) 일본에서 건너와 대통령에 대한 저격을 시도했다. 이때 대통령은 무사했으나, 육영수 여사가 총상을 입고 비명에 가는 비극이 발생한다. 박 대통령 또한 육 여사 서거 후부터 평소의 평정심과 판단력, 날카로움이 무뎌지는 바람에 정치가 파국으로 흐르며 비극적인 최후를 맞이했다고 안타까워하는 추종자들이 아직도 많다.

그럼, 김대중 납치 사건 등이 없었다면 박정희는 평소의 말처럼 유신 2기가 끝나는 1984년쯤 평온하게 권력을 물려주고 성공적인 산업화로 민족중흥에 기여한 지도자로 국민의 추앙을 받으며 육 여사와 함께 행복하게 노후를 보냈을

The Washington Post
Democracy Dies in Darkness

까? 역사를 뒤집어서 말하는 것은 TV 프로그램이 될 수는 있어도, 인간의 영역이 아니다.

쏟아지는 기사 ① WP | 김대중 납치 사건을 언론 입장에서 보면, 이건 진

짜 기삿거리였다. 김대중 납치 사건이 일어나자, 미국 언론들은 바빠진다. 그가 납치되기 전부터 미국에 주재하는 한국 정보 요원들이 몇 건의 물의를 일으켜, 국무부가 주미 한국대사관에 항의했다는 것은 앞서 살펴봤다. 그 문제가 명확하게 정리된 것도 아닌데, 일본에서 김대중이 납치됐으니, 미국 언론이 그 흐름을 놓칠 리가 없다. 보통 사람들도 '한국 정보부가 김대중이 미국에 있을 때는 따라붙어 집회를 방해하고 감시하더니, 그가 가까운 일본으로 가니까 아예 서울로 잡아갔다'라고 생각할 것 아닌가?

WP는 발생 초기 연속 보도에 이어, "지난주 납치됐던 한국 정치인 풀려났다" (Kidnaped Last Week Korean Politician Released, 8.14), "일본, 납치에서 풀려난 정치인 한국 측에 송환 요청키로" (Japan Asks South Korea To Return Freed Politician, 8.14), "일본, 한국 경제원조 삭감 검토"(Cutoff in Seoul Aid Weighed by Japan, 8.25), "김대중 납치 사건"(The Case Of the Kidnaped Korean, 8.26). 사건 발생 보름이 지나 많은 사실들이 드러난 뒤 이를 종합하는 오버도퍼(Don Oberdorfer)의 기사는 정리가 잘돼 있다.

김대중 납치 사건

(도쿄) 그는 도망자였다. 그는 본명으로는 호텔에 체크인하지도 않고, 체크인을 해도 같은 방에 하루 이상 머물지 않고, 같은 호텔에서도 하루나 이틀 이상 묵지도 않는다. 그는 당연히 전화가 도청되리라고 생각했으며 사무실과 지인들도 감시당하고 있다고 생각한다. 그의 경호원들은 호텔 웨이터나 보이들 심지어는 그가 요청해 만나는 상대방에게도 의심의 눈초리를 거두지 않는다.

지난 8월 8일 수요일 바로 그날, 그는 어느 날보다도 기분이 좋고 마음도 편했다. 한국에서 두 명의 오랜 친구이자 동료인 의원 2명이 도쿄에 왔다. 만나면 한국 정가의 이런저런 이야기를 직접 들을 드문 기회라고 잔뜩 기대하고 있었다. 그는 경호원 한 사람만 대동하고 이들이 묵는 호텔에 도착해, 경호원은 로비에서 기다리게 하고 점심 식사를 위해 22층의 스위트룸으로 갔다. 점심과 담소가 끝난 뒤 그는 이들과 작별하고 엘리베이터를 타기 위해 객실에서 나왔다. 그는 짙은 색 양복을 입은 세 남자와 복도에서 마주쳤고, 그들은 그를 옆방으로 밀쳐 넣고, 주먹질과 발길질을 한 뒤 마취제를 묻힌 수건으로 그의 얼굴을 덮었다. 다른 두 명의 사나이는 김 씨 일행의 접근을 막고, "조용히 해라. 만약 이 일이 국제적으로 알려지게 되면, 우리나라에 곤란한 문제가 된다"며 위협했다.

불과 몇 분 만에 한국 야당 지도자 김대중은 도쿄 망명길에서 흔적도 없이 사라졌다. 그를 납치한 사람들은 닷새 동안 육상과 바다 등으로 험하게 끌고 다니다가 도쿄에서 720마일(1,150km) 떨어진 서울의 자택 근처에 그를 풀어주었다. 그는 매를 맞았고, 멍해졌고, 게임이 다 끝나 자신이 패배자가 된 것은 아닌지 걱정했다. 36시간 동안 김대중은 기자들 친구들 옛 동료들에게, 잘 조직됐지만 신원을 모르는 납치범들의 손아귀에서 130시간 동안 경험했던 일들을 이야기했다. 그 이후 한국 경찰은 방문객들을 차단하고 그를 가택연금 조치했다.

우려, 당혹감, 항의

야당 거물 정치인의 납치와 이어지는 가택연금 그리고 도쿄로 돌려보내라는 일본의 요구를 거절한 한국 정부의 조치는 일본을 비롯한 여러 나라에서 한국에 대한 우려와 당혹감과 항의를 불러일으켰으며 한국에 대한 의혹은 커져만 가고 있다. 납치 2주일, 서울 자택 복귀 1주일 이상이나 지났지만, 이 사건은 일본 언론의 헤드라인을 장식하고 있다. 일본 내 주요 정당의 정치인들은 김대중 씨 석방과 도쿄 복귀를 촉구했으며, 일본 정부는 김 씨를 일본으로 보내 일본 경찰의 수사에 협조해 주도록 조치해 달라고 한국 측에 거듭 요구하고 있다. 일본은 한국에 대한 경제 원조 문제를 논의하기 위해 9월 7~8일 열릴 예정이었던 각료 회담을 여론과 정치적인 이유로 연기했다. 납치범들이 처음부터 입조심시켰지만, 이 사건은 진짜 국제적인 문제가 되고 있다.

일본 정부 관리들과 기자들, 일반인들까지도 이번 납치는 김대중이 두려워해 온 상대방 즉, 박정희 정부와 강력한 중앙정보부의 소행일 것이라는 생각이 일반적이다. 한국 정부는 이 사건을 알지도 못하고 관여도 하지 않았다고 공식적으로 부인하고 있지만, 의혹은 잦아들지 않고 있다. 일본 마이니치신문은 지난주 "만에 하나 한국 중앙정보부가 이 사건에 관여한 사실이 드러난다면, 이건 대단히 심각한 일이 될 것이다"라고 조심스럽게 보도했다.

한국은 국토도 좁고 자원도 별로 없지만 오랫동안 강대국들의 각축장이 돼 왔으며 동북아에서 사활의 이해가 걸린 지역으로 간주해 왔다. 한국전쟁이 끝나고 20년이 지나도록 미국은 한국에 4만 명 규모의 미군을 주둔시키고 있고, 경제, 정치, 외교적으로 중요한 관계를 유지하고 있다. 최근 들어서는 일본이 한국의 가장 중요한 무역 및 투자 파트너가 되고 있다. 현 상황에서는 한국의 경제적 운명은 공식적이든 비공식적이든, 일본과의 관계에 크게 좌우된다. 왜냐하면 김대중 납치 사건은 일본의 정치적 정서뿐만 아니라 주권 문제와도 직접 연관돼 있기 때문에 한일 관계에 중대하고 예상치 못한 위협이 되고 있다.

농부의 아들

김대중은 가장 최근의 야당 대선 후보였고 71년 선거에서 박정희의 간담을 서늘하게 만들 정도의 득표를 기록한 한국에서는 아주 유명한 정치인이다. 그러나 도쿄에서 극적으로 백주에 납치되는 사건으로, 국제적으로 신문 1면에 나오기 전까지는 국제적인 명성은 그리 높지 않았다.

김대중 씨는 올해 47살로 한국 역사에서 가장 유명한 민란이 몇 차례 발생했던 독립 성향이 강한 서남부 지역인 전라도에서 태어났다. 1880년대에 일어난 동학 봉기는 중국과 일본 군대를 조선으로 불러들였고, 그것은 바로 청일전쟁으로 이어졌다. 김대중은 유복한 농부의 아들로 태어났으며 부모들은 뒤에 목포로 이사를 가, 거기서 숙박업소를 운영했다. 전라도 지역의 가난한 현실을 보고 자란 김 씨는 1945년 해방이 되면서 자유로운 정치활동이 가능해지자 정치를 하기로 결심했다. 1960년 처음으로 국회의원에 당선된 김대중 씨는 1970년 9월 유력한 경쟁자들을 누르고 야당 신민당의 대통령 후보로 선출됐다.

후보 선출 이후 그는 처음부터 거침없고 활기찬 모습으로 전국을 누비면서 박정희 정부가 "부패"했고 정권교체가 필요하다고 외치고 다녔다. 그는 당시 박정희 정부의 북한 비접촉 정책을 공격하면서 언론인과 우편물, 스포츠팀과 문화 단체의 교류를 주장했다. 그는 주요 공약으로 250만 명 규모의 향토예비군 폐지와 중앙정보부 해체를 주장했다. 김대중은 유세 때마다 많은 청중을 모았으며 1971년 4월 투표를 며칠 앞둔 서울 유세 때는 엄청난 인파를 모았다. 그는 만약 박 대통령이 다시 선출된다면, 헌법이 규정한 3연임을 마지막으로 물러나지 않고 종신 집권을 기도할 것이라고 주장했다. 반면 박정희는 국민에게 앞으로, 절대 다시 대통령으로 뽑아 달라고 하지 않겠다고 응수했다. 정부 산하 조직과 군대, 여당을 총동원해 박 대통령은 선거에서 이겼지만, 예상을 뒤엎은 박빙의 승리였다. 김대중 후보의 46% 득표는 아주 중요한 정치적 요인이 되었다. 다른 무엇보다도 박 대통령은 당시 헌법 구조하에서는 임기 연장을 할 수 없게 됐다. 한국을 잘 아는 서방 관측통들은 박 대통령이 앞으로 집권 연장을 하기 위해서는 현 체제를 뒤흔들어 바꾸는 방법이 불가피할 것으로 예측했다.

야당의 목소리

작년 10월 17일 박정희 대통령은 극적인 조치를 기습적으로 단행했다. 그는 계엄령을 선포한 가운데 구헌법을 폐지하고 야당 정치인들을 체포하는 한편 언론 검열을 실시하고 대통령의 임기 제한이 없는 새로운 정치체제를 추진한다고 선언했다. 71년 대선 기간 중의 약속을 무성의하게 지킨 셈인데 그는 더 이상 국민에게 표를 호소하지 않아도 된다. 대통령은 이제 통제가 잘되는 통일주체국민회의에서 간접 투표로 선출된다. 10월 유신이 선포됐을 때 김대중은 일본에 체류 중이어서, 집으로 쳐들어 와 정치인들을 연행해 가는 중앙정보부와 경찰의 손아귀에서는 벗어날 수 있었다. 김대중은 도쿄에서 박정희 정부의 조치가 독재적이고 위헌이며 부당하다고 비난했다. 그는 한때 귀국의 뜻을 밝혔지만, 몇 주 뒤 해외에 머물면서 반대와 저항의 목소리를 내기로 결정했다. 이제 그의 목소리는 유일하게 들리는 '반대의 소리'가 됐다. 훗날 김대중은 만약 자신이 계엄령이 선포될 당시 한국에 있었더라면 체포돼 고문당하고 침묵을 강요당할 수밖에 없었을 것이라고 말했다. 당시 중앙정보부에 구금됐던 김 씨의 한 지인은 정보부 요원들이 김 씨 홀로 해외에 남아 마음대로 발언하고 있어 "유감"으로 생각하고 있었다고 전했다.

1971년 대선이 끝나고 한 달도 안 돼 김 씨는 수상쩍은 교통사고로부터 가까스로 목숨을 건졌는데, 훗날 김 씨는 이 사고가 자신을 살해하기 위해 기획된 교통사고라고 주장했다. 계엄령이 선포되고 해외에서 주도적으로 반(反)박정희 목소리를 내면서 그는 위험에 처해 있다고 확신했다. 미국과 일본에 거주하는 교민들의 경제적 지원을 받으며, 망명 중 정치 활동을 계속하기 위해 그는 경호원들을 고용했다. 호텔을 집으로 여기며 이곳저곳을 전전하면서 계속되는 망명 생활 중에도 그는 방문객들을 맞을 때 창가에서 떨어져서 앉고 목소리를 낮춰서 밀담을 나눠야 했다.

지난 5월 샌프란시스코에서 집회가 열릴 때 김 씨의 연설을 방해하기 위해 달걀과 케첩을 소지한 난동꾼들이 소란을 피웠다. 경찰이 이들 가운데 한 명을 체포하자 중앙정보부 요원으로 알려진 한국 외교관이 그의 석방을 위해 나서기도 했다. 해외 첩보 활동뿐만 아니라 국내 수사권도 가진 방대하고 통제받지 않는 권력 집단인 한국 중앙정보부는 김 씨 지인들에게 그와 연계되지 않도록 경고하고 또 귀국을 권유하도록 요청하는 활동을 해왔다. 한국 내에서 반정부 활동 저지를 담당하는 중앙정보부 6국장이 한 재일교포에게 쓴 편지가 최근 김 씨의 지인들에 의해 공개됐는데, 이 편지에는 "김대중 씨와 접촉하면 당신 개인에게 해가 되고 조국의 미래에도 건설적이지 않다"는 내용이 적혀 있었다. 그는 추신에서 의미심장하게 "당신 아들을 만나보고 싶네요"라고 적었다.

양일동 당수와의 만남

김대중 씨가 최근 3번째 미국 방문을 마치고 지난 7월 10일 도쿄에 도착한 직후 그의 지인들은 한국 정부의 위협 수위가 높아졌다고 경고했다. 김대중은 경호 조치를 강화했지만, 8월 15일로 예정된 한민통 결성을 위한 활동은 계속했다. 그 일이 끝나면 김대중은 올가을부터 하버드대학에서 연구교수로 활동하기 위해 일본을 떠날 계획이었다.

7월 초 김 씨와 친밀한 통일민주당 당수인 양일동 의원이 병원 치료차 도쿄에 왔다가 김대중 씨와 만나게 됐다. 이 두 사람은 7월 29일 호텔에서 만났으나 대화 내용은 알려진 것이 없다. 측근들은 그 만남에서 김 씨가 한국 상황과 관련해 자신에게 우호적인 일본 정치인들을 양 의원에게 소개해 준다고 제의한 것으로 안다고 말했다.

일본 경찰 소식통에 따르면 8월 2일, 13명의 한국인이 대한항공 편으로 도쿄에 도착해 도쿄 시내 여러 호텔에 투숙했다. 그다음 날 김대중 씨의 친척이자 친한 사이인 김경인 의원이 병원에 입원한 양일동 의원의 연락을 받고 오사카에서 도쿄로 왔다. 김대중 씨 측근들은 김경인 의원이 8월 3일 양 씨의 병실로 가니 양 의원이 한국대사관의 허형순 참사관과 진지하게 얘기를 나누고 있더라고 말했다. 김 씨 측근들은 허 참사관이 재일 중앙정보부 수석 정보수집관으로, 두 야당 의원에게 김대중 씨를 만나 귀국을 설득해 주도록 요청했다고 말했다. 오사카에 머물 때 김경인 의원은 한국 영사관에 전화해 도쿄에 호텔을 잡아달라고 요청했고 영사관 측에서는 김 의원을 위해 새로 지은 고층 호텔인 그랜드 팰리스 호텔을 예약했다. 이 호텔은 친정부적인 재일교포와 재정적인 관련이 있다고 알려진 곳이다. 김경인 의원은 8월 3일 20층 객실에 체크인했고, 4일 퇴원하는 양 당수를 위해서는 22층의 스위트룸 한 개를 예약했다. 8월 4일 낮 12시 좀 넘어 두 국회의원이 22층의 스위트룸 객실에서 TV를 시청하고 있을 때 한국대사관의 김재권 공사가 양 당수에게 인사하러 찾아왔다. 김 공사는 본명이 김기완으로, 공군 장교 출신이다. 김 공사는 한국 정보부의 도쿄 지부장으로 알려져 있다. 김 의원은 김 공사와 양 당수가 단둘이 3~40분간 얘기를 나눴다고 말했다. 단둘의 대화에서 김 공사는 김대중을 만나면 서울로 돌아가는 것이 "본인에게 이로울 것"이라는 말을 전해달라고 했다고 김경인 의원은 말했다.

나는 점점 행운아가 되고 있다

8월 6일 월요일 오전 시간 양일동 당수는 김대중의 도쿄 사무실로 전화해 자신이 그랜드 팰리스 호텔 2211호실에 머물고 있다는 말을 남겼다. 김대중은 사무실 전화는 도청되고 있어 중요한 업무에는 사용하지 않았다. 같은 날 낮 양 당수가 전화한 시간을 전후해 "하타나카 긴지로"라는 사람이 호텔에 전화해 22층에 방 하나를 예약했다. 그 사나이는 양 당수의 옆방인 2210호에 배정돼 그날 늦게 체크인하면서 3일 치를 선불로 지불했다. 그러나 호텔 객실 정리 직원에 따르면 월요일 밤에는 아무도 그 객실에서 잠을 자지 않았다고 했다. 김대중은 7일 낮

양 당수의 호텔 방으로 전화해 8일 오전에 방문하겠다는 약속을 했다고 그 뒤 기자들에게 말했다. 7일 밤 "하타나카" 객실에는 한 중년 남성이 투숙해, 여성 안마사를 불렀다.

한편 7일 저녁 김대중 씨는 몇 블록 떨어진 일식당에서 유엔 한국 대표를 역임하고 확고한 반(反)박정희 주의자인 임창영(Channing Liem) 박사와 저녁 식사를 마치고 호텔 방으로 돌아왔다. 김 씨는 기분이 아주 좋았다. 그는 식당에서 행운의 제비뽑기에 2등으로 당첨돼, "최근 들어 점점 행운아가 되고 있다"고 동석한 측근들에게 말하기도 했다. 잠자리에 들기 전 그는 며칠 뒤 자민당 의원들과의 공부 모임에서 할 연설문 초안을 보강했다. 뒤에 측근들이 공개한 초안 메모에서, 그는 박 정권의 붕괴를 예언했고 그럴 경우 일본은 "한국의 민주화 세력들에게 정신적인 지원"을 해 달라고 요청했다.

8일 아침 김대중은 양 당수와의 만남을 위해 10시 반쯤 그랜드 팰리스 호텔에 도착해 양 당수, 김경인 의원 등과 점심을 함께 했다. 친척이기도 한 김 의원과 김대중 씨는 작년 10월 이후 처음으로 만났다. 식사 후 양 당수에게 인사하고 김경인 의원과 함께 객실을 나선 김대중은 복도에서 사나이들에게 붙잡혀 2210호실로 끌려 들어갔다고 김 의원은 말했다. 그들은 완벽한 한국말을 구사했고 서울서 왔다고 했다. 그들은 양 당수와 김 의원에게 저쪽으로 가 있으라고 말했다.

몇 분 뒤 그들은 사라졌고, 호텔 마스터키를 이용해 그 방을 열었다. 강한 마취제 냄새가 났고 배낭과 여러 종류의 녹슨 탄환이 들어있는 권총용 탄창, 약한 진정제가 들어있는 약병, 김 씨가 쓰던 담배 파이프 등이 남아있었다. 경찰은 뒤에 이런 유류품들은 "미끼용" 단서들이라고 분석했다.

그는 목숨을 건졌다

김대중이 생환한 뒤 말했지만, 납치범들은 김 씨의 입을 틀어막고 주먹으로 때리고 발로 차고 마취시키려고 했으며 지하에 대기하고 있던 승용차까지 엘리베이터를 이용해 내려갔다. 납치범들은 김 씨를 뒷좌석에 앉혀 머리를 숙이게 한 채 5~6시간을 달려, 잠시 어느 집을 들렀다가, 모터보트를 타고 강력한 엔진이 달린 큰 배로 다시 옮겨 태웠다. 또 판자에 묶어놓고 손과 발에는 무거운 추를 달았다. 그는 선원들이 김 씨가 다시 물 위로 떠 오르지 못하도록 하는 방법에 관해 이야기 나누는 것을 들을 수 있었다. 그는 바다 위에서 이틀을 보내고 선박의 갑판으로 옮겨졌다. 묶었던 끈을 느슨하게 해준 뒤 그들은 담배와 오렌지 주스를 주었다. 김 씨와 많은 지인은 도쿄에서 납치한 데 대한 후폭풍이 너무 거세게 일어, 그를 살려주라는 지시가 내린 것이라고 믿고 있다. 일부 보도는 일본과 미국 정부가 한국 당국에 의견을 전달한 덕분이라고도 한다. 어떤 사람들은 당초 계획에는 변동이 없었다면서, 처음 선상에서 손발에 추를 다는 등의 행동은 그를 겁주기 위한 일이었을 것이라고 한다.

8월 11일, 그가 납치된 지 사흘 뒤 김대중은 한국 어딘가에 내렸다. 처음 한 농가에 갔다가 뒤에 서울 근교의 양옥집으로 옮겨져, 13일 석방 때까지 머물렀다. 그리고는 자기 집 부근에서 풀어 주었다. 8월 13일 일본에서 납치된 지 닷새가 지났다. 납치범들은 자신들이 생소한 이름인 "국민구국대"(National Salvation Society) 회원이라고 밝혔다. 해외의 김 씨 친구와 지인들은 납치가 중앙정보부의 소행이라고 거리낌 없이 말한다. 김 씨는 가택연금 상태에 있는데, 그 전 생환 직후 언론과 짧은 접촉이 허용될 때도 이런 주장을 하지 않았다.

약화된 반정부 동력

납치 사건의 다음 단계가 어떻게 진행되고 있는지는 명확하지 않다. 그러나 경찰 소식통을 인용한 언론 보도는 거의 매일 등장하고 있다. 지난 8월 2일 도쿄에 도착했던 13명의 사나이 가운데 일부는 김 씨가 납치된 8일 낮 12시쯤 호텔에서 체크아웃했다. 그 가운데 7명은 8월 중순경 서울로 돌아갔고, 나머지 6명은 행방이 묘연하다. 납치에 사용된 승용차의 번호판은 확보됐다. 그랜드 팰리스 호텔 직원들은 경찰이 제시한 사진을 보고 납치범 중 일부를 확인했다.

한국 정부도 나름대로 수사에 열을 올리고 있다. 그러나 이 기사를 쓰고 있는 지금도 한국 정부가 납치에 관여하지 않았다는 점 말고는 한국 쪽에서 거의 나오는 사실이 없다. 한국 쪽에서 나오는 언론 보도나 일본 측 방문단의 발언들을 종합해 보면 한국 경찰은 납치범들에 대한 수사도 하지만 오히려 김대중 씨를 상대로 수사하는 듯 보인다. 당국의 통제를 받는 한국 언론들은 김 씨가 전 대통령 후보였다는 표현도 쓰지 못하고, 해외에서 전해지는 논쟁을 조심스럽게 게재할 정도다.

한국 정부가 국민구국대원들을 납치범으로 규정하든 않든 간에 김대중 씨가 출국이 허용돼 예전처럼 반(反)박정희 활동을 하기는 거의 불가능해 보인다. 해외에서 활동을 조직하는 한 인사에 따르면 해외에서 반(反)공산주의 반(反) 박정희 활동을 하는 데 있어 김대중 씨가 빠지면 활력을 유지하기가 어려울 것이라고 말한다.

한국 경찰 소식통에 근거한 한 신문 기사는 납치범들이 김 씨에게서 아주 자세한 "망명정부" 수립 계획을 압수했으며, 한국 경찰이 이 자료를 확보한 것으로 알려졌다고 보도했다. 김 씨 측근들은 그런 계획은 존재한 적도 없다고 주장하고, 날조된 문서가 반역죄의 증거로 이용될 우려를 표한다. 지난 1956년 대선에서 고 이승만 대통령에게 맞섰던 야당 후보가 날조된 것으로 의심되는 혐의로 유죄를 인정받아, 3년 뒤 사형에 처해진 적이 있다. 이승만 대통령은 당시 유권자의 56%의 지지를 받고 불쾌하게 생각했다.

김대중 납치라는 이상한 사건에서 납치 피해자는 살아서 집으로 돌아왔다. 그렇지만 그가 언제 자유를 얻게 될지 또 그런 일이 있기나 할지는 또 다른 문제로 남는다.

71년 대선 유세장 사진과 함께 실린 이 기사는 한 면(C3)의 3분의 2를 차지한 아주 긴 기사지만, 돋보기를 들고 사건의 현장을 누비는 듯 자세하게 그리고 정확하게 사건을 살핀다. '사실과 진실에 대한 끝없는 추구'라는 언론 본연의 모습을 잘 보여주고 있다.

일본 측에서 수사가 진행되면서 한국 공관원(중정 요원)들의 관여가 조금씩 드러난다. 9월 5일 일본 정부는 한국 기관원의 가담을 공식으로 밝힌다. "한국 정부 납치 연루"(Japan Links Seoul to Kidnapping, 9.6), "한국, 일본 여전히 대치 상태"(S. Korea, Japan In Standoff, 9.7), "한 일, 벼랑에서 한발씩 물러나"(Tokyo,

Seoul Step Back From the Brink, 9.19), "한국의 권력 구도에 따라 중정의 역할이 정해진다"(Seoul Power Play Will Set Role of Korean CIA, 10.4) "한국 김대중 납치 사건"(Korean Kidnapping, 10.18), 그리고 10월 하순부터는 한 일 간에 또 한 미 일 간에 해법을 모색하는 국면이 전개된다. "납치된 한국 정치인, 가택연금 해제"(Abducted S. Korean Is Freed, 10.27), "한국 야당 지도자, 미국 갈까?"(Korean Opposition Leader to Go to U.S., 10.30), "한국 일본, 납치 사건 관련 체면 살리는 합의"(Seoul, Tokyo Find Face-Saving Accord on Kim Kidnap Case, 11.2), "일본, 김대중 납치 관련 한국 압박 계속"(Japan Pushes Case Of Kim Kidnapping, 11.7), "한국의 (야당) 지도자"(S. Korean Leader, 12.26), "야당 지도자 미국 가지 않고 한국에 머문다"(Opposition Leader to Stay in Korea, 74.3.31), "한국 오랜 휴정 끝에 김대중 재판 재개"(Seoul Tries Kim After Long Lapse, 74.6.6) 등등 해가 바뀌어도 기사는 이어진다.

쏟아지는 기사 ② NYT | 다음 NYT는 김대중 납치라는 전대미문의 사건을 어떻게 다루었는지 살펴보자. 납치 사건 당일 "김대중 도쿄에서 납치"(Korean Reported Abduction In Tokyo, 8.9) 이후 기사가 쏟아진다. "일본 경찰, 실종 이후 출국 포인트 감시 강화"(Japan Police Exit Points After Korean Disappears, 8.10), "한국, 일본에 수색 요청"(Seoul Asks Tokyo Inquiry, 8.10), "일본 총리 김대중 수색 강화 약속"(Japan's Premier Pledges to Press Search for Korean, 8.11), "한국 납치 조사위 구성"(Korean Setting Up Kidnapping Study, 8.12), "한국 대통령 정적, 도쿄에서 납치돼 서울에서 풀려나"(Foe of Korean Chief, Abducted

In Tokyo, Is Released in Seoul, 8.14), "김대중, 납치범들은 세심하게 계획하고 능숙하게 행동했다"(Korean Says His Abductors Planned Carefully and Acted Skillfully, 8.15), 그리고 사건 발생 일주일 만에 미국 측 공식 논평이 나온다. "미국, 김대중 납치, 개탄"(U.S. Calls Abduction of South Korean Deplorable, 8.15).

미국, 김대중 납치 "개탄스럽다"

(워싱턴, 8.14) 미국은 오늘 김대중 씨 납치를 "개탄스러운 사건"이라고 지적하고 한국 정부는 김대중 씨 납치에 책임이 있는 자들을 찾아내 처벌해야 한다고 국무부 대변인이 밝혔다. 이 대변인은 미국의 연방수사국(FBI)을 포함해 수사 부서에서는 한국 중앙정보부의 미국 내 활동에 관해 조사를 계속하고 있다고 말했다. 미국 당국의 조사는 샌프란시스코와 세인트루이스까지 확대되고 있는데, 이 두 지역에서 박정희 정부에 반대하는 한국 교민들은 한국 정보기관의 비밀 요원들에 의해 괴롭힘을 당했다고 말했다. 이 대변인은 미 국무부는 한국 중앙정보부의 미국 내 활동에 관해 여러 차례 주미 한국대사관에 의견을 전달했다고 말했다. 김대중 씨 납치와 관련해 이 대변인은 "미국은 납치와 테러 기도 또 자유로운 해외여행에 대한 간섭과 같은 불법행위를 개탄한다"고 밝혔다. "미국은 존경받는 정치지도자 김대중 씨의 미국 방문을 환영하며, 그가 누구의 방해도 받지 않고 미국으로 돌아오기를 희망한다"고 말했다.

사건 당시 국무장관은 윌리엄 P. 로저스(69.1~73.9)였으나, 곧 키신저(73.9~77.1)로 바뀐다.

NYT는 이어, 지난 6월에 보도한 집회 방해 사건에 대한 속보도 내보낸다. 김대중 납치에 한국 중앙정보부 요원들의 개입 정황이 속속 드러나고 있었다. 한국 중앙정보부의 어설픈 정치 관여가 동네북이 된 형상이다. 중정(中情)의 정치 개입이나 국내 사찰, 언론 통제 등은 한국 안에서는 통했지만, 미국에서는 통할 리가 없다. "미국 내 한국정보부 책임자는 이, 양, 두 사람"(Seoul's Man in the U.S. Is Mr. Lee and Mr. Yang, 8.17), "한국대사관, 교민 괴롭히지 않았다 해명"(South Korean Embassy Denies Charges of Harassment in U.S., 8.18) 등이 보도된다.

17일에는 처음으로 사설이 등장한다. 제목은 「한국의 배관공들」(Korean 'Plumbers', 8.17), NYT가 사설 제목에서 사용한 배관공은 상하수도나 가스, 에어컨 등의 파이프를 설치 및 유지 보수하는 기술자를 말하는데, 미국 언론에서 따옴표를 써서('배관공') 사용하는 경우 이건 '백악관의 배관공들'(The White House Plumbers)이라는 뜻이다. 아주 고약한 의미를 지닌다. 미국의 월남전 개입의 실상을 폭로하는 국방부 기밀문서(Pentagon Papers)가 1971년 6월 13일부터 NYT에 특종 보도 되자, 이런 기밀문서를 언론에 몰래 유출한 용의자를 가려내는 팀이 백악관 안에 구성되는데(7.24), 이 팀의 이름이 바로 '백악관의

워싱턴DC 포토맥 강변에 위치한 워터게이트(Watergate) 복합빌딩.

배관공들'이다. 이 팀의 여러 가지 임무 가운데는 닉슨의 재선(再選)을 준비하는 일도 포함돼 있었다.

닉슨 재선위원회에 소속된 배관공들이 워싱턴DC 워터게이트(Watergate) 빌딩의 민주당 대선 본부 사무실에 도청 장치를 설치했다가 발각되고, 이 사건은 뒤에 WP의 특종으로 실체가 드러난다(72.6.17). 그 유명한 워터게이트 스캔들(Watergate Scandal)이다. 닉슨은 재선에 성공했지만, 임기 중인 1974년 8월 9일 사퇴한다. 닉슨은 미국 역사상 최초로 임기 중 사퇴한 대통령으로 기록된다. 그래서 17일이나 19일 자 기사에 나오는 '배관공'이라는 단어는 어감이 아주 나쁘다. 17일 자 사설이다.

한국의 '배관공들'

한국의 인기 있는 정치 지도자가 지난주 도쿄에서 이상하게 납치되고, 엿새 뒤 "많이 시달렸지만, 큰 해를 입지 않은 채" 서울 자택에 역시 이상하게 나타난 괴이한 납치 사건에서는 워터게이트 사건 같은 미스터리의 안개가 피어난다. 이번에 납치된 반정부 인사 김대중 씨는 지난 1971년 대선에서 46%의 지지를 얻어 낙선했지만, 한국의 독재자 박정희 대통령에게는 상징적인 위협으로 남아있다. 강인하면서도 지적인 47세의 정치인 김대중 씨는 스스로 일본과 미국 망명길에 올라 일당 통치 체제에 반대하는 재야의 구심점 역할을 톡톡히 해왔다.

첫 번째 가설은 김 씨의 납치가 한국 문제의 토론이 예상되는 유엔총회를 목전에 두고 한국 정부를 곤란하게 만들기 위한 김 씨 측의 자작극일 경우다.

다음으로 더 그럴듯한 가설은, 일부 미국과 일본의 관리들이 믿고 있는 것인데, 반정부 인사의 입을 닫게 할 목적으로 오래전부터 세계 이곳저곳에서 활동하고 있는 한국 중앙정보부의 수상쩍은 공작일 경우다.

한국 정부는 김 씨 납치에 관여하지 않았다고 공식적으로 부인했다. 그러나 최근 미국인들도 생생하게 보고 있듯이 정치적 반대자를 탄압하기 위한 정보기관의 비밀공작(gray)에 대해서는 정보 요원들이 어느 정도까지 공작을 꾸미는지 정부의 공식 대변인도 충분히 알지 못하는 경우가 있다. 어쨌든 그 일을 누가 꾸몄든 한-일 관계에 불협화음을 내고 한국이 이미 국제사회에서 이미지에 손상을 입고 있는데 더해 박 대통령에게 나쁜 색깔을 덧칠하는 데 성공했다. 다행히 납치 피해자는 무사하고 자유로운 상태에 있다.

정치적 목적으로 꾸며내는 이런 서투른 모험이 자주 실패하면 할수록, 세계의 모든 정부는 내부 문제를 감춤으로써 스스로에게 얼마나 큰 피해를 입히는 지를 절감하게 될 것이다.

미국은 단정하지는 않지만, 이미 한국 정보기관의 개입을 강하게 의심하고 있었다. 정보기관의 은밀한 공작은 정부 내에서도 모를 수 있다고 했다. "김대중 납치로 한-일 관계 냉각 우려"(Abduction of Korean May Cool Tokyo's Relations with Seoul, 8.18), "한국 '배관공들'의 가동 방식"(Korean 'Plumbers' At Work, 8.19), "한국의 막강한 정보기관 광범위한 불안 야기"(Seoul's Vast Intelligence Agency Stirs Wide Fear, 8.20).

기사는 계속 이어진다. "미 일의 경고가 김대중을 살렸다"(Warnings Said to Have Saved Korean, 8.20), "일본, 납치 때문에 한국과 경협 회담 연기"(Kidnapping Leads Japan to Delay Korea Aid Talks, 8.25), "박 대통령 치하의 한국: 단 하나의 길이 있고, 그것이 그의 길이다"(President Park's South Korea: There is Only One Path, and It Is His, 8.28), "북한, 남북조절위 남측 대표 교체 요구"(North Korea Demands the South Replace Delegates to Talks, 8.29), "남북회담 끝장날 듯"(Korea Talks Seen Near Breakdown, 8.30), "한국, 납치 사건 관련 일본 달래기 시작"(Seoul Reported Mollyfying Tokyo Over Kidnapping, 9.1), "일본, 납치 관련 한국 측 제안 거부"(Tokyo Rejects Seoul Offer in Kidnapping, 9.3) 등등이다.

9월 5일, 일본 경찰은 범행 현장에서 김동운 1등 서기관의 지문이 확보됐음을 공식으로 발표하고 김 서기관의 출두를 요구했다. 당연히 한국대사관은 외교관 면책특권을 내세워 이를 거부한다. 한-일 관계가 싸늘해진다. 일본은 김대중을 일본으로 다시 돌려보내라고 요구하고 공식 사과도 요구했다. 그래서 NYT 기사도 "일본, 한국 외교관 납치 가담 포착"(Seoul Diplomat Is Accused By Japanese in Kidnapping, 9.6)으로 이어진다.

9월 들어 한일 간의 분위기가 바뀐다. 우시로쿠 도라오(後宮虎郞) 한국 주재 일본 대사가 업무협의차 도쿄를 다녀오고, 곧이어 일본 경찰은 한국 외교관(중정 요원)의 관련설을 흘린다. "일본, 납치 관련 두 번째 공관원 지명"(Tokyo Ties 2d Seoul Aide to Abduction, 9.7), "일본 좌파 정당들, 한국과 단교 요구"(Tokyo Leftist Parties Demand Break With Seoul, 9.8), "한국, 납치범 체포하겠다"(Seoul Vows Arrest In Kidnapping, 9.16)는 기사에 이어 기고문도 실린다. "한국:김대중 납치 사건"(South Korea:The Case of Kim Dae Jung, 9.18). 필자는 뉴욕 컬럼비아대학 개리 레드야드(Gari Ledyard) 교수다.

대한민국: 김대중 납치 사건

지난달 도쿄에서 백주에 납치되기 전까지 한국 야당 지도자요 대통령 후보였던 김대중 씨는 고국에 있는 동료들에게는 허용되지 않는 정치적인 반정부 활동을 열정적으로 하고 있었다. 그가 "애국청년구국대원"들에 의해 납치됐든 아니면 거의 모든 사람이 믿듯이 한국중앙정보부에 의해 납치됐든지 간에 김대중 씨의 침묵으로 인해 덕을 보는 당사자는 김 씨가 효과적으로 반대해 온 박정희 정권이라는 사실은 확실하다. 김 씨가 납치 엿새 뒤 서울에서 납치범에 의해 풀려나면서 지지자들과 친구들은 일단 안심하게 됐다. 그러나 이번 석방은 미국과 특히 일본의 신속한 외교적 대응에 의한 것이 분명하고, 이러한 외교적 대응이 없었다면 김 씨는 여태 실종 상태거나 어쩌면 숨졌을 수도 있다.

김 씨 납치 사건에서 한국의 중앙정보부를 의심하는 이유는 여럿 있다. 먼저 한국 정부는 김 씨를 납치하지 않고는 그를 한국에 데려와 침묵하도록 할 방법이 없었다는 점이다. 김 씨 납치는 고도의 훈련을 받은 세 그룹의 전문가들에 의해 이뤄졌는데 이들은 한국의 엄격한 해안경비 시스템을 순조롭게 아무런 방해를

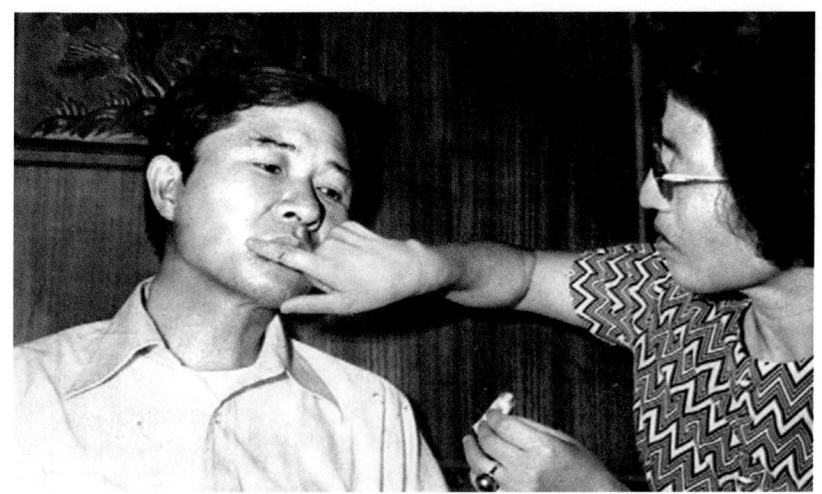
납치 도중 생긴 상처에 연고를 바르며 간호하고 있는 이희호. 1973.8.15.

받지 않고 통과할 수 있었다. 일본 경찰은 도쿄 주재 한국 외교관이 관여한 명백한 증거를 확보하고 있다. 한국의 사정을 조금이라도 아는 사람이라면 이러한 납치에 필요한 자금과 물류 지원 그리고 경찰의 묵인은 중앙정보부의 승인이 있어야 가능하다는 사실을 알고 있다. 한국 정부는 이 사건에 대해 몰랐다고 거듭 밝히고 있으나, 이를 믿는 사람은 거의 없다.

일본의 강력한 외교적 대응과 일본 언론의 집중취재 덕분에 이제 사태는 한국 정부의 의도와는 완전히 거꾸로 가고 있다. 김대중을 침묵시키는 대신 한국 정부는 스스로 자초한 분노 속에 휩싸여 있다. 만약 김대중 씨가 아직 가택연금 상태에 있지 아니하고, 또 국내외의 한국인들이 이 납치 사건에 대해 엄청 당혹스럽고 부끄러워하지 않는다면 한국 정부가 겪는 이러한 곤경을 지켜보는 것은 재미있는 일이 되었을 것이다.

더구나 여론의 압력이 계속되지 않는다면 한국 정부는 김대중 씨에게 날조된 선거법 위반 혐의를 적용해 그를 재판에 넘길 가능성이 높다. 일본 정부는 당연히 일본의 법률과 주권이 침해당한 행위를 매우 심각하게 받아들이고 있으며, 김 씨의 도쿄 귀환과 한국 측의 만족스러운 설명을 계속 요구할 것이다. 일본에 의해 고통의 역사를 겪은 까닭에 일본을 호의적으로 보는 것에 익숙하지 않은 한국인들은 본국 정부보다도 일본 정부에 의해 정의가 실현될 수 있다는 사실에 아이러니를 느끼고 있다. 그러나 요즘 한국은 슬프게도 그곳이 한국이든 일본이든 간에 정의를 찾을 수 있는 곳에서 정의를 실현해야 한다.

게리 K. 레드야드

1973.9.12. 뉴욕

(필자는 컬럼비아 대학교 동아시아연구소 부교수로, 한국학과장을 맡고 있다.)

이어 납치 관련 기사는 "한국, 납치 사건 단서 못 찾아"(Seoul Says It Has No Clues In Tokyo Kidnapping Inquiry, 9.19), "한국, 일본 기자 추방 시사"(Seoul Hints at Ouster Of Japan's Press, 9.23), "한일, 입장 강경해져"(Tokyo and Seoul Harden Positions, 10.8), "한국, 김대중 연금 해제"(Seoul Frees Critic Abducted in Tokyo, 10.27), "한국, 일본에 납치 문제 화해 모색"(Seoul Asks Compromise With Tokyo on Abduction, 10.27), "김대중, 하버드에서 연구, 미국 갈 듯"(Abducted Korean Plans to Come To U.S. for Study at Harvard, 10.30)으로 이어진다.

이제 한일 간의 줄다리기가 끝난다. 한국이 진사 사절로 김종필 총리를 일

김종필 총리는 2일 오후 다나카 총리를 면담해 대통령의 친서를 전달하고, 한일각료회담을 12월 중순에 열기로 하는 등 납치 사건을 외교적으로 매듭지었다. / 언론인 문명자(1930~2008)

본에 파견한다고 외무장관이 기자회견에서 발표한다. "한국 납치 사건 합의"(Seoul Is Pressed On Abduction, 11.4), 이 와중에 미국에서 활동하던 언론인 문명자 씨가 한국으로 돌아가지 않겠다고 말한다. "한국 언론인, 고문 두려워 귀국 거부"(A Korean Journalist, Citing Fear, Won't Return to Seoul, 11.9), 문명자 기자는 김대중과 친밀한 관계를 맺고 있는 언론인이다.

한국 언론인 귀국 거부

(워싱턴, 11월 8일, UPI) 한국 언론인 쥴리 명자 문(Julie Myung Ja Moon) 씨는 한국 중앙정보부의 신체적인 위해가 두려워 한국으로 돌아가지 않을 것이라고 오늘 말했다. 문 기자는 김대중 납치 사건에 있어 한국 정부의 역할에 대해 미국 관리들이 비판적이라는 내용의 기사를 보도했다. 미국에서 지난 12년 동안 여러 한국 매체의 특파원을 지낸 문 씨는 토요일까지 서울로 귀임하라는 본사의 명령에 따라 귀국하기보다는 현 소속사인 mbc(문화방송)에 사표를 제출할 것이라고 말했다.

그녀는 "내가 한국에 발을 들여놓으면, 신체적인 위험이 있다는 경고를 받았기 때문에, 미국에 머물기로 했다"고 말했다. "서울에 있는 나의 동료 기자들은 mbc 본사의 결정이 중앙정보부의 영향을 받고 내려졌다는 사실을 내게 알려주었다"고 말했다. 지난 71년 선거에서 박정희 대통령과 겨루었던 김대중 씨는 지난 8월 도쿄의 호텔에서 납치돼 강제로 서울의 집으로 돌아왔으며, 2주일 전까지 가택 연금 상태에 있었다. 김 씨 지지자들은 김 씨의 납치와 관련해 한국 중앙정보부를 비난하고 있다.

쏟아지는 기사 ③ CSM | 이번에는 WP, NYT 말고 보스톤(Boston)에서 발행되는 크리스천사이언스모니터(CSM)를 살펴보자.

CSM도 김대중 납치 사건의 발생부터 서울 자택 귀환 또 수사 상황 등을 꾸준하게 보도해 왔다. 10월 4일 CSM의 엘리자베스 폰드(Elizabeth Pond) 특파원이 도쿄에서 분석 기사를 낸다. "김대중 납치사건, 누가 체면을 세울까?"(Kim affair- who's saving face?)

김대중 납치 사건 – 누가 체면을 세울까?

김대중 납치 사건은 장기화할수록, 한국 정부가 일본 측에 체면을 구길 가능성이 높다. 이러한 견해는 일부 일본 외교관들 사이에서는 아직 논쟁이 진행 중이지만, 많은 관측통의 공통된 의견이다. 중대한 고비는 약 두 달 전 도쿄에서 있었던 기상천외한 납치 사건의 희생자였던 인기 있는 한국의 대통령 후보 김대중 씨에게 앞으로 어떤 일이 일어날지에 달려있다.

일본 정부는 김 씨가 일본으로 돌아와 경찰의 납치 사건 수사에 응하기를 원하고 있으며, 암묵적으로는 한국 정부의 구금에서 풀려나기를 원하고 있다.

해외 반체제 인사

이와는 대조적으로 김 씨를 가택연금에 처하고 있는 한국 정부는 김 씨를 교도소에 수감하거나 그보다 더 심한 조치를 취하고 싶어 한다. 한국 정부는 김 씨의 몇몇 정치적 동지들에게 고문을 가하고 수감한 것으로 알려지고 있다.

김대중 씨는 1년 전 박정희 대통령이 계엄령을 선포하고 새 헌법으로 거의 절대적인 권력을 장악한 이후 해외에 체류하면서 정치적 반대 활동을 계속해 왔다. 일본 정부 소식통에 따르면, 한국의 김종필 총리는 지난 8월 말 김 씨의 해외에서의 반정부 활동과 관련해서는 재판에 넘기지 않을 것이라고 일본 측에 확약했다.

그러나 지난주 김 총리와 한 친정부 국회의원은 김대중 씨의 해외에서의 "반국가" 활동에 대해 공개적으로 거론했다. 더욱 불길한 것은 김대중 씨가 불구대천의 원수인 북한이 먼저 제안한 남북연방제 통일방안을 지지한다고 비난한 점이다. 김대중 씨를 사이에 두고 한 일 두 나라가 장기적으로 다투게 될 경우, 일본이 밀릴 것이라고 믿는 사람들은 다음과 같이 주장한다.

중요도는 입장에 따라 다르다

근본적으로 김 씨 사건은 일본 정부에게는 사소한 문제지만, 한국 정부에게는 아주 중요한 일이다. 일본은 김 씨 본인에게는 큰 관심이 없다. 일본의 유일한 관심사는 일본의 체면이다. 일본의 형사 관련 법률들이 외국의 정보요원들에 의해 무시당해, 일본의 체면이 구겨졌다는 점이다.

그러나 한국 정부가 우려하고 있는 것은 권력 관리의 측면에서 훨씬 중요한 문제로, 김 씨 납치 사건에 한국의 중앙정보부가 관여한 것을 인정한다면 정보기관에 크게 의존하는 한국의 정치 구조가 손상될 것이라는 두려움에 기인한다. 이 견해에 따르면, 전략적으로 일본은 일본 주재 외교관 중 한 명이 납치에 가담했을 가능성을 강조하면서 한국 측과 게임을 벌이고 있다. 한국 정부는, 김대중 씨의 거취 문제는 한국 정부의 뜻을 고수하면서, 일본 정부를 즉각적으로 만족시킬 수 있다. 즉, 문제의 외교관에게 유죄를 선언하고 한국 감옥에 수감했다가, 몇 달 후 조용히 석방하고 승진시키는 방안이 있다. 이러한 패턴은 과거 한국에서 정치적 암살범에게 적용된 적이 있다.

한편, 이러한 관점에 이의를 제기하는 일본 정부 소식통들은 김 씨 사건에 신뢰할 수 있는 해결책을 찾으려는 일본 정부의 결의가 전혀 약해지지 않았다고 주장한다. 그들은 한국 측이 해법을 찾을 때까지 기꺼이 시간을 더 기다릴 수 있지만, 일본이 자신의 체면을 세우지 않고, 한국의 체면만 세워 주는 일은 없을 것이라고 말한다.

한국 사회 내에서도 장기적으로 한국의 비타협적인 태도를 누그러뜨리는 데 도움이 될 수 있는 내부 압력이 작용하고 있다. 하나는 정부를 포함한 한국의 교육받은 엘리트들 사이에서 납치 사건에 대해 부끄러움을 느끼는 사람들이 적지 않다는 사실이다(중앙정보부는 절대 아니겠지만).

의혹의 폭로

두 번째는 일본이 실제로 경제제재를 하느냐 여부에 달려 있지만, 일본과 깊은 연관을 맺고 있는 경제인들로부터도 나올 수 있다.

야당 소속 정일형 의원은 예정에 없던 국회 연설에서 여당 의원들의 고함에도 불구하고 납치 사건에 정보기관이 관여한 의혹을 제기했고, 그 후 이틀간 가택연금을 당한 것으로 알려졌다.

화요일 한국의 명문 서울대학교에서 반정부 시위를 한 300명의 학생도 비슷한 의혹을 제기했다. 이것은 2년 만에 처음으로 발생한 학생 시위로, 정보부 요원들의 학원 사찰에도 불구하고 시위가 발생했다는 점에서 주목할 만하다.

한국에서 외부인이 정치적 판세를 읽어 내는 것은 어렵다. 정부는 최근 정치적 반체제 인사들과 패자들에 대해 다소 이례적인 유연성을 보였다. 그러나 지금까지 한국 정부는 그러한 유연성을 김대중 씨에게까지 확대하지 않았다. 대신 일본 정부보다 오래 버텨서, 김대중 씨를 피고인으로 옭아맬 궁리를 하고 있다.

이어 한국 정부가 김대중 씨의 가택연금을 잠시 해제하자, 이 신문은 '한국 정부가 중앙정보부에 연행돼 조사받던 최종길(1931~1973) 서울법대 교수의 고문치사 사건을 물타기 하기 위해 김씨의 가택연금을 해제했다'는 전 주미 한국대사의 언급을 인용해(10.29) 보도하기도 했다.

이 취재를 담당한 폰드(Elizabeth Ann Pond, 1937년생) 기자는 본래 유럽, 그 가운데서도 동유럽 관련 기사를 주로 쓰고 유럽 담당 부국장(66~68)도 맡았지만, 68년부터 76년 사이에는 사이공, 도쿄, 모스크바 특파원을 지내면서 많은 기사와 저술을 남겼다. 사이공 특파원 시절인 1970년에는 취재 도중 캄보디아에서 체포돼 한달 이상 구금당하고(5.7~6.15), 전쟁포로 메달(Prisoner of War Medal)을 받기도 한, 원칙을 지키는 강골(强骨) 기자다. 그녀는 80대 후반인 지금도(2024) 베를린에 사무실을 두고 독일, 러시아, 우크라이나 사태 등에 관한 칼럼을 쓰고 있다. 1973년 11월 13일 그녀가 쓴 기사다.

"김대중 : 풀려났지만 아직도 죄수인가?"

한일 두 나라가 김대중 납치 사건과 관련한 문제를 공식적으로 해결한 지 일주일이 지났지만, 김 씨가 실제로 자유로워졌는지 여부는 아직 명확하지 않다. 이

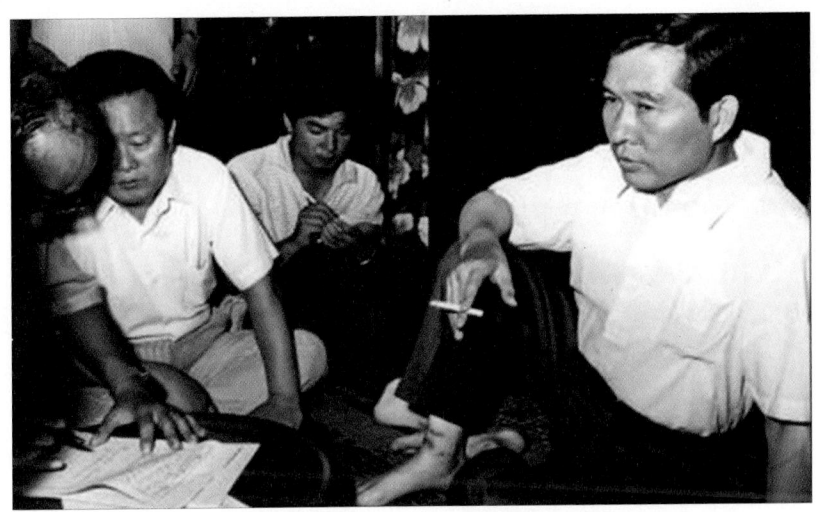
연금이 풀린 동안 김대중은 집으로 찾아온 기자나 친척을 만날 수 있었다. (1973.8)

일은 한국 정부가 김 씨의 외국행을 다시 허용하느냐 여부에서 판명 날 것이다. 지난 1971년 대선에서 46%를 득표한 야당 대통령 후보였던 김 씨는 지난 8월 도쿄에서 납치돼 서울로 돌아올 때까지 해외에서 한국의 정치적 탄압 상황을 날카롭게 비판해 왔다. 그 이후 한일 관계는 악화돼 왔고, 김 씨는 10주일 동안 가택연금 상태에 있었다.

한국 정부는 그 납치 사건에 한국 정보부 요원들의 연루 사실을 부인해 왔으나, 일본 내 김 씨 지지자들은 한국 중앙정보부(비밀경찰)의 가담을 주장하고 있다. 일본 경찰은 납치 현장에서 한국 대사관 1등서기관의 지문을 채취했고, 일본 관리들은 사석에서 한국 정보부의 공작임을 말하고 있다.

그래서 일본은 김 씨가 납치 이전의 자유로운 상태로 회복되는 것을 전제로 한국 정부가 사건에 대한 책임을 인정하고 모종의 사과를 표명하는 방식의 해결책을 모색해 왔다. 일본 정부는 김 씨 납치에서 드러난 "주권 침해"에 아주 심각하게 생각하고, 김 씨 사건이 해결될 때까지 경제 원조를 중단했다. 일본 소식통에 따르면 한국이 이달 초 납치 사건에 대해 타협한 것은 이 원조 중단이 한국에 피해를 주기 시작했기 때문이라는 것이다.

일본 외교 소식통에 따르면 최종적으로 타협된 합의는 4개 항목이다. 첫째, 김대중 씨는 석방되어야 하고, 납치 이전의 정치적 활동으로 인해 재판에 회부돼서는 안 된다. 둘째, 한국 정부는 일본 경찰이 채취한 지문의 당사자인 김동운 1등 서기관에게 납치에 대한 일정 책임을 물어야 한다. 세 번째와 네 번째는, 한국 정부는 적절한 사과를 하고 유사한 사건이 재발하지 않도록 한다는 것이다.

김 씨 신변 오리무중

이 합의와 관련한 첫 번째 관점은, 김 씨의 신분이 여전히 오리무중이라는 사실이다. 분명히 김 씨의 자택에는 가택연금 당시처럼 정보부 요원이 함께 지내지는 않고 있다. 그러나 정보부의 권고에 따라 김 씨의 측근들은 김 씨에게 안전을 위해 집 안에 머물도록 조언하는 것으로 알려졌다. 더욱 중요한 사실은 지금까지 한국 정부는 김 씨의 출국을 허용하지 않고 있다는 점이다. 김 씨는 미국 하버드대학에서의 연구 활동을 위해 출국하고 싶다고 몇 차례나 말해왔다. 그러나 한국 정부는 김 씨가 "정상적 절차를 밟아" 해외에 나갈 수 있다고 말한다. 한국에서 "정상적 절차"를 밟아 해외여행을 추진하는 일반 시민들은 가끔 여권 발급을 거부당하기도 한다. 일본 소식통들은 한국 정부가 김 씨가 자유롭다고 말하는 데 대해 해석을 달리한다. 그들은 한국 정부가 이전에 해온 발언을 지키지 않고, 김 씨의 정치 활동에서 반국가 혐의를 찾아내 재판에 넘길 것으로 보고 있다.

일본 언론 보도

일본 언론에 보도된 내용을 보면, 한국 정부는 납치 사건에 대한 김동운 서기관의 책임을 인정하고 한국 내에서 그를 처벌할 것이지만, 그는 공식적인 명령 없이 독자적으로 행동했다고 말할 것이다. 하지만 지금까지 한국 정부는 김동운을 외교관직(한국 정보요원들이 해외에서 근무할 때 받는 형식적인 직함)에서 해임만 했지, 다른 조치는 취하지 않았다. 정통한 일본 소식통들은 한국 정부가 김 서기관의 역할에 대해 보상하지는 않을 것이라고 말하고 더 이상의 언급은 하지 않았다.

암묵적 인정

대조적으로, 1967년 서독에서 한국 유학생들을 납치해 온 한국 중앙정보부는 박 대통령으로부터 개인적으로 환영을 받고 칭찬을 받았다. 납치 사건에 한국 정부가 개입했음을 암묵적으로 인정한 것 가운데 가장 눈에 띄는 사실은 며칠

전 10명의 한국인을 일본 주재 외교관 명단에서 빼버렸다는 사실이다. 일본 경찰에 의해 본인 소유의 차량이 납치에 이용된 혐의를 받는 부영사를 포함한 이들 10명의 외교관은 납치 후 몇 주 동안 일본 경찰의 수사망이 좁혀지자 갑자기 일본을 떠났다. 도쿄에서는 주일한국대사와 중앙정보부장도 교체될 것이라는 전망이 나오고 있다.

눈속임 연금 해제 | 김대중은 8월 일본에서 납치돼 집으로 돌아온 당일과 이튿날 정도 집으로 찾아온 기자들과 회견도 하고 외부 전화도 받고 오랜만의 자유를 누렸다. 딱 이틀이었다.

8월 15일부터 그는 납치 사건의 피해자로 양일동 총재, 김경인 의원 등과 조사도 받았지만, 외부 인사와는 만나지도 못하고 외출도 못하는 가택연금 상태로 들어간다. 정부는 서울 마포경찰서에 수사본부를 설치하고 서울지검 공안부장에게 본부장을 맡겼다. 수사는 그냥 시늉이었다.

그 대신 중앙정보부 등 정보기관은 김대중의 동교동 자택 대문을 걸어 잠갔다. 외출이 금지되고 출입자와 우편물 등은 철저한 검사 대상이 됐다. 친척들은 동교동을 출입할 수 있었으나, 3중 4중 검문을 하는 데 누가 두 번 이상 방문하겠는가?

그런데 두 달 이상 계속되던 연금이 10월 26일 갑자기 해제된다. 한국, 일본, 미국 정부 사이에서 납치 사건에 대한 정치적인 정리가 거의 끝난 듯했다. 또 김대중과 관련해 시중에서 떠도는 이런저런 말들을 정리할 필요도 있었을 것이다. 집 주변에서 정보기관의 통제선이 풀린다. 외신들이 이를 놓칠 리 없다. "김대중, 연금에서 풀려나다"(Abducted S. Korean Is Freed). WP의 돈 오버도퍼 기자가 27일 자로 보도한다.

김대중, 연금에서 풀려나다

(도쿄, 10.26) 11주 전 도쿄에서 납치됐던 한국 야당 지도자 김대중 씨가 오늘 오

전 돌연 가택연금에서 풀려났다. 그의 집을 둘러쌌던 경찰 병력이 철수하고 김 씨가 오랜만에 짧은 시간 조심스럽게 기자들과 회견을 가진 사실은 납치 사건으로 여전히 흥분 상태에 있는 일본과 언론 그리고 관리들에게 보여주기 위한 한국 정부의 명백한 의도가 깃든 조치다. 그러나 일본 외무성과 법무성 그리고 경찰은 오늘, 김 씨 납치 사건이 해결 단계에 접어들기 위해서는 한국 정부가 추가적인 조치를 더 취해야 한다고 말했다.

한국 정부는 지난 8월 8일 납치 장소인 도쿄의 호텔에 한국대사관 일등서기관이 있었다는 사실이 지문 증거로 밝혀졌는데도 불구하고 가장 성가신 정치적 반대자인 김대중 씨 납치와 아무 관련이 없다는 주장을 계속 이어가고 있다.

오늘 김 씨의 가택연금을 해제하면서 한국 정부는 납치 사건에 한국 정부가 가담했다고 인정하지 않았으며 일본의 주권을 침해한 데 대해서도 일언반구 사과하지 않았다. 이 두 가지 조치는 김 씨의 석방과 함께 한일 양국의 관계 회복을 위해 필수적인 사항으로 간주돼 왔다.

김대중 씨는 오늘 언론의 큰 관심 속에 가진 20분간의 짧은 기자회견에서 박정희 대통령에 대한 자신의 공공연한 반대가 대한민국에 해를 끼쳐 유감으로 생각하며 납치 사건이 한일 관계에 해를 끼치지 않기를 바란다는 준비된 성명서를 낭독했다. 김 씨는 건강상의 이유로 현재로서는 더 이상 정치활동을 않겠다고 말했다. 김 씨는 또 도쿄로 돌아갈 계획이 현재로서는 없으며, 올가을로 예정됐던 하버드 대학 연구원 생활을 위한 미국 방문 계획도 없다고 말했다.

김 씨의 발언 내용과 극도로 절제된 김 씨의 언동으로 미뤄볼 때 김 씨는 아직 한국 정부로부터 밀착 감시와 통제를 받고 있다고 언론은 의혹을 제기한다. 김 씨와 긴밀한 정치적 동지들로 구성된 도쿄의 김대중구출위원회는 서울에서 이뤄진 김 씨의 기자회견은 "한국중앙정보부의 주도로 이뤄졌고, 따라서 김대중 씨의 자유 의지에 기반한 자유로운 의사 표현이 아니"라고 주장했다.

김 씨는 오늘 기자회견에서 자신은 납치범들에게서 풀려난 지난 8월 13일부터 9월 말까지 명백하게 중앙정보부를 뜻하는 "관계 당국"으로부터 13차례 조사를 받았다고 말했다. 김 씨는 25일 저녁 늦게 경찰의 보호조치가 해제되고 외부

인사들과 접촉할 수 있다는 통고를 당국으로부터 받았다고 말했다. 김 씨는 스스로 가까운 장래에 대한 계획을 세울 수 있는 권한은 없지만 가능하면 빨리 미국으로 가고 싶어 한다고 김 씨 부인이 기자들에게 말했다. 미국은 김 씨의 신변 안전에 대해 우려를 표명했으며, 김 씨의 개인적인 권리들이 존중되기를 희망한다고 말했다.

김 씨 납치에 대한 분노 때문에 일본 정부는 한국에 대한 새로운 차관 제공 문제를 논의하는 각료 회담을 연기했다. 일본 정부는 김 씨 납치 사건이 일본 정부와 국민이 만족할 만한 수준으로 정리되지 않으면 회담도 열 수 없고 새로운 차관도 제공할 수 없다는 입장이다. 일본이 차관을 제공하지 않으면 야심 찬 경제개발을 계획하고 있는 한국 정부는 큰 문제에 봉착하게 된다. 또 이 납치 사건이 해결되지 않으면 다음 달 유엔에서 토의될 예정인 유엔군 주둔 연장 문제나 남북한 유엔 가입 문제에도 악영향을 미칠 수 있다.

김대중의 동교동 자택 골목을 막고 있는 경찰

거실에는 연금일이 X로 표시된 달력이 있다. 1979.12

중앙정보부장(KCIA) 이후락이 워낙 윗사람의 심기 경호에 능하고 정치적인 계산이 빠른 사람이라고 하더라도 김대중 납치 같은 큰 사고를 치는 바람에 한국 정부는 석 달째 곤경에서 헤어 나오지 못하고 있었다.

김대중 가택연금 해제는 이러한 곤경 탈출의 서막이었다. 김대중은 71일간의 연금을 끝내고 가진 기자회견에서 "현재와 같은 여건 아래에서는 정치활동을 하지 않겠으며, 한일 간의 우호에 금이 가는 것을 원하지 않는다"는 말 한마디를 남기고, 다시 언론에서 사라진다. 아직 조율할 일들이 남아 있는 정황으로, 두 나라는 서로 밀사를 파견하면서 의견을 조율했다. 진상이 거의 드러난 마당에 언제까지나 척지고 지낼 수는 없었다. 11월 1일 한국과 일본 정부는 정치적 타결에 이른다.

> 첫째, 사건에 관련된 혐의가 짙은 김동운 1등 서기관을 면직 처분한다. 수사 결과에 따라 법으로 처리하겠다. 둘째, 사건 발생 전 일본과 미국에서 김대중 씨의 과거 언동에 대해서는 앞으로 반국가적인 언동을 하지 않는 한 추궁하지 않겠다. 셋째, 김종필 국무총리가 일본을 방문하여 박 대통령의 친서를 전달하고 유감을 표명한다.[386]

이 내용을 바탕으로 김종필 총리가 진사 사절로 간 것이다. WP는 한일 두 나라가 "체면을 살리는 합의"(face-saving accord)에 이르렀다고 말했다. 한 달 뒤 (12.3) 박 대통령은 큰 폭의 개각을 단행한다. 총리는 그대로 두고, 외무, 내무, 국방 등 10개 부처의 장관을 바꾸고, 중앙정보부장, 검찰총장, 주미대사, 주일대사도 새 사람으로 교체했다. 내각의 주요 구성원을 바꿈으로써 정부 분위기도 일신하고 무엇보다 김대중 납치 사건을 저지른 중앙정보부장에 대한 문책이 필요했다.

유신 1년을 맞는 그 무렵 한국에서는 유신헌법의 개정을 요구하는 움직임이 일고 있었다. 이상하게도 이런 요구는 야당에서가 아니라, 대학가 또는 교회나 성당, 지식인 그룹, 언론 등 정치권 외곽에서 먼저 나온다. 나라 전체로 볼 때 정치가 사라졌다.

여러 번 나오는 질문이지만, 정치가 뭔가? 정치는 국민의 다양한 의견을 듣고 이를 조정해 갈등을 최소화하는 사회적 합의를 끌어내는 과정 아닌가? 이런 정치는 온데간데없고 통치와 행정만이 남으면, 언젠가는 나라에 탈이 생긴다. 야당이 야당답지 않다는 비판이 나온 지 제법 됐다. 제도권 내의 야당이 입을 닫으니, 제도권 밖의 사람들, 재야(在野)에서 입을 열 수밖에 없다. NYT는 개각에서 희망과 실망을 함께 읽는다.

한국 개각, 강압 정치 완화 신호탄?

(서울, 한국, 12.3) 오늘 대규모 개각은 대학생들과 지식인, 성직자와 언론인 사이에서 커지고 있는 반정부 움직임에 직면한 박정희 대통령이 강압적인 통치를 완화하는 신호로 정가에서는 해석되고 있다. 20명의 각료 가운데 10명을 교체하는 개각에서 이후락 중앙정보부장의 교체는 특별히 중요한 의미가 있다. 중앙정보부의 활동에 대해 야당 정치인과 대학생들은 격렬하게 항의해 왔다. 또 국회가 야당인 신민당 주도로 정부가 "부정부패를 추방하고, 자유롭고 건실한 사회를 건설하기 위해 민주적인 개혁을 실시하도록"하는 결의안을 채택한 뒤에 개각이 이뤄졌다는 사실도 중요하다. 이 결의안은 또 언론자유를 신장하고 "민주적이고 생산적인" 국회와 학생들의 시위를 "관용으로" 해결하도록 정부 측에 촉구했다.

학생시위는 계속

그러나 개각 이후에도 학생들의 시위는 멈추지 않았다. 오늘도 서울과 대구 전주 등에서는 3,500명의 대학생이 교내외에서 시위를 갖고 민주주의와 자유의 회복 그리고 체포된 학생들의 석방을 요구했다.
이번 개각에서 김종필 총리는 유임됐고, 김동조 주미대사가 외무장관에, 신직수 법무장관이 중앙정보부장에 임명됐다. 육군 소장 출신의 이후락 전 중앙정보부장은 남북조절위원회 한국 측 수석대표 자리에서도 물러났다. 그 자리는 장기영 씨가 임시로 맡게 된다. 오늘 개각은 총리와 각료들이 "최근에 일어난 일련의 사태에 대한 책임을 지고" 사의를 발표한 뒤에 단행됐다. 야당 신민당은 지난 71년 대선의 대통령 후보였던 김대중 씨가 도쿄에서 서울로 납치된 지난 8월 이후 내각 총사퇴를 요구해 왔다. 일본 경찰은 한국중앙정보부가 납치를 저질렀다고 말한다. 또 한국 정보기관이 이 사건을 저질렀다는 사실이 알려지면서 학생들의 반정부 시위가 촉발됐다.

이번 개각은 작년 12월 이후 최대 규모의 개각으로, 이호 주일 대사가 본국으로 돌아오고 통일부 장관 김영선 씨가 후임으로 임명됐다. 서울 외교 관측통들은 이번 개각과 대사들의 교체는 김대중 납치 사건과 관련해 일본을 달래기 위한 조치로 해석된다. 주목할 점은 이번 개각이 한국에 대한 새로운 지원을 논의하기 위한 한일경협회담을 2주 앞두고 단행됐다는 점이다. 새로 임명된 장관 가운데 서종철 국방장관 등 4명은 군 장성 출신이다. 함병춘 청와대 국제정치 특별보좌관은 주미 대사로 임명됐다.

한편 학생 시위가 계속되는 가운데, 500명의 여대생은 서울 시청 앞에서 시위를 벌였고, 4개 대학의 1,700명의 학생이 대학별로 반정부 결의문을 채택했다. 서울대학교 의과대학의 간호학과 학생 150명이 강의실에서 48시간 농성에 들어갔다. 한국의 최대 일간지인 동아일보 기자 200여 명은 편집국에 모여 "언론 자유의 회복을 위해 끝까지 투쟁"한다고 결의했다. 이에 앞서 중앙일보 기자들은 지난 11월 30일 하루 동안 제작 거부를 결의했다.

김대중 납치 사건으로 두 나라의 불편한 관계는 해마다 열리던 한일 각료 회담도 석 달이나 연기시켜 연말에 가까스로 열렸다(73.12.26). 해가 바뀌기 전에 열리기는 했지만, 한국에 대한 일본의 지원액은 73년 1억 7,000만 달러에서 74년에는 9,000만 달러, 반으로 확 줄었다. 한국은 본래 2억 달러의 지원을 요청할 계획이었다.

일본 정부도 한국의 정보기관원들이 도쿄 시내 호텔에서 한국의 야당 지도자를 납치해 가는 사건이 발생했는데도 예방은커녕 아무런 사전 정보도 없이 그냥 당하고 있었다는 여론의 따가운 질타를 그냥 넘길 수 없었을 것이다. 일본 국내용으로 "일본, 대한(對韓) 원조 반으로 삭감"(Japan Is Said to Cut Aid For South Korea by Half, 12.27, NYT)한다"는 기사를 흘린다.

유신 2년째인 1973년은 이렇게 긴 그림자를 남기며 지나간다. 71년도 그렇고 72년, 73년 모두 1년이 2년 3년 같이 느껴지는 한 해였다. 그만큼 일이 많고,

힘든 해였다. 재미있고 행복을 느끼면 인간의 시간은 빨리 흘러가, 보통 짧게 느껴진다.

우리나라에서 재야(在野)는 1961년 5·16쿠데타 이전에는 존재하지 않았고, 또 1993년 김영삼 문민정부 출범과 함께 소멸했다고 본다. 30여 년 한 세대 정도 활동했다.

긴급조치와 저항세력: 재야와 대학가

유신 1년 만에 반대 시위 | 유신헌법이 지배하던 시기를 유신시대라고 한다. 이 시절 유신체제에 저항하는 세력은 야당, 대학생, 재야 등 크게 세 그룹이었다. 야당은 유신 체제하에서는 정권을 잡을 수 없는 구조인지라 초기에는 모든 것을 포기한 듯 그 활동이 미약했다. 언론도 정부와 기관들로부터 감시와 제약을 받고 있었고, 대학가도 1971년 12월의 국가비상사태 선언 이후 완전히 위축됐다.

그렇지만 젊은 사람들은 복원력도 좋고 행동도 앞선다. 유신 선포 1년이 돼 가는 1973년 10월 2일, 서울대학교에서 반(反)유신 투쟁의 막이 오른다. 두 달 전 세계를 떠들썩하게 만든 김대중 납치 사건이 학생들을 흔들어 깨웠다. 유신이 느닷없이 선포된 것처럼, 반대 시위도 느닷없어 보이나, 많은 일이 그렇듯이 변화의 구름은 오래전부터 모여들고 있었다.

3선개헌(1969) 저지를 위해 신민당과 함께 「삼선개헌반대 범국민투쟁위원회」를 구성해 움직임에 나섰던 각계 민주 인사들은 개헌안이 국회에서 변칙으로 처리되고 국민투표에서 통과되자, 한동안 열패감에 빠져 활동을 거의 접은 상태였다. 아직 각계 민주인사들의 투쟁력과 조직력이 다져지기 전이었다.

이들은 71년 4월의 제7대 대통령 선거를 앞두고 70년 말부터 다시 전열을 가다듬기 시작했다. 각계의 원로들과 4·19 주역들, 6.3세대 청년과 학생들 또 기독교계 대표 등이 「민주수호국민협의회」를 구성한다(4.19). 대선을 불과 일주일 남겨놓은 시점으로, 김재준(金在俊), 이병린(李丙璘), 천관우(千寬宇) 3명에 이어 72년부터는 함석헌(咸錫憲)이 가세해 대표위원을 맡았다. 이 「민주수호국민협의회」는 '재야단체의 효시이자 재야운동의 시발'이라는 평가를 받는다.

종교계 법조계 작가 언론 등 각계각층이 참여하는 「민주수호국민협의회」와는 별도로, 학생 대표들은 「민주수호청년학생연맹」을, 김지하 김정남 정수일 이재오 등 4·19와 6·3세대들은 「민주수호청년협의회」를, 또 기독교 학생단체들은 「민주수호기독청년협의회」를 구성해, 4개 협의체가 공동으로 민주주의 수

목사 김재준(1901~1987)　　변호사 이병린(1911~1986)　　언론인 천관우(1925~1991)

호를 외친다. 우리나라 재야(在野)의 뿌리가 이렇게 생겨났다.

4월 대선에서 정권 교체에는 실패했지만, 이들은 활동을 계속한다. 교련 교육 강화(71.3), 일본 공보관 개설(71.7), 광주대단지 사태(71.8) 등 이슈가 있을 때마다 강연회, 좌담회, 성명서, 인권탄압 사례 조사, 시위 등을 통해 정부의 각성을 촉구했다. 여기에, 위수령 발동(71.10)과 국가비상사태 선포(71.12), 72년 계엄령 선포와 유신 개헌, 73년 김대중 납치 등 험악한 상황이 이어진다. 정부는 위수령 이후 전국 대학에서 학생운동 지도자들을 제적(除籍) 처리하고 강제로 입영(入營)시켰다. 정부의 강경한 대처에 야당은 슬그머니 위축됐고 리더를 잃은 대학가도 동면으로 들어간다. 이런 맥락 속에서 발생한 서울대 문리대의 시위는 상당한 의미를 지니게 된다.

　　이 사건은 유신출범 이후 유지돼 왔던 '유신체제 비판 불용'이라는 금기의 벽을 깨는 중대 사태로, 이를 기점으로 하여 서울대 법대(10.4), 고려대(10.4), 경북대(11.5), 서울대 사범대(11.7), 한국신학대(11.9), 연세대(11.16), 이화여대(11.28) 등 전국의 대학들이 반 유신데모에 나섰다. 각 신문사와 방송사의 기자들은 자유언론 실천 선언을 하기에 이르렀고(경향신문 10.19, 한국일보 11.22, 조선일보 11.27, 중앙일보 11.30, 동아일보 12.3, 신아일보 12.3), 한국기자협회는 11월 29일 사실 보도를 다짐하는 결의문을 채택하기에 이르렀다.[387]

서울대 문리대에서 낭독된「시국선언문」과 거기에 포함된 4개 요구사항은 앞으로 이어질 학생운동의 기조와 방향성을 잘 보여준다.

> 오늘 우리는 전 국민의 생존권을 위협하는 이 참혹한 현실을 더 이상 좌시할 수 없어 스스로의 양심의 명령에 따라 무언의 저항을 넘어서 분연히 일어났다.
> 학우여!
> 자유와 정의 그리고 진리는 대학의 생명이다. 오늘 우리는 너무도 비통하고 참담한 조국의 현실을 직시하며 사회에 만연된 무기력과 좌절감, 불의의 권력에 비굴하게 목숨을 구걸한 모든 패배주의, 투항주의, 무사안일주의와 모든 굴종의 자기기만을 단호히 걷어치우고 의연하게 악과 불의에 항거하여 이 땅에 정의, 자유 그리고 진리를 기어이 실현하려는 역사적인 민주투쟁의 첫 봉화에 불을 붙인다. ….
> 1. 정보파쇼통치를 즉각 중지하고 국민의 기본권을 보장하는 자유민주체제를 확립하라.
> 1. 대일 예속화를 즉각 중지하고 민족자립 경제체제를 확립하여 국민의 생존권을 보장하라.
> 1. 정보파쇼통치의 원흉인 중앙정보부를 해체하고 김대중사건의 진상을 규명하라.
> 1. 기성 정치인과 언론인은 맹성하라.[388]

유신 이후 처음으로 서울대학교 문리과대학에서 유신헌법 반대 시위가 시작됐다. 선언문을 낭독하고 시위에 나선 학생 150여 명이 교내에 진입한 경찰들에게 연행됐다. 1973.10.2.

내용이 어렵지도 않다. 학생들은 당시 가장 절실한 요구 4가지를 담았다. 앞으로 대한민국에서, 명칭은 조금씩 달라도, 대학생들의 이러한 시국선언문은 수도 없이 낭독된다. 현실에 불만을 가지고 바꾸려는 노력은 역사 진전의 원동력이다. 한국 민주화 역사가 바로 학생과 종교인, 재야인사들의 투쟁의 기록, 성공의 기록이기 때문이다.

한국의 재야(在野) | 학생들의 시위가 두 달에 걸쳐 전국을 한 바퀴 돌고 나자, 여기에 자극받은 듯 새로운 움직임이 생겨난다. 지식인과 종교인들이 앞장서고 일반 시민들이 뒤를 따르는 개헌청원 운동이다. 재야(在野)라는 단어가 언론에 빈번하게 등장한다. 일반적으로 재야는 정당이나 의회에 속하지 않은 상태로 간접적으로 정치활동을 하는 사람들을 지칭하나, 우리나라 정치사에서 재야는 '한국의 권위주의 체제하에서 존재했던 비제도적인 조직적 반대운동을 이끌던 세력'을 뜻한다.

> 1945년 해방 이후 한국에서의 사회운동은 뚜렷한 3단계의 변화를 보여주며 지배와 저항의 양자 관계 유형을 주조해 온 바 있다. 즉 2차 세계대전 직후 국가형성기 좌파의 '계급운동', 박정희·전두환 시기의 '민중운동' 그리고 1987년 민주적 개방 이후의 '시민운동'이 한국에서 밑으로부터의 저항의 세 주요 범주를 구성한다.[389]

따라서 이 책에서 호칭하는 재야는 두 번째 범주에 속하는 민중운동 차원에서 행해진 반유신 투쟁, 반정부 민주화 투쟁을 주도한 인사들이 주요 대상이 된다. 해방 직후 남한에서 계급운동을 하던 좌파와 급진파는 미군정과 한국 정부의 단속에 이어 6·25전쟁 과정에서 지구상에서 사라지거나 월북 등으로 아예 소멸됐다. 이 좌파는 마르크스-레닌주의에 입각한 공산주의 세력이었다. 5·16 이후 등장한 재야는 이전의 좌파와는 조직적, 이념적 연계가 전혀 없는 새로운 유형의 반대 세력이었다. 우리나라에서 재야는 1961년 5·16쿠데타 이전에는 존재하지 않았고, 또 1993년 김영삼 문민정부 출범과 함께 소멸했다고 본다. 30여 년 한 세대 정도 활동했다.

5·16이 성공하고 난 뒤 군부가 국민적인 지지 창출을 위해 조직한 「재건국민운동본부」 중앙위원 명단에는(1962.2.15), 함석헌, 김재준, 장준하, 이희호, 김성식 등이 포함돼 있다. 지금 생각하면 의외의 일이다. 또 당시 지식인들에게 인기가 있었던 잡지 『사상계』도 초기에는 군사혁명을 지지했다.[390] 그러나 65년의 한-일협정 체결을 계기로 정부와 재야는 민족주의(民族主義)를 놓고 대결 구도를 형성했고, 몇 년 뒤(1969) 3선개헌에 와서는 민주주의(民主主義)를 놓고 대결 구도를 형성하면서 틈이 점점 벌어진다. 더 중요한 것으로 1970년 11월에 발생한 전태일 분신 사건이다. 이 사건은 노동(勞動)과 민중(民衆)의 문제를 정치의 중심으로 끌어들인 일이다. 이때 제기된 민중과 노동의 문제는 아직도 미해결 부분이 남아있다.

> 전태일 사건을 계기로 노동과 민중의 문제가 중요하게 등장하였을 때 선포된 유신체제는 이에 대한 체제의 강도 높은 대응 의지를 잘 보여주는 것이었다. 긴급조치는 재야 저항에 대한 유신 선포보다 훨씬 더 강력한 진압 의지를 담는 대응이었다. … 전태일 분신 사건과 유신체제의 등장을 계기로 박정희 체제와 재야는 이제 더 이상 온건한 정치적 타협 공간 및 공존 영역을 지속할 수 없었다.[391]

5·16 이후 이렇게 형성되고 강화된 재야인사 가운데 함석헌, 계훈제, 문익환, 장준하, 백기완, 안병무, 리영희, 김재준, 김규동, 변형윤, 지학순 등은 북한 출신, 종교계나 학계 인사, 민족주의자라는 특징을 갖고 있었다. 물론 재야 1세대에는 강만길, 강희남, 김찬국, 박형규, 서남동, 성래운, 송건호, 이병린, 홍남순 등 이북 출신이 아닌 인사들도 활동했다.

함석헌(1901~1989)

계훈제(1921~1999)

문익환(1918~1994)

장준하(1918~1975)

백기완(1932~2021)

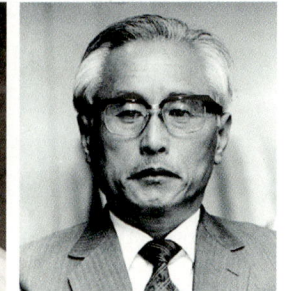
송건호(1927~2001)

박형규(1923~2016)

홍남순(1912~2006)

김찬국(1927~2009)

이런 1세대 재야인사들은 이념적으로 반공주의자였던 관계로, 정부의 광범위한 공산주의자나 좌파 공세에도 전혀 위축당하지 않고 강력한 반정부·반체제 민주화 투쟁을 이어갈 수 있었다.[392]

재야와 관련해 이야기할 때 김대중은 좀 특이한 계보다. 김대중은 50년대 60

년대 제도권 정치인이었으나, 유신 선포 이후 상당 기간을 제도권보다는 재야에서 더 편하게 활동한다. 물론 김대중은 앞서 살펴봤듯이, 해방 이후 짧게나마(1945~46) 좌파 활동에 참여한 이력 때문에, 권위주의 정부 아래서 몸고생, 마음고생을 많이 했다. 지금까지도 우리 사회 일각에는 김대중의 친(親)북한 성향과 활동에 대해 그의 이념 성향을 의심하는 험악한 말들이 떠돌고 있다. 한국의 재야 활동과 관련해 전문가들은 1972~1987년 사이 15년이 한국 정당정치가 최악으로 위축됐던 시점으로, 재야 활동이 절정을 이룬 시기였다고 말한다. 이 15년은 유신헌법이 작동하거나 그 잔재가 강하게 남아있었다.

> 권위주의 통치의 강화로 인한 대의민주주의의 허약성이 민중의 직접 저항이라는 직접민주주의를 강화시켰던 것이다. 말을 바꾸면 권위주의의 강화와 제도정치의 약화 및 재야 저항의 강화는 상호 연결되어 있었다. 현대 대중정치에서 대표 과정이 생략될 때 시민사회는 자신의 조직을 갖고 직접 발언하려는 속성을 갖는다. 반대로 정당정치가 밑으로부터의 의사 수렴에 충실할 때 직접 저항의 존재 영역은 그만큼 축소될 수밖에 없다.[393]

다시 말해, 국민의 직접선거를 통해 선출되는 국회의원들이 위축돼 제 역할을 다하지 못하거나 소수의 견해가 오랫동안 무시당하면 국민이 직접 민의의 공백, 정치의 공백을 메우려고 나서고, 이 힘과 야당이 잘 협력하게 되면, 정권도 뒤집는 엄청난 결과를 가져온 사건이 우리 역사에 기록돼 있다.

1958년 제4대 총선에서 자유당(이승만)은 127석, 민주당(조병옥)은 79석으로 건국 이후 처음 유의미한 양당(兩黨) 체제가 출현했다. 이러한 민의를 무시하고 자유당이 1960년 사상 유례없는 부정 선거를 실시하자, 분노한 민심은 학생들의 부정 선거 반대 시위에 힘을 실어주면서, 정부가 붕괴된다. 딱 2년이 걸렸다.

1971년 제7대 대선(박정희 54%, 김대중 46%)에 이어 실시된 5월 총선에서 공화당(박정희)은 113석, 신민당(김홍일)은 89석을 얻었다. 야당이 무시 못 할 힘으로 대두했다. 당시 정부에 불만 내지 만족하지 못하는 변화 요구 세력이 있다는 명백한 증거다. 그걸 무시하고 정부는 유신체제를 선포하고 긴급조치를 남발하면서 국민의 헌법 개정이나 철폐 요구를 억눌렀다. 그런다고 민심의 씨앗은 말라 죽지 않는다. 이때 재야가 그 씨앗을 지키고 키우는 일을 맡았다.

1978년 제9대 대선(7.6)에서는 단독 출마한 박정희 후보가 당선됐지만, 총선에서는(12.12) 야릇한 결과가 나왔다. 공화당(박정희)은 68석, 신민당(이철승)은 61석, 민주통일당(양일동) 3석을 얻었다. 하지만 총득표수를 살펴보면 공화당은 469만 표로 31.7%, 신민당은 486만 표로 32.8%, 민주통일당은 109만 표로 7.4%를 득표했다. 신민당 혼자서 공화당을 1.1%P(17만 표) 앞섰다.

신민당에 통일당 표까지 합치면 40.2%로, 공화당에 반대하는 민심이 8.5%P(126만) 더 많다. 변화나 개선을 원하는 민심이 분명하게 드러났고, 그 숫자가 적지 않다. 권력에 취하지 않은 정치인이나 정당이라면, 이를 알아채야 한다. 이 민심은 잠복해 있다가, 79년 들어 국내 정치와 사회 상황이 점차 악화하면서 부마사태(釜馬事態)로 이어지고, 10.26 사건으로 박정희와 유신정권이 끝나게 된다. 1년도 걸리지 않았다.

이런 흐름을 잇는 일이 1985년 제12대 총선(2.12)에서도 나타난다. 85년 총선에서는 김영삼과 김대중이 지도하는 신한민주당(이민우)이 창당(85.1.18) 한 달도 안 돼, 민정당 2중대라는 말을 듣던 민주한국당(유치송)을 누르고 여당 민주정의당(전두환)과 맞설 제1야당으로 등장했다. 선거 후 민주한국당은 신한민주당에 흡수돼 없어진다. 총선 당시 신한민주당은 '대통령 직선제 개헌'을 공약으로 제시했다. 「대통령 직선제」, 이 한마디가 민심의 뿌리를 건드렸다.

득표는 민정당이 704만 표로 35.2%, 신민당이 584만 표로 29.3%, 민한당이 393만 표로 19.7%, 국민당이 182만 표로 9.2%를 득표했다. 신민, 민한, 국민 등 야(野) 3당의 득표 합계는 1,159만 표(58.2%)로 여당 민정당 704만 표를 월

등하게 앞선다. 이런 선거 결과는 일회성이 아니다.

전두환(민주정의당)　　이민우(신한민주당)　　유치송(민주한국당)　　김종철(한국국민당)

전두환 정부의 권위주의적인 통치가 별일 없었던 듯이 그냥 지나갈 수 없었다. 국민은 이미 변화를 원하고 있었고, 그것이 표로 나타난 것이다. 여러 사건을 겪으면서 87년 6월 민주화 항쟁이 발생했고, 전두환 정권은 허물어지기 시작한다. 국민의 민주화 요구에 대한 항복선언이라는 「6·29선언」은 그 바탕에서 자라났다. 국민은 헌법을 개정하고 대통령 직선제까지 되찾는다.

이렇게 보면 우리나라에서는 투표에서 나타난 국민의 변화 요구가 받아들여지지 않으면, 약간의 시차를 두기는 해도, 직접 행동으로 자신들의 요구를 현실로 만들어 버리는 강인한 전투력이 숨어있다. 부패하기도 하고 엉뚱한 이념이나 황당한 인간들이 설치기도 하지만, 우리나라가 꺾이지 않고 살아 나가는 비결이 여기에 있지 않을까. 좀 겁나는 나라다.

재야, 행동에 나서다 ｜ 유신 선포 1년, 야당은 어디론가 사라지고 재야에서 움직임이 시작된다. 73년 11월 5일 오전 11시 서울 종로 YMCA 회관. 11명의 지도급 재야인사가 모였다. 모임의 사회자는 언론인 천관우(千寬宇), 시국선언의 낭독자는 김재준(金在俊) 목사였다.

금방 경찰이 들이닥쳐 모임을 해산시키고, 9명을 연행했지만, 당일 풀어주었다. 간단한 사건이었지만, 유신체제에 대한 지식인의 저항이 시작됐음을 알리는 묵직한 뜻이 담긴 결코 가벼운 모임이 아니었다.

이들은 "권력에 의한 법치 원칙의 파괴, 정보정치로 인한 불신 풍조, 특권층의 부정부패, 빈부 격차 극심, 집회·언론·학원·종교의 자유 억압, 3권 장악에 의한 독재 체제의 구축을 규탄한다"라면서 유신체제를 정면으로 비판했다. NYT는 이 모임을 바로 기사로 전했다. "한국 지식인 15명 '독재정치' 비난"(15 South Koreans Assail 'Dictatorship')이다.

김대중 의원은 김준연 의원의 구속동의안 처리를 막기 위해 5시간이 넘는 기록적인 의사진행 방해 연설로 유명세를 탔다. 1964.

한국 지식인 15명 '독재정치' 비판

(서울, 한국, 11.5) 일단의 한국 지식인과 종교계 지도자들은 오늘 민주주의의 회복을 위해 "궐기해 투쟁하자"고 국민에게 호소하는 성명을 발표했다.

한편 서울에서 150마일 남동쪽에 위치한 한국 제3의 도시 대구에서는 200명 정도의 경북대학교 학생들이 "경찰국가 통치"의 종식과 언론과 출판의 자유를 요구하는 반정부 시위를 벌였다.

서울에서 오늘 발표된 성명서에는 15명의 작가와 학자, 목회자들이 서명했다.

이 성명서는 "대한민국은 현 정권의 독재와 공포 통치로 인해 양심과 민생이 말살되고 한국에 대한 외국의 신뢰와 우호 협력도 상실하는 등 국내외적으로 최악의 상황에 직면하고 있다"고 주장했다.

YMCA 회동

오늘 성명서에 서명한 11명은 서울 도심의 YMCA 빌딩 지하 커피숍에 모여, 20여 명의 기자와 다방 손님들 앞에서 성명서를 낭독했다. 경찰은 이들의 모임을 10분도 되지 않아 해산시켰으며, 참석자 11명 가운데 9명을 연행했다. 경찰은 현장에서 천주교 원주교구 지학순 주교, 한국신학대학의 김재준 명예 학장, 법정 스님, 개신교 지도자 함석헌, 정부에 비판적인 풍자시를 쓴 혐의로 2차례 투옥됐던 시인 김지하 씨를 연행했다. 오늘 연행된 대부분의 인사는 반정부 단체 「민주수호국민협의회」[394] 회원들이다.

이들은 성명서에서 박정희 정부가 국민의 민주적인 권리를 억누르면서 "독재체제"를 강화하고 있다고 비난하면서 "대한민국의 어느 국민도 그런 재앙적인 움직임을 그냥 방관하지 않을 것"이라고 밝혔다. 성명서는 이어 "모든 국민은 민주주의의 완전한 회복을 위해 궐기해 투쟁해야 한다"고 주장했다. 지난 8월 도쿄에서 납치돼 서울로 돌아온 야당 정치인 김대중 씨와 관련해서도 "정부가 국제적 고립과 국위 손상을 자초했다"고 비판했다.

대구에서 오늘 시위를 한 대학생들도 김대중 납치 사건에 대해 "사건의 진상을 밝혀야 한다"고 주장했다. 교내에서 집회를 마친 학생들은 경북도청 쪽으로 진출을 시도했으나 이내 진압경찰에 밀려 교내로 되돌아왔다.

이 모임이 봉홧불이었다. 재야인사들은 다시 모여(12.13) 대통령에게 건의문(建議文)을 발송하고, 「헌법개정청원운동본부」를 구성한 뒤(12.24), 「개헌청원백만인서명운동」을 시작한다. 헌법개정청원운동본부에는 당시 재야의 지도급 인사 30명이 이름을 올렸다 : 함석헌, 장준하, 법정, 김동길, 김재준, 유진오, 이희승, 김수환, 백낙준, 김관석, 안병무, 천관우, 김지하, 지학순, 박두진, 문동환, 김정준, 김찬국, 문상희, 백기완, 이병린, 계훈제, 김홍일, 이인, 이상은, 이호철, 이정규, 김윤수, 김승겸, 홍남순.

학생들의 시위에 이어 재야인사의 개헌 투쟁이 시작되자 시국은 하루가 다르게 팍팍해진다. 정부도 대응에 나선다. 김종필 총리는 100분간의 TV 방송을 통해 "절대적인 자유를 허용하는 정부는 이 지구상에 없다"며 "세상을 어지럽히는 자는 다스리지 않을 수 없다"고 경고한다(12.26). 1973년의 연말이 조용하지가 않다. "한국 정부, 비판자들에게 선을 넘지 말도록 경고"(Seoul Warns Critics Not to Go Too Far)했다.

한국 정부, 비판자들에게 선을 넘지 말도록 경고

(서울, 한국, 12.26) 김종필 국무총리는 유신헌법 개정 움직임이나 자유민주주의를 촉구하는 움직임에 대해 한국 정부는 용납하지 않을 것이라고 오늘 밤 밝혔다. 김 총리는 TV와 라디오를 통해 전국에 방송된 100분 길이의 담화를 통해, 유신헌법이 담고 있는 민주적인 자유에 대한 몇 가지 제한은 북한의 심각한 위협으로부터 한국의 군사상 안보를 확보하기 위한 것이고, 경제성장을 계속 유지하면서 한국의 정치적 사회적 안정을 지키기 위해서도 필요한 것이라고 말했다. 김 총리는 "제한이 없는 절대적인 자유를 허용하고 있는 국가는 이 지구상에 단 한 나라도 없다"고 말했다. 김 총리의 담화는 30명의 재야와 종교계 지도자들이 박정희 대통령에게 유신헌법 개정을 청원하기 위해 100만인 서명운동을 시작하겠다고 발표한 지 이틀 만에 나왔다. 한국 기독교계 지도자들과 대학 운동권, 일부 야당 정치인들은 얼마 전부터 유신헌법 개정을 요구해 왔다.

'국가안보에 도전'으로 간주

1972년 11월 계엄 상태에서 개정된 현행 헌법은 박 대통령에게 국회의원의 3분의 1을 지명하는 권한과 선거인단의 간접선거를 통해 영구 집권이 가능케 하는 조항 등을 포함하고 있다. 비판자들은 이러한 독소조항을 품고 있는 현 헌법이 개정되지 않으면 한국에서 민주주의는 가능하지 않을 것이라고 주장하고 있다.

김 총리는 현 정치체제 즉, "유신체제"(revitalizing system)에 대한 도전은 "국가안보 체제에 대한 도전"으로 간주한다고 말했다. "정부는 '개헌'이나 '민주 회복'

등의 구호 아래 자유의 한계를 넘어서는 행동은 용납할 수 없다"고 강조했다. 김 총리는 이어 "한국 정부는 이런 이유로 사회를 혼란하게 하거나 시민을 선동하는 행위에 흔들리지는 않을 것"이라고 주장했다. 그는 또 북한 공산주의자들은 한국의 사회적 혼란을 이용해 한국 정부를 뒤집을 기회를 계속 엿보고 있다고 주장했다. 한국에서는 내년 신학기가 되면 학생들이 반정부 시위를 대대적으로 펼칠 것이라는 소문이 널리 퍼지고 있다. 김 총리는 "이러한 소문은 북한 공산주의자들의 책략에 도움만 주게 될 것"이라고 지적했다. (NYT, 12.27)

사흘 뒤에는 대통령도 담화를 발표하고 "개헌청원 서명운동은 사회 혼란을 조성하려는 불순한 움직임"으로 규정하고 "유신체제를 부정하는 일체의 불온한 언동과 소위 개헌청원 서명운동을 즉각 중단"하라고 경고했다.
그러나 반유신 움직임은 멈추지 않았다. 불과 열흘 만에 개헌청원 서명자가 30만 명을 넘어서고(1.4), 이희승 이호철 안수길 등 문인과 지식인 61명이 개헌 지지 성명을 내고(1.7), 공화당 초대 총재와 4대 당 의장을 지낸 정구영(鄭求瑛, 1899~1978)이 탈당 성명을 발표하고, 사무총장을 지낸 예춘호(芮春浩)도 탈당계를 제출했다. 대학과 재야의 기세는 맹렬했다. 초반에 잘 다루지 못하면 온 산을 다 태울 기세였다. 담화나 경고로는 꺼질 불이 아니었다. 이제 유신(維

개헌청원 운동의 시작을 알리는 장준하(1973.12.24.). 이어 보름 뒤 야당도 동참한다(74.1.8).

新)을 방어할 비밀 병기가 나올 차례가 됐다.

대통령의 긴급조치권 | 세계 대부분의 나라는 대형 천재지변이나 전쟁이 발생할 경우 대통령의 긴급권을 헌법에서 인정하고 있다. 급박한 상황에서 대통령이 우선적으로 조치를 취하고, 그 뒤 적절한 때 국민의 대표로부터 사후 승인이나 통제를 받도록 하는 것이 일반적이다. 유신헌법(7차 개헌, 72.12)은 대통령의 긴급권으로 긴급조치권(제53조)과 계엄선포권(제54조) 두 가지를 다 인정하고 있었다. 실제로 74~75년에 선포된 긴급조치는 계엄령 선포보다도 훨씬 무섭고 효율적인 통치 수단으로 드러난다. 유신헌법의 긴급조치권은 그 내용과 범위, 효과가 아주 광범위했다. 대통령 한 사람에게 나라의 전권을 그냥 통째로 맡기는 조항이었다.

> 긴급조치는 유신체제의 상징이었고, 체제 옹호를 위한 방패였다. 그 주된 목표는 학원과 언론, 그리고 종교계를 포함한 반체제 세력이었다. 그 가운데서도 학생운동은 이 긴급조치에 의해 번번이 치명적인 타격을 받았다.[395]

유신헌법도 대통령의 긴급조치나 계엄령 선포에 대한 국회의 해제건의권을 인정하고 있었다. 그러나 대통령이 임명하는 유정회가 3분의 1, 여당(민주공화당)이 3분의 1 등 전체의 3분의 2를 차지하고 있는데, 야당이 무슨 수로 과반의 찬성을 얻어 계엄령이나 긴급조치에 대한 해제건의안을 낸단 말인가?
박 대통령은 대학가의 잇따른 시위와 재야의 개헌청원 서명운동이 국가 안보나 국민총화에 해를 끼친다는 생각이 확고했다. 그는 두 차례의 항명 파동(1969년 4·8항명, 1971년 10·2항명)을 처리하면서 거친 언어를 사용할 만큼 가혹했다고 이미 살펴본 적이 있다. 대통령은 또 자신이 아닌 다른 사람을 후임 대통령으로 세우려고 한다는 역모(逆謀: 반역을 꾀함)에 대해서도 실체가 있건 없건 간에 가혹하게 다뤘다. 5·16 이후 십여 건의 반혁명 사건과 3선개헌 전의 국민복지회 사건, 윤필용 사건 등을 그렇게 처리했다.

이제 야당과 재야, 대학생 등으로부터 제기되는 반유신, 반체제 저항운동에 대해서 박정희가 대응할 차례였다. 유신 1년 후부터 시작된 이런 헌법 개정 움직임에 대해 대통령은 참을 만큼 참았다는 경고성 담화도 냈지만, 해가 바뀌면서 개헌 청원 운동은 더욱 가열되고 있었다. 대통령이 가진 무기는 많다. 긴급조치, 계엄령, 수사와 투옥 등이 있고, 경찰과 검찰, 군, 중앙정보부 등 훈련된 인력과 조직이 청와대의 신호를 기다리고 있었다.

긴급조치 1, 2호 |

74년으로 해가 바뀌자 바로 긴급조치가 발령된다. 73년 연말부터 시작된 개헌 움직임을 조기에 차단할 필요가 있었다. 정부는 1974년 1월 8일 오후 5시를 기해 헌법 제53조(긴급조치) 규정에 따라 긴급조치 1호와 2호를 선포한다. 긴급조치 2호는 1호 위반자들을 재판하기 위한 비상군법회의의 설치를 규정하고 있다. 그동안 실체를 감추고 숨어있다가 모습을 드러낸 긴급조치는 실로 무시무시했다. 긴급조치 1호 전문(全文)이다.

① 대한민국 헌법을 부정, 반대, 왜곡, 또는 비방하는 일체의 행위를 금한다.
② 대한민국 헌법의 개정 또는 폐지를 주장, 발의, 제안 또는 청원하는 일체의 행위를 금한다.
③ 유언비어를 날조, 유포하는 일체의 행위를 금한다.
④ 전 1, 2, 3호에서 금한 행위를 권유. 선동. 선전하거나 방송, 보도, 출판 기타 방법으로 타인에게 알리는 일체의 언동을 금한다.
⑤ 이 조치에 위반한 자와 이 조치를 비방한 자는 법관의 영장 없이 체포, 구속, 압수, 수색하며 15년 이하의 징역에 처한다. 이 경우에는 15년 이하의 자격정지를 병과할 수 있다.

⑥ 이 조치에 위반한 자와 이 조치를 비방한 자는 비상군법회의에서 심판, 처단한다.
⑦ [부칙] 이 조치는 1974년 1월 8일 17시부터 시행한다.

지금부터 50년 전의 긴급조치 1호는, 편한 말로, 유신헌법을 고치자는 말도 하지 말고, 혹시 이런 "몰지각한" 움직임들이 있더라도 이 사실을 보도도 하지 말라는 것으로 만약 이를 어긴다면 바로 잡아넣겠다는 기막힌 조치였다. 일주일 만에 첫 위반자가 나왔다고 각 언론이 보도한다.

> 비상보통군법회의 검찰부는 15일 오후 통일당 최고위원이며 전 국회의원인 장준하 씨(56)와 백범사상연구소 소장 백기완(42) 씨에 대해 대통령긴급조치 제1호 1, 4항 위반 혐의로 구속영장을 발부받고 즉각 구속했다고 발표했다. 대통령긴급조치 제1호 위반 혐의로 구속된 것은 이번이 처음이다. ….[397]

대통령은 긴급조치를 선포하면서 유신에 대한 도전을 막으려 했다. 오랜 대결 끝에 도리어 유신체제가 무너진다. 긴급조치 1호 위반으로 장준하(우)와 백기완이 재판을 받고 있다. 1974.

장준하(張俊河, 1918~1975)와 백기완(白基琓, 1932~2021)이 구속된 뒤, 이번에는 기독교계의 젊은 교역자들이 나선다. 인명진, 이해학, 김진홍, 김경락, 홍길복, 김성일 등은 17일 한국기독교교회협의회(KNCC) 총무실에서 시국선언 기도회를 갖고 긴급조치의 철회, 개헌 논의 허용, 유신체제 폐지와 민주 질서 회복 등 3개 항을 주장하는 선언문을 낭독한 뒤, 기독교 회관 안에 있는 다른 사무실에 선언문을 배포하고 서명운동을 벌였다. 이들도 구속됐다(1.21).

다음 대학생들이 나선다. 고영하 등 연세대 학생 7명이 구속되고(1.24), 이근후, 김영선, 김구상 등 서울대 의과대학생 3명이 구속된 데(2.2) 이어 정당 관계자나 시민도 포함해 1호 관련 구속자는 23명이 된다.

긴급조치 4호 │ 1호 위반자에 대한 처리가 마무리 단계에 접어든 4월 3일 밤 10시, 긴급조치 4호가 발령된다. 4호는 「전국민주청년학생총연맹」(민청학련)이라는 조직을 일망타진하기 위한 조치였다. 이날은 73년 가을부터 활기를 띠기 시작한 각 대학 활동가들이 해가 바뀌면서 전국적인 규모의 시위를 벌인 날이다. 시위 규모는 그리 크지 않았지만, 정부는 미리 대비하고 있었다.

> 박정희 대통령은 3일 하오 10시를 기해, 학원 사태에 관한 대통령 긴급조치 제4호를 선포, '전국민주청년학생총연맹'과 이에 관련되는 제 단체를 조직하거나 또는 이에 가입하는 등 일체의 행위, 학생의 정당한 이유 없는 출석 수업 또는 시험 거부 및 학교 내외의 집회, 시위, 성토, 농성 기타 일체의 개인적, 집단적 행위를 금하고 이에 위반하거나 이 조치를 비방한 자는 사형, 무기 또는 5년 이상의 유기 징역에 처하며 15년 이하의 자격정지를 병과할 수 있다고 발표했다.[398]

긴급조치 4호는 또 '민청학련'(民靑學聯) 관련 학생은 퇴학·정학은 물론 관련 대학을 폐교(廢校)할 수 있도록 하고, 시도지사가 요청하면 해당 지역 군사령관들은 협조하도록 했다. 얼마 뒤 신직수 중앙정보부장은 민청학련에 대한 수사 결과를 발표한다(4.25).

> 신직수 중앙정보부장은 25일 이른바 '전국민주청년학생총연맹' 사건에 관련,

240여 명이 조사를 받고 있으며 관련 학생들이 갖고 있던 각종 유인물 10여만 장과 관련 증거 자료를 압수, 관련자들의 진술에 의해 주동 세력이 폭력데모로 노농정권을 세우려 했다는 증거를 잡았다고 수사 상황을 중간 발표했다. 신 부장이 이날 혐의를 캐냈다고 명단을 밝힌 민청학련 사건 관계자는 모두 60명으로 이 중 민청학련의 배후 조종자 21명, 나머지 39명은 대학생 또는 대학 졸업자로 '민청학련' 책임자들로 되어있다.

신 부장은 2시간의 기자회견에서 민청학련의 배후에는 과거 공산계 불순단체인 인민혁명당(人民革命党) 조직과 재일조총련계의 조종을 받은 일본 공산당원, 국내 좌익혁신계 등이 복합적으로 작용했다고 밝히고, 주동 학생들은 4단계 혁명을 통해 노농정권을 세울 것을 목표로 했고, 과도적 통치 기구로 '민족지도부'의 결성을 계획했다고 밝혔다.[399]

중앙정보부는 민청학련과 관련해 1,204명을 관계 기관에서 조사하고, 745명을 훈계 방면하고, 253명은 비상 군법회의에 송치했다고 발표했다. 비상보통군법회의 검찰부는 송치자 가운데 다시 73명을 석방하고 180명을 기소했다. 비상보통군법회의는 민청학련의 배후로 지목된 도예종 등 인혁당 재건위원회 관련자 8명에 대해 사형을 선고한다(74.7.8). 피고인들의 항소는 기각되고, 사

중앙정보부는 민청학련이 인혁당·조총련과도 관련을 맺고 노동자·농민 정권 수립을 목표로 활동했다고 발표했다. 이 무렵 박 대통령은 이런 휘호를 썼다. 무엇을 말하고 싶었을까?

건은 대법원으로 넘어간다(75.4.8. 대법원 선고).

재야에서는 윤보선(전 대통령), 지학순(주교), 박형규(목사), 김동길(교수), 김찬국(교수) 등이 재판을 받았으며, 관련 피고인들을 변호하던 강신옥(姜信玉) 변호사가 긴급조치 위반 혐의로 구속되기도 했다.

구속된 변호사 | 요즘은 각종 파렴치한 혐의로 처벌받는 변호사도 많지만, 50년 전, 소위 시국(時局)사건에서 변호사가 법정에서의 변론 내용이 문제가 돼 구속되는 일이 발생했다. 당시만 해도 전국의 변호사 숫자가 900명 미만으로 수가 많지도 않았고, 진지하게 세상을 사는 변호사들이 많았다.

하루 전 인혁당 재건위 관련자에 대한 선고에 이어 74년 7월 9일 민청학련 관련 피고인들에 대한 보통군법회의 결심공판이 열렸다. 검찰관은 김지하, 이철 등 7명에게 사형을, 다른 7명에게 무기를, 12명에게는 징역 20년을, 6명에게는 징역 15년을 구형했다.

최종 변론에 나선 변호사 강신옥(姜信玉)은 "지금 검찰관들은 나랏일을 걱정하는 애국 학생들을 내란죄, 국가보안법, 반공법 위반 등을 걸어 빨갱이로 몰고 사형이니 무기니 하는 형을 구형하고 있다. 이것은 법을 악용하는 '사법살인' 행위가 될 수 있다. … 유신 헌법은 비민주적인 악법이다. 지금 나의 심정은 피고인석에 있는 저들과 함께 서서 재판을 받고 싶을 정도다. …"

강 변호사의 변론이 계속되는 가운데, 심판관들이 휴정을 선언하고 퇴장해 버렸다. 곧이어 중앙정보부 요원들이 변호인석의 홍성우(洪性宇), 강신옥 변호사를 연행해 갔다. 그날 밤 강 변호사는 '남산'의 지하실로 잡혀갔고, 밤새 "법이 법 같지 않으니 그렇게 말했을 뿐"이라는 말을 되풀이했다.

강 변호사는 구속됐지만, 국내 신문에는 한 줄도 실리지 않았다. 7월 19일 자 NYT 1면에는 "한국 변호사 재판 뒤 체포"(LAWYER IN SEOUL HELD AFTER TRIAL)라는 제목으로 기사가 자세하게 실렸다. NYT의 대표적인 아시아 통으로 사이공, 도쿄, 홍콩, 베이징 지국장을 지낸 폭스 버터필드(Fox Butterfield)[400] 기자가 썼다.

한국 변호사 재판 뒤 체포

(서울, 한국, 7.18) 지난주 열린 정치 관련 재판에서 한국의 대표적인 시인과 학생 10명이 관련된 정치적 재판에서 이들을 변호했던 저명한 변호사가 체포됐다고 측근들이 오늘 밝혔다. 강신옥 변호사는 지난 월요일 자신의 사무실에서 사복 요원들에게 체포됐는데, 이는 강 변호사가 시인 김지하를 포함한 몇 명의 의뢰인들에게 사형을 선고한 군 재판관들을 법정에서 비난했기 때문인 것으로 보인다. 대표적인 한국의 인권 변호사인 강 변호사는 미국 조지 워싱턴대 로스쿨을 졸업하고 예일대에서도 수학했다.

야당인 신민당의 김영삼 부총재는 오늘 아침 잠시 구금돼 조사를 받았다. 김 부총재는 올해 박 대통령이 선포한 긴급조치의 중단을 요구하는 기자회견을 가질 예정이었다고 보좌진들이 밝혔다.

강 변호사의 체포는 박 대통령에 대한 반대를 저지하기 위해 정치적 구금과 재판, 선고 절차를 점진적으로 장기화하기 위한 조치로 보인다. 최근 몇 달 동안 91명이 정부 전복 혐의로 유죄 선고를 받았는데 이 가운데 14명은 사형을 선고받았다. 이들 외에 다른 100여 명은 재판을 기다리고 있다고 정통한 외교관은 말했다.

이 사건 말고도 서울에서는 다른 2개의 주요 재판이 진행 중이다. 하나는 국방부 군사법원에서 비공개로 이틀째 열리고 있는 윤보선 전 대통령과 2명의 개신교 목사 그리고 미국사를 전공한 한 역사학 교수의 재판이다. 이들은 반체제 학생들을 금전적으로 지원하고 박 대통령의 하야를 요구한 사실 때문에 긴급조치 위반 혐의로 재판을 받고 있다. 외국 특파원들은 이 재판에 대한 취재가 허락되지 않고 있으며, 한국 언론들은 심하게 통제당하고 있어 재판 과정을 보도하지 않고 있다.

다른 하나의 재판은 유명 정치인 김대중 씨 관련으로, 그는 1967년 국회의원 선거와 1971년 대통령 선거 때의 선거법 위반 혐의로 재판을 받고 있는데, 판사가 편견이 있는 인물이기 때문에 그에 대한 항소가 기각돼야 한다고 주장하고 있다. 김 씨는 작년 8월 도쿄의 호텔 방에서 한국 중앙정보부 요원들에 의해 납치된 야당 지도자다. 그가 항소심에서 승소할 가능성은 거의 없다.

앞서 언급한 일련의 재판에서는 공포 분위기가 감지되고 있는데, 귓속말하거나 어깨를 으쓱거리며 대화를 줄이고 방청객들을 아예 거절하는 경우도 잦다. 강신옥 변호사의 동료 변호사들은 그가 왜 체포됐는지, 법정에서 무슨 말을 해서 체포됐는지 말하기를 거부했다. 그들 중 한 명은 "우리도 체포되면 좋겠습니까?"라고 기자에게 말했다.

광범위한 금지

4월 3일 선포된 긴급조치 아래서는, 다른 긴급조치들이 "금지하는 행동을 옹호하거나, 선동하거나, 퍼트리거나, 방송하거나, 보도하거나, 출판하거나 기타의 방법으로 다른 사람에게 전달한 사람"은 최고 사형에 처할 수 있다. 강 변호사 사건에 대해 잘 아는 사람들은 강 변호사가 재판이 코미디라고 군 심판관 3명을 비난했으며, 자신이 한국의 변호사라는 사실이 부끄럽고, 자신이 학생 신분이라면 피고인들과 같은 행동을 했을 것이라고 말한 것으로 전했다. 올해 39살인 강 변호사는 다른 변호사와 함께 법정 밖에서 체포됐다. 두 사람은 이틀간 구금됐다가 풀려났으나, 강 변호사는 다시 체포됐다. 대한변호사협회는 법정에서 변론

강신옥 변호사(1936~2021)

김영삼(제14대 대통령, 재임 1993.2~1998.2)

한 내용 때문에 변호사가 체포되는 최초의 사례를 논의하기 위한 회의를 열었다. 신민당 김영삼 의원은 국회에서 강경하게 발언하는 의원 중 한 명이다. 그는 긴급조치의 중단뿐만 아니라 비상군법회의의 해체와 납치 이후 가택연금 상태에 있는 김대중 씨의 자유를 요구할 계획이었다고 보좌진들이 전했다.

이 기사가 나가고 며칠 뒤(7.22) 나온 NYT의 사설(社說) 제목이 「한국에서의 탄압」(Repression in Korea)이다. 길지 않은 내용이지만, 매서운 내용을 담고 있다. 한국이 유신헌법 하에서 독재정치를 계속한다면, 주한미군의 철수를 거론하면서라도 이를 막아야 한다고 주장한다. 워싱턴포스트(WP)나 뉴욕타임스(NYT)가 진보(進步) 성향의 신문이라는 점을 감안해도, 한국 내 정치 상황 때문에 주한 미군 철수 운운한 것은 좀 겁나는 논조다.

한국에서의 탄압

지난 일주일 사이 14명의 반체제인사가 사형 선고를 받음으로써 한국의 반체제인사에 대한 체포와 군법 재판은 돌연 미국의 관심을 끌 만한 수준과 성격이 됐다. 박정희 대통령의 영구 집권을 위해 고안된 억압적인 조치들로 수백 명의 학생과 지식인들 그리고 야당 정치인들이 체포됐다.

90명 이상이 군법회의에서 유죄 선고를 받았고, 이들 가운데 35명이 징역 20년에서 무기징역까지 선고받았다. 국방부가 사형 선고를 받은 피고인 가운데 김지하 씨 등 5명을 무기로 감형한 조치는 환영받겠지만, 정부의 가혹한 탄압에 대한 혐오감을 바꾸지는 못할 것이다.

현재 재판을 받는 다른 사람 중에는 목사 2명과 윤보선 전 대통령 등이 있으며, 민간 법원이지만 1971년 대통령 후보로 46%를 득표한 김대중 씨가 재판을 받고 있다. 김 씨는 대선 이후 해외로 출국했다가 작년 8월 한국 요원들에 의해 도쿄의 한 호텔 방에서 납치됐다. 그리고 현재 변호사 1명이 법정에서의 체제 비판 발언을 한 혐의로 체포된 상태다.

현재 한국의 정치적인 난기류는 박 대통령이 계엄령을 선포한 가운데 1972년 11월 한국의 헌법을 개정한 이후에 발생하고 있다. 이 헌법 개정으로 대통령은 원하는 만큼 권좌에 머물 수 있고, 국회를 통제할 수 있고, 사실상 전권을 행사할 수 있게 됐다. 작년 가을 학생 시위에 이어 민주적 헌법 복원을 위한 청원서에 대규모 인원이 서명하면서 긴급조치가 선포됨에 따라, 반체제 인사에게는 사형까지 선고할 수 있게 됐다.

한국의 이런 부끄러운 정치 상황은 지난 25년 동안 미국이 한국에서 인적 희생과 경제적 지원을 쏟아부으면서 지키려 했던 원칙들을 웃음거리로 만들고 있다. 작년 일본이 한국에 넉 달 동안 경제 지원을 중단했을 때 한국은 김대중 씨를 일시적으로 석방해 주기도 했다. 지금 필요한 것은 미국과 일본이 함께 외교정책을 전환해, 한국이 점점 북한과 구별하기 힘들 정도의 심한 독재 정치를 계속한다면, 38,000명의 미군이 오랫동안 한국에 주둔하면서 방위하는 것을 기대하기가 어렵게 된다는 분명한 경고를 보내는 일이 될 것이다.

육영수 여사 피격

한국이 긴급조치로 고통받던 1974년, 드물게도, 당시 서방 5대 강국의 최고 지도자들이 모두 바뀌는 일이 있었다. 발생 순서대로 보면, 영국 에드워드 히드(Edward Heath) 수상이 총선 패배와 연정 구성 실패의 책임을 지고 총리직을 사임한다(3.4). 이어 프랑스 조르주 퐁피두(George Pompidou) 대통령이 희귀병으로 세상을 뜬다(4.2). 서독 빌리 브란트(Willy Brandt) 수상은 당무(党務) 담당 비서 귄터 기욤(Günter Guillaume)이 동독 간첩임이 드러나 이에 책임을 지고 사임한다(5.7). 기욤 부부는 수감 중 동서독 스파이 교환에 따라, 동독으로 인계됐다.

워터게이트 스캔들로 몇 년째 시달리던 미국 닉슨(R. Nixon) 대통령은 위증죄(偽証罪)로 탄핵 위기에 직면했다가, 사임한다(8.9). 마지막으로 다나카 가쿠에이(田中角榮) 일본 총리는 록히드 뇌물 사건에 연루돼, 물러난다(12.9). 다나카는 그 뒤 1976년 검찰에 구속된다. 지내다 보면 이렇게 강대국의 지도자들이 모두 힘들어지는 때가 있는 모양이다. 인간으로서는 잘 알 수가 없다. 그런 일 중의 하나가 육영수 여사 피격 사건이겠다.

1974년 8월 15일 오전, 서울 국립극장에서 광복절 기념행사가 열렸다. 이 행사장에서 좌익계 재일교포 청년 문세광(文世光)이 박 대통령에 대한 저격을 시도했다. 연설 중인 대통령은 무사했으나, 연단 뒤 귀빈석에 앉아 있던 육영수 여사가 머리에 관통상을 입고 병원으로 후송된다.

육영수 여사 운명

대통령 부인 육영수 여사는 15일 하오 7시 서울대학교 의과대학 부속병원에서 운명했다. 육 여사는 상오 10시 40분부터 5시간 40분 동안 대통령 저격범에 의한 두부 관통 총상 수술을 받았으나 끝내 의식을 회복하지 못했다. 육 여사의 유해는 이날 저녁 8시 4분 병원을 떠나 8시 15분 청와대로 운구됐다.

범인은 재일교포 문세광

대통령 저격 사건 수사본부(본부장 김일두 서울지검장)는 이 사건의 범인이 일본에서 태어난 교포 2세 문세광(23. 일본명 남조세광 南條世光)이며 범행에 사용된 권총은 일본에서 훔쳐 한국에 몰래 들여온 미제 5연발 '스미스웨슨' 권총이라고 발표했다. 서울지검에 설치된 수사본부는 15일 밤 사건 현장을 검증한 데 이어 범인의 정체 및 입국 경위, 배후 관계, 총기 출처에 대한 수사 결과를 발표, '범인 문은 체포된 이후 계속해서 단독범임을 주장하고 있으나 재일 조총련계의 인물로 보고 조사 중'이라고 밝혔다. 범인 문의 본적은 경남 진양군 대평면 상촌리 775로 일본 대판부 동주길구 상진정 3의 24에서 태어나, 대판구 생야구 중천정 2정목 9의 4에 거주하고 있다.

대통령은 기념식을 마치고 서울대 병원에 들렀다가 청와대로 돌아왔다. 대통령은 청와대 2층에서 석양에 물드는 서울 시내 쪽을 내다보며 눈물을 훔치며 슬픔을 억누르고 있었다. 국무총리요 조카사위인 김종필은 차마 입이 떨어지지 않아 위로의 말도 건네지 못하고 뒤에 서 있었다. 오후 7시쯤 육 여사가 운명했다는 보고가 들어왔다.

1965년 5월 방미 중 박 대통령 부부가 미국 측이 제공한 대통령 전용기 안에서 서울의 큰딸(근혜)과 위성 전화가 연결되자 신기해하면서 통화하고 있다.

그 소식에 박 대통령이 엉엉 큰소리 내어 울기 시작했다. 가슴 저 밑바닥에서 터져 나오는 통곡이었다. 강인하고 속이 깊은 박 대통령이 그렇게 슬피 우는 모습은 처음 봤다. 박 대통령과 육 여사, 두 분은 사이좋은 부부였다.[402]

대통령과 달리 육영수 여사(1925~1974)는 국민으로부터 많은 사랑을 받고 있었다. 애통해하는 국민이 많았다. 박 대통령도 미국 연수 시절(1954) "나의 어진 아내 영수" "그대는 내 마음의 어머니" 같은 달달한 문구를 적어서 편지를 보내기도 했다.

대통령의 정적들도 영부인에 대해서는 점수가 후했다. 김대중도 충격을 받고 앞날을 걱정했다고 했다.

나도 육 여사에 대해서는 좋은 인상을 지니고 있었다. 1968년 청와대 신년하례식에 갔을 때 육 여사는 온화한 미소로 나를 다정하게 맞았다.[403] 아내의 안부도 물었다. '청와대 속의 야당'으로 국민의 사랑을 받은 분이었다. 그런데 육 여사가 사망했으니 박 정권의 앞날이 더욱 걱정되었다.

육 여사 피격 소식을 듣고 대세(代洗: 사제를 대신해 예식을 생략하고 세례를 배풂)를 주고 싶다는 생각까지 했던 김수환 추기경도 안타까움을 표했다.

육 여사가 그때 세상을 떠나지 않았더라면 박 대통령의 통치 스타일은 한결 부드러웠을 것이라고 추측한다. 심리적 의식처를 잃은 박 대통령의 고독감이 정치에 어느 정도 악영향을 미쳤다고 생각하기 때문이다. 육 여사는 국민의 목소리를 제대로 전달하면서 남편의 통치스타일을 슬기롭게 누그러뜨렸을 분이시다.

일본도 김대중 납치 사건 이후 우리 정부에 대해 갖고 있던 응어리를 풀고 납치 사건 수사를 종결하고, 문세광 사건과 관련해 사과 사절까지 파견했다. 저격에 사용된 권총이 일본 내 파출소에서 도난당한 사실이 밝혀지는 등 일본의 책임이 드러났기 때문이다. 저격범 문세광과 조총련의 연계 때문에 북한 규탄 시위도 전국에서 잇따랐다. 문세광은 그해 말(12.20) 서대문형무소에서 사형이

대통령 가족의 투표 모습이 달라졌다. 유신헌법 제정 국민투표(72.11.21)와 유신헌법과 대통령의 신임을 묻는 국민투표(75.2.12), 이 2년 반 사이에 1974년 8월 15일이 끼어 있었다.

집행됐다. 그의 나이 23살(1951년생)이었다.

정부는 육 여사에 대한 전국적인 애도 분위기 속에서 긴급조치 1호와 4호를 해제했다(8.23). 이듬해 연초에는(75.1.1) 긴급조치 3호(국민 생활 안정)도 해제했다. 긴급조치가 없는 모처럼의 평온이 찾아왔다. 이 시기를 이용해 대통령은 긴급조치 등 유신 이후 편할 날이 없던 정국의 반전을 꾀하기 위한 승부수를 던진다.

대통령은 유신헌법과 자신의 신임 여부를 연계한 국민투표를 실시한다고 발표했다(1.22). 대통령은 3선 개헌 국민투표를 실시할 때도(1969) 자신의 신임 여부를 연계한 적이 있다. 야당과 재야에서는 국민투표 실시에 반대했지만, 국민투표는 실시됐고, 투표율 79.8%에 73.1%의 찬성률이 나왔다(2.12).

대통령은 결과가 이렇게 나왔으니까, 반대자들이 조용하게 입 다물고 유신의 필요성을 인정해야 한다고 생각했겠지만, 그런다고 유신헌법 반대자들이 입

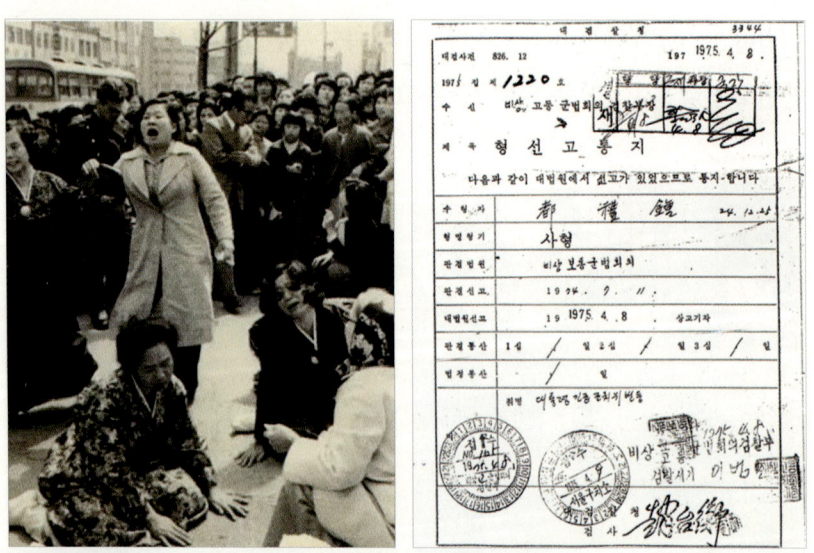

도예종 등 인혁당 관련자 8명의 사형이 집행됐다는 소식을 듣고 서대문형무소 앞에서 가족들이 통곡하고 있다. 도예종에 관한 형 선고통지서(우). 재판도 열리기 전에 사형이 통지된다.

다물고 있지 않는다. 대통령의 생각과 반대자들의 논리는 그만큼 달랐다.

긴급조치 7호 | 75년 봄 학기가 시작되자 대학가는 다시 웅성거렸다. 고려대학교 학생 2천여 명이 '석탑선언문'을 발표하고 민주헌정 회복과 구속자 석방 등을 요구하며 대규모 시위를 벌였다(4.8). 정부는 당일 오후 5시를 기해 바로 고려대학교에 휴교를 명하고 교내에서의 집회와 시위를 금지하는 긴급조치 7호를 발령한다. 단일 대학에 대한 긴급조치 발령과 군대 투입은 전례 없는 강경한 처방이었다.

같은 날, 민청학련의 배후 조종자로 구속 기소 돼 재판을 받던 인민혁명당(人民革命党) 재건위원회 관련자 8명에 대해 대법원은 상고 기각 판결을 내렸다. 1심과 2심이 선고한 사형이 확정됐다. 그리고 바로 뒷날(4.9), 이들에 대한 사형이 전격적으로 집행됐다.[406] 죄가 없거나 명확하지 않은데도 불구하고 법률에 의해 사형을 당하는 경우를 '사법살인'(司法殺人)이라고 한다. 인혁당 재건위 사건이 여기에 해당한다. 법이 엄정한 것이 아니라, 정부가 쫓기고 있었다.

32년이 지난 2007년 서울중앙지법은 인혁당 재건위원회 사건에 대한 재심 판결에서 8명 모두에게 무죄를 선고했다. 검찰은 항소를 포기했다. 또 인혁당 재건위원회 사건의 바탕이 됐던 1차 인혁당 사건(1965) 관련자들도 재심을 청구해 2015년 대법원에서 무죄 판결을 받았다. 허망한 일이었다. 조봉암 사건(1959)과 인혁당 사건(1975), 우리 현대사의 어둡고 아픈 현장의 하나이다.

긴급조치 9호 | 4월 30일 남베트남(월남)이 지도에서 사라졌다. 2주일 뒤인 5월 13일, 긴급조치 7호가 해제되는 동시에 긴급조치의 종합판이라는 긴급조치 9호(국가안전과 공공질서의 수호를 위한 대통령 긴급조치)가 선포된다. 유신헌법에 대한 일체의 논의를 금지하는 내용과 대학생들의 정치 참여와 시위 등을 엄금한다는 두 가지 축으로 돼 있어, 기존에 나왔던 긴급조치 1호, 4호, 7호의

내용을 다 포함하고 있어, '종합판'이라는 말을 듣는다. 이 조치는 명이 길어 79년(79.12.8)까지 4년 이상 유지된다.

유신체제는 1977년부터 위기에 접어들었다. 그해 초에 취임한 미국의 카터 대통령은 인권외교를 내세우며 한국의 열악한 인권상황을 비판하였다. 카터는 인권을 탄압하고 있는 박정희를 압박하기 위해 주한 미군 철수라는 카드를 들고나왔다. 한국과 미국 정부 사이에는 깊은 갈등이 조성되었다. 국내의 저항 세력은 미국 정부의 비판에 고무되었다. 1977년 가을부터 유신체제에 반대하는 대학생들의 시위가 다시 일어났다.[407]

유신체제에 대한 저항으로 수감된 정치적 양심수는 1977년 120명에서 1979년 1,239명으로 급증하였다(이영훈, 『대한민국역사』, 388페이지). 「진실·화해를 위한 과거사정리위원회」 자료에 따르면, 1970년대 긴급조치 위반으로 처벌받은 인원은 585건에 관련자 1,140명에 이른다.

시간이 많이 흐른 2013년 3월 21일 헌법재판소는 대통령 긴급조치 1, 2, 9호에 대해 재판관 전원 일치 의견으로 위헌 결정을 내렸다. 또 2013년 5월 16일 대법원 전원합의체는 긴급조치 제4호가 위헌이라는 판결을 내린다. 현재(現在)는 잘못된 과거(過去)를 이런 방식으로 부정하고 시정한다. 우리가 살고 있는 현재도 잘못이 있다면 역사는 언젠가 밝혀줄 것이다. 그렇지 않다면 역사, 정의, 미래가 유한한 인간들에게 무슨 의미가 있겠는가?

유신시대의 언론자유 | 대통령 긴급조치는 국민으로부터 언론의 자유, 사상과 결사의 자유를 빼앗는 악법이었다. 헌법을 부정, 반대, 왜곡, 비방하지 말고, 또 헌법의 개정이나 폐지에 관해서는 주장, 발의, 제안, 청원도 하지 말라고 했다. 유언비어의 날조도 금지했다. 지금처럼 가짜뉴스를 일상적으로 생산해 내는 사람들이 당시에 살았다면 '선글라스를 낀 사람들 손에 지프에 태워

져' 모처로 끌려가 고생깨나 했을 것이다.

유신 당시 우리나라는 민주주의, 언론자유, 인권 등에서 문제가 많은 국가로 분류됐다. 경제적인 수치로 나타나는 국력도 약했고, 다른 소프트 파워도 순위가 많이 쳐졌다. 오죽하면 미국이 우리나라의 인권 또는 정치적인 억압을 문제 삼아 '주한미군 철수' 운운했을까? 미국의 유권자들이 "왜 미군들이 민주주의의 기본도 지키지 않고 국민의 인권을 탄압하는 그런 나라를 지키기 위해 피를 흘려야 하나?"고 항의할 경우, 정치인들은 약해진다. 정치인의 힘은 유권자인 국민의 지지와 신뢰에 기반하기 때문이다.

미국뿐이 아니다. 유럽의 선진국 영국, 독일, 프랑스에서는 숫자로 나타내기 어려운 사항들을 조사해 숫자로 발표하는 기술이 있다. 과거 자신들이 거느렸던 식민지국들에 뻐기기 위한 것이라는 의심은 들지만, 세상에서는 그게 기술이고 예술로 통하는 측면이 있다.

영국 경제 주간지 『이코노미스트』(The Economist)가 주관하는 「세계 민주주의

2023년 세계언론자유 지수(국경 없는 기자회). 붉은색에 가까울수록 언론자유가 없어진다.

지수」, 이건 정치적으로 선진국인지 여부를 나타낸다. 우리나라는 24위로 완전한 민주주의(Full democracy)를 하는 나라에 포함돼 있다(2022).

독일의 국제투명성기구(Transparency International)가 발표하는 「부패인식지수」, 이건 그 나라가 얼마나 청렴한지를 나타내는 국가 청렴도(淸廉度) 지수다. 우리는 63점으로 세계 31위를 기록한다(2022).

그리고 프랑스 「국경 없는 기자회」(Reporters sans frontières, RSF)가 발표하는 「언론자유지수」, 이름 그대로 언론의 자유가 어느 정도인지를 나타내 준다. 파리에 본부를 두고 1985년 출범한 「국경 없는 기자회」는 세계 여러 나라가 언론의 자유를 어느 정도 보장하느냐 또는 공권력이 언론을 탄압하는 일은 없는지를 감시하는 비정부(NGO) 국제기구다. 이 기구는 2002년부터 해마다 언론자유지수(Press Freedom Index)를 발표해, 각 나라의 언론자유 정도를 점검할 수 있게 한다.

이 단체는 각국의 언론자유 상황을 6가지 항목에서 점수를 매겨 아주 좋음(good) 양호함(satisfactory) 문제 있음(problematic) 나쁨(difficult) 매우 나쁨(very serious) 등 5개 등급으로 구분해 발표한다. 2023년 조사에서 한국은 미국, 캐나다, 호주, 영국, 독일, 프랑스, 이탈리아, 스페인 등과 같은 2등급 '양호하다'에 속했다. 언론 현실에 몇 가지 아쉬운 점은 있으나, 대체로 양호하다는 등급이다. 공산국가인 베트남, 중국, 북한은 180개 국가 가운데 178, 179, 180위를 기록했다.

언론자유지수를 다루는 또 하나의 국제기구인 프리덤하우스(Freedom House)도 유신이 끝난 1980년부터 지수를 발표했다. 그해 우리의 언론자유지수는 34위, 북한은 98위였고, 조사 대상 국가나 지역은 215개였다. 우리의 순위는 비슷한데, 북한의 순위는 해가 가면서 많이 내려갔다.

국경 없는 기자회(RSF)나 프리덤 하우스가 80년대부터 활동했으니 망정이지, 좀 더 일찍 생겨 유신 시절 한국의 언론자유지수를 조사했으면 어떻게 나왔을까? 조선일보 해직 기자인 신홍범(愼洪範, 1941년생)은 이른바 기관원들이 1965년 전후해 언론사에 나타나 간섭을 해댔다고 했다.

박정희 군사정권이 들어선 후 점차 강도를 높여가던 권력의 언론 통제는 1972년 10월 유신체제의 성립으로 노골적인 탄압으로 치닫고 있었다. 중앙정보부를 비롯한 수사기관에서 나온 사람들이 편집국에 끊임없이 드나들면서 기사를 빼라, 넣어라, 줄여라, 키워라 하며 간섭·통제하고 있었다. 그리고 그들의 뜻대로 되지 않으면 이런저런 구실을 잡아 사건을 만들고는 기자나 신문사의 간부를 연행하여 공포 분위기 속에서 폭력을 가하는 일이 되풀이되었다. 신문사의 편집국은 질식할 것 같은 공포 분위기 속에 휩싸였으며 기자들은 좌절감과 무력감 속에서 타율적인 신문을 만들지 않으면 안 되었다. '이러고도 나는 신문기자라고 말할 수 있을까' '국민과 독자에게 알리지 못할 뿐만 아니라 사실을 왜곡까지 하는 오늘의 기자들을 나중에 역사와 국민은 어떻게 심판할까, 이것은 지식인의 직무 유기요 범죄가 아닐까'하는 자문 속에서 우리는 괴로운 나날을 보내고 있었다.[408]

당시 기자들은 편집국의 널찍한 공간에 모여, 토론했다. 동아일보 편집국에서 기자, PD, 아나운서 등이 모여 자유언론실천선언식을 열고 있다. 1974.10.24.

이처럼 유신시대의 언론탄압은 당시 집권 세력이 정권 차원에서 여러 언론기관이나 거기에 속하는 언론인에 대해서 행사하는 폭력이나 회유가 한 축에 있고, 많은 기록이나 증거는 이런 큰 차원의 피해에 관심이 집중돼 왔다. 동아일보나 조선일보 기자들의 대량 해직 사태, 동아일보의 광고 탄압, 언론사들의 잇따른 자유언론 수호 선언 등이 그런 큰 차원의 기록이다.

그런데 긴급조치의 피해, 언론자유의 침해가 어찌 언론기관에만 머물 것인가? 그 피해는 모든 국민이 다 당한다. 국민은 일상생활에서 말 한마디라도 조심해야 했고, 혹시 지금 하는 이 말이 긴급조치에 위반되면 잡혀갈 수 있다는 불안에 떨어야 했다. 일반 국민도 다방이나 주점, 대중교통 안에서 말 한마디 잘못해서 잡혀가고 매를 맞았다.

노무현 정부 때 「진실·화해를위한 과거사정리위원회」(2007)가 긴급조치 기간 중, 이를 위반해 구속기소 된 589건을 대상으로 1,412건의 재판 사례를 분석한 보고서를 냈다. 과거사정리위원회가 미처 확보하지 못한 사례까지 감안하면 몇백 건이 더 늘어날 수도 있겠지만, 긴급조치 위반 사건의 대부분이 9호 위반 사건이었다(92.4%). 이 가운데 개인이 대화나 수업, 설교 등을 하면서 대통령이나 유신 정부를 비판해서 문제가 된 사례가 282건으로 전체의 반(47.9%)에 가깝다. 개인의 언론자유에 대한 탄압도 극심했다는 방증이 될 것이다. 이 관련자들은 평균 1년 10개월의 징역형과 1년 7개월의 자격 정지를 함께 선고받았다. 말 한마디 잘못해 2년 가까이 감옥에 갇혔던 사람들은 이 나라를 어떻게 생각했을까?

언론사는 언론사대로, 개인은 개인대로 단속과 처벌에 시달리던 당시, 유언비어는 사라졌을까? 잘 알듯이 유언비어(流言蜚語: 뜬소문)는 큰일이 주변에서 발생했는데도 제대로 된 정보가 제공되지 않을 때 생겨나는 법이다. 이건 자연스러운 현상이고 필연적인 결과이다.

그래서 유신시대에는 서울역, 고속버스 터미널 또 대학가 화장실 등이 유언비어의 산실로, 불온 낙서의 게시판으로 관계 당국의 보살핌(?)을 받는 진풍경이 계속됐다. 실제로 긴급조치 9호가 선포됐을 때 전북대학교 체육학과 3학년 유모 씨는 학교 화장실에 불온한 내용의 낙서(42글자)를 한 혐의로 붙잡혀, 75년 11월 27일 기소돼 1심에서 징역 3년에 자격정지 3년을 선고받고 항소해 2심에서 일부 감형됐으나, 결국 대법원에 상고해 필적 감정 끝에 무죄로 풀려나기도 했다(76. 11. 24, 동아일보 7면). 유 씨는 경찰이 수사 과정에서 하루 100장씩 700여 장에 글씨 연습을 시키면서 구타했다고 주장했다. 참 기막힐 일이었다. 이건 심한 경우이고, 화장실에서 '시국과 관련한' 낙서를 하다가 걸려서 즉심에 넘어간 사람은 엄청 많았다.

긴급조치가 끼친 영향은 사람들이 다방이나 음식점에서 일단 자리를 잡으면 주위를 유심하게 둘러본다거나, 목소리를 낮추어 이야기하도록 했고, 음식점이나 유흥업소에서는 당국의 설치 금지에도 불구하고 칸막이를 내부에 많이 설치했다. 손님들이 이를 원했기 때문이다. 유신이 가져온 우리 일상생활의 변화였다.

'중화학공업은 꼭 해야 한다. 그 결과는 역사가 증명해 줄 것이다. 최후의 결단은 국가 원수인 내가 혼자서 내려야 한다.' 그래서 "이 정도의 사업에 협조를 안 해 주어서야 되나"라고 힘주어 말했을 것이다.
이 말을 할 때 박 대통령은 몹시 고독해 보였다. 쓸쓸해 보였다. 이를 바로 눈앞에서 지켜본 나는 눈시울이 뜨거워졌다. 큰 역사적 현장에는 격한 감정이 굉음을 내며 서로 부딪치는 것이 예사다. 그런데 이날의 역사적 현장에는 적막만이 감돌고, 그 가운데 고독한 박정희 대통령이 홀로 앉아 있었다.

제16장

박정희의 시간(3) : 남북한, 체제경쟁 끝나다

신(神)의 옷자락을 잡다 | "역사 속을 지나가는 신(神)의 옷자락을 놓치지 않고 잡아채는 것이 정치가의 책무다"라는 말을 많이 한다. 이 말을 내세우지 않더라도 국민과 역사를 책임진 대통령의 결정은 일반 사람들의 결정과는 크게 다르다. 물론 살다 보면 무능하고 비겁한 지도자가 세상의 흐름을 잘못 읽고 나라의 진운을 가로막아 퇴보시키고 국민을 힘들게 하는 광경도 보게 된다. 이 모든 것이 역사의 신이 관장하는 기록에는 다 담겨있다.

박정희는 어떻게 신의 옷자락을 잡아 100억 달러 수출을 달성하고 국민에게 '할 수 있다'는 자신감을 불어넣어 성공적인 경제적 토대를 일구었는지 살펴보자. 이 과정이 순간순간 흥미롭다. 이 드라마는 7대 대선이 끝난 이듬해, 유신 선포를 넉 달 정도 앞둔 1972년 5월 30일 오후 청와대에서 시작된다. 국무총리(11대, 71.6~75.12) 김종필의 증언이다.

> 1972년 5월 박정희 대통령은 수출진흥확대회의가 끝난 뒤 청와대의 집무실에서 오원철(吳源哲) 비서관에게 100억 달러의 수출고를 달성할 방안에 대해 질문했다. 그에 대해 오원철은 일본이 1956년부터 추진한 중화학공업화라고 대답했다. 그 대답을 들은 박 대통령은 약간의 침묵 끝에 그에 관한 계획서를 작성해 보고하라는 지시를 내렸다. 알려진 한에서 중화학공업화의 추진은 여기서 출발하였다.[409]

중화학공업화 정책의 출발을 기록한 김종필의 이 증언은 사실 관계는 맞지만 너무 밋밋하다. 당사자인 오원철 경제2수석비서관(1971.11~1979.12)의 기록을 중심으로 자세하게 살펴보자. 중앙청에서 그날(72.5.30) 오전 수출진흥확대회의를 마치고 청와대로 돌아와 점심 식사를 마친 대통령이 "차 한 잔 들지" 하면서 오 비서관을 호출했다. 회의 내용을 정리하던 중이었으니까 2시 반쯤 됐을 것이다.

"오늘 회의 보고를 들으니 수출은 계속 늘고 있더구먼, 그 이유는 새로운 수출 상품이 계속 개발되고 있기 때문이라는 것을 오늘 전시회를 보고 실감했어" 하고는 갑자기 내 눈을 쏘아 보더니 "임자! 100억 달러를 수출하자면 무슨 공업을 육성해야 하지?"라는 질문을 던지는 것이었다. 나는 바짝 긴장했다. 예사로운 질문이 아니라는 것을 직감했다. 국가 기본정책에 관한 질문이고, 어떤 의미에선 통치이념에 관한 자문이다.[410]

오원철은 이렇게 기록했다. "박 대통령은 지난 2월 20일 1980년도의 수출 목표를 55억 달러로 확정 지은 바 있다. 그런데 불과 3개월 후인 지금에 와서 왜 갑자기, 100억 달러의 수출을 생각하게 되었을까? 더구나 100억 달러를 어느 해에 수출해야 한다는 목표 연도도 분명치 않다. 100억 달러의 수출이라는 사실만이 필요한 것이다. 그렇다면 분명히 수출증대라는 면보다는 더 고차원적인 목적이 있다는 것을 직감할 수 있었다" 오원철의 기록은 이어진다. "박 대통령의 태도는 진지했다. 나의 눈을 계속 주시하고 있었다. 나는 곧 결심이 섰다. 드디어 오랫동안 구상해 오던 '산업구조 고도화(産業構造 高度化)에 대한 전략'을 밝힐 때가 됐다고 결심했다. 나는 말했다."

"각하! 중화학공업을 발전시킬 때가 왔다고 봅니다. 일본 정부는 제2차대전 후 폐허가 되다시피한 경제를 소생시키기 위한 첫 단계로, 경공업 위주의 수출산업에 치중했습니다. 현재의 우리나라 사정과 같습니다.
그 뒤 일본의 수출액이 20억 달러에 달했을 때, 중화학공업화 정책으로 전환했습니다. 이때가 1957년도입니다. 그리고 10년이 지난 67년에 일본은 100억 달러 수출을 하게 되었습니다. 지금 일본은 기계제품과 철강제품이 수출의 주력상품이 되었습니다" 짧게 설명을 했다. 국가 원수의 중대 결심에는, 필요한 골자만을 설명하는 것이 가장 설득력이 있다.[411]

오원철의 기록은 이어진다. "대통령은 이 말을 듣고 아무 코멘트도 없었다. 단

박정희 대통령(1917~1979)   오원철 경제2수석비서관(1928~2019)

지 뭔가 깊은 생각에 잠겨 있었다. 이것은 박 대통령 스스로 사안이 극히 중요하다고 느끼고, 판단에 골몰하고 있는 상태다. 한참 후 '자료를 갖고 와서 다시 설명해'라고만 말했다"

차 한잔하자고 부른 대통령이 커피를 시키지도 않은 채, 한 시간 이상 보고와 설명만 듣고 자리에서 일어섰다. 사무실로 돌아온 오원철은 골똘히 생각했다. 대통령의 심중(心中)이 무엇인가를 먼저 알아야 했다. 그는 최근에 나왔던 청와대의 성명과 대통령의 연설문을 여러 개 찾아보았다. 감(感)이 왔다.

> 박 대통령이 생각하고 있는 민족적 역사적 과업이란 '조국 근대화' '민족중흥'과 '평화적인 국토통일'로 압축할 수 있으며, 이를 달성하는 수단은 '부국강병(富國强兵)' 즉 '국력 증강'이라는 점을 강조하고 있다. 박 대통령은 국력 증강을 국가 경영의 최고 이념이라고 믿고 통치하고 있는데, 국력의 바로미터는 바로 수출이라고 생각하고 있었다.[412]

다음 왜 100억 달러인가에 대한 대통령의 심중을 알아야 했다. 평소에도 최고 결정권자를 최측근에서 보필하는 참모는 결정권자의 주된 관심사와 목표를 정확히 파악해서 정확한 건의를 간단명료하게 제시할 수 있어야 한다고 생각해 왔던 그는 계속 탐색했다. 왜 100억 달러인가? 오원철은 몇 달 전 북한 경제분석을 브리핑하던 때가 생각났다.

> 이 회의 때 박 대통령은 "북한의 수출액은 얼마나 되느냐?"라는 질문을 했다. "1976년에 5~6억 달러가 될 것으로 추산된다"는 답변을 하자, 박 대통령은 "북한의 인구가 남한의 약 2분의 1이니, 우리나라의 70년도 수준이구먼"이라고 했다. 나는 이때 무심코 들었는데, 아마도 이때 대통령은 '북한의 수출액이 의외로 크다'라고 느꼈다고 보여진다. … 즉 '100억 달러 수출'이 달성되면, 우리나라의 국력은 북한을 완전히 압도하게 되고, 국민의 생활이 북한 주민보다 월등히 윤택해진다. 또한 방위산업을 비롯해서 모든 중화학 공업이 북한을 능가해서, 감히 6·25 한국전쟁과 같은 도발은 못 하게 된다. 결과적으로 남한의 자유경제 체제가 북한의 사회주의 체제보다 우월하다는 것이 입증돼, 남북한 간의 '체제의 경쟁'에서 완승하게 된다. 결국 '100억 달러 수출 과업'은 국가 원수의 통치이념에 관계되는 사항인 것이다.[413]

며칠 뒤, 오원철은 자료를 만들어 우선 김정렴 비서실장과 상의한다. 김정렴은 한국은행 출신으로 재무부 장·차관에 이어 상공부 장·차관을 지냈다. 김 실장은 적극 찬성했다. 자금 확보도 책임지겠다고 했다. 일본이 1955년 수출 20억 달러를 달성할 당시 일본의 산업구조는 경공업 59%, 중화학공업 41%였다. 57년 중화학공업화 정책을 선언하고 67년 수출 100억 달러를 달성했다. 이때 일본의 산업구조는 경공업 22%, 중화학공업 78%로 바뀌어 있었다.

더구나 일본은 그즈음 더 이상 중화학공업을 키우지 않겠다는 정책을 세웠다는 보도가 나오고 있었다. 자원과 에너지를 덜 쓰는 산업구조로 개선해 가는 분위기였다. 김정렴과 오원철은 함께 보고에 들어갔다.

> "그렇다면 우리나라로서는 60년대에 '선진국에서 사양화돼 가는' 섬유산업 등 경공업을 유치해서, 수출산업으로 육성함으로써 공업화의 터전을 만든 것과 똑같은 이치로, 지금은 중화학공업을 적극 유치해야 할 단계라고 보여집니다. …

중화학공업 유치에 시기를 놓쳐서는 안 됩니다. 우리나라와 경쟁 관계에 있는 동남아 국가들보다 먼저 출발해야 성공할 수 있습니다. 현시점이 중화학공업 진입에 대한 마지막 버스를 탈 수 있는 기회입니다"[414]

박 대통령은 보고서의 도면을 손에 들고 처음부터 한 장씩 다시 보기 시작했다. 질문도 없었다. 오원철은 설명을 이어간다.

"각하! 우리나라는 이미 중화학공업 건설을 시작했습니다. 종합제철과 석유화학입니다. 그런데 그 규모는 국제 규모의 3분의 1입니다. 그러니 하루속히 국제 규모의 공장을 건설해야 수출도 가능하지 않겠습니까. 조선공업이나 전자공업도 이미 출발했습니다. 이들 분야에서 현재 수입하고 있는 소재나 부품이나 중간제품은 하루속히 국산화해야겠습니다. … 나머지 분야가 정밀기계 분야인데, 이 분야는 방위산업과 자동차공업을 주축으로 부품 생산공장을 건설해서 수출도 하겠습니다. … 중화학공업의 전 분야를 일시에 출발시키는 것이 아니고, 이미 건설하기 시작한 종합제철, 석유화학, 조선, 전자, 방위산업과 자동차공업에 한해서 국제규모화하고, 부품 공급 체제를 구축하도록 하겠습니다"[415]

여기까지 설명하자, 박 대통령의 눈이 빛나기 시작했다. 아마도 '이 정도라면 할 수 있다'는 자신감을 갖게 된 것이 아닐까. 이때 김정렴 실장이 내·외자 자금도 조달할 수 있다고 거든다. 오원철의 보고는 이어진다.

"지난 4월 4일 회의에서 방위산업도 본격적인 공장을 건설하라는 지시를 내리지 않았습니까? 방위산업 쪽에서는 앞으로 상당 기간 대량의 수요가 발생하게 될 것입니다. 그러니 지금이야말로 중화학공업을 본격적으로 추진할 수 있는 절호의 기회라고 생각합니다. 수출과 방위산업과 중화학공업 건설이 동시에 해결되니 '일석삼조(一石三鳥)'라고 생각합니다"[416]

대통령은 그래도 잠시 아무 말 없더니, 마침내 "오 수석! 우선 중화학기획단 같은 것을 구성해서 계획을 짜보도록 하지!" 그리고는 김정렴 실장에게 "기획단 구성에 대해 내각에 지시하시오"라고 했다. 이 간단한 지시가 역사적인 중화학공업의 발진 명령이었다. 대통령의 결단이었다. 그제야 대통령은 초인종을 누르더니 커피를 시켰다.

구름에 가린 달이 얼핏얼핏 얼굴을 보여주며 흘러가듯이 역사의 신이 지나갈 때 대통령 박정희는 잽싸게 그 옷깃을 잡았다. 성공이냐 실패냐는 다음 문제였다. 일단 그는 역사의 신과 동행하기로 했다. 결단의 타이밍이 절묘했다. 물론 김정렴, 오원철 같은 특출한 보좌진들의 도움을 받았기에 가능했을 것이다. 이 선택은 성공했다. 몇 년만 늦었어도 우리는 지금과 같은 중화학공업의 따스한 햇살을 쪼이지 못했을 것이다. 기술혁신이 거듭되면서 선진국조차도 전통적인 중화학공업에서 안심할 수 없었기 때문이다. 경제학자의 진단이다.

> 철강, 조선 등의 전통공업이라고 해도 선진국의 비교 우위는 절대적이지 않았다. 전자와 같은 신흥공업은 더욱 그러하였다. 이들 중화학공업의 비교 우위는 기술혁신과 산업정책에 따라 선진국 사이에서 격렬하게 유동하였다. 박정희의 중화학공업화는 그렇게 비교우위의 국제적 배치가 지극히 유동적인 세계 경제에 과감하게 뛰어들어 한국 나름의 비교우위를 모색한 것이다. … 그의 죽음 이후의 역사가 그것을 증명해 주고 있다. 몇 년을 더 지체했다면 선진국과의 격차가 너무 벌어져 한국인의 자력으로는 도저히 따라갈 수 없는 목적지였다. 박정희는 그곳으로 향하는 세계경제열차의 마지막 칸에 한국인들을 올려 태움에 성공하였다.[417]

이렇게 길을 만들기 시작한 중화학공업은 우리나라의 산업구조를 바꾸어 나간다. 우리가 선택한 중화학공업은 6개 분야로 정리된다. 철강(鐵鋼: 포항), 종합화학(綜合化學: 울산, 여천), 조선(造船: 거제도 일대), 전자(電子: 구미), 기계(機械: 창원), 비철금속(非鐵金屬: 온산)이었다.

> 중화학공업 육성은 만일 지금 안 한다 해도 어느 때인가 꼭 해야 되는 사업입니다. 방위산업도 똑같은 입장입니다. 그렇다면 중화학공업과 방위산업을 분리해서 육성하는 것보다는, 이 두 사업을 같은 울타리 안에서 생각해서, 즉 한 시스템으로 생각해서 추진하는 것이 합리적이고 경제적입니다.[418]

박정희의 중화학공업화 정책은 이듬해 연두 기자회견(73.1.12)에서 우선 국민에게 발표되고, 이와 관련한 안보경제장관회의가 청와대에서 열린다(1.31). 오원철의 브리핑에 이어 마지막으로 자금 조달에 관한 순간이 왔다. 아무리 좋은 계획도 돈이 없으면 그만이다. 경제개발과 자금의 문제는 60년대에도 그랬고, 70년대에도 아주 중요한 요인이었다.

박 대통령은 중화학공업의 목표를 달성하는데 10년간 100억 달러가 들 것으로 추산했다. 대통령이 남덕우 재무장관에게 "돈을 만들어 낼 수 있느냐"고 물었을 때 남 장관은 "액수가 너무 커서…"라며 말꼬리를 흐렸다. 박 대통령은 "내가 전쟁을 하자는 것도 아니지 않느냐"며 반드시 재원을 마련할 것을 지시했다.[419]

김종필은 이 역사적 회의의 결론 부분을 또 밋밋하게 정리했다. 당사자인 오원철은 자세하게 기록해 두었다. 사실이 드라마보다 더 감동적이다. 이날 오 비서관은 4시간에 걸쳐 「공업구조개편」과 「방위산업」에 관한 브리핑을 대통령과 총리, 안보와 경제장관, 청와대 비서실장 등 주요 비서관, 심문택 ADD(국방과학연구소) 소장 등이 모인 자리에서 했다. 장소는 청와대 지하 벙커 국산 병기(兵器) 진열실이었다. 참석자들 가운데는 청와대 안에 국산 병기 진열실이 있다는데 놀라고, 그간 개발된 국산 병기의 종류에 놀라고 신기해했다. 4

시간에 걸친 브리핑이 다 끝났다. 때는 한겨울인 1월 말, 점심 먹고 시작한 브리핑이 끝나고 나니, 밖은 벌써 어둑어둑했다.

박 대통령은 소파에 기댔던 몸을 일으켜, 꼿꼿이 세우고는 양손을 무릎 위에 올려 놓았다. 군사령관으로서의 정자세를 취한 것이다. 그리고는 "오 수석, 돈이 얼마나 들지?"라고 했다. 온화한 표정의 조용한 말씨였다. "내·외자 합쳐 약 100억 달러입니다"라고 답하니 박 대통령은 고개를 한번 천천히 상하로 움직이고는, 먼 산을 바라보듯 시선을 위로 옮겼다.

그리고는 "남 재무! 돈을 낼 수 있소?" 바로 뒷줄에 있는 남덕우(南悳佑) 장관을 돌아보지도 않은 채 질문을 했다. 박 대통령의 이 뜻은 "돈을 마련해 보라"는 지시와 같은 내용이다. 남 장관은 "액수가 커서…"라며 말을 잇지 못했다.

박 대통령은 엄숙하나 조용한 말투로 "내가 전쟁을 하자는 것도 아니지 않느냐?"라고 하고는 말을 끊었다. 그리고 아주 천천히 "일본은 국가의 운명을 걸고 전쟁을 일으켰는데도, 국민은 기꺼이 따라 주었다" 말을 또 끊고 잠시 후 "태평양전쟁 때 패전을 해서, 국민에게 엄청난 피해를 주었지만" 여기서 또 말을 끊은 후 "이 정도의 사업에 협조를 안 해 주어서야 되나."[420]

국무총리 김종필(1926~2018)　　재무장관 남덕우(1924~2013)　　비서실장 김정렴(1924~2020)

그리고는 김종필(金鍾泌) 국무총리에게, "총리! 총리를 위원장으로 하는 중화학공업추진위원회를 구성토록 하시오. 그리고 중화학공업을 육성하는데 필요한 외자 도입을 조치하시오" 이것으로 이날의 역사적 회의는 끝났다.[421]

이날이 1973년 1월 31일이었다. 겨울이어서 그런지 그 날 박정희는 쓸쓸하고 몹시 고독해 보였다. 오원철은 마치 대양에서 수많은 함정을 거느리고 최후 결전에 나서는 전함(戰艦) 같은 비장함을 대통령에게서 보았다.

이윽고 박 대통령의 눈빛이 빛나기 시작했다. 최후의 결단을 내린 것 같다. '중화학공업은 꼭 해야 한다. 그 결과는 역사가 증명해 줄 것이다. 최후의 결단은 국가 원수인 내가 혼자서 내려야 한다.' 그래서 "이 정도의 사업에 협조를 안 해 주어서야 되냐"라고 힘주어 말했을 것이다.
이 말을 할 때 박 대통령은 몹시 고독해 보였다. 쓸쓸해 보였다. 이를 바로 눈앞에서 지켜본 나는 눈시울이 뜨거워졌다. 큰 역사적 현장에는 격한 감정이 굉음을 내며 서로 부딪치는 것이 예사다. 그런데 이날의 역사적 현장에는 적막만이 감돌고, 그 가운데 고독한 박정희 대통령이 홀로 앉아 있었다.[422]

오원철이 브리핑한 「공업구조개편」은 곧 중화학공업화 전략이고, 「방위산업」은 말 그대로 방위산업 육성 방안이다. 그날 청와대에서는 중화학공업화로 수출 100억 달러를 달성하고 방위산업의 기반도 확고히 한다는 큰 합의가 이루어졌다. 박정희로서는 유신의 마지막 퍼즐 조각이 맞춰지는 순간이었다.

요사이 많은 사람들이 박 대통령은 경제에는 성공했지만 민주주의에서는 실패했다고들 말한다. 심지어는 박 대통령 아래서 장관을 지냈던 이들조차 공개적으로 중화학공업화와 유신 개혁을 별개의 문제처럼 이야기한다. 나는 이렇게 말한다. 중화학공업화가 유신이고 유신이 중화학공업화라는 것이 쓰라린 진실이라고. 하나 없이는 다른 하나도 존재할 수 없었다. 한국이 중화학공업화에 성공한 것은 박 대통령이 중화학공업화가 계획한 대로 정확하게 시행되도록 국가를 훈련시켰기 때문이다. 유신이 없었다면, 대통령은 그런 식으로 국가를 훈련시킬 수가 없었을 것이다. 이런 사실을 무시하는 것은 비양심적이다. (1996년 10월, 2000년 1월 오원철 인터뷰)[423]

대통령은 8달 전(72.5.30) 오원철로부터 수출 100억 달러에 관해 설명을 듣고, 생각을 다듬고 또 고쳐왔다. 몇 달 뒤에 나타날 10월 유신, 어쩌면 그 전부터 다듬어 온 혁명적인 개혁 조치[유신]에 대한 구상과 함께, 박정희는 머릿속으로 수백 번 검토했을 것이다. 주한미군의 철수에서 시작된 군사적 안보 역량 강화와 방위산업의 육성, 중화학공업화 추진, 그리고 10월 유신, 이 네 가지는 서로 앞뒤로 물리면서 지난 몇 달, 아니 몇 년 동안 대통령의 머리와 가슴을 오가면서 요동쳤을 것이다. 이날의 브리핑은 총리와 각 장관, 비서관 등 정부 핵심 인사들에게 큰 방향에 이어 구체적 계획과 과정을 알리고 이들의 각오와 동의를 다지기 위한 것이었다. 브리핑 장소도 청와대 안 국산 병기 진열실로 잡았다. 역사학자들의 기록이다.

포항종합제철(좌)과 창원기계공단을 시찰하는 박 대통령. 1979.4.

산업 국가로 발전을 계속하려면 소재산업, 기간산업 등 중화학 부문에서의 수출과 이를 담당할 경쟁력 있는 대기업의 육성이 획기적으로 필요하다고 보았다. 또한 방위산업 발전이 절실히 필요하였다. … 북한의 중공업 생산 능력은 남한을 크게 압도하였다. 이런 국가안보의 불안 속에서 중화학공업화는 무엇보다 방위산업 조성을 위해 필요하였다.[424]

중화학공업화 추진 │ 100억 달러 수출 고지를 달성하기 위한 제3공화국의 중화학공업은 이렇게 첫발을 뗐다. 대통령은 100억 달러 수출이 중화학공업화 성공 여부에 달려있고, 중화학공업화는 결과적으로 방위산업의 육성이었다. 이는 단순한 수출 목표의 달성이 아니라 국가 존속과 국민 안위(安危)의 문제였다.

해방 이후 역대 정부의 경제개발 조급증은 그냥 생긴 것이 아니다. 미군정은 큰 관심이 없었지만, 우리 경제는 북한에 비해 많이 뒤진 상태였다. 일제는 만주와 중국 침략을 위해 한반도 북부는 중공업, 남쪽은 농업을 위주로 하는(北工南農) 산업구조를 만들었다. 지하자원 매장 등 자연적인 여건이 그랬지만 북쪽은 중공업 남쪽은 경공업(北重南輕)과 농업을 기반으로 하는 정책을 폈다. 산업 구조와 공업 배치가 워낙 불균형했다. 발전 설비도 90%가 북한 지역에 위치했고, 하루 6,000배럴 규모의 유일한 정유공장도 원산(元山)[425]에 있었다. 그런 상태에서 남북이 분단(分斷)되고 남침을 당하고, 무력도발도 쉼 없이 이어지니 어느 정부인들 마음 편할 날이 있었을까?

제1공화국(이승만), 제2공화국(장면)을 거치면서도 종합경제개발 계획서에는 중화학 분야의 투자가 포함돼 있었으나, 최대 지원국인 미국의 반응이 냉담했다. 미국은 한국의 경우 공업이 아니라 비교 우위가 있는 농업에 주력하고, 공산품은 일본 등으로부터 수입하면 어떤가 하는 편견 비슷한 것을 갖고 있었다. 미국은 우리를 낮게 평가하고 있었다.

이렇게 미국으로부터 무시당한 공업화는 1962년 군사정부가 발표한 제1차 경제개발 5개년계획안에 다시 포함된다. 군사정부는 수력발전소 4개, 화력발전소 8개 등 도합 12개의 발전소를 건설하고 비료, 정유, 시멘트, 종합제철소, 종합 기계공장, 조선소, 자동차 등 중화학 전 분야에 걸친 건설 계획도 포함시켰다.

미국의 반응은 예상대로였다. 기술력도 투자 재원도 없는 나라에서 이런 계획이 가능할 것인가를 다시 생각해 보라는 권유였다. 말이 권유지 종합제철소 건설과 같은 과도한 투자계획의 취소를 요구했다. 줄다리기 끝에 정유(精油)와 비료(肥料)공장 건설, 즉 에너지와 식량만 남았다.

울산공업단지 기공식(1962.2.3)과 북한 해안포에 피격된(67.1.19) 해군 당포함(650톤)

정부는 1962년 국영 대한석유공사를 설립했다. 이 회사는 미국 걸프(Gulf)사의 투자와 차관을 유치해 울산에 하루 35,000배럴을 생산하는 정유공장을 세웠다(63.12). 또 식량 자급을 위해 제3비료(영남화학), 제4비료(진해화학)를 건설해(1965~1967), 이승만 정부 때 완공된 제1(충주비료), 제2(호남비료)와 더불어 비료의 자급을 달성한다. 나라가 식량과 에너지 부족에서도 차츰 벗어난다.

제3공화국의 1, 2차 경제개발계획이 기대 이상의 성과를 거두며 진행되자, 북한은 초조해졌다. 60년대 말부터 격화된 북한의 군사 도발은 한국과 미국, 나라를 구별하지 않았다. 한반도를 적화(赤化)하겠다는 북한의 근본은 전혀 바뀌지 않고 있었다. 베트남에 5만 명 규모의 국군을 파견한 한국 입장에서는 미군 철수에 대비한 자주국방(自主國防) 태세를 시급하게 갖춰야 했다. 북한은 군사력, 중화학공업, 국민소득 등에서 여전히 남한을 앞서고 있었다. 이런 안보상의 문제 외에도 60년대 우리 수출의 주력이었던 섬유, 합판, 양철, 신발, 완구, 가발, 전기제품 등 노동집약적 상품의 수출이 그 무렵 한계를 드러내고 있었다. 이런 상품으로 100억 달러 수출은 불가능했다. 수출 상품의 업그레이드가 시급했다. 1971년 말, 우리 수출은 10억 달러 고지를 돌파했다(10억 6,800만 달러). 하지만 100억 달러는 차원이 다른 액수였다.

수출 100억 달러 | 한 해 수출 6,000억 달러, 한 달 수출 4~500억 달러 시대를 사는 지금은 '연간 수출 100억 달러'가 얼마나 높은 고지였는지 쉽게 이해하기 어려울 것이다. 마치 6·25전쟁 당시 고지(高地) 한 개를 탈환하고, 그 산봉우리 하나 지키기 위해 초개(草芥: 지푸라기라는 뜻으로 '하찮은 것'의 비유)같이 목숨을 버린 국군 병사들의 애국심을 후대인 우리가 제대로 이해하지 못하는 것과 비슷할 것이다. '지구보다도 무거운' 한 생명을 지푸라기 같이 여기도록, 전쟁은 사람을 바꾸어 놓는다.

50년 전 가난한 나라에서는 수출도 전쟁이었다. 당시 국민은 힘들었지만, 그 대신 희망이 있었다. 신이 났다. 수출하겠다며 샘플(sample)을 가방 가득히 넣고, 세계를 누볐다. 영어가 문제가 아니었다. 이들만이 아니다. 수천수만의 근로자, 기능공, 종합상사원, 오퍼상, 공무원 모두 같은 곳을 바라보고 뛰었다. 농어촌에서는 새마을운동이 한창이었다. 한 나라의 성장 과정에는 이런 시절이 필수적으로 포함된다. 신들린 듯하지 않으면 세상을 감동시키지 못한다.

1973년 새해가 열렸다. 이제 본격적으로 나라의 유신(維新, 낡은 제도를 아주 새롭게 고침)을 시작해야 하는 해다. 일본의 메이지 유신(明治維新)처럼, 막부(幕府)[426]

정치를 「천황의 통치」로 바꾸는, 천지개벽이 시작돼야 하는 첫해다. 대통령은 국민에게 새로운 비전, "1981년까지 수출 100억 달러, 국민소득 1,000달러를 달성하겠다"고 선포한다. 그리고 이 목표의 달성을 위해 "우리나라의 산업구조를 고도화하겠다"고 말한다. 일본 등 외국의 선례에 따라 중화학공업화 비전이 국민에게 제시된다.

대통령의 유신 구상이 기본적으로 닉슨독트린에 따른 미군의 철수와 그로 인한 안보 위기를 극복하기 위한 판단에서 나온 것으로, 대통령도 유신이 '독재에 가까운 정치' '국민의 자유를 희생하는 정치 체제'라는 것을 잘 알고 있었다. 대통령은 '국가의 생존을 위해서는 국민이 한시적으로 일정 부분 희생할 때도 있다'고 생각했다. 그래서 '국가 위기를 극복할 때까지 한시적으로 실시하는 것'이라고 김종필에게 말하기도 했다(72.5). 지금 이런 말을 하면 큰일이지만, 그때는 이 말이 통하던 시절이었다. 물론 반대도 있었다. 김종필 총리의 회고다.

> 유신은 많은 비판과 저항을 불렀다. 유신헌법 자체가 국가의 생존을 위해 국민을 누를 수밖에 없다는 인식에서 태어났다. 국가와 국민을 다 만족시킬 수 없는 시대도 있는 것이다. 오늘날 우리가 국부(國富)와 자유를 누리는 것은 유신 때 희생을 감수한 덕분이다. 그분들에게 송구하고 고마울 뿐이다.[427]

박정희는 자신이 경험하고 잘 알고 있는 일본의 경우를 생각한다. 일본은 중국과의 전쟁(1937.7)이 계속되는 와중에, 승산이 희박한 태평양전쟁(1941.12)을 각오하고, 이 전쟁을 준비했다. 80년도 더 된 일이지만 섬나라 일본(日本)이 중국과 미국 등 두 대국을 상대로 전쟁을 수행하는 일이 가능하다고 생각했을까? 일본은 미국과의 전쟁을 수행하면서 온갖 악랄한 수단을 다 동원했으나 끝내 항복한다. 이때도 일본 국민은 말없이 이를 받아들이고, 고통을 나누어졌다. 이건 군국주의에 취한 일본의 이야기다.

박 대통령은 일본 국민이 한 것 같이 우리 국민도 몇 년 동안만 얼마간의 고통과 제약을 인내해 주기를 바랐을 것이다. 그러나 때가 달랐고, 나라도 국민도 달랐다. 시대가 다르기는 하나 국민의 충분한 동의가 없는 지도자의 이런 사고와 판단은 곧바로 독재(獨裁)라는 비판을 받는다.

우리의 수출과 국민소득은 거짓말처럼 증가한다. 1972년 16억 달러이던 수출이 32억(73년), 44억(74년), 50억(75년), 77억(76년), 100억(77년) 달러가 됐다. 1인당 국민소득도 72년 323달러에서 405(73년), 561(74년), 615(75년), 880(76년) 그리고 1,050(77년) 달러로 증가했다. 예정보다도 4년이나 일찍 목표가 이루어졌다.

이러한 경제성장은 민족주체성을 강조하여 국민의 자존심을 부추기고, '하면 된다'는 말로 대표되는 박 대통령의 강력한 신념과 개발독재형의 지도력이 크게 작용한 것도 사실이지만, 국민의 높은 교육열과 성취욕 그리고 수천 년간 선진 문명을 꾸려온 문화적 잠재력이 되살아난 것이 원동력이 되었다.[428]

광화문 네거리의 수출 100억 달러 경축 아치(1977).

뉴스위크, 1977.6.6.

이런 놀라운 일이 진행되던 1977년 6월 미국 시사잡지 『뉴스위크』는 "한국인들이 몰려온다"(The Koreans Are Coming!)라는 제목으로 특집기사를 실었다. 그 몇 년간의 성장세를 지켜보던 세계가 우리를 인정하기 시작했다. 그 내용을 요약했다.

> 지난 15년 동안 한국경제는 해마다 약 10%씩 성장했고 지난 3년간 수출이 배로 늘었다. 올해 수출 100억 달러를 돌파하리라 예상된다. 한국 정부는 향후 수년간 두 자릿수 성장과 1990년까지는 완전고용을 예상한다. 그리고 저임 노동집약적 제조업 중심의 경제구조에서 탈피해 고급 기술경제로의 도약을 거론하기 시작했다. 하지만 초고속 급성장은 대단히 불균형한 사회구조를 낳았다. 중산층 관리자와 공장 노동자 간의 소득 격차는 크게 벌어졌다. 적어도 현재까지는 관리자 노동자 모두 미래의 경제성장을 향한 기대로 열심히 일한다. 그러나 대중이 경제발전의 더 큰 몫을 원하는 상황은 불가피하며 그때가 되면 정부는 큰 어려움에 직면하게 될 것이다. 한국이 계속 성장하려면 경제적으로는 신시장을 개척하고 새로운 첨단기술 분야에서 일본, 서유럽, 미국 등과 경쟁해야 한다. 정치적으로는 '사회개발' 정책을 통해 더 많은 한국인에게 참여의식을 심어줘야 한다. 정부의 존속은 성장과 그 과실의 분배에 달려있다.[429]

『뉴스위크』의 진단은 상당 부분 맞는 말이다. 이런 외형적인 성장의 이면에서는 여러 부작용이 이미 나타나고 있었다. '성장과 과실의 분배'가 정의롭지 않은 조짐이 드러난다.

외적으로 미국과 일본에 대한 의존성의 심화, 재벌 중심의 경제구조에서 오는 산업 불균형, 재벌과 정치권의 유착에서 오는 부패의 만연, 지역 발전의 편차, 농촌의 피폐와 도시빈민층의 형성, 공해 등의 문제가 제기되고, 이러한 모순점이 재야 및 학생운동을 격화시키는 요인이 되었다.[430]

그러나 경제 성장 이론 가운데는 전통적인 균형성장론의 대안으로 불균형 성장론도 있다. 자금이 없는 저개발국가는 성장 초기에 부문별로 지역별로 불균형 성장을 할 수밖에 없고, 소외된 부문이나 지역을 챙기다 보면 경제는 계속 성장해 끝내 균형 성장에 이를 수 있다는 이론이다.

공업화에 앞선 북한(北韓) | 1971년 7대 대선 과정에서 박정희는 "나의 경쟁 상대는 야당 후보가 아니라, 바로 북한에 있는 김일성이다"라는 말로 김대중의 안보 관련 정책 공세를 막아냈다. 집권 이후 박정희는 말을 하지는 않았지만, 북한이라는 상대를 많이 의식하고 있었다. 하지만 북한을 따라잡고 추월하는 일이 생각처럼 쉽지 않았다. 남한은 일제 강점기에 구축된 북공남농(北工南農) 북중남경(北重 南輕)의 산업구조 때문에 오랫동안 고전했다.

군사력이 일반 국력에 비해 돌출적으로 뛰어난 국가나 시기가 있을 수 있지만, 일반적으로 군사력도 국력에 비례한다. 북한이 해방 5년, 국가 창설 2년 만에, 소련과 중공의 지원을 받아 사회주의 체제로 한반도 전역을 완전히 통일하겠다는 '국토완정(國土完整)' 구호 아래 6·25전쟁을 일으키고, 그 후 1970년대까지, 남침(南侵) 의도를 감추지 않은 데는 북한의 국방력 또는 국력의 우위라는 사실이 그 밑바탕이 됐을 것이다. 북한은 그때까지도 한국을 만만하게

70만kW 용량의 압록강 수풍발전소(좌)와 1만 명 가까운 근로자 일했던 흥남의 조선질소비료 공장.

생각하고 있었다.

일제는 1931년 9월 만주를 침략한 이후 패망할 때까지 '북선'(北鮮)이라고 부르는 함경남북도를 중심으로 북한 지역을 만주와 중국 대륙 침략의 '병참기지'로 만들기 위해 투자를 집중했다.[432]

일본으로서는 동해를 북상해 함경남북도의 항구를 통해 만주로 접근하는 길이 최단 거리였다. 북쪽 지역에는 공업용 지하자원도 풍부했다. 일제는 당시 동양 최대라는 압록강의 수풍(水豊)댐이나 부전강(赴戰江) 유역에 발전소(4개)를 건설한 뒤 이 전력을 바탕으로 제철소와 화학콤비나트(Kombinat),[433] 각종 기계 공장을 건설해 북한 전역을 군수산업의 본거지로 만들면서 필요한 항구나 도로, 철도도 개설하는 등 엄청난 투자를 계속했다. 북선(北鮮: 함경남북도)과 서선(西鮮: 평안남북도)이 아시아에서 보기 드문 하나의 거대한 병참기지 혹은 '제국의 병기창'[434]으로 거듭난다. 북선의 시설 중 일부는 후발 주자인 관계로 일본 본토의 그것보다도 더 좋은 기능을 지닌 상태였다고 한다.

그 결과 공업 생산액(生産額)으로 따져볼 때, 조선 내 13개 도(道) 가운데 함경남도의 비중이 1920년에는 4.3%였으나, 1930년 6%, 1940년 23.2%에 달해, 그동안 계속 1위를 차지하던 경기도[18.9%, 당시 서울은 경성부(京城府)로 경기도에 포함돼 있었다]를 따돌리고, 함경남도가 1위를 차지한다. 20년 만에 6배 가까운 성장이다. 또 함경북도도 9.4%로, 경기도에 이어 전국 3위를 차지했다. 저 멀리 함경남·북도가 공산품 생산액에서 전국 1위와 3위를 차지한 것은 놀라운 일이었다. 일본의 만주와 중국 침략이 가져온 결과였다.[435]

북한은 6·25전쟁 중 남한보다도 더 큰 피해를 입었다. 그러나 전후 복구 과정에서 소련, 중공, 동독, 체코 등으로부터 많은 자금과 기술 원조를 받았다. 북한은 1954년부터 '전후 인민경제복구발전 3개년계획'을, 57년부터 '1차 5개년 계획'을 추진하는 등 우리보다 발걸음이 빨랐다. 1954년~1960년 기간 중 북한은 연평균 20% 안팎의 고속 성장을 기록했고, 중화학공업의 비중이 70%

를 넘어섰다(1960). 특히 제철, 기계, 조선, 광업, 전기, 화학 분야에서는 한국을 큰 격차로 앞서게 됐다.

최용건, 김책, 김일, 김일성, 강건(왼쪽부터). 이들은 광복 직후 소련군과 함께 귀국해, 조선인민군 창설과 6·25 남침 도발의 핵심이 된다. 6·25전쟁 중 폭격당한 평양 시내 일부(우).

북한은 농업 분야에서도 협동(協同)농장화를 추진하고, 개인 수공업과 개인 상업도 금지시키고 협동조합의 소유로 만들었다. 이러한 조치는 50년대 말까지는 생산력의 증대를 가져왔으나, 60년대 중반을 넘어서면서 기술개발이 저조해지고 자기 재산을 갖지 못한 주민들의 생산 의욕이 떨어지면서 사회주의 경제의 한계를 보이기 시작했다. 그 무렵 한국은 뒤늦게 경제개발에 착수한다.

북한의 위기와 주체노선 | 6·25남침 전쟁이 실패로 끝난 뒤 북한은 본격적으로 역사 왜곡을 시작한다. 우선 6·25전쟁이 소련과 중공의 지원을 업은 북한의 남침 전쟁이 아니라, 한국과 미국이 북한을 없애기 위해 쳐들어왔다는 북침설(北侵說)을 조작했다. 이 북침설은 자연스럽게 '제2의 북침' 가능성을 낳고, 북한 주민은 언제 다시 한국과 미국으로부터 침략을 당할지 모른다는 두려움에 빠진다. 이런 상황이 조성되면 주민들은 지도자를 중심으로 외침에 대비해 단결하게 되고 국가의 최대 목표는 이 외침을 막는 일이 된다. 북한은 자연스럽게 군사나 국방이 최우선인 나라로 변한다. 국가의 투자 우선순위가 왜

곡되고, 자유와 평등, 민주주의, 언론의 자유, 인권 등은 무시된다.
북한은 김일성이 제국주의 일본을 물리쳤다고 역사를 왜곡해 왔는데, 6·25전쟁 이후부터는 김일성이 그 막강한 미국도 물리친 '불세출의 지도자' '위대한 영도자'가 된다. 북한이 3대째 세습을 하고 1인 독재국가를 유지할 수 있는 근본이 이러한 역사 왜곡 속에 숨어있다. 그렇지만 바깥세상은 바뀌고 있었다.

첫째, 한국에서 군사정부가 등장해 경제가 빠르게 성장하고, 미국의 지원을 받아 군사력이 크게 강화되었다. 둘째, 한일협정을 맺어 한국-미국-일본의 연합안보체제가 구축되었다. 셋째, 스탈린이 죽고 흐루쇼프(재임 1958~1964)와 브레즈네프(재임 1964~1982)가 잇달아 등장하여 미국과 평화공존 정책을 폈다. 넷째, 중소 분쟁이 격화되는 가운데 극단적 좌파운동인 '문화대혁명'(1966~76)을 일으킨 중국이 김일성을 수정주의자, 독재자로 비난하면서 양국 관계가 악화되었다. 다섯째, 1968년에 미국 군함 프에블로호가 북한 연안을 정탐하다가 나포되는 사건이 발생한 것이다.
북한은 고립된 위기 상황을 돌파하기 위해 김일성의 권력을 강화하고, 국방건설에 총력을 기울이는 길을 택했다. 이런 이유로 1960년대 중반부터 정치적 자주(自主), 경제적 자립(自立), 군사적 자위(自衛)를 골자로 하는 이른바 주체노선(主體路線)을 내세우게 된 것이다. 그리고 김일성의 권력을 강화하기 위해 김일성의 우상화, 김일성 가계의 성역화를 추진하고, 이에 따라 근대사와 현대사를 김일성과 빨치산 중심으로 서술하고, 그 밖의 공산주의 운동은 모두 종파주의로 비판했다.[436]

이제 북한의 길은 나라 안팎에서 어긋나기 시작했다. 북한은 6·25전쟁과 관련한 조작 외에 우리의 근·현대사도 조작했다. 한국 역사는 일반적으로 고대[고려 이전], 중세[고려], 근대[조선], 근세[1875년 개항], 현대[1945년 해방]로 시대를 구분한다. 그러나 북한은 주체사관을 통해, 근세를 1866년 이후, 현대를 1926년 이후라고 가르친다. 김일성 일가의 우상화 작업 때문이다.

북한은 1866년 발생한 제너럴 셔먼(General Sherman)호 사건 등을 김일성의[437] 증조할아버지가 주동했다고 조작한다. 북한은 또 14살 난 김일성이 반제국주의와 공산주의 운동을 위해 결성했다는 「타도제국주의동맹」이 생긴 1926년이 현대사의 기점이 된다고 가르친다. 또 북한은 1956년 8월의 종파(宗派)사[438]건 이후 수령(김일성)이 절대 권력을 휘두르는 전체주의 독재국가로 변해 간다. 북한의 실패, 북한의 비극이 주체사상이라는 '말만 그럴듯한' 잘못된 국가철학에서 시작된다. 자연스레 북한은 주체노선에 따라 강경파가 실권을 장악하고 4대 군사노선을 강조하며, 북한 전체를 병영화하는 데 몰두한다. 전 예산의 30%가 국방과 군수산업에 투입되고, 끝내 경제발전이 둔화되기 시작한다. 그래도 북한은 남한 공산화에 대한 미련을 버리지 못한다. 역사학자의 분석이다.

> 북한의 대남정책은 강온 양면 정책으로 나간다. 겉으로는 '남북연방제통일안'을 내걸고, 안으로는 '민족해방 인민민주주의 혁명'을 통해 한국을 적화시키려는 전략을 추구했다. 이는 먼저 미군을 철수시키고, 민족해방을 달성하기 위해서는, 한국 내의 노동자 농민뿐 아니라 양심적인 보수세력과도 손을 잡아야 한다는 것이었다. 이것은 민족해방을 우선 과제로 설정하고, 공산주의 혁명은 그다음 단계로 설정한 것이다.[439]

이런 양면 정책의 과정에서 북한의 '민족해방 인민민주주의 노선'과 '주체사상'은 한국의 학생운동 세력에게도 영향을 주었다. 한국에서 '주사파'(主思派)라고 불리는 세력이 그 영향을 강하게 받는다. 1960~1970년대의 학생운동은 순수한 민주화운동도 있었으나, 시간이 갈수록 '주사파'와 노동자·농민의 해방을 추구하는 '민중해방파'가 늘어났고, 정부는 이들이 시위운동을 배후에서 주동한다고 본다. 이런 분석이 있다.

> 1970년대 데모를 한 학생들은 양심수라 불릴 만큼 자기 관리와 희생을 당연시

하면서 학생 운동을 실천한 세대다. 이에 반해 1980년대 데모를 한 세대는 주사파적 이념을 받아들이면서 북한을 신성시하고 대한민국을 중심에 두지 않는 이적세력이 됐다. … 1970년대 민주화운동은 대한민국을 정의롭게 만들기 위한 애국운동이지만, 1980년대 일어난 학생 시위는 민주화운동을 숙주 삼아 민족대단결이라는 미명하에 북한을 이롭게 하고자 했던 매국운동이었다.440

김일성(1912~1994)

김정일(1941~2011)

김정은(1984년생)

10% 내외의 성장을 계속하며 하루가 다르게 변화하는 남한과는 달리 1970년대 들어서도 북한의 경제는 침체를 벗어나지 못한다. 북한은 6개년 계획(1971~76)과 7개년계획(1978~84)을 잇달아 추진했으나 연평균 2%의 성장에 머물렀다. 북한 사회주의 체제의 한계였다. 기술 혁신이 부족하고 공산주의 형제 국가들의 원조가 전반적으로 감소하고 대외무역 또한 부진했다. 특히 북한은 전력과 석유 등 에너지 부족을 극복하지 못했고 오직 노동력 동원을 통해 경제개발을 추구했다.

1974년 33살의 나이로 '당 중앙'으로 불리며 후계자가 된 김정일도 경제난 해소에는 별 힘을 쓰지 못했다. 70년대 자력갱생과 속도전으로 버티어 오던 북한은 80년대 들어서는 발전이 아니라 침체와 후퇴의 길을 걷는다. 자원과 에너지가 부족한 데다 사회주의 국가들이 붕괴하고 자본주의 국가들과 교류가 끊기는 고립 상태에 빠진 탓이다.

이후 북한은 중국의 개방 정책을 수용해 『합작법』을 제정하고, 『합영법』을 개정하고 「경제특구」 등을 지정했으나, 1990~95년 내리 6년 마이너스 성장을 기록하고, 흉년이 겹치면서 '고난의 행군'을 시작한다. 그 결과, 수백만 명 아사자(餓死者)가 발생했지만, 북한 외무성은 22만 명이 사망했다고 발표했다. 굶주린 주민 수십만 명은 탈북(脫北)해, 중국과 한국 등에 자리를 잡는다.

한국, 어려운 출발 | 북한은 공업적 기반이 튼실한 국가에서 출발했으나 점점 실패한 국가로 변해 간 반면, 한국은 산업구조도 불리했지만 한반도의 전통적인 수도(首都)로서 인구 집중의 부담까지 안고 출발한다. 조선(朝鮮)말이나 일제 식민지 시절 많은 동포가 만주로 중국으로 사할린으로 또 일본으로, 조그마한 인연이나 가능성을 믿고 떠났다. 해방이 되자, 수백만 명의 해외 동포들이 일단 서울로 귀국했다. 평양이 아니었다. 사회와 정치, 경제 상황은 혼란스럽고 어려웠다.

한반도에 먼저 발을 디딘 세력은 소련군이었다(45.8.9). 그들은 일제 관동군을 밀어내면서 남진을 계속해 38선 이남인 개성까지 내려왔다. 소련군은 시베리아(극동) 지역에 머물면서 활동하던 한인 공산주의자들도 데리고 왔다(김일성, 9월 19일 원산항). 이들은 공산주의의 확산을 위해 북한 지역에서 재빠르게 또 조

소련군환영평양시민중대회의 김일성. 45.10.14.

서울시민 미군환영대회의 이승만. 45.10.20.

직적으로 활동했다. 소련은 전면에 나서지 않았다. 뒤에서 지도, 조종했다. 20세기 공산주의 이념 전파 초기부터 국제적인 연대나 위성국가 설립 등의 경험이 축적된 소련은 현지화(現地化)가 중요하다는 것을 잘 알고 있었다. 이런 면에서는 '순진한' 미국과는 달랐다.

소련군보다 한 달이나 늦게 진주한 미군은 38선 이남 지역에서의 협력자를 정하지 못했다. 미국은 동서 냉전이 격화되는 가운데서도 사상과 언론의 자유를 최대한 보장한다는 입장이었다. 좌익들이 자유와 권리의 한계를 벗어나기 전까지는 용인했다. 좌우익의 주도권 다툼으로 사회는 점점 시끄럽고 혼란스러워갔다. 미국은 소련이 북한에서 하듯이, 몰래 숨어서 자기편을 돕는 방식의 통치에 서툴렀다. 그건 미국이 추구하는 가치가 아니었다.

경제 상황은 남쪽이 훨씬 더 어려웠다. 북한에서 공급되던 전기도 끊기고(48.5.14), 황해도 연백평야(4,080만 평) 저수지의 물길도 끊기고, 일본과도 국교가 회복되지 않아 마치 커다란 섬 같았다. 생산력이 해방 전보다 못했다.

미군정은 우선 206만 호에 이르는 농민 가운데 순수 소작농과 소작·자작을 겸하는 농민 등 130만 호의 농민들을 위해 소작료를 5~60%에서 30% 선으로 낮추고 일제(동양척식회사)로부터 몰수한 32만 정보의 토지를 소작인이나 귀환 동포들에게 유리한 조건으로 매각했다. 그러나 북한처럼 "무상(無償) 몰수, 무상 분배"를 내건 토지개혁(46.3), 중요산업 국유화(46.8) 같은 솔깃한 정책을 펴지 않은 관계로, 농민은 물론 사회주의 성향의 국민으로부터는 적잖은 압력을 받았다.[441]

사실 미군정 기간 중의 여론조사를 보면 당시 우리 국민 가운데는 사회주의 성향이 적지 않았다.[442] 해방 직후 여운형의 건국준비위원회가 설립돼 활동하고(8.15~9.7) 또 여운형과 박헌영의 조선인민공화국이 성립되고(9.6), 이것을 기초로 각 지방에 인민위원회가 생겨, 좌익은 초기에 상당한 지지기반을 확보할 수 있었다.

늦게 진주한 미군은 이승만(10.16)과 김구(11.3)의 귀국과 더불어 우익 세력을 마주할 수가 있었고, 우익은 1945년 말 신탁통치 반대운동을 통해 그 세력을 과시할 수 있었다. 3년의 혼란하고 어려운 과정을 거치고 남한에 자본주의 시장 경제를 축으로 하는 정부가 들어섰지만, 한계를 안고 있었다.

> 일제 식민지 잔재 청산은 끊어진 역사의 맥을 다시 이어 민족정기를 회복시켜야 한다는 점에서 대한민국의 건국이념이 되어야 할 당위성이 있으나, 현실적으로 우파 가운데 총독부에 협력한 인사들이 많았다는 사실이 우파 국가를 지향하는 대한민국의 딜레마로 작용하였다. 또 민생을 위한 개혁도 공산주의 방식이 아니라 어디까지나 자유민주주의와 시장경제에 입각해야 한다는 사실도 풀기 어려운 문제였다.[443]

북한에서 1946년에 이뤄진 농지개혁 내용이 과장돼 전해지는 바람에, 농지개혁에 대한 남쪽의 열기는 대단했다. 쉽지 않은 과정을 거쳐 "유상(有償) 매입, 유상 분배"의 원칙에 따라 총 경지 면적의 40%에 해당하는 89만 2천 정보의 땅이 재분배됐다.

정부는 땅값을 연평균 생산액의 1.5배(150%)로 정해 사들인 뒤, 소작인들에게 분배하고, 5년간 30%씩 현물로 나누어 갚도록 했다. 소작농들은 무상(無償)이 아니어서 조금은 불만스러웠으나, 자작농이 되는 길이 열렸고, 지주(地主)들도 큰 손해를 보지 않는 선에서 농지개혁이 매듭지어졌다. 길게 보면 소유권 없이 경작권만 갖는 북한보다, 값싸게 유상 분배하는 남한식 농지개혁이 농민들에게 더 도움이 됐다는 평가를 받는다. 하지만 다른 문제들도 많았다.

농촌 문제는 이렇게 다소 안정을 찾았으나 공업의 부실과 도시의 실업 문제는 해결 방법을 찾지 못했다. 공업기지가 대부분 북한에 있어서 광복 후 남한의 공업생산력은 일제 강점기의 5분의 1로 감소하여 물자공급이 어려워지고 발전시설 또한 대부분 북한에 있어 전기공급에 어려움이 컸다. 여기에 북한, 일본, 만주 등지에서 한꺼번에 들어온 동포가 수백만에 이르러 도시의 실업자 문제가 심각했다. 쌀값이 폭등해 입에 풀칠하기조차 어려워졌다.[444]

남한에서는 정부 수립 이후에도 경제난은 개선되지 않았고, 좌익들의 방해나 도전은 계속되고 있었다. 지리산 오대산 태백산 일대에는 여러 경로로 입산한 빨치산들이 활동하고 있었다. 1949년부터 6·25전쟁 때까지도 빨치산들의 게릴라 활동이 계속돼, 많은 수의 국군이 38선 지역이 아니라 빨치산 소탕을 위해 남쪽 지역에 배치돼 있었다. 좌익들의 방해 활동으로 나라가 흔들흔들했다. 1950년 북한이 남침했다. 3년간의 전쟁으로 국민 순자산이 25%나 사라지고, 전쟁이 끝나고 나니, 공업생산력의 50%가 사라졌다. 그나마 있던 면방직 생산시설도 64%가 전쟁 피해를 입었다. 수많은 전쟁 피난민도 생겨났다. 북한은 서울과 달리 정치 중심지가 아니었기 때문에 경쟁자가 거의 없는 상태에서 소련군의 지원을 받는 김일성이 쉽게 자리를 잡았다. 일제가 남긴 생산 시설이 많은 북한은 경제도 빠른 시간 안에 제자리를 찾았다. 더구나 소련군과 함께 도입된 공산주의식 통치에 시달린 기업인과 지주, 자본가들은 아예 남쪽으로 터전을 옮기는 방식으로 자리를 비켜주니, 소련 군정 당국과 김일성 일파

좌익 조선노동조합전국평의회(전평)가 서울에서 결성대회를 가졌다(45.11). 전평은 15개 산별노조에 18만 명의 조직원을 가졌다. 남한에서는 1949년부터 1951년까지 16,000명의 빨치산이 토벌 또는 귀순했다. 6·25 직전(50.4) 지리산 빨치산 39명이 처형된다.

문경 시멘트공장(1957)

인천 판유리공장(1959)

충주 요소비료공장(1959)

서울 회기동 '운크라주택' 단지(1955)

가 권력을 장악해 나라를 꾸려가기가 더 수월해졌다.

해방 이후 50년대 60년대 초까지도 한국 경제는 원조경제 체제였다. 이러한 원조경제 아래에서도 남한 전역에 산재한 경공업의 회복세가 두드러졌다. 50년대 말까지(1954~1960) 연평균 4.9%의 경제성장이 기록됐으나, 대외의존도가 높고, 전력(電力) 부족이 심각했다. 1960년 당시 농촌의 82%, 서울의 39% 가정에 전기가 들어오지 않았다. 50년대 말, 정부는 3년, 5년 등 장기 경제개발 계획도 수립한다.

전후 복구 사업 가운데 운크라(UNKRA, 유엔한국재건단, 1950~1958)의 지원을 받아 건설한 문경 시멘트공장, 인천 판유리공장, 충주 요소비료 공장은 전후 복구 과정에서 큰 역할을 했다. 5·16 이전, 이 시기 우리 경제의 민낯을 볼 수 있는 두 개의 키워드는 「대충자금」(對充資金)과 「귀속재산」(歸屬財産)이다. 앞서 살펴본 「절량농가」와 「원조경제」와는 또 다른 키워드다.

① **대충자금** ｜ 원조경제라고 하지만, 사실 미국 원조의 핵심은 대충자금(對充資金, counterpart fund)에 있다. 1950년대 한국 경제를 지탱한 원동력으로 간주되는 '대충자금'은 지금 우리에게는 좀 생소하다.

> 한국 정부는 미국 정부로부터 무상으로 받은 총 27억 달러의 원조로 수입한 물자를 민간에 판매하였다. 그에 따라 27억 달러에 상당하는 한국 화폐의 수입이 추가로 생겼다. 원조 달러나 그로써 수입한 물자를 민간에 판매한 대금은 한국은행에 예치되었다. 이를 가리켜 대충자금(對充資金)이라고 하였다. 대충자금은 한국 정부의 재정수입으로 편입되어 집행되었다. 총 재정수입에서 대충자금이 차지하는 비중은 1954~1959년 평균 43%나 되었으며 50%를 넘는 해도 있었다.[446]

이 대충자금은 국방비(30~40%)와 도로, 항만, 수도, 전기 등 사회간접시설 건설 자금(40~50%)으로 나머지 10~30%는 산업은행과 농업은행(농협의 전신으로 1956~1961 운용)이 받아서 민간기업과 농민에 대한 투·융자 자금으로 사용됐다. 우리 경제가 어려울 때 큰 도움이 됐다는 평가를 받는다.

② **귀속재산** ｜ 정부 수립 이후 힘든 나라 살림을 살펴볼 수 있는 또 하나의 키워드는 귀속재산(歸屬財産)이다. 귀속재산은 일제가 패망하고 일본과 일본인이 한국에 남기고 간 각종 재산으로, 45년 12월 미군정 소유로 귀속(歸屬)된 재산들을 말한다. 회사도 있고 공장의 설비, 토지, 주택, 임야, 광산, 은행, 주식, 어업권 등 다양했다. 미군정 당국은 우리 정부가 수립된 뒤 귀속재산을 한국 정부에 모두 넘겨주었다(1948.10). 그 규모가 3,053억 원에 달했다. 1948년 우리 예산이 351억 원이었으니, 8년 치 예산에 해당했다. 정부는 1949년 말부터 1963년 5월까지 이 귀속재산을 민간에 불하했다. 대한석탄공사, 대한조선공사 등 일부 대기업을 제외하고 모두 31만 5,642건이 처분됐다.
당시에는 귀속재산을 취득하는 자체가 특혜를 의미했다. 시가보다 싸게 처분

서울 명동 입구에 있던 일제의 수탈기관 동양척식주식회사(동척)의 본사. 군정기에는 귀속재산을 다루는 신한공사(New Korea Company)가 위치했다.

하는 데다가 최고 15년까지 나누어 갚을 수 있는 조건이어서, 인플레이션이 심했던 시대 상황을 고려하면 특혜에 해당했다. 반면 나라가 가난했을 때 자본 축적의 토대가 약했다는 점을 인정한다면, 당시 많은 기업인이 귀속재산을 밑천으로 크게 성장할 수 있는 '비빌 언덕'이 되어준 사실도 분명하다.

그 결과 1950년대 주요 대기업 89개 가운데 귀속업체의 불하로 성립한 기업이 40개나 됐다. 두산, 한화, SK, 쌍용, 애경, 태창 등은 귀속업체의 불하를 직접적 계기로 기업집단을 형성했고, 동양, 삼호, 벽산, 하이트맥주 등은 귀속업체를 간접적으로 인수해 대기업으로 성장했다.[447]

4·19 이후 과도정부를 거쳐, 제2공화국이 출범했다(1960.8.23). 장면 정부는 자유민주주의 원칙에 충실하게 정부를 운용했다. 언론 자유가 다시 회복되고 많은 규제가 철폐됐다. 좌파 정치 활동도 허용되고, 제3세계의 서적들도 자유롭게 들어와 소련, 중공 등 공산권에 대한 정보와 인도, 쿠바, 이집트, 인도네시아 등 민족주의 노선을 걷고 있는 제3세계의 소식도 널리 알려지면서 대학생과 지식인들을 자극했다.

1950년대 말 이후로 침체된 경제도 민주당 정권을 불안에 빠뜨렸다. 실업자는

장면 총리가 이한림 제1군사령관과 함께 원주지역의 국토개발사업을 둘러보고 있다. 1961.3.

240만 명에 이르고, 1960년 말 현재 경인 지역 공장의 80%가 조업 중단에 들어갔다. 농민의 보릿고개도 해결되지 못하고 있었다. 민주당 정권은 이를 돌파하기 위해 경제제일주의를 내걸고 장기 경제개발계획을 세워 1961년 봄부터 댐 건설을 비롯한 '국토개발사업'에 착수하여 차츰 사회가 안정되는 듯했다.[448]

당시 육사 출신의 엘리트 장교들은 6·25전쟁에서 승리하고 나라를 지켜냈다는 자부심이 높았다. 동시에 그들은 군부나 우리 사회 내부의 부정과 부조리에 심한 분노를 느끼고 있었다. 또 이들은 다른 제3세계와 비교해 볼 때 우리나라의 근대화가 지체되고 있어서 초조감과 함께 울분을 가슴 깊숙이 품고 있었다. 이영훈 교수의 말처럼 "가난은 국민 모두를 부패하게 만들었으며, 그것은 도덕과 기강의 문란으로 이어졌다." 군부에서는 이집트의 나세르(G. Nasser) 등 다른 나라의 쿠데타의 경우를 연구하고, 거기서 많은 자극을 받고 있었다.

체제경쟁 끝나다

5·16 쿠데타로 제2공화국은 9개월 만에 무너졌다. 쿠데타의 원인은 많았다. 그 원인은 쿠데타군의 혁명 공약 6개 항에 다 포함돼 있다. 일반 국민에게는 "부패와 구악을 일소하고, 기아선상의 민생고(民生苦)를

해결한다"는 내용 한 가지만 있어도 충분했다. 제1공화국과 2공화국 13년간 사회 기반 시설의 건설과 전후 복구가 꾸준히 이어지고 있었으나, 아직도 배고픈 사람이 많았다. 4.19나 5.16 같은 혁명적 상황은 정상적인 정부 운영을 어렵게 했다.

우리나라에서의 경제개발계획은 1953년 3월에 발표되었던 국제연합 한국부흥단(UNKRA)의 '한국경제재건계획'(네이선Nathan 보고서)[449]이 있었으나, 원조정책의 일환으로 작성된 건의보고서로서 공식적으로 채택되지는 않았으며, 1959년 부흥부(復興部) 산하에 있던 산업개발위원회에서 작성된 경제개발3개년계획안(1960~1962)이 정부가 마련한 경제개발계획의 시초이다. 그 뒤 제2공화국에서는 이 계획안을 토대로 경제개발5개년계획(1961~1965)을 작성하였으나, 여건의 변화로 말미암아 실시되지 못하였다.[450]

이런 과정을 거쳐, 우리 경제는 쿠데타 이듬해인 1962년을 다시 출발점으로 삼는다. 제1차 경제개발 5개년계획의 첫해, 62년의 경제성장률은 2.1%였다. 그런데 둘째 해인 63년 성장률은 9.1%로 뛰어오른다. 이렇게 시작된 경제개발 5개년 계획은 대통령보다 오래 살아남아 1996년까지 7차에 걸쳐 계속된다. 이런 좌절과 성장, 경쟁의 긴 역사를 딛고 수출은 1977년 100억 달러를 기록하고 18년 만인 1995년 1,000억 달러를 넘어선다. 같은 해(1995) 북한은 7억 3,600만 달러를 수출하고 13억 1,691만 달러를 수입했다.

(3공화국은) 적절한 경제전략과 정책의 선택, 정치적 안정과 강인한 지도력으로 국민의 에너지를 경제발전 동력으로 결집시키는 역할을 하였다. 당시의 다른 후진국들은 거의 이 단계에서 주저앉았음에 비추어 볼 때 이 성과는 과장할 필요 없는 위대한 과업으로 평가할 수 있다.[451]

또 88올림픽과 동서냉전의 해체 과정에서 남북한 간의 대응은 달랐다. 한국은 헝가리(89.1) 체코(90.3) 등 동유럽 국가들에 이어 소련(90.9), 중국(92.8) 등과 수교하면서 적대적 관계를 청산하고 경제적 파트너 관계로 들어간다.

동·서 냉전 구조가 해체되면서 러시아와 중국은 북한에 대해 원유 등 에너지 교역에서 특혜를 인정하지 않으면서 북한의 어려움이 시작된다. 북한은 국제적 고립을 이겨내기 위해 군사력 증강과 핵무기 개발에 매진했고 마이너스 성장이 계속되던 1995년 여름의 대홍수 등은 북한을 크게 어렵게 했다.

> 북한을 바라보는 강대국들의 변화된 시각은 지난 72년 남북대화가 시작된 이후 4반세기 동안 세계가 얼마나 많이 변화했는지를 말해준다. 한국은 경제 대결에서 압도적인 승리를 거두었고 이것은 외교·군사적인 면에도 큰 영향을 미쳤다. 북한이 막강한 군사력을 갖춘 것은 사실이지만, 다른 어떤 분야에서도 더 이상 한국의 경쟁 상대가 될 수 없었으며 자원의 불균형은 북한의 군사 경쟁력을 급속히 약화 시켰다.[452]

남북한 공히 덜커덩거렸다. 북한은 후조선(後朝鮮)이라 불릴만한 김씨 일가의

우리나라에서는 2023년 한 해 동안 컨테이너 3,014만 TEU(15억 톤)가 오갔다.

세습 독재국가로 변하면서 사회의 모든 분야가 자율성, 신축성을 잃고 억압적인 국가로 점점 경직돼 갔다. 한국은 IMF 위기도 겪고, 민주화를 이루느라 시간과 비용을 많이 지출했다. 하지만 한국은 개방 국가였다.

한국의 수출은 2011년 5,000억 달러를 기록했다. 놀라운 성과였다. 그해 한국은 수출 5,153억 달러, 수입 4,855억 달러를 기록해, 세계에서 9번째로 무역 규모 1조 달러를 돌파한 나라가 됐다. 미국, 독일, 중국, 일본, 프랑스, 영국, 네덜란드, 이탈리아 등 8개 나라가 우리에 앞서 무역 규모 1조 달러를 달성했다. 2023년 우리나라는 수출과 수입 모두 6,000억 달러를 넘어섰다. 수출 100억 달러 고개를 넘기 위해 '국민의 자유와 권리도 일부 유보할 수 있다'는 옛날과 비교하면 두려울 정도의 성장이다.

또 경제 개발 초기인 1964년 11월 30일 우리 수출이 1억 달러를 돌파했다. 박충훈 상공부 장관으로부터 "어제 현재 수출이 1억 달러를 돌파했다"라는 보고를 받고 눈물을 참기 어려웠다는 대통령 박정희. 그래서 11월 30일을 「수출의 날」로 지정한다.[453]

무역에서의 이러한 기록과 함께 우리나라의 경제적인 성취를 증명해 주는 또 다른 기록이 있다. 한국은 인구 5,000만 명 이상으로 국민소득 3만 달러를 넘는 나라(30-50클럽)로도 기록된다. 현재 「30-50클럽」 회원국은 미국, 독일, 프랑스, 일본, 영국, 이탈리아, 대한민국 등 7개 나라에 불과하다. 공산권 대국이라고 우리에게 눈을 부라리던 중국과 러시아는 인구는 넘치지만 소득 수준이 낮아 이 그룹에 끼지 못한다.

자주국방을 위해 어렵게 출발한 방위산업은 중화학공업의 성공과 함께 박정희 사후 40여 년이 지난 이제 꽃이 피기 시작한다. 국산 무기로 우리 국군의 무장이 다 갖춰지고, 해외로 수출이 필요한 시점에 나라 밖에서 주문이 쏟아진다. 미국도 우리의 무기 수출과 관련한 규제를 하나씩 풀어주었다.

우리나라는 지난 2022년 173억 달러, 2023년 140억 달러 등 세계 10대 방위산업 수출국에서도 순위를 앞당기고 있다. 수출 무기도 잠수함, 초계함, 훈련기, 경전투기, 미사일, 자주포 등 간단치 않다.

박정희는 유신을 선언하고 중화학공업과 방위산업을 밀어붙이면서 "승리하면 관군(官軍), 패하면 역적(逆賊)"이란 말을 자주 했다고 오원철은 증언했다.[454] 박정희가 정부 내 기획원과 일부 경제학자들의 반대에도 불구하고 엄청난 예산이 소요되는 중화학공업과 방위산업의 성공적인 추진을 위해 얼마나 고뇌했는지 짐작이 간다. 그는 이를 자신과 조국의 생사가 걸린 과제로 파악했다. 박정희는 '승리한 관군'이었다.

> 다수의 국민은 박정희의 이같은 꿈과 계획을 지지하였다. 그로 인해 그의 18년에 걸친 권위주의 통치는 한국인에게 역사적으로 축적돼 있는 성장의 잠재력을 최대로 동원하는 역설을 낳았다. 그의 집권기에 한국 경제는 중진국으로 진입하는 기적적인 성과를 낳았으며, 한국인들은 그들 생애에 상전벽해의 변혁을 경험하였다.[455]

이제 2024년 남북한과 해외 동포 등 8천만이 넘는 우리 민족은 남북한 중 어느 체제가 국민을 더 행복하게 만들 수 있는지, 자녀를 낳아 기르기에 어느 체제가 더 좋을지, 어느 체제가 구성원들이 꿈을 실현하는데 더 적합한 체제인지, 비교와 평가가 가능해졌다.

최근 북한은 한국에서 좌파와 우파 정권의 교체 집권이 현실화되자, 좌파 정권에 대해서는 위협이나 도발의 강도를 약하게 하고, 우파 정권에 대해서는 핵무기 사용 운운하면서 고강도의 도발을 서슴지 않는 모습을 보여 주목된다. 현재 한국 내에서 빚어지고 있는 이념(理念) 갈등도 이러한 북한을 어떻게 인식하고 북한과 어떤 차원의 관계를 맺을 것인가의 차이에서 주로 비롯된다.

우파(右派) 진영에서는 북한이 정권 성립 이후 지금까지 남한에 대한 적화(赤化) 야욕을 버리지 않고 있으며, 지금은 핵무기를 앞세우고 중국공산당이나 러시아의 지원을 받아 인터넷이나 디지털 기기를 이용한 다방면의 정치공작을 계속하고 있다고 믿는다. 우파는 북한의 의도를 일단 의심한다. 북한이 미국 일본과 수교하고, 한국이 지원을 계속한다고 해도 북한이 핵무기를 포기하거나 적대 행위를 중단하지 않을 것이라고 생각한다. 핵무기도 남한을 공격하거나

우파 시민단체 시위. 2022.10.22. 서울.

좌파 백두칭송위원회 결성. 2018.11.7. 서울.

위협하기 위한 무기로 본다. 북한이 급하면 전쟁을 일으킬 수도 있으니, 대비를 게을리하면 안 된다고 말한다. 북한에 대한 지원도 인도적인 차원의 지원으로 한정하고 싶어 한다. 우파는 미국 일본 등과 교류와 연대를 강화해 공산화 기도와 남침 전쟁을 막아야 한다는 입장이 강하다. 우파는 주저 없이 북한을 주적(主敵)으로 분류한다.

반면 좌파(左派) 진영에서는 같은 민족으로서 북한은 한국을 남침할 의사나 능력이 없으며, 국가로서의 생존을 위해 굶으면서도 핵무기를 개발해 자신을 지키면서, 미국 일본과의 관계 정상화를 추구하고 있다고 믿는다. 북한이 거듭해서 핵무기가 남한을 겨냥하고 있다고 해도 잘 믿으려 하지 않는다. 북한이 "북남은 더 이상 동족 관계, 동질관계가 아닌 적대적인 두 국가 관계, 전쟁 중에 있는 두 교전국 관계로 완전히 고착됐다"고 발표해도(2023.12.30) 이 역시 믿으려 들지 않는다. 도리어 북한이 내부의 어려움 때문에 그런 과장된 발언을 하니까 "우리가 북한을 이해해야 한다"고 말한다. 좌파는 친북, 친중국이라

는 말을 듣는다. 좌파는 그 대신 미국과 일본에 대해서는 비판을 아끼지 않는다. 좌파는 북한을 주적(主敵)으로 분류하지 못한다.

좌·우파 사이에 존재하는 북한에 대한 이러한 인식의 차이는 쉽사리 해소될 문제가 아니어서, 이념 갈등 문제를 걱정하는 국민이 많다. 긴 역사에서 보면 큰 전쟁 없이 지내온 2차 대전 이후의 80년이 도리어 이상한 시기라는 평가도 있다. 지금 세계는 평화의 시간을 지나, 전쟁의 세계(world of warfare), 전쟁의 시간으로 접어드는 것은 아닌지 우려하는 사람들이 늘어나고 있다. 역사를 보면 누적된 작은 분쟁이나 전쟁은 큰 전쟁의 기폭제가 되는 사례를 보여준다. 100년 전 역사가들은 1차 세계대전을 '모든 전쟁을 끝내기 위한 전쟁'(The war to end all wars)이라고 기록했지만, 불과 20년 뒤 인류는 더 큰 전쟁, 2차 세계대전을 겪으면서 수천만 명의 피해자를 목격한다.

아직은 분명하게 드러나지 않고 있지만, 세계는 이미 새로운 질서를 형성하기 위해 움직임을 시작한 것으로 보인다. 인간은 큰 전쟁이나 질병, 대형 자연재해 등을 계기로 시간을 구분하고 또 거기에 맞게 새로운 문화나 생활 방식을 창출하면서 살아왔다. 지금 세계는 4차 과학기술 혁명을 겪고 있다. 나라의 운명이 걸린 듯한 이 혁명과 경쟁의 과정에서 세계의 질서는 또 달라질 것이다. 이 혼전이 끝나고 나면 그 결과에 따라 국가의 위상과 구성원들의 삶은 당연히 달라질 것이다.

명동성당으로 김수환 추기경을 찾아갔다. 유언을 전하러 가는 심정이었다. "이대로는 안 되겠습니다. 제가 감옥에 가야겠습니다. 미리 추기경님께 말씀드립니다" 김 추기경은 한동안 말이 없으셨다. 하기야 무슨 말이 필요할 것인가. 추기경이 내 손을 꼭 잡았다. 시국은 살벌한데 다시 감옥에 가겠다고 찾아갔으니, 추기경도 마음이 많이 아프셨을 것이다. 김대중은 3·1절 즈음에 발표할 선언문을 준비했다. 깊은 밤인 양 자고 있는 국민을 깨워야 했다.

제17장

김대중의 시간(4) : 격리

가택연금 ｜ 1973년 8월, 김대중은 중앙정보부 요원들에게 납치돼 10개월 만에 서울로 돌아왔으나, 바로 가택 연금(軟禁)에 들어간다. 과거 우리나라 권위주의 정부 아래에서 주로 정치인들에게 가해지던 가택 연금(house arrest)은 법 규정에는 없는 독재 시대의 유물로 공권력 과잉이 초래한 국가폭력의 한 상징이다. 이런 불법적인 연금은 유신과 그 이후 일정 기간 김대중, 김영삼 등 야당 정치인이나 재야인사들을 대상으로 행해졌다. 김대중은 50살을 전후해 7년간(72.10~79.12)이나 해외 체류, 가택연금, 재판, 수감생활 등으로 일반 국민으로부터는 멀어져 있었다. 당국은 김대중이라는 이름 석 자가 신문 지상에 보도되는 것도 질색했다. 촌스럽고 고약한 시절이었다.

하지만 지금도 중국(PRC)이나 미얀마 등에서는 가택연금이라는 말이 나온다. 미얀마 군사 정부가 "아웅산 수치를 가택연금에 처했다"(2023.7)라는 보도가 있고, 2010년 노벨평화상 수상자인 중국의 민주화 운동가 류샤오보(劉曉波)의 부인 류샤(劉霞)를 "8년간의 가택연금에서 풀어, 독일로 출국할 수 있게 했다"(2018)는 기사가 있다.

이런 가택연금, 재택구금 제도는 인류 역사에서 사실 아주 오래전부터 있었다. 신약성경에 나오는 사도 바울(St. Paul, the Apostle)이 예루살렘에서 로마로 압송된 뒤 '경비하는 군인 한 명과 함께 홀로 지내도록 허락되었으며'(Paul was allowed to live by himself, with a solder to guard him. 사도행전 28:16)라는 구절처럼 자유구금(custodia libera)형이 그때도 있었고, 지동설을 주장했다고 종교재판을 받은 갈릴레오(G. Galileo)도 종신형을 선고받고 자택구금 상태로 생을 마치기도 했다. 또 가까이는 중국 동북군벌 장학량(張學良, 1898~2001)이 서안(西安)사건을 일으킨 뒤, 54년간 국민당 정부에 의해 수감과 가택 연금 조치를 당하기도 했다. 우리 역사에 많이 나오는 귀양 간 선비들도 대부분 이런 형태로 벌을 받으면서 낮 동안에는 가벼운 농사도 짓고 저술이나 예술 활동에 시간을 쏟았다.

김대중도 도쿄에서 납치돼 귀가한 다음 날은 동교동 자택에서 방문객들을 맞을 수 있었다. 경찰에서도 찾아와 진술을 듣겠다며 수선을 피웠다. 김대중도 관련 증거들도 제출하고 집 밖으로 나가, 전날 밤 골목에서 풀려날 때를 재연하는 등 현장 검증에도 협조했다. 정부는 마포경찰서에 수사본부를 설치하고 범인을 꼭 잡겠다며 목소리를 높였다.

그러나 며칠 뒤 이상 기류가 감지됐다. 마포경찰서장이 집으로 찾아와서는 다짜고짜 우리 부부와 운전기사, 가정부만 남고 모두 집 밖으로 나가라고 했다. 비서진도 일체 출입할 수 없다고 했다. 내외신 기자들의 동교동 출입도 전면 통제되었다. 우리 집으로 통하는 골목마다 바리케이드(barricade)를 설치해 외부와의 접촉을 완전 단절시켰다. 나와 가족들에 대해 가택 연금이 시작됐다. 당시 초등학교 3년생인 막내 홍걸이도 등하굣길까지 경찰이 따라붙었다. 이날 오후부터는 경찰이 우리 집 방 하나를 차지했다.[456]

하지만 그 사건은 경찰이나 검찰이 수사할 수 없는 사건이었다. 특히 한국에서 그랬고, 수사가 시원찮기는 일본도 마찬가지였다. 일본 경찰이 여러 확보

김대중이 1985년 미국에서 귀국한 뒤에도 계속 연금을 당하자, 비서들이 동교동 옥상에서 항의한다. 1987.5.1

된 증거를 갖고 수사를 시작하면 정치권에서 자꾸 브레이크를 걸었다. 시중에 서는 '한국과 일본의 고위층이 이 사건 수사를 좋아하지 않아서' 양측이 축소 수습하기로 방향을 정했다는 소문도 돈다. 급기야는 '한국 측이 다나카(田中) 총리 측에 거액의 정치자금을 제공했다'는 소문까지 돌았다.

김대중학술원이 정리한 김대중의 생애에 관한 기록에는 그의 자택연금 등에 관한 내용이 빠지지 않는다. '1971~1987년은 김대중의 정치 인생 중 최대의 암흑기였다. 김대중은 죽을 고비를 수차례 넘기고 가택연금 55회, 투옥 6년, 망명 등을 온몸으로 겪었다'고 기록했다(김대중학술원).

이 가택연금과 관련한 법원의 판결이 하나 있다. 87민주대항쟁 직전의 일이다. 이미 바람의 방향이 바뀌고 있었다. 1987년 4월 10일부터 6월 24일까지 가택연금을 당한 김대중은 당시 마포경찰서장을 직권남용과 불법감금 혐의로 고발했지만, 검찰은 서장을 불기소 처분했고, 김대중 측 변호인들은 이듬해 재정(裁定)신청을 법원에 냈다. 이 신청은 11년이 지난 1998년 받아들여져, 재판이 진행됐다. 검찰은 "김대중이 당시 형집행정지자로 정치활동을 할 수 없는데도 정치활동을 계속해 경찰 병력을 집 주변에 배치했다"고 했으나, 재판부는 "집 주변에 수백 명의 경찰을 배치해 가택을 봉쇄하고 자택 밖으로 벗어나는 것을 불가능하게 하거나 매우 곤란하게 한 것은 감금에 해당할 여지가 있으며, 위법한 직무집행으로 직권남용에 해당한다"고 판시했다. 이 사건과 관련해 김 모 마포경찰서장은 대법원에서 유죄를 선고받았다.

백지(白紙) 광고 | 74년은 연초부터 어수선했다. 대학이 개강하면 3, 4월 큰 시위가 터진다는 흉흉한 소문이 돌았다. 정부도 강경하게 대응할 거라고 했다. 1월부터 5월 사이에 대통령 긴급조치 1~5호가 발령됐다. 헌법 개정이나 반정부 시위에 참여한 학생, 문인, 종교인, 교수, 재야인사 등 주변에 성한 사람이 없었다. 김대중은 외부와의 접촉이 제한되는 가택연금 중이라 현장에 참

여할 수도 없고 마음이 편치 않았다.

가택연금 와중에 김대중은 느닷없이 법원으로부터 출두요구서를 받는다 (74.6). 67년의 6대 대통령 선거와 7대 국회의원 선거 그리고 71년의 7대 대선과 8대 총선 과정에서 있었던 선거법 위반에 대한 재판이 속개되니 재판을 받으라는 통고였다. 67년 선거와 관련해 김대중은 1970년 6월부터 8월까지 5차례 재판에 출석한 적이 있으나 그 뒤 재판이 중단돼, 잊고 있었다. 법원이 아무래도 정부 쪽의 압력에 밀려 67년 선거와 71년 선거 관련 혐의를 병합해 재판을 재개하는 것으로 보였다. 김대중은 제7대 대선을 앞두고 신민당 후보로 선출되자(70.9), 새로운 정책을 선거공약으로 만들어 전국을 돌며 집회를 가졌다. 당국은 이를 사전선거운동으로 간주했다. 또 김대중은 "박 대통령이 영구집권을 위해 총통제(總統制)를 기도하고 있다"고 여러 차례 경고한 적이 있는데, 이를 허위사실 유포로 판단하고 기소했다.

이같은 법 적용이 무리라는 여론이 빗발치자, 멈칫하던 정부가 납치 이후 다시 재판 카드를 꺼냈다. 일본에서 김대중의 원상회복, 즉 일본으로의 출국을 요구하면 '현재 재판 중이어서 출국이 곤란하다'고 방패용으로 쓸 재판이었다. 그러나 이 옹색해 보이는 재판은 계속될 수 없었고, 1986년 7월 25일 공소시효가 지나게 된다. 우리나라 형사소송법은 모든 범죄는 법원에 기소된 후 확정판결 없이 15년이 경과할 경우 공소시효의 완성으로 국가형벌권이 소멸되도록 규정하고 있기 때문이다.

이어 8월, 타계한 유진산(柳珍山) 신민당 총재의 빈 자리를 김영삼(金泳三)이 이었다. 제1야당에 45살, 아주 젊은 총재가 탄생했다(74.8.23). 김영삼 총재는 강경파답게 ①평화적 정권교체를 위한 유신헌법의 개정 ②복역 중인 정치범 석방 ③김대중 출국 보장 등을 주장했다. 이어 정기국회 대표 연설에서는 「헌법개정기초심의특별위원회」의 국회 내 설치를 주장했다.

신민당이 새 총재를 맞아 활기를 되찾으면서, 재야에서도 민주화를 열망하는 각계 인사 71명이 「민주회복국민회의」를 조직했다(74.11). 긴급조치 4호의 선포로 힘을 잃어가던 「민주수호국민협의회」(71.4)를 잇는 민주회복국민회의는 ①유신헌법 개정 ②언론자유 보장 ③구속자 석방 등을 주장했다. 김대중은 18명의 고문단에 참여했다. 야당과 재야가 모처럼 한 방향으로 향한다.

유신 무렵에는 제도정치의 제한된 공간 때문에 정치인이면서도 제도정치 내에서 활동할 수 없는 인사들이 많았다. 이들이 장외에서 본격적인 반유신 활동을 하면서 '장외 정치' 활동이 시작되었다. 더불어 재야 조직이 발전한다는 것은 그만큼 저항운동이 확산되었다는 것을 반영하는 현상이었다.[457]

유신과 긴급조치가 기승을 부리던 74년의 대미는 동아일보 광고 사태가 장식한다. 그해 10월 24일 동아일보 기자들이 자유언론실천을 위한 결의대회를 갖고, "자유언론에 역행하는 어떠한 압력에도 굴하지 않는다"는 결의에 따라 그동안 보도하지 못했던 반정부 반유신 시위 등을 보도하기 시작하자, 정부가 광고주들에게 압력을 행사해, 광고를 해약하도록 했다. 언론사의 자유언론 실천에 대한 정부의 경제적 보복이었다. 정부의 이 압박에 동아일보는 '백지광고'로 대응했다. 백지에도 메시지는 있었다.

 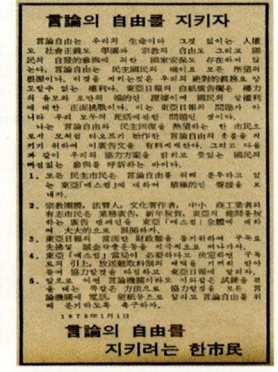

동아일보 백지광고와 김대중의 의견광고. 동아 광고 사태는 1974.12~1975.5까지 진행됐다.

당시 대기업들은 유력지 석간(夕刊) 동아일보의 광고 지면을 사기 위해 애를 쓰던 시절이었는데, "이유는 묻지 말라"면서 광고 동판(銅版)을 회수해 갔다. 정부는 이에 대해 "광고 해약은 신문사와 광고주 간 업무상의 문제"로 "정부로서는 그 관계를 깊이 알 수 없다"고 했다. 정부의 치졸하고 비열한 발뺌이었고, 국민을 얕보는 행태였다. 뒤에 광고주들은 중앙정보부와 국세청의 압력이 있었다고 실토했다.

며칠간 광고란이 백지로 나간 뒤 동아일보 광고국장은 개인과 단체를 향해 격려광고를 호소한다(12.30). 김대중은 1975년 1월 1일 자 신문에 광고를 낸다. '언론의 자유를 지키려는 한 시민'이라는 이름으로 된 이 의견 광고의 제목은 「언론의 자유를 지키자」였다.

이렇게 시작된 시민들의 격려광고는 5개월 동안 이어져 모두 1만 건이 넘었다. 몇 달이 지나자 초기에는 잘 버티던 신문사는 점차 정부의 압력에 굴복해 기자들을 해고하기도 하고, 부서를 없애기도 했다. 동료의 해고에 항의하면서 기자들은 회사 안에서 농성을 계속했고, 송건호(宋建鎬, 1927~2001) 편집국장은 기자 해고에 항의해 사표를 내고 동아일보를 떠났다. 동아일보의 항거는 거기까지였다. 회사는 농성 중이던 130여 명의 기자들을 회사 밖으로 몰아내고(3.17), 복귀를 거부하는 강성 기자들을 해고한다.

동아일보에서 광고 사태가 진행되던 무렵(75.3) 조선일보에서도 자유언론 수호를 위한 움직임이 활발했고, 이와 관련해 33명이 해고된다. 후일 동아일보와 조선일보에서 해고된 언론인과 1980년 전두환 정부의 언론 통폐합으로 강제 해직된 기자 등이 힘을 합쳐 1988년 5월 15일 「한겨레신문」을 창간한다. 한글 전용을 내건 한겨레신문은 창간호를 50만 부 인쇄했다.

베트남 패망과 남침용 땅굴 | 동아일보, 조선일보의 언론인들이 자유언론을 외치던 그해 봄, 남베트남(월남)이 패망했다(75.4.30). 미군과 한국군이 큰 피해

를 감수하며 함께 싸웠지만, 북베트남에 밀렸다. "남북 베트남이 통일됐다"고 하지만, 우리는 "자유 월남이 공산화됐다"로 받아들였다. 북한이 쳐내려오면 우리도 그렇게 된다는 듯이 정부도 국민을 겁줬다. 오래전 국군 장병 격려 차원에서 베트남을 방문했던(1966.9) 김대중은 남베트남의 난맥상을 얼핏 본 적이 있다.

> 다음 날 남베트남 군인들이 LST(상륙작전용 함정)를 타고 전선으로 이동하는 것을 보았다. 병사들은 가족은 물론 키우던 닭까지 모두 데려갔다. 가족을 놔두면 누구도 안전을 보장해 줄 수 없기 때문이라고 했다. 나는 그 장면을 보면서 어젯밤 기름진 만찬이 생각났다. 군인들이 가족까지 모두 데리고 전선으로 떠나는 나라에서 장관이나 고관들은 호화생활을 하고 있었다. 그리고 그들의 아이들은 홍콩이나 미국 같은 곳에 빼돌렸다.[458]

74년 1월 27일 파리평화협정으로 휴전이 성립되면서 베트남에 주둔하던 외국군들이 모두 철수하고, 미군이 사용하던 첨단 장비는 베트남군에게 모두 인계됐다. 부패한 군부와 정치인들, 그리고 북베트남의 간첩들이 침투해 암약하고 있는 분열된 월남(남베트남)은 1년 남짓 버티고 패망했다.

또 국내에서는 북한의 남침용 땅굴이 잇따라 발견된다. 김일성 지시로 파 내려온 땅굴로, 서부전선 경기도 연천 고랑포의 1호 땅굴(74.11)과 중서부 철원의 2호 땅굴(75.3) 등 2개였다. 안보에 대한 경각심이 높아지면서 분위기는 더욱 긴장된다. 도처에서 총력안보의 외침이 들려왔다. 대통령은 더욱 강화된 긴급조치 9호를 선포한다(5.13). 유신헌법에 대한 일체의 반대 행위를 금지하고 학생들의 집회와 시위가 금지되는 등 14개 항목의 내용이었다.

> 이 규정들을 엄격하게 적용하면 언론은 존재 자체가 어려웠다. 국회의원도 면책특권을 박탈해 긴급조치 9호를 적용했다. 국회에서 규정에 어긋난 발언을 하

면 처벌을 받아야 했다. 신문사 기자들은 편집국에 긴급조치 내용을 붙여놓고 일했으며, 아예 위반 여부를 가려내는 전담 데스크가 있었다. 희대의 진풍경이었다. 이제는 말할 자유도 없는 세상이 되어 버렸다.[459]

베트남 패망과 북한의 남침용 땅굴 발견, 긴급조치 9호 선포 등 국내외 정세가 요동치자, 신민당 김영삼 총재는 청와대에 영수회담을 제의한다. 박 대통령과 김 총재는 배석자 없이 두 시간 이야기를 나눴다(5. 21). 두 사람의 표정이 매우 밝았다. 뭔가 이야기가 잘 통했던 모양이다. 대통령은 야당 총재를 현관까지 배웅했다. 김영삼은 회담 내용을 공개하지 않기로 약속했다며, 입을 닫았다. 여러 이야기가 떠돌았다.

뒷날 김영삼은 박 대통령이 "김 총재, 나 욕심 없습니다. 집사람은 공산당 총 맞아 죽고, 이런 절간 같은 데서 오래 할 생각 없습니다. 민주주의 하겠습니다. 그러니 조금만 시간을 주십시오."라고 하는 말에 속았다고 했다(『김영삼 회고록』 2권 83페이지).

강원도 철원군 동송읍에서 발견된 북한의 남침용 제2 땅굴, 75년 3월 19일 보초병이 지하에서 나는 폭발음을 듣고 발견했으며, 3.5km 길이로 1시간에 24,000명의 병력 이동이 가능하다. 북한의 남침용 땅굴은 모두 4개가 발견됐다.

3·1 민주구국선언 | 김대중은 1976년 초 한국의 분위기를 이렇게 묘사했다.
'독재의 살기는 갈수록 독했다. 긴급조치는 모든 분야에서 의욕과 희망을 거세해 버렸다. 사람들은 실어증에 걸린 듯 말을 잃었고, 지식인들은 자기검열에 걸린 자신을 발견하고는 스스로 부끄러워했다. 당시의 침묵 속에는 온갖 수모가 들어있었다. 젊은이들 사이에는 허무가 번져 갔다.' 그는 추기경을 찾아갔다.

> 아무래도 내가 나서야겠다고 생각했다. 행동하기로 했다. 명동성당으로 김수환 추기경을 찾아갔다. 유언을 전하러 가는 심정이었다. "이대로는 안 되겠습니다. 제가 감옥에 가야겠습니다. 미리 추기경님께 말씀드립니다" 김 추기경은 한동안 말이 없으셨다. 하기야 무슨 말이 필요할 것인가. 추기경이 내 손을 꼭 잡았다. 시국은 살벌한데 다시 감옥에 가겠다고 찾아갔으니 추기경도 마음이 많이 아프셨을 것이다.[460]

그리고 김대중은 3.1절 즈음에 발표할 선언문을 준비했다. 깊은 밤인 양 자고 있는 국민을 깨워야 했다. 재야에서도 모종의 선언을 준비하고 있었다. 양쪽의 상호 수정을 거쳐 선언문이 완성됐다. 3.1절 저녁 명동성당에 700여 명이 모였다. 준비된 '민주구국선언서'가 낭독됐다.

> 우리의 비원인 민족통일을 향해서 국내외의 민주세력을 키우고 규합하여 한 걸음 한 걸음 착실히 전진해야 할 이 마당에 이 나라는 일인독재 아래 인권은 유린되고 자유는 박탈당하고 있다.
> 이리하여 이 민족은 목적의식과 방향감각, 민주주의에 대한 신념을 잃고 총 파국을 향해 한 걸음씩 다가서고 있다. 우리는 이를 보고 있을 수만 없어 여야의 정치적인 전략이나 이해를 넘어 이 나라의 먼 앞날을 내다보면서 '민주구국선언'을 선포하는 바이다. …[461]

3·1민주구국선언으로 18명이 구속, 불구속되자, 그 부인들이 「양심범가족협의회」를 만들어 옥바라지와 석방 운동에 나섰다. 법정 참관을 못 한 가족들이 불구속된 이우정 교수(왼쪽 세 번째 앉은 이)로부터 법정 상황을 설명 듣기 위해 기독교회관 식당에서 모였다. 1976.5.4.

이 선언문에는 함석헌, 윤보선, 정일형, 김대중, 윤반웅, 이우정, 문동환, 안병무, 서남동, 이문영 등 10명이 서명을 했다. 긴급조치가 선포된 상황이라 그다음 순서[연행-수사-구속-재판]는 공식처럼 진행된다. 형량도 거의 정해져 있었다. 법원은 이 피고인들을 재판했지만, 법정에 선 피고인들은 유신헌법과 유신 정권을 심판했다. 기막힌 일이었다. 법정에서는 대통령이, 긴급조치가, 중앙정보부가, 경찰과 검찰이, 법원이, 아니 유신 치하의 온 나라가 통째로 부인(否認) 되고, 조롱당하고 있었다.

사실 김대중은 그때까지 재야인사들과 거의 교류가 없었다. 재야가 아니라 제도권 안의 야당 국회의원, 야당의 리더만 해도 할 일이 너무 많았다. 김대중은 이 사건을 통해 재야 각계 지식인, 종교인들의 진면목을 알게 됐다. 이들의 경륜, 지혜, 판단력 등은 앞으로 김대중의 정치 행로에 큰 도움을 준다. 이제 김대중은 정당과 재야 양쪽에 뿌리를 둔다. 71년 대선 직전 재야인사들이 「민주수호국민협의회」를 결성해 야당 후보인 자신에게 힘을 실어 주었지만, 미약했다. 이제 정당 쪽이 차단된 김대중은 재야로 다가선다. 이건 본인이 원해서가 아니라, 정부가 상황을 몰아간 때문이다. 김대중은 정당과 재야라는 두 개의 지팡이를 짚고, 험난한 길을 간다.

만약 김대중이 정당이라는 제도권 지팡이 하나에만 의존했다면, 의지했던 정당과 함께 사라졌을 수도 있었다. '시련은 위장한 축복(a blessing in disguise)'이라는 말이 딱 들어맞는 경우다. 재야는 김대중에게 또 하나의 복주머니가 된다. 본인도 재야에서 활동하면서 지경(地境)을 넓혔지만, 그 뒤 정당을 창당할 때 재야는 그에게 많은 인적 자원을 공급해 주었다.

한국 반체제인사 징역형 확정

(서울, 한국, 화요일, 3.22, 로이터) 한국 대법원은 오늘 윤보선 전 대통령과 1971년 야당 대선 후보였던 김대중 씨에게 징역 5년 형을 확정했다. 한국은 지금 대통령이 선포한 긴급조치 아래에 있다. 대법원은 작년 12월 서울고등법원의 선고에 대해 두 야당 지도자와 16명의 다른 반체제 인사들이 제기한 상고를 기각했다. 두 피고인은 지난해 3월 1일 박정희 대통령의 퇴진과 완전한 민주주의적인 자유의 회복을 요구하는 성명을 발표해 긴급조치를 위반한 혐의로 유죄판결을 받았다. 서울고등법원은 다른 16명의 반체제 인사들에 대해서도 징역 1년에서 5년을 각각 선고했다. 대통령 긴급조치는 대통령에게 강력한 권한과 사실상의 종신집권을 허용하고 있는 1972년의 헌법에 대한 비판을 허용하지 않고 있다. 퀘이커 교도이며 저명한 저술가요 인권운동가인 함석헌 씨와 작년에 "3·1민주구국선언문" 초안을 작성한 문익환 목사도 징역 5년 형을 선고받았다. 전 외무부 장관 정일형 씨와 한국 최초의 여성 변호사인 그의 부인 이태영 박사와 7명의 피고인은 징역 3년 형을 받았다. 다른 피고인들은 징역 2년 반을 선고받았다. 나머지 4명은 1년에서 2년까지의 집행유예를 선고받았다. 이 18명의 피고인 가운데는 5명의 가톨릭 신부와 4명의 개신교 목사, 5명의 전직 교수가 포함돼 있다.

김대중 씨와 다른 10명은 구속 재판을 받아 오다가, 이 가운데 2명은 작년 12월 항소심에서 집행유예를 선고받고 불구속 상태로 재판을 받고 있다. 윤보선 전 대통령과 다른 6명은 불구속이지만 가택연금 상태로 집중감시를 받으며 재판에 임하고 있다. 불구속 상태로 재판을 받은 피고인들 가운데 징역형이 확정된 피고인은 즉시 구속되지는 않았지만, 곧 그렇게 될 가능성이 있다고 변호인들이 전했다.

형이 확정되자 김대중은 서울구치소에서 진주교도소로 이감된다(77.4.14). 면회는 한 달에 한 번. 면회를 못 한 면회객들은 교도소 담장 아래서 찬송가를 부르고 구호를 외쳤다. 그에게 들리지는 않았지만, 참 힘이 되는 소식이었다. 외부와의 소통은 주로 편지로 이루어졌다. 사람은 낮아졌을 때 가장 간절해진다. 신앙도 깊어진다. 고난도 축복이라는 말은 이런 의미도 포함하고 있을 것이다. 이 무렵 김수환 추기경이 1박 2일 일정으로 전국 교도소를 순회(?)하는 행사를 가졌다. 추기경은 홍성(신현봉 신부), 공주(함세웅 신부), 김해(문정현 신부) 교도소를 거쳐 진주에서 김대중(세례명 토마스 모어)을 면회했다. 추기경은 "예수님이 우리를 위해 십자가 고통을 받아들이셨듯이 신부들도 민주화 제단에 자신을 바치고 고통을 감내하는 자세를 잃지 않았다"고 회고했다. 김대중에 대해서는 이렇게 기록했다.

> 그가 옥중 묵상 내용을 잠시 들려주었는데 가끔 그 말이 생각난다. "하느님은 교회가 진실로 가난한 자, 버림받은 자, 소외된 사람들의 벗이 되기를 원합니다. 그런데 오늘의 교회는 그들이 교회에 오는 것조차 귀찮게 생각하고 있습니다. 한국의 가난한 밑바닥 인생은 도대체 어디로 가야 합니까 …"[462]

젊은 추기경은 이어서 '민주 세력은 3·1명동사건을 계기로 다시 응집했다. 그러나 교회와 정부 관계는 팽팽한 대결 양상으로 치닫고 있었다'고 기록했다.

못으로 쓴 편지 | 그해(1977) 연말 김대중은 서울대학교 병원으로 옮겨진다(12.19). 건강을 고려한 조치라고 하지만, 병원도 감옥이었다. 교도관이 지켜보고 있었고, 다른 경비 인력까지 동원돼 철벽같이 둘러쌌다. 부인이 집에서 준비해

온 점심(12~14)과 저녁(17~19) 식사를 할 수 있다는 점이 달랐다. 혼자 있을 때 김대중은 껌 껍질이나 먹을 것을 싸 온 종이에 못으로 꾹꾹 눌러 편지를 썼다.

못으로 쓴 편지는 화장실에 있는 두루마리 화장지의 가운데 구멍 속에 넣어 두었다. 아내 또한 바깥세상 뉴스가 담긴 신문을 오려서 몰래 전해 주었다. … 그렇게 써 보낸 편지는 아내가 다시 옮겨 적어 지인들에게 보냈다. 나는 이를 통해 민주 인사들에게 내 뜻을 전하고 투쟁의 방향을 설정해 주었다.[463]

당시 미 국무부는 해마다 세계 여러 나라의 인권(人權) 실태 보고서를 펴내고 있었다. 미국 정부는 미국으로부터 원조를 받거나 미국산 무기를 구매한 세계 105개국에 대한 1978년 판 인권보고서를 의회에 제출하고, 의회가 이 보고서를 공개한다(78.2.9). 이 보고서는 이란, 한국, 태국, 인도네시아 등지에서 약간의 인권 개선이 이뤄졌지만, 세계 전반적인 상황은 암울하다고 요약했다. NYT는 국무부의 이 보고서 내용을 추려서 보도했다. 한국의 인권 침해 실태 내용은 이렇게 요약돼 있다.

김대중은 1977년 12월부터 78년 12월 형집행정지로 풀려날 때까지 서울대병원에서 수감생활을 했다. 이때 김대중은 못으로 쓴 편지로 외부와 소통했다. 39장이 남아있다.

한국 인권 침해의 핵심은 정치적 자유에 대한 제약에 있다. 한국 정부는 긴급조치권(emergency-measures authority)을 사용해 법원의 영장도 없이 국민에 대한 체포, 구금, 압수, 수색 등을 실시한다. 한국 정부가 선포한 긴급조치는 국민의 기본적인 자유, 정치적 자유와 관련한 국제적인 기준과 상충된다. 우리는 현재도 발효 중인 긴급조치 9호를 위반한 혐의로 500명이 넘는 국민이 기소됐다고 파악하고 있다. 1977년 말 현재 한국 정부는 몇 차례 중요한 정치범들을 석방했다고 발표했다. 우리는 긴급조치 위반 혐의로 아직도 150명가량 수감돼 있다고 추정한다. 특수한 경우 월권행위를 배제할 수는 없겠지만, 우리는 고문이 현재 한국에서 빈번히 행해지고 있다고 생각하지는 않는다.[464]

1978년 12월 27일 박정희는 제9대 대통령으로 취임한다. 유신이 선포돼 국민의 기본권이 제약되면서 입조심 귀 조심을 하면서 힘든 삶을 시작한 지 벌써 6년이 흘렀다. 국민도 정부도 한계에 달한 듯했다. 정부는 대통령 취임 기념으로 그날 통행금지도 해제하면서 특별사면도 실시했다.

김대중도 제9대 대통령 취임 축하 특별사면에 포함돼 형집행정지 결정으로, 27일 새벽 서울대 병원에서 풀려나와 동교동 집으로 돌아온다. 그동안 서울구치소와 진주교도소, 서울대병원에서 2년 10개월을 보냈다. 그렇지만 가택연금은 이어진다. '동교동 집'과 '큰 집'[수형 시설]을 오가며 갇혀 지내는 생활이 5년째 이어지고 있었다. 수많은 국민이 유신 치하에서 힘들어했다. 반유신 반체제의 구심점인 김대중에게 집중되는 이 고통은 어쩌면 당연한 일일 것이다.

다시 "김영삼을 총재로" | 김대중은 10월 유신으로 8대 국회가 해산되면서 (71.7~72.10), 야인이 되고, 망명객, 재야인사가 된다. 서울로 납치된 뒤에도 활동을 제한받다가 78년 3월에는 아예 신민당에 탈당계를 제출했다. 그 뒤 김대중은 88년 제13대 의원으로 복귀할 때까지 10년을 재야에서 활동했다. 당시 정부에서는 각 언론사에 압력을 가해 '김대중'이라는 이름 석 자를 아예 쓰지

못하게 했다. 신문과 방송에서는 멀쩡한 이름을 가진 그를 '형 집행 정지로 출옥한 원외의 모 인사' '당외 인사' 또는 '동교동 모 씨' 등으로 표기했다.

김영삼 총재(74.8~76.5)에 이어 신민당을 맡은(76.9~79.5) 이철승은 청와대 지원을 받고 총재가 됐다는 말까지 들었다. 소문처럼 그는 중도통합론(中道統合論)을 주장하며 '참여 하의 개혁'을 구호로 내걸었다. 김대중, 김영삼 양 씨는 선명 야당(鮮明 野党)을 주장하는 강경파에 속했다. 당연히 정권 쪽에서 좋아하지 않았다.

79년 5월 새로운 총재 선출을 위한 전당대회가 열린다. 김대중은 김영삼 의원을 밀기로 마음먹는다. 유신을 종결시키기 위해서는 유신체제를 가장 강력하게 반대하는 후보가 당을 맡아야 한다고 생각했다. 그는 전당대회(79.5.30)를 하루 앞두고 대의원 단합대회가 열리는 을지로 입구 중국음식점 아서원(雅絞圓)으로 간다. 김영삼 측 대의원들이 '민권(民權: 국민의 권리)의 밤'이라는 이름으로 단합대회를 열고 있었다. 연금 중인 김대중은 외출이 자유롭지 않았는데, 이날 밤은 외출이 가능했다. 하늘이 도왔을까, 이상한 일이었다. 이철승 계열의 대의원들은 거기서 멀지 않은 종로 한일관(韓一館)에서 '이 총재 추대 대연합의 밤'이란 이름으로 뭉치고 있었다.

> 나는 김영삼 후보 지지를 절절하게 호소했다. 과거에 한때 실수가 있었지만, 강력한 대여투쟁을 위해서는 김 후보를 선택해야 한다고 역설했다. … "선과 악 사이에 중도 통합은 없습니다. 공자와 도둑놈 사이에 어떻게 중도 통합이 있습니까? 사람을 놓고 하나는 살리자, 하나는 죽이자 하는데 어떻게 반만 죽이자는 중도 통합이 있습니까? 김 총재와 나를 라이벌로만 보지 마십시오. 나라가 잘되려면 여러 인물이 커야 합니다. 내가 민주 회복 때까지 살아남는다는 보장이 어디에 있고, 김 총재가 살아남는다는 보장이 어디 있습니까?"[465]

이튿날 전당대회에서 이철승(李哲承), 김영삼(金泳三), 신도환(辛道煥), 이기택(李

이철승(1922~2016)   김영삼(1927~2015)   신도환(1922~2004)   이기택(1937~2016)

基澤) 등 4명이 당권을 겨룬다. 2차 투표 끝에 김영삼 후보가 당선됐다. 김영삼은 이 전당대회에 대해 "한 편의 드라마"였다고 『회고록』에 기록했다. 소문에는 차지철 경호실장이나 중앙정보부가 이철승 총재를 공공연하게 지원하면서 야당 파괴 공작에 나섰다고 했다. 하지만 선명 야당(鮮明 野党)에 대한 당원이나 국민의 요구를 이길 수 없었다. 1979년 5월 30일, 유신정권의 수명이 다섯 달밖에 남지 않았지만, 대통령도 야당 총재도 그걸 모르고 있었다. 본래 사람은 하루 앞의 일을 모른다. 아니, 한 시간 앞의 일도 모르고 살아가는 존재가 인간이다.

'박 정권을 흔드는 대형 사건들이 잇달아 터졌다. 박 대통령은 이미 국가를 관리할 전략이나 비전이 없었다. 다만 권력에 대한 탐욕만 남아있었다. 정권이 민심을 떠나 파국으로 치닫고 있었지만, 만사를 힘으로 밀어붙였다'라고 김대중은 『자서전』에서 기록했다. 이후 YH 노조의 신민당사 농성 사건, 김영삼 총재 NYT 인터뷰, 김영삼 총재 국회 제명, 부마(釜馬)항쟁 등이 기다렸다는 듯이 터진다. 4·19 때처럼 저항의 먹구름, 반유신전선(反維新戰線)이 저 멀리 남쪽에서 씨앗이 형성돼 세력을 키우고 있었다.

박 대통령의 3선 개헌안이 국회에서 변칙적으로 통과된 데다(1969) 국가비상사태 선언(1971) 등 장기 집권으로 내달리는 한국 정부에 대해 불만이 많은 미 의회가 예산 승인을 해 주지 않아, 71년부터 시행하기로 한 한국군 현대화 5개년 계획에 차질이 생긴다. 한국 정부도 당황했지만, 미국도 한국의 안보 현실을 아는지라 '의회에 로비(lobby)를 좀 하면 좋은데, 왜 하지 않냐'고 은근히 눈치를 주는 상황이었다. ….

미국은 베트남전쟁이 진행되던 당시는 한국이 미국 몰래 베트남 주둔 한국군을 철수시키는 결정을 하지 않을까 해서 도청하고, 남북대화가 진행 중일 때는 남북한이 미국 몰래 어떤 비밀 협정이라도 맺을까 봐 또 한국이 몰래 핵무기라도 개발할까 봐 도청했다.

제18장

코리아게이트(Koreagate)

열리는 코리아게이트 | 입법(立法) 사법(司法) 행정(行政)이 대통령을 중심으로 일사불란하게 작동해야 한다고 생각하는 3공화국 시절 우리나라에서 이해하기 어려운 사실 가운데 하나가 미 행정부의 많은 대외공약이나 인사(人事) 등이 의회에서 제동이 걸리거나 시간이 많이 지체된다는 사실이다. 우리는 책이나 언론을 통해서 건강한 민주주의는 입법 사법 행정이 서로 독립적으로 작동되면서 상호 견제해야 한다고 배웠으나, 우리의 현실은 오랫동안 그러지 않았다. 그래서 미국의 민주주의에 대해 3권분립(分立)이 잘 이루어진다고 하면서도, 돌아서서는 "미국은 참 이상한 나라야"라고 말하곤 했다.

때로는 미국식 민주주의는 우리나라에 맞지 않는 제도라고 생각하기도 했다. 민주주의라는 제도는 시간과 돈의 낭비가 많은 제도지만, 그 대신 국민의 다양한 의사가 반영되는 건강하고 튼튼한 제도로 지속 가능성이 높은 제도다. 미국이 이상한 게 아니라 우리가 이상했지만, 사람들은 대개 자기중심으로 세상을 본다.

1976년 10월 24일 일요일, WP지는 1면 머리기사로 "한국 정부, 미국 의원들에게 수백만 달러 제공했다"라는 특종 기사를 보도한다. 주인공의 이름을 딴

1976년 10월 24일. 워싱턴포스트(WP) 1면. 코리아게이트의 문이 열린다.

'박동선(朴東宣) 사건' 또는 '코리아 게이트'(Koreagate)의 문이 열린 순간이다. 그 이후 한미 두 나라의 공동성명이 나오면서 종결되는 1978년 12월 말까지 2년 이상 이어지는 일련의 언론 보도, 의회청문회, 미국 수사기관의 조사 활동, 한국 측의 반응 등을 다 합쳐서 코리아게이트라고 한다. 혈맹이라고 하는 한-미 관계가 최고로 험악했던 시기이기도 하다.

어떤 일이 발생할 때 어디까지 소급해서 원인을 따져 봐야 할 지 애매하지만, 일단 이 사건은 닉슨 취임 후 시작된 주한미군 철수 움직임에 그 뿌리를 둔다. 미군 철수 여부에 한국 방위의 사활이 달려있다고 생각하던 그 시절, 주한미군의 추가 철수를 막고, 국군 현대화 계획에 대한 미국의 지원을 원활하게 하고 독재로 다가가는 박 대통령에 대한 부정적인 인식을 희석하기 위해 한국 측이 미 의회에 현금, 선물 등으로 로비하다가 탈이 난 사건이다.

베트남전에 관한 시비가 한창일 때인 1968년 치러진 미국 대선에서 공화당의 닉슨은 베트남 파병 미군 철수를 공약으로 내걸었다. 닉슨은 외교의 달인답게, 68혁명 등으로 달라지고 있는 세계의 흐름을 외교정책에 반영한다. 큰 흐름은 긴장 완화였다. 2차 대전이 끝난 지 20년이 넘었다. 세계의 흐름은 대개

워싱턴DC에 있는 미 연방의회 의사당. 상원(100명)은 의사당 왼쪽을 사용하고, 하원(435명)은 오른쪽을 사용한다. 이 의사당은 1793년 공사를 시작했으며 여러 차례 증축을 거쳤다.

10년을 주기로 바뀌는데, 전후 세계를 견고하게 지배해온 동서 간의 냉전도 녹아가고 있었다. 당연히 미국의 외교정책도 달라진다. 아시아에서 발을 빼려고 하는 정책에는 주한 미군 철수가 포함돼 있었다. 20세기 들어서 3차례나 아시아에서 큰 전쟁(태평양전쟁, 6·25전쟁, 베트남전쟁)을 치르면서 막대한 인명과 전비를 감당했던 미국으로서는 선택할 만한 정책이었다.

한국이 항의하는 가운데 주한미군 철수에 관한 논의가 진전돼, 71년 2월 6일 최규하(崔圭夏) 외무장관과 윌리엄 포터(William Porter) 주한 미국대사 사이에 3개 항의 합의가 이루어진다. 이 합의의 두 번째 조항, 즉 "미국은 15억 달러의 군사 원조와 군사 차관을 제공해 한국군 현대화 5개년 계획을 지원한다"를 이행하는 과정에서 미 의회의 반대가 심했다. 박 대통령의 3선 개헌안이 국회에서 변칙적으로 통과된 데다(1969) 국가비상사태 선언(1971) 등 장기 집권으로 내달리는 한국 정부에 불만이 많은 미 의회가 예산 승인을 해 주지 않아, 71년부터 시행하기로 한 한국군 현대화 5개년 계획에 차질이 생긴다. 한국 정부도 당황했지만, 미국도 한국의 안보 현실을 아는지라 '의회에 로비(lobby)를 좀 하면 좋은데, 왜 하지 않냐'고 은근히 눈치를 주는 상황이었다.

> 닉슨의 핵심 참모인 헨리 키신저 국가안보보좌관도 "세계 모든 국가가 워싱턴에서 로비를 하고 있다. 로비를 안 하는 나라가 이상하다."는 로비관을 밝히기도 했다. 로비가 시작되었으나 상황이 심상치 않았다. 1972년 유신이 선포되자 미 의회의 비판은 더욱 거세지기 시작했고, 정상적인 로비로는 대처하기가 쉽지 않게 되었다. 결국 유신 체제와 박정희 대통령 개인에 대한 비판에 대처하는 데 초점이 맞춰지며 한국의 돈 로비, 매수 로비가 등장하게 되었다.[466]

워싱턴에서는 모든 길은 로비로 통한다는 말이 있고, 로비 자체는 일상적인 일이다. 미국은 아무리 로비를 규제해도 음성적인 뇌물을 막을 수 없다는 현실적이고 실용적인 판단에서, 로비를 양성화했다. 그건 "언론, 출판의 자유나 국민이 평화로이 집회할 권리 및 고충의 구제를 위하여 정부에 청원할 수 있는 국민의 권리를 제한하는 법률을 제정할 수 없다"는 연방 수정헌법 1조의 정신과도 일맥상통하는 권리라는 점에서도 그랬다. 미국은 몇 차례의 입법과 판례를 통해 로비에 관한 질서를 세워 나갔다. 이런 전통에 기반해 미국에서 로비는 부도덕하고 음습한 거래가 아니라 '떳떳한 권리의 주장'으로 인식된다. 워싱턴에서 우리나라에 관한 일상적인 로비는 주미 한국대사관에서 하고 있었다. 물론 공관원 신분으로 파견된 정보기관 요원들도 로비에 참여한다. 이들의 활동은 만나서 설명하고 자료를 제공하고, 식사하고 골프나 테니스 등을 함께한다. 보통 수준의 로비로, 통상적인 업무의 범주에 들어가는 것이었다.

지금은 삼성, 현대차 같은 대기업들은 물론 한국 정부도 사안에 따라 전문가들인 로비스트나 변호사들을 고용해 대처하고, 아예 계약을 맺고 법률 자문과 후원이나 광고 등을 세련되게 하고 있다. 미국 연방 수도인 워싱턴DC에서 활동하는 로비스트는 11,000명이 넘고, 이들의 사용한 활동비는 연간 30억 달러가 넘는다고 한다.[467] 현재 워싱턴D.C. 로비 업계의 큰손은 중국, 일본, 한국, 사우디아라비아, 이스라엘 등 미국과의 이해관계가 많은 나라들이다. 이들이 공식적으로 지출하는 비용도 나라마다 몇천만 달러로, 제일 큰 손인 중국은 공식적으로 7,000만 달러가량을 지출한다.

70년대 중반 코리아게이트가 말썽이 됐던 것은 한국 정부가 급한 나머지 제일 효과가 빠른 방식 즉 금품을 주고 의원들의 영향력을 매수하려고 했다는 사실이다. 로비의 천국인 미국에서도 금품을 주고 표를 매수하는 행위는 불법이다. 로비(lobby)라는 용어가 17세기부터(1640년, 옥스퍼드 영어 사전에 등장) 사용된 데서 나타나듯이, 당시 다른 나라들은 워싱턴에서 미 의회 로비를 위해 계획을 세워 장기적으로 대처했다. 이들은 워싱턴의 이름난 연구소와 자선단체 등에 기부(donation) 하거나 행사나 세미나 등을 공동 개최하면서 로비의 기반을 다지는 등 조심스럽게 우호 세력을 확보한다. 시간과 돈이 많이 들었지만, 그

것이 워싱턴에서 통하는 방식이었다.

그런데 한국은 급한 나머지 홍보와 설득, 대화와 소통에 의해서가 아니라 돈봉투를 돌리면서 영향력을 매수(買收)하는 방식의 로비를 해, 짧은 시간에 가시적 성과를 얻기는 했으나, 위태위태했다. 그런 불법적인 방법이 오래갈 수 없었다. 74년과 75년에는 유신정권의 인권 문제에 대한 청문회가 있었고, 75년 청문회에서는 정보부 요원이었다가 망명을 신청한 이재현 문화원장이 한국중앙정보부의 조직적인 로비에 대해 증언을 하기도 했다. 이런 과정을 거치면서 의혹의 연기가 피어나던 차, 워싱턴포스트(WP) 신문이 1면 머리기사로 한국의 매수 로비에 관해 보도했다. 폭로 기사를 잘 써서 워싱턴 정가에서 '공포의 여기자'라는 별명을 얻은 사회부 맥신 체셔(Maxine Cheshire)와 탐사보도팀의 스콧 암스트롱(Scott Armstrong) 기자가 함께 취재했다.

한국 정부, 미국 의원들에게 수백만 달러 뇌물제공

한국 박정희 대통령으로부터 별도의 지휘를 받는 일단의 한국 공작원들이 70년대 들어 매년 50만 달러에서 100만 달러 사이의 현금과 선물, 선거후원금 등을 미연방의회 의원들과 다른 관리들에게 살포해 왔다. 이러한 사실은 연방수사국이 입수한 보고서 등 여러 정보 보고서 등을 통해 드러났다.

워싱턴DC를 기반으로 하는 이 공작 망은 한국인 사업가 박동선 씨가 중심인물로, 박 씨는 다른 한국 공작원들과 한국중앙정보부(KCIA)의 정보수집 활동과 로비에도 자금을 제공했다고 이 문제에 관해 수사하고 있는 법무부 수사당국과 가까운 소식통이 말했다.

소식통에 따르면 이러한 로비 자금은 평화를 위한 식량(Food for Peace) 프로그램에 따라 미국 연방정부의 보조금을 받는 쌀을 한국에 판매하는 미국 수출업자들로부터 박동선 씨와 한국 정부가 받은 커미션에서 대부분 조달됐다. 법무부는 또한 표면적으로는 한미 간 더 긴밀한 문화적 관계를 촉진하는 자선재단으로부터 자금들이 빼돌려졌다는 혐의에 대해서도 조사하고 있다.

소식통들은 전례가 없는 연방 수사당국의 이번 수사는 한국을 위해 "우호적인 입법 환경을 조성"하려고 과도하게 금품을 지급한 활동들이 수사의 핵심이라고 말했다. 수사당국은 입법 편의를 제공하고 한국 측으로부터 현금과 선물을 받은 20여 명의 전·현직 의원들이 수사 대상이라고 전했다.

WP지는 "미국 법무부와 국무부, 국방부, 농무부, 미 중앙정보부 그리고 국가안보국 내의 많은 소식통" 또 박동선 씨와 한국중앙정보부와 가까운 사람들로부터 이번 수사와 관련한 광범위한 세부 정보들을 입수했다. 취재 결과 파악한 중요한 내용은 다음과 같다.

• 박동선은 전직 의원인 코넬리우스 갤러거(민주당, 뉴저지), 리처드 헤나(민주당, 캘리포니아), 에드윈 W. 에드워즈(민주당, 루이지애나, 현 루이지애나 주지사), 윌리엄 S. 브룸필드(민주당, 미시간) 씨와 몇 명의 미확인 인사들에게 상당한 대가를 지불했다고 시인했다.

• 박동선은 그가 어떻게 보석, 은 장신구, 동양 골동품, 휴가 여행 비용 등을 다수의 의원과 다른 미국 관리들에게 선물했고 친분을 유지하고 있는 의원들이 필요로 할 때마다 현금으로 한꺼번에 수백 달러를 주었는지 자기 동료들에게 진술했다.

• 미 중앙정보국이 국무부에 전한 보고에 따르면 1960년대 말 한국의 청와대에서 박정희 대통령과 박동선 씨, 한국중앙정보부의 고위 간부들, 그리고 문선명 통일교 교주의 최측근인 박보희 씨 등이 참석한 회의에서 지금 말썽이 되는 로비 건이 논의됐다.

• 미국 세관보고서에 따르면 박동선이 1973년 12월 초 알래스카의 앵커리지 공항에서 미국으로 입국할 때 세관원들이 박 씨를 수색하려고 하자, 박동선은 이름과 그 뒤에 금액들이 적힌 미 의원과 관리들의 명단을 파기하기 위해 필사적으로 애를 썼다. … (이하 생략)

미국과 한국을 깜짝 놀라게 한 이 보도가 나가자 청와대는 "박동선은 한국 정부와 아무 관계가 없는 인물"이라고 부인 성명을 발표했다. 그러자 사흘 뒤

WP는 "여러 증거가 박 대통령의 관련을 가리킨다"(Data Links Korea Chief To Charges)라는 기사를 내보낸다. 미국의 정보기관이 특수 전자도청장치를 이용해 대미 로비 관련 청와대 회의를 도청한 사실이 있다면서 24일 자 기사가 허위 보도가 아님을 암시하고 나섰다. 이 기사 역시 채셔와 암스트롱 두 기자가 작성했다.

여러 증거가 박 대통령의 관련을 가리킨다

연방 소식통들은 박정희 대통령이 미 의원들에게 현찰이나 선물, 선거 기부금 등을 제공하도록 개인적으로 지시한 한국 청와대의 회의를 녹음한 테이프를 포함해 "고도로 민감한" 정보 보고서들이 박 대통령에 대한 의혹의 근거가 된다고 밝혔다.

법무부와 국무부 소식통에 따르면, 한국 정보요원들이 행한 미 의원들 및 다른 관리들을 대상으로 한 광범위한 부패 행위를 조사하는 연방 수사관들에게 알려진 정보 자료들은 대부분, 전자 도청, 감청, 또 다른 통신 수단에 대한 도·감청과 인적 자원들의 정보에 기초하고 있다. 한 정통한 소식통은 일부 정보 보고서는 박 대통령이 워싱턴에 있는 사업가 박 씨와 한국중앙정보부(KCIA) 요원들이 청와대에서 나눈 대화를 녹음한 테이프를 바탕으로 한 것으로 보인다.

정보 보고서를 다루고 있는 소식통에 따르면 관련 회의에서는 박 대통령이 미 하원 의원들에게 현찰이나 보석, 가구, 휴가용 비행기 표, 선거 기부금 등으로 미국의 쌀 수출에서 나오는 커미션을 사용하도록 박동선 씨에게 지시했다고 말했다.

청와대 임방현 대변인은 어제 미국 언론에 보도된 이 사건에 박정희 대통령이나 한국 정부의 관여를 부인했다. 임 대변인은 성명에서 "박동선 씨가 주도한 미 의회와 정부에 대한 영향력 매수(influence buying) 사건에 한국 정부는 일체 관여하지 않았다"고 밝혔다. "박동선 씨는 한국 정부에 고용된 적이 없으며, 박정희 대통령과도 아무 관련이 없다"고 말하고 "일부 미국 언론에서 보도하듯이 대통령의 지시에 따라 로비 활동을 벌였다는 것은 전혀 사실무근"이라고 말했다.

그러나 정보 보고서의 내용을 잘 알고 있는 국무부의 한 소식통은 한국 정부의 이런 성명에 대해 "박 대통령이 직접 이 공작에 관여한 것은 의문의 여지가 없는 일"이라고 말했다. 미국 정보 당국이 청와대 내에서 이런 정보를 얻거나 국내외의 한국 공관에서 정보를 얻기 위해 사용하는 수단들은 너무나 민감해서 미 중앙정보부나 국방부 산하 국가안보국은 법무부 수사팀에게도 정보 보고서의 모든 내용을 넘기지 않을 정도라고 말했다.

정보 보고서에 정통한 소식통은 그것이 매우 다양한 출처에서 나온 것이며 각 정보는 미 의회에서의 영향력 매수라는 사실을 상호 확인하고 있어서, 연방 수사관들은 그러한 공작이 존재한다는 사실을 믿어 의심하지 않는다고 말했다. 워싱턴 포스트는 최소한 22명의 하원 의원들이 한국에 유리한 입법 조치를 대가로 한국 요원들로부터 돈이나 선물을 받은 혐의로 조사를 받고 있다고 보도했다. … (이하 생략)

박동선 씨는 일련의 보도에 놀란 나머지 로비와 관련한 문서 등을 파쇄하지도 않고 집안에 놔둔 채 영국 런던으로 도피했다.

그 바람에 한국 정부의 미 의원에 대한 평가, 선거자금 지원보고서 등 돈 로비에 관한 물증과 '대통령 각하' '중정부장님' 등의 제목이 적힌 기밀문서들이 송두리째 미 수사당국의 손에 넘어갔다. 의원들의 로비 매수라는 전례 없는 추문(醜聞)에 크게 놀란 미 의회는 행정부와는 별도로 상·하원 각각 윤리위원회, 상원의 정보위원회, 하원의 프레이저소위원회를 경쟁하듯이 설치하고 진상조사에 나선다.[469]

본격적인 코리아게이트의 개막이었다. 미 국민은 2년 전 워터게이트 사건으로 닉슨 대통령의 하야(74.8.9)를 겪은 데 이어, 입법부인 의회마저 '나쁜 국가'인 한국에 의해 오염된 것은 아닌지 의심하고 분노했다. 미국 언론은 닉슨의 하야를 불러온 워터게이트(Watergate)를 본떠 이 사건을 코리아게이트(Koreagate)라고 불렀다. 국제적인 부정부패 사건으로 취급했다. 이런 엄청난 사건에 대해 외무부 본부는 전혀 모르고 있었다. 박동진 장관의 회고다.

> 그때만 해도 그것이 2년이라는 긴 세월을 소모하는 골치 아픈 사건으로까지 발전하리라고는 예측은 못 했다. 나나 함병춘 (주미)대사나 외무부 사람들은, 현지에서의 공작 따위는 관여하지 않았고 따라서 그 내용을 전혀 모르는 입장에 있었기 때문에 사건의 심각성을 판단할 수 없었다.[470]

박동선의 영국 도피에 이어 주미대사관의 김상근 참사관이 미국에 망명을 신청하고(11.24), 자신이 맡았던 특별한 임무, '백설공주작전'(Operation Snow White)에 대해서 폭로했다. 그는 서울의 중앙정보부에서 자금을 받아 미국 내의 정치인, 언론인, 학자들을 포섭하라는 비밀 임무를 맡고 있었다고 말했다. 실무는 워싱턴DC의 재미교포 사업가 김한조(金漢祖)가 맡았다. 김상근은 프레이저소위원회 청문회에서의 증언을 통해(77.10.19) "1974년 9월부터 75년 6월 사이에 재미교포 사업가 김한조에게 한 번에 30만 달러씩 두 번에 걸쳐 60만 달러를 전달했다"고 증언했다. 미국 언론들은 한국 정부를 부도덕한 정부로 몰아갔다. 그러나 김한조는 돈만 받고, 로비는 거의 한 적이 없는 것으로 드러났다. 청와대나 중앙정보부 등 한국 정부가 사기를 당한 셈이었다.

11월에 실시된 선거에서 지미 카터(Jimmy Carter)가 새 대통령으로 당선된다. 그는 '코리아게이트에 대한 철저한 조사'를 선거 공약으로 제시할 만큼 도덕외교에 심취한 이상주의자였다.

김형욱(金炯旭) 전 중정부장 증언 | 해가 바뀌어 카터가 취임하고(77.1) 법무부의 수사가 이어지는 가운데, 의회 쪽에서는 의원들의 수뢰 여부를 밝히기 위해 상·하원 윤리위원회가 수십 명의 전·현직 의원에 대한 조사를 개시했다. 또 상원 정보위원회는 뒤늦게 미국 중앙정보부의 청와대 도청 문제를 따졌다. 그러나 언론의 초점은 하원의 국제관계위원회 산하 국제기구소위원회(프레이

저위원회)청문회였다. 1963년부터 69년까지 한국중앙정보부장을 지낸 김형욱(金炯旭, 1925~1979)이 증인으로 출석하기 때문이었다.

그는 프레이저소위원회에 네 번, 상·하원 윤리위원회에 각 한 번씩 모두 여섯 차례에 걸쳐 증언했다. 따라서 박정희가 가장 신경을 쓴 쪽은 자신의 크고 작은 공사(公私)의 약점이나 비밀을 꿰고 있는 김형욱이 무엇을 폭로하느냐에 있었다.[471]

김형욱은 "박정희가 가장 두려워하는 개인은 김대중(金大中)이며, 가장 두려워하는 집단은 미 의회(議會)"라면서 "김대중 건에 대해서는 73년 납치 사건으로, 그리고 미 의회에 대해서는 박동선의 로비로 해결을 시도했다"고 증언했다. 또 김형욱은 로비스트 박동선에게 쌀 중개권을 알선해 주었다고 시인하고, 돈 로비 의혹의 배경이나 실체 등에 관해서도 답변했으나. 박 대통령은 로비와 직접적인 관련이 없다고 하는 등 한국 정부를 의식하는 모습도 보였다. 프레이저위원회는 이런 김형욱에 대해 불만이 많았지만, 김형욱 또한 나름의 생각이 있었다.

전 한국 중앙정보부장 김형욱(앞줄 오른쪽 두 번째)이 미 하원 청문회에 출석했다. 1977. 6. 22.

박정희, 이후락, 김종필, 박종규 및 통일교의 재산 도피에 관한 상황도 문제점의 하나였으나 나로서는 심증은 가나 정확한 증거를 가지고 있지 못했기 때문에 알려줄 수 없었을 뿐이었다. 정인숙 여인 살해 사건에 대한 박정희의 관련 여부에 대해서도 프레이저위원회는 나의 증언에 만족하지 않았다. 나는 내가 확실히 알고 있고, 증거를 확보하고 있는 한도 내에서 최선을 다했을 뿐 그들이 원하는 것이 무엇이든지에 상관하지 않았다. 나는 박정희를 반대하고 한국의 독재체제를 하루라도 속히 무너뜨리기 위해 미국 국회에 섰지, 프레이저위원회의 체면과 흥미를 만족시켜 주기 위해 선 것은 아니었으니까 말이다.[472]

사실 김형욱의 증언에 앞서 한국 정부는 박 대통령이 개인적으로 편지를 보내 설득하거나 정일권(국회의장), 김종필, 민병권(무임소장관) 등등 그와 인연이 있는 인사들을 보내 청문회 출석을 만류했으나, 막지 못했다.

그해 연말 박 대통령은 중앙정보부의 미국 내 활동에 관한 책임 등을 물어 신직수 부장을 경질하고 후임으로 자신의 육사 2기 동기인 김재규(金載圭)를 임명한다(76.12.6). 김재규는 몇 년 뒤, 반정부 활동을 계속하고 있는 김형욱을 제거하라는 최종 명령을 재가한다(79.10). 이 명령을 받은 중앙정보부 요원들은 김 부장을 프랑스로 유인한 뒤, 납치해(10.7) 살해하는 방식으로 흔적을 지워버렸다. 한참 뒤 국정원 진실위원회는 그 사건의 진상을 규명하기 위해 프랑스 현지 조사까지 했으나, 관련 흔적을 찾지 못했다(2005).

코리아게이트의 전말(顚末) | 코리아게이트의 주인공 박동선(1935년생)은 이제 고령이다. 이 사건이 터질 70년대 그는 40대로 한창 활동할 나이였다. 평양의 부자 집안에서 태어난 그는 일찍 미국으로 유학을 떠나 워싱턴DC의 명문 조지타운(Georgetown)대학에서 수학했다(1955~1959). 대학 졸업 후 박동선은 사업을 시작하면서 워싱턴DC에 조지타운 클럽(George Town Club)이라는 사교 클럽을 운영하는(1966) 마당발로, 또 멋쟁이로 유명했다.

워싱턴에서 사교 클럽은 비싼 가입비를 내고 주로 남자들이 회원으로 가입해 식사와 행사, 사교 등을 할 수 있게 하고, 이를 바탕으로 로비도 할 수 있도록 하는 회원 전용 공간이었다. 미국 내에 2,000여 개의 클럽이 있으나, 박동선이 운영하는 조지타운 클럽은 상위권에 드는 아주 잘 나가는 곳이었다. 2023년 현재 이 클럽은 회원 4명의 추천을 받아 가입할 수 있으며, 연회비는 2,000달러로 나와 있다. 예전의 명성에 비하면 많이 위축된 상태다.

박동선이 한국 정부와 박 대통령을 위해 활동하게 된 스토리는 이렇다. 박동선은 4·19혁명 직후 주미 대사를 4개월 정도 지낸 정일권(丁一權)을 알게 되고, 그의 소개로 김형욱 중앙정보부장과도 알게 됐다. 워싱턴DC에서 클럽을 운영하는 박동선은 김 부장에게 "미국은 로비로 통한다"면서 "쌀 중개권을 자신에게 주면 거기에서 나오는 커미션(commission, 구전)으로 미 의회에 로비할 수 있다"고 제안했다. 박동선은 "미 하원 의원 435명 가운데, 80여 명이 쌀 생산지역 출신이어서, 쌀을 수입해 주면 이들이 자발적으로 한국에 우호적이 되고, 거기에 선물까지 제공하면 더욱 친한파 의원이 될 것"이라고 설득했다.

1968년 10월 11일, 김형욱 부장은 일단 박동선을 미국 쌀 도입 중개상으로 지정하게끔 도움을 준다. 중개상 박동선은 미국에서 한국으로 수출하는 쌀 1톤당 0.5달러의 커미션을 받게 됐다. 당시는 우리나라가 쌀을 자급하지 못할 때였다. 1969년 1년 동안 한국은 46만 3,700톤의 쌀을 미국으로부터 수입했고, 박은 23만 1,000달러의 커미션을 받았고, 70년에는 40만 200달러를 받았다. 그 뒤 커미션이 올라, 75년에는 375만 달러를 받기도 했다.

박은 이 커미션 수입을 토대로 미 의원들에게 정치자금을 기부하고, 도움을 많이 준 의원들에게는 수천 달러에서 13,000달러까지 현금을 뇌물로 주었다. 이런 관계가 이어지다가, 1976년 10월 WP지에 불법 로비 기사가 보도된다. 놀란 미 하원은 진상 조사를 위해 워터게이트 특검(特檢)으로 명성을 날린 레온 자워스키(Leon Jaworski, 1905~1982)를 조사관으로 임명했다. 그는 7개월간 (77.1~77.8) 일했으나, 별 성과를 내지 못했다. 박동선이 워싱턴에서 도피한 후에도 미국 언론들은 경쟁적으로 코리아게이트 사건 보도를 이어갔다. WP의 특종 보도에 이어 NYT는 물론 TV 방송들까지 매일 관련 기사를 보도했다. WP의 첫 보도 이후 그해 말까지 두 달 남짓한 기간 NYT는 84회, WP는 50회 기사와 사설로 코리아게이트(의회매수사건)를 다뤘다고 당시 주미 대사였던 김용식은 회고록에 기록했다.[473]

레온 자워스키 조사관(좌), 미 하원 윤리위 청문회에서 증인 선서 하는 박동선(1978.4.3). "32명의 전·현직 의원에게 85만 달러를 제공했다"고 증언했다. / 프레이저보고서(1978.10.31)

당시 박동선은 한국 국적자였다. 런던 도피 10개월(77.8), 박은 영국에서 한국으로 입국한다. 미국과 영국 사이에 자신의 신병 인도를 놓고 모종의 이야기가 오가고 있어, 불안했기 때문이었다.

이제 미국 정부는 한국에 대해 박 씨의 신병 인도를 요구하고, 이 때문에 한·미 두 나라는 외교 마찰을 빚는다. 한국 정부는 박 씨에 대한 면책(免責: 책임을 면함)을 조건으로 대화에 응한다. 청문회 조사 결과를 보면 알겠지만, 사실 그렇게 큰 잘못도 아닌데, 당사자인 박동선이 숨어버림으로써, 모든 의혹이 박동선 또는 한국 정부에 몰렸다. 박 씨는 로비스트로 등록하고 로비 활동을 해야 한다는 『외국인의 미국 내 로비활동 등록법』(Foreign Agent Registration Act)은 위반했지만, 다른 잘못은 별로 없었다. 박 대통령 관련 사안이어서 한국 정부나 관련 기관들이 겁을 먹고 이성적으로 대응하지 못한 것 아니냐는 비판이 뒤에 나왔다.

면책에 관해 두 나라 간 합의가 이루어져, 박동선은 미국으로 건너가기 전, 먼저 서울에서 미 법무부의 조사를 받는다. 미 법무부 수사관(FBI)들이 서울의 미국대사관에서 박 씨를 조사했다(78.1.13). 9일 동안 계속된 조사에서 박동선은 "30여 명의 전·현직 하원 의원에게 그동안 130만 달러 상당의 현금 지원이나 선물 행위가 있었다"고 진술했다(윤하정 당시 외무차관의 기록). 시빌레티(Benjamin Civiletti, 1935~2022) 미 법무부 차관은 이 조사 결과를 상·하원 윤리위원회에 보고했으나, 의원들은 만족스러워하지 않았다. 자신들이 직접 박 씨로부터 이야기를 들어보겠다고 했다.

1978년 2월 박동선은 미국 내에서의 완전한 신분보장과 면책을 조건으로 청문회 출석을 위해 미국으로 간다. 그는 먼저 하원에서 비공개로 증언하고(2.28), 이어 공개 청문회에 출석한다(4.3). 박동선은 의원들에게 로비한 사실을 인정하고, 로비는 미국과 한국과의 친선을 위한 개인적인 행동으로 한국 정부와는 아무 관련이 없다고 '고급스러운 영어로 당당하게'(윤하정 차관) 증언했다. 1978년 10월 31일 의회 프레이저위원회의 청문회보고서가 완성되면서 코리아게이트(Koreagate)는 마무리되고 공동성명만 남게 된다. 박동선 로비와 관련해서는 1명의 의원(리처드 해나, 민주당 캘리포니아)이 20만 달러를 받은 사실이 인정돼 유죄 판결을 받고 1년을 복역했다. 나머지 7명의 의원이 윤리위원회 차원에서 징계받는 데 그쳤다.

2년 이상 한국을 괴롭힌 결과치고는 내용이 너무 빈약했다. 미국 언론들은 이 사건이 터지자, 이를 제2의 워터게이트 사건으로 보고, 마치 박 대통령을 하야시켜야 하겠다는 듯이 이런저런 의혹을 제기했다. 123명의 의원과 고위 관리들이 청문회에 소환됐고, 1,563명이 참고인 진술을 했지만, 드러난 사실은 초라했다.

청와대 도청(盜聽) | 앞서 살펴본 WP의 보도(76.10.27)에서도 드러나지만, 미국은 청와대를 도청해서 나온 극히 민감한 정보 자료를 토대로, 코리아게이트가 박 대통령이 진두지휘한 미 의회 매수 사건이라고 부풀렸지만, 결과는 아니었다. 도리어 미국 정보기관이 한국의 대통령 관저 겸 집무실을 도청(盜聽)한 사실만 드러났다. 우리 측이 의회에 매수 로비를 시도했다는 잘못은 있지만, 미국 정보기관의 청와대 도청은 더 큰 범죄다.

일반적으로 도청이나 전자장비, 인공위성 등을 이용한 정보 수집은 적대 관계에서나 발생하는 것으로 알기 쉽지만, 미국은 우방국에 대해서도 도청이나 암호 해독, 이중 첩자를 이용한 정보수집 등을 계속하고 있다.

WP의 보도로 코리아게이트가 시작돼 열기가 한참 오른 시점에(77.6.19) NYT는 "미국, 한국 대통령 도청한 듯" (U.S. Is Reported To Have Bugged Korea President) 기사를 1면에 보도한다. 놀랍게도 미국은 남한과 북한이 자기들 모르게 비밀 거래라도 할까 봐 청와대를 도청했다고 한다. 그러니까 미국은 베트남전쟁이 진행되던 당시는 한국이 미국 몰래 베트남 주둔 한국군을 철수시키는 결정을 하지 않을까 해서 도청하고, 남북대화가 진행 중일 때는 남북한이 미국 몰래 어떤 비밀 협정이라도 맺을까 봐 또 한국이 몰래 핵무기라도 개발할까 봐 도청했다. 관련 전문가들의 논쟁이 계속되는 주제이긴 하지만, 미국은 충분히 도덕적인 국가이고, 충분히 비도덕적인 국가라고 할 수 있겠다.

미국, 한국 대통령 도청한 듯

(워싱턴, 6.18) 1975년 미국 정보기관이 한국 대통령 관저인 청와대에 전자 감시를 활성화해, 미국 하원의원들을 상대로 한 한국의 뇌물 제공 건에 관한 구체적인 정보 보고서를 생산해 냈다고 코리아게이트 진상 조사와 관련한 소식통들이 전했다. 국무부는 이때 만들어진 보고서들과 기타 정보 보고서들을 모두 종합해 1975년 봄에 법무부에 넘겼다고 이 소식통들은 말했다. 이 보고서들은, 한국이 미 의원들을 매수하려고 시도한 혐의와 관련해서 초기 단계 수사에 활기를 불어

넣었다고 말했다.

이 사실은 한국과 관련한 미국의 정책과 입법 그리고 여론에 영향력을 행사하기 위한 광범위하고, 때로는 은밀하며, 불법적인 한국의 시도에 대해, 미 의원들이 이미 공개된 사실보다 훨씬 더 많은 것을 알고 있었다는 것을 보여준다.

감시 보고서

그러나 법률전문가들은 도청으로 얻은 정보를 법원이나 의회 청문회 조사에서 사용하는 것이 어렵다는 사실을 알고 있다. 미국 법은 해외에서의 전자 정보로 획득한 미국 시민에 대한 정보는 형사법 집행 절차상 증거로 인정할 수 없도록 규정하고 있다.

한국 박정희 대통령의 집무실인 청와대에 도청으로 얻어낸 정보는 워싱턴의 전현직 관리들과 조사관들로부터 얻은 정보들과 짜깁기됐다. 지난가을 워싱턴의 한국인 사업가 박동선 씨를 중심으로 이뤄진 한국인들의 의회 로비 조사와 관련한 보도에 따르면, 미 중앙정보국은 청와대 안에 도청 장치 즉 "버그"를 설치했다. 그 도청 장치를 통해서 박 대통령과 박동선 씨, 또 다른 한국인 참석자들이 미 의원들을 설득해 한국에 우호적인 표결이나 발언 등을 하도록 설득하는 작전 계획을 세운 1970년의 모임에 관한 정보를 얻게 되었다는 것이다.

그러나 후에 이러한 보도들은 정확하지 않은 것으로 알려졌다. 소식통들은 미 중앙정보국이 해당 정보를 도청 장치가 아닌 청와대 내부 정보원으로부터 획득했으며, 대미 로비를 계획한 모임은 한 차례가 아니라 1970년 여름과 가을에 걸쳐 여러 차례 있었다고 전했다. 그들은 또한 당시 미국 정보기관이 한미 간의 전화와 통신케이블에 대한 전자 감청을 통해 당시 상황에 대한 귀중한 정보를 얻었다고 말했다.

그러나 소식통들은 1970년대 중반 미국 관리들이 청와대로부터의 전자 정보 획득을 위해 장기 계획을 세운 이유는, 일부 미국 관리들이 박정희 대통령을 불신했기 때문이라고 말했다. 소식통들은 당시 미국 관리들은 박 대통령의 억압적인 국내 정치와 남한이 협상하고 있던 공산주의 북한과 비밀 거래를 할지도 모른다는 두려움 때문에 불안해했다고 말했다.

기술에 대한 의구심

감시 기술에 대한 세부 정보는 드러난 것이 없다. 소식통들은 외교적 위험 때문에 도청은 신중하게 이행되어야 했다고 말했다. 전자장치 전문가들은 청와대를 둘러싼 보안망을 통과하는 문제와 대통령 집무실에 들어가기 위해 한국인을 포섭하는 문제를 해결하는 방법으로 고성능 지향성 전파 탐지기를 이용해 도청한 것으로 보인다고 말했다. 한 전문가는 이 방식을 쓰면 도청 대상이 되는 방 내부에 별다른 장비의 설치가 필요치 않다고 말했다. 전파는 방안으로 뚫고 들어가 이동하다가, 물체에 부딪쳐 진동하게 되는데, 이때 방안의 목소리와 소음이 밖으로 다시 전송된다. 이 기술은 전파를 쏘는 송신기와 도청 목표물 사이가 가시권이든 아니든 관계없이 사용할 수 있고, 전파는 벽과 유리를 통과할 수 있다. 미국대사관과 그들의 주거단지는 청와대와 아주 가까워 이런 장치들이 충분히 작동될 수 있는 거리다. … (이하 생략)

이 보도에 대해서는 미국민보다 한국 정부가 더 놀란다. 정부는 미국에 대해 해명을 요구한다. 도청 피해자인 우리가 항의하고 대차게 나가야 하는데도 좀 이상했다.

한국, 도청 보도에 대한 해명 요구

(서울, 화요일, 6.21, 로이터) 김용식 주미 한국대사는 미국이 한국의 대통령 관저를 전자 장비를 이용해 도청해 왔다는 뉴욕타임스 보도에 대한 공식적인 해명을 요구하라는 지시를 받았다고, 외교부 대변인이 오늘 밝혔다. 박동진 외무부 장관도 오늘 리처드 스나이더 주한 미국대사를 외무부로 불러 비슷한 해명을 요구했다고 대변인은 말했다. 미국 정보기관들은 75년 청와대를 도청해 미국 하원 의원들의 뇌물수수에 대한 구체적인 정보를 찾아냈다고 뉴욕타임스가 보도했었다.

미국은 첨단 전자장비를 이용한 도청에 대해서는 아주 명백한 사실이 드러나지 않는 한, 결코 공식적으로 부인도 시인도 하지 않는다. 어쩌면 실제로 도청하고 있을 텐데, 그걸 안 한다고 얘기할 수가 없기 때문일 것이다. 김용식 주미대사는 자신이 국무부를 방문해 확인했더니, '그런 일이 없다'고 한다며 NYT의 보도는 엉터리 기사라고 말했다(6.22) 그러나 국무부의 호딩 카터 3세 (Hoding Carter 3rd) 대변인은 '우리는 그러한 문제에 대해서는 논평하지 않는다'고 기자들에게 말했다.

이런 공방 자체가 정치적인 목적으로 불거지는 경우가 많지만, 시간이 지나고 나면 진상은 저절로 드러난다. 제9대 주한 미국대사(1967~1971)를 지낸 윌리엄 포터는 1978년 4월 한 미국 언론과의 인터뷰에서 "미국 정부가 청와대에 도청 장치를 설치한 적이 있느냐"라는 질문에 대해 "내가 부임하기 전에 도청이 중단됐다는 보고를 들었다"고 말했다. 여기서 드러나듯이 미국은 도청을 해왔다. 사실 미국은 주한미군 철수에 반발한 박 대통령이 베트남 주둔 한국군을 일방적으로 철수시키는 것은 아닌지가 걱정된 나머지, 첨단 전자 장비를 동원해 '유리창의 진동'을 감지하는 방식으로 청와대를 도청하고 있었고, 이 과정에서 미 의회 로비에 대한 사실도 인지하고 있었다. 그러나 그때는 베트남전이 끝나지 않은 시점이어서 이 사실을 덮어 두었다.

그러나 1975년 미국의 패배로 베트남전이 마무리되면서 상황이 달라졌다. 한국 주재 대사도 지낸 필립 하비브(Philip C. Habib) 동아시아태평양 담당 차관

필립 하비브(1920~1992)   헨리 키신저(1923~2023)   제럴드 포드(1913~2006)

보는 75년 2월 미 의회 로비에 대한 정보를 키신저 장관에게 보고했고, 키신저는 포드 대통령에게 보고했다. 포드는 이 사실을 조사하도록 법무부에 지시했으나, 증거 확보가 여의찮았다.

그 와중에 워싱턴 포스트(WP) 1면에 문제의 기사가 터졌다. 놀란 박동선이 다수의 문서 증거를 자택에 남기고 런던으로 달아난 뒤, 법무부(FBI)는 박 씨 자택에서 증거를 확보해 수사에 박차를 가할 수 있었다. 그래서 WP도 첫 기사에서 청와대를 도청해서 수사의 단서를 얻었다고 보도했고, NYT는 미국이 첨단 전자 장비를 통해 청와대를 도청했다고 보도한다.

미국의 '도청 본능' | 남의 통화나 정보를 가로채는 도청이나 감청은 이중성을 지니고 있다. 전쟁 중 적국의 무전이나 문서를 가로채 해독하는 행위는 애국적이고 스릴 넘치는 공적이 되고, 수사기관이 조직 폭력배나 갱단, 마약 밀매 조직의 정보를 얻기 위해 하는 도·감청도 공공의 안전을 지키기 위한 치밀한 수사 방식으로 간주된다.

그 반대로 적국이든 우방국이든 국가 원수나 주요 인사에 대한 도청, 감청은 비난과 항의를 받는다. 이것은 개인 간에도 그러하다. 부부간에도 전화기를 함부로 열지 못하도록 한다. 그러나 세계의 여러 나라가 불법인 줄 알면서도 이런 일을 저지른다. 국가 안보를 위한 불가피한 일로 포장된다. 가끔 내부자에 의해 실상이 드러나 언론에 보도되고, 영화나 넷플릭스(Netflix)의 좋은 소재가 되기도 한다.

일반적으로 도청과 감청의 기준은 적법성(適法性)에서 구분된다. 도청과 감청은 몰래 엿듣는 행위로, 감청은 법원의 허가 영장을 받아서 합법적으로 하는 경우에 주로 사용하고, 도청과 불법 감청은 말 그대로 도둑처럼 몰래 엿듣는 것을 말한다. 따라서 미국이 안보상 했다는 엿듣기는 도청이 맞다.

최근에도(2023.4) 미국은 한국 용산 대통령실 청사 사무 공간의 대화를 도청한 사실이 드러났다. 유출된 미국 펜타곤 비밀문서에는 한국 대통령실 산하 국가안보실장의 대화를 도청한 것으로 추정되는 내용이 포함돼 있었다고 NYT는 보도했다. 한국이 155mm 포탄 33만 발을 경남 진해에서 독일 북해 연안의 노르덴(Norden) 항으로 선적해 보낸다는 내용으로, 한국이 우크라이나 전쟁을 지원하는 것과 관련해 관련국들의 관심을 끌었다. 이 문제는 몇 차례 공방 끝에 사그라들었다.

이건 약과다. 앞의 경우가, 진행 중인 러시아-우크라이나 전쟁 수행을 위해 관련 국가들의 주요 인사들의 대화를 도청한 것이라면, 지난 2013년의 폭로는 미국의 일상적인 도청 현황을 적나라하게 보여준다.

2013년 미 중앙정보국 전직 요원이었던 애드워드 스노든(Edward Snowden)은 미국의 무차별적인 정보수집 실상을 폭로해 세계적인 파문을 불러왔다. 국가안보국(NSA)이 프리즘(PRISM)이라는 감시 프로그램을 통해 수백만 명의 민간인뿐만 아니라 한국, 일본, 프랑스, 독일 등 우방국 정상들도 감시하고 있다고 폭로했다. 메르켈 독일 총리의 경우는 휴대전화도 도청당했다.

이 폭로 후 오바마(B. Obama) 미국 대통령은 동맹국 정상을 상대로 한 도청을 중단하겠다고 약속했는데, 이 약속도 지켜지지 않았다. 미 국가안보국이 2012~2014년까지 덴마크의 해저 통신케이블을 통해 메르켈 총리 등 유럽 고

오바마 대통령(2009~2017)

올랑드 대통령(2012~2017)

메르켈 총리(2005~2021)

위 정·관계 인사들을 도청했다는 덴마크 공영방송의 보도가 그 뒤 나왔기 때문이다(2021.5). 프랑스와 독일이 불같이 화를 냈지만, 사과를 받고 넘어가는 수밖에 방법이 없었다.[476]

미국의 불법 정보 수집 활동은 도청뿐만 아니라, 암호해독기를 통하는 방법도 있다. 지난 2020년 워싱턴포스트(WP)는 미국 중앙정보국이 1970년부터 2018년까지 40여 년 동안 한국을 포함한 전 세계 120여 개 나라를 상대로 암호장비를 이용해 기밀을 훔쳐 왔다고 폭로했다.

미 중앙정보국(CIA)은 독일 연방정보부(BND)와 함께 스위스 암호장비업체 '크립토(CRYPTO) AG'를 매입해 실질적으로 운영했는데, 크립토 AG가 전 세계에 판매한 암호 장비를 이용해, 각국에서 오가는 기밀정보를 해제하고 가로채는 수법으로 각국의 기밀을 수집해 왔다고 보도했다.

미국과 독일의 정보기관이 공동으로 스위스에 설립한 크립토 AG사가 만든 암호해독기 CX-52

크립토 AG의 고객 국가들은 한국은 물론 이란, 라틴 여러 나라, 인도, 파키스탄, 일본, 바티칸 등 120개 나라가 포함돼 있다. 미국 중앙정보국은 각국 정보 당국에 이 암호장비를 구입하도록 부추기기까지 했다. 그러나 러시아나 중국은 이 장비를 구매하지 않았다.

미국 중앙정보국은 미리 프로그램을 조작해 이 장비를 통해 오가는 각국의 기밀정보를 가만히 앉아서 취득하면서 또 장비 판매 대금도 챙기는 꿩 먹고 알 먹는 장사를 해왔다. 이 암호장비를 통해 미국은 이란의 신학자들을 감시할 수 있었고, 포클랜드 전쟁 때는 아르헨티나 군의 정보를 빼내 영국에 전달하기도 하고, 아프리카 여러 나라의 암살 사건의 내막도 미리 알 수 있었다.

사실 각 나라가 국가안보와 국익을 위해 한다는 도청이나 비밀공작의 세계는 그 깊이나 진상을 알기가 어렵다. 모든 나라의 정보활동이 흑(불법)과 백(합법)의 중간 지대 즉, 회색지대(gray zone)에서 서성거리기 때문일 것이다. 대부분의 경우, 불법 도·감청이 드러나도 양측 모두 우물거린다. 말 그대로 회색은 회색으로 그냥 남는다.

어느 정부나 정보기관도 그 부분에 대해서는 확인도 부인도 하지 않는다. 그리고 시간이 지나가면서 사람들도 바뀌고 사막의 모래 언덕처럼 조금씩 바뀌어 가다가 사라지기도 하고 덮이기도 한다. 국민의 사생활을 침해하지 않으면서 테러나 마약 등 초국가적인 범죄나 스파이 활동, 상대 국가의 은밀한 동정 등을 살펴보는 일이 그리 쉽지 않을 것이다. 일종의 딜레마다. 더구나 지금처럼 과학기술이 빠르게 발전하고 있는 세상에서는 빛과 어둠을 가리는 일은 더 어렵고 미묘한 일이 될 것이다.

박정희 대통령의 정적들은 그를 반체제 인사들을 억누르고, 반대파를 제거하고, 두려움과 억압을 속성으로 갖는 경찰국가를 만든, 부패하고 무자비한 독재자로 부른다. 그의 추종자들은 그를 공산주의로부터 나라를 지켜내고, 강철 같은 의지로 한국 경제의 기적을 만들어 낸 강인한 성격의 실용적인 애국자라고 부른다.

박정희 대통령은 군사쿠데타로 정권을 잡은 18년 동안 미국의 적극적 지원을 배경으로 사실상 3,800만 한국인의 삶의 모든 측면을 지배하면서 혁명적으로 바꾸어, 개발도상국으로서는 유례를 찾을 수 없을 정도로 산업과 기업 그리고 생활 수준을 끌어올린 반면 정치적으로는 민주주의적 제도들을 위축시켰다. (1979.10.27. 뉴욕타임스)

박정희의 마지막 시간(4) : 권력의 공백

유신 2기 출발(1978) | 유신 시절 대통령과 지역구 국회의원의 임기는 6년이었다. 72년에 시작된 유신 1기가 끝나고, 1978년 다시 선거의 해가 돌아왔다. 대통령과 국회의원, 통일주체국민회의 대의원 선출 방식도 그대로였다. 긴급조치 9호(75.5.13)는 4년째 발효 중이었다. 지난 6년 동안의 유신체제에서 선거에 따른 혼란이나 국력 낭비 없이 대통령의 바람처럼 안정 속에서 중단없는 전진이 이루어졌는지, 효율적으로 국민총화가 유지됐는지, 이제 심판의 시간이 왔다. 국민은 유신 1기 6년을 어떻게 평가할까?

대통령은 1978년에도 연두 기자회견을 가졌다(1.18). 관심은 6년 임기가 끝나는 대통령의 출마 여부였다. 이 질문에, 대통령은 "국제 정세 변화라든지, 또는 세계 경제의 여러 가지 어려운 움직임이나 북한 공산집단의 움직임 등으로 볼 때 특히 앞으로 4~5년은 매우 중요한 해라고 봅니다. 이것을 극복하는 길은 우리 국민이 하나로 뭉쳐 총화 단결해서 국력 배양에 매진하는 길밖에 없습니다"라고 밝혔다. 출마한다는 답변이다.

1972년의 8대 대선에 이어 9대 대선도 박정희 단일후보였다. 2,578명의 통일주체국민회의 대의원이 투표에 참여해 무효표 1명을 제외하고 2,577명이 박 후보를 지지했다. 99.9%의 지지였다. 대통령 취임식은, 국회의원 선거까지 끝

제9대 대통령 취임 기념우표 1978.

제9대 대통령 당선을 다룬 신문기사

난, 연말(12.27)에 갖기로 했다. 체육관 선거를 했으니, 뽑은 대의원들이나 뽑힌 대통령이나 별 흥미가 없는 듯했다. 미국 언론에서 "남북한이 점점 닮아 가고 있었다"는 표현이 나올 정도였다.

사실 9대 대통령 선거(7.6)를 앞두고 야당 신민당 내 비주류에서는 야당도 대통령 후보를 내야 한다면서 대통령 후보 선출을 위한 전당대회를 열어야 한다는 주장을 내기도 했다. 그러나 이철승(李哲承) 등 당권파는 어차피 통일주체국민회의 대의원 200명의 추천을 받기가 불가능할 것이며, 후보 등록에 성공한다 해도 필패(必敗)이므로, 간접선거는 보이콧하고 직선제 개헌 투쟁으로 당력을 모아야 한다며 이 제안을 거부했다. 별 의미는 없지만, 양측 다 맞는 말이었다. 이 제안은 김영삼, 이민우 등 비당권파가 당권파를 흔들기 위한 책략으로 치부됐다.

그런데 그게 아니었다. 박정희도 6년 전 찬반 토론도 없이 대의원들에 의한 대통령 간접 선출은 일종의 추대와 같다며 별로라고 생각했다. 그래서 78년 제9대 대선은 복수의 후보가 나와 정견 발표도 하고 대의원들도 어느 대선 후보를 지지하는지 명백히 한 뒤, 투표로 대통령이 선출되도록 했으면 하는 의향을 가졌다. 대표적인 간접선거 방식인 미국 대선의 선거인단 투표 비슷한 형식이 되는데, 논의 과정에서 문제점이 지적됐다고 김정렴은 증언했다.

> 대통령 선거 관련법을 개정하고자 하면 유신헌법 자체의 개정 여부 논의가 필연적으로 제기되는데, 이에 대한 명백한 정책이나 방침없이 선거관계법만을 다루기가 어려워 부득불 종전 방침을 따르지 않을 수 없었다. … 제9대 대통령으로 선출되자 박 대통령은 1975년에 김영삼 신민당 총재와 주고받은 바도 있고 해서 은밀히 대통령 선출 방법은 물론 유신헌법 자체의 개정 문제를 연구시키기로 결심했다. 당시 중앙정보부장을 그만두고 집에서 쉬고 있던 申稙秀씨에게 작업 지시가 떨어졌고 이와는 별도로 柳赫仁 정무수석 비서관 주관으로 중지를 모아 나가게 되었다.477

끈질긴 비리와 총선 참패 | "선거는, 그래도, 투표 맛인데…" 국민의 관심은 연말로 예정된(12.12) 10대 총선으로 쏠린다. 한 선거구에서 2명을 뽑는 중(中)선거구제이긴 해도 그래도 거기엔 민심(民心)이 반영된다. 의원 정수 231명 가운데 154명의 지역구 국회의원 선거가 관심의 초점이다. 이 투표가 끝나면 통일주체국민회의가 뽑는 유신정우회(유정회) 77명에 대한 찬반투표가 실시된다. 77개 지역구 선거 결과, 공화당 68명, 신민당 61명, 민주통일당 3명 그리고 무소속 22명의 당선인을 냈다. 문제는 당선인 숫자가 아니라 득표율(得票率)이었다. 박정희에게 대통령 선거는 별 재미 없는 행사였지만, 국회의원 선거에서는 자신의 치적이 반영돼 좋은 결과가 나오길 기대했다.

그러나 민심은 날씨만큼이나 싸늘했다. 싸늘한 정도가 아니라 정권이 위기감을 느낄 정도의 민심 이반(離反)이 나타났다. 정치적으로 압승이 필요했고 또 압승을 기대한 선거였는데, 집권 공화당은 제1야당에 뒤지는 표를 얻었다. 선거보다 더 정직한 성적표가 어디 있겠는가? 가난의 퇴치도, 경제 성장도, 수출 100억 달러도, 개인소득 1,000달러도 다 소용없었다. 장기 집권, 독재정치, 국민의 자유를 제한하는 긴급조치를 그만두고, 방향을 선회하라는 민심의 무서운 경고가 나왔다.

득표율을 보면 신민당이 32.82%(486만 표)로 1위, 민주공화당이 31.70%(469만 표)로 2위, 무소속이 28.09%(416만 표)로 3위를 차지했고, 민주통일당이 7.39%(109만 표)로 그다음이었다. 신민당의 득표율이 공화당을 앞질렀다. 같은 조건으로 6년 전에 치러진 9대 총선과 비교해도 신민당 의석은 9석이 증가했으나, 공화당은 5석이 줄었다. 무소속은 여·야 성향이 섞여 있어 분류가 곤란하지만, 여야 세 정당의 경우는 분별이 명확했다. 신민당과 통일당을 합친 야당 지지표가 40.21%로, 여당 지지 31.70%와는 8.51%P의 차이가 났다. 선거 운동 기간 중 공화당은 '40% 이상의 득표'를 장담하고 다녔지만, 민심은 그게 아니었다.

17만 표의 차이. 박정희와 윤보선이 처음 맞붙은 63년의 민정이양 대선(제5대)의 표 차이(16만 표)와 흡사했다. 16만 표 차이로 정권을 획득한 박정희는 집권 15년 뒤에 나타난 이 '마이너스 17만 표'의 차이를 무겁게 받아들여야 했다. 유신체제에 금이 가고 있었다. 어쩌면 이미 금이 가 민심의 물이 새고 있었는데, 총선을 통해 뒤늦게 확인했을 것이다. 당시 득표율에 노심초사하던 공화당에서는 공천권을 가진 당 총재인 박 대통령에게 될 수 있으면 많은 지역에서 복수 공천을 하자고 건의했으나, 당 총재는 허락하지 않았다.

> 예를 들어 당시 구미-칠곡-군위-성주-선산 선거구에도 당에서는 칠곡 출신 신현확(申鉉碻, 후일 국무총리 역임) 씨와 선산 태생인 김윤환(金潤煥, 현재 신한국당 고문) 씨를 같이 공천하자고 했다. 대통령은 신 씨를 공천했고 김 씨는 유정회로 추천했던 것이다.[478]

그렇더라도 선거 결과를 분석해 보면, '블랙 아이스'(black ice)같이 위험한 구간이 곳곳에 있었다. 유신 선포 직후인 73년 제9대 총선의 투표율은 72.9%였는데, 제10대 총선은 77.1%로 높아졌다. 6년 만의 직접투표였다. 국민이 그만큼 정치에 갈증을 느끼고 있었다. 공화당은 농촌에서도 고전을 면하지 못했고 서울·부산 등 대도시에서 신민당이 47%를 득표한 데 비해 공화당은 27%로 반 정도밖에 득표하지 못했다. 또 같은 선거구에서 여·야 한 명씩 당선됐다고 해도 1위는 신민당 후보인 경우가 많았다.

공화당과 대통령 또 유신 정부로부터 국민의 마음이 떠나고 있었다. 특히 78년 한 해 동안 '3대 스캔들'로 불리는 부정부패(不正腐敗)가 드러나, 국민은 화가 잔뜩 난 상태에서 투표했다. 지금 이런 일들이 생긴다면 선거는 언감생심(焉敢生心: 감히 그런 마음을 품을 수도 없음)일 것이다. 78년에는 무슨 일들이 있었을까?

① **압구정 현대아파트 특혜 분양** ǀ 1978년 한여름 동아일보 사회면에 "민간 아파트 특혜 분양 고급 공무원 등 220명 색출" 기사가 보도된다. 더위에 시달리던 국민은 이 기사를 보는 순간 숨이 턱 막혔다.

"사정당국은 민간 건설업체에 압력을 넣어 아파트 특수분양을 받은 고급 공무원 등 220명을 적발, 해당 부처에 명단을 통보, 경고하고 아파트 반납과 이익금 환수 조치한 것으로 30일 알려졌다.

경고 조치를 받은 공직자 가운데는 국회의원과 차관급을 포함한 각 부처 국장급 이상 고급 공무원과 특수기관 공무원이 다수 포함돼 있으며 특히 검사는 청약 순위를 무시하고 16명 정도가 아파트를 특수 분양받은 것으로 알려졌다.

사정당국은 특수 분양의 조사 결과 단순히 자신의 주택만을 위한 경우는 해당 부처 장관의 이름으로 경고장을 발부하는 선에서 그쳤으나 프리미엄 등을 노린 전매 목적으로 구입한 경우에는 경고와 함께 건설업체에 아파트를 반납하도록 하거나 이미 아파트를 다른 사람에게 넘겼을 때는 그 차익금을 세금 등으로 환수 조치토록 지시한 것으로 전해졌다.

사정당국은 고위층의 지시에 따라 지난 4월부터 공직자를 대상으로 한 특수 분양 경위에 대한 조사를 진행, 민간건설업체들이 사원용 아파트를 짓는다는 이름 아래 일반인에게 아파트를 분양하지 않고 미리 청탁해 온 고급 공무원 등에게 임의로 특혜를 주어 청약 질서를 어지럽게 했으며 이에 따라 특수분양을 받는 사람 중에는 수백만 원 이상의 이득을 얻은 경우도 있음을 밝혀냈다."(1978.8.30. 동아일보)

이 기사를 신호탄으로 특혜 분양에 관한 구체적인 내용들이 연이어 보도된다. 애초 현대(現代)그룹 한국도시개발은 서울 압구정동에 1,512가구의 건축을 허가받을 때 952가구는 현대의 무주택 사원에게 분양하고, 560가구는 일반분양을 조건으로 허가를 받았다. 그러나 조사 결과 건설이 진행되는 도중 아파트 투기 붐이 일어나고, 압구정 현대아파트는 서민 아파트 한 채 값의 프리미

엄까지 붙어서 거래된다. 이 과정에서 특혜 분양이 끼어든다.

현대는 사원용 952가구 가운데 291가구만 사원들에게 분양하고, 나머지 661가구는 소위 힘 있는 기관이나 현대그룹 임원의 친척이나 동창, 친구들에게 분양했다. 특혜 분양을 받은 외부 인사들은 국회의원 6명, 검사 17명, 건설부 공무원 4명, 문교부 16명, 서울시 13명, 총리실 3명, 청와대 11명, 중앙정보부 11명, 언론계 37명 등으로 드러났다. 이 사건으로 정주영 회장의 둘째 아들인 정몽구(한국도시개발 사장, 현 현대자동차 명예회장) 씨와 서울시 부시장(곽후섭) 등 관계자 5명이 구속된다.

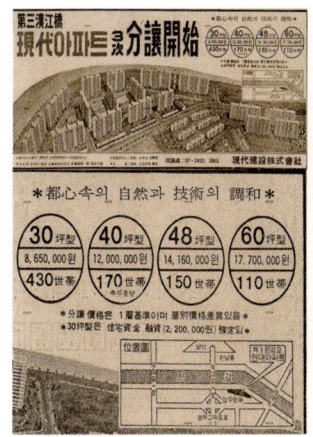 

1976년 압구정 현대아파트 분양 광고. 30평형이 865만 원, 60평형이 1,770만 원이다.
검찰에 조사받기 위해 출두하는(78.8.11) 공화당 소속 성낙현 의원. 사진=중앙일보

② **여당 국회의원 여고생 농락사건** | 유신 선포 6년 정부와 여당에 대한 야당의 견제 기능이 사라지면서 긴장이 풀어졌는지 대형 사건이 꼬리를 물고 일어났다. 78년의 두 번째 대형 스캔들은 '국회의원의 여고생 농락사건'이다. 집권 여당의 50대 재선 국회의원이 재일교포 사업가 친구 두 명과 함께 여고생들을 농락했으니, 정인숙 사건을 겪은 국민의 시선이 고울 리 없고, 입이 순할 리가 없었다. 온 사방에서 심한 욕설들이 쏟아진다.

"「성낙현 추문」은 지난해(1977) 6월 중순 여의도 광장에서 승용차를 타고 지나 가던 성 씨가 교련 행진 연습을 마치고 귀가하는 여고생 2명을 동승시켜 준 데 서 발단됐다고. 성 씨는 '앞으로 연습을 마치면 여의도 M 아파트로 놀러 오라' 고 권유, 그다음 날 이들 여학생 2명이 친구 1명과 함께 찾아왔다는 것. 이 아파 트는 성 씨 명의로 돼 있으면서 일본인(귀화한 재일교포) 2명이 사용했다는 얘기. 학생들이 찾아 왔을 때엔 성씨와 일본인 2명이 있었는데 이들이 여학생들에게 음료수와 술을 권하고 함께 춤을 추고 난 뒤 추행했다는 것"(1978.8.5. 동아일보)

이 사건은 성낙현 의원이 이유도 밝히지 않은 채 의원직 사퇴서와 탈당계를 내고, 당이 이를 즉각 수리하면서 표면화됐다(7.27). 당시 이효상 공화당 의장 서리는 '얼굴을 들고 다닐 수 없는 파렴치 행위'라고 국민에게 사과했다(8.3).

③ 가짜 교사자격증 발급 | 경상북도교육위원회 중등교육과의 임시직원 한 사람이 교육감 직인을 도용해 71년 11월부터 77년 10월까지 뇌물을 받고 교 사자격증을 부정 발급해 세상을 놀라게 했다.

8월 초부터 보도되기 시작한 이 사건은 가짜 교사자격증을 구입한 사람이 동 료에게 "이게 80만 원짜리다"라고 자랑한 것이 경찰에 포착돼 수사로 이어진 것으로, 모두 76명이 적발됐다. 하지만 경북도 교육위원회는 이 사실을 문교 부에 보고도 하지 않았다. 수사 결과 모두 117장의 가짜 교사자격증이 발급된 것으로 드러났다.

사건 발생 일주일 만에 도 교육감이 사퇴하고, 관계자들이 구속되면서 사건이 마무리됐다. 당시 11평 시민아파트 시세가 100만 원 미만이었다. 항간에는 문제의 임시 직원이 1억 원도 넘는 돈을 챙겼다는 말이 파다했는데, 당국은 이 들이 3,400여만 원을 부정의 대가로 받았다고 발표하고, 사건을 급히 마무리 했다. 당시 이성조 경상북도 교육감이 박 대통령의 대구사범 동기여서, 봐줬 다는 소문도 돌았다.

7~8월 여름에 이런 사건들이 연이어 터지고 국민의 화가 채 풀리기도 전인 12월에 실시된 선거에서 공화당이 무슨 수로 표를 얻을 수 있겠는가? 사실 제10대 총선은 야당 입장에서 입을 묶어놓고 싸우는 불리한 선거였다. 여당에 대해 이 말 저 말로 공격하면서 선거를 치르는 야당에게 긴급조치 9호가 살벌하게 적용되고 있었기 때문이다.

불리한 환경에서 치른 선거에서 여당을 압도하는 득표율을 올리자, 신민당의 김영삼 총재(79.5. 당선)는 "공화당은 총선 득표에서 1.1%P를 졌다. 정권을 내놓아야 한다"고 수시로 도발적인 발언을 해댔다. 일본 언론들은 '현 체제에 대한 불만이 허용된 범위 내에서 분출한 것'이라고 보도했다. 이번 선거 결과에 대한 WP의 14일 자 기사는 "한국 야당, 여당을 앞섰다"(South Korean Opposition Outpolls Park's Party)이다. 한국의 권위주의적인 정치와 인권 경시에 대한 미국의 불만이 보통이 아니다.

한국 야당, 여당을 앞섰다

(서울, 12.13) 한국 야당 신민당은 어제 실시된 국회의원 선거에서 집권 민주공화당을 앞질러 박정희 정부에 큰 패배를 안겨주었다. 선관위 관계자들은 231석의 의원 정수 가운데 154석을 놓고 겨룬 이번 선거에서, 야당은 34%의 득표를 기록했고, 여당은 32%의 득표를 기록했다고 말했다. 총선의 최종 집계는 14일에 나올 예정이지만, 한국 의회 선거 사상 여당이 야당보다 낮은 득표를 기록한 것은 이번이 처음이다. 여당 공화당은 68석을 얻었고, 신민당은 61석을 얻었다. 그리고 신생 민주통일당은 3석을 얻었으며, 무소속이 22석을 얻었다. 무소속 가운데 2명은 선거법 위반으로 구속돼 있다.

그렇지만 의회 주도권은 여당인 공화당 손에 있게 된다. 이달 하순 77명의 국회의원이 통일주체국민회의 대의원들에게 승인받은 뒤, 여당에 합류하기 때문이다. 6년 전에 만들어진 헌법에 따르면 통대 대의원들은 박 대통령이 골라서 제시한 후보자 명단을 반드시 찬성하도록 돼있다.

신민당은 선거 운동 기간에 폭넓은 자유의 회복과 모든 반정부 시위를 금지하고 있는 3년 전에 선포된 긴급조치의 폐지를 주장했다. 이러한 경향은 서울과 부산 등 대도시에서 특히 강하게 나타났다. 야권 지지율 상승은 미 의회에서의 지지가 약화된 데다 주한미군의 철수가 시작되고 또 한국 내에서 반체제 활동이 증가하고 있는 상황에서 현 여당에 타격이 된다.

카터 대통령이 한국만을 지목해서 인권에 대한 비판을 하지는 않았지만, 최근 미국 정부 소식통은 내년 한미 정상회담 이전에 한국 정부가 인권 개선을 위해 "어떤 조치"를 취해주기를 기대한다고 말했다.

한편 1982년까지 모든 미 지상군 병력을 철수하겠다는 카터 대통령의 미군 감축 계획의 첫 단계로 오늘 219명의 미군 전투 병력이 한국을 떠나 캔사스주 포트 라일리(Riley)로 향했다. 미 제2사단 9보병여단 제2대대 대원들은 서울에서 30마일 남쪽에 있는 오산 공군기지에서 오늘 군악대의 환송 속에 한국을 떠났다. 철군을 반대하는 박 대통령은 철군 행사에 관계자를 보내지 않았고, 또 추가로 351명의 미군이 오는 15일 한국을 떠날 예정이다.

1978년 말까지 모두 3,400명의 병력을 본국으로 데려온다는 카터 대통령의 계획에 따라 대부분 전투 지원 부대 병력이 올해 말까지 추가로 한국을 떠날 예정이다. 그리고 1979년까지는 6,000명의 미군이 떠날 계획이다. 1979년 이후 추가 철군 일정은 정해지지 않았다.

1977년 카터가 철군 계획을 발표했을 때, 많은 한국 정부 지도자들과 미군 관계자들은 이 철군 계획이 한국의 안보에 미칠 수 있는 영향에 대해 우려를 표명했다. 그러나 한국 정부는 결국 이 계획을 받아들였고, 60만 명인 한국군의 전투력을 강화하겠다는 미국의 약속을 받아들였다.

국회의원 선거의 참패에 대해서는 집권당 내부에서도 비판이 나왔다. 중동(中東) 특수로 인한 국제수지 흑자로 풍성해진 돈이 시중에 그대로 풀려나와 부동산 투기 붐이 일어났고, 그 돈은 바로 인플레이션(77년 9%, 78년 11.6%)으로 연결됐다. 부동산과 생필품 가격의 폭등으로 인한 도시 서민층의 불만, 오랫동안 준비했다는 부가가치세(附加價値稅) 실시에 따른 상인들의 불만이 극에 달했으며 또 정부가 적극 권장한 새로운 볍씨 '노풍'의 병충해 피해에 대한 호남 지역의 불만 등이 패인으로 거론됐다.

1978년 10대 총선 결과. 1978.12.12   78년 연말 개각 보도. 78.12.23.

중앙정보부와 경호실, 공화당에서는 모두 경제팀의 교체를 건의했다. 민주주의를 가로막고 국민의 자유를 빼앗은 긴급조치로 꾸려가는 10월 유신에 대해서 교체나 변화를 건의할 수 없는 입장인지라, 경제 쪽이라도 바꿔서 달라진 모습을 보여주자는 궁여지책이었다. 9년 이상 청와대에서 대통령 곁을 지키던 비서실장 김정렴도 이때 떠난다. 당시 국정은 김 실장이 경제 전반을 챙기고, 국방과 안보, 방위산업 등은 대통령이 직접 관장하는 형식으로 운용되고 있었다.

나는 박 대통령에게 사의를 표명했다. 사의 표명을 듣자, 박 대통령은 한참 말이 없더니 "그럼 駐日(주일) 대사로 좀 가 있지"하는 분부였다. 나는 9년 3개월간의 비서실장직을 맡아 정말 전신이 지칠 대로 지쳐 있었고 연로하신 부모님을 두고 외국으로 부임하는 것이 죄스러워 사양했으나 "가보도록 해"하는 박 대통령의 말씀에 따르지 않을 수 없었다. 박 대통령은 12월 22일 경제부처를 중심으로 한 대폭적인 개각 및 요직 개편을 단행하였다. 남덕우(南悳祐) 부총리, 김용환(金龍煥) 재무장관, 장덕진(張德鎭) 농수산부 장관 그리고 내가 정식 해임되었다.[479]

권력 내부의 불협화음 | 당시 박 대통령은 아주 급한 일이 아니면 연말인 12월에 개각하곤 했다. 새해 예산안도 통과되고, 그동안 발생했던 사안에 대한 책임을 묻고 또 새해부터 시작하는 주요 정책에 대한 적임자를 골라, 일을 맡기는 그만의 스타일이었다. 그때는 인사청문회도 없던 시절이라, 인재를 골라 쓰기에도 좋았다. 많은 글이 박 대통령을 '용인(用人)의 달인', '용인술의 천재' 라면서 칭찬한다. 그러나 1974년 여름 육영수 여사가 세상을 뜬 뒤부터 박 대통령의 정밀한 판단력이 흐려지는 징후가 여러 군데서 드러난다. 김종필의 관찰이다.

박정희 대통령에게 생활의 균형을 잡게 한 건 육영수 여사였다. 그분이 세상을 뜨자 대통령은 생각과 행동의 균형에 금이 가기 시작했다. 분할하여 통치한다는 박 대통령의 '디바이드 앤 룰'은 제대로 작동하지 않았다. 권력의 추는 2인자 행세를 하는 차지철 경호실장 쪽으로 쏠리고 있었다. 김재규(金載圭) 중앙정보부장은 대통령의 신임을 얻기 위해 안간힘을 썼다. 박 대통령은 차지철과 김재규에게 둘러싸였다. 비서실장 김계원(金桂元)은 이들을 견제하지도 조정하지도 못했다. 차지철과 김재규의 충성 경쟁은 언제 폭발할지 모르는 시한폭탄 같았다. 18년 정권, 종말의 무대에서 차지철은 불길했고 김재규는 불안했다.[480]

김종필이 보기에 김재규는 분노조절장애(Impulse Control Disorder)를 갖고 있었다. 그는 '겉으로는 온건한 사람처럼 보이는데 욱하는 성질이 지나쳐 한번 흥분하면 얼굴이 빨개지고 전후좌우 분간을 못 하고 마구 욕을 해대는 등 자기가 무슨 일을 하는지도 자각하지 못하는 발작증을 앓고 있었다'고 했다. 국회에서 의원들이 장관을 윽박지르는 일은 흔한 일인데, 김재규는 느닷없이 벌

김계원(1923~2016)

김재규(1924~1980)

차지철(1934~1979)

떡 일어나 "에이, 나 이런 놈의 장관 안 해"하며 문을 박차고 나가 버리는 성격이었다.

경호실장 차지철에 대해서도 김종필은 우려하고 있었다. 육 여사 서거 이후 경호실을 맡은 차지철의 월권은 도를 넘었다. 청와대 경비를 맡은 수도경비사령부 30대대와 33대대를 여단(旅團)급으로 격상시키고, 경호실 차장에 현역 육군 소장을, 차장보에 준장을 임명했다. 토요일 국기 하강식을 한다면서 주요 인사들을 초청해 행사를 하며 위세를 과시하고, 대통령경호위원회를 만들어, 자신이 위원장을 맡고 장관들을 위원으로 임명하기도 했다. 또 수경사 소속 전차[Tank]를 한밤중에 출동시켜, 굉음을 내며 청와대 주변을 빙빙 돌게 했다. 그래도 대통령은 이를 제지하지 않았다. '박 대통령 특유의 분할 통치식 용인술은 무뎌졌고, 세력 간 견제와 균형은 깨졌다'

　　차지철 경호실장은 오전 8시에 대통령 집무실에 들어가면 오전 11시까지 나오지 않는다고 했다. 대통령이 오전 내내 경호실장과 시간을 보내다 보니 비서실장은 물론 국무총리와 장관들 중 어느 누구도 오전에는 대통령을 뵐 수가 없었다.[481]

차지철의 위세가 이렇게 높아가면서 안하무인(眼下無人: 교만하고 방자하게 행동함)으로 행동해 대니, 정치권과 관가에서는 말들이 나오기 시작했다. 대통령

차지철 경호실장(왼쪽 두 번째)과 노태우 행정차장보, 전두환 작전차장보(준장).

에게 직언을 하는 몇몇 사람들이 경호실의 이상한 행태에 대해 박 대통령에게 말해도, 대통령은 "응, 알고 있어. 두고 보자고" 정도로 반응하고 다잡지 않았다. 차지철은 '각하를 지키는 일은 나라를 지키는 일이다'라는 말을 입버릇처럼 했는데, 대통령이 이를 몰랐단 말인가?

더구나 대통령은 언제부턴가 차지철에게 정치 쪽 일, 정치공작(政治工作)도 맡겼다. 그 일은 역대로 대통령을 가장 가깝게 보좌하면서 돈과 인력을 무한정 쓰며, 정치를 쥐락펴락하는 중앙정보부장의 임무였다. 아마 78년 총선의 결과가 시원치 않은 사실도 원인이 됐을 것이다. 대통령은 차지철에게 "네가 한번 해봐라. 김재규는 제대로 못 하지만, 너는 할 수 있지 않느냐?"고 했을 수도 있다. 정권의 파수꾼을 자처하는 차지철이 이를 마다할 리가 없다.

그런데 유신과 긴급조치의 문제점과 부작용이 어디 한둘인가? 민심의 큰 흐름이 돌아서고 있는데, 정치공작으로 해결될 일이 아니었다. 돈과 인력이 넘치는 중앙정보부도 못 한 일을 경호실이 어떻게 하겠다는 것인가? 차지철도 4선 의원으로 정치를 좀 안다고 생각하는 듯했다.

이렇듯 대통령 주변 핵심 인물들의 엇박자가 심했다. 비서실장은 경호실장을 제어하지 못했고, 10살이나 어린 경호실장은 중앙정보부장을 약 올리듯이 함부로 다루고 있었다. 충성 경쟁에서 밀린 김재규는 입버릇처럼 "차지철 그놈, 가만두지 않겠다. 대위밖에 안 지낸 자식이 장군, 장관 알기를 우습게 여겨!"라며 씩씩거렸다. 주변에서는 그의 조절되지 않는 분노가 언제 폭발할지 불안불안해 했다.

"선명 야당" 김영삼 총재 | 유신이 선포된 이후 신민당은 대권 후보도 낼 수 없고, 반대도 못 하는 불임(不姙) 정당으로 전락해, 맥 빠진 상태를 이어왔다. 야당을 무력하게 만드는 정치, 독재정치였다.

그러나 78년 12월 총선에서 공화당을 앞서는 득표로 기세를 올린 신민당은 해가 바뀌면서 술렁술렁했다. 5월 말로 예정된 전당대회에서 중요한 변화를 만들어 내자는 움직임이 점차 구체화 되고 있었다. 국민의 실망과 분노도 차곡차곡 차올랐다. 김재규, 차지철의 정치공작에 맞서 선명 야당을 부르짖으며 여당과의 정면 대결을 주장하는 김영삼은 김대중과 연대한다. 74년 8월에 이은 두 번째의 연대다. 김대중은 자신과 가까운 박영록, 조윤형, 김재광을 총재 후보에서 사퇴시키면서 김영삼의 당선을 도왔다. 당권은 이철승, 김영삼, 신도환, 이기택 4파전이 됐다. 권력은 신도환을 집중공략했다.

> 이철승 대표의 표만 가지고는 안심할 수 없으니까 100표 정도로 파악되던 신씨 표를 확실히 묶어두자는 계산이었지요. 그러나 결국 이 표에서 펑크가 난 것 아닙니까? 상당수가 2차 투표에서 김영삼 씨 쪽으로 새버렸으니까요.[482]

당시 신민당은 안국동을 떠나 마포에 당사를 신축했다. 1차 투표 결과 재석 대의원 751명 가운데 이철승 292, 김영삼 267, 이기택 92, 신도환 87표로, 과반 376표에 모두 미달했다. 이철승과 김영삼 사이의 결판은 이기택과 신도환의 협조 여부에 달려있었다. 권력 측이 관리해 온 신도환계의 표가 몽땅 이철승에게 간다면, 승리는 이철승이다. 당사 밖에 모여 전당대회 결과를 기다리는 시민들은 "김영삼!" "김영삼!"을 외치고 있었다. 이런 걸 민심이라고 할 것이다. 당시 중앙정보부 관계자의 증언이다.

> 오후 3시쯤 1차 투표가 끝난 뒤 우리는 辛 씨가 빨리 단상에 올라가 李哲承 씨 손을 들어주며 '내 표를 이 대표에게 몰아달라'고 해 주길 잔뜩 기대하고 있었지요. 그런데 2차 투표가 시작될 오후 5시가 되도록 소식이 없는 거예요. 그 사이 金泳三 씨는 李基澤 씨와 최종 담판을 해 2차 투표가 개시된 지 20분 만에 두 사람이 단상에 올라가 손을 잡은 것 아닙니까. 辛 씨가 李 대표 지지 연설을 한 것은 그보다 20분이나 지나서였습니다. 金泳三 씨 쪽으로 표가 달아나는 소리가 들리는 것 같더라고요. … 그때 정보부 사람 중엔 '辛道煥이가 이 정권을 죽이는구나'라고 생각한 이도 있었어요.[483]

총재선거에 나선 김영삼이 이기택 의원의 어깨에 손을 얹고 "저 국민의 소리를 외면하지 말자"면서 2차 투표를 앞두고 이 의원의 지지를 설득하고 있다. 김영삼은 이기택의 지원으로 과반수에서 겨우 2표가 넘는 표를 획득해 총재가 돼, 유신 막바지의 투쟁을 이끈다.

2차 투표는 김영삼 378, 이철승 367, 이기택 4, 신도환 2표로 집계됐다. 김영삼이 과반을 2표 차이로 넘어 아슬아슬하게 역전승했다. 1974년에 이어 다시 당권을 잡은 김영삼은 "선명 야당의 기치를 높이 들고 유신정권에 맞서자!"

라고 목소리를 높인다. "오늘의 결의는 우리 신민당이 곧 여당이 될 수 있음을 보여준 것이며, 수권 태세가 준비돼 있음을 입증하는 것입니다. 이제 민주주의는 개막하기 시작했습니다. 마침내 새벽이 돌아왔습니다. 새벽을 알리는 닭의 목을 아무리 비틀어도 새벽은 오고 있습니다."

박정희가 그렇게 피하고 싶어 한 구도가 펼쳐진다. 김영삼은 유신정권을 혹독하게 비판하며, "국민의 뜻에 따라 정권을 내놓을 준비를 하라"며 정권 측을 압박했다. 야당 총재 한 명이 바뀌니, 세상도, 말도 이렇게 달라진다. 정권은 그럴수록 몸이 굳어져 강경책만 골라서 쓴다.

통치 자금, 1년에 30~40억 원 필요 | "각하, 1년에 정치자금이 얼마나 필요하십니까?" 제3공화국 당시 9년 이상 청와대 비서실장을 맡았던 김정렴은 약간은 떨리는 마음으로 박 대통령에게 물었다. 그는 쿠데타 이듬해인 1962년부터 상공부 차관, 재무부 차관, 재무부 장관, 상공부 장관을 거치고, 청와대 비서실장(69.10~78.12)을 맡은 아주 청렴하고 능력을 인정받은 관료였다. 그는 지극정성으로 대통령을 모셨다. 대통령 집권 초기 청와대 정치자금은 공화당 재정위원장, 경제부총리, 청와대 비서실장, 중앙정보부장 등 4명이 모여 함께 의논하고 처리했다. 그런데 유신(72.10)이 선포되고 국회가 해산되고 나자, 당 쪽에서 나설 사람이 없었다. 그 무렵, 대통령은 "김 실장은 경제를 잘 아니, 국민의 비난을 받지 않는 방법으로 자금을 마련해 보라"면서 정치자금을 혼자서 맡으라고 지시해, 도대체 얼마나 있어야 되는지, 확인차 물어본 것이다.

대통령은 아주 자세하게 설명했다. "공화당 운영에 한 달에 1억 원은 필요하고, 유정회(維政會)에도 한 달에 2~3천만 원은 듭니다. 추석과 연말에 이곳저곳 촌지를 주는데 10만~30만 원 정도씩이에요. 공무원이나 일선 장병을 시찰하면 격려금도 주어야 하고 … 1년에 30억~40억 원 정도는 필요할 것 같습니다"라고 했다.

김정렴은 생각을 정리해 다음 날 대통령에게 보고했다. "반대급부가 있는 정경유착식으로는 하지 않겠습니다. 기업의 판공비와 기밀비 중에서 일부를 1년에 두 번 지원받되 한 번에 1천만 원~1억 원 범위 내에서 받겠습니다. 그리고 기업도 경영이 건전하고, 기업주가 성실하며, 국민의 구설수에 오르지 않고, 권력기관이나 국회의원을 통해 압력을 넣은 적이 없으며, 농어민의 생업과 관련이 없는 기업으로 하겠습니다."

김정렴은 이런 기준에 부합하는 기업을 추렸다. 모두 26개 기업의 명단이 모아졌다. 그는 청와대 신관 비서실에서 기업주들을 만나 "정치자금은 민주주의의 필요악입니다. 어쩔 수 없습니다. 조금씩 도와주시기 바랍니다. 반대급부는 일절 없습니다." 김 실장은 추석과 12월, 두 차례 본관 비서실장실에서 기업주들을 개별적으로 만나, 성금을 받고 바로 대통령에게 전달했다. 대통령은 즉석에서 봉투 위에 날짜, 기업체명, 금액을 기입했다.

박 대통령은 이런 정치자금에 대해서도 '부담스럽다'는 속내를 가끔 털어놓았다. 김 실장은 "이들 기업은 정부의 경제정책 덕에 커졌습니다. 그러니 판공비의 일부를 내놓는 것은 무리가 아니고 일종의 성금입니다"라고 안심시켰다고 회고했다.[485] 정치자금 관련 업무를 비서실장에게 일임한 대통령은 일체 경제인을 개별적으로 만나지 않았다. 단, 정주영 현대건설 회장과 박태준 포철 사장 등 2명은 예외로 해, '개인 고문격으로' 편하게 면담했다고 김정렴은 증언했다 (『아, 박정희』 132페이지).

유신 시절 대통령이나 차지철의 관리를 받는 야당 지도부나 의원들의 명단이 소문에 실려 다녔다. 그 소문 속에는 이철승, 신도환의 이름도 포함돼 있었다. 신도환의 술회.

박 대통령은 그때부터(1973) 명절만 되면 빠짐없이 금일봉을 보내왔어요. 그때 돈으로 200만 원 정도였지요. 그런데 그 심부름을 꼭 차 씨가 하는 거예요. 경호

실장이 되고 나서도 마찬가지였지요.[486]

차지철 경호실장이 박 대통령에게 정치자금을 공급했기 때문에 총애를 받았을 거라고 말하는 사람들이 있는데, 김종필은 정치자금은 주로 비서실장을 통했다고 증언했다.

> 박 대통령은 자신이 직접 정치자금을 받아 챙기지는 않았다. 실업인들이 돈을 가지고 오면 그 사람이 보는 앞에서 바로 비서실장을 불러 맡겼다. 박 대통령은 그 돈을 자신의 방에 두지 않고 모두 비서실장 금고에 보관하게 했다. 돈을 써야 할 일이 있으면 비서실장에게 가져오라고 해서 사용했다. 돈에 대해 개인적 욕심이 없었던 것은 박정희 대통령의 장점이었다.[487]

이 정치자금, 10·26 이후 청와대 비서실에서 발견된 자금은 그 뒤 5공 청문회(1989.12.31) 과정과 박근혜 후보가 출마한 2012년 대선 과정에서도 언론에 보도됐다. 청문회에서 전두환 전 대통령은 "10·26 이후 사건 수사 과정에서 청와대 비서실에서 발견된 자금 문제는 이미 알려진 바와 같습니다. 총 9억 6,000만 원 중 2억 원은 정승화 당시 육군참모총장에게, 5,000만 원은 노재현 당시 국방장관에게 주어 활용하도록 하고, 1억 원은 계엄사령관의 승인을 받아서 합동수사본부의 수사비로 사용했으며 나머지는 유족에게 전달한 것으로 기억하고 있습니다"라고 증언했다.

「5공 비리 조사특위」 과정에서는 이 돈이 정확하게 어느 금고에서 발견된 것인지는 밝히지 않고 '청와대 비서실에서 발견된 자금'으로 기록하고 있다. 그 자금이 대통령 집무실에서 발견된 것은 아닌 것으로 보인다.[488]

YH 사태 | 8월(1979) 무더위 속에 YH 사태가 발생했다. 가발 제조업체인 YH무역 여성 근로자들은 몇 달씩 월급도 주지 않고 끝내 폐업 신고를 해버린

회사에 대해 밀린 월급을 달라고 요구하며 회사 내 기숙사에서 농성을 벌이다가 회사 밖으로 쫓겨난다. 이 170여 명의 근로자가 신민당사로 몰려와 억울함을 호소하고 농성에 들어간다(8.9).

이틀 뒤 진압경찰이 신민당사 안으로 진입해, 항의하는 김영삼 총재와 국회의원과 기자들을 거칠게 내몰고, 4층 강당에서 농성 중인 근로자들을 모두 끌어냈다. 농성 해산 과정에서 여성 근로자 1명이 추락해 숨진다.

이 사건은 국내외 언론의 초점이 된다. NYT 12일 "한국 야당 총재, '당사 진입은 비판 세력에 대한 전쟁의 일부'"(Seoul Opposition Leader Says Raid Was Part of Park's War on Critics)라고 김 총재의 결기에 찬 목소리를 보도했다.

가발업체 YH무역 여성 근로자들이 농성 이틀째 신민당사에서 끌려 나오고 있다. 김영삼 총재는 "신민당이 여러분을 지켜드리겠다"고 했다. 김 총재도 사복경찰에게 양팔을 잡힌 채 상도동 집으로 '모셔졌다'. 물리력을 앞세운 유신 정부의 일 처리 방식을 상징한다. 1979.8.11.

김영삼 "당사 진입은 박정희의 비판 세력에 대한 전쟁의 일부"

(서울, 한국, 8.11) 한국 제1야당 총재는 오늘 여성 근로자 1명이 사망하고 수십 명이 다친 야당 당사에 경찰 진입은 반대 세력에 대한 박정희 대통령의 "조직적 작전"의 일부라고 주장했다. 나무 방패와 몽둥이로 무장한 약 1,000명가량의 진

압 경찰은 오늘 새벽 2시 신민당 중앙당사로 진입했다. 이 과정에서 여성 근로자 1명이 사망했고, 당원 등 100명 정도가 다쳤으며, 198명이 체포됐다고 경찰이 발표했다.

지난 5월 선출된 신민당 김영삼 총재는 공장 폐쇄로 일자리를 잃은 것에 항의해 신민당사를 찾아와 농성하고 있던 200명의 근로자를 해산하기 위해 경찰이 진입한 사태는, 기본적으로 박 대통령에게 가장 큰 책임이 있다고 말했다. 박정희 정권은 모든 시위를 금지하고 있으며 정부는 신민당에 대해 이 사건에 개입하지 말도록 경고해 왔다. 신민당 지도부는 근로자들에게 당사(黨舍) 사용 허가를 하지 않았다고 말했다.

선거에서 득표 1위 차지

신민당은 지난해 12월 선거에서 여당 공화당을 근소한 차이로 물리치고 득표 1위를 차지했다. 박 대통령은 유정회 덕분에 국회에서 다수당이 됐다. 여당은 231석 가운데 145석을, 야당은 68석을 차지하고 있다. 경찰 진입이 있은 뒤 김 총재는 "박 대통령이 지난 총선에서 패배한 뒤 이성을 상실한 것이 틀림없다. 그는 위협을 느꼈고 야당에 대한 조직적인 탄압을 하고 있다"고 말했다. 정부 대변인은 연락이 닿지 않았다.

신민당 김 총재와 지도부는 경찰의 당사 진입에 항의하기 위해 이번 주말 연좌 농성을 계획하고 있다. 서울의 거리는 조용하다. 경찰의 진압 과정에서 사망한 21살 근로자 김경숙 양을 애도하기 위해 검은 조기가 걸려있는 5층 높이의 신민당 당사 앞에 많지 않은 사람들이 모여있을 뿐이다. 김경숙 양의 사망 원인은 김 양이 손목을 긋고 자살했다는 보도와 머리에 가격을 당했다는 보도로 갈리고 있다. 경찰은 김 양에 대한 검시 절차가 진행 중이라고 말했다.

한국 언론 자세하게 보도

김형광 의원이 경찰 진입 과정에서 복부에 내상을 입은 것으로 알려졌다. 또 박권흠 의원은 머리를 다쳐 입원했다고 당 대변인들이 밝혔다. 김창기 의원은 그 과정에서 벽돌에 맞았다고 말했다. 중앙정보부로부터 밀착 감시를 받는 한국 언론들은 오늘 진압과 관련한 자세한 기사를 실었으며, 경찰이 근로자와 기자들 또 야당 지도부를 구타하는 장면을 묘사한 만평도 실었다.

김영삼 총재는 신민당은 돈이 없어서 2백 명에 이르는 농성근로자들에게 식사를 조달하느라 힘들었다고 말했다. 14살에서 28살에 이르는 농성근로자들은 YH무역이라는 규모가 작은 가발회사에 근무하고 있었는데, 사주가 은행에 상당한 빚을 남겨놓고 300만 달러에 이르는 제품을 챙겨 국외로 도망가는 바람에 부도가 났다. 경찰이 이들 근로자를 회사 기숙사에서 쫓아내자, 오갈 곳이 없는 근로자들은 신민당사로 몰려와 농성했다. 오늘 한국 정부는 실직 근로자들의 재취업을 위해 나서겠다고 발표했다.

여성 근로자들의 농성이 있었다고 하지만, 건물주인 야당 측이 해산을 요청한 것도 아닌데, 한밤중에 경찰이 제1야당의 중앙 당사에 강제로 진입해 당사에 있던 총재 이하 야당 의원들을 끌어내고, 당직자들과 기자들을 짓밟는 등 대단히 무례하고 폭력적인 진압 작전을 펼쳤다. 당시 유신 치하라 경찰의 강경 진압을 비판하기가 조심스러웠을 때인데도, 동료 기자들이 경찰에게 폭행당하고, 오갈 곳 없는 여성 근로자들의 비참한 상황을 목격하고는 모처럼 기사다운 기사를 썼다.

YH 사태가 마무리도 되기 전, 신민당 내 3명의 원외조직위원장(조일환, 윤완중, 유기준)이 지난 5월의 전당대회 때 자격 없는 대의원들이 섞여 있었고 그 대의원들의 투표로 당선된 김영삼 총재는 당선 무효로, 총재의 직무를 정지시켜야 한다는 소송을 법원에 냈다(8.13). 법원은 그 신청이 이유 있다고 보고, 총재권한대행(정운갑)을 인정했다(9.8).

큰 틀에서 야당에 대한 매수와 회유가 통하지 않으니, 온갖 술수가 다 동원된다. 중앙정보부는 야당 의원들의 각종 추문을 모아 대응했고, 비밀스러운 술수의 빈틈은 수사기관의 폭력과 회유가 메웠다.

김영삼 "미국의 결단" 촉구

9월이 왔다. 국회는 9월이 오면 활기를 띠지만

정부는 긴장한다. 정기국회의 예산안 심의 때문이다. 물리력을 앞세운 권위주의 정부와 강경 투쟁을 주장하는 선명 야당 사이에 타협이나 양보는 낄 자리가 없었다.

사실 김영삼은 첫 번째로 총재를 지낼 때(74.8~76.5) 청와대에서 영수회담(75.5.21)을 갖고 난 뒤, 회담 내용도 함구하고, 활발한 대여투쟁을 하지 않아서, '밀약설' 등으로 오해를 받기도 했다. 김영삼이 강하게 유신헌법의 폐지와 구속자 석방, 민주화 등을 주장했더라면 김정렴 비서실장이 기록했듯이 '2시간 반 동안의 단독회담이 끝나고 박 대통령이 웃으면서 식사를 권하고 김 총재를 현관까지 배웅하지' 않았을 것이다.

두 번째 총재를 맡은 김영삼은 과거와는 확실하게 달랐다. 김영삼도 정치적인 슬럼프를 벗어나야 했다. 자신은 최연소 국회의원, 최연소 원내총무, 최다선 원내총무, 최연소 야당 총재 등 여러 경력으로 보아, 김대중보다 정치적으로 앞서왔는데, 제7대 대선(1971) 후보 경쟁에서 패배한 뒤, 일이 잘 풀리지 않고 있다고 여겼을 것이다. 71년 대선에서 김대중은 참신한 공약을 마련해 박정희의 대항마로서 존재감을 국내외에 뚜렷이 굳힌 데 비해, 잘 나가던 자신은 아

박정희-김영삼 청와대 영수회담, 1975.5.21.

직 국내에만 머물러 있는 느낌이었다.

김대중은 유신 이후 귀국도 거부하고 도쿄와 워싱턴DC를 무대로 반유신 활동을 계속해 온 데다, 73년 도쿄 납치 사건을 계기로 이제는 국제적으로 통하는 한국 정계의 거물로 성장했다. 김대중에 대한 외신들의 표현은 극진했다. '한국 야당의 일인자' '한국을 대표하는 정치인' '박정희와 맞서 46(45.25)%를 득표한 잠재적 대통령' 등 경쟁심 많은 김영삼은 한 수 아래로 보던 김대중의 부상이 그리 달갑지 않았다.

김영삼이 원내대표(1965년 민중당, 1969년 신민당)를 하면서 소속 의원들의 상임위원회를 배정할 때면 상도동 집으로 찾아와 '재경위원회 배정'을 부탁하던 김대중 아닌가? 대선 후보 경쟁 이후 바뀐 상황을 이제는 '정상화'할 필요가 있다고 생각했다. 세상 만물은 변화하는 것이 원칙인데, 어떻게 할 것인가? 야당 정치인은 돈이나 여자를 조심해야 하지만, 이것은 은퇴를 결정하는 결정적인 약점은 아니었다. 머리가 굵은 정치인의 제일 큰 문제는 방향, 노선이었다. 아무리 힘들더라도 다수 국민이 바라보는 방향을 찾아서 함께 투쟁하는 일이 중요했다. 그렇게 행동한 정치인에 대해서 국민은 잊지 않고 보답했다. 작은 허물은 용서했다. 유신 8년 차, 다수 국민은 뭘 가장 원하고 있었을까? 유신체제와 독재 정치의 지속이었을까, 민주주의와 자유의 회복이었을까? 아니면 그 중간의 중도 노선이었을까?

대통령 긴급조치는 반복적으로 개헌 주장을 금지하고, 그런 사실을 보도 또는 전파하지 못하도록 엄격하게 처벌했다. 이런 연유로 국내 언론들이 반유신, 개헌과 관련한 국내외의 발언이나 행동에 대해서 보도하지 못하게 되자, 이런 뉴스는 외신을 통해서 유통될 수밖에 없게 됐다. 그래서 미국과 일본, 독일 등의 외신 기자들이 우리 국민에게 우대받고 환영받는 좀 이상한 풍경이 벌어진다. 국내 기자들은 용기 있게 보도하지 못하는 비겁하고 유약한 기자가 된다. 정치 지도자도 용기 있게 할 말을 하지 못하면 오래갈 수 없다.

당시 NYT 도쿄지국장은 헨리 스콧 스톡스(Henry Scott Stokes, 1938~2022)[489] 기자가 맡고 있었다. 스톡스 지국장은 서울로 건너와 앞에 언급한 여러 사건을 취재하면서, 김영삼 총재도 인터뷰했다(9.12). 이 인터뷰는 9월 16일 보도된다. "김영삼, 미국의 결단을 촉구하다"(FOE OF SEOUL REGIME ASKS DECISION BY U.S.). 김영삼 총재를 '박 정권의 적수(敵手)'라고 표현했다. 기사 내용을 놓고 당시 공화당과 유정회는 사대주의 등 14개 항목을 거론하며 김 총재를 비난했다. 이 기사 때문에 김 총재는 국회에서 제명되고, 김 총재 제명은 부마항쟁으로, 부마항쟁은 10·26으로 연결된다. 이럴 줄 알았다면 여당은 김 총재를 제명하지 않았을 것이다. 참 세상사가 신기하게 돌아간다.

FOE OF SEOUL REGIME ASKS DECISION BY U.S.

Opposition Chief, Facing Possible Arrest, Asks End to Support of the Park Government

By HENRY SCOTT STOKES
Special to The New York Times

SEOUL, South Korea, Sept. 15 — Believed to be on the verge of arrest because of his outspoken opposition to the South Korean Government, the leader of the parliamentary opposition here has called upon the Carter Administration to end support for the "minority dictatorial regime" of President Park Chung Hee.

1979년 9월 16일 NYT에 보도된, 김영삼 인터뷰 기사의 앞부분.

김영삼 총재, 미국의 결단 촉구

(서울, 한국, 9.15) 한국 정부에 거침없는 반대를 한다는 이유로 체포 위기에 처한 것으로 알려진 국회의 야당 지도자는 "소수 독재 정권" 박정희 대통령에 대한 지원을 중단하라고 카터 미 행정부에 요구했다. "미국은 국민으로부터 점차 외

면당하는 기본적으로 독재적인 정권과 민주주의를 열망하는 다수 국민 사이에서 선택해야 할 때가 왔다"고 야당 지도자 김영삼은 이번 주 자택에서 가진 기자회견에서 말했다.

9월 7일 법원에서 내려진 결정으로 52세인 이 야당 정치인은 신민당 총재로서 대부분의 권한을 상실했고, 정부는 시민들에게 사법부에 대한 비판을 자제하고 근로자와 농민들의 조직화를 꾀하는 반체제 인사들을 조심하라는 명령을 내렸다. 한국 정부 고위 관리들은 14일 정부가 김영삼 씨의 체포를 고려하고 있다고 말했다. 여당인 민주공화당의 박준규 의장서리는 김 씨의 체포 가능성을 묻는 질문에 "김 씨 자신이 체포당하기를 자청하고 있다"고 답변했다.

매일 강한 혁명 주의자가 되어간다

박 의장서리는 당사에서 가진 인터뷰에서 "김 총재는 정부가 강하고 비민주적인 개입을 하도록 유도하고 있다"며 "그러나 정부는 그런 극단적 조치까지는 꺼리고 있다. 김 총재는 매일 점점 강경한 혁명 주의자가 되어 가고 있다"고 말했다. 박 의장서리는 한국에서 박정희 대통령과 김재규 중앙정보부장 다음으로 영향력 있는 인물로 간주된다.

그러나 체포 위협에도 불구하고 김 총재는 통역을 대동한 인터뷰에서 지난 6월 카터 대통령의 1박 2일 방한을 두고 "카터 대통령은 한국을 방문함으로써 박 대통령에게 큰 선물을 줬다"고 말했다. "카터 대통령은 서울을 방문함으로써 그의 체면을 세워줬으며, 야당을 탄압할 용기를 주었다"고 덧붙였다. 김 총재는 "카터가 방한하면 박 대통령이 야권 탄압을 강화하는 빌미가 되기 때문에 방한을 반대했는데, 이제 그것이 현실이 되고 있다"고 말했다. "카터의 방한을 생각하면 지금도 화가 치밀어 오른다고"라고 말했다.

경찰의 공격성을 지적하다

김 총재는 지난 8월 11일 신민당 중앙당에 진입할 때 행사된 경찰의 공격적인 모습과 8월 13일 자신을 자리에서 쫓아내기 위해 취해진 소송 그리고 입을 막기 위해 투옥시키겠다는 정부의 위협 등에 대해 이야기했다. 김 총재는 "나를 체포한다는 소식은 더 이상 놀랄 일이 아니며, 이 정권은 이제 붕괴 일보 직전에 접어들었다"고 지적했다.

그러나 한 정부 관리는 "만약 우리가 김 씨가 바라는 것처럼 약한 위치에 있었다면, 우리는 이미 그를 잡아들였을 것"이라고 말했다. 정부 대변인은 위기로 치닫는 한국 정치의 심각성을 과소평가하려고 한다. 한국 정치는 매달 붕괴 위기에 처한 듯 보인다고 박준규 의장서리는 말했다. 박 대통령과는 친척 관계가 아닌 박 의장서리는 "하지만 우리는 어떻게든 잘 헤쳐 나가려고 한다. 박 대통령 집권 이후를 쭉 돌이켜보면 지금 상황은 큰 위기가 아닐 수도 있다."고 말했다.

한국 정부는 현재 딜레마에 빠진 것처럼 보인다. 김 씨를 체포하면, 그를 국민적 영웅으로 만드는 격이 돼 오히려 정권에 해로울 수도 있다. 하지만 잡아 넣어버리면 그가 반복적으로 공공연히 정부를 공격하는 것을 막을 수는 있을 것이다. 한국 정부는 박 대통령 비판을 금지하고 있는 법률을 적용해 수백 명의 비판자를 감옥에 보냈다.

미국대사관을 비판하다

인터뷰에서 김 총재는 지난해 부임한 윌리엄 글라이스틴 대사를 언급하지는 않았지만, 주한 미 대사관을 비판했다. "주한 미 대사관은 한국 정치에 대한 시야와 접촉 인사를 확대할 능력이 없어 보인다"고 말했다. "미국대사관은 풍부한 인력이 있는데도 불구하고 접촉범위가 한정된 사실에 놀라움을 금할 수 없다"고 말했다. 주한 미국대사관 대변인은 김 총재의 발언에 대해 논평하길 거부했다. 그러나 미국대사관 직원들은 김 총재가 카터 대통령과 글라이스틴 대사 그리고 그 밖의 대사관 외교관들을 만나 자신의 견해를 표명할 기회들이 있었다고 언급했다.

김 총재는 이어 테헤란 주재 미국대사관이 작년 팔레비(Pahlevi) 왕정의 취약성에 대해 국무부에 경고하지 않은 사실을 두고 "이란 사태는 미국 외교의 중대한 재앙이었다"고 지적하면서 "나는 주한 미국대사관도 이런 전철을 밟지 않기를 바란다"고 말했다. "내가 미국 관리들에게 박 대통령을 향한 공개적이고 직접적인 압력만이 그를 통제할 수 있다고 말할 때마다, 그들은 한국의 국내문제에 간섭할 수 없다"는 식으로 말해왔다고 김 총재는 밝혔다. "이건 틀린 이론이다. 미국은 한국을 지키기 위해 3만 명의 미군을 주둔시키고 있는데, 이건 내정간섭이 아니라면 무엇인가?"라고 지적했다.

김 총재가 이끄는 신민당은 국회에서 전체 231개 의석 가운데 3분의 1에도 약간 못 미치는 67석을 장악하고 있으며, 1978년 총선에서 공화당보다 더 많은 표를 얻었다. 김 총재는 "북한에 대처할 수 있는 유일한 최선의 방법은 언론과 집회의 자유 그리고 자유로운 선거를 통해 우리의 정부를 선택할 수 있는 자유를 보장하는 것임을 확신한다"고 말했다. 72년 유신헌법은 대통령이 국회의원의 3분의 1을 임명하고, 나머지 3분의 2는 선거에서 뽑도록 규정하고 있다.

"장기적으로 범 민주주의와 자유로운 체제가 갖춰져야, 대한민국이 이 지역에서 미국의 이익을 위해 기능할 수 있다"고 김영삼 총재는 덧붙였다.

유신 8년 차, 제1 야당의 총재가 외신과의 인터뷰에서 이런 당찬 요구를 하는 것은 별도의 용기가 필요한 일이었다. 이 인터뷰가 가져온 파괴력은 엄청났다. 사실 5월 전당대회에서 정권 측의 공작을 극복하고 총재에 당선된 사실부터가 놀라웠다.

그 뒤 김 총재는 서울 외신기자클럽 초청 연설(6.11)에서 "남북한 간의 긴장 완화를 위해 북한 김일성과 만날 용의가 있다"고 했다. 이어 YH무역 여성 근로자들이 신민당사로 몰려와 농성하자, 이를 배후에서 지원했다고 정부 측으로부터 공격을 받았다. 법원으로부터 직무집행정지 가처분 신청이 받아들여져도 김 총재는 이를 인정하지 않는다며 강경 발언을 멈추지 않았다.

그의 입을 막는 길은 구속이나 국회의원 제명인데, 그건 여파가 만만치 않은 일이다. 당국이 이런 고민을 하고 있는데, NYT의 인터뷰 기사가 나왔다. 이 기사가 나온 뒤 정부의 입김이 닿는 국내 일부 언론들은 연일 김 총재를 매도했고, 공화당과 유정회 의원들은 급기야 국회에서의 제명(除名)을 결의한다. 우리 헌정사상 처음인 야당 총재의 의원직 제명이다. 신민당은 의원총회로 맞선다. 그 자리에서 김영삼은 말한다.

나는 국회의원직에 연연하지 않습니다. 비록 공화당이 이 사람을 추방하는 데 성공하더라도 나의 정치철학과 민주 회복에 대한 신념마저 추방하지는 못합니다. 나를 감옥에 넣어도 나의 신념마저 감옥에 넣지는 못할 것이며, 민주 회복의 신념마저 감옥에 넣지는 못할 것입니다. 정부와 여당 그리고 정치인은 국민의 무서운 눈초리가 있다는 것을 알아야 합니다. 정치는 국민의 지지를 기둥 삼지 않고는 할 수 없습니다. … 분명히 공화당 정권에 대해 충고합니다. 이와 같은 엉뚱한 짓을 계속할 때 무서운 국민의 저항이 있을 것입니다. 반드시 있을 것입니다.⁴⁹⁰

김영삼은 제명됐다(10.4). 이때 권력 측에서도 김영삼의 제명이 불러올 파국을 염려하는 인사들이 있었다. 여야를 막론하고 생각이 있는 사람들은 파국을 막기 위해 동분서주(東奔西走: 이리저리 바쁘게 돌아다님)했다. 김계원 비서실장의 회고담이다.

공화당과 유정회는 김영삼을 제명했다. 제명안 통과 직후 김영삼 총재가 홀로 의석에 앉아 생각에 잠겨있다.

제명 하루 전인 3일 박준규(공화당의장 서리), 태완선(유정회 의장), 김재규 부장 그리고 나, 넷이서 호텔 신라 객실에 모였어요. 마지막 회의였던 셈이죠. 나는 '제명까지 가서는 일이 커집니다. 우리 네 사람이 의견을 모아 각하께 재고를 건의 드리는 게 어떻겠습니까?'라고 했어요. 미국 측에서도 제명을 다시 한번 생각해 달라는 뜻을 전달해 왔다는 이야기도 덧붙였죠. 속마음이야 같았던지 다들 쉽게 동의하더군요. 그래서 '각하께 말씀드려보자'고 이야기가 돌아가는데 그때 문이 열리더니 차(車) 실장이 나타나는 거예요.[491]

경호실장 차지철은 "방금 각하를 뵙고 오는 길인데 각하 뜻은 어떤 일이 있어도 제명하라는 겁니다"라고 못을 박는 바람에 네 사람의 다짐은 없는 이야기가 됐다. 권력의 이면은 이렇다.
김 총재 제명에 반발해 민주당과 민주통일당 의원 69명 모두 의원직 사퇴서를 제출한다. 공화당은 "선별적으로 사퇴서를 수리하고, 보궐선거를 실시하겠다"고 반응했다가 '누가 누구를 선별하냐'고 여론의 엄청난 지탄을 받는다. 당시 국회의장은 지역구 출신도 아닌 유정회의 백두진(白斗鎭, 1908~1992) 의장이었다. 국회의원은 물론 국민 누구도 파국을 원하지 않았는데도 상황은 계속 파국으로 향하고 있었다. 이런 상황을 정해진 길을 따라갔다고 할지, 운명의 길이 미리 정해져 있다고 해야 할지 곤혹스럽다. 비리법권천(非理法權天)이라는 말이 있다. "무리(無理: 도리가 아닌 것)한 것은 이치를 이길 수 없고, 이치는 법을 이길 수 없으며, 법은 권력을 이길 수 없고, 권력은 하늘[민심]을 이길 수 없다"는 말이 한치도 틀리지 않다. "올바른 길로 나갈 때는 거칠 것이 없다"는 대도무문(大道無門)도 같은 이치가 아닐까? 김영삼 제명에 대해 미국도 "깊은 유감"을 표시했다. 10월 5일 WP의 기사는 "한국 국회, 야당 총재 제명"(South Korean Parliament Ousts Opposition Leader)이다. 여기서 야당 지도자는 '신민당 김영삼 총재'다.

한국 국회, 김영삼 총재 제명

(서울) 한국 국회는 어제 야당이 불참한 가운데 김영삼 신민당 총재 제명안을 처

리했다. 국회는 김 총재가 국회의원의 지위와 특권을 남용했다고 밝혔다. 김 총재 제명에 대해 미국은 유감을 표했다. 카터 대통령은 지난 7월 한국 방문 시 김 총재와 만났다. 대다수 야당 의원은 김 총재에 대한 제명안 처리 저지를 위해 국회 의사당 본회의장 단상을 점거했고, 여당 의원 159명은 별도의 회의실에 모여 의원 제명에 필요한 의결정족수 3분의 2를 채워, 김 총재를 제명 처리했다. 여당 의원 한 명은 신병으로 표결에 불참했다.

김 총재는 그 투표가 한국 "민주주의의 종말을 알리는 죽음의 종소리"라고 말했다. 미 국무부의 호딩 카터(Hodding Carter) 대변인은 이에 대해 미국은 "매우 유감스럽게 생각한다"고 말했다. "이런 조치는 민주주의 정부의 원칙들에 부합되지 않는다"고 카터 대변인은 말했다. 에드워드 케네디(Edward M. Kennedy, 민주, 매사추세츠) 상원의원은 김 총재의 제명에 대해 "민주적 원칙들에 명백하게 어긋난다"고 말했다. 그는 "김 총재 제명은 한국 민주주의를 지지하는 모든 사람에 의해 강력하게 비난받아야 한다"고 말했다.

여당은 김 총재가 2주일 전 뉴욕타임스와의 인터뷰에서 백악관은 박정희 대통령에 대한 지원을 중단해야 한다고 주장하고 주한미군의 주둔이 한국의 내정간섭에 해당한다고 말한 것에 대한 책임을 물어 김 총재의 징계안을 제출했다.

커지는 눈덩이

'1979년은 여러 가지 사건이 터질 환경이었다. 박정희란 한 독재자의 내부 붕괴뿐만 아니라 지배체제의 경직성, 그리고 경제 불황의 급속한 확산과 심화가 발화점에 가까운 지경에 이르렀다'고 김영삼은 10·26 직전의 상황을 회고했다(『회고록』 2권 135페이지).

김 총재 제명 소식을 접한 부산 시민들은 마음이 몹시 불편했다. 호남의 인물이 김대중이라면 김영삼은 부산·경남의 인물이요 기대주였다. 김영삼은 25세 때인 1954년 제3대 국회의원으로 당선돼 야당 원내총무로, 당 총재로 활동한 정치인이다. 경남과 부산에서는 많은 지지와 사랑을 받는 정치인이었다.

그의 정치적 고향인 부산 경남에서 "야당 총재가 그 정도는 말할 수 있는 거지, 우리 영삼이가 뭘 잘못했나?"라며 불만스런 목소리가 커졌다. "그럼, 정부는 잘했나? 자기들 독재한 것은 생각도 안 하고!" 말 없는 국민이 한꺼번에 이런 생각을 갖게 되면, 이건 위험 신호다. 10월 15일 '생전 데모를 안 한다던' 부산대학교 학생들이 민주화를 요구하는 성명을 발표하고, 다음 날 부산 시내로 나와 시민들과 함께 시위를 계속한다. 김영삼의 회고다.

> 10월 16일 오후 7시, 5만여 명에 이르는 시위 인파가 시청 앞과 광복동 일대 거리를 가득 메웠다. 시위대원들은 '독재 타도'를 외치고 있었다. 그 구호가 거리에서 이어지고 '김영삼 총재 제명을 철회하라' 등 구호가 퍼졌다. … 유신체제 아래에서 오랫동안 억눌려왔던 국민의 민주화 욕구가 나의 의원직 제명을 계기로 폭발했다. 유신 이후 최초의 대규모 민주항쟁이 벌어진 것이다.⁴⁹²

시위는 17일에도 계속됐다. 7년 전 이날 박 대통령은 유신을 선포했다. 정부는 17일 밤 12시(18일 0시)를 기해 부산 일원에 비상계엄을 선포하고, 군병력을 투입하면서 대학에 휴교령을 내리고 야간 통금을 2시간이나 앞당겼다. 부산이 막히자, 민주화의 불길은 이웃 마산(馬山)으로 번졌다. 마산이 어딘가? 3·15 부정 선거(1960)에 항의해 4·19의 불씨를 피워 올린 곳 아닌가. 정부는 20일 정오 마산과 창원 일대에 위수령을 선포했다. 벌써 부산과 마산에서는 시민 1,500여 명이 연행됐다. 간단한 시위가 아니었다.

이 부마사태(부마민주항쟁)의 수습 방안을 둘러싸고, 대통령의 두 핵심 참모 사이에서 또 의견이 갈린다. 대통령은 74년 8월 이후 경호실장을 맡아 강경책을 제시하는 차지철을 줄곧 편들고 있었다. 이에 대해 김재규 중앙정보부장은 속이 상했으나, 어쩔 도리가 없었다. 부마민주화항쟁 때도 그랬다. 김재규는 계엄령이 내려진 부산 지역을 둘러보고 올라와 대통령에게 직접 상황을 보고했다(10.19).

"이번 소요 사태는 심상치 않습니다. 대학생뿐만 아니라 시민들까지 가세해

부산대, 동아대, 수산대 등 대학생들이 부산 시내로 진출해 시위를 계속했다. 1979.10.

유신철폐를 외치고 있습니다. 단순 시위가 아닙니다. 민간인들의 참여가 아주 많습니다." "뭐야? 계엄령이 떨어졌는데도 소요가 계속되고 있다고? 경찰은 그렇다 쳐도 군인들은 뭐 하는 거야? 중앙정보부장이 어정쩡하니까 애들이 우습게 알고 덤비는 거지." " … " 김재규는 말문이 막혔다.

차지철이 나선다. "맞습니다. 각하! 세상 무서운 줄 모르고 미쳐 날뛰는 놈들에게는 몽둥이가 약입니다. 초기에 강력하게 때려잡아야 합니다" 차지철은 말을 이어갔다. "캄보디아에서는 300만 명이 죽어도 까딱없는데, 우리도 데모하는 놈들 100만~200만 명 죽인다고 까딱 있겠습니까?"

대통령이 결론을 내린다. "앞으로 부산사태 같은 게 발생하면 내가 직접 발포 명령을 내리겠어. 자유당 때는 최인규나 곽영주가 발포 명령을 내려 사형을 당했지만, 내가 발포 명령을 내리면 대통령인 나를 누가 사형시키겠어?"

김재규는 등에 진땀이 흘러내리는 것을 느꼈다. 권력자들을 서늘하게 만드는 국민 시위는 부마민주항쟁에 이어 이듬해 광주에서 또 7년 뒤 민주대항쟁으로 이어진다. 미국 3대 대통령 토마스 제퍼슨은 "자유라는 나무는 때때로 애국자와 압제자의 피를 먹고 생기를 되찾는다"(The tree of liberty must be refreshed from time to time with the blood of patriots and tyrants)고 했다. 그렇다면 자유와 쌍둥이인 민주주의라는 나무도 피를 먹어야 생기를 되찾는다고 할 수 있겠다. 역사의 발전에는 희생자가 필요하다. 아니 희생자가 있기 때문에 그 역사는 발전하는 것이 아닐까?

부산과 마산에서 시위가 진행될 때, 서울, 대구, 광주 등지에서도 유신 반대 시위가 이어지고 있었다. 10월 26일 금요일 대통령은 충남에서 2가지 행사가 있었다. 삽교천 방조제 공사 준공식과 당진의 KBS 대북방송 중계소의 증설 공사 준공식이었다.

대통령의 마지막 만찬 | 그날 저녁 대통령은 청와대에 인접한 중앙정보부의 안가(安家)에서 만찬이 예정돼 있었다. 지금은 헐렸지만(1993), 청와대에서 불과 100m 거리다. 저녁이라고 하지만, 식사보다는 약주(藥酒: 술의 높임말)가 주가 되는 형식이었다. 이런 저녁 자리는 육영수 여사가 세상을 뜬 뒤 생겨났다. 자녀들도 다 자라고 육 여사도 없는 청와대 내실에서의 식사 자리가 썰렁해 측근들이 만들어 낸 새로운 풍경이었다.

청와대의 안주인 육영수 여사가 차지하고 있던 빈자리는 컸다. 보통의 가정에서도 집마다 구체적인 사정은 다르지만, 부인이나 어머니의 부재(不在)가 갖는 공백은 그 반대의 경우보다 크다고 한다. 박정희 정부의 내밀한 부분을 접했던 사람들은 육 여사의 공백을 크게 안타까워한다. 육 여사 생전의 청와대와 그 후의 청와대는 크게 달랐다고 말한다. 앞에서 살펴본 1968년 청와대에서 대통령의 하루를 살펴봤지만, 그 뒤에도 대통령의 일과는 크게 다르지 않았다.

대통령 집무실 겸 서재가 1층에 있었고 2층에는 대통령과 가족들의 침실과 식당, 비서실장 방이 있었다. 박정희 대통령은 육영수 여사 서거 후 2층 침실 옆 식당에서 두 딸과 식사를 한 후, 매일 아침 9시, 1층으로 출근했다. 직원들이 1층 부속실 옆 주방에서 준비한 음식을 2층으로 날랐다. 박 대통령이 두 딸과 식

청와대 경내 상춘재. 옛날 청와대 본관의 식당이 비좁아 박 대통령은 종종 상춘재에서 지인들, 출입 기자 등과 식사를 했다. 지금의 상춘재는 전두환 대통령 때 증축됐다.

사하는 동안, 식당 맞은편 비서실장 방에서는 비서실장이 주관하는 수석비서관 회의가 8시부터 열렸다. 박 대통령은 1층 집무실로 출근한 후 수석비서관 회의 내용 등 각종 보고를 받는 것으로 일과를 시작했다. 2층으로의 퇴근 시간은 오후 6시였는데 대통령과 두 딸, 숙직 직원과 경호원만 남은 오후 6시 이후의 청와대 본관은 그야말로 적막강산이었다고 한다. 김계원 비서실장이 한때 본관 옆에 별채를 따로 지어 대통령과 가족들의 제대로 된 거주 공간으로 삼자고 건의했으나 청와대 건물에 돈을 들이기 싫어하는 박 대통령 반대해 무산된 것으로 알려졌다.

육 여사 서거 후 대통령은 가끔 일과 후 청와대 출입 기자들과 함께 경내의 상춘재(賞春齋)에서 세상 돌아가는 이야기를 하면서 저녁 시간을 보냈다고 한다. "그냥 평범한 앉은뱅이 탁자에 대통령과 둘러앉아 술을 마시며 바깥세상 얘기 등을 나눴고, 금연을 선언한 탓에 대통령은 기자들에게 담배를 얻어 피우곤 했었다"고 당시 조선일보의 청와대 출입 기자였던 안병훈(安秉勳, 1938년생)은 회고했다. 그 무렵 청와대를 함께 출입했던 경향신문의 이형균(李烔均, 1939년생) 기자도 이런 일화를 들려줬다.

박 대통령은 축농증이 있어서 담배를 끊는다고 했는데 술자리에서는 담배 생각

607

이 나는지 가끔씩 옆에 앉은 기자들한테 담배를 얻어 피웠어요. 박 대통령은 담배를 얻기 전 근혜 눈치를 한번 본 뒤 "나 담배 한 대 줘"하곤 했는데, 기자가 라이터로 불을 붙여주려고 하면, "담배는 성냥불로 붙여야 제맛이 나" 하면서 성냥을 켜곤 했어요.

한번은 국무위원 등도 함께 참석하는 만찬 행사가 있었는데, 박 대통령은 만찬장 입구에 서서 입장하는 참석자들과 악수를 나누며 손님맞이를 하고 있었습니다. 순서에 따라 제가 다가가자 박 대통령은 뒤로 한 걸음 물러서더니, 공손히 절을 하면서 "아버님 상(喪)은 잘 치르셨지요? 가보지 못해 미안합니다." 하면서 직접 조문하지 못한 일을 미안해해서 나는 깜짝 놀랐습니다. 그 행사 얼마 전 연로한 아버지가 돌아가셨고, 당시 비서실장이 대신 조문을 다녀갔는데도, 박 대통령은 그걸 기억하고 있다가, 행사장에서 나를 만나자 그렇게 하셨어요. 내가 도리어 미안할 정도였습니다. (이형균 기자, 2023.2.27. 인사동 한정식집 「옥정」)[494]

어쩌면 집권 기간 내내 대통령은 이 비슷하게 생활하고 집무했을 것이다. 대통령 주변에서는 소탈하고 서민적인 대통령이라는 이야기가 많이 흘러 다녔다. 대통령은 장기 집권을 궁리하고, 자신의 지침이나 노선에서 이탈하는 국회의원들을 매섭게 다잡기도 했다. 또 육 여사가 서거한 뒤 일과 후에 저녁을 겸한 술자리를 가끔 가졌다는 사실도 맞다.

1979년 10월 26일, 그날 저녁의 참석자는 대통령과 김계원 비서실장, 김재규 중앙정보부장, 차지철 경호실장 등 4명에 여자 가수 1명과 다른 여성 1명 등 모두 6명이었다. 나라에 현안이 있을 때는 당연히 현안에 대한 이야기가 저녁 자리에서도 이어진다. 10월 26일도 그랬다. 부마(釜馬) 지역의 반유신 시위와 그 대책, 김영삼 총재의 제명에 따른 정국 타개책 등이 주 화제였다.

차지철은 줄곧 강경책을 주문했고, 김재규 부장은 중앙정보부의 노력에도 불구하고 제대로 불길이 잡히지 않고 있는 다발적인 시위와 신민당 총재 제명에 따른 부산 경남 지역의 어수선한 분위기 때문에 궁지에 몰리고 있었다. 김재규는 79년 들어 발생하는 일련의 사태는 유신 헌법에 바탕을 둔 권위주의적인 통치나 강경일변도 대책 때문에 계속 꼬이고 있는데, 대통령은 정국의 전환이나 체제의 변화를 생각하지 않고 있어서, 말할 수도 없고 혼자 고민이 많았다. 자고로 모든 문제는 문제 자체보다 해결 방법의 시행착오로 더욱 해결이 어려워지는 수가 많다고 했다.

대통령은 강경한 대응을 주장하는 차지철의 의견에만 동조하고, 중앙정보부가 마련하는 대안이나 대책에 대해서는 역정을 냈다. 이날도 김재규는 술 한 잔하지 않았지만, 화가 나서 견딜 수가 없었다. 김재규 특유의 발작증이 도졌다. 거기다가 그의 마음속에 살기(殺氣)까지 들어왔다. 차지철의 오만방자한 언동을 더 이상 참아내기가 어려웠다.

사실 10·26 그날은 김재규의 발작증이 도질 만했다. KBS 당진송신소는 대북 방송 시설로 중앙정보부와 KBS가 몇 달간 고생해서 증강 공사를 마무리했다. 중앙정보부장은 당연히 대통령을 수행해야 하는데, 차지철은 "헬리콥터의 안전 운항을 위해 중량 부담을 줄인다"는 이유로 대통령 전용 1호 헬기에 김재규의 탑승을 막았다. 1호기에는 대통령, 비서실장, 경호실장, 이희일 농림부장관, 서석준 경제수석비서관 등 5명이 탑승했다. 정상이라면 1호 헬기에 김재규가 탑승하고, 서 비서관은 2호기에 탑승할 일이었다. 왜냐하면 2호 헬기에

대통령 박정희　　비서실장 김계원　　중앙정보부장 김재규　　경호실장 차지철

는 수석비서관과 수행 경호팀이, 3호기에는 보도진들이 탑승했기 때문이다. 그래서 김재규는 승용차를 타고 당진 행사장을 오갔다. 천하의 중앙정보부장이 대통령 전용기에서 밀려나 승용차로 그 먼 길을 오가다니, 체면이 말이 아니었다. "황급히 육로로 천안을 거쳐 송신소에 허겁지겁 달려온 김재규 부장은 화가 단단히 나 있었다"고 김계원은 기록했다(『김계원 회고록』 551페이지). 그날 김재규는 서울-당진 길을 육로로 오가면서 "내 차지철 이놈을 오늘은 작살을 내야지" 마음속으로 수백 번 이를 갈았을 것이다. 그날 저녁 그는 만찬 장소인 궁정동 안가에서 대통령의 도착을 기다리면서 김계원에게 "실장님, 차지철 저놈 오늘 해치울까요?"라고 말했고, 실제로 해치워버렸다.

김재규(1924년)는 육사 동기이지만 7살이나 나이가 많은 고향 선배 박정희(1917년)를 형님 대하듯이 했다고 한다. "중앙정보부의 노력을 그렇게도 몰라주다니. 국민은 근본적인 변화를 요구하는데, 전차로 100만 명을 그냥 밀어버린다고 …" 김재규는 범행 이틀 뒤인 28일 합동수사본부의 심문에서 이렇게 진술했다.

차 실장을 쏘아 버릴까? 그런데 차 하나 쏘아서 근본적인 문제 해결은 안 되지 않는가. 한다면 각하를 제거해야지 하고 거사를 결심하게 되었습니다.[495]

김재규는 박 대통령 시해(弑害) 사건이 나고 5시간 뒤인 27일 새벽 육군본부에서 헌병들에게 체포됐다. 수사에 이어 재판이 시작됐다(12.4). 김재규에 대한 재판은 육본 군사 법정에서 비공개로 진행됐다. 검찰관이 김재규에게 묻는다.

"피고인은 박정희 대통령을 살해했지요?" "본인은 이 나라의 자유민주주의 회복을 위해 …" "먼저 살해한 사실을 확인하겠습니다. 인정합니까?" "저는 10월 26일 저녁 7시 45분경 민주회복을 위한 국민혁명을 했습니다." "당시 육군참모

누가 박정희를 쏘았는가? 시해범의 이름이 거의 보이지 않는다. 1979.10.27.

총장을 범행 장소에 유인했던데 범행 후 이용하기 위해서 그랬습니까?" "저는 그날 오후 4시 40분경 안가 2층 집무실에서 혁명준비를 했습니다. 독일제 7연발 발터 권총을 금고에서 꺼내 시험해 보고, 실탄 7발을 장전해서 서가에 올려 놨습니다. 그리고 혁명구상을 했습니다. 육군참모총장을 부른 건 유인이 아니라 혁명 초부터 접촉하기 위해서였습니다." "피고인 김재규는 사전에 궁정동 잔디밭에서 대통령 비서실장을 잠시 만났죠? 그때 무슨 말을 했습니까?" "오늘 해치워 버린다고 했습니다." "비서실장이 불응하면 어떻게 하려고 했습니까?" "반대했다면 아마 저의 총에 맞았을 겁니다."[496]

김재규의 총을 맞고 박정희 대통령과 차지철 경호실장이 절명했다. 대통령은 '아주 흉한 모습으로' 최후를 맞았다. 검시한 군의관이 그를 몰라볼 정도였다. 18년 이상 한국을 통치한 박정희 대통령의 피살은 큰 뉴스다. NYT는 10월 27일 자 1면 머리기사로 이 소식을 전했다. "한국 박 대통령 정보부장 손에 피살/ 국무총리로 권한 이양/ 미군 비상 돌입"이라는 석 줄짜리 제목 아래 이 사

1979.10.27, NYT 1면. 박 대통령과 최규하 대통령 권한대행의 사진을 배치했다.

건을 보도했다.

한국, "박 대통령 중앙정보부장에게 시해당해"

(서울, 한국, 토요일, 10.27) 18년 이상 한국을 통치해 온 박정희 대통령이 어제저녁 청와대 부근 안가에서 중앙정보부장의 총에 맞아 사망했다고 한국 정부가 오늘 오전 발표했다. 한국 정부는 박 대통령의 서거는 중앙정보부장과 경호실장의 "우발적인 다툼의 결과"라고 말했다.

정부 공식 발표에 따르면, 살해범 김재규는 박 대통령의 오랜 친구로서 어제저녁 대통령을 모신 저녁 자리에서 "감정이 격해져" 권총을 발사했다고 한다. 무슨 문제를 놓고 다툼이 벌어졌는지는 아직 명확하지 않다. 62세의 대통령은 권총 한 발을 맞았으며, 경호실장과 4명의 경호원도 함께 목숨을 잃었다고 한국 정부는 밝혔다. 경호원 4명의 신원은 아직 밝혀지지 않았다.

박 대통령이 사망한 지 3시간 이상 지난 뒤 비상 국무회의가 열렸고, 정치적인 권한이 전혀 없는 최규하 국무총리가 대통령 권한대행을 맡았다.

북한에 대한 신호

한국에는 제주도를 제외한 전국에 계엄령이 선포됐고 모든 공항이 폐쇄됐다. 한국에 주둔 중인 38,000명의 미군은 북한이 한국에 대해 군사적인 행동을 취하지 못하도록 미 국방부로부터 비상경계 태세를 높이라는 명령을 받았다.

한국 정부는 육군참모총장인 정승화 대장을 계엄사령관으로 임명했으며, 계엄사는 밤 10시부터 아침 4시까지 통행금지령을 내리고 1972년 이후 처음으로 언론에 대한 검열을 실시하고, 모든 대학에 휴교령을 내리고, 모든 옥외시위를 금지했다. 정부는 김재규 중앙정보부장이 현재 체포돼 심문받고 있다고 발표했다. 정부는 또 박정희 대통령의 국장(國葬)이 준비되고 있다고 발표했다.

1961년 5월 16일 군사쿠데타로 집권한 박 대통령은 재임 중 두 차례의 암살 시도를 겪었다. 1974년 발생한 두 번째의 암살 기도는 대통령과 영부인이 참석한 국립극장의 광복절 기념식장에서 재일한국인 청년에 의한 사건으로, 대통령은 무사했으나, 영부인이 총탄을 맞고 사망했다. 첫 번째 암살 시도는 1968년 1월에 발생했는데, 31명의 북한 무장특공대가 서울로 잠입해 관저인 청와대를 습격하려 했으나 역시 미수에 그쳤다.

대통령이 사망하기 전 남쪽 항구도시 부산과 인접한 마산에서는 수만 명이 참가하는 시위가 발생하는 등 한국에서는 박 대통령의 권위주의적인 통치에 반대하는 일련의 시위가 이어져 왔다. 부산과 마산 시위에서는 시위대 수백 명이 체포됐는데, 이는 이승만의 하야와 박정희의 집권을 불러온 4·19 이후 최악의 학생시위다.

야당 총재 제명

최근 부산과 마산 시위는 지난 10월 9일 있었던 부산 출신 신민당 김영삼 총재의 제명 때문에 촉발된 것이 분명하다. 김 총재는 공화당 의원들만이 모인 가운데 국회에서 제명됐고, 이에 항의하는 야당 의원 69명 전원이 의원직을 사퇴했다. 대통령에게 막강한 권한을 부여한 유신헌법으로 지난 7년간 통치해 온 박 대통령의 갑작스러운 사망으로 인구 4천만 명의 대한민국은 정치적으로 불확실한 상황에 빠지게 됐다. 현재 큰 관심사는 현 정부가 국민으로부터 엄청난 비판을 받는 유신헌법을 고수할 경우에도 군부가 계속해서 정부를 지지할 것이냐 하는 문제에 있다. 박 대통령 측 군부 인맥들이 즉각 권력을 장악했다는 징후는 아직 없다. 행정부 내 변화와 관련한 첫 번째 공식 발표는 국가원수의 유고 시 후임을 정할 수 있도록 허용하는 헌법 조항에 따라 어젯밤 국무총리를 대통령 권한대행으로 임명했다고 방송한 것이었다. 어젯밤 박 대통령이 피살됐다는 소문이 서울을 휩쓸었지만, 김성진 공보부 장관이 오늘 오전 8시 35분(뉴욕 시간 금요일 저녁 7시 35분) 공식 발표할 때까지는 확인되지 않았다.

청와대 인근의 안가 식당

정부 측 설명에 따르면 박 대통령은 청와대에 인접한 중앙정보부 안가에서 어제 저녁 총격을 당했다. 김계원 비서실장의 지시에 따라 대통령은 급히 군 병원으로 옮겨졌으나 저녁 7시 50분(뉴욕 시간 금요일 오전 6시 50분) 사망 선고가 내려졌다. 국무회의는 밤 11시 열려 외무장관을 지낸 최규하 총리가 대통령 권한을 승계한다고 발표됐다.

서울은 특별한 동요 없이 조용했다. 정부 청사 주변에서 약간의 군인들이 목격되고 청와대 인근에 군 전차 2대가 배치됐다. 그러나 소문들에도 불구하고 폭력 사태나 반정부 시위의 징후는 없었다.

궁정동 안가로 가기 전 대통령은 서울에서 100마일 정도 남쪽에 있는 대전 근처의 한 방조제 준공식에 갔다가, 헬리콥터를 이용해 서울로 돌아왔다. 박 대통령의 서거가 발표된 뒤 국영 라디오 방송은 장송곡을 방송하고 있으며 국기 게양대에는 조기가 내걸렸다. 국민들은 대단한 충격을 받았으나 소문으로 돌던 위기감은 점차 줄어들고 있다. 60만 명에 이르는 한국군의 군부대는 전반적으로 평온한 상태다. 올해 60세인 최규하 권한대행은 국민들에게 평온과 질서를 유지해 달라는 특별 성명을 발표했다. … (이하 생략)

역사의 가정(仮定) | 김종필은 박정희의 최후를 지켜보고 신군부로부터 부패 정치인이라고 잡혀가기도 하고, DJP(DJ+JP, 김대중과 김종필)연합으로 김대중 정권을 창출해 국무총리를 다시 맡기도 했다(11대 총리 1971~1975, 31대 총

리 1998~2000). 이 모든 일이 다 지나가고 2016년 『증언록』을 쓰면서 "가정법 (仮定法)은 역사를 얘기할 때 절제해야 한다. 하지만 18년 정권, 종말의 무대에 아쉬운 대목이 없을 수 없다"면서 두 가지를 꼽았다. 첫째가 육영수 여사의 서거(74.8.15), 둘째는 김정렴 청와대 비서실장의 사임(78.12.22)이었다.

그는 육 여사가 끝까지 함께 했다면 "대통령의 면밀한 생각과 판단력이 흐려지지 않았을 것"이라고 크게 아쉬워했다. 또 청와대 최고참 측근인 김정렴 비서실장(69.10~78.12)이 자리를 지켰다면, "차지철과 김재규 둘을 조정 관리해, 차지철의 월권을 막고 권력 내부의 균형과 질서가 헝클어지는 일이 발생하지 않았을 것"이라고 했다. 차지철과 김재규는 김정렴이라는 완충장치가 사라지자 기어코 충돌했다. 김정렴은 자신이 재임하는 동안에는 둘 사이에 충돌이 없었다고 증언했다(『아, 박정희』 333~339페이지). 하지만 그가 청와대를 떠난 뒤, 대통령 중앙정보부장 경호실장 등 당시 권력의 핵심, 권력 그 자체가 한꺼번에 사라졌다. 권력의 핵심에 생긴 진공(眞空)상태. 무서운 일이었다.

역사의 가정과 관련해 이런 기록도 있다. 박정희의 최장기 비서실장 김정렴은 '박 대통령이 김종필을 자신의 차기 후계자로 염두에 두고 있었다'는 기록을 남겼다. 김정렴은 회고록에서 78년 유신 2기 대통령(제9대)으로 선출된 박 대통령이 자신에게 이런 이야기를 했다고 회고한다.

> 당시 헌법에는 임기만료 1년 전 대통령 유고 시에는 선거를 하지 않고 총리가 남은 대통령의 임기를 대행하도록 되어 있었다. … 그러면서 "아무래도 김종필을 다시 총리로 임명해 대통령 권한대행을 할 수 있도록 해야겠다"고 했다. 이 말은 나와 유혁인 씨가 두 번이나 같이 들었다. 이어서 박 대통령은 1982년에 주한 미 지상군 완전 철수 때까지 안보의 기반만 단단히 다지면 "나라 위해 할 건 다 해놓았으니 이만큼 했으면 되지 않았느냐. 나도 좀 쉬어야겠고 애들도 시집 장가 보내야겠다"고 덧붙였다.[497]

앞서 인용한 대로 박 대통령은 1960년대 중반까지는 권력의지가 완강하지 않았지만, 60년대 후반 이후 달라졌다. 누구에게든 권력을 넘겨준다는 말을 한 적이 없었다고 김종필은 증언했다.

> 생전의 박 대통령이 나를 후계자로 생각하고 있다는 말씀을 내게 한 적은 한 번도 없다. 내가 아는 한 박 대통령은 돌아가실 때까지 누구에게든 권력을 넘겨줄 분이 아니었다. … 김정렴이 밝힌 '김종필 후계론'은 내가 듣지 못했을 뿐 아니라 믿지도 않는다. 다만 김 실장이 없는 말을 지어내진 않았을 것이다. 그렇다면 박 대통령은 왜 그런 이야기를 했을까. '내가 권력의 노예가 아니다'라는 점을 주변에 알리고 싶었는지 모른다. 아니면 만에 하나 있을지 모를 자신의 유고 상황을 가상해 비서실장에게만은 당신의 의중을 알려둘 필요가 있다고 느꼈을지 모르겠다.[498]

역사를 가정하는 일은 TV나 영화에서나 할 일이지, 이런 책에서조차도 삼가야 할 일이라고 믿는다. 김종필도 "김정렴 실장은 대통령으로부터 자신이 들었다는 그 얘기를 나한테 전달하지 않았다. 그건 이해할 수 있다. 유고 상황이 오지 않았는데 그런 얘기를 나한테 함부로 할 수 없었을 것이다. 그러나 정작 대통령의 유고 상황이 왔을 때 김 실장은 더 이상 비서실장이 아니었다. 그때의 비서실장은 김계원이었다"(『증언록』, 508페이지). 김종필의 이 말은 맞는 말이다. 더 중요한 것은 그때의 국무총리도 김종필이 아니고, 최규하(崔圭夏, 1919~2006)였다.

그런데 최규하는 10·26 대통령 유고 이후 총리(75~79.10.26)에서 대통령권한 대행(79.10.27~79.12.6) → 대선후보 → 대통령(제10대, 1979.12.6~1980.8.16) 수순으로 후계 경로를 밟았다. 박정희 대통령이 78년 어느 날 김정렴 실장에게 한 얘기처럼 사태가 진행됐는데, 그 후계자의 이름이 김종필이 아니고 최규하였다. 당시 총리가 김종필이었다면 그 뒤의 사태 전개는 달라졌을 것이다. 우리의 역사 또한 달라졌을 것이다. 나라든 개인이든 역사를 가정하거나 시간을 되돌려 당·부당을 가리는 일은 진짜 허망한 일이다.

박정희, "주도면밀한 통치자" | 박정희 서거 후 NYT는 그가 처음으로 쿠데타를 일으킨 1961년 5월 16일과 같이 많은 기사를 다뤘다. 그 가운데 박정희의 18년 집권을 정리하면서 그의 공과(功過)를 평가한 기사가 있다. NYT는 스톡스(H. S. Stokes) 도쿄 지국장이 '한국 현지 취재를 마치고 돌아와서 작성했다'는 메모까지 붙여서 이 기사를 1면에 배치했다. "박정희는 한국을 아주 주도면밀하게 통치했다"(He Ran South Korea, Down to Last Detail), 주도면밀(周到綿密)은 '어떤 일을 빈틈없이 처리하는 모습'을 말한다. 박정희의 등장과 재임 시의 공과를 제대로 정리했다.

박정희는 한국을 아주 주도면밀하게 통치했다

(도쿄, 토요일, 10.27) 박정희 대통령의 정적들은 그를 반체제 인사들을 억누르고, 반대파를 제거하고, 두려움과 억압을 속성으로 갖는 경찰국가를 만든, 부패하고 무자비한 독재자로 부른다. 그의 추종자들은 그를 공산주의로부터 나라를 지켜내고, 강철 같은 의지로 한국 경제의 기적을 만들어 낸 강인한 성격의 실용적인 애국자라고 부른다.

박정희 대통령은 군사쿠데타로 정권을 잡은 18년 동안 미국의 적극적 지원을 배경으로 사실상 3,800만 한국인의 삶의 모든 측면을 지배하면서 혁명적으로 바꾸어, 개발도상국으로서는 유례를 찾을 수 없을 정도로 산업과 기업 그리고 생활 수준을 끌어 올린 반면 정치적으로는 민주주의적 제도들을 위축시켰다.

향년 62세인 박정희는 젊었을 때 교사와 군인을 거쳐 대통령이 되었으며, 동아시아에서 가장 장기 집권한 지도자 가운데 한 명이었다. 군사혁명위원회 지도자로 권력을 획득한 뒤, 1963년 민정이양 때 출마해 대통령으로 선출됐으며, 그 후에도 학생들과 반대파들의 거듭된 도전을 이겨냈다.

이를 위해 그는 연임 임기가 끝나면 물러나겠다는 1967년의 약속을 깨고, 두 차례나 헌법을 고쳐, 자신이 원하는 거의 무제한적인 권한을 쥐었고, 문제가 발생했을 때, 그에 반하는 자들을 투옥하고, 권위에 도전하는 시위를 한치의 거리낌 없이 권력의 강한 힘으로 진압했다.

그는 자신이 임명하는 국회의원 3분의 1을 채워 넣어, 국회를 거수기 조직으로 만들었으며, 내각의 결정권도 없애버렸고, 의미 있는 정치적 결정은 아예 하지 못하도록 했다. 그는 언론을 검열하에 두었고, 사법부가 그의 뜻을 따르도록 하는 법을 제정하도록 했다. 박 대통령은 여러 가지 규제를 동원해 대학도 손아귀에 넣었다.

그는 방대한 조직의 중앙정보부를 창설해 비밀경찰의 권한을 부여하고 자신의 뜻과 맞지 않는 군 간부들과 기업인, 정치인들을 제거했다.

이처럼 비민주적인 조치를 수없이 취하면서, 공산주의 위협과 북한의 침략 위협 이 두 가지를 핑계로 삼아, 경제발전을 이룩하기 위해서는 정치적인 안정이 필요하다고 국민에게 끝없이 호소했다. 해외에서 벌어진 미국 하원 의원들에 대한 한국 정부의 뇌물 제공과 관련한 스캔들을 간신히 피했고, 인권 탄압을 완화하라는 국제적인 압력도 떨쳐냈다.

1961년 한국은 가난했다

동시에 박 대통령은 한국을 변화시킨 경제혁명을 이룩했다. 영국 산업혁명과 같은 경험을 150년에서 15년으로 압축하면서 박 대통령이 이끄는 한국은 비슷한 규모의 개발도상국 중에서 최고의 경제성장을 이루었다. 미국은 물론 일본과 비교해도 연간 10% 이상의 경이적인 실질 성장률을 기록했다. 1961년 군사 쿠데타 시절의 한국은 중공업 시설과 통신망도 거의 없는 농촌 지역이 대부분으로, 미국의 군사적 경제적 원조에 크게 의존하는 헐벗은 나라였다. 오늘날 한국은 북한의 4배나 되는 500억 달러 규모의 국민총생산(GNP)을 기록하고 있으며, 수출도 초기에는 선풍기, 가발 등등 수천만 달러에서 지금은 섬유류, 철강 제품, 선박과 자동차 등으로 연간 수십억 달러를 수출하고 있다.

한국인의 연평균 소득은 1,500달러를 기록하고 있으며, 농촌에서는 각종 농업 활동으로 분주하고, 도시에서는 공장과 새로운 주택, 사무실, 호텔, 고층 빌딩의 숲이 우거지는 가운데 기업과 산업의 성공에 대한 메아리가 요란하다. 지난 18년간 미국은 수십억 달러의 원조를 제공하고 수만 명의 미군을 한국에 주둔시킴으로써 한국의 경제적 성공에 기여했다. 역대 미국 행정부들이 박 정권의 억압적인 조치를 묵인해 온 것은 부분적으로 세계의 전략적인 지역에서 한국이 차지한 경제적, 군사적인 동반자의 지위 때문이기도 하다.

야당 의원 전원 의원직 사퇴

한국을 오래 관찰한 전문가들은 박 대통령이 추진한 정책의 근간은 인권을 희생시켜서라도 경제 발전을 추구하는 것이었는데, 그런 정책은 정권에 대한 환멸을 증폭시키는 주요한 요인이 되었다고 말한다. 생활 수준의 향상으로 더 이상 대통령에 의해 통제되지 않는 아주 세련된 중산층이 만들어졌으며 재계와 군부 내에도 많은 권력의 중심 근거지가 생겨났다.

그는 1920년대 이탈리아에서 무솔리니가 해서 좋은 평가를 받은 것처럼 "열차를 정시에 운행하게 만들었다"[499] 고 말했다. 그러나 이 때문에 그는 곤경에 빠지게 되었다. 지난 10월 야당 지도자인 김영삼 의원의 국회 제명에 항의해 야당 의원 전원이 국회의원직을 사퇴했다. 미국은 한국 정부 수립 31년 만에 처음으로 윌리엄 글라이스틴 주니어 주한 미국대사를 일시 본국으로 소환했다(10.5-역자 주).

그러자 대학생들이 행동에 나섰다. 한국 제2의 도시인 부산에서는 지난 17일 밤 계엄령이 선포됐는데도 불구하고 연 사흘째 시위가 이어졌다. 학생들은 부산 출신의 김영삼 총재를 제명한 것에 항의했고, 부산과 마산 등지에서 시위대 1,500명이 체포됐다. 정부 각료들은 외국인들에게는 아무 문제가 없을 것이라고 했다. 김원기 재무장관의 친구로 김 장관의 집무실을 방문했던 일본인 은행가는 "각료들은 그 정도 시위는 사소한 문제다"라고 말했다고 전했다.

한 정부 대변인은 학생 시위를 "연중행사"라면서, 별문제가 아니라고 말했다. 그러나 그들도 이번 시위는 한일 국교를 정상화했던 1964년 이후 최악의 시위였다고 생각한다. 전문가들은 이번 학생 시위는 지난 1960년 남부 지방에서 발생해 완강한 이승만 정부를 무너뜨린 4·19 시위에 이은 한국 정부에 대항한 가장 혹독한 공세라고 생각한다.

박정희 대통령은 1917년 대구 인근의 한 작은 마을에서 가난한 농부의 아들로 태어났다. 가난은 소년 시절 시골에서 성장한 대통령의 기억 속에 아주 깊게 각인됐다. 박 대통령은 최근 출간한 『다시 태어난 한국』(Korea Reborn)에서 이렇게 적었다. "10년 전 만 해도 좁고 꼬불꼬불한 길을 따라 지붕 낮은 초가집들이 늘어선 모습이 우리의 전통적인 시골의 모습이었다. 일부에서는 그러한 풍경을 평화로운 시골 모습이라고 했지만, 그곳에 거주하는 주민들에게는 결코 그렇지 않았다. 그들에게는 그것은 수 세대 동안 계속된 가난과 함께 살라는 저주를 뜻했다. 그는 북한의 라이벌 김일성과 함께 어린 시절의 "해묵은 가난"을 경험한 최초의 지도자이다. 그는 어린 시절 소학교를 10리 이상 걸어 다녔고, 그래서 아이들이 쉽게 걸어 다닐 수 있는 거리에 학교를 세우겠다는 꿈을 가졌다. 그의 집권 이후 한국 전역에 전기가 공급되고 상수도가 설치됐다.

지하자원이 빈약한 나라

박 대통령이 어렸을 때 한국 농민들의 생활은 곤궁했다. 흉년이 들면 농부들은 먹고 살 식량을 얻기 위해 딸들을 매음굴에 팔아넘겼다. 남녀 할 것 없이 땔감을 모으기 위해 지게를 지고 들판과 산을 헤맸다. 한국은 개울의 물고기와 숲속의 땔감 외에 자원이 거의 없어서 6·25전쟁이 끝난 후 헐벗은 농민들을 더욱 궁핍하게 만들었다.

박 대통령은 5개년 경제개발계획을 성공적으로 수행하면서 수출주도 경제를 확립하고, 거기에서 나온 자본을 농촌경제를 활성화하는 데 투입해 나라를 바꾸어왔다. 한국 정부가 자국민에게는 물론 한국을 찾는 외국인들에게 자랑하는 경제성장의 신화는 다음과 같다.

한국은 박 대통령이 집권한 이후 연평균 10% 이상 경제성장을 계속해 왔으며, 소소한 일상 잡화를 연간 수억 달러 정도 겨우 수출하던 데서 1979년에는 철강, 선박, 섬유류 등 150억 달러를 수출할 것으로 예상된다. 세계시장에서 한국의 비중이 크게 올라가 지금은 미국인 4명 가운데 1명이 한국산 신발을 신는다.

이러한 업적은 박 대통령이 경쟁자를 허용하지 않고 단독으로 집권해 오면서 이룩한 것이다. 박 대통령은 "최근 몇몇 사람들은 나라에 대한 충성심과 부모에 대한 효도라는 개념이 해묵은 유교의 고리타분한 잔재로 치부하려 들지만, 인생을 이끌어주는 그러한 지침이 없다면 사람은 자신에게 진실하기가 어려울 것이다"라고 말한다.

박 대통령은 사범학교에 진학해 졸업한 뒤 소학교에서 교사로 짧게 근무했으며, 다시 만주로 건너가 일본제국군이 운영하는 군관학교에 진학했다. 그는 '타카끼 마사오'(Masao Takagi)라는 일본 이름으로 개명해야 했으며, 천황에 충성 맹세를 해야 했다. 그 시절 그가 경험한 일본 공직자들의 태도는 그에게 깊은 영향을 미친 것으로 보인다. 박 대통령의 한 지인은 "박 대통령은 아주 딱딱하고 편협하다는 말을 듣는데, 그 시절 일본인들로부터 받은 훈련을 생각해 보면, 이는 아주 당연한 것이다"라고 말했다.

태평양전쟁이 끝난 뒤 박정희를 둘러싼 모든 것이 바뀐다. 그는 아시아 사상 최강의 군대 관동군의 젊은 중위라는 지위에서 격동의 정치 상황에서 정치의 가장자리에 서 있는 한 명의 장교로 전락한다. 연합국들은 한국민의 의사와 무관하게 한반도를 38도 선으로 분단했으며, 북쪽을 점령한 소련군들은 김일성을 지도자로 내세웠다. 그러나 남쪽은 혼란했다. 미군정 당국은 동시대의 정치 상황은 말할 것도 없고 한국의 역사와 문화를 이해하지 못했으며 공산주의 이념에 "물든" 일부 정치 조직을 포함해 수많은 정치 집단들을 파악하느라 고군분투하고 있었다.

젊은 장교들의 음모

1948년 남쪽의 항구인 여수에 주둔 중인 젊은 장교들 또한 마르크스사상에 이끌려 남한 정부를 찬탈하려는 계획을 세웠다. 그들에게는 나라가 분단되기보다는 공산주의로라도 나라가 하나 되는 것이 중요했다. 박정희는 이러한 일을 꾸민 장교들 가운데 한 명이었으며, 재판에 넘겨졌다. 그는 검찰 측 증인으로 나서서 공산주의자인 동료 장교들의 명단을 제출해 목숨을 구했다. 그 뒤 이들 공산주의자는 형장의 이슬로 사라졌다.

대통령이 된 뒤 박정희는 자신이 군 내부의 파벌 싸움에 휘말린 희생자였으며,

좌익 장교들과 국가 전복을 획책하지 않았다고 미국 기자들에게 술회했다. 박 대통령의 이 시기는 그의 공식적인 기록에서는 얼버무려져 있다.

이 사건은 박 대통령이 31살에 정치적 야심을 가졌다는 것을 보여주었고 그 이후 그의 동료들은 그를 군 경력보다는 더 높은 목표를 위해 자신을 준비하는 외골수이고 근엄한 남자로 인식했다. 그는 1950년 6월 25일 북한의 남침 이후 전쟁이 계속되는 동안, 미국 장교들과 서로 이름을 부르며 편한 관계를 만들지 않은 유일한 한국군 장성이라고 한다. 대부분의 장성들은 미국 동료 군인들로부터 "빌리" 또는 "찰리"와 같은 별명으로 불렸다. 그러나 박정희 장군은 박 장군으로만 불렸고, 무엇보다도 전쟁이 끝나고 군인에게는 남아도는 시간밖에 없었던 1950년대 후반 많은 한국군 고위 장교들이 빠져든 술판과 도박판 등에 눈길을 주지 않았다.

흔히 박 대통령은 소박하고, 차갑고, 냉정하며, 자기주장이 강하다는 평을 듣고, 미소 짓는 일이 거의 없으며 큰 소리로는 절대 웃지 않는 것으로 평판이 나 있다. 그는 5피트 4인치의 키에 보통의 어깨와 군살 없는 허리를 가진 체구가 작은 남자다. 그는 담배를 적당히 피웠고 가끔 막걸리 한 잔을 마시는 것 외에는 술을 거의 마시지 않았으며, 한국판 게이샤 파티인 기생파티도 못마땅하게 생각했다.

학생 시위로 이승만 정권 종말

학생들은 이승만 대통령의 지지자들이 대규모로 선거 부정을 저지르자, 1960년 4월 노쇠한 이 대통령의 오랜 통치와 점점 더 부패해 가는 통치를 종식시켰다. 그리고 1년 후 박정희 장군은 조카사위 김종필이 주도한 무혈쿠데타로 한국을 장악하고, 존 M. 장 총리의 짧은 민주적 통치는 막을 내렸다. 그 후 몇 년 박 대통령은 이승만 대통령보다 더 효율적인 비밀경찰 조직을 만들었다. 김종필이 미국 중앙정보부(CIA)에서 배워 온 뒤 조직한 한국중앙정보부(KCIA)의 필요성을 박 대통령은 분명하게 인정했다. 한국전쟁의 참화 이후 박 대통령은 대내외적으로 국가안보를 확립하고자 했다. 미국의 정보기관과는 달리, 한국중앙정보부는 한국의 국내 질서를 지키고 정보를 수집하는 주된 기능이 있고, 군대와 구속력 있는 미국과의 안보조약은 북한 공산당으로부터 오는 외부 위협에 대한 안전장치를 제공했다.

박 대통령은 일본을 모델로 역동적인 사회 건설이라는 비전을 갖고 있었다. 처음에는 산업과 수출, 다음 단계로는 그가 가장 잘 알고 있는 가난한 농촌을 개혁하고 한국의 근대화를 추구한다는 비전이었다. 그는 한국인들이 일본의 길을 따라가면 최소한의 비용으로 일본의 경험으로부터 배울 수 있다고 강하게 믿었다. 그리고 모든 산업혁명 가운데 가장 빠른 혁명 중의 하나로 그는 부지런한 관료들을 투입해 일본인들의 100년 경험을 10년 남짓으로 압축한 경제프로그램을 계획하고 실행했다.

한국은 조선업과 같은 분야에서 일본을 추월했고 오늘날 유조선과 같은 표준선박에 대해 세계 유수의 조선업체들과 입찰에서 더 낮은 가격을 제시하며 경쟁하고 있다. 현대와 같은 유수의 기업은 세계 최고의 자동차 수출국인 일본보다 훨씬 낮은 가격으로 자동차를 만들고 있다. 한국은 이제 컬러TV를 만든다. 한국이 이룩한 최고의 성과는 중동에서 실현되었는데, 한국은 1973년의 1차 석유파동 이후 사우디아라비아에서 건설공사들을 수주했다. 한국은 천연자원이 거의 없고 석유는 한 방울도 나지 않는다. 석유파동으로 세계 유가가 다섯 배나 오르자 한국은 큰 경제적 도전에 직면한다. 한국인들은 산유국들에 7만 명의 기술자와 근로자들을 보내, 그들이 원유를 수입하는 데 소비한 것만큼의 외화를 벌어들임으로써 이 위기를 극복했다.

그러는 동안 한국 민주주의는 완전히 궤도를 벗어나 버렸다. 중앙정보부는 막대한 예산과 국민 1%에 해당하는 30만 명의 정보요원을 가진 사실상의 그림자 내각으로 빠르게 변신했다. 박 대통령은 중앙정보부가 김종필의 손아귀에서 막강한 힘을 갖게 되자, 그를 국외로 내쫓고, 청와대의 수하로 편입해 버렸다. 1968년 34명의 북한 무장 게릴라가 박 대통령을 암살하기 위해 서울에 잠입했다가 일망타진됐다. "그 이후로 사람들은 청와대를 향해 사진도 찍을 수 없었다"고 한 미국 공보관은 말했다.

박 대통령에게 두 번째의 위협은 선거였다. 1971년 한국에서 마지막으로 자유스런 대통령 선거가 실시됐었는데 야당의 김대중 후보는 여당이 막대한 선거자금을 살포하고 언론을 통제했는데도 불구하고 46% 가까운 득표를 하면서 박 대통령의 간담을 서늘하게 했다.

1년 뒤 남북한은 통일을 위한 회담을 시작해 세계를 놀라게 했다. 박 대통령은 1972년 10월 17일 전국에 계엄령을 선포하고, 두 달 뒤 대통령이 막강한 권한을 갖는 "유신" 헌법을 제정했다. 대통령은 231명의 국회의원 가운데 3분의 1인 77명을 임명하는 권한을 갖게 됐고 또 대통령을 선출하는 대통령선거인단을 구성했다. 대통령은 찬반을 묻는 국민투표에서 유신헌법에 대한 찬성을 얻어냈다.

암살자의 손에 부인 잃어

박 대통령은 1974년 재일교포의 암살 기도 사건으로 부인을 잃은 이후 공개석상에 나타나는 일이 더욱 드물어졌다. 그는 경상도 출신들로 구성된 경호원들에 둘러싸여, 아무도 믿지 않으면서 살았다. 한국 여성들은 결혼한 후에도 자신의 성(姓)을 그대로 쓰는데, 서거한 영부인 육영수 여사는 "아주 유머러스하고 부드러운 영향력을 갖고 있었다"고 한 기자는 말했다.

최근 몇 년간 박 대통령은 대외적으로 고립감에 시달린 것으로 보인다. "1970년대 초 미국이 박 대통령에게 사전에 알리지도 않고 베트남에서 철군을 시작하고, 베이징과 관계 개선을 시도 하는 등 그때부터 박 대통령은 불편함을 느끼기 시작한 것으로 보인다. 그는 미국의 요청에 응해 베트남에 한국군을 파견했는데, 한국과는 어떤 협의도 없이 이뤄진 미군 철군 결정은 그의 체면을 구기고 미국에 대한 신뢰를 잃게 만들었다"고 박 정부에 비판적인 저명한 한국교회협의회 김관석 목사가 말했다.

박 대통령과 미국 간의 사이는 더 벌어진다. 한국 태생의 쌀수출 중개인 박동선 씨가 관련된 영향력 행사 스캔들로 몇 년 동안 한미관계는 극도로 경색되어 있었는데, 박동선 씨는 미 의회에서 자신이 다수의 의원에게 돈을 살포했다고 증언했지만, 한국 정부의 지시를 받고 그러한 일을 한 적은 없다고 부인했다. 박 대통령은 카터 대통령이 주한 미 지상군 철수 결정을 철회하기로 하자, 그의 방한을 성사시키기 위해 노력을 기울였다. 지난 6월 카터의 방한은 박 대통령이 비싼 값을 치르고 얻은 대가이다.

카터 대통령은 야당 지도자 김영삼과의 면담을 고집해 관철시켰으며, 국무부에서 제공한 한국 내 정치범 100여 명의 명단을 제시하고 이들의 석방을 한국 측에 요구했다. 카터 대통령의 방한이 이뤄지는 동안 양국 관계는 양호한 것으로 보였지만, 8월 국무부는 야당인 신민당 중앙당사에 대한 한국 경찰의 진입에 대해 "잔인하고 과도한 공격"이라고 비난했다.

방한한 카터 대통령 부부를 박 대통령이 안내하고 있다. 1979.6.29.

대통령이 서거하자, 우리와 전통적 우호 관계에 있는 미국과 일본을 비롯해 자유중국(타이완), 필리핀, 싱가포르 등 주요 우방국들의 애도 표명이 잇따랐다. 10.26 넉 달 전 우리나라를 방문해(6.29~7.1) 정상회담을 가졌던 지미 카터(Jimmy Carter, 1924년생) 미국 대통령은 "박 대통령은 미국의 확고한 친구이자 협력자였다" 또 "그가 한국 경제를 놀랄 만큼 발전시킨 역할은 잊을 수 없을 것"이라고 애도의 조전을 보냈다.

자유민주주의에 역행하고 자국민의 지지를 받지 못하는 정부에 대해서는 어떤 형태의 지원이나 지지를 하지 않겠다는 도덕주의(道德主義) 외교를 펼쳤던 카터는 한국 방문 중 국회 연설에서 인권(人權) 문제를 거론하고, 야당 총재인 김영삼과 20여 분 단독으로 만나고 했으나, 결국 주한미군 철수를 더 이상 진행시키지 않겠다고 물러섰다. 주한미군의 철수로 인해 한반도에 힘의 공백이 생길 경우, 중공(PRC)이 아시아를 멋대로 요리하게 된다는 보좌진과 군부의 우려가 담긴 건의를 수용했기 때문이다. 미국은 박 대통령의 서거 소식을 접하고 '몇 분 뒤' 즉각 북한에 대한 경고 성명을 발표했다.

미, 조약 의무 준수 다짐

(워싱턴=강인섭 특파원) 미 국무부는 27일 북한에 대해 한국의 격변 사태를 이용하려 들지 말라고 경고했다. 박 대통령 서거와 비상계엄 선포 직후, 수 분 후에 발표된 국무부 성명은 다음과 같다.

"미국 정부는 한국의 사태를 악용하려는 어떤 외부적 기도에 대해서도 미국은 방위조약에 의한 대한(對韓) 공약에 따라 강력하게 대응할 것을 분명히 해둔다. 우리는 한국에서 일어난 사태에 관해 보고받았다. 미국은 이것을 한국의 국내문제로 간주하며 모든 당사자에게 절제를 권고한다"[500]

박 대통령이 생애 마지막으로 만난 외국 정상이었던 싱가포르 리콴유(李光耀, 1923~2015) 총리도 한국 방문에서 돌아온 지(79.10.16~10.19) 일주일 만에 발생한 대통령의 유고 사태가 놀랍고 안타까웠다.

"박 대통령의 서거는 한국민에게 커다란 손실이며, 한국의 경제·사회적 발전이 계속되길 희망한다"고 애도했다. 리 총리는 첫 한국 방문에서 가진 청와대 만찬에서 "어떤 지도자들은 자신들의 관심과 정력을 언론과 여론조사로부터 호의적인 평가를 받는 데 소모합니다. 다른 지도자들은 자신들의 정력을 오직 일하는 데만 집중시키고 평가는 역사의 심판에 맡깁니다. 박 대통령 각하, 만약 각하께서 눈앞의 현실에만 집착하는 분이셨다면, 오늘 우리가 보는 이런 대한민국은 존재하지 않았을 것입니다"라고 대통령이 가장 듣고 싶어 하는 찬사를 보냈다. 리 총리는 가볍게 말하는 사람이 아니다. '미국 외교의 살아있는 전설'인 헨리 키신저가 "세계적 지도자 중 리콴유 전 싱가포르 총리가 미국 대통령을 했으면 가장 잘했을 것"이라고 높게 평가하는 인물이다.[501]

오히라 마사요시(大平正芳, 1910~1980) 일본 총리는 "박 대통령은 60~70년대를 통해 우수한 지도력으로 한국의 발전을 이끈 인물"이라며 "일-한 우호 관계 증진에 지대한 공헌을 했다"고 아쉬워했다. 오히라 총리는 17년 전인 1962년 외상(外相) 시절 한일국교정상화 회담의 최대 걸림돌이었던 청구권 자금의 규모를 김종필 당시 중앙정보부장과 합의해 한일회담의 실질적인 타결에 기여했던 인물이다. 항상 일이 많은 한-일 관계를 생각하면, 그로서도 박 대통령의 서거는 크게 안타까운 일이었을 것이다.

지미 카터(1924년생)

리콴유(1923~2015)

오히라 마사요시(1910~1980)

9일 간의 국장(國葬) 기간 중 전 국민의 반인 1,769만 명이 조문했다. 영결식 당일(11.3)에도 시민 200만 명이 운구 행렬이 지나가는 길에 나와 통곡과 절규로 또 눈물과 기도로 그의 마지막 길을 함께 했다. 장의위원장인 최규하(崔圭夏) 대통령 권한대행은 추도사를 통해 "아흐레 전 천지가 진동하여 산천초목이 빛을 잃었고, 경악과 비탄으로 온 국민 가슴이 비었습니다. … 이제 영부인 곁에서 고이 잠드소서. 재천(在天)하신 영혼이시여! 영광과 안식과 영복을 누리시며 하늘나라의 큰 별이 되시어 이 나라, 이 겨레의 앞길을 비춰주시고, 지켜주시옵소서"라고 추모했다(11.3).

박정희 대통령의 국장(国葬)에 슬퍼하는 시민들. 서울. 1979.11.3. 사진=민주화운동기념사업회

김수환 추기경도 "인자하신 주여, 이제 이분은 대통령으로서가 아니라 한 인간으로서 엎드려 주님의 자비를 빌고 생명을 목말라합니다. 이분의 영혼을 받아 주십시오. 죄와 죽음의 사슬을 끊고 생명과 광명의 나라로 인도하여 주십시오"라고 기도했다. 1968년 천주교 서울대교구장을 맡은 김 추기경도 대통령의 성공을 위해 기도했으나, 3선 개헌 때부터 멀어지기 시작해 국가비상사태선언 이후 비판적인 관계로 변한다. 그러나 추기경은 대통령의 서거 소식을 듣고 진심으로 그의 안식을 위해 기도했다.

2010년 외교부가 공개한 박 대통령 서거와 관련한 외교문서를 보면, 박 대통령 서거 이후 11월 19일까지 전 세계 재외공관에 3만 3,742명이 찾아와 조의를 표했으며, 조전 289건, 조의 서한 349통, 조화 224개, 조의 카드 16건, 조시 10건, 추도식이나 추도 예배 51건, 조의 전화 118건 등이 접수된 것으로 파악됐다. 특이한 점은 미국과 일본 일부 지역에서는 공관 직원들과 교민 등이 자발적으로 조위금을 모금해 서울로 보내왔다. 일본에서 202만 5,000엔, 미주 지역에서 650달러였다(1979.11).[502]

박정희와 대척점에서 다른 길의 구심점이었던 김대중은 그 순간을 이렇게 회상했다. 당시 김대중은 「민주통일국민연합」 공동의장(윤보선, 함석헌, 김대중)을 맡은 재야인사였다.

> 새벽 4시쯤 전화벨이 울렸다. 미국 로스앤젤레스에서 걸려 온 전화였다. 지인의 목소리는 날카로웠다. "간밤 박정희 대통령이 살해당했답니다." 바다를 건너온 소식은 새벽처럼 서늘했다. 독재자 박정희는 1979년 10월 26일 밤 가장 믿었던 심복의 총을 맞고 생을 마감했다. 모든 독재자의 말로가 그렇듯이 그의 최후 또한 참혹했다.[503]

10·26의 직접적 계기가 됐던 부마사태, 부마사태의 단초가 됐던 야당 총재 제명 사건의 당사자인 신민당 김영삼 총재는 청와대 빈소를 찾아 대통령을 추모하면서 "하나님도 원수를 용서하라고 하셨지 않습니까. 그를 용서해야 합니다"라고 했다.

> 10·26 직후 모(某) 목사를 비롯해 박정희에게 고통당했던 많은 사람들이 나를 찾아와, 독재자에게 조의를 표해서는 안 된다고 말했다. 하지만 박정희는 이미 죽은 다음이었다. 나는 누구보다 박정희를 싫어했고, 가장 선두에서 박정희의 독재에 항거했으며, 마침내 정권 타도를 외쳐온 사람이었지만, 야당의 총재로서 박정희의 빈소를 찾았고 11월 3일의 장례식에도 참석했다.[504]

그는 국회에서 제명당하고는 "닭의 모가지를 비틀어도 새벽은 온다"고 했다.

그 몇 달 전 YH 사태로 당사(黨舍)가 쑥대밭이 되자, 그는 "이 정권은 필연코 머지않아서 반드시 쓰러질 것이다. 쓰러지는 방법도 무참히 쓰러질 것이다"고 분(憤)에 받힌 소리를 하기도 했다.

김영삼 총재가 제명되자 항의의 표시로 본국으로 소환당하기도(10.5~10.18) 했던 글라이스틴 (William H. Gleysteen 재임 1978~1981) 주한 미국 대사는 후일 박정희를 이렇게 평가하고 회고했다.

> 역사가들이 균형을 잡았을 때, 그들은 박정희를 현대 한국에서 가장 중요한 지도자로 추대하리라고 생각한다.[505]

박정희는 62년간 머물렀던 이 세상을 떠나 저세상으로 갔다. 아흐레 전 가을이 한창일 때 그는 아무런 준비도 없이 "난 괜찮다"며 육신의 굴레를 벗고, 먼저 떠난 '나의 어진 아내 영수' 곁으로 갔다.

김대중은 이때에도 가택연금 상태였다. 그러나 유신헌법에 따라 최규하 대통령 대행이 제10대 대통령으로 취임하면서 긴급조치 9호가 해제되고(12.8), 비로소 연금이 해제된다. 226일 만이었다(『자서전』 363페이지). 김대중은 연금에서 풀려나지만, 며칠 뒤 날벼락 같은 뉴스를 접한다. '정승화 계엄사령관이 체포됐다. 도대체 계엄령하에서 어떻게 계엄사령관이 체포될 수 있는가, 하극상의 반란이었다'(『자서전』 365페이지). 절대 권력이 사라진 지 한 달여 만에 서울에 다시 안개가 끼기 시작한다. 군(軍)이 심상치 않았다.

유신체제를 떠받치고 있던 권력의 톱니바퀴들이 풀어져, 공백이 된 중심을 향해 낮은 포복(匍匐: 배를 땅에 대고 김)을 시작한다. 군부와 여당(공화당), 야당(신민당), 재야와 대학생들이 저마다의 방식으로 움직인다. 어지럽고 앞이 보이지 않는 수상한 시간이 흘러간다. 아직 어느 누구의 때도 아니었다. 어디도, 어느 것도 분명한 것이 없었다.

지내놓고 보니, 세상에는 정답이 없는 일도 많고, 답변할 수 없는 질문도 수없이 많다. 1979년 10월 26일 밤의 그 사건도 왜 일어났는지, 시해(弑害)가 아닌 다른 해결 방법은 없었는지, 미국은 이 사건과 어떻게 엮여 있는지, 우리는 아직도 각기 다른 정답을 손에 들고 있다.

책장을 덮기 전 머릿속에 모이는 생각이 있다. 이명(耳鳴)처럼 머릿속에서 맴돌며 떠나지 않는 말 한마디. '시간을 따지지 마라. 해가 지면 그때가 저녁이다.' 과연, 해가 지고 나니 어둠이 짙어진다. 권력의 핵심이 비어버린 한국에 밤이 오고 있었다. (끝)

| 주석 · 참고문헌 |

001　김대중의 출생 연도와 부모 등 가정 형편에 대해서는 이런저런 기록들이 있지만, 이 책에서는 『김대중자서전』(삼인, 2015)을 근거로 한다. 김대중은 자서전의 첫머리를 이렇게 시작한다. "나는 전라남도 무안군(현 신안군) 하의면 후광리에서 1924년 1월 6일 태어났다. 아버지는 부인이 두 사람이었고, 내 어머니는 둘째 부인이었다. 아버지는 첫 부인과는 1남 3녀를, 둘째 부인과는 3남 1녀를 두셨다. 그러니까 나는 어머니의 장남이자 아버지의 차남이었다. 어머니는 큰 집에 들어가지 않고 따로 살았다. 그 삶이 곤궁했다. 나는 큰 집과 어머니 집을 오가며 자랐다. … " 하의도의 크기는 14.5㎢로 작지 않은 섬이다. 그의 호(號) 후광(後廣)은 고향 마을의 이름을 따서 지었다.

002　만주국(1932년 3월 창설)에는 봉천(奉天)과 신경(新京)에 군관(사관)학교가 있었다. 보통 이들 소재지를 딴 이름으로 이들 군관학교를 구분해 부른다. 만주국(満洲国) 군대는 청 말기 군벌 장학량(張学良)의 동북군(東北軍)을 주축으로 잡다한 군벌의 군대를 기반으로 해 창설됐기 때문에 제대로 된 군관학교가 필요했다. 만주를 지배하게 된 일본은 1932년 봉천에 군관학교를 설립하고 1933년부터 신입생을 받는다. 2년제 봉천군관학교의 정식 명칭은 〈만주국 중앙육군훈련처〉였다. 봉천군관학교는 1940년 〈만주국 육군훈련학교〉로 이름을 바꿔 민주군 내 하사관과 사병 가운데 대상자를 선발해 초급 장교로 육성하는 학교로 바뀐다. 만주국군의 규모는 1945년 해산 당시 20만 명 정도였다. 봉천군관학교의 이러한 전환은 1939년 일본 육사를 본뜬 4년제 신경군관학교가 생겼기 때문이다.
신경군관학교도 일본계 240명과 만주계 학생 240명 정도 선발했으며, 몽골, 타이완, 조선 출신은 만주계로 분류됐다. 교과과목과 학교 내에서의 생활에서 일본계에 비해 만주계는 약간의 차별이 있었다. 이들은 2년의 예과를 마치고는 일본 육사나, 일본 내의 다른 병과별 학교로 진학이 가능했다. 신경군관학교의 정식 명칭은 〈만주국 신경육군군관학교〉였다. 봉천군관학교의 한국인은 4기생부터 입학이 허용돼 김응조(4기), 김백일, 신현준, 정일권(5기), 양국진(6기), 백선엽(9기) 등이 있다. 또 박정희가 2기생으로 입학한 신경군관학교 졸업생으로는 김동하, 박임항, 방원철, 윤태일, 이기건, 이주일(1기), 박정희, 이한림(2기), 최주종, 강태민(3기), 강문봉(5기), 김윤근(6기) 등이 있다. 당시 식민지 조선의 상류 계층이나 중부나 남부 지역 젊은이들은 일본의 육사관학교로의 진학이 많았던 반면, 만주의 군관학교에는 사회적 지위가 낮은 빈농 출신들, 그리고 지역적으로 함경도나 평안도 출신이 많았다. 만주의 군관학교에 대한 조선인 입학은 1934년 이후 꾸준히 증가해 1930년대 말에서 1940년대 초에 절정을 이루었다.
신경군관학교 예과(2년)을 수석으로 마친 박정희는 신경군관학교 본과(2년)가 아니라 일본제국 육군사관학교 본과로 진학한다. 박정희는 일본 육군사관학교 본과도 우수한 성적으로 졸업한다. 졸업 때 한국인으로서는 유일하게 일본 육군대신상을 받았다. 당시 일본 육군사관학교는 신입생을 한 해 2,000명 정도 받았다. 중일전쟁과 태평양전쟁 등으로 초급 장교의 수요가 많았기 때문이다. 박정희는 1944년 4월 20일 일본육군사관학교를 3등으로 졸업한 뒤, 만주국 장교로, 만주국군 제8단에 소위로 배속된다. 제8단의 주요 임무는 모택동 휘하의 팔로군 제17단에 대한 방어와 토벌이었다. 단(團)은 3,000명 규모로 지금의 연대 단위에 해당한다.

003   열하성(熱河省)은 지금의 중국 하북성, 요령성, 내몽골 자치구의 일부로, 18만㎢에 600만 명의 인구였다. 1928년 설치됐다가, 1933년 일본군에 점령당했다. 그 뒤 열하성은 만주국으로 편입됐다. 공산 중국(PRC)이 설립된 뒤, 행정구역 개편으로 1955년 없어졌다.

004   팔로군(八路軍)은 모택동이 지도하는 중국공산당의 당군(党軍)을 말한다. 중국 공산당 활동 초기 모택동은 장개석의 국민혁명군(국민당의 당군)으로부터 무력으로 제압을 당한 뒤, 공산당도 자체 군대를 가져야겠다는 생각을 굳히게 됐다. 팔로군은 1937년 3만 명 규모로 창설됐다. 그 후 2차 국공합작을 거치면서 인원이 계속 증가해 2차 대전이 끝나는 1945년 무렵에는 60만 명이 넘어서고, 일본군의 항복을 받은 소련군으로부터 50만 명을 무장시킬 수 있는 장비를 넘겨받아 명실상부한 군대가 된다. 이들은 국공내전(1946~1949)에서 큰 활약을 했으며, 이들 가운데 한국인 공산주의자들로 구성된 2개 사단은 해방 후 북한으로 들어와 북한 인민군에 편입돼 6·25남침의 주력이 된다.

005   전인권, 『박정희 평전』, 84페이지, 이학사, 2017

006   만주(滿洲)는 일반적으로 중국의 동북(東北) 지방을 부르는 이름인데, 청(淸)나라의 지배 민족인 만주족의 발상지로 통상 만주로 불린다. 만주는 좁게는 요녕(遼寧), 길림(吉林), 흑룡강(黑竜江)성 등 중국의 동북 3성을 의미하기도 하고, 내몽골 자치주의 동쪽 지역을 포함하기도 하고, 하북성 북부의 옛 열~하(熱河)성 지역을 포함할 때도 있고(내만주), 제일 넓게는 우수리강과 아무르강 바깥의 러시아 영토와 사할린섬(외만주)을 포함하기도 한다. 그래서 면적도 좁게는 81만㎢에서 113만㎢, 넓게는 223만㎢에 이르기도 한다. 인구도 동북 3성만 볼 때는 9,000만 명이나, 넓게는 1억 2,800만 명이 되기도 한다.
만주는 고대부터 여러 종족의 삶의 터전이었고, 청나라가 건국된 뒤 발상지를 보호한다며 봉금령을 선포해 압록강과 두만강 이북 1,000리에는 사람이 살지 못하도록 해, 이주가 금지되기도 했다. 1870년대부터는 조선인들이 이주해 터 잡고 살면서 일제시대에는 항일민족운동의 중심지가 되기도 했다. 20세기 들어서 제국주의 열강의 침략을 받았으며, 1905년 러일전쟁의 결과, 남만주는 일본의 세력권으로, 북만주는 러시아의 세력권에 편입됐다.
일제는 1932년 이 지역에 괴뢰국인 만주국(滿洲国)을 창설했고, 만주 개발과 인력 부족을 메꾸기 위해 가까운 지역에 사는 조선인에 대해서도 이민을 장려했다. 많을 때는 200만 명의 조선인이 만주 곳곳에 흩어져 살았다. 해방 이후에도 이 중 대다수는 만주 지역에서 남아서 거주해, 중국(PRC)이 성립한 이후에는 55개 소수민족의 하나로 조선족(朝鮮族)이라고 불렸다.

007   류상영, 『박정희와 김대중의 대화』, 38페이지, 논형, 2022

008   김대중에 관한 일부 기록에는 만주의 건국대학을 수학했다는 표현이 등장할 정도로 김대중도 만주의 건국대학 진학을 염두에 두었다. 본인도 자서전에서 "3학년 때 나는 진학반으로 옮겼다. 이유는 물론 대학에 가기 위해서였다. 만주에 있는 건국대학교를 마음에 두고 있었다. 그때는 이미

한반도를 비롯한 주변 정세가 극도로 혼미했다. 좀 넓은 곳으로 가서 답을 찾고 싶었다. 건국대학교는 등록금은 물론 숙식까지 무료였다"(『자서전』 48페이지) 일제의 괴뢰국 만주국이 고급관료를 길러내기 위해 설립한 건국대학교는 1938년 첫 입학생 150명을 뽑고, 1945년까지 존재했던 학교다. 김대중도 말했듯이 학비, 기숙사비, 피복비까지 무료였고, 한 달에 5원의 용돈까지 주는 당시엔 '꿈의 대학'이었다. 개교를 앞두고 1937년 가을, 건국대학교 입시요강이 발표되자, 조선에서는 25명 모집에 1,000여 명이 지원해 전대미문의 경쟁률을 보이기도 했다.

건국대학교는 당시 조선, 일본, 만주, 대만, 몽골, 러시아 등 6개 민족에서 골고루 150명의 신입생을 뽑을 계획이었다. 응시자들은 거친 만주 생활을 이겨내는 데 필요하다면서 신체검사를 우선 통과해야 했다. 2차 시험은 학교가 위치한 신경(만주국 수도:지금의 장춘)에서 진행됐다. 응시자는 왕복 교통비와 숙박료 등을 지원받고 면접시험에 응했다. 그해 입시에서는 일본인 2명을 포함해 11명이 조선에서 합격했다. 학교가 존재하는 7년 동안 모두 91명의 조선인 학생들이 수학했으며, 교육 기간은 전기 3년 후기 3년 등 6년이었다. 개교할 당시 육당 최남선이 유일한 한국인 교수였다. 당시 만주국은 일본 내 제국대학 교수의 월급 2배에 해당하는 금액을 월급으로 지급했다. 총리를 지낸 강영훈은 육당의 재임 소식을 듣고 건국대학으로 진학할 마음을 먹었다고 술회했다. 당시 경성제대나 사립 전문학교, 일본 내 유학은 비용이 많이 들어서, 가난한 수재들은 건국대학 진학의 꿈을 갖고, 많이 응시했다.

009   김대중, 『김대중자서전』, 46페이지, 삼인, 2015(초판 4쇄)

010   일제의 괴뢰국인 만주국의 슬로건은 오족협화(五族協和)와 왕도낙토(王道樂土)였다. 일본인(빨간색), 조선인(흑색), 만주족(황색), 몽골족(백색), 중국인(청색) 등 5개 민족이 모여 평화롭게 살아간다는 선전 용어였고, 만주국은 이 뜻을 국기에 다섯 가지 색으로 담았다. '오족협화'는 청(大淸國)나라가 망하고 성립된 중화민국이 오족공화(五族共和)를 내세운 데서 따온 개념으로 보인다. 중화민국의 오족은 당시 지배민족이던 만주족을 비롯해 회족, 몽골족, 티베트족, 한족 등 중국 내 다섯 민족의 협력과 공존을 의미했다. 역대 정권은 넓은 땅에 흩어져 살고 있는 중국의 복잡한 민족 구성을 먼저 고려해야 했다. 왕도낙토는 당시 서구 열강들의 패도정치(覇道政治)와는 다른 왕도정치를 실현해 즐겁고 행복하게 살 수 있는 땅을 만들겠다는 정치적 슬로건이었다.

011   정화암(鄭華岩, 1896~1981)은 독립운동가이며 정치인이다. 3·1운동에 참여했다가 경찰의 추적을 받자 중국으로 망명해 중국을 무대로 독립운동을 펼쳤으며, 무정부주의자(아나키즘) 입장에서 독립운동에 참여했다. 8·15광복 뒤에는 혁신계 야당 정치인으로 활동했다. 본명은 정현섭, 전북 김제에서 출생했다.

012   이정식 면담/김학준 편집·해설, 『혁명가들의 항일회상』, 민음사, 311페이지(정화암 편), 1988

013   이정식 면담/김학준 편집·해설, 『혁명가들의 항일회상』, 민음사 423~424페이지(이강훈 편), 1988

014   이한림, 『세기의 격랑: 이한림 회상록』, 19페이지, 팔복원, 1994

015 류상영, 『박정희와 김대중의 대화』, 39~40페이지, 논형, 2022

016 남만주철도주식회사(1906.11.26.~1945)는 '만철'(滿鐵)이라는 약칭으로 불렸는데, 이름 그대로 만주국의 철도회사로, 일제 강점기 만주국을 경영하는 '만주의 동인도회사' 역할을 했다. 초기에는 민간이 50%의 지분을 갖고 있었으나 일본 정부가 100%의 지분을 소유하면서 공기업처럼 운영됐다. 러-일 전쟁에서 승리한 일본이 러시아로부터 넘겨받은 철도와 철도 부속지를 기반으로, 철도는 물론 광산, 항만, 정유, 유통, 제조, 출판, 교육, 의료 등으로 범위를 넓혀갔다. 관동군이 정치와 국방을 담당했다면, 만철은 만주국의 경제를 장악했다고 할 수 있다. 일제가 항복하자 만철은 다시 러시아에 넘어갔다가, 중국이 공산화된 뒤, 1952년 경영권이 중국 측에 반환됐다.

017 관동군(関東軍)은 일본이 청일전쟁과 러일전쟁의 승리로 조차한 중국 요동반도의 여순과 대련을 중심으로 한 관동주(関東州, 3,462㎢)와 남만주철도의 부속지를 수비하는 일본 육군 관동도독부 육군부를 시초로 해서 규모를 키워갔다. 처음에는 6개 독립 수비대대(10,400명 규모)였고 1931년 만주사변이 발생할 때까지도 관동군의 병력은 1만 명 정도였다. 1932년 만주국이 수립되고 1938~1939 사이 소련군과의 충돌에서 패배한 뒤 병력을 증강 배치했다. 1941년 무렵에는 75만 명을 돌파하면서 "100만 관동군"이라고 선전하기도 했다. 이후 태평양전쟁에서 밀리면서 관동군은 남방 지역으로 많이 내려갔으며, 소련군에게 항복할 당시 병력은 60만명 정도였다. 관동군은 괴뢰국 만주국의 지배자 역할을 했다. 일각에서는 만주국을 일본제국이 아니라 '관동군의 괴뢰국'이라고도 말하고 있다.

018 김경재, 『박정희와 김대중이 꿈꾸던 나라』, 43~44페이지, 도전과 미래, 2016

019 전인권, 『박정희평전』, 87페이지, 이학사, 2006

020 박정희, 1973년 연두기자회견, (박정희대통령연설문집 제 10집 1월편), 인터넷 대통령기록관

021 한영우, 『다시찾는 우리역사』, 52~53페이지, 경세원, 1997

022 이승만 지음 류광현 번역, 『일본의 가면을 벗긴다(Japan Inside Out)』, 54페이지, 비봉출판사, 2019

023 타나카 기이치(田中義一)는 육군 대장 출신의 정치인. 하라(原) 내각(1918.9~1921.11)의 육군상으로 시베리아 출병을 수행했고, 대정 14년(1925) 정우회 총재를 지내고, 소화 2년(1927) 내각을 꾸려 중국에 대한 적극 정책을 추진했고, 장작림 폭사 사건의 책임을 지고 총사퇴한다. 소화 2년의 동방회의(東方会議)에서 결정된 대륙 정책의 기본 방침을 기술한 메모, 즉 '타나카 메모'가 중국 측에 의해 폭로되었다.

024 이승만 지음, 류광현 번역, 『일본의 가면을 벗긴다(Japan Inside Out)』, 57~58페이지, 비봉출판사,

2019

025 김성숙, "오호! 임정 30년 만에 해산하다". 월간 중앙(1968년 8월호), 86~87페이지,

026 독립운동가 한길수(1900~1976)는 1930년대부터 미국에서 독립운동에 투신했다. 1941년 4월 20일 미주 한인교포들이 결성한 해외한족대회에서 한길수는 미국의 대일 국방 공작 후원을 위한 봉사원으로 추대됐다. 이 봉사원의 임무는 일본인을 가장하여 일본 정보기구에 침투하여 군사기밀을 탐지하는 것이다. 한길수는 이 활동을 통해 일본의 진주만 공습 계획을 사전에 탐지해 미국 측에 알렸으나, 미국은 이를 믿지 않았다. 이 일이 있은 뒤에야 미국은 그의 실력을 인정했다. 이 일로 그는 "일약 세계적인 인물이 되었고 적어도 미국의 신문기자들은 한길수를 마치 신(神)처럼 대접했다"는 동료의 기록이 전해져 온다. 그는 태평양전쟁 발발 이후 미국이 재미 일본인들을 콜로라도 수용소에 가두면서, 재미 한국인들도 함께 수용한 사실을 밝혀내, 대한민국 국적과 재산을 되찾는 일을 돕기도 했다.

027 1평방마일은 한 변의 길이가 1 마일(1.6km)인 면적을 말한다. 1평방마일=2.59㎢이다.

028 프랑스령 인도차이나는 1887년부터 1954년 사이 지금의 베트남과 라오스, 캄보디아 지역에 있었던 프랑스 식민지로, 당시 명칭으로는 코친차이나, 안남보호령, 통킹보호령, 라오스왕국, 캄보디아왕국 등 5개 지역을 포괄하는 식민지연방을 말한다. 베트남은 당시 북쪽의 통킹보호령, 중부의 안남보호령, 남쪽의 코친차이나로 3등분 돼 있었다. 프랑스는 2차 대전이 끝나고 다시 베트남에서 식민 통치를 계속하려고 했으나, 베트남 독립전쟁에서 패배한 뒤 철수하고, 미국이 이 전쟁을 대신했다. 그러나 미국도 베트남전 종식이라는 세계적인 요구에 밀려, 1973년 1월 27일 파리 평화협정을 맺고, 철수했으며, 남베트남(월남)은 1975년 4월 30일 패망한다. 미국의 요청으로 우리나라도 1964~1973년, 파병했다.

029 오정환, 『세 번의 혁명과 이승만』, 320~321페이지, 타임라인, 2022

030 조-미수호통상조약은 1882년(고종 19년) 조선과 미국 사이에 조인된 조약이다. 이 조약은 조선이 서양 국가와 맺은 최초의 수호통상조약이다. 미국은 처음에는 일본(이노우에 가오루)을 통해, 나중에는 청(이홍장)을 통해 조선과 외교 관계를 맺기 위해 노력했다. 이에 청나라는 일본과 러시아 등을 견제하기 위해 조선과 미국이 조약을 맺는 것이 유리하다고 판단하고 이를 도왔다. 미국 해군 제독 슈펠트(R.W. Shufeldt, 1822~1895)는 조선의 신헌, 김홍집 등과 협상한 끝에 1882년 5월 22일(양력) 조약을 맺는다. 미국은 1년 뒤인 1883년 5월 23일 초대 전권공사로 푸트(L.H. Foote)를 조선에 보내 조약에 비준했다. 이 조약은 14개 조항으로 돼 있고, 치외법권이나 최혜국대우 조항 등이 포함된 불평등조약이지만, 우호적인 내용도 포함돼 있다. 우리나라는 1883년 6월(음력) 민영익, 홍영식, 서광범 등을 미국에 파견한다. 그러나 미국은 1905년 일본과 비공개로 태프트-카쓰라 밀약을 맺으면서 수호통상조약의 주요한 내용(제1조)을 지키지 않게 된다.
NYT는 1882년 7월 2일 자 2면에 "코리아와 관계 수립"(Relations with Corea)라는 제목으로 수호통상조약 14개 조항 전문을 싣고 있다. NYT는 이 조약문을 먼저 일본어로 옮긴 뒤, 다시 영어로

번역했다고 했다.

031 태프트-카쓰라 밀약(협약)은 러-일 전쟁이 끝나기 직전인 1905년 7월 29일 일본의 카쓰라 수상과 미국 육군장관 태프트가 도쿄에서 만나, 대한제국에 대한 일본의 지배와 필리핀에 대한 미국의 지배를 상호 양해한 구두(口頭) 협정을 말한다. 이 내용은 양자 간의 대화에서 오간 것으로, 이 대화 기록에는 '일본제국은 필리핀에 대한 미국의 식민 통치를 인정하며, 미국은 일본제국이 대한제국을 침략하고 한반도(조선)를 보호령(保護領)으로 삼아 통치하는 것을 용인'하고 있다. 이러한 내용은 당시 미국의 대아시아 정책의 기본구상을 보여주고 있다. 이 기록은 비밀에 부쳐졌다가 1924년에 외부에 공개됐다.

032 뉴욕타임스(NYT)는 1945년 3월 1일 사설에서 우리의 3·1운동 정신을 찬양하고, 미국이 조선의 독립을 돕는 것은 1883년(1882) 맺은 조미수호통상조약의 정신을 살리는 길이라고 말했지만, 기록을 보면 미국은 기울어가는 조선[대한제국]에 대해서 좋게 말해 중립적이고, 나쁘게 말해서 도움을 거절한 기록이 많다. 가령, 1895년 10월 명성황후가 일본의 군인과 낭인들에 의해 살해당해 시신이 소각됐을 때, 서울에 주재하는 영국과 프랑스, 러시아 공사들이 "고종을 보호하고 그 지위를 지킬 수 있도록 간섭을 하자"는 제의에 동참하지 않았다. 또 1905년 7월 러일전쟁이 끝나기 직전, 태프트-카쓰라 밀약을 통해 "일본의 조선 지배"를 인정했다. 이어 1905년 11월 을사늑약의 결과 우리의 외교권이 박탈당하자, 한 달 만에 공관의 문을 닫고(11.17) 두 달 뒤에는 공관을 폐쇄하고 철수했다(12.16). 또 1910년 조선이 일본에 강제 합병되자, 바로 한 달 만에 이를 승인하는 등 철저히 중립적이고 냉정한 태도를 유지한 기록이 있다. (고승우, "미국 정부, 1901년부터 일본의 한반도 강점 책동 묵인"(한미관계 탐구 -02), 미디어오늘, 2023.3.4.)

033 김성숙(金星淑, 1898~1969)은 대한민국의 독립운동가 불교 승려, 정치인이다. 승려 생활을 하다가 독립운동에 투신, 3·1운동에 적극 가담해 체포돼 1년을 복역했으며, 1923년 중국으로 망명해 항일 활동을 이어갔다. 대한민국 임시정부 국무위원, 외교위원으로 활동했고, 해방 후 귀국해 독립노동당, 진보당 사건에 연루되는 등 혁신계 야당 정치인으로 활동했다.

034 김성숙, "오호! 임정 30년 만에 해산하다", 월간 중앙(1968년 8월호), 85~86페이지.

035 모든 전쟁에는 종전협상/평화협상이 따른다. 이 회담을 패전국 입장에서는 항복협상이라고 하고, 패전국도 당연히 가장 유리한 조건으로 전쟁을 마무리하고자 한다. 당시 중국과 전쟁을 하는 가운데 시작된 태평양전쟁에서 일본은 진주만을 기습 공격한 뒤(41.12) 1년도 안 돼(1942.6) 미드웨이(Midway) 해전에서 패하면서 수세에 몰린다. 일본은 전쟁에 밀리면서도 조금이라도 유리한 조건으로 항복하기 위해 시간을 끌면서, 막대한 인명피해를 감수하면서까지 악착같이 전쟁에 임했다. 당시 일본이 가장 원한 조건은 현 전선에서의 전쟁 중단과 현재의 교전선에 따른 공간분할(uti possidetis, 영어:as you possess) 방식의 종전이었다. 대상 지역을 실효적으로 점유하는 국가가 원칙적으로 권리를 행사할 수 있다는 법리다. 그 경우 일본은 동남아시아, 타이완, 한반도, 만주 등을 관할하에 둘 수 있게 된다. 이 조건의 문제점은 "침략 전쟁의 결과를 인정"한다는 문제가 된다. 이건 정의에 반하는 조건이어서 미국 등 연합국들이 인정할 수 없었다.

다음 방안은 전쟁 이전 상태의 회복(status quo ante bellum, 영:the situation as it existed before the war) 방식인데, 이 경우 '전쟁이 일어나기 전의 시점' 즉 어느 전쟁을 그 시점으로 보느냐 하는 문제가 대두된다. 미국과 일본 사이의 전쟁은 1941년 12월이지만, 일본은 이미 1931년 만주를 침략했고(만주사변) 또 1937년 중국 본토를 침략하는 전쟁(2차 중일전쟁)을 벌이고 있었다. 그래서 1931년 이전의 상태로 전쟁을 끝낸다면 일본은 그 이전에 식민지로 차지한 타이완(1895년), 한반도(1910년), 서태평양 일대 군도들(1919년)을 차지할 수 있게 된다. 그러나 연합국은 1943년 11월 카이로 회담에서 일본의 영토 박탈 문제를 논의했고, 일본 영토 박탈의 기점을 1895년 청일전쟁(1차 중일전쟁) 이후 일본이 폭력과 탐욕으로 차지한 땅 모두를 내놓고 무조건 항복하라고 요구했다. 항복협상을 따로 할 필요가 없다고 선언했다. 더구나 카이로회담에는 중국의 장개석 총통도 참석하고 있었다. 일본이 침략전쟁을 일으켜 빼앗은 영토가 보전되는 것은 정의롭지 않은 일이었다.

036   김정렴, 『한국경제정책30년사』, 15~16페이지, 중앙일보 중앙경제신문, 1990

037   미국의 원폭투하에 대해서는 아직도 많은 연구와 논의가 이어지고 있다. 지금까지는 일본이 끝까지 항복을 거부할 경우, 대규모 상륙작전과 지상전이 불가피하고 그럴 경우 미군은 26만 명 정도의 사상자가 발생할 것으로 추산됐다. 이것은 앞에 있었던 오키나와 전투, 유황도(이오지마) 전투, 사이판 전투의 결과를 놓고 계산해서 나온 추정치로서, 피해 예상 규모가 엄청났다. 미국이 그때까지 모든 전쟁에서 당한 사상자 숫자를 능가하는 규모였다. 미국으로서는 대규모의 인명피해를 피하고 싶어 했다.
또 2023년 8월 영화(오펜하이머)로도 만들어졌지만, 미국은 당시 20억 달러(현재 300억 달러 정도 환산)를 투입해 개발에 성공한 원자폭탄을 사용하지도 않을 경우, 돌아올 비난이나 정치적 공세를 의식하지 않을 수 없었다. 또 세계 전략 차원에서 아시아 지역에서의 경쟁 상대가 될 소련군의 대규모 투입으로 인한 소련의 영향력도 차단할 필요가 있어서, 원폭 사용을 결정한 것으로 보는 견해가 유력하다.

038   대본영(大本營, Imperial General Headquarters)은 일본제국(1868~1945) 시절 전시(戰時) 또는 사변(事變)이 발생할 경우, 제국의 육군이나 해군을 천황이 통괄 지휘하도록 천황 직속으로 설치한 최고 통수 기관이다. 1894년에서 1945년까지 세 차례 설치 운영됐다. 대본영은 청일전쟁(1894년 설치, 전쟁 후 해산), 러일전쟁(1904년 설치, 전쟁 후 해산), 그 후 일본은 전쟁이 아닌 경우, 즉 사변의 경우에도 대본영을 설치할 수 있도록 해 중일전쟁이 발발한 뒤인 1937년 11월 대본영을 설치해 운영하다가 2차 대전 패전 후인 1945년 9월 해산했다. 특히 2차 대전 기간 동안 대본영은 엉터리 전황을 자주 발표해, 지금도 누군가가 심한 엉터리 같은 말을 할 영우, "이상 대본영에서 알려드렸습니다"와 같은 우스갯소리가 떠돌 정도라고 한다.

039   미군정은 1946년 4월 30일 자로 군사영어학교를 폐교하고, 5월 서울 근교 태릉에 남조선국방경비사관학교를 창설했다. 남조선국방경비사관학교는 1946년 6월 15일 남조선국방경비대가 남조선경비대로 이름을 바꾸고, 같은 날 남조선경비사관학교로 개칭된다. 남조선경비사관학교는 1기부터 6기까지 1,254명의 장교를 배출했다. 미군정은 군 간부를 신속하게 양성하기 위해 1기부터 4기까지는 일본군, 만주군, 광복군 출신 군 경력자들을 입교시켰다. 이 때문에 장교의 절반 이상이

일본군 출신이 차지했다. 5기는 5년제 중학 이상의 민간인을, 6기는 우수 하사관이나 사병들을 대상으로 교육생을 모집했다. 6·25 때 1기생 연대장부터 6기생 중대장까지 30%가 희생됐다. 정부 수립 후인 1948년 9월 5일 국군 창설과 동시에 육군사관학교로 이름을 바꾸었다. (한국민족문화대백과사전 참고)

040 육군사관학교 1중대장 박정희 소령은 1948년 11월 11일 김창룡의 특무대에 체포된다. 여순사건(1948.10.19) 이후 군은 군 내부에 침투한 좌익들을 색출하는 숙군(肅軍)작업을 개시했다. 그 과정에서 수사당국은 남로당 군사 총책 이재복을 검거했고, 이 명단 앞머리에 있는 박정희도 체포했다. 이재복은 박정희의 셋째 형이자 좌익운동가였던 박상희의 친구였는데 박정희는 이재복에게 포섭돼 남로당에 가입했다. 박정희는 검거된 뒤 작성한 자술서를 통해 "대구 10·1 사건으로 형 박상희가 우익에 피살되자 그에 대한 복수심과 형 친구 이재복의 권유로 남로당에 가입했다"고 진술했다. 1949년 2월 8일, 1심 재판에서 박정희는 국방경비법 위반으로 사형 구형에 무기징역을 선고받았다. 이 판결로 그는 육군 소령에서 파면됐고, 급료도 몰수당했다. 함께 재판받았던 최남근 중령, 오일균 소령, 조병건 대위 등은 모두 형장의 이슬로 사라졌다. 이어 50년 1월 18일 열린 고등군법회의에서 박정희는 반란 기도죄로 징역 10년, 형 집행 정지로 풀려났다. 박정희는 수사에 적극 협조한 공로를 인정받았다고 했다. 감옥에서 풀려난 박정희는 군 선배들의 도움을 받아 육군본부에서 민간인 신분의 문관으로 근무하다가, 6·25전쟁 발발 5일 뒤 1950년 6월 30일. 육군 소령으로 군에 복귀했다. 그 뒤에도 그는 장성 진급이나 소장 진급 등의 과정에서 이 좌익 전력 때문에 선배들의 신원보증을 받아야 하는 등 어려움을 겪은 뒤 진급 심사에 통과되기도 했다. 그의 좌익 전력은 제5대 대통령 선거 과정에서도 불거져, 윤보선 후보와 사상 논쟁을 벌이기도 했다.

041 차하순 등, 『한국현대사』, 209페이지(송복, 5.16의 역사적 평가), 세종연구원, 2015

042 이영훈, 『대한민국역사, 나라만들기 발자취 1945~1987』, 286~287페이지, 기파랑, 2013

043 이영훈, 『대한민국역사, 나라만들기 발자취 1945~1987』, 288페이지, 기파랑, 2013

044 류상영, 『박정희와 김대중의 대화』, 45페이지, 논형, 2022

045 황용주(黃竜珠, 1919~2001)와 조증출(曺增出, 1918~1984)은 박정희와 대구사범학교(1932~1937) 동기였다. 동기생은 90명이었다. 이들이 입학할 당시 한반도에는 서울, 대구, 평양 등 사범학교가 세 군데에 불과했다. 밀양 출신의 황용주는 대구사범에서 퇴학당하고 일본으로 건너가 와세다대학 불어불문학과를 졸업한다. 조증출은 대구사범을 졸업한 뒤 평양의전을 마치고 의사가 된다. 1950년대 부산에는 부산일보(사주:김지태)와 국제신보(사주:김형두, 1977 국제신문으로 개명), 두 개의 유력 신문이 있었다. 국제신보 사주 김형두는 진보적인 성향이었고, 김지태는 사업가에 정치를 겸한 현실주의자였다. 그래서 진보적인 지식인 황용주는 국제신보 주필로 필명을 날리다가 김지태의 권유로 부산일보로 옮겨가 주필과 편집국장으로 변신한다. 그러자 국제신보는 소설가로 필명을 날리기 시작한 이병주(1921~1992)를 스카우트한다(1958). 이후 부산 언론계는 황용주와 이병주가 겨루게 된다.

이 무렵 황용주와 조증출의 대구사범 동기인 박정희가 부산 군수기지사령관[제2군관구사령관] (1960.1~1960.7)으로 부임해 만남이 이루어진다. 1960년 4·19가 일어나기 직전 부정 선거 항의 시위가 심해지자, 정부는 비상계엄을 선포했고, 박정희는 부산지구 계엄사령관을 맡는다. 계엄사령관 박정희는 부산 지역 기관장 회의를 소집했는데, 각 언론사의 대표(사장)를 대리해 주필인 황용주와 이병주가 이 회의에 참석했다. 여기서 황용주와 박정희는 20여 년 만에 만나고, 황용주는 이 자리에서 이병주를 박정희에게 소개한다. 이후 이들 네 사람(박정희, 황용주, 조증출, 이병주)은 의기투합해 자주 어울렸다. 5·16군사혁명(쿠데타)가 성공한 뒤, 황용주는 짧게 문화방송 사장(1964), 정수장학회 이사 등을 지낸다. 조증출도 진보적인 내용으로 필화사건을 겪고 물러난 황용주의 뒤를 이어 1964~1971까지 문화방송 사장을 지낸다. (국제신문, 2021.9.5. "이병주탄생 100주년, 그를 회고한다" 2편, 임헌영의 글 참고)

그러나 이병주는 박정희와 첫 만남을 따로 기억한다. 이병주의 기억은 이렇다(대통령들의 초상, 1991, 89~91페이지). 자유당 말기 신도성 경남지사가 부산 지역 기관장 회의를 소집했는데, 신문사 대표를 대신해 주필 이병주가 참석했다. "여원 몸집으로 작달막한 군인이 육군 소장의 계급장을 달고 색안경을 쓰고 가죽으로 된 말채찍을 든 채 회의장에 들어섰다. 도지사와 인사를 나누고 도지사가 지정한 좌석에 가서 앉았다. 그러곤 색안경을 쓴 채로 회의장을 둘러보는 듯하더니 후다닥 일어서서 휙 나가버렸다. 회의가 시작되었는데도 그는 돌아오지 않았다. ... 신도성이 쓴웃음을 띠고 한 대답을 요약하면, 그는 2관구사령관 박정희 소장인데 자리가 도지사석과 시장석과는 먼 말석인 것이 불만이라서 화를 내고 돌아갔다는 것이다" 그 후 계엄령(1960.4.19. 발령)이 내렸을 때이다. 계엄령의 선포와 동시 2관구사령관이 부산지구 계엄사무소장이 되었다. 그 계엄사무소장의 호출을 받고 부산지구 기관장에 끼어 나는 2관구 사령부로 갔다. 거기서 박정희를 다시 만났다. 황용주도 20여 년 만에 박정희를 그 자리에서 만난다.

046   이병주, 『대통령들의 초상』, 94~95페이지, 서당, 1991

047   5·15 사건은 1932년 5월 15일에 일어난 일본제국 해군 내 극우 청년 장교를 중심으로 한 반란 사건이다. 이들은 수상 관저에 난입해 이누카이 쓰요시(犬養毅) 수상을 암살했다. 그 무렵 일본은 1929년 발생한 세계대공황의 와중에, 기업이 도산하고 실업자가 속출하는 등 사회 불안이 확대되고 있었다. 1931년엔 관동군의 일부가 만주사변을 일으켰지만, 일본 정부는 수습은커녕 묵인하는 모습을 보였다. 그러나 1930년에 열린 해군 군축조약으로 인해 불만이 쌓인 해군은 당시 수상(와카스키 레이지로)을 습격할 기회를 노렸지만, 선거에서 패배하고 수상이 교체됐다. 새로 등장한 이누카이 수상은 군의 축소를 지지하면서 군부를 비판하는 입장이었다. 여기에 불만을 품은 우익 장교들이 일으킨 사건이 5·15 사건이다. 이 사건으로 인해 일본의 정당 정치는 많이 위축됐다.
2·26 사건은 5·15 사건이 발생한 지 4년 뒤인 1936년 2월 26일 발생한 일본제국 육군의 천황옹호파 청년장교 1,483명의 반란 사건을 말한다. 일본 육군의 소위~대위를 중심으로 한 황도파 청년장교들은 부패한 원로 정치인들이 물러나고 천황이 직접 통치하게 되면 정·재계의 부정부패나 농촌의 피폐함 등을 해결할 수 있다고 생각하며 1936년 2월 26일 새벽 반란을 일으킨다. 정부는 2월 27일 계엄령을 내리고 천황은 2월 28일 군인들의 원대복귀 명령을 내렸다. 이에 반란의 근거를 잃은 군인들은 부사관과 사병들은 군대에 복귀하게 하고 장교들 일부는 자결하고, 일부는 투항하면서 사건은 일단락된다. 군국주의 성격의 군인들이 일으킨 이 군사 반란(쿠데타)으로 미루어보

아, 일본은 이미 1930년대부터 군국주의의 길로 나가고 있었음이 드러난다.

048   이병주, 『대통령들의 초상』, 95~96페이지, 서당, 1991

049   이병주, 『대통령들의 초상』, 101페이지, 서당, 1991

050   김순희, 『대통령 상전 영부인 열전(3)』, 신동아(2007년 8월호)

051   김순희, 『대통령 상전 영부인 열전(3)』, 신동아(2007년 8월호)

052   조선신민당은 조선독립동맹(1942년 결성, 화북조선독립동맹)의 김두봉 위원장 등이 1946년 2월 16일 연안파 공산주의자와 함께 평양에서 창당한 공산주의 계열의 정당이다. 조선신민당은 창당 6개월 뒤인 1946년 8월 29일 북조선공산당과 합당하면서 소멸됐다. 조선독립동맹은 중국의 연안(延安)에서 활동하던 공산주의자들의 정치 집단으로, 당초 이 집단은 중국에서의 항일투쟁경력을 내세워 남북한을 통괄하는 정당을 독자적으로 결성하려고 했다. 이에 따라 독립동맹은 중앙본부를 평양에 두고, 간부 여러 명을 서울에 보내 경성특별위원회를 만드는 등 정치활동을 본격화했다.
이후 독립동맹은 경성특별위원회를 남조선신민당 중앙위원회로 개칭하고 북한 지역 신민당은 주석 김두봉, 남한지역 신민당은 위원장 백남운 등으로 이원화된 조직으로 변하였다. 정강 정책은 친일파와 반민주주의자를 제외하고 민족통일전선을 구축해 조선민주공화국을 수립하여 일제와 친일파로부터 몰수한 대기업을 국영화하고 소작제를 폐지하는 등 민족경제를 재편성하려고 했다. 그러나 제대로 된 활동을 하기도 전에 공산당, 인민당, 신민당과의 합당 사업이 본격화되면서 남조선노동당으로 바뀌었다. (한국민족문화대백과사전)

053   김대중, 『김대중자서전』, 83~84페이지, 삼인, 2015

054   이 당시 헌법에는 민의원과 참의원 등 양원(兩院)을 구성하도록 했으나, 이승만 대통령은 여러 이유로 양원 중 참의원 구성을 미루고 하원에 해당하는 민의원만 구성했다. 그래서 국회는 상원 격인 참의원(參議院) 없이, 민의원(民議院)만 구성돼 있어, 당시 국회의원 선거를 '민의원 선거'라고 불렀다.

055   김대중, 『김대중자서전』, 86페이지, 삼인, 2015

056   김대중은 1957년 7월 13일 천주교 서울대교구청 노기남 주교의 집무실에서 윤형중 신부의 주례로 세례 성사를 받았다. 대부(代父)는 장면 박사였다. 당시 민주당 신파는 신익희, 장면, 박순천, 김대중이 가톨릭이고 동교동 가신들도 개신교인 한광옥 등 몇몇을 제외한 핵심들은 김대중을 따라 가톨릭 세례를 받았다. 신파와 대치한 구파는 조병옥, 윤보선, 김영삼 등은 개신교였고, 상도동 가신들도 대부분 개신교였다.
김대중의 가톨릭 세례명은 토마스 모어(Thomas Moore)로 『유토피아』를 쓴 영국의 정치가이자 인

문주의자로, 헨리 8세에게 반역자로 몰려 사형당했다가 뒷날 성인으로 추대된 인물이다. 김대중은 "왜 하필 목 잘린 사람의 이름을 내 세례명으로 지어 주는가 하고 심장이 내려앉았다"고 자서전에서 기록하고 있다.

057 김대중(『김대중자서전』, 98페이지, 삼인, 2015)의 기록에 따르면, 김대중은 답답함을 호소하기 위해 인제 읍내 군청 근처에 있는 육군 7시단장 숙소를 찾았는데, 사단장은 당시 부재중이었다. 나중에 다시 찾아오려면 이름이라도 알아야 했기 때문에 성함을 물어봤다. 당번병은 "박정희 장군님이십니다"라고 대답했다. 김대중은 그 뒤 한 번 더 사단장 관사를 찾았는데 역시 만나지 못했다고 한다(이희호, 류상영). 당시 국회의원 후보 등록을 위해서, 후보자는 해당 지역구 유권자 100명의 추천이 필요했는데, 추천자의 이름, 호적, 주소, 생년월일 등 어느 한 글자만 틀려도 해당 추천자는 실격이 되고 또 자유로이 추천 취소를 할 수 있도록 하고 있었다. 그리고 다른 후보와의 이중 추천을 금하고 있었다. 당시 지역에서는 등록서류를 경찰이 정체불명의 괴한에게 빼앗기는 일도 드문 일이 아니었다. 전방 지역이고 수복 지역인 인제에서는 경찰과 동장이 지역 주민들의 도장을 비료 배급 등에 필요하다는 이유로 한꺼번에 거두어 갖고 있어서, 김대중 후보 측은 호박 꼭지에 도장을 파거나 등사 원지에 인주를 묻혀 찍는 등의 방법으로 등록을 시도했으나, 끝내 등록 무효가 됐다. 김대중은 "이게 말이 되는 일이냐?"는 답답함을 호소하기 위해 인근 군 사단장의 숙소를 찾았던 것이다. 당시 지역에서 경찰서장이나 사단장은 아주 영향력 있는 존재였다.

058 안수찬 기자, "청년기부터 평생을 따라다닌 낙인 '빨갱이'", 한겨레 21, 2009.8.27. 청년 김대중은 6·25 때 북한군에 총살당할 위기까지 넘겼건만 정치 인생 내내 "공산주의자" "좌익" "빨갱이"라는 공세에 시달렸다. 특히 그는 대통령 취임 이후 남북정상회담을 성사시키고, 그 과정에서 북한에 4억 5,000만 달러를 제공해, 북한 핵무기 개발의 재원을 대줬다는 비난도 받고 있다.

059 김대중, 『김대중자서전』, 101페이지, 삼인, 2015. 김대중은 해방 직후 발족한 여운형의 건국준비위원회(건준) 목포지부 선전부에 참여했다. 그러나 1946년 초 건준이 신탁통치를 지지하자, 건준을 떠난다. 김대중은 다시 공산 계열의 중국 연안파가 창설한 조선신민당에 참여했다. 조선신민당이 좌우합작을 내걸었기 때문에 가입했다고 했다. 그렇지만 조선신민당도 좌우합작은커녕 좌측만 편들었다. 김대중은 "소련을 조국이라고 하는 놈들은 때려죽여야 한다"는 과격한 말을 남기고, 조선신민당을 떠났다. 그리고는 우익단체인 대한청년단 해상단에 가입한다. 출장차 서울에 와 있던 중 6·25를 맞이한 그는 걸어서 목포까지 내려왔으나, 인민군 정치보위부에 잡혀가 목포형무소에 두 달간 갇혀 지내다가, 간신히 탈출한다.

060 김대중, 『김대중자서전』, 100페이지, 삼인, 2015

061 김택근, 『새벽, 김대중 평전』, 43페이지, 사계절, 2012

062 김대중, 『김대중자서전』, 51페이지, 삼인, 2015

063　김대중, 『김대중자서전』, 51페이지, 삼인, 2015

064　김대중, 『김대중자서전』, 102~103페이지, 삼인, 2015

065　우리나라에서 부통령(부대통령)제도는 1948년부터 1960년 제2공화국 수립 전까지 12년 동안만(제1공화국) 존속한 제도다. 대통령 유고 시, 대통령의 권한을 대행하는 자리지만, 국무회의 참석 권한도 의무도 없는 등 실질 권한이 거의 없는 특이한 경우였다. 애초 제헌헌법에서는 국무총리가 실권을 쥐고 대통령은 상징적인 국가원수로 하는 의원내각제로 헌법을 기초했는데, 대통령으로 내정된 이승만 박사가 대통령중심제를 강력하게 원하고 있어, 제헌헌법은 의원내각제의 기반 위에 대통령중심제가 가미되는 형태로 마무리됐다. 이에 근거해 초대 이승만 대통령은 의회에서 선출됐다. 이후 이 대통령은 1954년의 사사오입 개헌에서 총리 제도를 없애고, 수석국무위원 제도를 도입했다. 그래서 권력 구조는 대통령-부통령-국무총리에서 대통령-부통령-수석국무위원으로 정리됐다.
부통령은 제1공화국 이승만 대통령이 고령(1875년생)인 관계로 주목받는 위치였다. 대통령과 부통령은 각각 별도의 선거로 선출되기 때문에 대통령과는 완전히 독립적이었다. 제1공화국에서 부통령은 이시영(1948~1951, 국회 간선), 김성수(1951~1952, 국회 간선), 함태영(1952~1956, 직선), 장면(1956~1960, 직선) 등 4명이 재임했다.
국회에서 간접선거로 초대 부통령을 선출할 때(1948)의 후보는 이시영(대한독립촉성국민회), 김구(한국 독립당), 조만식(무소속), 오세창(무소속), 장택상(무소속), 서상일(한국민주당) 등 6명이었다. 2대 부통령 선거 때(1951)는 김성수(민주국민당), 이갑성(무소속), 함태영(무소속), 장택상(무소속), 지청천(민주국민당), 김창숙(무소속) 등이었다.
국민 직접투표로 시행된 제3대 부통령 선거(1952)에는 이윤영(조선민주당), 함태영(무소속), 이갑성(자유당), 조병옥(민주국민당), 임영신(대한여자국민당), 백성욱(무소속), 정기원(무소속), 전진한(대한노동총연맹), 이범석(자유당) 등 9명의 후보가 나섰다. 제4대 부통령 선거(1956)에는 장면(민주당), 이기붕(자유당), 윤치영(대한국민당), 이윤영(조선민주당), 백성욱(무소속), 이범석(무소속) 등 6명이었다.

066　1948년의 제헌헌법과 1952년 개정 헌법(55조)은 "대통령의 임기는 4년으로 한다. 단, 재선에 의해 1차 중임할 수 있다"고 규정하고 있었다. 이 규정에 따르면 이승만은 1956년 선거에는 출마 자체를 할 수 없었지만, 자유당은 1954년 2차 개헌(사사오입 개헌)을 통해 "초대 대통령에 한해서는 중임 제한을 철폐한다"는 조항을 삽입해 1956년 대통령 선거에 출마할 수 있게 한다. 당시 국회의원 정수는 203명으로 개헌 통과선 3분의 2는 135.333명으로 136명의 찬성을 필요로 했으나, 자유당이 사사오입 원칙에 따라 135명을 개헌 가능선이라고 억지를 썼다. 그래서 2차 개헌은 '사사오입(四捨五入) 개헌'이라는 이름을 얻게 됐다.

067　한영우, 『미래를 여는 우리 근현대사』, 203~204페이지, 경세원, 2016

068　인터넷 국사편찬위원회, 사료로 본 한국사, 이승만 대통령 하야 성명

069   허정, 『내일을 위한 증언』, 227~228페이지, 샘터, 1979

070   허정, 『내일을 위한 증언』, 228페이지, 샘터, 1979

071   이화장(梨花莊)은 대한민국 초대 대통령 이승만 박사가 거처하던 곳으로 종로 낙산 기슭에 있다. 이화장은 본채와 별채 등 여러 부속 건물로 돼 있으며, 1,450평 규모의 터에 자리 잡고 있다. 본래 이 일대는 배밭이 많았고, 조선 시대 이화정이라는 정자가 있었으나, 일제 때 헐렸다. 해방 후 이승만 박사는 오랜만에 귀국했으나, 거처할 가옥이 없어, 당시 실업가들이 동소문동에 돈암장을 마련해주었으나, 11월부터는 이화장으로 옮겨서 거처했다. 이승만 대통령은 대통령 재임 중에도 이 집에 들러 산책을 하곤 했고, 1965년 7월 하와이에서 서거한 뒤 유해가 이화장에 안치되었다가 국립묘지에 안장됐다. 이 집은 1920년대에 건축됐다. 프란체스카 여사는 이 대통령 서거 후 1970년 귀국해 이화장에서 거처하다가 1992년 영면에 들었다. 프란체스카 여사는 장개석 타이완 총통이 1946년 한국을 방문하면서 선물로 가져온 냉장고를 이화장에 두고 35년간이나 사용했다는 일화가 전해진다.

072   아이크(Ike)는 드와이트 아이젠하워(34대 대통령, 재임 1953.1~1961.1) 미국 대통령의 애칭이다. 아이젠하워 대통령은 1960년 6월 19일부터 21일까지 2박 3일간 한국을 방문했다. 아이젠하워 대통령의 한국 방문은 1882년 조미수호통상조약이 체결된 뒤 한국을 방문한 최초의 미국 대통령으로, 당시 100만 명이 넘는 시민들이 거리에 나서서 그의 방문을 환영했다. 이승만 대통령이 말한 내용은 당시 계획돼 있던 아이젠하워 대통령의 이 방문을 말한다.

073   허정, 『내일을 위한 증언』, 229~230 페이지, 샘터, 1979

074   1962년 당시 20,000달러는 "대통령이나 만질 수 있는 큰 액수"의 돈이라고 했다. 당시 우리나라 1인당 국민소득은 87달러였다. 이를 기준으로 할 경우, 62년 당시의 2만 달러는 국민소득의 230배에 해당한다. 이를 현재(2023) 국민소득 33,500달러로 환산해 보면, 770만 달러에 해당한다. 현재 환율로는 100억 원 정도의 엄청난 액수가 된다. 지난 60여 년 사이 우리나라는 환율제도도 달라졌고, 화폐개혁도 있었다.
달러 기준으로 구매력을 비교하는 한 사이트(https://www.in2013dollars.com)를 보면, 1962년 2만 달러는 구매력(buying power) 기준으로, 현재(2024) 가치는 20만 5,513달러로 계산된다. 또 다른 사이트(https://www.dollartimes.com)도 이와 비슷한 20만 4,497달러로 추정하고 있다. 이 경우 20,000달러의 가치는 2억 6천만 원 정도로, 우리의 기준과 차이가 크다. 따라서 당시 김종필 부장이 휴대했던 20,000달러는 2억 6천만 원에서 100억 원 사이의 돈이 된다.

075   김종필, 『김종필증언록』, 171페이지, 와이즈베리, 2016

076   김종필은 『증언록』에서 박정희 대통령이 이승만 대통령과 관련해 오해를 받고 있다고 말했다. 5·16 이후 국내에서는 정부 내부분만 아니라 4·19 세력과 언론에서도 이 박사의 귀국을 반대하는 의견이 강했지만, 박 의장과 자신은 그러지 않았다고 말했다. 박 의장은 우남 이승만 박사를 건국

의 아버지로 생각했다. 그래서 적당한 때에 이 대통령을 서울로 모실 생각을 하고 있었다고 증언했다. 자신이 하와이를 찾은 것도 박 의장의 지시를 받아서였으며, 그 당시 이 박사는 비행기 탑승도 어려울 상태였다고 했다. 요양원 측은 "이 박사가 오늘 비행기를 탑승하면 바로 돌아가실 수도 있다"고 말했다. 반면 백범 김구는 낭만적 민족주의자로 "김일성하고 만나 이야기하면 왜 통일이 안 되겠느냐"라는 주장을 할 정도였다고 말했다. (『김종필 증언록』, 172~173페이지)

077 김도연(金度演, 1894~1967)은 독립운동가 겸 정치인이다. 1919년 2·8독립선언 당시 도쿄의 게이오대학에 재학 중이던 김도연은 11명의 대표 중 한 명으로 참여해, 도쿄의 감옥에서 2년간 옥고를 치렀다. 대학 졸업 후 다시 미국으로 유학해 경제학 박사 학위를 취득했으며, 귀국해 연희전문학교에서 교수로 활동했다. 그는 일제의 창씨 개명에도 응하지 않고, 조선어학회를 재정적으로 지원한 혐의로 경찰에 체포돼 2년 가까이 흥남형무소에 구금되기도 했다. 해방 후 한국민주당 창당에 참여했고, 정부 수립 후에는 초대 재무부 장관을 맡았다. 5·16 이후에도 야당 정치인으로 활동을 이어갔다. 국민훈장 무궁화장, 건국공로훈장 애국장을 받았다. 그의 장례는 사회장으로 거행됐다.

078 허정, 『내일을 위한 증언』, 265페이지, 샘터, 1979

079 임영태·정창현, 『새로 쓴 한국현대사』, 169페이지, 역사인, 2017

080 통일사회당은 민주당 정권 시절인 1961년 사회대중당의 후계로 나타난 정당이다. 1961년 1월 창당됐다가, 5·16이후 해산된 뒤, 1967년 4월 재창당 됐으나 10월 유신 이후 73년 7월 다시 해산된다. 통일사회당의 전신인 사회대중당(60.5~61.5)은 우리나라 헌정 사상 유일하게 제1야당이 된 진보정당이다. 제5대 국회 당시 참의원 1석, 민의원 4석을 차지했다. 그러나 60년 12월에 실시된 지방선거에서 분열로 인해 당선자를 내지 못하고 민주당이나 통일사회당으로 흩어진다.

081 김대중, 『김대중자서전』, 122페이지, 삼인, 2015

082 윤보선, 『외로운 선택의 나날』, 159페이지, 동아일보사, 1991

083 김대중, 『김대중자서전』, 125페이지, 삼인, 2015

084 함석헌, "국민감정과 혁명 완수"(사상계, 1961년 1월호, 30페이지), 사상계, 1961

085 수복지구(收復地區)는 북한의 6·25남침 전에는 북한 땅이었는데, 6·25전쟁으로 우리가 되찾은 땅을 말한다. 6·25 한국전쟁이 발발하기 전, 남북한은 북위 38도선을 경계로 나뉘어, 전쟁을 거치면서 서부 전선에서는 우리가 좀 밀렸고, 동부 전선에서는 우리가 우세한 상황에서 1953년 정전협정이 체결됐다. 경기도 연천군 대부분, 포천시 북부, 가평군 북면 일부와 강원도의 철원군, 김화군 일부(이 지역은 1963년 철원군에 편입), 화천군, 양구군, 인제군 대부분, 양양군 북부, 춘천시 북부 일부 지역과 고성군이 해당한다. 한편 6·25전쟁을 통해 북한에 밀린 서부 전선 일대(옹진반도, 남연백

군 지역, 개성 송악산 남쪽 지역 등)를 북한에서는 신해방지구(新解放地區)라고 부르고 있다.

086 김대중, 『김대중자서전』, 128페이지, 삼인, 2015

087 김대중, 『김대중자서전』, 128~131페이지, 삼인, 2

088 중앙일보, 김종필증언록: 소이부답 ("박정희와 죽자고 혁명했다… 5.16 설계자, JP의 고백"), 2023.7.5.

089 한영우, 『미래를 여는 우리 근현대사』, 207페이지, 경세원, 2016

090 장면(1899~1966)은 서울 출생의 독실한 천주교인으로 세례명은 요한(John)이었다. 수원농림학교 시절 또래 청년들이 술, 담배에 기방 출입을 할 때 그는 성당에 나가 기도와 독서, 영어 공부에 열중했다는 일화가 있다. 1916년 17세 때 집안의 소개로 만난 15살 난 부인(김옥윤, 1901~1990)과 6남 3녀를 두고 평생을 해로했다. 메리놀신학교의 도움으로 1920년 미국으로 유학을 떠나, 1925년 맨하탄 카톨릭대학을 졸업했다. 귀국 후 동성고등학교 교장을 지냈으며, 김수환 추기경의 고교 시절 은사가 된다

091 미 하원 국제관계위원회 국제기구소위원회 편(編), 한·미관계연구회 역(譯), 『프레이저 보고서』, 40페이지, 실천문학사, 1986

092 장도영(1923~2012)은 평안북도 용천에서 태어나 신의주고보를 졸업하고 일본으로 유학을 떠나 동양대학 사학과에서 수학했으며, 학병으로 차출돼 중국에서 복무했다. 해방 후 귀국해 신의주 동중에서 교사로 근무하다가, 월남해 군사영어학교를 졸업(1946.3)하고, 소위로 임관된다. 6·25전쟁 발발 당시 그는 육군본부 정보국장으로 문관인 박정희를 현역으로 복귀시켜 근무하도록 했다. 장도영은 1950년 10월 준장으로 진급해 사단장으로 용문산 전투와 파로호 전투에서 큰 공을 세웠으며, 휴전 이후 육군참모차장, 2군사령관 등을 거쳤다. 2군사령관 시절 그는 예편 위기에 몰린 박정희를 2군 부사령관으로 끌어주는 등 군 시절 박정희와 5차례나 상하 관계를 맺었다. 5·16 쿠데타 당시 육군참모총장이었다. 국가재건최고회의 의장 시절 반혁명 사건으로 구속됐다가 풀려나, 미국으로 건너간 뒤(1963) 미시간대학교에서 박사학위를 받고 1969년부터 1993년 정년 때까지 위스콘신대를 거쳐 웨스턴미시간대학에서 정치학을 강의했다.

093 지금 박정희(朴正熙) 대통령의 영문(英文) 이름은 Chung Hee Park 또는 Park Chung Hee로 정리됐지만, 혁명 초기 박정희 대통령은 미국 신문에 Hi Pak Kung, Chung Hi Pak, Pak Chung Hi 등으로 혼란스럽게 표기됐다. 그래서 뉴욕타임스(NYT)신문은 1961년 5월 17일 자 신문에서 한국인 이름을 영문으로 표기하는 문제에 관해 짧은 기사를 싣기도 했다.

094 김대중 전 대통령은 자서전에서(132~133페이지, 삼인, 2015) 진한 안타까움을 드러낸다. 자신의 정치적 대부이기도 했던 장 총리가 55시간이나 행방불명됨으로써, 역사가 달라졌다고 안타까워했

다. 김대중은 자서전에서 "그 55시간 동안에 대한민국은 다른 세상으로 기울고 있었다. … 만일 그때 장 총리가 미국 대사관에 피신했다면 참여 병력이 3,600명에 불과한 '엉성한 쿠데타'를 수월하게 진압했을 것이다. 미국 대사관 문이 잠겼으면 담이라도 넘어갔으면 됐을 텐데 왜 수녀원으로 숨어들었는지 지금 생각해도 안타깝다. 또 수녀원에 피신해 있더라도 유엔군이나 미국대사관에 연락을 취했다면 상황은 또 달라졌을 것이다. 돌아보면 이것도 국운이라고 생각된다."고 썼다. 김대중은 이어 "매그루더 유엔군 사령관이 백방으로 장 총리를 찾았으나 그 어디에도 없었다. 그는 할 수 없이 군 통수권을 지닌 윤보선 대통령에게 쿠데타 진압을 위해 전군에 동원령을 내려줄 것을 요청했다. 그는 마셜 그린 미국 대리대사와 함께 윤 대통령을 방문했다. 쿠데타군을 진압할 뜻을 밝히고 미국 1개 대대와 한국군 제1야전군 일부의 병력 출동 승인을 요청했다. 그런데 대통령의 태도가 괴이했다. 그는 미국 측의 그러한 요구가 내정 간섭이라며 일축해 버렸다."

095 NYT가 사설에서 아시아 지역의 쿠데타 사례를 언급하면서 버마(미얀마) 쿠데타를 언급한 것은 라오스(Laos)의 사례를 착각한 것으로 보인다. 버마의 첫 쿠데타는 네윈 장군에 의해 1962년에 발생했기 때문이다. 이웃 라오스는 1959년, 1960년 연이어 쿠데타가 발생했다. 그리고 터키는 1960년 5월에 쿠데타가 기록돼 있고, 파키스탄은 1959년 10월 쿠데타가 발생했다.

096 한국정치연구회(이수인), 『한국정치론』, 131페이지, 백산서당, 1989.
한편, 인터넷 백과사전인 Wikipedia에 보면 세상에서는 지금까지 모두 934회의 쿠데타나 쿠데타 기도가 있었다고 기록하고 있다. 이 기록을 보면 남미의 칠레, 볼리비아, 브라질 등지에서 많이 발생했다. 심지어는 미국과 프랑스에서도 이런저런 쿠데타가 제법 발생했다. 이 사전은 쿠데타 주도 세력이 7일 이상 권력을 잡은 경우를 성공한 쿠데타로 간주했다.

097 고광림(1920~1989, 아놀드 고)은 제주도(북제주 애월) 출신으로 경성제국대학 법문학부를 마치고 해방 직후 서울법대에서 법사상사를 강의하다가 1949년 유학을 떠나 러트거스대학에서 정치학을 공부한 데 이어 하버드대학에서 한국인 최초로 법학박사 학위를 받았다(1954). 이후 고광림은 대학에서 강의하면서 이승만 정부의 독재에 반대하는 활동을 한 계기로 1960년 4·19 직후 장면 정권 당시 은사인 장이욱 박사(주미대사)의 추천으로 주미 공사로 외교관 생활을 잠시 했으나, 5·16 이후 사임하고 대학교수로 돌아갔다.
고광림은 부인 전혜성 박사와 함께 여섯 명의 자녀를 하버드와 예일대 등 일류대학으로 진학시켜 자녀 교육에 성공한 한국인의 표본으로 국내에 널리 알려지기도 했다. 고광림 박사 가족은 부부와 6명의 자녀가 모두 12개의 박사학위를 갖는 기록을 세웠으며, 장남 고경주(하워드)와 동생 고동주(에드워드)는 의사로, 3남 고홍주(해럴드)는 예일대 법대 정교수로 미 국무부 인권 담당 차관보를 지내기도 했으며, 막내 고정주(리처드)는 보스턴에서 미술가로 활동했다. 장녀 고경신은 서울의 중앙대학교 교수로, 차녀 경은(진)은 예일대 법대 교수 등으로 활동했다. 고광림은 자신과 아들들의 미국식 이름을 모두 알파벳 D로 끝나도록 지어, 화제를 모으기도 했다.

098 5·16 이후의 반혁명 사건은 관련 전문가들에 의해 '5·16쿠데타 이후 박정희 정권이 반대 세력을 제거하기 위해 발표한 사건들'이라고 정의한다. 쿠데타의 성공으로 주류가 된 세력이 일종의 숙청 작업을 벌인 것이다. 5·16은 김종필을 중심으로 한 육사 8기생들과 박정희의 연합으로 성공했지

만, 비주류 세력도 만만치 않아, 주류 측은 반혁명 사건을 일으켜 비주류를 제거하기 시작했다. 첫 번째 사건이 1961년 7월 9일 발표된 장도영 의장 제거로 평안도 군맥이 숙청됐다. 장도영과 주요 관련자들의 고향이 평안도여서 뒤에 '텍사스 토벌작전'이라고 불렸다. 이어 1962년 이주당사건으로 민주당 계열의 구정치인들이 숙청됐고, 1963년 박임항 김동하 박창암 이규광 등 함경도 군맥 숙청이 있었다(알라스카 토벌작전). 1965년에는 원충연 박인도 등이 실제로 쿠데타를 모의하는 사건도 적발됐다. 이후 시간이 흐르면서 박정희와 김종필 중심의 권력 기반이 굳혀지면서 반혁명사건도 잦아든다. 10여 건의 반혁명사건이 발표됐으며, 관련자들은 짧은 기간 수감됐다가, 풀려나왔으며, 관계가 회복된 뒤에는 정부에 참여해 활동하기도 했다.

099 데스 플롯(Death Plot)은 연극, 드라마, 영화 등 예술 작품에서 죽음(Death)이라는 장치를 설치해, 거기서부터 스토리를 풀어나가거나 결말에 죽음을 맞게 하거나 등등 죽음을 중요한 장치로 쓰는 구성 방식을 말한다. 신문의 이 표현은 혁명이라는 역사 무대에서는 죽음이라는 요소가 필수적으로 등장하는데, 국가재건최고회의 전 의장이 이 장치에 걸려 자리에서 물러났다는 비극적인 결말을 말하고 있다.

100 김종필, 『김종필 증언록』, 140~143페이지, 와이즈베리, 2016

101 김종필, 『김종필 증언록』, 147페이지, 와이즈베리, 2016

102 김대중, 『김대중회고록』, 134~135페이지, 삼인, 2015

103 『정치활동정화법』은 쿠데타에 성공한 5·16 주체 세력이, 제2공화국에서 정치적 지위가 있는 정치인과 5·16쿠데타가 추구하는 혁명과업 수행을 방해했다고 인정되는 정치인들의 정치 활동을 금지했던 일종의 개혁 법안의 하나다. 1962년 3월 16일 공포했다. 이 법의 시행에 따라 4,000여 명이 정치 활동을 하지 못한 6년여 동안 공화당은 두 차례의 대통령 선거와 국회의원 선거에서 승리를 거두어 통치 체제를 확고히 다질 수 있었다. 5.16 세력의 『정치활동정화법』은 20년 가까이 지난 1980년 11월 3일, 신군부에게 답습돼,『정치풍토쇄신을 위한 특별조치법』으로 되살아나, 567명에 이르는 기성 정치인들의 정치 활동이 금지된다

104 CIC는 군과 관련해 국방부 조사본부(Criminal Investigation Command)의 뜻으로도 쓰이고, 방첩대(Counter Intelligence Corps)의 뜻으로도 쓰인다. 여기서는 당시 권력기관의 하나였던 방첩대로 쓰였다. 이 군 정보기관을 당시에는 「특무대」라고도 불렀다. 미 군정 시기 미군 CIC는 정보수집은 물론 한국인 정치 지도자와 미국인에 대한 사찰, 정치공작 등에도 개입하는 등 광범위한 활동을 했다. 또 남한의 우익 반공단체와 협력해 북한에 직접 공작원을 파견해 정보를 수집하고 대북공작을 한 것으로 알려졌으나, 정확한 실체는 밝혀지지 않았다.
국군은 제1공화국 시절 육군 특무대라는 명칭을 사용하다가 1960년 육군 방첩부대, 1.21사태로 1968년 육군보안사령부로 이름이 바뀌고, 1977년 해군과 공군의 유사부대와 합쳐 국군보안사령부, 1991년에는 국군기무사령부로 이름을 바꾸었다가 2016년에는 군사안보지원사령부로 개칭해 부르고 있다.

105　백의사(白衣社)는 일제 강점기와 해방정국(1942.8~1948년) 당시 활동했던 극우 테러단체의 이름이다. 중국 국민당 초기 장개석이 운영하던 특무기관과 정보기관을 겸한 남의사(藍衣社)에서 이름을 따왔다. 일제시대 중국에서 활동하던 독립운동가이자 장개석 휘하의 남의사 공작원 출신인 염동진이 조직했고, 초대 총사령을 지냈다. 백의사는 '백의민족의 조직'이라는 의미로, 일제 시절 친일파에 대한 테러에 이어 해방 이후에는 북한 측 요인을 암살하기 위해 북파공작원을 보내기도 했다.

106　조갑제,『내 무덤에 침을 뱉어라』(제3권 혁명전야), 71페이지, 조선일보사, 1998

107　 박정희(1917~1979)는 만주국 신경군관학교(1940~1942), 일본 육군사관학교(1942~1944)를 거쳐 해방된 조국에 돌아와 육군사관학교의 전신인 조선경비사관학교(1946)에서 수학했고, 준장 시절 미국 오클라호마주 포트 실(Fort Sill) 미육군포병학교에서 고등군사훈련과정(1954년, 6개월)을 마쳤다. 무려 4개국의 군사학교에서 교육이나 훈련을 거쳤다. 그의 이런 삶에서는 박정희 개인의 신산함 뿐만 이 아니라, 식민지와 해방, 전쟁 등 그 어려운 시절을 열심히 살아간 군인들의 모습이 보이고, 식민지 해방 분단 전쟁 등 격심하게 흔들리는 세월을 살아간 사람들의 아픔이나 비애가 느껴진다.
　 당시 군 생활을 했던 사람들의 경우, 김종필(1926~2018)은 1951년 대위로 진급한 뒤 조지아주 포트 베닝의 미 육군보병학교로 연수를 다녀온다. 전두환(1931~2021)은 1958년 대위로 진급한 뒤 미국으로 연수(1959.6), 노스캐롤라이나주 포트 브래그의 특수전학교, 조지아주 포트 베닝의 레인저 스쿨 등을 수료했다. 노태우(1932~2021)는 전두환과 함께 1959년 미국 노스캐롤라이나주 포트 브래그의 특수전학교와 심리전 학교를 수료한다.

108　1961년 5·16쿠데타의 주역이 된 육사 8기는 1948년 12월에 입교해 6개월의 교육을 받고 1949년 5월 소위로 임관된다. 동기생은 1,263명으로 아주 많았고 이 밖에도 특별기라고 해서 600여 명이 더 임관된다. 국군이 창설된 초창기여서 많은 군 간부들이 필요했기 때문이다. 대한민국은 상해 임시정부의 법통을 인정하고 이를 헌법 전문 등에서 인정했으나, 국군은 독립군 출신보다는 일본군이나 만주국 출신 장교들로 짜여지는 현상이 있었다. 그것도 위관급 이하의 젊은 장교들 중심으로 구성돼 있었다.
　 독립군 출신에 대한 견제는 당시 군정을 펴던 미군의 영향으로 보인다. 미군정 당국은 민족주의적인 색채가 강하고 고분고분하지 않는 독립군보다는 일정 기간 교육이나 훈련을 마친 일본군이나 만주군 출신 젊은 장교들을 선호했다. 미군정 당국은 국군의 창설을 위해 육사 1~6기까지를 정부 수립 전에 임관했다. 1948년 우리 대한민국 정부가 수립된 뒤 육사 7기 이하 장교들이 배출된다.
　 3·15 부정선거가 원인이 돼 폭발한 4월 혁명의 결과 제1공화국이 해체되자, 군에서도 부정선거에 가담 또는 지시한 군 수뇌부와 부정부패에 심하게 오염된 군 장성 등에 대한 정군운동이 일어났다. 1960년 5월 8일 김종필 김형욱, 길재호 등 8기생 중령 8명이 정군 연판장을 제출하자는 움직임을 보인 데 이어, 제2공화국 정부 출범(8월 23일) 이후 이들은 다시 정군운동을 추진했다. 이들은 8월 29일 정군 대상자인 최영희 중장이 합참의장에 임명되자, 다시 정군 운동에 나선다. 이와 관련된 중령 16명이 하극상으로 징계위원회에 회부됐고, 나중에 김종필 석정선 등 두 중령은 예편된다.
　 거듭된 정군 요구가 좌절되자 육사 8기생 일부가 쿠데타를 결의한다. 이들이 1960년 9월 10일

현석호 당시 국방장관과의 면담이 불발된 뒤 "이래서는 안 되겠다"고 쿠데타를 결의한 음식점이 명동에 있는 충무장이고, 여기서 "충무장의 결의"라는 말이 나왔다.

109 권오중, 『5·16군사정변의 원인』, 자유기업원, 2018.12.24

110 국민보도연맹은 좌익 전향자 지도를 위해 1949년 4월 조직된 관변 단체이다. 이 조직은 법률이나 훈령에 근거해 만들어진 단체가 아니고 법의 근거 없이 공안(公安) 담당 검사 오제도(吳制道)의 제안에 따라, 내무부 국방부 법무부 및 사회 지도급 인사들이 협의한 뒤 정부 주도로 만들어졌다. 가입 대상자는 국가보안법 관련자와 남로당원을 비롯해 노동조합전국평의회, 인민위원회, 민주주의민족전선, 조선민주애국청년농맹 등 남로당 외곽 단체원으로 활동한 구성원이 대상이었다.
처음 이 단체를 구성할 때 지역에 따라 본인의 의사와 관계없이 강제로 또 임의로 가입된 사람들도 많았다. 좌익사상 전향자를 계몽 지도해 대한민국 국민으로 받아들이는 것이 목적이었으나, 도민증이나 시민증 대신 보도연맹원증이 발급됐고, 거주지를 옮기거나 떠날 때 관할 경찰서의 허가를 받도록 하는 등 '요시찰 대상자' 또는 '좌익 혐의자' 취급을 받았다.
북한이 6·25전쟁을 일으키자 정부는 보도연맹원들을 소집해 구금했고, 전황이 불리해지자, 후퇴하면서 이들을 집단학살하기도 했다. 1950년 6월부터 9월경까지 수만 명에서 최대 20만 명까지의 인원이 적법하거나 적절한 절차도 거치지 않고 즉결 처분 형식으로 처형됐다. 건국 과정에서 발생한 우리 현대사의 비극의 한 장면으로 역사에 기록된다.

111 권오중, 『5·16군사정변의 원인』, 자유기업원, 2018.12.24

112 클라우스 뮬러, 정형수 역, 『정치와 커뮤니케이션』, 4페이지, 일조각, 19804

113 남정욱, 『편견에 도전하는 한국현대사』, 111페이지, 시대정신, 2014

114 1960년대 우리나라의 합계출산율은 6.0명이었다. 경제개발이 시작되면서 정부는 굶주림을 면하기 위해서는 인구의 증가를 막아야한다는 점에 착안해 강력한 산아제한 정책을 시행했다. 유엔에서는 한국의 산아제한정책이 인구 증가를 막는 성공적인 정책이었다고 평가하기도 했다. 그 후 우리나라의 합계출산율은 계속 떨어져, 2024년 현재 0.7선을 기록하고 있어 한국은 인구감소로 인해 국가 자체가 사라질 가능성이 높은 현실에 이르렀다.
이 시기의 지도자 가운데 장면 전 총리의 경우는 7남 6녀 중의 5남으로 태어나 자신은 6남 3녀를 두었다. 박정희는 5남 2녀 중 막내로 태어났다. 박 대통령은 두 차례의 결혼에서 4명의 자녀를 가졌다. 김대중은 8남매 중 차남으로, 자신도 3남 1녀를 두었다.

115 행정안전부 국가기록원 홈페이지, 「식량증산」 춘궁기 구호활동.

116 이영훈, 『대한민국역사 나라만들기 발자취 1945~1987』, 254페이지, 기파랑, 2013

117   남정욱, 『편견에 도전하는 한국현대사』, 114페이지, 시대정신, 2014

118   이영훈, 『대한민국 역사, 나라만들기 발자취, 1945~1987』, 242~243페이지, 기파랑, 2013년

119   강만길, 『20세기 우리역사』, 266~267페이지, 창작과비평사, 1999
         인용문에서 나타나는 원조는 여러 가지 이름인데 점령지역행정구호(GARIOA: Government and Relief in Occupied Area)는 2차 대전 직후 실시된 미국의 점령지역 정책의 일환으로, 2차 대전 전 추축국에 의해 점령됐던 국가 중 빈곤한 국가에 제공된 민생구호용 긴급원조를 말한다.
         ECA 원조는 마셜플랜(유럽부흥계획)을 집행한 국무성 경제협력국(ECA:Economic Cooperation Administration)의 이름을 따서 지었다. 한국은 비(非) 유럽국가이나 1948년 12월 한미원조협정의 체결을 계기로 이 원조를 받았다.
         운크라(UNKRA) 원조는 1950년 12월 제5차 유엔총회의 결의로 설치된 유엔한국부흥기관(UN Korean Reconstruction Agency)이 주관한 원조로, 휴전 이후 1954년부터 본격적으로 시행돼 문경 시멘트공장, 충주 비료공장, 인천 판유리공장 등이 건설됐다.
         FOA 원조와 ICA 원조는 이 원조를 집행한 기구의 이름을 딴 것인데, 1951년 10월에 제정된 미국의 『상호안전보장법』에 따라 제공된 원조이다. 대외활동본부(FOA:Foreign Operations Administration)와 국제협력국(ICA:International Cooperation Administration)은 경제협력국(ECA)이 행정부에 따라 바꾼 이름으로 역할은 대동소이했다.
         PL 480호 원조는 미 공법(Public Law) 480호에 따른 것으로 미국 내 잉여농산물 재고 처리와 그것을 통한 대외 군수물자 판매를 주목적으로 제정된 것이다

120   이 태풍은 1959년 9월 17일(추석) 한반도 남부를 덮친 사라호 태풍을 말한다. 이 태풍은 한국을 강타한 태풍 가운데 최악의 태풍으로 사망 849명, 부상 2,533명, 실종 206명, 이재민 37만여 명이 발생했다. 그 외 선박 11,704척이 침몰하고 주택 1만여 동, 농경지 침수 20만 정보 등 피해액은 당시 금액으로 1,662억 원이다. 그 무렵 한 해 예산은 400억 원으로 4년 치 예산에 해당하는 피해를 낸 엄청난 태풍이었다.

121   미국의 노숙자 숫자는 2023년 8월 57만 7,000명으로 집계됐다고 미국의 월스트리트저널(WSJ)이 보도했다. 이 숫자는 미국 전역에서 개별적으로 노숙자 수를 집계하는 150개 단체의 자료를 종합해 분석한 결과이다. 한편 미국에서 노숙자 숫자를 공식으로 집계하는 주택개발부(HUD)는 2023년 중 단 하루라도 노숙을 경험해 본 인원이 58만 2,500명으로 2022년 한 해 수치를 넘었다고 밝혔다.("WSJ, 미 노숙자 숫자, 올해 들어 급격히 증가" 동아일보, 2023.6.19./ "벌써 60만 명 육박…미국 노숙자 올들어 급증 왜?" 파이낸셜 뉴스, 2023.8.15.) 우리나라의 노숙자 숫자는 2016년 11,340명으로 집계돼 있다. 우리나라와 인구 비례를 따져도 미국의 노숙자 비율은 우리보다 훨씬 높다.

122   이영훈, 『대한민국역사, 나라만들기 발자취 1945~1987』, 317페이지, 기파랑, 2013

123   강만길, 『한국현대사』, 242~243페이지, 창작과비평사, 1984

124 1960년 4·19혁명이 일어날 때까지 한국은 미국, 자유중국(대만), 베트남(월남), 프랑스, 영국, 필리핀, 터키, 서독, 바티칸 등 단지 9개국과 공사(公使)급 이상의 외교 관계를 유지할 정도의 허약한 나라였다. 이 가운데 미국은 자본주의 진영의 맹주로, 또 6·25전쟁의 지원국으로 상호방위조약에 따른 군사적, 경제적 원조를 하고 있었지만, 일본과는 국교가 정상화되지 않은 상태였다.

전후 복구를 하면서 국가 재건을 계획하던 이승만 정부, 장면 정부 등은 유일하게 서독 정부와 차관 교섭을 진행하고 있었으나, 진전을 이루지 못하고 있었다. 그러나 서독은 1961년 8월 베를린 장벽의 설치로 한국과 분단 문제에 대해 자체적으로 인식의 변화를 경험한다. 베를린 장벽 구축 이후 서독은 분단국가인 한국에 대한 이해의 폭이 달라지고, 국제적인 반공(反共) 전선의 강화를 위해 한국에 대한 차관 제공을 결정하게 된다.

이에 따라 5·16 군사정부의 정래혁 상공부 장관은 1961년 12월 독일을 방문해 그 전부터 협의해 오던 7,500만 마르크(2,000만 달러 정도)의 개발차관 공여를 매듭지을 수 있었다. 서독은 한국의 경제 개발에서 가장 중요한 것으로 식량의 자급자족과 전기, 통신, 철도, 항만 등 산업 인프라의 건설로 여기고 이 분야에서 적극적으로 참여했다. 하지만 서독의 차관은 충분치 않아, 5·16 군사정부는 더 많은 재원 확보를 위해 한일국교정상화를 선택한다.

당시 많은 나라가 2차 대전 당시 추축국의 침략으로 인한 피해에 대해 전쟁 피해 배상금을 선택하고 있었다. 한국과 같이 식민 지배로 인한 피해 배상 문제는 익숙하지 않은 상태였다. 당시 유럽 열강들은 길게는 수백 년 동안 식민지를 가졌던 관계로, 식민 지배 배상은 생각하지도 않고 있었고, 지금도 집단학살과 같은 개별 인도적 범죄에 대해서는 사과도 하고 배상도 하지만, 식민 지배 전체를 문제로 놓고 사과나 배상하는 것을 거부하는 입장이다. 수백 년에 걸치는 식민 지배는 역사의 과정이지, 그걸 따로 사과하고 배상한다는 것은 말이 안 된다는 제국주의적인 사고에 젖어있다는 비판을 받는다. 물론 그 재산상 나아가 인명 피해 등을 금액으로 따지면 감당하지 못할 정도로 엄청날 것이다. 그렇다면 역으로 그러한 착취를 당한 피해자의 입장은 어떻게 되는 건지, 말문이 막힌다. 역사의 숙제다.4

125 김정필 기자, " '케네디, 박정희에 민정이양 요구' 단독보도" 리영희의 특종과 칼럼 '필리핀 미군기지, 한국이전' 통박글 큰 반향, 2010.12.6., 한겨레신문

126 우리 정당사에서 민정당은 윤보선의 민정당(民政黨)과 전두환 노태우의 민정당(民正黨, 민주정의당) 등 2개의 민정당이 존재했으나, 두 당의 한자 표기는 달랐다. 윤보선, 김병로 등이 중심이 된 야당 세력은 군정이 끝나면서 1963년부터 정치 활동이 재개되자, 군부 세력이 아닌 구신민당, 구자유당, 구민주당, 무소속 등 범야당 세력을 결집해 창당했다. 민정당은 1963년 1월부터 1965년 5월까지 활동했다.

전두환 노태우 두 대통령의 정치적 기반이 된 민주정의당(민정당)은 1981년 신군부 세력이 창당했다. 여기에는 신군부 세력과 검찰 출신 인사, 옛날 공화당이나 유정회 출신 인사들이 주축이 됐으나, 1990년 여소야대 정국을 극복하기 위해 통일민주당, 신민주공화당과 3당 합당을 통해 민주자유당(민자당)으로 바뀐다.

127 박정희 남정욱 풀어씀, 『국가와 혁명과 나』, 67페이지, 기파랑, 2017

| 128 | 김대중, 『김대중자서전』, 151페이지, 삼인, 2015 |

| 129 | 김용식, 『희망과 도전』(김용식 외교회고록), 96페이지, 동아일보사, 1987 |

| 130 | 조갑제 이동욱, [박정희 생애] 제5대 대통령선거(18), 조선일보, 1999.6.6 |

| 131 | 제2차 세계대전이 끝나고 1973년 오일쇼크 전까지 약 30년간은 '자본주의의 황금기'(Golden Age of Capitalism)라 불릴 정도로 전 세계적으로 경제가 호황을 보였다. 그래서 각국은 '라인강의 기적'(독일), '전후 경제 기적'(일본), '타이완 기적'(타이완), '영광의 30년'(프랑스), '경제 기적'(이탈리아), '그리스 경제 기적'(그리스) 등으로 말했다. 독일도 이 기간의 성장을 발판으로 패전국으로서의 폐허에서 벗어나 경제 대국이 됐다. 이를 본떠 우리나라의 경제 성장을 '한강의 기적'이라고 한다.

| 132 | 김육훈, 『살아있는 한국근현대사교과서』, 294페이지(문화일보 2005.7.8. 기사 전재), Humanist, 2007 |

| 133 | 김종필, 『김종필증언록』, 248페이지, 와이즈베리, 2016 |

| 134 | 김종필의 증언록에서 이 부분을 살펴보면 다음과 같이 정리된다. 5·16쿠데타 이후 미국 방문길에 만난 한일 정상(박정희-이케다, 1961.11.12)은 한-일 국교정상화 회담에 속도를 내기로 했지만, 실제는 지지부진했다. 여러 문제가 있었으나, 핵심은 청구권(請求權) 자금의 규모가 문제였다. 그래서 이 매듭을 풀어야 한-일 국교정상회담이 계속될 수 있다고 판단한다. 돈도 돈이지만, 미국도 이 회담의 촉진을 매우 원하고 있었기 때문이다.
박정희의 미국 방문 한 달 전(1961.10), 박정희와 김종필은 민주당 시절 제5차 한일회담 수석대표로 활동했던 유진오 박사를 국가재건최고회의 의장실로 초청해 의견을 청취했다. "일본이 우리에게 정말 얼마를 줄 수 있다고 보시느냐"라는 박 의장의 질문에, 유 박사는 "3,000만 달러 이상은 어려울 것"이라고 말했다.
박 의장은 "어떤 사람은 일본 지배 1년에 1억 달러씩 36억 달러를 받아내야 한다고 말하고, 또 최소 10억 달러는 받아야 한다고 말하고 … 김 부장, 8억, 8억 달러는 어때? 국민은 불만이겠지만 그걸로 종합제철소 짓고 종합기계공장도 만들고 해보자고"라고 말했다. 이 액수는 박 의장의 지침이 되고, 김종필은 일본과의 막후 협상(오히라 외상)에서 '무상 3억, 유상 2억, 민간 1억+α'로 합의를 이룬다. 오히라와 3시간 이상 대좌를 한 뒤의 결과였다. 김종필은 "당시 일본도 전후 복구 사업으로 재정이 어려웠고 외환보유액도 14억 달러에 불과했다"고 밝히고 있다. 이러한 액수의 결정에는 미국도 개입해, 일본 측에 압력을 가한다. (김종필 증언록, 218~223페이지) |

| 135 | 김종필, 『김종필증언록』, 243~244페이지, 와이즈베리, 2016 |

| 136 | 조아라, 연구논단 "한일회담 과정에서의 미국의 역할, 케네디정권기 청구권교섭을 중심으로", 281~282페이지, 일본비평 10호, |

137 김대중 자서전, 『나의 삶 나의 길』(1권),/ 허문명기자, "박정희 정권 첫 계엄령 ⋯ 한일회담 반대투쟁 내리막길" 허문명 기자가 쓰는 '김지하와 그의 시대'(15) 짧은 감옥생활, 2013.4.26

138 임영태 정창현, 『새로 쓴 한국현대사』, 203페이지, 역사인, 2017

139 한일국교정상화회담(한일회담)은 미국의 강력한 권고로 6·25전쟁 중인 1951년 10월부터 시작됐다. 1951년은 일본이 아직 맥아더 군정 치하에 있을 때였다. 일본도 이 회담을 미국의 강권으로 시작했음을 보여준다. 1965년 6월 타결될 때까지 14년 동안 1,200여 회의 본회담과 부속 회담이 열린, 외교사에서 유례를 찾기 어려운 마라톤 회담이었다.
회담의 주요 쟁점은 재일교포의 법적 지위, 대일청구권, 동해상의 어업권(이승만 라인-평화선- 철폐) 등이었다. 한국은 일본의 식민지 지배와 전후 처리에서 발생한 약 22억 달러의 피해를 일본에 청구했지만, 일본은 그 근거를 인정하지 않고 도리어 그들이 전쟁에서 지고 한국에서 빠져나갈 때 남겨둔 재산(남북한 합쳐서 52억 달러)에 대해 청구권을 갖는다고 주장했다. 이러한 양국의 대립은 1953년 10월의 제3차 회담에서 최악의 상황을 보인다. 당시 일본 측 대표 구보다(久保田貫一郎)는 일본의 한국 지배는 유익한 것이었으며 한국은 일본이 아니더라도 중국이나 러시아의 지배를 받을 수밖에 없었다고 주장했다(구보다 망언). 이 망언으로 인해 회담이 오랫동안 중단됐으며, 일본은 1957년 이 망언을 취소하고, 한국에 대한 청구권을 포기했다.
어렵게 열린 4차 회담은 일본 정부가 재일교포 북송으로 또 일시 중단된다. 그 뒤 장면 정부도 한일회담에 열의를 보였지만, 정권이 단명으로 그치는 바람에 진전을 이루지 못했고, 516쿠데타 이후 회담이 다시 본격화됐다.

140 권희진(mbc기자), "'요구받는 화해'와 예정된 결과", 2023년 2월 1일(기자협회보 2108호). 기시 노부스케(1896~1987)는 야마구치현에서 태어나 도쿄제국대학을 졸업하고, 상공성(商工省) 관리로 근무하다가 1936년 만주국 산업부 차관을 맡았다가 1941년 도조 히데키 내각의 상공대신(1941~1943) 겸 군수성 차관으로 재직했다. 그는 전후 A급 전범으로 3년 반 수감됐으나, 미국의 정책 변경에 따라 석방된다. 그 뒤 1957년 총리가 되었다가 1960년 미일안보조약 비준을 강행하면서 일본에서 대규모 시위가 발생하는 등 혼란이 격심해지자 책임을 지고 사퇴했다. 역시 총리를 지낸 사토 에이사쿠(1964~1972 총리 재임)가 그의 친동생이고, 아베 신조(2012~2020)의 외조부이기도 하다. '쇼와의 요괴'(昭和の妖怪)라는 별명을 갖고 있다.
도조 히데키(1884~1948)는 도쿄 출신으로 군인 집안에서 태어나 일본 육사를 졸업했다(1905). 스위스와 독일에서 무관으로 근무했고, 관동군 헌병대사령관, 관동군 참모장으로 근무했고 1937년 중일전쟁의 확대를 주도했다. 군 재직 시 그의 별명은 '면도날'로 일 처리가 빨랐다고 한다. 1938년 육군차관, 1940년 육군대신, 삼국동맹조약에 참여를 주장하고 프랑스령 인도차이나의 일본군 주둔을 허용하는 등 태평양전쟁을 준비했다. 1941년 10월 군인 신분을 유지한 채 총리가 됐으며, 1941년 12월 진주만공격을 명령하는 등 총리, 육군대신, 참모총장 등을 겸임하면서 2차 대전의 수행을 주도했다. 그는 일본이 항복한 뒤 A급 전범으로 체포돼 1948년 12월 23일 교수형에 처해졌다.

141 김재명, "맥아더의 '크리스마스 선물', 일본을 '전쟁 피해자'로 만들었다", 2023.2.18. 프레시안

김재명의 전쟁범죄 이야기 전범 히로히토(下)

142 김종필,『김종필증언록』, 250페이지, 와이즈베리, 2016

143 이영훈,『대한민국역사, 나라만들기 발자취 1945~1987』, 330페이지, 기파랑, 2013

144 1966년 3월 7일 이동원 외무장관과 주한미국대사 W.G. 브라운 간에 각서가 체결된다. 〈한국군 증파에 따른 미국의 대(対)한국 협조에 관한 주한 미 대사의 공한〉, 일명 〈브라운 각서〉로, 베트남에 대한 한국의 추가 파병을 조건으로 군사 문제에 관한 협조 10개 항과 경제원조에 관한 6개 항 등 16개 항이 정리돼 있다.
1965년 말 당시 미군은 18만 4,000명이 베트남에 파병됐으나, 미국 내에서 반전 여론이 거세 추가 파병이 한계에 봉착하자, 미국이 한국에 증파를 요청하는 과정에서 이 각서가 태어났다. 이후 맹호부대와 청룡부대 등 전투부대가 베트남으로 파병된다(1965.10~11).
「브라운 각서」(Brown Memorandum)는 한국군의 베트남 파병과 파병의 대가로 미국의 한국 지원 내용을 담고 있다. 브라운 각서의 주요 내용은 "추가 파병에 따른 비용은 미국이 부담한다. 한국 육군 17개 사단과 해병대 1개 사단의 장비를 현대화한다. 베트남 주둔 한국군을 위한 물자와 용역은 가급적 한국에서 조달한다. 베트남에서 실시되는 각종 구호와 건설 등 제반 사업에 한국인 업자를 참여시킨다. 미국은 한국에 추가로 AID 차관과 군사원조를 제공하고, 베트남과 동남아시아로 수출증대를 가능하게 할 차관을 추가로 대여한다. 한국이 탄약 생산을 늘리는 데 필요한 자재를 공급한다" 등이었다. 이로 인해 한국에서는 '월남 특수'라고 불리는 고용 증대와 경제 성장이 이루어진다.

145 한영우,『다시 찾는 우리역사』, 593~594페이지, 경세원, 1997

146 1965년 11월 현대건설은 태국 남부 말레이시아와 인접한 파타니-나라티왓 간 98km의 2차선 고속도로 공사에 참여하는 데 성공한다. 예정가 600만 달러 공사에 우리는 522만 달러의 저가 입찰로 공사를 확보한다. 유럽과 일본 업체들은 700만 달러 안팎의 높은 입찰가로 응찰했다. 이를 계기로 현대건설은 그 후 10년 정도 태국에서 6건의 고속도로 공사와 1건의 매립공사를 땄다. 이 공사에서 현대건설은 재정적으로 큰 재미는 못 봤지만, 뒷날 중동에서 공사를 할 수 있는 노하우를 획득할 수 있었다. 해외 건설 60년을 맞는 2024년 현재 우리나라는 해외 건설 분야에서 누적 1조 달러의 수주고를 올렸다. 우리나라는 현재 중동 지역과 우크라이나 전후 복구 사업에 대한 참여를 통해 신도시건설과 같은 고난도 프로젝트를 수행하고 있다

147 한영우,『다시 찾는 우리역사』, 597~598페이지, 경세원, 1997

148 한국에서는 '10년만 버티면 장수'라는 말이 나올 만큼 정당의 명멸이 잦다. 해방 이후 500여 개가 나타났다 사라진 정당들의 평균 수명은 3년 정도였다. 인물과 정책은 변한 것도 없이 선거를 앞두고 헤쳐모여 한 뒤 정당의 간판만 바꿔 거는 이벤트를 벌여온 결과다. 이런 현상은 해방 직후에 극

심했다. 차츰 시간이 지나면서 좋아졌다고 하지만, 심하게 말해 기업들이 특수목적법인(spc)을 설립해 영업하듯이 정치인들이 정당을 설립해 선거를 치렀다는 비판을 받는다.

대체로 여당은 집권용으로, 야당은 선거용으로 창당했다가 사라지는 수순을 밟았다. 역대 집권당을 보면, 자유당, 민주당, 공화당, 민주정의당(민정당), 민주자유당(민자당), 신한국당 등은 대통령 선거와 통치 기반을 확고히 하기 위해 창당됐다가 대통령이 퇴임하면 사라졌다.

야당의 경우, 새천년민주당은 16대 총선, 대통합민주신당은 17대 대선, 민주통합당은 19대 총선과 18대 대선을 겨냥해 만들어졌다가, 다음 선거가 다가오면서 사라졌다. 100년 200년을 가는 외국의 정당을 거론하기가 쑥스러울 정도다.

미국 민주당은 1828년에, 공화당은 1854년에 창당돼, 공화당은 워터게이트 스캔들을 견뎌내고, 민주당은 남북전쟁의 패배를 이겨내고, 그 이름으로 살아남았다. 영국도 보수당은 1912년, 노동당은 1906년 창당해, 그 이름으로 부침을 겪어왔다. 일본의 자유민주당(자민당), 마찬가지로, 같은 이름으로 집권도 하고 야당도 했다.

1967년 제6대 대선(10.15)을 앞두고 야당인 민중당(65.6~67.2)과 신한당(66.5~67.2)이 통합해 신민당으로 단일화했다. 이 신민당의 탄생을 살펴보기 위해서는 4년 전의 1963년 대선과 총선을 살펴봐야 한다. 야당의 부침이 워낙 심했기 때문이다.

1961년의 5·16쿠데타(군사혁명)으로 기존의 정당이 해산되고 63년부터 정치 활동이 재개될 때 군사정부 측에서는 민주공화당(공화당, 63.2)을 창당했지만, 야당은 여러 개가 창당됐다. 민정당은 63년 5월 창당, 윤보선을 대선 후보로, 국민의 당은 63년 9월에 창당해 허정 과도정부 수반을 대선후보로, 자유민주당은 63년 9월 창당해 송요찬 전 육군참모총장을 대선 후보로 추대했다. 또 자유당은 63년 9월, 장택상 전 국무총리를 대선 후보로, 정민회는 63년 8월 창당해 변영태 전 국무총리를 대선 후보로, 추풍회는 63년 9월 창당해 오재영 전 의원을 대선후보로, 신흥당은 장이석을 대선후보로 내세웠다. 선거 과정에서 국민의 당(허정), 자유민주당(송요찬), 자유당(장택상) 등의 3 후보는 야권 후보 단일화를 위해 사퇴했다. 선거는 자연스럽게 박정희, 윤보선의 2강(强) 후보와 야권의 변영태, 오재영, 장이석 등 3 약체 후보 사이에서 치러졌다. 그 결과는 살펴본 대로 박정희의 신승(辛勝)이었다.

이어 국회의원 선거가 치러진다. 총선(175석)에서는 민주공화당(박정희) 110석, 민정당(윤보선) 40석, (재건)민주당(박순천) 14석, 자유민주당(김준연) 9석, 국민의당(김병로) 2석으로, 5개 정당에서 당선자를 냈다. 이듬해 (재건)민주당은 국민의당과 합당하고, 자유민주당은 민정당과 합당한다. 이후 두 야당은 1965년의 한일국교정상화 회담에 대한 효율적인 반대 투쟁을 위해 민중당으로 통합된다(65.6.14). 그러나 민중당은 1년도 안 돼, 강경파인 윤보선이 떨어져 나가, 신한당을 창당하고, 그 후 다시 민중당과 합쳐, 신민당을 만들게 된다. 거의 1~2년 만에 합쳐지고 헤어진다.

149 남시욱, "서(徐)후보 사퇴에 여야 희비" 1967.4.28., 동아일보

150 김대중, 『김대중자서전』, 175페이지, 삼인, 2015

151 미군정이 끝나면서 완성되는 대한민국의 건국 과정에서 주도적인 역할은 호남이 했다. 미군정 시기 최대 정당은 한민당(한국민주당)이었다. 한민당은 호남을 뿌리로 한 정당이다. 그래서 자연스럽게 대한민국의 건국은 호남이 주도할 수밖에 없었다. 미군정 3년 동안 기관장을 맡았던 한국 사람

들은 거의 한민당 사람들이었다. 인촌 김성수는 한민당의 지도자였다. 건국 당시 초대 대통령에 이승만, 초대 국무총리(부통령) 김성수, 이런 조합으로 구성되는 것이 순리였다. 이것을 깨면서 이승만의 독재는 시작됐다고 할 수 있다. (주대환, K-데모크라시 64~65페이지, 청사진, 2022)

152 김종필, 『김종필증언록』, 367페이지, 와이즈베리, 2016

153 1967.5.30. 동아일보는 1면 "6·8선거 전례 없이 혼탁" 기사를 통해, 여·야 없이 음식물 제공 등 선심 공세로 인한 금권 선거, 국무위원들의 행정 독찰과 하위직 공무원의 공화당 후보 측면 지원 행위 등이 성행하고 있으며, 흑색선전, 인신공격, 박수부대 동원, 호별 방문 등이 성행하고 있다고 보도했다. 또 경찰에 의한 관권선거는 좀 수그러진 듯하지만, 일선 행정기관의 개입은 더욱 극성이라고 보도했다.

154 "7대 국회를 전망한다. 과부족과 균형 잃은 양당, 본사 정치부 기자들이 내다본 기상도" 경향신문, 1967.6.12.

155 칠궁(七宮)은 청와대 근처인 서울 종로구 궁정동에 위치한 사당으로, 조선의 왕들을 낳은 친모이지만 왕비[정비]에 오르지 못한 7명의 후궁 신위(神位)를 모신 곳이다. 원래 영조 원년(1725) 영조가 생모이자 숙종의 후궁인 숙빈(淑嬪) 최씨의 신위를 모시고 숙빈묘라고 하다가, 그 뒤 고종 때 흩어져 있던 6개의 묘당을 이곳으로 합쳐 칠궁이라고 부르게 됐다.

156 푸에블로(Pueblo)호는 미 해군의 정보수집함으로 1968년 1월 23일 북한 원산 앞바다에서 북한군에 의해 나포돼 원산항으로 끌려갔다. 북한은 푸에블로호를 동해 원산(元山) 앞바다에 전시했다가, 1998년 평양의 보통강변으로 옮겨 전시하고 있다. 푸에블로호는 83명의 승조원과 함께 나포됐으나, 그해 연말 승조원 82명(1명은 나포 과정에서 사망)은 미국으로 송환됐다. 푸에블로호는 1944년 건조돼 10년 동안 미 육군의 보급선으로 사용된 뒤 1954년 퇴역했다. 그 후 1988년 정보 수집함으로 개조돼 미 해군이 사용했다. 길이 54m, 폭 9.8m로, 만재 시 895톤 규모이다.

157 1968년 1억 달러의 현재 가치는 20억 달러 이상으로 생각할 수 있다. 통계청의 CPI 소비자 물가 지수에 따라 계산해 보면 1970년의 10,000원은 50년 뒤인 2020년 21.391배가 올라, 213,909원으로 환산된다. 이런 물가 상승 기준을 적용하면, 1968년의 1억 달러는 물가상승률을 고려할 때 최소 21억 달러를 웃도는 가치가 있다고 보인다.

158 사이러스 밴스(1917~2002) 특사는 예일대 법대를 졸업한 변호사로, 1961년 케네디 정부에서 국방부 장관 고문, 육군장관, 국방부 차관 등을 지냈다. 1967년 미국 디트로이트 인종 폭동과 그리스와 튀르키예 사이의 키프로스 분쟁 때 탁월한 조정 능력을 보여준 분쟁 조정가로 존슨 대통령의 신임을 받는 인사였다. 밴스는 그 뒤 1976년 지미 카터 정부에서 키신저의 후임으로 국무부 장관에 오른다. 케네디, 존슨, 카터 등 3명의 민주당 출신 대통령과 일하면서 중요한 역할을 했다.

159　고경태, "고경태의 1968년 그날, 쏘지 마, 피곤해." 한겨레21, 2013.12.13

160　"[뉴스속의 뉴스] 박정희 전 대통령 '과음·분노의 68년'", 경향신문, 2001.1.29.

161　"962명의 강력사범 신원 밝혀져 무더기로 지명수배", 중앙일보, 1969.5.9.

162　한상미 기자, "북한 김일성, 1965년 제2의 남침준비 … 중국에 파병요청", 2013.10.24, VOA Korea.
청샤오허(成曉河) 중국 인민대 교수는 지난 2013년 10월 한국 평화문제연구소 창립 30주년 국제 학술회의에서 "김일성 주석이 1965년 평양 주재 중국대사에게 북한이 조만간 전쟁을 일으킬 것이며, 전쟁을 하게 되면 중국에서 군대를 파병해 주길 바란다"고 말했다고 밝혔다. 청 교수는 기밀이 해제된 중국 외교문서(문서번호 No.106-01480-07)「북한 주재 조선인민공화국 대사 하오더칭의 김일성 주석 담화 현장」을 근거로 이런 주장을 내놨다.
이 담화에서 김일성은 "전쟁을 하지 않고서는 분단 문제를 해결할 수 없으며, 남조선 인민들도 계급투쟁이 고조되고 갈등이 증대돼 전쟁을 할 것"이라고 말했다. 청 교수는 1960년대가 사실상 북한이 최후의 수단으로 다시 무력 통일을 내세울 수 있는 가장 좋은 시기였지만 김일성이 이를 실행에 옮기지는 않았다고 주장했다.
그러나 한국 내 북한 전문가(신종대 북한대학원대학 교수)는 이 김일성의 발언은 실제로 남한을 침략하기보다는 중국에 대한 일종의 협상 전략이고 중국과의 동맹을 강화하려는 제스처로 봐야 한다는 견해를 보였다. 그 이유로 비슷한 시기인 1965년 3월 중국의 마오쩌둥(毛沢東)이 게릴라 조직을 만들어 한국에 침투하라고 북한에 권유했을 때 김일성이 이 제안에 반대의견을 내세운 사실을 들었다. 김일성은 한국은 해안선이 너무 길고 산이 헐벗어 은닉할 곳이 마땅치 않은 데다 교통이 발달해 고립되기 쉽다는 점 그리고 미군이 주둔해 있는 상황에서 한국 내 게릴라 활동은 자살 행위가 될 수 있다고 부정적인 반응을 보였다.
김일성은 그 뒤 1975년 중국을 방문해서도 남조선 해방을 위해 군사적 행동을 역설하며 중국의 지원을 요청했지만, 긍정적인 반응을 얻지 못한 사실이 옛 동독 외교문서에서 확인되기도 했다.
한편 청 교수는 한국이 독일식 흡수통일에 나선다면 중국이 이를 지지할 수도 있다는 전망도 제시했다. 청 교수는 중국이 신속, 자주, 자체 흡수로 요약되는 독일식 흡수통일이 나쁜 방법이 아니라는 입장이며, 통일 한국이 미국과 동맹을 맺는 불편한 상황이 오더라도 이같은 입장에는 변화가 없을 것이라고 말했다.

163　북한은 휴전협정 이후 70년 동안 수없이 도발을 감행했다. 이 가운데 1968년의 1·21사태나, 1983년의 아웅산 묘소 폭탄 테러, 1987년의 대한항공(KAL) 858기 폭파 사건 그리고 2010년 천안함 피격 사건 등은 많은 인명 피해가 발생한 주요한 도발로 기록된다. 북한은 우리나라뿐만 아니라 미국, 일본(민간인 납치), 미얀마(아웅산묘소 폭탄테러), 말레이시아(김정남 피살) 등을 대상으로도 도발을 저질렀다. 특히 북한은 한국이 월남전에 참전한 기간(1964~1973)에 한국에 대한 군사도발을 강화해, 한국을 불안하게 만들어, 추가 파병을 막는 방식으로 월맹(북베트남)을 돕는 역할을 했다는 분석도 있다. "자유 월남을 지켜서, 우리의 안보를 굳건하게 한다"는 한국 정부의 구호를 무력화시키는 수법이었다. 그래서 1968년 여름으로 예정됐던 제5차 파병은 무산되기도 했다(장슬기

기자, "헐값의 총알받이 용병, JP가 말하지 않은 베트남전", 2016.2.1., 미디어오늘)

164   신욱희, "데땅트와 박정희의 전략적 대응, 박정희는 공격적 현실주의자인가?" 세계정치 14호 (41~67페이지), 63페이지, 2010.3

165   지금으로서는 상상하기 어렵지만 우리나라의 피폐함과 1인 소득 증가세는 정말 경이롭다. 해방되고 5년 뒤 발발한 6·25전쟁까지 우리나라는 세계의 가난한 나라의 대표 격이었다. 그런 나라에서 전쟁이 발생했으니 그 참상은 표현하기가 어려울 정도였다.
세계은행(WB) 통계에 따르면, 1962년 한국의 1인당 국민총소득(GNI)은 110달러로, 아프리카의 가나(190달러)나 가봉(350달러)보다도 뒤졌고, 필리핀의 절반 수준이었다. 1966년 필리핀을 방문한 박정희 대통령은 당시 페르디난드 마르코스 대통령에게 "한국도 필리핀만큼 잘 살 수 있다면 얼마나 좋겠는가"라고 말할 정도였다.
그러나 4년 뒤 1970년 필리핀을 앞질렀다. 또 말레이시아는 60년대 초 국민소득이 한국의 3배나 되는 아시아에서는 일본 다음 2위의 국가였지만, 1970년대 말, 말레이시아가 한국을 배우겠다며 '동방정책'을 추진했다. (1962년 가봉보다 못살던 한국, 1970년 필리핀, 2005년 대만 앞질러, 2012.9.19., 동아일보)

166   한국과 북한의 격차를 잘 정리한 외국 지도자 중에 최근 미국 버락 오바마 대통령의 경우를 보자. 오바마 대통령은 2013년 7월 한국전 정전 60주년을 맞아 발표한 담화에서 "한국전쟁은 남한의 승리다"라고 말했다. 오바마는 "한국인은 자유와 번영 속에서 살고 있고 북한은 억압과 빈곤에 빠져있다"고 정리했다. 해방 이후 70년대 중반까지 30년 가까이 한국을 앞섰던 북한은 낡은 이념이 된 사회주의와 독재 정권 치하의 폐쇄성 때문에 시간이 흐르면서 가난으로 다가섰고, 시장주의와 개방 정책을 추구한 한국은 군사 독재를 극복하고 민주주의도 고도화하면서 경제 성장에 성공했다. 일제 식민지 시절 일본은 대륙침략을 뒷받침하기 위해 북한 지역에 군수공장, 발전소 등을 집중적으로 건설한 반면, 남한에는 경공업과 농업 위주로 산업을 배치했다(南農北工). 북한은 일제가 남긴 중공업 인프라와 풍부한 지하자원을 바탕으로 50년대와 60년대, 70년대 중반까지 경제면에서 한국을 앞섰다. 1960년 북한의 1인당 국민총소득(GNI)은 137달러로 남한(94달러)의 1.5배에 달했다. 전력 사정도 1965년 북한이 남한의 4배에 이를 정도로 좋았다. 북한은 한국의 전쟁고아와 실업자들을 위해 지원금을 보내겠다고 제의할 정도였다.
일반적으로 1974년부터 한국이 북한을 앞질렀다고 하나, 일부에서는 사회주의 통계의 과장 등을 감안하면, 1968년경부터 남한의 소득이 북한을 앞질렀다고 보는 전문가도 있다. (한국이 북한을 앞섰던 이유, 2017.3.23. 중앙일보, 김병연 교수)

167   우리나라의 경제성장은 세계적으로 아주 드문 경우에 속한다. 지난 50여 년간(1953~2008) 세계 각국의 1인당 GDP 증가율을 비교해 보면, 상위 10개국 가운데 한국은 3위를 차지하고 있다. 1위는 석유가 발견된 적도기니(Equatorial Guinea), 2위는 타이완, 3위가 한국이다.
또 경제학자 쿠즈네츠(S. Kuznets)는 인구가 지속적으로 증가하면서 1인당 소득이 적어도 30~40년 이상 지속적으로 증가할 때 '근대적 경제성장'(modern economic growth)이 존재한다고 했는데, 우리나라는 1918~1960년경까지는 추세적으로 상승했다고 말하기 어렵지만, 1960년대 이후에는 '근대적 경제성장'이 나타났다.
또 경제발전 이론 가운데 하나로서 한 국가의 경제가 발전하면서 구조적으로 변화(structural change)를 보이는 시점을 루이스 전환점(Lewisian turning point)이라고 해서, 농업부문의 과잉노동이 사라지고 도시부문의 실질임금이 가파르게 상승하는 시점을 구조적 전환점으로 보는데, 한국 경제에서는 1960년대 중엽 무렵 실질임금의 변화가 뚜렷해, 루이스 전환점이 이 무렵에 발생한 것으로 판단된다. (『1945년의 해방과 대한민국의 경제발전』, 한국독립운동사연구 제43집, 허수열)

168   "전진하는 집념", 경향신문 1969.6.30. 이 기사가 보도될 당시 청와대(靑瓦台)는 1993년 11월 철거된 옛 청와대 본관을 사용할 때의 모습을 그리고 있다. 이 '청와대 구 본관'은 1939년부터 일본 총독 관저로, 해방 후에는 미군정장관 관저로 사용됐다. 1948년 정부가 수립된 뒤 이승만 초대 대통령이 입주해 관저 겸 집무실로 사용하면서 경무대(景武台)로 불리다가, 제4대 윤보선 대통령(재임: 1960.8~1962.3) 때 청와대(靑瓦台)로 명칭이 변경됐다. 박정희 대통령은 1963년 12월 제5대 대통령으로 취임하면서 '구 청와대 본관'으로 가족과 함께 이사 왔다. 구 청와대 본관은 1층은 집무실과 대.소회의실 등이, 2층의 반은 대통령 가족의 생활공간으로 사용되면서, 증축되기도 했다. 이 기사는 1차 증축이 끝난 1969년의 대통령의 일과를 살펴본 기사다.

169   이승복(1959~1968)은 1968년 10월과 11월 3차례에 걸쳐 울진·삼척 지역에 침투한 북한 무장 게릴라들에게 "나는 공산당이 싫어요"라고 말했다가 가족과 함께 살해됐다고 보도된다. 그는 강원도 평창군 진부면에서 태어나 속사초등학교 개방분교 2학년에 재학 중이었다. 이후 이 사건이 초등학교 도덕 교과서에 실리고, 초등학교마다 이승복의 동상이 세워지는 등 반공정신의 상징처럼 여겨졌다. 일부에서는 이 보도의 현장 취재 여부에 대해 의문을 제기하기도 했다.

170   김옥두, 『다시, 김대중을 위하여』, 72페이지, 살림터, 1995

171   1967년 재선에 성공한 박 대통령은 3선개헌을 통해 1971년 제7대 대선에 출마할 생각을 굳혀가고 있었다. 그런데 1968년 5월 공화당 내 김종필을 따르는 인사들을 중심으로 김종필을 후계자로 내세우는 국민복지회 사건이 터진다. 이에 책임을 지고 김종필은 당 의장과 국회의원직을 내놓고 정계에서 은퇴한다. 이것은 김종필의 1차 정계 은퇴 선언이었다. 김종필은 그 뒤에도 1980년 신군부가 집권하면서 또 정계 은퇴를 하고, 2004년 17대 총선에서 출마해 10선을 달성하려 했으나, 패배하면서 세 번째 정계 은퇴를 한다. 이후 그는 "정치는 허업(虛業)"이라는 말을 남겼다.
김종필이 2016년에 펴낸 증언록에서 사용한 '6인방'이라는 말은 중국 문화혁명기에 나온 사인방(四人幇)에 빗대어, 당시 여권 내에서 자신에게 반대하고, 자신을 정계에서 몰아낸 6명의 권력자를 의미한다. 그는 이 책에서 당시 박 대통령의 용인술을 '디바이드 앤드 룰'(Divide and Rule), 이른바 분할해서 통치하는 방식을 선호했다고 말했다. 권력의 요직에 앉은 사람들을 갈라놓고 서로 경쟁하고 감시하게 만들어 오직 자신에게만 충성을 바치게 하는 용인술이라고 설명했다. 1965년 12월 공화당 총재이자 대통령인 박정희가 김종필을 당 의장으로 임명했으나, 당내에는 김성곤이 이끄는 4인체제(백남억 당의장, 김성곤 재정위원장, 김진만 원내총무, 길재호 사무총장)가, 당 밖에서는 김형욱 중앙정보부장과 이후락 청와대 비서실장이 자리 잡고 이들이 협조와 경쟁을 반복하면서 '반JP 공동전선'을 폈다고 회고했다. 친위부대이기도 한 이들 6인방은 '김종필만 제거하면 권력의 2인자 자리를 자기들이 차지할 수 있다'고 생각한 듯하다고 기술했다.

그러나 제7대 대선이 끝난 뒤인 1971년 6월 개각에서 박정희는 김종필을 국무총리, 오치성을 내무부 장관으로 임명했다. 오치성은 김종필과 같은 육사 8기로 가까운 사이였다. 박정희는 1969년의 3선개헌 등에 앞장서면서 위세가 커진 공화당 내의 4인방을 견제하는 인사를 했다. 몇 달 뒤인 10월 2일 야당이 오치성 내무장관의 해임건의안을 제출하자, 대통령의 지시에도 불구하고 이들 4인방은 휘하 의원들에게 찬성표를 던지게 해, 해임건의안이 통과된다(10·2 항명파동). 항명파동의 주역 4명은 당시 중앙정보부에 끌려가 거칠게 조사받고, 정계에서 은퇴하게 된다. 이로써 공화당 내에서는 대통령의 의사를 거스를 수 있는 사람은 모두 사라졌다. 이후 박 대통령은 1972년 유신을 선포하고, 권력의 끝을 향해 질주한다.

172   김종필,『김종필 증언록』, 367페이지, 와이즈베리, 2016

173   김종필,『김종필 증언록』, 368페이지, 와이즈베리, 2016

174   김종필,『김종필 증언록』, 373~374페이지, 와이즈베리, 2016

175   대한민국 헌법은 1948년 7월 17일 제정됐다. 그 이전 대한민국 임시정부는 1919년 4월 11일 임시헌장을 제정했고 이어 9월 11일 임시헌법을 제정했다. 임시헌장과 임시헌법은 국호를 대한민국으로 하고, 영토는 북한을 포함한 한반도 전체, 정치체제는 민주공화국과 대통령제를 채택하고 있었다. 1945년 해방이 되고, 1948년 5.10 총선거를 통해 정부가 수립되자, 대통령제와 국회 단원제를 골자로 하는 헌법이 제정된다.

그동안 있었던 9차례의 개헌을 정치체제 중심으로 살펴보면, 1차 개헌은 1952년(발췌 개헌), '대통령 4년 중임제와 국회에서의 간선투표, 단원제 국회(260석)'였던 것을 '대통령 4년 중임제, 직선투표제, 국회 양원제'로 바꿨다.

2차 개헌은 1954년(사사오입 개헌)은 대통령 4년 중임제 조항은 여전했으나, 부칙에 '이 헌법 공포 당시의 대통령에 대해서는 연임 제한을 적용하지 아니한다'로 규정해 장기 집권의 길을 열어 놓았다. 그래서 당시 대통령 이승만은 1956년과 1960년 대선에서도 당선된다.

3차 개헌은 4·19혁명 이후 1960년에 이뤄졌다. 의원내각제 실시, 국회 양원제, 대통령 5년 중임제, 지방자치제 실시, 헌법재판소 설치, 대법원장과 대법관 선거제 실시, 공무원의 정치적 중립 의무화, 국민기본권 강화 등 4·19혁명의 열기가 담긴 개헌안이었다.

4차 개헌은 같은 1960년에 이뤄졌는데, 3·15 부정선거 관련자와 이승만 정권 당시의 부정 축재자를 처벌하는 내용이 헌법에 담긴다. 그러나 이 개헌은 포퓰리즘 개헌이라는 비난을 듣는다.

5·16 군사쿠데타가 발생한 뒤 실시된 5차 개헌은 1962년에 실시돼 제3공화국의 헌법이 된다. 의원내각제와 국회 양원제인 정치체제를 '대통령 4년 중임제와 직선제, 국회 단원제'로 되돌렸다. 이 개헌안은 국가재건최고회의가 만들었지, 처음으로 국민투표에 의해 확정되는 절차를 거쳤다.

1969년의 6차 개헌은 대통령의 3선을 허용하는 것이 주요 내용이었다. 대통령의 임기를 규정한 헌법 제69조 제3항은 "대통령의 계속 재임은 3기에 한한다"면서 중임 제한을 풀어버렸다. 이후 7차 개헌은 1972년 유신헌법 제정을 위한 개헌, 8차 개헌은 1980년에 출범한 제5공화국의 헌법으로 대통령의 7년 단임제와 간접선거를 통한 선출이 주 내용이었다. 마지막으로 1987년에 이뤄진

9차 개헌은 대통령 직선제 개헌이 주 내용으로 임기는 5년으로 되돌아왔다. 1987년의 개헌을 마지막으로 더 이상의 개헌은 이뤄지지 않고 있다. 제정 30년이 넘어간 87년 헌법을 개정해야 한다는 의견이 꾸준하게 제기되고 있지만, 여야 또 정부의 의견이 다르고 국민이 첨예하게 갈려 갈등을 빚고 있어 개헌을 추진하기가 쉽지 않은 상황이다.

176 이희호, 『이희호자서전 동행』, 185~186페이지, 웅진지식하우스, 2008

177 김대중, 『김대중자서전』, 356페이지, 삼인, 2015

178 박경호 기자, "DJ-박정희 '얽힌 인연' … 만남은 단 한 번" 2009.8.21. KBS 9시 뉴스. 이날 뉴스는 김대중 대통령이 별세한 날 특집으로 나간 뉴스이다. 김대중의 인터뷰는 사전에 그가 구술한 내용으로 박 대통령과의 관계를 따로 떼어서 편집해 보도한 것이다.

179 류상영, 『박정희와 김대중의 대화』, 50페이지, 논형, 2022

180 류상영, 『박정희와 김대중의 대화』, 51페이지, 논형, 2022

181 예춘호, 양순직, 박종태 등은 본래 공화당 국회의원이었으나, 3선개헌 과정에서 있었던 4·8항명 파동(1969)으로 공화당에서 제명된다. 4·8항명파동은 야당이 제출한 권오병 문교장관의 해임권고건의안이 당 총재인 대통령의 부결 처리 지시에도 불구하고 국회에서 통과되면서 발생했다.
69년 연초부터 공화당 내에서는 3선개헌을 둘러싸고 크게 두 개의 흐름이 대립 구도를 형성하고 있었다. 3선개헌을 찬성하는 쪽은 박정희의 계속 집권을 지지하는 편이었고, 개헌에 반대하는 쪽은 후계자로 김종필이 있는데, 무리하게 개헌해서 장기 집권을 하게 되면 해악이 더 많다고 생각하고 있었다. 이러한 대립은 야당이 제출한 권오병 문교장관 해임안 표결에서 표면화돼, 당총재인 대통령의 부결 지시에도 불구하고 해임안이 통과되자, 불거진다. 당 총재인 대통령은 부결 지시를 따르지 않은 소속 의원에 대한 엄중한 처리를 지시했고, 이에 따라 양순직, 예춘호, 박종태, 정태성, 김달수 등 5명의 의원이 제명된다.
예춘호(芮春浩, 1927~2020)는 부산 출생으로 동아대학교 강사 시절 민주공화당 창당 발기인으로 정계에 입문했다. 63년 6대, 67년 7대, 78년 10대 국회의원을 지냈다. 1969년 3선개헌 파동 당시 당 사무총장을 맡고 있었으나, 3선개헌에 반대했다. 그 뒤 10대 국회에서 무소속으로 당선됐으나, 이후 야당 신민당에 입당해 야당 정치인으로 변신했다. 80년 '김대중내란음모사건' 관련해 수감되기도 했고, 이후 재야를 대표해 민추협 부의장을 맡아 활동했다.
양순직(楊淳稙, 1925~2008)은 충남 논산 출생으로 서울대를 졸업하고 해군 장교로 복무했다. 5·16 직후 중령으로 예편하고 서울신문사 사장을 지냈다. 이후 민주공화당 소속으로 충남 논산에서 6대와 7대 국회의원에 당선됐다. 69년 3선개헌에 반대해 당에서 제명됐다가 이후 복당해 8대 국회의원 선거에 나섰으나, 신민당의 김한수 후보에게 밀려 낙선했다. 이후 재야에서 민주화운동을 했다. 1979년 YWCA 위장결혼식 사건으로 신군부의 국군보안사령부에서 고문을 당하기도 하고 1986년에는 국군정보사령부 장교들로부터 테러를 당하기도 했다.
박종태(朴鍾泰, 1920~2007)는 광주에서 태어나 도쿄제국대학 법학부를 졸업했다. 공화당 소속으로 전남 광산군에서 6대, 7대 의원을 지내고 월남파병 결의안 표결(1966.3) 때 소신으로 반대표를 던졌다. 69년 4·8항명 파동 때 개헌에 반대했던 다른 의원들과 함께 공화당에서 제명당한 뒤 야권 정치인으로 노선을 달리해 활동했다. 79년 YWCA위장결혼식 사건 때 사회를 보다가 국군보안사령부에 끌려가 고초를 겪었다. 이후 동교동계 소속으로 민추협 부의장을 지내고 13대 국회에 평화민주당으로 국회에 진출했다.

182 김대중, 『김대중자서전』, 356페이지, 삼인, 2015

183 김대중, 『김대중자서전』, 357페이지, 삼인, 2015

184 송창섭, "김대중 전 대통령이 박근혜 전 대통령을 '당돌하다'고 말한 이유", 시사저널(1751호), 2019.4.16. 시사저널 창간 30주년 인터뷰 이종찬 전 국회의원 편에서.

185 김대중, 『김대중자서전』, 360페이지, 삼인, 2015

186 박근혜, 『어둠을 지나 미래로』(박근혜 회고록1), 37페이지, 중앙books, 2024

187 박찬수, "'산 김대중'은 '죽은 박정희'를 어떻게 용서하고 화해했을까"(박찬수의 DJ 국정노트-박정희 기념관 건립), 한겨레신문, 2024.3.27.

188 김대중, 『김대중자서전』, 143페이지~144페이지, 삼인, 2015

189 김대중, 『김대중자서전』, 144페이지, 삼인, 2015

190 김대중, 『김대중 자서전』, 152페이지, 삼인, 2015

191 2002년 「민족정기를 세우는 국회의원 모임」에서 발표한 친일파 708인 명단 가운데에는 1941년부터 1945년 사이 중추원 주임참의를 지낸 차남진(車南鎭, 1893~1970)이 포함돼 있다. 차남진은 일제 강점기 관료 겸 기업인으로 본적은 전남 무안군 삼향면이다. 1917년경 메이지대 법학과를 졸업했다. 당시 전남 목포 지역의 대지주이자 유력자 가운데 한 사람이었다고 기록돼 있다. 일제 때 고친 이름은 도쿠야마 단친(德山南鎭)이다. 차남진은 전남 지역의 여러 기업이나 은행, 언론사 등의 이사 등을 역임하고 전남 무안 지역의 간석지 개간 허가를 받기도 했다(1926).
중추원(中樞院)은 조선 말 갑오개혁기인 1894년 설립돼 일제 강점기를 거쳐 해방될 때까지 존재했다. 한일합병 전에는 초기 형태의 의회 역할을 했고, 일제 강점기에는 조선총독의 자문 역할을 했다. 일제 병합 초기 중추원은 강제 병합에 공이 있는 자와 병합으로 인해 관직을 잃게 된 대한제국의 고위 관료를 중심으로 구성됐다. 이후 1919년 3·1운동 이후 일제의 통치가 문화통치로 바뀌면서 중추원 참의의 역할도 바뀐다. 강점 기간 중 여러 차례의 개편이 있었으나 본질은 크게 변하지 않았다.

192　김진배, 『김대중수난사, 인동초의 새벽』, 68페이지, 도서출판 동아, 1987

193　김대중, 『김대중자서전』, 155, 157페이지, 삼인, 2015. 김대중은 이태영 여사의 주선으로 한일회담 반대에 동참하고 있는 이화여대 학생들과의 모임에서 이런 주장을 펴서 학생들의 동의를 얻었다고 기록했다.

194　김진배, 『김대중 수난사 인동초의 새벽』, 237페이지, 도서출판 동아, 1987

195　김대중, 『김대중자서전』, 172페이지, 삼인, 2015

196　김명국, "미우나 고우나, 그래도 떠나는 대통령엔 박수쳤는데…" 시사저널(1744호), 2017.3.12.

197　이기택, 『한국야당사』, 231페이지, 백산서당, 1987

198　김진배, 『김대중수난사 인동초의 새벽』, 66페이지, 도서출판 동아, 1987

199　김대중, 『김대중자서전』, 178~179페이지, 삼인, 2015

200　화폐가치는 물가 변동에 따라 변화한다. 50여 년 전의 2억 원이 지금은 얼마나 할까를 계산하는 방법 가운데 하나는 소비자물가지수를 활용하는 간접적인 방법이 있다. 이 외에도 쌀이나 금값 등을 기준으로 계산해 볼 수도 있다. 우리 통계청이 공식으로 제공하는 방식을 이용해 보면, 1967년 당시 2억 원은 2023년 현재 66억 8,800만 원 정도의 가치를 지닌다.

201　김옥두, 『다시, 김대중을 위하여』 55~57페이지, 살림터, 1995

202　김대중, 『김대중자서전』, 179페이지, 삼인, 2015

203　정구영, 이영석 편, 『정구영회고록, 실패한 도전』, 174~175페이지, 중앙일보사, 1987

204　신민당은 민중당과 신한당을 중심으로 분열된 민주세력들이 모여서 1967년 2월에 창당했다. 신민당은 유진오, 유진산, 김영삼, 김대중 등이 활약한 정당으로 67년의 6대 대선에 윤보선을, 71년의 7대 대선에서는 김대중을 후보로 내고, 박정희 후보와 겨뤘으나, 패배했다. 국회의원 선거에서는 1967년, 1971년, 1973년, 1978년 등 4차례 참여했다. 1980년 해산됐다.

205　김옥두, 『다시, 김대중을 위하여』, 77페이지, 살림터, 1995

206　김대중, 『김대중자서전』, 192페이지, 삼인, 2015

207　이영훈, 『대한민국 역사, 나라만들기 발자취 1945~1987』, 379페이지, 기파랑, 2013

208　김대중, 『김대중자서전』, 195페이지, 삼인, 2015

209　국회 회의장에서 국무총리와 국무위원들에게 국회의원이 오물(인분)을 투척한 사건은 신민당 김두한(金斗漢, 1918~1972) 의원의 경우를 말하는데, 이 사건은 1966년 9월 22일에 발생했다. 3년이나 시차가 있는 이 사건을 여기에서 인용한 것은 NYT 측의 착오에 의한 것으로 보인다. 김두한 의원은 독립운동가인 백야 김좌진 장군의 아들로 협객, 정치인이었다.
　　　김두한 의원이 오물을 투척한 사건은 삼성그룹의 계열사인 한국비료공업의 사카린 밀수에 관한 대정부 질문이 진행 중이던 1966년 9월 22일 국회 본회의장에서 발생했다. 한국비료공업은 사카린 원료 58톤을 66년 5월 건설자재로 속이고 밀수했다. 이 사실이 발각돼 한국비료공업은 6월 초 벌금을 냈으나, 뒤늦게 언론에 보도되면서 국회에서까지 문제가 됐다. 당시 대통령은 밀수를 5대 사회악으로 규정해 강력하게 단속하고 있었다. 또 당시 삼성그룹은 중앙일보사를 창간해 '재벌 그룹이 언론사를 소유해 방패막이로 삼는다'는 이유로 사회적으로 주목을 받고 있었다. 이 사건으로 김두한 의원은 국회에서 제명되고, 구속됐다. 또 삼성은 건설 중이던 한국비료공업을 국가에 헌납하고(주식 51%) 회장직을 장남 이맹희에게 넘기고 이병철은 은퇴하고 차남 이창희 씨가 구속됐다

210　장신기, 『김대중과 현대사』, 107페이지, 시대의 창, 2021

211　1963년 민정이양 후 처음으로 실시된 총선은 여당 민주공화당과 분열된 야당인 민정당, 민주당, 자유민주당, 국민의 당 등이 사분오열 난전을 벌였다. 이후 야권 통합 움직임이 일어나 민정당(윤보선)이 자유민주당(김준연)을 흡수하고, 민주당(박순천)은 국민의당(김병로)을 흡수했다.
　　　이런 과정을 거친 민정당(윤보선)과 민주당(박순천)이 통합해 1965년 5월 3일 민중당이 창당됐다. 민중당 창당 이후에도 두 계파는 갈등을 계속했으며, 한일협정 비준과 월남파병 등을 계기로 이견이 폭발해, 강경한 윤보선계는 따로 나가 신한당을 창당했고, 남은 온건파는 문호를 개방해 민중당을 계속 꾸려나가다 1967년 제6대 대통령 선거를 계기로, 민중당 대통령 후보 유진오와 신한당 대통령 후보 윤보선과의 후보단일화에 합의하고 통합을 서둘러, 신민당이 탄생하고, 윤보선이 야권 후보가 된다. 윤 후보는 6대 대선에서도 박정희 후보에게 패배한다.

212　김영삼, 『김영삼회고록』, 민주주의를 위한 나의 투쟁 (1권), 333~334페이지, 백산서당, 2000

213　이용희(1931~2022)는 충북 영동 태생의 야당 정치인이다. 1960년 4·19명이 일어난 뒤, 우리나라는 잠시 지방자치를 실시했는데, 이용희는 이때 충북 도의원을 하고 있었다. 5·16쿠데타 이후 도의회가 해산됐다. 이후로 이용희는 반 박정희의 길을 걸었다. 17대 국회에서는 국회부의장을 지내기도 했다. 정치 활동의 많은 기간을 김대중과 함께했다.

214　김대중, 『김대중자서전』, 198페이지, 삼인, 2015

215　이진곤, 『한국 정치리더십의 특성』, 20~21페이지, 한울아카데미, 2003

216　1970년 9월 29일 신민당 대통령 후보 선출을 위한 임시 전당대회 당시 출석 대의원 885명 가운데 443명 이상의 지지를 얻는 사람이 후보가 되는데, 1차 투표 결과는 김영삼 421표, 김대중 382표, 무효(백지 포함) 82표였다. 이철승 후보가 투표 전 후보 사퇴를 선언해, 그를 지지하는 대의원들이 무효표를 던진 것으로 분석됐다.
　　　김영삼이 3분의 2 이상의 지지를 받을 것이라는 예상이 빗나갔다. 당 총재인 유진산(柳珍山, 1905~1974)으로부터 공개적인 지원을 받으면서 언론으로부터도 '이제 후보는 김영삼이다'라는 대세론으로 눈에 보이지 않는 더 든든한 지원을 받고 있었기 때문이다.
　　　오후에 재투표가 실시됐다. 참석 대의원도 1명이 줄었다. 884명 가운데, 김대중 458표, 김영삼 410표, 무효 16표. 과반을 넘는 표로 김대중이 제1야당 신민당의 제7대 대통령 선거 후보로 선출됐다. 오전에 기사가 마감돼, 저녁 무렵에 배달되는 서울의 일부 석간신문은 "신민당 대선후보 김영삼"이라고 제목으로 뽑는 경우가 생길 정도로 정치권에서는 김영삼의 우세가 예상됐었다

217　김옥두, 『다시, 김대중을 위하여』 97페이지, 살림터, 1995.

218　미 국무부 내에는 정보조사국(BIR, Bureau of Intelligence and Research)이 있어, 세계 각국에 주재한 미국 대사관 등에서 들어오는 각국의 정세나 유력 인사에 대한 자료를 수집하고 분석한다. 이 정보 가운데는 '잠재적 지도자 신상명세 보고 프로그램'(PLBRP, Potential Leader Biographic Reporting Program)도 있는데, 김대중에 대한 자료파일은 1960년부터 작성돼 있다.
　　　김대중이 9월 말 신민당의 대통령 후보로 선출되자, 윌리엄 포터(William James Porter, 1914~1988) 당시 주한 미국대사는 석 달 뒤인 12월 27일, 국무부 본부에 김대중의 경력 보고서를 보내는데, 거기에는 「선거에서의 잠재적 취약점」이라는 제목으로 정리한 내용이 있다. 미국 대사관 측은 김대중의 잠재적 취약점으로 ①초기 좌익 연루 ②병역 미필 문제 ③수입원과 정치 자금 등 3부분으로 나누어 보고했다.
　　　그 내용을 간추려 보면, 좌익 연루에 관해서는 해방 직후 좌파 정치에 연루됐다가 곧 반공주의로 돌아섰으며, 박정희 대통령도 좌익 활동에 연루된 적이 있어, 선거에서 크게 불리하지는 않을 것으로 분석했다. 병역미필 문제는 당시 부유층이나 유지급 가족의 자제가 병역면제를 받는 것은 흔한 일이었으며, 국민은 김대중이 군 복무를 하지 않은 것으로 간주할 것 같다고 정리했다. 또 수입원과 정치 자금에 관해서는 김대중이 박정희 정권으로부터 재정적 지원을 받은 것으로 대부분의 국민이 받아들이고 있기는 하지만, 문제의 핵심은 박 정권이 왜 재정적 지원을 했고 그 액수가 얼마인가 하는 점이라고 말했다.
　　　김대중은 1950년대에 국회 진입에 몇 차례 실패한 뒤 빚더미에 올라앉았고 첫째 아내가 자살한 원인도 바로 빚 때문이라고 하는 설이 있다. 그렇지만 최근 들어서는 재정적으로 안정된 것으로 보이고 풍족한 자금을 가지고 있다는 징후가 보인다고 보고했다. 박 정부의 한 고위 공직자는 최근 사석에서 김대중이 경제적으로 어려운 회사들을 갈취해 부를 축적한 사실을 선거에서 부각시킬 수 있는 증거를 확보하고 있다고 주장한 것으로 보고했다. (이윤섭, 『대한민국-왜 간민에게 점령당했는가?』 151~153페이지, 예손, 2020) 포터 대사는 브라운 대사(재임 1964~1967)의 후임으로 1967년 7월에 부임해 제7대 대선이 끝난 1971년 9월까지 제9대 대사로 근무했다. 후임은 필립 하비브 대

사(1971~1974)이다.

219　김대중, 『김대중자서전』, 205~206페이지, 삼인, 2015

220　대통령의 임기를 규정하는 제3공화국의 헌법 조항은 제69조 3항인데, "대통령은 1차에 한하여 중임할 수 있다"를 1969년 개헌에서 "대통령의 계속 재임은 3기에 한(限)한다"로 고쳤다. 김대중은 이 조항을 다시 옛날 조항으로 돌린다는 공약을 제시했다

221　김대중, 『김대중자서전』, 213페이지, 삼인, 2015

222　최영재 기자, "프랑스 68혁명 30돌 맞아 재평가 활발", 시사저널, 1998.5.28

223　1848년 유럽 각국을 뒤흔든 일련의 자유주의 혁명을 말한다. 1814~1815년에 열린 빈 회의 결과인 빈체제(Vienna System)는 프랑스혁명과 나폴레옹 전쟁 등이 자유주의와 민족주의의 확산에서 비롯됐다고 보고, 이러한 혁명이 일어나기 전의 구체제로 돌아가야 한다고 결정했다. 그러나 이런 복고적인 세력균형 체제인 빈체제는 30여 년이 지나가면서 나라마다 도전에 직면한다. 1847년 유럽 전역이 흉작에 시달리면서 농민을 중심으로 한 민중봉기가 1848년부터 발생한다. 1848년 1월 시칠리아에서, 2월에는 프랑스에서, 3월에는 프로이센에서 혁명이 일어나 재상 메테르니히가 영국으로 망명하고, 다민족국가 오스트리아에서는 헝가리, 이탈리아, 폴란드인들이 잇따라 봉기해 독립을 요구했다. 영국과 러시아를 제외한 거의 전 유럽에서 혁명과 봉기가 발생했다. 1848년 혁명의 결과, 자유와 평등의 근대 시민 사상이 정착되고, 영국 산업혁명의 성공으로 인한 자본주의 경제가 발전하게 됐으며, 노동자 계급의 형성으로 인해 사회주의가 확산되는 등 새로운 세상으로 변화가 시작된다

224　이매뉴엘 월러스틴, 송철순·천지현 옮김, 『반체제운동』, 116페이지, 창작과비평, 1994.

225　정인숙 피살 사건은 1970년 3월 17일 밤 11시경 발생한다. 서울 마포구 합정동 절두산 근처 강변도로에서 고급 요정 호스티스 정인숙(가명, 25살) 양이 권총에 맞아 숨진 채 발견된다. 정 여인의 차를 운전했던 오빠 정종욱은 다리에 관통상을 입었다. 범인은 오빠였다. 정종욱은 "동생의 차를 운전하면서 문란한 사생활을 지켜보고, 충고했으나, 도리어 폭언을 하면서 덤벼들어, 가문의 명예를 위해 살해했다"고 말했다. 수사 결과 정 여인의 소지품에서는 여권과 고위층의 명함 등이 나왔으며, 3살 난 아들도 있는 것으로 밝혀졌다. 오빠의 자백만으로 수사가 마무리되자, 정 여인과 관련 있는 고위층이 이 사건의 진상을 덮었다는 의혹이 계속 제기됐다.

226　김종필, 『김종필증언록』, 476페이지, 와이즈베리, 2016

227　호스티스 정인숙 양과 스캔들을 만든 권력층은 국무총리 정일권으로 특정된다. 그는 당시 53세였다. 정인숙이 피살되고 이런저런 이야기가 돌고 급기야는 국회에서도 대정부 질문에까지 그 이름

이 거론된다. 그 무렵 정일권은 "난 괜히 억울하게 오해받고 있다. 다른 분이 관계있는지 모른다"며 넌지시 박 대통령을 암시하곤 했다. 그런데 김종필이 그 무렵 청와대로 박 대통령을 찾아갔더니, "방금 정일권이 다녀갔다"면서, 정 총리가 죽은 여자와의 자초지종을 실토하고 "각하, 살려주십시오"라고 호소하더라는 것이다. 이에 박 대통령은 일국의 총리가 여자 스캔들 때문에 수사를 받으면 나라가 얼마나 상처를 받겠나. 국격이 걸린 문제야. 그래서 서울지검 공안부장한테 보안사건으로 취급하라고 지시했어"라고 말해줬다.

그러면서 대통령은 김종필에게 "임자가 정인숙을 정 총리에게 소개했다며? 정일권이가 그러던데"라고 말했다. 김종필은 그 길로 청와대를 나와 정 총리를 찾아가 따졌더니, "몇 해 전 일본 의원들이 많이 왔을 때, 김종필 당 의장이 선운각에서 파티를 열어주었는데, 그때 내 파트너가 정인숙이었다" "대통령이 물어서 정신이 없어서 한 소리"라며 "미안하다"고 사과했다고 김종필은 기록했다(김종필 증언록, 475~476페이지).

228 한국민은 1905년 을사늑약에 찬성한 5명의 대신(장관)을 을사오적(乙巳五賊)이라고 부르며, 매국노의 대명사로 생각한다. 을사늑약은 러-일 전쟁에서 승리한 일본이 대한제국을 협박해, 외교권을 뺏고, 서울[한성]에 일본의 통감부를 설치하도록 하는 불평등조약으로, 이 조약으로 대한제국은 일본의 보호국이 되고 반(半)식민지로 전락한다. 이 조약에 찬성한 5명의 매국노는 외부대신 박제순, 내부대신 이지용, 군부대신 이근택, 학부대신 이완용, 농상공부대신 권중현이다. 이 조약에 반대한 참정대신 한규설은 조약 체결 이후 해임된다.

229 오적은 시인 김지하가 1970년 잡지 『사상계』에 발표한 풍자시를 말한다. 오적(五賊)은 다섯 종류의 도둑을 말하는 것으로 재벌, 국회의원, 고급 공무원, 장성, 장·차관을 의미했다. 을사오적에 빗대어, 1970년대 한국을 좀먹는 다섯 가지 도둑들이 부정부패를 통해 나라를 망치고 있고, 서민들이 아주 힘든 삶을 살고 있다고 고발한 판소리처럼 구성한 담시이다. 이 시를 게재했다는 이유로 잡지 『사상계』는 폐간됐고, 작가와 편집인, 발행인 등이 구속된다.

230 시인 김지하(1941~2022)는 세월호 침몰 사건이 났을 때 가진 인터뷰에서 "학생들을 두고 먼저 탈출한 선장과 선원에 대해 한없이 분노했다"며 이런 일이 발생한 원인은 "몇몇 사람의 문제가 아니다. 아직도 이 땅에「오적」이 그대로 남아있다는 생각이 들었다. 오적이라는 시를 쓴 게 40년이 더 됐는데, 지금도 그 오적을 중심으로 부패가 나오고 사회가 굴러가고 있다"고 했다. 그는 또 "정치인들이 나라를 생각하지 않는다. 다들 자기 생각만 한다. 역사적 맥락에서 크게 생각하고 크게 행동해야 한다. 여당이든 야당이든 국회에서 모든 걸 논의해야 한다"고 말했다. (조선일보, "김지하, 아직도 이 땅에 오적이 있다" 2014.5.15.)

231 "즐거운 작업을 … 꺾인 집념", 1970.11.14. 한국일보.

232 조영래, 『전태일평전』, 210페이지, 돌베개, 1990

233 조영래, 『전태일평전』, 283, 290페이지, 돌베개, 1990

234 전태일이 분신한 지 일주일 뒤인 1970년 11월 20일 서울 시내 각 대학 학생회장 각 청년 학생 종교단체 대표들이 공동결의문을 발표한다. 서울법대 학생회가 기초한 공동결의문은 전태일을 죽음으로 내몬 책임을 져야 할 5대 살인자로 기업주, 정부, 한국노동조합총연맹, 지식인, 사회인을 들어 고발했다. 이 공동결의문은 "오늘 서울 시내 각 대학 학생 대표 각 청년학생 종교단체 대표는 모든 근로자의 스승이며 모든 청년의 스승이며 또한 모든 종교인의 스승인 고(故) 전태일 선생의 죽음 앞에서 다음과 같이 결의한다…."면서 3개 항을 제시했다.

235 박명림, "박정희 시대 재야의 저항에 관한 연구 1961~1979", 한국정치외교사논총 제30집 1호, 40페이지,

236 꾀수는 '꾀 많은 사람'을 뜻하는 우리 말 '꾀보'의 사투리다. 김지하의 시 오적에서 쓰인 꾀수는 꾀보 보다는 서민, 민초(民草)로 질긴 생명력을 지닌 백성을 뜻하는 말이다.

237 김대중, 『김대중자서전』, 210페이지, 삼인, 2015

238 [류근일 칼럼] 현미 비보(悲報)가 소환한 1960년대…"박정희 대통령은 성공했다", 2023.4.5., 뉴데일리

239 김종필은 지난 2016년 한 언론과의 인터뷰에서 이렇게 말했다. "(한-일 간의 청구권 자금) 8억 달러, 지금 돈으로 치면 아무것도 아니지. 그런데 작년에 한 일간지에 나의 증언록이 연재되었는데, 기자들이 국내 물가 상승률, 정부 예산, 국내총생산 증가율 등을 기준으로 환산해서 내놓은 1965년 당시 8억 달러의 현재 가치가 적게는 7조 7,900억 원, 많게는 386조 원이 된다는 거야. 모 대학 경제학 교수는 '실제 가치는 그 중간쯤으로 보는 게 맞을 것'이라면서 '액수보다는 이것이 한국의 경제성장에 기여한 바가 크다는 점을 주목해야 한다'고 했더군. 그런데 이 돈의 용처에 대한 이야기가 있는 모양인데, 나와 오히라 외상의 4시간 마라톤 회의에서는 청구권 자금의 총규모, 상환 방법 등의 논의는 있었으나, 자금의 용도에 대해서는 협의한 바가 없습니다." 김종필은 청구권 자금 8억 달러 가운데 1억 3,000만 달러가 포항제철의 건설에 투입됐다고 했다. (포스코투데이, 2016.11.14. 남기고 싶은 이야기, 김종필 전 국무총리, "포스코는 민족자금 그리고 조국근대화 사명감으로 탄생한 기업")

240 김대중, 『김대중자서전』, 174페이지, 삼인, 2015

241 유석재 기자, "[경부고속도로개통 내일 40주년] YS·DJ도 반대 … 대부분 언론 비판적" 조선일보, 2010.7.6

242 김종필, 『김종필증언록』, 50~51페이지, 와이즈베리, 2016

243 김종필, 『김종필증언록』, 54페이지, 와이즈베리, 2016

244 김계원, 『더 파더(The Father), 하나님의 은혜』, 550~551페이지, SNS미디어, 2012.

245 최서영, 취재여담 "큰 기폭제가 된 작은 불씨", 관훈저널(2012년 가을호, 124호), 관훈클럽. 최서영은 당진송신소 준공행사장에 가지 못했고, 김재규 부장도 참석하지 못한 것으로 기록했으나, 당시 현장에 참석했던 김계원 비서실장은 김재규 부장이 대통령 전용 헬기에 동승하지는 못했지만, 육로로 화가 많이 난 상태로 허겁지겁 참석했다고 기록했다. 아마 참석했다고 보는 것이 맞을 것이다. 그래서 김재규는 서울에서 당진까지 승용차 편으로 오가면서 차지철에 대한 살의를 다졌다고 보여진다.

246 전두환, 『전두환회고록, 3권 황야에 서다』, 129페이지, 자작나무숲, 2017

247 학교 내 군사교육인 교련(敎鍊)은 군국주의에 물든 일본제국의 유산이었다. 우리나라는 북한으로부터 남침을 당하고 또 1968년 1·21사태처럼 북한의 무력 위협에 상시로 노출돼 있던 관계로, 이를 쉽게 털어내지 못했다. 6·25가 끝난 뒤인 1955년 중단됐던 교련은 1968년의 1·21사태 이후, 69년부터 다시 실시됐고, 1971년 1학기부터는 종래 2시간에서 3시간으로 늘어나고 집체교육이 부과되고, 교관은 현역으로 교체되고 필수과목으로 지정됐다.
대학생들은 1971년 4월 초부터 교련반대 시위를 시작했으나, 4, 5월 대선과 총선을 거친 뒤 여름방학으로 소강상태를 이루었다. 2학기가 되자 다시 교련반대 시위가 이어졌으며, 10월 5일 새벽 수도경비사 헌병대 소속 군인 30여 명이 고려대학교에 난입해 학생 5명을 불법으로 연행해 구타한 사건이 발생해 학생들 시위가 더욱 격화됐다. 군인들은 "학생들이 윤필용 수경사령관을 모욕하는 대자보를 게시했다는 사실을 알고 부대를 출발해 교내 학생회관에 있던 학생들을 연행한 뒤 곧 풀어주었다"고 해명했지만, 학생들은 분노했다. 그런데도 국방장관과 문교장관은 공동으로 담화를 발표하고 "교련 거부 학생은 재학 중의 징병검사 연기를 인정하지 않고 전원 징집하겠다"고 강경 입장을 발표하고, 10월 15일에는 서울 전역에 위수령을 발동하고 '학원질서 확립을 위한 특별명령'을 발표했다. 이 조치 이후 정부는 1,889명을 징집하고 이 가운데 119명을 구속했다. 또 문교부는 교련반대 시위 학생들을 제적하도록 학교 당국에 압력을 가해 23개 대학에서 117명을 제적시키고, 이들은 모두 현역으로 입영 조치했다. 이 특별명령으로 각 대학에서 74개의 서클이 해산됐고, 14종의 간행물이 폐간 조치됐다. 살벌한 시절이었다. 이런 강경조치로 71년의 교련반대 시위는 끝났다. 그러나 이런 강제적인 교련은 그 뒤 전두환 정부 때까지 살아남아, 학생과 정부는 여러 쟁점에서 대립하게 된다.

248 위수령은 육군부대가 해당 지역이나 군부대의 경비와 시설물의 보호를 위해 내리는 명령(위수근무명령)을 말한다. 자연재해나 심각한 소요 사태 등이 발생할 경우 군부대는 해당 지역과 군부대 그리고 군 시설물들을 보호하기 위해 수준 높은 경비태세 등을 유지해야 하는데 그 근거 마련을 위해 1950년 제정됐다. 그러나 학생 시위를 진압하는 등 정치적 이유로 위수령이 선포된다는 비판이 높아지자, 2018년 9월 11일 국무회의에서 68년 만에 폐지 의결됐다. 헌법과 법률에 근거를 둔 계엄령과는 다르다.

249 송기역, "죽은 언론의 사회-동아자유언론수호투쟁위원회", 민주화운동기념사업회, 2011.4.15

250 김형욱 부장은 중앙정보부 내에 언론담당 조정반을 설치하라는 대통령의 지시를 받고, 중정 국내 담당 제3국장 전재구의 책임하에 각 신문사 담당 요원을 임명했다. 김형욱은 "당시 중정의 언론 담당관들의 공작 내용은 기껏해야 신문사 주변에 얼쩡거리며 영향력 있는 기자나 간부들을 만나 커피나 맥주를 마시며 협조를 사실상 사정사정하고 자극적인 기사를 완화하도록 무마하는 것이 고작"이라고 말했지만, 그 뒤 정보 기관원들이 언론사에 매일 출입하면서 낮 시간에는 상주하는 상황으로까지 발전한다. (한홍구, "조선일보가 박정희를 비판하지 못했던 이유" 2012.5.4. 한겨레신문)

251 박용규, 『한국의 언론인, 정체성을 묻다』, 282페이지, 논형, 2015

252 이준웅, "아시아 언론매체의 자유 또는 부자유", 아시아 브리프, 3권 34호(2023.7.17.)

253 서방 진영의 지도자뿐만 아니라 독재자 이오시프 스탈린(1878~1953)에 이어 소련의 지도자(소련공산당 중앙위원회 서기장)가 된 니키타 흐루쇼프(1894~1971)도 1953년 서기장에 취임하고 나서 미국 방문을 무척 원했다. 소련 측의 거듭된 요청 끝에 흐루쇼프는 1959년 드와이트 아이젠하워 대통령의 초청으로 미국을 방문할 수 있었다. 소련 지도자로서 첫 미국 방문이었다. 그는 미국 방문 도중 곳곳에서 공산주의에 대한 논쟁을 벌였다. 미국 정치인과 언론들은 자본주의의 우월성을 강조했고, 흐루쇼프는 "한번 생겨난 공산주의는 얼굴에 난 사마귀처럼 어쩔 수 없으니 자본주의자들이 참는 수밖에 없다"고 대꾸하면서 미국 방문을 이어갔다. (존 트라볼타와 춤춘 다이애나 왕세자비 "사실 저는 …", 동아일보 정미경 기자, 2022.12.10

254 김진배, 『김대중 수난사, 인동초의 새벽』, 96페이지, 도서출판 동아, 1987

255 김대중, 『김대중자서전』, 214 페이지, 삼인, 2015

256 제롬 코언(Jerome A. Cohen, 1930년생) 교수는 동아시아법, 특히 중국법 전문가로 1990년부터 뉴욕대(NYU) 법학전문대학원 교수를 지내고 지금은 명예교수이다. 그는 1964~1979 사이에는 하버드 법학전문대학원의 동아시아법률문제연구소 소장(Director of East Asian Legal Studies)으로 일했다. 코언 교수는 미국 법학계에 동아시아 지역의 법률에 대한 연구를 소개하고 관련 분야를 개척했다는 평가를 받고 있다. 그는 중국의 법과 사회, 또 기독교 사상에 바탕을 둔 서양의 법체계에 공자의 유교 사상이 끼친 영향 등을 연구하고 강의했다. 그는 가은(柯恩)이라는 중국 이름을 갖고 있다.

257 김대중, 『김대중자서전』, 216~217페이지, 삼인, 2015

258 이희호, 『이희호 자서전 동행』, 103~105페이지, 웅진지식하우스, 2008

259 김대중, 『김대중자서전』, 217~218 페이지, 삼인, 2015

260　셀리그 해리슨(Selig Seidenman Harrisan, 1927~2016)은 한국과도 인연이 깊은 미국 언론인이다. 하버드대학을 졸업한 그는 초기인 1951~1954까지 미국 AP통신의 남아시아 특파원을 시작으로 남아시아와 동아시아를 아우르는 언론인이자 전문가로 활동했다. AP 통신에 이어 그는 1962~1965까지 워싱턴포스트(WP)의 남아시아 지국장으로, 1968~1972까지 동북아시아 지국장으로 취재 활동을 이어갔고, 이 시기 그는 한국과 한반도 관계를 담당했다. 지국이 도쿄에 위치한 관계로 서울에는 취재할 상황이 발생하면 출장 형식으로 다녀갔다.

그는 1967년 한국을 방문해 취재하면서 한반도와 인연을 맺어 1972년 미국 언론인으로서는 전후 최초로 북한을 방문했으며, 2001년 6월까지 일곱 차례 북한을 취재하는 기록을 세웠다. 이어 1974~1996까지 카네기국제평화재단(Carnegie Endowment for International Peace) 연구원으로 재직하면서 워싱턴DC 지역의 존스홉킨스대학과 조지워싱턴대학 등에서도 강의와 연구를 병행했다. 그는 다섯 권의 저서를 남겼고, 한국과 관련해서는 「Korean Endgame: A Strategy for Reunification and U.S. Disengagement」(2002)을 출판했고, 좋은 평가를 받았다.

해리슨은 2009년을 마지막으로 모두 11차례(7차례는 취재)에 걸쳐 북한을 방문했다. 그는 미국의 가장 뛰어난 한반도 전문가로서 여러 차례 북한을 방문해 취재한 경험이 있고, 북한을 포용해야 한다는 지론을 펴고 있어 '미국의 종북(從北)주의자'라는 말을 듣기도 했다. 특히 그는 1972년 5~6월 뉴욕타임스(NYT)의 해리슨 솔즈베리 기자와 함께 한국전쟁 후 미국인으로서는 최초로 평양을 방문해 김일성과의 인터뷰를 성사시켜 명성을 날렸다.

261　김대중은 『자서전』(삼인, 2015) 217페이지에서 "나의 미국 방문에 대해서 워싱턴포스트지는 '5·16혁명 이후 박정희에게 김대중은 가장 심각한 도전'이라는 내용의 기사를 실었다."고 기록했다. 1971년 2월 13일 자 해리슨 기자의 기사 속에 있는 다음의 구절이 그 근거다. [Independent estimates indicate that the campaign currently being waged by the glib, 45-year-old contender is giving Park the most significant challenge he has faced since his 1961 military coup.]

262　김대중, 『김대중 자서전』 80~81페이지, 삼인, 2015

263　김대중, 『김대중자서전』, 228페이지, 삼인, 2015

264　김대중, 『김대중자서전』, 229페이지, 삼인, 2015

265　김진배, 『김대중 수난사 인동초의 새벽』, 76페이지, 도서출판 동아, 1987

266　김진배, 『김대중 수난사 인동초의 새벽』, 80~82페이지, 도서풀판 동아, 1987

267　김정렴, 『아, 박정희』, 42페이지, 중앙M&B, 1997

268　1936년 미국 대통령 선거에 대한 예측 조사는 여러모로 유명한 사례다. 1936년 11월의 대통령

선거를 앞두고 대중잡지인 『리터러리 다이제스트』(Literary Digest)와 여론조사 기관 「갤럽」(Gallup)은 각각 설문 조사를 실시했다. 『리터러리 다이제스트』는 1,000만 명이 넘는 독자에게 우편으로 설문지를 보내 236만 명에게서 응답을 받았다. 잡지는 그 분석 결과를 토대로 공화당의 알프레드 랜던(Alfred Landon) 후보의 당선을 예측했다. 반면 「갤럽」은 1,500명을 대상으로 면접 조사를 실시한, 민주당의 프랭클린 루스벨트(Franklin Roosevelt) 후보가 56%의 지지율로 당선될 것이라고 발표했다. 「갤럽」의 예측이 정확했다. 실제로 루스벨트는 62%라는 압도적인 지지를 받으며 당선됐다.

당시 「갤럽」은 전국의 유권자를 대상으로 할당추출법(Quota Sampling) 방식으로 선정한 표본을 대상으로 면접 조사를 실시했다. 반면 『리터러리 다이제스트』는 지상투표식(Straw Poll) 방식의 여론조사를 실시했다. 일종의 인기투표를 했던 것이다. 여론조사에서 중요한 것은 표본의 수가 아니라 표본의 질이 중요하다는 것을 잘 보여주었다. 이 잡지사는 조사를 위한 표본을 잡지의 정기구독자, 전화번호부, 자동차등록명부, 사교클럽인명부 등에서 임의로 뽑았다. 이들은 대부분이 중산층 이상이었다. 그리고 당시 미국의 중산층들은 공화당 지지자가 많았다. 이후 지상투표식 여론조사는 막을 내리고 통계학에 근거한 할당추출방식에 의한 조사가 선거여론 조사에 도입된다.

269 김대중, 『김대중 자서전』, 235페이지, 삼인, 2015

270 김환태, 『해소냐, 호남독립이냐』, 178페이지, 도서출판 쟁기, 1993

271 박정희 저, 남정욱 풀어씀, 『국가와 혁명과 나』, 57페이지, 기파랑, 2017

272 전인권, 『박정희평전』, 237~238페이지, 이학사, 2017

273 김정렴, 『한국경제정책 30년사』, 426페이지, 중앙일보·중앙경제신문, 1990

274 전인권, 『박정희평전』, 237~238페이지, 이학사, 2017

275 전인권, 『박정희평전』, 15페이지, 이학사, 2017

276 아산 현충사는 충무공 이순신이 무과에 급제하기 전까지 살았던 곳에 세워진 사당이다. 임진왜란 때 큰 공을 세운 이순신을 기리기 위해 숙종 32년(1706)에 사당을 세우고 1707년 숙종이 직접 '현충사'라 이름 지었다. 그 뒤 200년간 사당을 잘 운용해 오다가 한때 일제의 탄압으로 쇠퇴하였다. 광복 후 1967년 국가에서 현충사 성역 사업을 마치면서 지금의 모습을 갖추었다.
주요 시설로는 이순신의 초상화를 모셔놓은 현충사를 비롯하여 이순신이 자란 옛집, 활을 쏘며 무예를 연습하던 활터, 정문인 홍살문, 셋째 아들 이면의 무덤이 있다.
충무공 이순신 기념관에는 국보 76호 9점(난중일기 7권, 임진장초 1권, 서간첩 1권), 보물 326호 6점(장검 2병, 요대 1구, 옥로 1구, 도배구대 1쌍), 보물 1564호 16점(선무공신교서, 기복수직교서 등) 등이 소장되어 있다.(문화재청 홈페이지 설명, 사적 제155호, 아산 이충무공 유허)

277   서산목장은 김종필이 1968년 충남 서산군 운산면 일대 640만 평에 조성한 목장이다. 김종필은 이 땅을 당시 시세에 따라 문화재관리국으로부터 2,048만 원에 불하받았다. 이와 함께 김종필은 68년 남제주군 중문면 일대 황무지 13만 평을 불하받아 감귤농장을 가꾸었다. 김종필은 한국에도 영국의 이튼(Eton)스쿨 같은 명문 학교가 필요하다고 생각해, 1974년 3월 자신의 호를 딴 〈운정장학재단〉을 만들고, 이들 목장과 농장을 기본재산으로 기증했다. 그러나 세월이 흘러 12·12쿠데타로 신군부가 집권하면서 상황이 많이 달라졌다. 김종필은 1980년 5월 17일 국군보안사령부의 권력형 부정축재자 처리 방침에 따라 신당동 자택에서 체포 구금됐다가, 공직 사퇴와 재산 헌납을 조건으로 연행 46일 만인 7월 2일 석방됐다. 당시 김종필은 합동수사본부의 기부재산처리위원회에 서산목장(삼화축산) 79억 5천만 원 외에도 현대경제일보 주식 61억 5천만 원, 감귤농장 28억 원, 무기명예금증서 43억 원 등 모두 216억 4천여만 원을 국가에 헌납했다. 김종필은 장학재단 재산인 목장과 농장을 개인 축재 재산으로 발표한 신군부에 대해 억울함과 서운함을 표했다.

278   김종필, 『김종필증언록』, 389~390페이지, 와이즈베리, 2016

279   김종필, 『김종필증언록』, 390페이지, 와이즈베리, 2016

280   민주화운동기념사업회 오픈 아카이브, "서울대 유기천 교수 '총통제 발언' 이후 잠적, 법대생 의혹 제기", 동아일보 1971.5.13., 조선일보 1971.5.13., 한국일보 1971.5.13., 대학신문 1971.5.17., 민주전선 1971.5.15., 자유의 종 1971.5.18.. 유기천 교수의 출국 일자가 5월 3일로 언급된 경우도 있다. 동아일보 1971.5.17.

281   헬렌 실빙(Helen Silving, 1906~1993)은 폴란드 크라코우에서 태어났다. 빈 대학에서 법학박사를 마쳤으며, 나치 독일이 2차 대전을 일으키자 1939년 미국으로 이주했다. 세계적인 법학자인 한스 켈젠(Hans Kelsen, 1881~1973)의 멘토링을 받은 유일한 여성 제자로, 하버드대학에서 연구 활동을 하면서 유학 온 유기천 박사(Paul K. Ryu)와 만나 1959년 결혼했다. 그녀의 영어 이름은 Helen Silving-Rhu이다. 그녀는 미국 최초의 여성 법학 교수로 기록돼 있으며, 초기에는 켈젠 교수와 나중에는 유기천 박사와 여러 가지 공동 저작 또는 단독 저작을 남겼다.

282   김덕형, 『한국의 명가』〈현대편〉 (20)유기천, 주간조선(2158호), 2011.6.1

283   최종길(1931~1973) 교수 사건은 서울법대 교수 최종길 박사가 한국 중앙정보부에서 유럽간첩단사건과 관련해 조사를 받던 중 1973년 10월 19일 고문으로 사망한 사건을 말한다. 당시 정부는 최 교수가 조사를 받던 중 창문을 통해 투신해 숨졌다고 발표했다. 중앙정보부의 거짓 발표였다. 1973년 10월 4일 서울법대생들의 반유신 시위가 발생했다. 이틀 전의 서울대 문리대 시위에 이어 처음으로 발생한 대학생들의 유신헌법 반대 시위였다. 이에 당황한 정부는 유럽간첩단사건을 조작하기 시작했으며, 최 교수도 이와 관련해 10월 16일부터 사흘간 조사를 받았다. 중앙정보부는 이 사건 후(10.25) "최 교수가 간첩혐의를 자백하고 중앙정보부 건물 7층에서 투신자살했다"고 발표했다. 그러나 1년 뒤 천주교정의구현사제단은 최 교수가 전기고문으로 사망했다고 의혹을 제

기했으며, 최 교수가 공부했던 독일의 쾰른대학교 측도 외무부에 진상규명을 촉구하는 등 국제적으로 문제가 됐다. 2002년 5월 의문사진상규명위원회는 "최 교수는 중정의 고문과 협박에도 불구하고 간첩 혐의를 부인했다"고 했다. 유족들은 2002년 국가를 상대로 손해배상 소송을 제기했고 2006년 2월 서울고법은 국가가 유족에게 18억 4,800만 원을 지급하라고 판결했다.

284   이상기 기자, "유기천 전 서울대 총장 전기 출간한 최종고 교수", 한겨레신문, 2006.6.13.

285   박정희 대통령 제7대 대통령 취임사, 1971.7.1

286   "10만 원 상당"이라고 표현됐지만, 참고할 만한 다른 기준을 들어보면, 1970년 사립인 연세대학교의 한 학기 등록금이 '5만 원에 육박했고', 이듬해인 1971년에는 '7만 원에 육박했다'고 나온다. 따라서 지금 물가 시세로 환산해 보면 수백만 원에 해당돼 그렇게 적은 액수는 아니다(연세춘추, 2010.4.21. "오랜 연세의 역사와 함께하는 등록금 논쟁, 그 속으로"). 법원 측 세 사람의 제주도 왕복 비행기 표, 호텔비, 식사비 등을 동행한 변호사가 부담했다. 당시 법원도 현장 출장을 가는 인원에 대해 충분한 출장비를 지급하지 못한 사정도 있어서, 일부 친소 관계에 따라 이러한 관행이 있었다고 기록된다.

287   조선일보, 1971.8.11. "광주단지 2만여 주민 난동"

288   대간첩대책본부는 1968년 1월 17일, 박정희 대통령 지시로 정부 내에 분산된 대간첩작전기구를 통합해 일원화된 기구로 합동참모본부에 설치됐다. 대간첩대책본부는 합참의장을 본부장으로 검사장, 치안국장, 중앙정보부 관계국장, 합참 작전정보국장으로 구성됐다. 정부는 대간첩대책본부의 상위기구로 국무총리가 의장을 맡는 대간첩중앙협의회를 두었다. 중앙협의회는 국무총리(의장), 관계장관, 중앙정보부장, 국가안보회의 위원 등으로 구성됐다.

289   한국일보, 1971.8.24. "무장 군 특수범 총격난동"

290   김대중, 『김대중자서전』, 252페이지, 삼인, 2015

291   3선 개헌 과정을 거친 박정희 대통령은 1971년 대선과 총선이 끝나자, 6월 개각을 단행하면서, 김종필을 국무총리로, 오치성을 내무부 장관으로 임명했다. 오치성은 장관이 된 뒤 4인방 라인에 속해있던 도지사, 직할시장, 시장과 군수, 경찰서장 등을 인사를 통해 4인방의 영향력을 하나씩 지워나갔다. 당시 4인방 의원들의 지역구 경찰서장과 관할 경찰국장들은 내무부 장관이 아니라 김성곤 의장에게 정보 보고를 할 정도였다. 김성곤이 이들을 관리하기 위해 이들에게 별도로 용돈을 보내곤 했다는 증언이 있을 정도였다. 그래서 대통령은 1969년 3선개헌안을 처리하면서 위세가 커진 공화당 내 4인방을 견제하기 위해 1971년 6월 개각을 실시했다. 사실 박 대통령은 3선개헌에 회의적이었던 김종필과 그를 따르는 의원들을 견제하기 위해 4인방을 의도적으로 키워주었다. 4인방은 이런 박 대통령의 의도를 모르고, 오치성 내무의 불신임안에 대해 당 총재인 대통령의 지

시를 무시하고, 자금도 풀고 영향력을 행사해 오 장관을 불신임했다. 의원들의 이러한 항명에 대한 대통령의 분노는 대단했다. "이것들이 나한테 덤비는 거야?" 대통령은 중앙정보부에 지시해, "지위고하를 막론하고 관련 의원들을 모두 잡아들이라"고 했고, 모두 23명이 잡혀 왔다. 이 가운데는 대통령의 처남인 육인수 의원도 있었고, 주모자인 4인방은 아주 혹독한 조사를 받았다. 김성곤과 길재호는 고문을 심하게 받았고, 김성곤은 수염이 다 뽑혀 나갔다는 소문이 돌 정도였다. 이 두 사람은 그 뒤 탈당하고, 정계를 은퇴한다.

292 김종필, 『김종필증언록』, 335페이지, 와이즈베리, 2016

293 3선개헌을 추진할 때 공화당 내 4인방의 핵심이었던 김성곤 의원은 "박정희 대통령은 1975년까지 대통령을 하는 것이다. 그다음에는 내각책임제로 가서 의회민주주의를 해야 하지 않느냐"와 같은 이야기를 하고 다녔다. 심지어 김성곤은 10·2항명파동이 나기 얼마 전(1971.9.23) 공화당 당무회의에서 "1977년부터 지방자치제를 한다"는 사항을 당론으로 확정하기도 했다. 모든 권력을 자신의 손아귀에 넣고 일사불란하게 경제성장으로 나가기를 원하고 있던 박정희에게 김성곤은 거북한 존재였다. 4인방의 전횡이 도를 넘기 시작했다고도 볼 수 있었다. 또 김성곤은 직접 박 대통령에게 "1975년 이후를 대비하셔야 합니다. 대통령 권한을 축소한 절충식 내각책임제로 개헌해야 하겠습니다. 각하께서 권한이 약화된 대통령으로 남아있고 이제 국회가 정치의 본산이 돼야합니다"라고까지 이야기했다고 한다. 아무리 김성곤이 당을 재정적으로 도왔다고 해도, 대통령의 속마음을 몰라도 너무 몰랐다.

294 정연춘 기자, "위수령에 걸린 캠퍼스 비상" 1971.10.16., 동아일보

295 김대중, 『김대중자서전』, 255페이지, 삼인, 2015

296 김대중, 『김대중자서전』, 256페이지, 삼인, 2015

297 리처드 핼로란(Richard Halloran, 1930~2020) 기자는 1951년 다트머스대학을 졸업하고 공수부대원으로 아시아 지역에서 군 복무를 마쳤다. 그 이후 미시간대 대학원에서 공부를 마친 뒤 언론인이 된다. 아시아 지역 담당 기자로 미국의 비즈니스위크(Business Week), 워싱턴포스트(WP), 뉴욕타임스(NYT) 등 세 개 매체에서 특파원을 지냈다. 그는 도쿄에 주재하면서 아시아 문제를 취재했고, 말년에는 "떠오르는 동양"(The Rising East)이라는 고정 칼럼을 집필하기도 했다. 아시아 지역 특파원 이후 그는 뉴욕타임스의 군사문제 전문기자로 10년을 일했다. 그는 6권의 저서를 집필했고, 언론에서 은퇴한 뒤 하와이대학에서 강의했다. 뉴욕타임스 특파원으로 일할 때 그는 박근혜를 인터뷰하기도 했고(1975.19), 한국 문제에 대해서도 깊은 관심을 보였다. 핼로란은 1978년 11월 일본 작가 후미코 모리와 워싱턴DC에서 결혼했다.

298 천주교 서울대교구, "추기경 김수환 이야기 28: 내가 만난 박정희 대통령" 2007.12.9

299 KBS(김수환 추기경이 남긴 사랑)제작팀/최기록PD, 『김수환 추기경 당신이 그립습니다』, 183페이지, 지식파수꾼, 2010

300 김대중, 『김대중자서전』, 202페이지, 삼인, 2015

301 김대중, 『김대중자서전』, 196페이지, 삼인, 2015

302 오인환, 『박정희의 시간들』, 15페이지, 나남, 2023

303 이진곤, 『한국 정치 리더십의 특성』, 21페이지, 한울아카데미, 2003

304 지난 2006년 미국 국방정보센터(CDI)가 미 의회 조사국(CRS) 자료 등을 토대로 미국 독립전쟁 이후 미국의 역대 전쟁 비용을 현재의 통화 가치를 기준으로 분석해 발표한 적이 있다. 미국이 가장 많은 비용을 지출한 전쟁은 당연히 제2차 세계대전이다. 3조 2,110억 달러(약 3,017조 원)를 지출했다. 2위는 한국전쟁이다. 미국은 한국전쟁 3년 동안 6,910억 달러(약 650조 원)를 지출했다. 3위는 베트남전쟁으로 6,500억 달러, 4위는 제1차 세계대전으로 6,420억 달러의 전비를 지출했다. 5위는 테러와의 전쟁으로 4,390억 달러, 6위는 이라크와의 전쟁 3,190억 달러로 집계됐다. 당시 미 의회예산국(CBO)은 2007~2016까지 테러와의 전쟁 비용으로 3,710억 달러가 추가 소요될 것으로 추산하고 있어, 이 비용 순위는 바뀔 가능성이 있다. (국기연 특파원, "미국, 역대전쟁비용 계산해보니…한국전쟁 '2위'", 2006.5.6., 세계일보)

305 김종필, 『김종필증언록』, 453~454페이지, 와이즈베리, 2016

306 통킹만 사건은 1964년 8월 2일 북베트남의 통킹만 해상에서 북베트남 해군의 어뢰정 세 척이 미 해군 구축함 매독스(Maddox)호를 선제 공격해 양국 함정이 교전한 사건이다. 이 사건을 계기로 미 의회는 대통령에게 군사력 행사를 자유롭게 할 권한을 부여하는 결의안을 채택했고, 이후 미국은 자유롭게 베트남전에 개입할 수 있게 된다. 미국은 그 뒷날 북베트남이 2차 공격을 가했다고 했는데, 미 국방성 기밀문서는 이를 조작이라고 했다. 이 국방성 기밀문서는 71년 6월 미국 언론에 폭로된다.

307 1970년 7월 5일 필리핀 마닐라에서 열린 「월남(베트남) 참전 7개국 외상회의」에서, 로저스 미 국무장관은 최규하 외무장관에게 일방적으로 주한미군 7사단 철수 사실을 통고했다. 그리고 그 뒷날(7.6) 포터 주한 미 대사가 정일권 총리에게 주한미군 2개 사단 중 1개 사단의 철수방침을 통고해, 주한미군 철수가 공식화됐다.
사실 미군은 6개월 전부터 7사단을 빼고 있었다. 한미디 상의도 없이 미군을 철수하고 있다는 보고를 받은 박 대통령은 미국 측에 강력하게 항의했다. 닉슨은 8월 24일 애그뉴 부통령을 특사로 서울로 보냈고, 그는 "1971년 6월까지 7사단을 철수한다. 그러나 2사단은 한국에 계속 주둔한다"는 방침을 확인했다. 그러나 애그뉴는 다음 날 타이완으로 가는 비행기 안에서 "앞으로 5년 이

내에 주한미군은 한국에서 완전히 철수한다"는 발언을 통해 하루 전 청와대에서의 약속을 뒤집는다. 대통령은 이러한 미국 측의 태도에 대해 격노와 함께 배신감을 크게 느낀다.

308   한승주, 『한국에 외교가 있는가』, 118~119페이지, 올림, 2021

309   한승주, 『한국에 외교가 있는가』, 119~120페이지, 올림, 2021

310   해리슨 솔즈베리(1908~1993)는 1949~1954년에 뉴욕타임스(NYT)의 모스크바 특파원을 지낸 구소련과 중국 문제 전문기자이다. 그는 2차 대전 종전 이후 최초의 모스크바 특파원이라고 기록된다. 1970년대 초부터 20년간 수시로 중국을 방문 취재했고 1984년에는 50년 전에 모택동과 홍군이 치러낸 대장정의 노정을 그대로 되밟으며 중국 오지를 7,400마일이나 여행하기도 했다. 외신 보도와 관련해 1955년 퓰리처상을, 1958년과 1967년에는 G.포크 기념언론상을 받았다. 솔즈베리는 미네소타주 미니애폴리스에서 태어나 미네소타대학(1930)을 졸업하고 UP통신에서 20년간 근무한 뒤 뉴욕타임스로 옮겼다. 1963년 케네디 암살사건을 취재했으며, NYT의 여론독자면 담당 부장, 편집부국장 등을 지낸 뒤 1973년 NYT에서 퇴임했다. 그 후 그는 자유롭게 취재 활동을 이어갔다. 그는 29권의 저서를 남겼다. 국내에는 『새로운 황제들』, 『대장정』 등이 번역돼 있다.

311   존 M. 리(1930~2009)는 한국계 같은 이름이나 미국 남부 사우스캐롤라이나 주에서 태어나 듀크대학을 졸업하고 공군 복무를 마친 뒤 뉴욕의 컬럼비아대학 언론대학원(저널리즘 스쿨)을 마친 미국 시민이다. 버지니아의 지방언론 경제부에서 4년 정도 일하고 그는 1961년 뉴욕타임스로 옮긴다. 그는 캐나다, 런던, 도쿄 등 3개 지역의 해외특파원을 지냈으며, 1972년 솔즈베리 기자와 함께 6·25전쟁 이후 최초로 북한을 방문해 김일성을 인터뷰한 서방 기자로 명성을 얻는다. 이 취재 직후 그는 뉴욕타임스의 경제 에디터로 승진해 경제 분야 취재에 주력하다, 2001년 은퇴한다.

312   에드거 스노(1905~1972)는 미국 저널리스트, 작가다. 1921년 창당된 중국공산당이 초기 어려움을 겪던 1930년대와 1940년대 중국에 머물면서 모택동, 주은래 등 중국공산당 지도부와 친밀해졌으며, 이후 각종 매체나 저서를 통해 중국공산당에 우호적인 시각을 가진 글들을 많이 발표했다. 『중국의 붉은 별』(Red Star Over China, 1937)은 서방인들의 중국이나 중국공산당에 대한 이해를 크게 증진시켰으며 중국공산당에 대한 부정적인 인식을 많이 바꾸어 놓았다는 평가를 받았다. 당시뿐만 아니라 1978년 개방을 결정하기까지 중국은 폐쇄적인 사회였다. 그래서 지금의 북한처럼 가끔 중국을 방문해 취재하는 서방 취재기자나 사진기자들은 그 신기함 때문에 고통받는 일반 국민의 삶을 둘러보는 여유를 갖지 못했다는 비판을 받는다. 스노도 수천만 명이 희생된 1950년대의 대약진운동에 대해서, 단 한 명의 사망자도 없다는 말까지 했을 정도였다.
스노가 모택동의 아침 식사 초대를 받은 것은 70년 12월로 암을 앓고 있던 스노는 두 번째 부인과 함께 마지막으로 중국 여행을 하던 중이었다. 모택동은 스노가 미국 CIA와 관계가 있는 것으로 생각해 미국에 대한 자신의 의도 즉 '미국과 우호적인 관계를 맺고 싶어 한다'는 사실을 널리 알리고 싶어 했다. 그러나 스노는 CIA와 관련이 없었다.
그의 첫 부인 헬렌 포스터 스노(1907~1997)도 그와 함께 중국에 오래 머물면서 님 웨일스라는 필명으로 여러 권의 책을 냈다. 특히 연안에서 만난 조선인 공산주의자요 독립운동가 김산(본명 장지락, 1905~1938)을 취재한 『아리랑』(The Song of Ariran, 1841)은 유명하다. 스노는 닉슨이 중국을 방문(1972.2.21)하기 엿새 전에 사망한다. 그의 유해의 반은 미국에, 반은 중국 북경대학교 교정에 묻혔다.

313　James Fretwell, "An American in Pyongyang: Kim Il Sung's 1972 interview with the New York Times" 2020.2.26. NK.NEWS

314　북한 김일성은 1948년 9월부터 1972년 12월 개헌 때까지 내각수상(内閣首相)을 맡았다. 북한 헌법 제 59조는 "수상은 조선민주주의인민공화국의 수석이다"라고 규정했다. 김일성은 72년 12월의 사회주의헌법 개헌으로 국가주석(國家主席)이라는 호칭을 받고, 내각수상은 정무원총리(政務院総理)로 바뀐다.

315　하채림 기자, "북, 이후락 평양방문 이어 박성철 서울 방문 때도 '선 정상회담' 주장, 강인덕 전 장관, 박대통령 냉면 먹고 올 수 있지만 의미없다며 거부", 2023.7.9., 매일경제

316　김종필,『김종필증언록』, 397페이지, 와이즈베리, 2016

317　김종필,『김종필증언록』, 399페이지, 와이즈베리, 2016

318　김용식,『김용식 외교회고록, 희망과 도전』, 283페이지, 동아일보사, 1987

319　김정렴,『아, 박정희』, 155페이지, 중앙M&B, 1997

320　김종필,『김종필증언록』, 406페이지, 와이즈베리, 2016

321　김종필,『김종필증언록』, 367페이지, 와이즈베리, 2016

322　구현우, "박정희는 왜 산업화 정치에 몰입했는가: 산업화 정치의 잃어버린 고리를 찾아서", 2019(행정논총 제57권 제3호(2019.9)

323　김형욱/박사월,『김형욱 증언, 혁명과 우상』 제2부 한국중앙정보부, 224페이지, 독립신문사, 1982

324　10월유신(維新)은 1972년 10월 17일 나라 안팎의 상황이 국가 생존을 위협할 수준으로 악화되고 있어, 효율이 극대화 되는 나라로 바꾸기 위해 비상계엄을 선포하고 헌법 등을 바꾼 사실을 말한다. 그러나 일반적으로는 박정희 정부의 장기 집권과 지배 체제 강화를 위해 단행한 초헌법적인 비상조치로 해석된다. 유신쿠데타라고도 한다.

본래 유신(維新)은 새롭다는 뜻으로 사용됐으며, 혁신(革新)의 뜻이 강했다. 즉 유신은 혁명이 아닌 자체의 발전적인 과감한 개혁을, 또 위로부터의 개혁을 뜻했다. 그래서 일본에서는 메이지유신, 한국에서는 박정희 정부의 10월 유신 등으로 쓰였고, 베트남에서는 마지막 왕조인 응우옌 왕조(阮朝) 주이떤(維新) 황제의 연호(維新帝) 또는 황제 본인(재위 1907~1916)을 의미했다.

325   전인권, 『박정희평전』, 240페이지, 이학사, 2017

326   김종필, 『김종필증언록』, 403페이지, 와이즈베리, 2016

327   김종필, 『김종필증언록』, 404페이지, 와이즈베리, 2016

328   이호진, 강인섭, 『이것이 국회다!』, 343페이지, 삼성출판사, 1988

329   대통령 비서실, 1978년 대통령 연두기자회견(1978.1.18.)

330   김정렴, 『아, 박정희』, 34~35페이지, 중앙M&B, 1997

331   김영주는 김일성[본명, 김성주]의 동생이고 김성애는 부인, 양형섭과 허담, 박성철은 김일성의 사촌 매부, 강현수는 김일성의 외사촌이고, 장성택은 김일성의 사위였다. 그 밖에도 황장엽은 김일성의 조카사위로 김일성 대학 총장을 지냈고, 양형섭은 최고인민회의 의장, 허담은 조국평화통일위원회의 위원장, 박성철은 국가 부주석 등을 지냈다.

332   알퐁스(Alphonse)와 가스통(Gaston)은 미국만화가 프레데릭 버르 오페르(Frederick Burr Opper)의 만화에 등장한 인물이다. 이 만화는 1901년 9월 22일 뉴욕저널(New York Journal) 신문에 처음으로 등장했다. 키가 큰 가스통과 키가 작은 알퐁스는 너무 예의가 발라, 상대방에게 먼저 하도록 권하는 모습으로 등장하는데, 여기서 '알퐁스-가스통 신드롬'(Alphonse-Gaston Syndrome)이란 말이 생겨났다. 즉 어떤 나라나 개인들이 서로 상대에게 먼저 행동에 옮기도록 권하는 바람에 어떤 사안이 진전을 이루지 못하는 상태를 의미하게 됐다.

333   NYT Magazine 기사에서 말하는 이 사건은 윤필용(尹必鏞) 사건을 말한다. 윤필용 사건은 1973년 4월 당시 수도경비사령관이던 윤필용 소장과 육군 장교 13명이 쿠데타를 모의한 혐의로 숙청당한 사건을 말한다. 1972년 가을 한 술자리에서 윤 사령관이 당시 이후락 중앙정보부장에게 "형님이 박 대통령의 후계자가 되어야 한다"고 말한 것이 소문으로 돌면서 청와대에 전해지고, 이를 접한 박 대통령이 이 일에 대한 철저한 수사를 지시해 윤 사령관 등이 구속된다. 권력 내부의 충성심 경쟁 또는 2인자 싸움 때문에 이 사건이 터졌다는 분석이다.

334   1968년 1월 21일 밤 발생한 1·21 사건은 북한의 무장 특공대 31명이 청와대를 기습 공격해 박정희 대통령을 살해하고 청와대와 중앙청 등 중요한 시설들을 파괴하기 위해 침투한 사건이었다. 이

들은 청와대 인근의 칠궁 옆까지 접근했으나, 경찰과 수경사 30대대 장병들에게 쫓겨 흩어진 뒤 사살된다. 당시 수경사 30대대는 전두환 중령이 대대장으로, 만일에 대비해 청와대 주변에 설치해 놓은 박격포로 조명탄을 쏘자, 놀라서 흩어지기 시작했다고 기록됐다.

1970년 6월 22일 발생한 서울 동작동 국립현충원(국립묘지)의 현충문 폭파(미수) 사건도 사흘 뒤인 6월 25일로 예정된 6·25 20주년 기념식에 맞춰, 참석 예정인 박정희 대통령 등 한국 정부의 요인들의 암살을 목적으로 한 도발이었다. 3명으로 된 이들 폭파범은 6월 22일 새벽 3시 50분쯤 국립현충원에 잠입해 현충문 지붕에 폭약을 설치하려 했으나, 설치 도중에 폭탄이 터지는 바람에 암살에 실패했다. 폭탄이 터지면서 공비 1명이 현장에서 즉사하고 나머지 2명은 도주했다. 이들은 현충문에 폭탄을 설치한 뒤 원거리에서 전파 조작으로 폭탄을 터트릴 예정이었다고 했다.

북한은 13년 뒤(1983.10.9.) 버마(미얀마)의 수도 랑군 아웅산 묘소에서 순방 중인 전두환 대통령을 상대로 무선 조종 폭탄을 터트렸지만, 전두환 대통령은 위기를 모면했으나, 미리 도열하고 있던 서석준 부총리, 함병춘 대통령비서실장 등 17명이 순직했다. 폭파범 3명 중 1명은 사살당했으며, 1명은 미얀마 당국에 의해 사형당했고, 나머지 1명(강민철)은 무기수로 미얀마 교도소에서 복역하던 중 2008년 옥사했다. .

335 함택영(경남대학교, 정치학), "북한 군사력 및 군사위협 평가 재론" 56페이지, 「현대북한연구」(7권 3호, 2005, 경남대학교 북한대학원)

336 「국방백서」(The Military Balance), 함택영, 1998. 남북한의 군비경쟁 추이. (현대북한연구 제7권 3호, 58페이지)

337 김종필, 『김종필증언록』, 424~425페이지, 와이즈베리, 2015

338 김종필, 『김종필증언록』, 427페이지, 와이즈베리, 2015

339 롤랜드 에반스(1921~2001)와 로버트 노박(1931~2009)은 "내부 보고서"(Inside Report)라는 공동 칼럼을 신문에 연재했고, CNN에서 "에반스와 노박"(Evans & Novak)이라는 프로그램을 오랫동안 공동으로 진행한 것으로 유명하다.

이들은 각자 언론인으로 활동하다가 1958년 5월 15일 뉴욕헤럴드트리뷴 지를 기반으로 일주일에 4회, 미국 내 여러 신문을 위한 신디케이트 칼럼을 작성했다. 1966년 이후에는 시카고 선-타임스를 기반으로 활동했으며, 전성기 때는 미국 내의 300개의 신문이 이들의 신디케이트 칼럼을 게재했다. 이들의 칼럼은 의견 제시보다는 뉴스의 성격을 많이 담고 있어서 인기가 높았다. 워싱턴DC에서 발행되는 워싱토니언(Washingtonian)지는 이들의 칼럼에 대해 "매우 영향력이 있으며"(highly influential), 워싱턴에서 "필히 읽어야 할"(must reading) 칼럼이라고 했다. 이들은 1960년대에는 TV로도 활동 영역을 넓혔고, 1980년 CNN이 설립되자 "에반스와 노박"이라는 주간 프로그램을 2001년까지 진행했다.

340 고승우, "박정희 핵무기 비밀 계획 무산시킨 CIA거물 최근 서울 방문"(한미관계탐구,28. 한국 핵 보유 시 일본 핵무장 우려 한국측에 경고), 2023.6.17., 미디어 오늘

341	김정렴,『한국경제정책30년사』, 318페이지, 중앙일보.중앙경제신문, 1990
342	김정렴,『한국경제정책30년사』, 320페이지, 중앙일보.중앙경제신문, 1990
343	김정렴,『한국경제정책30년사』, 322페이지, 중앙일보.중앙경제신문, 1990
344	김정렴,『한국경제정책 30년사』, 323페이지, 중앙일보.중앙경제신문, 1990
345	김정렴,『한국경제정책30년사』, 323~324페이지, 중앙일보.중앙경제신문, 1990
346	김정렴,『한국경제정책30년사』, 324페이지, 중앙일보.중앙경제신문, 1990
347	김정렴,『한국경제정책30년사』, 324페이지, 중앙일보.중앙경제신문, 1990
348	김종필,『김종필증언록』, 431페이지, 와이즈베리, 2015
349	김정렴,『아, 박정희』, 136~137페이지, 중앙M&B, 1997
350	김대현, "박정희정권 핵개발 책임자 오원철 전 수석, 30년 만에 입 열다", 주간 조선 2089호, 2010.1.12.
351	상호주의는 일반적으로 국제법상 상호 호혜주의를 말한다. 국제관계와 조약에서 상대국이 우호적이면 우호적으로 대응하고, 비우호적이면 역시 비우호적으로 대응한다는 원칙이다. 한일 관계에서 또는 북한과의 문제에 있어서 상호주의가 거론되는 일이 많다. 또는 비자(visa) 문제에서 상대국이 우리 국민의 입국비자를 요구하면 우리 정부도 해당 국가에 비자를 요구하는 일도 있고, 관계가 악화돼 대사나 외교관을 추방할 경우, 상대국가의 조치에 상응한 조치를 취하는 등 여러 분야에서 적용된다. 최근(2023.9) 사우디의 경우, 사이가 편치 않은 "이란이 핵무장을 한다면 사우디도 핵무장을 하겠다"고 하는 경우도 상호주의에 입각한 의견 표명이다. 상호확증파괴는 핵을 보유한 적성국이 선제 핵공격을 감행한다면 그 상대국 역시 핵전력을 동원해 적성국을 전멸시킨다는 일종의 보복전략이다. 결국 이러한 보복 전략이 시행된다면 양쪽 모두 공멸하게 되므로 이를 피하기 위해 선제 핵공격을 단념하게 만들 수 있다는 개념이다. 최소억지력은 한 국가가 적의 공격을 억제하는 데 필요한 것보다 많은 핵무기를 보유하지 않는다는 정책을 말한다. 비례억지전략은 핵무기 후발주자인 프랑스가 선택한 핵전략을 말한다. 이기지는 못하지만, 선제공격을 시도한 상대국에 파멸적인 피해를 입힐 수 있다는 뜻에서 상호확증파괴와도 일맥상통한다.
352	미국의 과학국제안보연구소(ISIS)는 2023년 4월 발간한 보고서에서 북한은 2022년 말 시점에서 핵탄두 45기를 보유하고 있다고 추정했다. 또 미국과학자연맹(2023년)도 북한이 보유한 핵탄두가

30기 이상이라고 추정했다. 과학자연맹은 북한은 영변 외에도 적어도 한 개의 비밀 원심분리기 공장이 있어, 아마 두 곳에 공장이 있을 것으로 추측했다. 스웨덴의 싱크탱크인 스톡홀름국제평화연구소(SIPRI)는 2023년 1월 기준으로 북한이 보유한 핵탄두 수를 30기로 추정했다(2023년 SIPRI 연감). SIPRI는 1년 전인 2022년 북한의 보유 핵탄두 수를 23기로 추정했는데, 1년 사이에 최소 5기가 증가했을 것으로 추정했다

353 전주영 기자, 윤 "한국 핵무장 마음먹으면 1년 이내에도 가능" 하버드대 연설, 동아일보, 2023.5.1. 윤석열 대통령은 미국 방문 중 보스턴의 하버드대학 케네디스쿨에서 가진 「자유를 향한 새로운 여정」(Pioneering a New Freedom Trail) 강연에서 이같이 말했다.

354 고제규 기자, "농축 우라늄 0.2g", 2004.9.7., 시사저널(1769호)

355 김대중, 『김대중자서전』, 270페이지, 삼인, 2015

356 김진배, 『인동초의 새벽』, 148페이지, 도서출판 동아, 1987

357 김진배, 『인동초의 새벽』, 140페이지, 도서출판 동아, 1987

358 김옥두, 『다시, 김대중을 위하여』, 162~163, 167~168페이지, 살림터, 1995

359 김대중, 『김대중자서전』, 273페이지, 삼인, 2015

360 김대중, 『김대중자서전』, 275페이지, 삼인, 2015

361 10·2 항명파동 때는 집권 공화당 내 국회의원 20여 명이 중앙정보부로 연행돼 고문과 구타 등을 당했다. 이들은 "박정희 대통령에게 항명했다"는 이유로 그렇게 당하고, 의원직을 사퇴하기도 했다. 박 대통령이 72년 10월 17일 유신을 선포하고 비상계엄을 실시하면서 국회를 해산하자, 그동안 눈 밖에 났던 야당 국회의원 13명이 수사기관에 끌려가, 고문을 당했다. 이들은 1975년 2월 28일 기습적으로 기자회견을 갖고 자신들이 당한 육체적 정신적 수모에 대해 폭로했다. 이 기자회견에는 이세규, 조연하, 이종남, 강근호, 최형우, 김한수, 김녹영, 김경인, 조윤형, 박종률, 나석호 의원 등이 참석했다.

362 김대중, 『김대중자서전』, 275~276페이지, 삼인, 2015.

363 김상돈(1901~1986)은 정치인으로, 일본과 미국에서 유학했다. 해방 이후 반민족행위특별조사위원회 부위원장, 제4대, 5대 민의원(국회의원), 4·19 이후 민선 서울특별시장 등을 역임했다. 3선 개헌 이후 한국의 정치에 회의를 느끼고 미국으로 이민을 간 뒤 반정부 활동, 민주회복 운동에 참여했다. 이근팔(1924~2022)은 고려대학교를 졸업한 뒤 1968년 주미 한국대사관 영사로 부임했다. 그 뒤

1972년 워싱턴으로 망명한 김대중과 만나면서 유신독재에 반대하는 반정부 활동과 한국의 민주화를 위해 노력했다. 외교관에서 망명자가 된 그는 워싱턴DC 지역에 거주하면서 한민통 사무총장, 김대중의 개인 비서 등으로 끝까지 김대중을 보좌했다.

문명자(1930~2008)는 워싱턴 디시에서 활동한 한국계 언론인이다. 조선일보 동아일보 경향신문, mbc의 주미 특파원으로 일했으며, 미국 이름은 쥴리 문(Julie Moon)으로 미국여기자협회 부회장 등을 지내며, 미국 주류사회에도 영향력 있는 언론인으로 활동했다. 문명자는 닉슨이 공화당 대선후보 경선 때 인연을 맺어, 가깝게 지내면서 백악관 출입 기자로 오래 활동했으며, 생전에 등소평, 김일성 등과도 인터뷰를 하는 등 특종 기자로 이름을 날리기도 했다. 그 뒤 김대중 납치 사건 보도와 이후락 중앙정보부장에 대한 비판적 발언 등으로 신변에 위협을 받자, 1973년 11월 미국에 망명 신청을 했다.

임창영(1909~1996)은 미국에서 신학교를 마치고 5년간 뉴욕에서 목회를 했으며, 이후 프린스턴대학에서 철학박사 학위를 맏고 뉴욕주립대학 교수로 일했다. 그 뒤 귀국해 1960년 유엔주재 한국대사를 역임했고, 미국에 머물면서 국내정치 상황을 비판하고 통일운동에 관여해 미주 민주화운동 1호로 불리기도 했다.

364 김대중, 『김대중회고록』, 280페이지, 삼인, 2015

365 재일본조선인총연합회(총련.조총련)은 1945년 일본이 패망한 이후 재일 조선인 가운데 좌익이 중심이 돼 1955년 결성됐다. 한때는 조직원도 많았으나, 지금은 10만 명 미만이다. 일본과 북한은 국교 관계가 없어 조총련이 북한의 비자와 여권 발급을 맡고 있다. 해방 이후 70년대 초까지만 해도 우익 교민 단체인 민단(재일대한민국민단) 보다도 더 큰 조직이었다. 지금은 조선노동당 통일전선부의 지도를 받고 있으며, 북한최고인민회의에 5명의 대표를 보내고 있다.

민단은 해방 직후 일본에 거류하고 있던 한국인들이 조직한 재일조선인연맹(조련)이 북조선 지지를 선언하자, 1946년 11월 재일본조선인거류민단을 조직해 현재 민단의 모체가 됐다. 이후 1965년 한-일국교정상화 후에 재일 한국인의 영주권이 허용되면서 규모가 많이 커졌다.

366 김대중, 『김대중자서전』, 284페이지, 삼인, 2015

367 한홍구의 유신과 오늘, ⑧김대중 납치사건(상), "나는 저놈만 보면 소화가 안 돼", 2012.6.2. 한겨레신문

368 이희호, 『이희호자서전 동행』, 132페이지, 웅진지식하우스, 2008

369 이희호 여사는 자서전(『동행』, 2008)에서 이렇게 기록했다.
나는 메신저 편으로 서신을 보내며 (양일동 씨나 김경인 의원으로부터) 연락이 가더라도 만나지 말고 내 편지를 아무 데나 두지 말 것 등을 당부했다. 후에 남편에게 물었다. "편지로 그분들을 만나지 않는 것이 좋겠다고 했을 텐데요?" "체재비가 궁하고 국내 소식이 궁금했소" 남편과 '형님 동생' 하는 사이인 양일동 당수는 야당에서 유진산 선생과 함께 자금 동원력이 뛰어났다. 그는 부자인 재일교포 동생 덕에 일본에서 특히 여유로웠다. (133페이지)

370 기무라 도시오(1909~1983) 의원은 도쿄대학을 졸업하고 체신성, 운수성 등에서 근무하다가 자민당 소속으로 총리를 지낸 사토 에이사쿠(佐藤栄作)의 권유로 정계에 투신했다. 1949년 중의원으로 선출돼 12선 의원을 지내면서 내각관방장관, 경제기획청장관, 외무장관 등을 지냈다.

371 김대중, 『김대중자서전』, 290~291페이지, 삼인, 2015

372 김대중, 『김대중자서전』, 298~299페이지, 삼인, 2015

373 돈 오버도퍼(1931~2015)는 프린스턴대학에서 학업을 마치고, 포병 장교로 한국전에 참전했다. 그 후 언론계에 투신해 38년간 언론계에서 활동한 가운데 25년을 워싱턴포스트(WP)에서 일했다. 그는 1991년과 1995년 북한을 방문해 취재했으며, 한반도와 베트남 등 아시아 지역 전문기자로 활동했으며, 월남전과 관련한 『구정 대공세』(Tet, 1971), 구소련 붕괴를 다룬 『대전환』(The Turn,1991), 『두 개의 한국』(The Two Koreas, 1997) 등이 좋은 평가를 받고 있다. 특히 그가 저술한 『두 개의 한국』은 미국 내에서는 물론 외국에서 현대 한반도 문제를 이해하기 위해서는 꼭 읽어야 할 좋은 책으로 평가받고 있다.
오랜 언론계에서의 활동을 인정받아 모교인 프린스턴대학에서 우드로윌슨상을 받았으며, 언론계 은퇴(1993) 후에는 존스홉킨스대학의 국제관계대학원(SAIS) 교수와 산하 한미관계연구소(USKI)의 초대 소장을 지냈다.
리처드 닉슨 대통령은 재임 시, 워터게이트사건으로 시달리면서 "백악관의 어느 누구도 WP의 취재에 응하지 말라"고 하면서도 오버도퍼 기자에 관해서는 "열 번 가운데 한 번 정도는 좋은 기사를 쓴다"고 칭찬했다는 일화가 전해진다.

374 이룰태림, 멈출 수 없는 언론자유의 꿈(40), "'DJ납치' 축소보도 동아일보의 직무유기", 2014.2.26., 한겨레신문

375 한균태 등, 『현대사회와 미디어』 중 인쇄미디어, 108~112페이지, 커뮤니케이션북스, 2014

376 필립 하비브(Philip Charles Habib, 1920~1992) 대사는 제10대 주한 미국대사로 1971년 10월부터 1974년 8월까지 근무했다. 그 이전 하비브는 5·16쿠데타가 일어난 뒤 군정 기간에는 참사관으로 서울에서 근무했으며, 대사로 재임 중에는 유신헌법이 제정되고, 한국의 인권 문제가 제기되던 때였다. 특히 73년 8월 김대중 납치 사건 때는 김대중을 구출하기 위해 당시 CIA 서울지국장이던 도널드 그레그(후일 1989~1993 한국 주재 미국대사 역임)에게 지시해, 소재를 재빨리 파악하도록 조치했다. 그 뒤 하비브 대사는 국무부 동아태 차관보를 지냈고, 레이건 대통령 시절에는 중동평화협상 특사를 지내기도 했다.

377 김정렴, 『한국경제정책 30년사』, 424페이지, 중앙일보·중앙경제신문, 1990

378 김종필, 『김종필증언록』, 440~441페이지, 와이즈베리, 2016

379 윤필용 사건은 1973년 당시 수경사령관 윤필용 소장이 이후락 중앙정보부장에게 "박정희 대통령 각하의 후계자는 형님이십니다. 김춘추도 당나라에 갔다 와서 결국 신라의 왕이 되지 않았습니까?"라고 말한 데서 불거진 사건이다. 이 소문과 관련해 보고받은 박 대통령은 강창성 보안사령관에게 조사를 지시했고, 결국 윤 사령관과 그를 따르던 13명의 장교들은 쿠데타를 모의했다는 혐의로 조사했으나, 관련 혐의가 드러나지 않아, 다른 혐의로 처벌받았다. 또 윤 소장을 추종하던 30여 명의 군 장교들도 예편됐다. 이 사건을 계기로 군내 사조직 「하나회」의 존재가 드러났으나, 당시 박 대통령의 별도 지시가 없어, 그냥 지나갔다.

380 김종필, 『김종필증언록』, 394페이지, 415페이지, 와이즈베리, 2016

381 김종필, 『김종필증언록』, 442~443페이지, 와이즈베리, 2016

382 김종필, 『김종필증언록』, 443페이지, 와이즈베리, 2016

383 김성후 기자, "김대중 납치 내가 했다" 보도 막으려 강제 인쇄 중단, 기자협회보(기자와 필화(10) 1987년 신동아. 월간 조선 제작방해 사태) 2011.8.18.

384 임재현 기자, '김대중 납치사건 보고 이후락에 박정희 "집어치워" 재떨이 던져', 2015.8.19., 경북매일

385 크리스천 사이언스 모니터(CSM)는 '크리스천 사이언스'(Christian Science)라는 기독교 교파가 운영하는 언론 기관으로, 1908년 보스턴에서 창간됐다. 2008년부터 이 신문은 일간지 발행을 중단하고 주간지와 온라인으로 뉴스를 전하고 있다. 크리스천 사이언스라는 기독교 계열의 종교단체는 이단이라고 비판받고 있으나, 이 신문은 퓰리처상 수상 기자를 8명을 배출하는 등 정론지로서 명성을 이어가고 있다.
한편 '크리스천 사이언스' 교파에서는 모든 질병이 마음의 문제라고 보고 있으며, 성경에 기록된 기적은 누구나 믿음만 있다면 얼마든지 가능한 일이라고 생각한다. 1879년 세운 단체로 수십만 명의 추종자가 있는 것으로 추산된다.

386 김대중, 『김대중자서전』, 310페이지, 삼인, 2015

387 이근성, 『유신체제와 민주화운동』 가운데 두 번째 글(유신정권과 재야세력의 등장), 22페이지, 삼민사, 1985

388 이해찬, 『유신체제와 민주화운동』 가운데 여덟 번째 글(유신체제와 학생운동), 231페이지, 삼민사, 1985

389 박명림, "박정희시대의 민중운동과 민주주의" 한국과 국제정치, 2008, vol. 24, no 2, 페이지

390 박명림, "박정희 시대 재야의 저항에 관한 연구, 1961~1979", 한국정치외교사논총, vol.30 ,no 1 페이지 29~62

391 박명림, "박정희 시대 재야의 저항에 관한 연구, 1961~1979", 한국정치외교사논총. vol.30, no 1,페이지 29~62 (56페이지)

392 문익환(1918~1994), 리(이)영희(1929~2018) 등에 관해서는 일부 다른 견해가 있다. 문익환 목사는 일제시대 만주에서 태어나, 일본과 미국에서 신학 공부를 마치고 한신대 신학교수로 재직하던 전형적인 개신교 목사였으나, 어린 시절 친구인 장준하의 죽음과 1976년 3·1민주구국선언 사건으로 투옥된 이후 민주화와 통일운동의 길로 접어든다. 그 과정에서 문 목사는 1989년 북한을 방문해 김일성과 회담하고, 범민련(조국통일범민족연합) 활동과 관련해 친북 성향으로 의심을 받았다. 그러나 문 목사는 북한이 범민련을 대남공작용으로 이용한다는 내외의 비판에 직면하자, 범민련을 해산하고, 새로운 통일운동 단체를 구성하기 위해 애썼다.
리(이)영희는 좌파로부터 민주화운동의 선구자로 칭송받지만, 우파로부터는 의식화의 원흉이라는 비판을 받는다. 그도 평안북도 운산군에서 태어나 6·25전쟁이 발발하자, 국군 통역장교로 입대해 7년간 복무하고 소령으로 예편한 뒤 언론사와 대학에서 강의하고 저술 활동을 이어갔다. 기자로 활동할 당시 그는 베트남전쟁에 반대하는 글을 쓴 혐의로 중앙정보부로부터 반공법 위반혐의로 구속되고, 『전환시대의 논리』(1974)를 펴내고 다시 반공법 위반으로 수감되기도 했다. 그는 단순한 반공 논리가 횡행하던 1970년대 외부 세계의 객관적 시각들과 알려지지 않은 정보들을 소개해 독자들에게 새로운 사실들을 알리는 데 큰 역할을 했다. 이 때문에 그는 좌파들로부터는 '사상적 은사(恩師)'라는 칭송을 듣는 데 반해 우파들로부터는 '빨갱이'라는 비판을 들었다.

393 박명림, "박정희시대의 민중운동과 민주주의:재야의 기원, 제도·관계·이념을 중심으로" 한국과 국제정치, 제24권 제2호, 2008.1 (231~263페이지)

394 「민주수호국민협의회」는 지난 1971년 대선과 총선을 앞두고 민주적이고 공정한 선거를 위해 조직된(71.4.19) 최초의 재야 민주화운동 상설조직이다. 그 뒤 위수령 발동(1971.10)과 유신의 선포(1972.10)로 활동을 거의 하지 못했다.
그 이전 재야의 민주화운동세력은 한일협정 반대를 위한 「조국수호국민협의회」를 구성했으나, 상설 조직까지에 이르지는 못했다. 재야도 70년대로 가면서 점점 강한 조직력과 활동력을 갖춰갔다.

395 이상우, 『비록 박정희시대(2)』, 58페이지, 중원문화사, 1985.

396 국민복지회(国民福祉会) 사건은 3선 개헌을 앞두고 1968년 5월 집권 민주공화당 당기위원회가 김종필계 의원들을 해당 행위자로 규정하고 당에서 제명한 사건을 말한다. 애초 국민복지회라는 단체는 당시 박정희 대통령의 연임 임기가 1971년에 끝나면 후계자로 김종필을 추대하려고 만든 단체였다. 민주공화당 내의 반 김종필계는 이 조직이 3선개헌을 반대하고 김종필을 후계자로 옹

립하려 한다는 보고를 청와대에 올리고, 이를 접수한 박 대통령은 중앙정보부에 대해 엄중한 수사를 지시해서 불거진다. 이 결과 김용태 등 의원 다수가 제명됐고, 김종필은 당 의장 등 공직에서 사퇴하고 정계 은퇴를 선언하고 의원직도 내놓고 물러난다

397   조선일보 "긴급조치 1호 위반 장준하·백기완씨 첫 구속" 1974.1.16. 1면

398   한국일보 "학생데모 징역 5년~사형", 1975.4.4.

399   조선일보, "민청학련 노농정권 수립 기도" 1975.4.26.

400   폭스 버터필드(Fox Butterfield, 1939년생)는 뉴욕타임스에서 30년 이상을 보낸 언론인으로 대표적인 아시아 전문 기자다. 그는 사이공, 홍콩, 베이징 지국장을 역임했으며, 미국 내 보스턴, 워싱턴 DC와 뉴욕 지국장을 맡기도 했다. 1971년 펜타곤 페이퍼 취재팀으로 일하며 퓰리쳐상을 탔고, 1983년에는 문화대혁명 이후의 중국의 실상을 취재한 『China: Alive in the Bitter Sea』으로 넌 픽션 분야의 전미도서상(National Book Award for Nonfiction)을 수상하기도 했다. 특히 버터필드는 1990년 하버드 법대에서 발행하는 학술지 『하버드 로 리뷰』(Harvard Law Review)에 최초로 흑인 편집장이 선출된 경우를 기사화했는데, 그때 선출된 회장이 바로 버락 오바마 대통령이었다

401   중앙일보 "육영수 여사 운명" "범인은 재일교포 문세광" 1974.8.16.

402   김종필, 『김종필증언록』, 457페이지, 와이즈베리, 2016

403   김대중은 박정희와 만난 1968년 1월 1일 청와대 새해 인사 모임에서 육영수 여사를 만났다고 자서전에 기록했으나, 당시 신문은 육 여사가 몸살 기운이 있어, 참석하지 않았다고 보도하고 있다. 1968년 1월 4일 자 동아일보의 정치 가십난인 팔각정(八角亭)과 1월 5일 조선일보의 정치 가십난 문외문(聞外聞)은 모두 "육 여사가 환후(患候)로 참석하지 못하고, 박 대통령 혼자 오전 9시부터 12시까지 약 2천 명의 방문객들과 새해 인사를 나눴다"고 보도했다. 당시 대통령은 1월 1일 신년인사회가 끝나고 진해 별장에 내려가 휴식을 취하고 4일 밤 서울로 돌아왔다고 보도했다.

404   김대중, 『김대중자서전』, 316페이지, 삼인, 2015

405   김수환 추기경 구술·평화신문 엮음, 『추기경 김수환 이야기』, 227페이지, PBC평화방송·평화신문, 2005(초판 7쇄)

406   인민혁명당(인혁당) 사건은 1차(1964) 2차(1974) 등 두 차례에 걸쳐 발생한다. 두 차례의 인혁당 사건 수사는 모두 중앙정보부가 담당했다. 1차는 남한 내 대규모 지하조직인 인혁당이 '북괴의 지령을 받고 한일회담 반대 학생 시위를 배후 조종했다'고 발표됐다. 중앙정보부는 관련자 57명 중 41명을 구속하고 검찰에 송치했으나, 담당 검사들이 '증거불충분' 등의 이유로 이들에 대한 기소

를 거부하는 등 논란이 있었다. 당시 한국인권옹호협회는 "인혁당 사건으로 구속기소 된 도예종 등 26명의 피고인 대부분이 중앙정보부에서 발가벗긴 채 물고문과 전기고문을 당했다"고 폭로하기도 했다. 검찰은 구속기소 된 26명 중 14명에 대해 공소를 취소하고 석방했으며 나머지 12명과 추가로 구속한 양춘우 등 13명에 대해서 "북괴를 고무찬양했다"는 반공법 위반으로 재판에 넘겼다. 이들 피고인은 65년 1월 1심 선고, 5월 2심 선고, 65년 9월 대법원에서 상고 기각으로 형이 확정됐다. 도예종은 징역 3년, 양춘우 등 12명은 징역 1년 등 가벼운 형을 선고받았다.

이 사건과 관련해 수사를 받았으나 무혐의로 풀려난 김배영은 그 뒤 일본을 통해 북한으로 탈주했다가 67년 10월 북한공작원으로 남파됐으나, 체포돼(1971) 사형이 집행되기도 했다.

2차 인혁당 사건은 민청학련의 배후 세력으로 지목된 8명이 관련된 사건으로 '인혁당 재건위원회' 사건이라고도 불린다. 서도원 도예종 송상진 우홍선 하재완 이수병 김용원 여정남 등 8명은 당시 비상보통군법회의에서 사형을 선고받고(74.7), 항소. 상고했으나, 75년 4월 8일 대법원에서 사형 판결이 확정되고, 다음 날 4월 9일 형이 집행됐다. 이 사건은 유신체제하에서 발생한 대표적인 인권 침해 사건으로 남는다.

이 사건 관련 도예종의 형선고통지서를 보면, 도예종은 재판이 열리기도 전인 8일 새벽 3시에 '사형'이 대검찰청에서 고등군법회의 검찰부에 통고된다. 당국의 손에서 이미 사형이 확정돼 있었다는 증거에 다름 아니다. 사람이 이렇게도 목숨을 잃는다.

시간이 많이 흐른 뒤인 2002년 9월 의문사진상규명위원회는 인혁당사건이 중앙정보부의 조작사건이라고 발표했다. 그 뒤 국정원과거사진실규명을통한발전위원회도 2005년 12월 인혁당 관련자들에 대한 조작 사실을 인정했다. 서울중앙지법은 2007년 1월 23일 도예종 등 인혁당재건위 재심 재판에서 모두 무죄를 선고했다. 2007년 8월 21일 서울민사지법은 국가가 유가족들에게 245억 원을 배상하라고 판결했다.

407   이영훈, 『대한민국역사, 나라만들기 발자취 1945~1987』, 기파랑, 2013

408   박용규, 『한국의 언론인 정체성을 묻는다』, 285~286페이지(신홍범 기자의 "증언:목 잘린 자의 아직도 아픈 추억"에서), 논형, 2015

409   이영훈, 『대한민국역사, 나라만들기 발자취 1945~1987』, 342페이지, 기파랑, 2013

410   오원철, 『박정희는 어떻게 경제강국을 만들었나』, 135~136페이지, 동서문화사, 2019

411   오원철, 『박정희는 어떻게 경제강국을 만들었나』, 137페이지, 동서문화사, 2019

412   오원철, 『박정희는 어떻게 경제강국을 만들었나』, 138페이지, 동서문화사, 2019

413   오원철, 『박정희는 어떻게 경제강국을 만들었나』, 138~139페이지, 동서문화사, 2019

414   오원철, 『박정희는 어떻게 경제강국을 만들었나』, 143~144페이지, 동서문화사, 2019

415　오원철, 『박정희는 어떻게 경제강국을 만들었나』, 145페이지, 동서문화사, 2019

416　오원철, 『박정희는 어떻게 경제강국을 만들었나』, 146페이지, 동서문화사, 2019

417　이영훈, 『대한민국역사, 나라만들기 발자취 1945~1987』, 344페이지, 기파랑, 2013

418　오원철, 『박정희는 어떻게 경제강국을 만들었나』, 223페이지, 동서문학사, 2019

419　김종필, 『김종필증언록』, 419페이지, 와이즈베리, 2016

420　오원철 비서관은 자신의 저서 『박정희는 어떻게 경제강국을 만들었나』(227~228)에서 이 어려운 결정을 주도한 박 대통령의 심경을 나름대로 풀이했다. 박 대통령이 "내가 전쟁을 하자고 하는 것도 아니지않느냐"라는 말을 하는 것은 "나는 6·25와 같은 전쟁의 재발을 막으면서 평화통일을 하자는 것이지, 동족상잔의 전쟁을 하자는 것은 아니다. 이런 목적 아래 중화학공업을 추진코자 하는 것이다"라는 말일 것이라고 풀이했다.

오 비서관은 또 "일본은 국가의 운명을 걸고 전쟁을 일으켰는데도, 국민이 기꺼이 따라주었다"고 한 것은 러-일 전쟁 때의 일을 말하는 것으로, 청-일 전쟁이 끝난 뒤 일본은 러-일 전쟁 또한 불가피함을 느끼고 군사력 강화에 나섰다. 청-일 전쟁 때의 일본 정부의 예산은 1억 엔 정도였는데, 전쟁이 끝난 다음 해의 예산은 2억 엔으로 배가 됐다. 이때 군사비의 비중은 32%에서 48%로 증가됐고, 다음 해에는 55%로 올라갔다. 이런 상태가 10년간 계속됐다. 이런 과중한 부담에도 불구하고 일본 국민은 이를 감수했다는 것이다. 일본은 러-일 전쟁에서 승리해 국가 위기를 극복할 수 있었다.

이어서 박 대통령은 "태평양전쟁 때 패전을 해서, 국민에게 막중한 피해를 주었지만"이라고 했다. 박 대통령의 이 말은 "나는 전쟁만큼은 피하려고 한다. 국가와 국민 그리고 민족에게 엄청난 피해를 주기 때문이다. 100억 달러가 소요되는 중화학공업을 건설하자면 국민에게 큰 부담을 주는 것도 사실이지만, 전쟁으로 인한 고통과 피해와는 비할 바가 아니지 않느냐"는 뜻으로 풀이했다.

그리고 마지막 "이 정도의 사업에 협조를 안 해 주어서야 쓰나"라는 말은 "중화학공업은 꼭 해야 한다. 그 결과는 역사가 증명해 줄 것이다. 최후의 결단은 국가 원수인 내가 혼자서 내려야 한다."고 풀이했다.

421　오원철, 『박정희는 어떻게 경제강국을 만들었나』, 226페이지, 동서문화사, 2019

422　오원철, 『박정희는 어떻게 경제강국을 만들었나』, 228페이지, 동서문화사, 2019

423　김형아 저 신명주 역, 『유신과 중화학공업, 박정희의 양날의 선택』, 294페이지, 일조각, 2005

424　차하순 등, 『한국현대사』, 229페이지(김영봉, 경제개발과 성장), 세종연구원, 2015

425   해방 당시 남북한의 발전 설비 용량은 172만 3,000kW로, 남북한 구성비는 북한이 88.5%, 남한이 11.5%였다. 수력발전이 91.5% 화력이 8.5% 정도였다. 이러한 발전 설비의 대부분은 북한에 있었고, 남한의 발전 설비는 19만 8,000kW에 불과했다. 남한의 발전 설비는 수력이 6만 2,000kW, 화력이 13만 6,000kW였다.
      5.16이 발생한 1961년의 경우, 남한의 총발전설비 용량은 36만 7,000kW에 불과했고, 그나마 공급 가능한 최대 출력은 28만 8,000kW로, 당시 최대 전력 설비 수요 50만kW에 비해 15만kW가 부족했다. 당시 군사정부는 남한 지역의 3개 전기회사를 통합해 한국전력주식회사를 설립해 국내 전력생산과 송·배전을 담당하도록 했다. 이후 1차 경제개발5개년계획 기간 43만 3,000kW에서 76만 9,000kW로 늘어나고 이어 2차 5개년계획 기간에 263만kW에 이르게 된다. (한국민족문화대백과사전)
      정유공장과 관련해서는, 놀랍게도 우리나라는 1880년대부터 미국과 러시아로부터 호롱불 등을 켜기 위한 석유를 수입해 사용했다. 한일합방 직후 1910년대 서울역 앞에 역전주유소가 생겨났다. 차량과 선박, 공장 등에서 석유가 에너지로 사용되는 것은 1920년대 들어서면서였고, 1935년 조선석유주식회사가 설립돼 원산(元山)에 최초의 정유공장이 건설된다.
      1938년 준공된 원산정유공장은 연산 30만 톤(하루 6,000배럴)을 생산했다. 이후 태평양전쟁이 진행되면서 일제는 정유공장 시설을 분산시킬 필요에 따라 1944년 경상남도 울산에 새로운 정유공장을 짓는다. 1945년 3월 연산 20만 톤 규모의 시설 공사에 들어가 70%가량 공사가 진척된 상태에서 일제가 패망하고 공사가 중단됐다. 이후 한국 정부는 중단된 이 공장의 수리와 복구를 마쳤으나, 1950년 북한의 남침으로 이 공장은 유엔군의 유류보급창으로 징발된다. 그 후에도 몇 차례 정부와 민간에서 이 공장의 재건을 위해 노력했으나, 성사되지 못했다. 5·16 이후 정부는 이 시설이 낡은 데다가 당시의 수요를 감당하지 못하는 점을 감안해, 새로 건설하기로 한다. 대한석유공사(유공)은 하루 35,000배럴의 새 정유공장을 1964년 4월 완공하고 생산에 들어갔다. 유공의 이 공장은 정부의 민영화 방침에 따라 1980년 12월 선경그룹(SK)으로 넘어간다.

426   메이지유신은 1868년 일본에서 봉건제 막부를 타도하고 천황을 중심으로 하는 중앙 집권체제를 복구하고 정치 경제 문화 등 나라 전반에 걸친 근대화를 성공시킨 일련의 개혁을 말한다. 이 메이지유신을 통해 일본은 서양 제국주의 열강들의 지배나 침략을 피해 갈 수 있었고, 아시아의 강자로 우뚝 서 주변 여러 나라를 침략하거나 식민 지배할 수 있었다.

427   김종필, 『김종필증언록』, 405페이지, 와이즈베리, 2016

428   한영우, 『다시찾는 우리역사』, 598~599페이지, 경세원, 2006

429   "표지기사로 읽는 한국의 역사", 이코노미스트, 2006.10.31. 뉴스위크(Newsweek)는 1933년 창간 이래 모두 16번 한국을 표지기사로 다루었다. 그동안 한국은 6·25 한국전쟁, 눈부신 경제 발전, 민주화 시위 등으로 세계의 눈길을 끌었다. 한국은 1951년 4월 30일 자 표지기사로 다뤄진 이래 1953년 5월 4일 자 표지기사(How the Reds Wash Brains) 이후로 24년간 뉴스위크 표지에서 사라졌다가, 77년 6월 6일 자 표지기사(The Koreans Are Coming)로 오랜만에 컴백했다.

430　한영우, 『다시찾는 우리역사』, 599페이지, 경세원, 2006

431　국토완정은 북한에서 쓰는 용어로, 북한에서 발간한 『조선말대사전』의 뜻풀이에 따르면, "한 나라의 영토를 단일한 주권 아래에 완전히 통일하는 것"을 뜻한다. 그래서 국토완정은 '북한체제로 한반도 전 국토를 완전히 통일(정리)하겠다'는 의미이며, 북한은 '국토완정과 통일을 같은 것'으로 보고 있다. 이 용어는 북한 정권 수립일 다음 날인 1948년 9월 10일 김일성이 발표한 조선민주주의인민공화국 정부의 정강(政綱)에서 처음 등장했다. 이후 국토완정은 1949년 신년사를 통해 북한의 통일방안으로 굳어졌으며, 1950년 6월 25일 국토완정을 달성하기 위해 남침을 시도했다. 그러나 미군을 비롯한 유엔군의 신속한 참전으로 이 시도는 실패로 돌아가고, 북한은 1960년대 들어 남조선혁명노선과 3대 혁명역량강화론으로 전환한다.

432　일제 시대 한반도는 조선(朝鮮)으로 불리면서, 남선(南鮮), 북선(北鮮), 서선(西鮮: 평안남북도, 황해도) 등으로 세분화 된 지역 명칭도 갖고 있었다. 북선에 대한 투자가 한창 집중되던 7대(1936~1942) 조선총독을 지낸 미나미 지로(南次郞)는 '북선을 보지 않고 조선을 말하지 말라'고 할 만큼 북선 개발에 힘을 쏟았다. 물론 이러한 일본 식민정책의 변화는 1931년 9월에 시작된 일제의 만주 침략과 중국 침략 전쟁을 수행하는데 있어서 한반도의 역할, 그 가운데서도 북한 지역, 또 그 가운데서도 북선 지역의 중요성을 강조하고 있었다. 우리 한반도의 함경남북도는 일본이 동해를 가로질러서 북상해 가장 최단거리로 일본 본토와 만주를 잇는 지역이면서 지하자원과 목재 등 여러 전쟁 수행 물자들이 풍부하게 공급될 수 있는 지역이었다. 청진, 나진 등의 항구 개발과 여러 가닥의 철도의 부설 등은 이러한 전쟁 수행 계획에 따라 이루어졌다.

433　러시아어 콤비나트(Kombinat)는 "서로 연관된 업종의 산업체가 모여 이루어진 대규모 공업단지"를 뜻한다. 영어의 클러스터(Cluster), 북한에서 사용하는 '연합기업소'와 비슷한 의미로 쓰인다. 석유화학콤비나트, 제철 콤비나트, 우주산업콤비나트 등이 있다.

434　기무라 미쓰히코, 아베 게이지 지음, 차문석·박정진 옮김, 『북한의 군사공업화』, 미지북스, 2009. 당시 북한에 건설된 몇 가지 중요한 시설을 보면, 노구치 시타가우(野口遵, 1873~1944)는 부전강에 대규모 댐과 4개의 발전소를 건설하고 그 전력을 이용해서 화학비료를 대량으로 생산하기 시작했다. 이후 사업을 확대해서 규모와 설비 면에서 세계 굴지의 화학콤비나트를 구축했다. 미쓰비시제강 평양제강소는 육해군에 제공할 강재의 생산 공장으로 1943년에 조업을 개시했다. 항공기 기체 제조에 필수적인 알루미늄이나 마그네슘의 증산을 목적으로 하는 기업도 설립됐다.
니혼질소(日本窒素)의 자회사인 닛치쓰연료공업은 1943년 당시로서는 세계 최대 규모의 카바이드 공장을 청수에 건설했다. 생산된 카바이드는 해군의 연료는 물론 여러 가지 제품의 기초 연료로서 군수공업에 널리 이용됐다. 광공업 개발을 뒷받침하기 위해 발전소, 철도, 항만의 확장도 추진됐다. 압록강 본류의 수풍댐, 철도국의 평원선, 만포선 건설은 그 대표적인 예이다. 일제는 북한이 전력이나 광물 등 특정 자원이 매우 풍부하게 존재했고 집약적인 사용이 가능했으며, 이는 대량생산에 유리한 조건이 됐다고 설명한다. 또 당시 조선에는 이런 기업에 앞서서 사업을 행한 기업이 없어서 높은 이윤도 기대할 수가 있었다.

435 이 자료는 고태우 교수가 한국문화(89호)에 게재한 「식민지기 북선 개발(北鮮開發) 인식과 정책의 추이」에 실린 도표(조선총독부 통계 연표)를 인용한 내용이다.

436 한영우, 『미래를 여는 우리 근현대사』, 220~221페이지, 경세원, 2016

437 1866년(고종3) 7월 미국 상선 제너럴 셔먼(General Sherman)호가 평양 대동강에서 조선 군인과 민간인들의 화공(火攻)으로 불타버린 사건을 말한다. 이 사건이 나기 몇 달 전 조선에서는 프랑스인 천주교 신부 9명과 조선인 천주교 신자 수천 명이 박해를 받아 숨지는 병인박해가 있었다. 그래서 조선에서는 이에 대한 보복으로 프랑스가 쳐들어온다는 소문이 퍼진 가운데, 정체불명의 외국 선박이 대동강을 거슬러 올라와 통상교역을 강요한 일이 있었는데, 바로 미국 상선 제너럴 셔먼호였다. 조선 측에서는 통상교역은 국법에 위배되며, 외국 선박의 대동강 항행은 영토침략과 주권 침해에 해당하므로 퇴거를 요구했으나, 이들은 대포를 발사하는 등 난폭하게 굴었다. 이에 평양감사 박규수가 군민 합동으로 셔먼호를 불태우고 선원 24명을 몰살시켰다. 이 사건은 몇 년 뒤 미군의 강화도 침략인 신미양요(1871)로 연결된다.

438 북한 정권은 크게 만주파(김일성), 국내파, 소련파, 연안파 등 네 개 파벌이 연합해 성립됐다. 6·25 전쟁이 끝나고 복구 사업과 경제 개발 과정에서 파벌 간 견해가 달라지면서 내부적으로 권력투쟁이 전개되었다. 1956년에 발생한 종파 투쟁이란 연안파, 소련파 계열 세력들이 56년 8월 당 중앙위원회 전원회의 개최를 계기로 김일성 중심의 정치 세력을 당에서 축출하기로 계획했으나 사전에 누설돼 지도자들이 체포된 사건을 말한다. 김일성은 이 사건을 계기로 연안파와 소련파를 대대적으로 숙청했고 당권을 완전히 장악해 일인 지배의 독재 권력 기반을 공고히 했다.

439 한영우, 『미래를 여는 우리 근현대사』, 222페이지, 경세원, 2016

440 윤여연(대동인쇄 대표) "오염·변질 86세대 운동권 정치인, 민주화 주역도 아니다", 신동아 (2024년 3월호) 282페이지,

441 1946년 3월 당시 북한에서는 4%의 지주가 전체 농지의 58%를 소유하고 있었다. 그리고 소작농이 전체 농민의 73%를 차지하고 있었다. 무상 몰수의 대상이 된 토지는 일본인과 민족 반역자, 5정보 이상의 농지를 가진 지주의 땅으로, 42만 호로부터 90만 정보의 토지가 몰수돼 72만 호의 농민들에게 분배돼, 북한 농민들은 경작권을 얻게 됐다. 토지의 소유권은 모두 국가였다. 소유권은 없이 경작권만 갖게 된 북한 농민들은 현물세(現物稅)를 25%씩 내는 '신종 소작농'이 됐지만, 당시는 이런 문제들이 지적되지 않고 그냥 지나갔다. 이런 식의 토지개혁으로도 생활이 향상된 소작농들은 공산당원의 숫자를 늘리는 데 큰 도움이 됐다. 이렇게 토지를 빼앗긴 지주들은 모두 월남했다.
이어서 실시된 북한의 중요 산업 국유화는 일본인 또는 민족자본가가 소유하던 기업체, 광산, 산림, 어장, 발전소, 운수, 체신, 은행, 상업, 문화 관계 산업 등을 국유로 한 것으로 전체 산업의 90%를 차지했다. 나머지 소규모의 개인 수공업이나 상업은 자유로운 기업 활동을 허용했다. 이 결과 국영기업은 전체 기업의 72.4%를, 개인 기업은 23.2%를 차지하게 됐다.

442　1945년 말 모스크바에 모인 미국 영국 소련의 외무장관들은 한반도에 민주적인 독립 국가를 세우기로 결정하고, 이를 위해 임시정부를 세우고, 최장 5년 동안 신탁통치를 실시할 것을 결의한다. 이 대목에서 중요한 것은 임시정부 수립에 참여할 대표 선출에 누가 참여할 것인가 하는 문제가 된다. 소련은 이를 위해 46년 1월 북한 지역의 최대 정당이었던 조선민주당 당수이며 민족주의자였던 조만식을 아예 감금해 버리고, 2월 김일성을 위원장으로 하는 북조선인민위원회를 조직하고, 3월 5일 토지 개혁도 실시해 주민 대다수를 차지하는 농민들을 자신의 지지기반으로 확보했다.

반면, 미군정은 남한 사람들이 어떤 정치성향 경제의식을 가졌는지를 여론조사를 통해 점검할 필요를 느끼고 여론조사를 시작했다. 북한을 점령해 공산주의 정권을 세우기 위해 작전을 펴는 소련에 비해 많이 늦다는 느낌을 준다.

북한의 토지개혁에 놀란 미군정은 우선 〈한국인의 경제성향에 관한 여론조사〉(46.3.12)를 실시한다. 먼저 일본인 소유 농지의 처리와 관련한 조사에서는 '가까운 장래에 미군정이 소작농에게 판매한다' 17.5%, '미군정이 무상으로 분배한다' 14.5%, '장차 세워질 한국 정부가 처리한다' 68%로 조사 결과가 나왔다. 또 한국인 대지주가 소유한 땅의 처리에 대해서는 '경작자(소작농)에게 분배해 주어야 한다'가 66.3%로 다수로 나타났고, 어떤 방식의 분배인가에 대해서는 유상 분배 72.9%, 무상 분배 27.1%로 집계됐다. 그리고 대지주의 땅을 분배하지 않는다면 정부가 인수해야 한다 76.9%, 지주에게 그냥 맡겨두어야 한다 23.1%였다. 토지와 함께 일본인 기업에 대해 조사한 결과, 모든 주요 기업의 국유화가 34.1%, 모든 재산의 국유화가 22.3%, 국유화가 아니라 정부의 통제하에 두어야 한다 33.9%, 국유화와 정부 통제 모두 반대가 9.7%로 나타났다. 토지의 국유화에 대해서도 조사했는데 국유화 찬성 49.9% 반대가 50.1%였다.

다음 미군정은 〈서울의 정치동향에 관한 여론조사〉(46.3.31)를 실시한다. 미군정은 미소공동위원회에 어떤 정치 사회 단체를 참여시킬지를 고심하고 있었다. 서울 지역의 사업가 전문가, 노동자, 농민 1,908명을 대상으로 했다. 응답자 75%가 정치에 관심을 갖고 있다, 87%는 정부의 형태에 대해서도 깊은 관심을 갖고 있다고 했다. 이들은 우익정당 지지가 43% 좌익정당 28% 기타 29%로 나타났다. 다음, 누가 한국인의 복지를 위해 가장 열심히 일하는가 질문에 대해서는 이승만 30% 김구 20% 안재홍 9% 김규식 8% 조만식 3%(이상 우익 계열) 그리고 여운형 15%, 박헌영 11% 김일성 김두봉 각 2%(이상 좌익계열)로 나타났다. 종합해서 보면 1946년 3월 남한의 정치 지형은 우익 70%, 좌익 30%로 구별된다.

해방 직후 1946년 2월부터 한국의 우익은 「민주의원」을 중심으로, 좌익은 「민주주의민족전선」을 중심으로 정치 활동을 하고 있었는데, 미군정이 좌우익 대표기관에 대해 선호도를 조사한 결과를 보면, 민주의원 51.5% 민주주의민족전선 27%, 모르겠다 22%였다.

(이상 내용은 서울신학대학교 박명수 교수의 2018년 논문, 〈1946년 미군정의 여론조사에 나타난 한국인의 사회인식〉에 바탕을 두고 작성했다. 송건호와 강만길 등 일부 학자들은 해방 후 한국 사회는 좌파 내지 중도 세력이 우세했을 것이라고 주장했지만, 미 군정이 초기에 조사한 여러 여론조사를 보면, 남한 사회는 우익 70% 정도 좌익 30% 정도의 비율로 보인다.)

443　한영우, 『미래를 여는 우리 근현대사』, 185페이지, 경세원, 2016

444　한영우, 『미래를 여는 우리 근현대사』, 186페이지, 경세원, 2016

445   한영우, 『미래를 여는 우리 근현대사』, 199~200페이지, 경세원, 2016

446   이영훈, 『대한민국역사, 나라 만들기 발자취 1945~1987』, 244페이지, 기파랑, 2013

447   이영훈, 『대한민국역사, 나라 만들기 발자취 1945~1987』, 246~247페이지, 기파랑, 2013

448   한영우, 『미래를 여는 우리 근현대사』, 207페이지, 경세원, 2016

449   미국 경제전문가 로버트 네이선(1908~2001)의 이름을 딴 「네이선보고서」는 유엔한국재건단(UNKRA)의 의뢰로 미국 민간 경제연구소인 네이선협회가 작성한 보고서이다. 네이선협회는 분단과 전쟁으로 만신창이가 된 한국 경제의 실상을 분석하고 재건의 가능성을 검토했다. 이들은 1952년 예비보고서를 내고, 1954년 최종보고서(An economic pogramme for Korean reconstruction)를 제출했다. 이 보고서는 "우리는 한국인의 용기, 의지력, 결심에 특히 감명을 받았다. 재건사업은 거대하고 힘들지만, 그렇다고 결코 가망 없는 일이 아니다. 적절한 원조가 있고 분별있게 자원을 효과있게 사용만 한다면, 한국은 경제적 자립을 달성할 수 있을 것이다"라고 정리했다. 몇해 전(2019) 국내 경제학자들이 『한국경제의 재건을 위한 진단과 처방』이란 제목으로 번역을 마쳐서 출판했다.

450   한국민족문화대백과사전(인터넷), 경제개발계획 항목

451   김영봉, 경제개발과 성장(『한국현대사』 230페이지, 세종연구원 2013)

452   돈 오버도퍼, 뉴스위크 한국판 뉴스팀 번역, 『두 개의 코리아』, 338페이지, 중앙일보, 1998

453   1963년 우리나라는 수출 8,480만 달러를 달성했다. 그 추세라면 1964년 중에 수출 1억 달러의 달성이 가능해졌다. 이에 따라 정부는 64년 8월 26일 국무회의에서 "수출 실적이 1억 달러가 되는 날을 '수출의 날'로 정한다"고 의결했다. 이 의결에 따라 그해(1964) 11월 30일 연간 수출 실적이 1억 달러에 이르자, 정부는 매년 11월 30일을 '수출의 날'로 한다고 선포한다. 이후 1990년 각종 기념일에 대한 규정 등을 정비하는 과정에서, '수출의 날'은 '무역의 날'로 이름이 달라진다. 그 후 2011년 12월 5일 우리나라는 세계 9번째로 무역 규모 1조 달러를 돌파한다. 정부는 이를 기념해 무역의 날을 11월 30일에서 12월 5일로 바꾸어 기념하고 있다.

454   김형아 저, 신명주 역, 『유신과 중화학공업, 박정희의 양날의 선택』, 251페이지, 일조각, 2005
박정희는 일본에서 에도 시대(1603~1868) 이래 속담으로 사람들이 흔히 쓰던 "이기면 관군이요, 지면 역적이라"는 말을 한 것으로 보인다. 이런 말은 사실 오래전부터 동서양에서 사용돼 왔다. 옛날부터 중국에서는 '성즉군왕 패즉역적'(成則君王 敗則逆賊: 성공하면 군왕이 되고, 패배하면 역적으로 몰린다)이라는 말이 있었고, 서양에서도 '목적이 수단을 정당화한다'(The end justifies the means)라는 말이 널리 통용됐다. 물론 이런 말들은 군주제가 시행되던 시대의 산물로서, 현대 민주사회에서의

상황과는 많이 다르다. 현대사회에서는 잘못된 역사는 시간이 흐른 뒤 시정되기도 해, 승자였던 사람도 재평가되고, 패자도 다시 살아나기도 한다.

455   이영훈, 『대한민국역사, 나라만들기 발자취 1945~1987』 394페이지, 기파랑 2013.

456   김대중, 『김대중자서전』, 306~307페이지, 삼인, 2010

457   조희연, 『박정희와 개발독재시대』 161페이지, 역사비평사, 2007

458   김대중, 『김대중자서전』, 172~173페이지, 삼인, 2010

459   김대중, 『김대중자서전』, 322페이지, 삼인, 2010

460   김대중, 『김대중자서전』, 328페이지, 삼인, 2010

461   김택근, 『새벽, 김대중평전』, 128페이지, 사계절, 2012

462   김수환 추기경 구술.평화신문 엮음, 『추기경 김수환 이야기』, 236페이지, PBC평화방송.평화신문, 2007(초판7쇄)

463   김대중, 『김대중자서전』, 343페이지, 삼인, 2010

464   뉴욕타임스(NYT), "Excerpts from State Department Reports on the Status of Human Rights Abroad", 1978.2.10. 17면

465   김대중, 『김대중자서전』, 350페이지, 삼인, 2015

466   오인환, 『박정희의 시간들』, 358~359페이지, 나남, 2023

467   이코노미스트(1271호), "로비는 미국에서 왜 합법적인가?", 2017.4.30

468   평화를 위한 식량(Food for Peace) 프로그램은 1954년에 제정된 『농산물 교역 발전 및 지원법』(The Agricultural Trade Development and Assistance Act) 통칭 「공법 480」호(Public Law 480)에 따라 시행된다. 미국은 잉여농산물 활용을 통해 미국의 해외정책을 관철시키는 것을 목표로 발전 도상국의 식량 안보 지원, 농업 개발을 통한 지속 가능한 발전 촉진, 국제교역의 확대, 수출 시장 확대, 민주정치의 발전 지원을 목표로 하고 있다.

469   오인환, 『박정희의 시간들』, 357페이지, 나남, 2013

470   박동진, 『박동진회고록, 길은 멀어도 뜻은 하나』, 80페이지, 동아출판사, 1992

471   오인환, 『박정희의 시간들』, 363페이지, 나남, 2013

472   김형욱, 박사월, 『김형욱증언, 혁명과 우상』 제3부 박정희 왕조의 비화, 299페이지, 독립신문사, 1984

473   김용식, 『김용식 외교회고록, 희망과 도전』, 299페이지, 동아일보사, 1987

474   권혁철 기자, "미국의 청와대 도청, 40여 년 이어진 '공공연한 비밀', 1976년 '코리아게이트' 출처 도·감청", 2023.4.10. 한겨레신문

475   박동진 전 외무장관의 회고록을 보면(83~86페이지), 박동선 사건을 미국 측에서 터뜨린 장본인은 필립 하비브로, 그는 한국에 오래 근무한 외교관으로서 한국 사정에 상당히 정통했다. 그리고 그는 박동선의 의회 로비 활동과 워싱턴 클럽에서의 사교활동을 매우 못마땅하게 생각했다고 한다. 하비브는 과거 서울 주재 미국대사관의 정무담당 참사관으로 근무할 때 서울 관철동 뒷골목 막걸리 주점에서 한국 외무부 직원들과 술잔을 같이할 정도로 한국에 관심과 애착을 가진 외교관이었다. 그 뒤 그는 한국 주재 대사(1971~1974)와 국무부 아시아태평양담당 차관보로 근무하면서 박동선 사건을 상관인 키신저에게 보고하고, 키신저는 포드 대통령에게 보고해, 수사하도록 했다고 말했다.
또 국무부 직원 중 도널드 래나드(Donald Ranard)도 한국통으로 하비브가 주한 미국 대사였을 때 국무부 한국과장으로 근무했다. 래나드도 하비브와 같이 박동선에 관해 깊은 증오감을 갖고 늘 박동선을 제거해야겠다는 마음을 품고 있었다고 했다. 래나드도 1959~1962년 사이 주한 대사관의 정무담당 참사관을 역임해 한국 사정에 정통했다고 했다. 래나드는 박정희 대통령이 5·16쿠데타를 일으켜 주한 미국 정부 기관에 많은 고통을 주었을 때 현장인 서울에서 근무하면서 어려움을 겪은 바 있어, 박정희 정부에 대해서도 비판적인 입장이었다고 기록했다. 하비브는 래나드 후임으로 주한 대사관의 정무담당 참사관을 지냈다.

476   도청이나 감청의 세계는 상상 이상이다. 미국이 주도하는 전 세계적인 위성통신도청장치 에셜론(ECHELON)이 유럽 기업들의 산업정보를 도청하기도 하고, 프랑스 정부는 에어프랑스사의 초음속 여객기인 콩코드의 일등석에 도청 장치를 설치해 탑승객들의 대화를 통해 세계 각국의 비밀 정보를 수집한 사실이 폭로되기도 했다. 독일 연방정보부는 컴퓨터 암호 해독장치와 운용 소프트웨어를 타이완에 제공해 중국 측의 암호 통신을 도청한 적이 있다. 우리나라와 관련한 경우로는 미국의 꾸준한 도청 말고도, 캐나다의 통신보안국이 한국의 경제·국방·안보에 대한 정보를 수집하기 위해 서울의 외무부와 캐나다 주재 한국대사관의 비밀 통화를 도청한 사실 등을 들 수 있다. (형사정책연구원 자료)

477   김정렴, 『한국경제정책 30년사』, 404페이지, 중앙일보.중앙경제신문, 1990

478　김정렴, 『아, 박정희』, 70페이지, 중앙M&B, 1997

479　김정렴, 『한국경제정책 30년사』, 444페이지, 중앙일보.중앙경제신문, 1990

480　김종필, 『김종필증언록』, 486~487페이지, 와이즈베리, 2016

481　김종필, 『김종필증언록』, 518페이지, 와이즈베리, 2016

482　김진, 『청와대비서실』, 115페이지, 중앙일보사, 1992

483　김진, 『청와대비서실』, 118~119페이지, 중앙일보사, 1992

484　김정렴 실장이 정확한 시점을 밝히지 않아서 현재의 가치로 환산이 쉽지 않다. 유신 이후 김 실장이 정치 자금을 맡았다고 말한 데 따라, 1974~75년의 물가를 적용한다면 정치자금 30억원은 최소 몇백억 원~1,000억원에 해당한다. 당시 물가를 보면, 커피가 한 잔에 80원, 갈비탕이 500원, 9급 공무원의 월급이 4만 원 정도로 나온다. 그때 보다는 20~40배 올랐다. 따라서 박 대통령이 아껴서 썼다고 하는 정치자금도 결코 적은 액수가 아니라는 계산이 나온다. 정당에 대한 국고 보조 제도가 생기기 전, 대통령은 집권 공화당과 유정회 등에 비공식적으로 운영 자금을 보내주고, 영향력을 행사했다.

485　김정렴 정치회고록, "2.박정희 대통령과 정치자금" 중앙일보, 1997.4.29.

486　김진, 『청와대비서실』, 133페이지, 중앙일보사, 1992

487　김종필, 『김종필증언록』, 520페이지, 와이즈베리,2016

488　조현호 기자, "전두환 '박근혜 6억 줬더니 3억 돌려줘' 왜?", 2012.10.3., 미디어오늘

489　헨리 스콧 스톡스 지국장(1938~2022)은 영국에서 태어나 대학을 마친 뒤, 파이낸셜 타임스 도쿄 지국장(1964~1967)과 더 타임스(1967~1977) 지국장을 거쳐, 뉴욕타임스의 도쿄지국장(1978~1983)을 맡아 한국을 담당했다. 그 전의 지국장처럼 도쿄에 사무실을 두고, 한국에 일이 발생하면 서울로 건너와서 일정 사건이나 기간을 취재하고는 도쿄로 다시 가는 형태의 근무를 했다. 그는 10·26사태 12·12사태 5·18광주민주화운동 등 우리 현대사의 큰 사건들을 목격하고 취재 보도했다.
　　그는 일본에 머물면서 작가요 극우파로, 일본 헌법의 개정과 자위대의 궐기를 주장하며 자살한 미시마 유키오(三島由紀夫, 1925~1970)와도 깊은 교류를 가졌다. 스톡스는 "일본이 구미 제국이 점령한 아시아 식민지를 군사적으로 침공한 것은 사실이지만, 서방에 사로잡혀 있는 아시아 국가들을 해방하고 독립으로 이끌어 주었다"고 주장하는가 하면, 자신이 편찬한 '광주폭동'이라는 책을 통

해 "광주운동이 민주주의 운동이 아닌 김대중 전 대통령의 사주에 의해 발생한 사태"였다고 했다. 그는 또 '영국기자가 본 연합국 승리 사관의 허망'에서 "일본군에 의한 난징대학살은 사건이라고 표현하는 것이 정확하다"고 주장하기도 했다.

490   인터넷 대통령 기념관, 「역대 대통령 웹기록」에서, '오늘 죽으나 영원히 산다', 1979.10.2, 김영삼 총재 신민당 위원 총회에서의 발언.

491   김진, 『청와대비서실』, 135페이지, 중앙일보사, 1992

492   김영삼, 『김영삼회고록: 민주주의를 위한 나의 투쟁』(2), 162페이지, 백산서당, 2015(초판3쇄)

493   정장열 기자, "34년 동안 무엇이 달라졌나, 박정희의 청와대와 박근혜의 청와대" 주간조선, 2013.1.27

494   이형균 기자, 2023.2.27., 서울 인사동 한식집 「옥정」(玉井)에서 면담.

495   조갑제, 『박정희의 결정적 순간들』, 765페이지, 기파랑, 2009

496   엄상익, [최초 보도]'박정희 살해' 김재규에게 군 검찰이 물었다. "당신이 정말 충신이었다면 …" 아시아엔(The ASIA N), 2023.8.21

497   김정렴, 『아, 박정희』, 220~221페이지, 1997

498   김종필, 『김종필증언록』, 508페이지, 와이즈베리, 2016

499   「무솔리니가 기차를 정시에 달리게 했다」(Mussolini made the trains run on time). 이 구호는 베니토 무솔리니 측이 파시즘의 우월성을 내세우기 위해 사용한 선동성 구호이다. 그들은 파시즘의 능력과 에너지를 상징하는 구호로 이 말을 내세웠다. 이탈리아의 기차는 1차 대전이 끝나고 무솔리니가 등장한 1922년 이전부터도 그런대로 잘 달리고 있었다. 이탈리아 열차는 지금도 그렇고 당시에도 그렇고 시간표대로 운행되지는 않았다고 한다.

500   동아일보, 1979.10.27. 1면 "미, 조약 의무 준수 다짐"

501   박현기 기자, "키신저 '세계 지도자 중 리콴유가 美 대통령 했으면 가장 잘했을 것" 2022.7.20., 뉴스1.
헨리 키신저 전 미 국무장관은 2022년 출간한 『리더십:세계전략의 6가지 연구』에서 세계사의 흐름을 바꾼 6명의 지도자를 소개했다. 그는 독일의 아데나워 콘래드 총리, 프랑스의 샤를 드골 대통령, 미국의 리처드 닉슨 대통령, 이집트의 안와르 사다트 대통령, 영국의 마가렛 대처 총리, 싱가포

699

르의 리콴유(李光耀) 총리를 소개하면서 이들의 공과를 정리했다.
키신저는 "리콴유가 미국 대통령을 했으면 제일 잘했을 것이며, 기후변화도 가장 효과적으로 다뤘을 것"으로 봤다. 그는 리콴유가 장기적 도전에 대처하는 능력이 가장 뛰어나다는 이유로 이같이 평가했다. 키신저는 또 블라디미르 푸틴 러시아 대통령을 상대하기 가장 적합한 지도자로 프랑스의 드골과 미국의 닉슨을 꼽았다. 전략적 유연성이 있기 때문이다.

502 노효동 기자, "박정희 서거… 각국 조의 표명 쇄도", 2010.2.22., 연합뉴스

503 김대중, 『김대중자서전』, 355페이지, 삼인, 2015

504 김영삼, 『김영삼회고록, 민주주의를 위한 나의 투쟁(2)』, 172페이지, 백산서당, 2015

505 김형아 저, 신명주 역, 『유신과 중화학공업, 박정희의 양날의 선택』, 343페이지, 일조각, 2005
글라이스틴 자서전, 『깊숙한 개입, 제한된 영향력』(Massive Entanglement Marginal Influence :Carter and Korea in Crisis), 62페이지, Washington DC, Brookings Institute Press, 1999. 글라이스틴 대사는 자서전에서 이 부분을 이렇게 기록했다. "When historians strike the balance, I suspect that they will rate Park as the most important korean leader of morden times", (62페이지). 한편 글라이스틴 대사의 회고록 한글 번역판(『알려지지 않은 역사』, 황정일 옮김, 중앙M&B, 2000)에서는 "후일 역사가들은 박정희를 한국 현대사의 가장 중요한 인물로 평가할 것이다"로 정리돼 있다.

참고서적

강만길, 20세기 우리역사, 창작과비평사, 1999
강만길, 통일운동시대의 역사인식, 청사, 1990
강인섭, 419 그 이후, 군정계미국의 장막, 동아일보사, 1984
강준만, 김영삼 이데올로기, 개마고원, 1995
강준만, 노무현과 국민 사기극, 인물과사상사, 2001
강준만, 한국방송민주화운동사, 태암, 1990
강창성, 군벌정치, 해동문화사, 1991
구갑우 등, 좌우파사전, 위즈덤하우스, 2017(초판9쇄)
김경재, 박정희와 김대중이 꿈꾸던 나라, 도전과 미래, 2016
김대중, 김대중옥중서신, 한울, 2000
김대중, 김대중자서전 1,2, 삼인, 2015(초판4쇄)
김대중, 나의 길 나의 사상, 한길사, 1994
김대중, 새로운 시작을 위하여, 김영사, 1993
김대중, 행동하는 양심으로, 금문당, 1985
김대중옥중서신, 청사, 1984

김성보,기광서,이신철, 북한현대사, 웅진지식하우스, 2014
김수환 추기경 구술·평화신문 엮음, 추기경 김수환 이야기, 평화방송·평화신문,　2005(초판7쇄)
김영명, 좌우파가 논쟁하는 대한민국사 62, 위즈덤하우스, 2008
김영삼, YS세계를 보다, 미디어 민, 2023
김영삼, 김영삼회고록, 민주주의를 위한 나의 투쟁(1)(2), 백산서당, 2000
김옥두, 다시 김대중을 위하여, 살림터, 1995
김용식, 김용식회고록 희망과 도전, 동아일보사, 1987
김재홍, 군부와 권력, 나남, 1992
김정렴, 아, 박정희, 중앙M&B, 1997
김정렴, 한국경제정책30년사, 중앙일보.중앙경제신문, 1990
김종필, 김종필증언록, 와이즈베리, 2016
김진, 청와대비서실, 중앙일보사, 1992
김진배, 인동초의 새벽, 도서출판 동아, 1987
김택근, 새벽 김대중평전, 사계절, 2012(1판2쇄)
김현묵, 거짓말보고서, 밝은세상, 1992
김형문, 김대중, 그는 누구인가, 금문당, 1987
김형아, 유신과 중화학공업, 박정희의 양날의 선택, 일조각, 2005
김형욱.박사월, 김형욱증언 혁명과 우상(1,2,3부), 독립신문사, 1982, 1983, 1984
김환태, 해소냐, 호남독립이냐, 도서출판 쟁기, 1993
남영신, 지역패권주의 한국, 새물사, 1990
남정욱, 편견에 도전하는 한국현대사, 시대정신, 2014
돈 오버도퍼/뉴스위크 한국판 뉴스팀 옮김, 두 개의 코리아, 중앙일보, 1988
돈 오버도퍼/문명호 옮김, 역사를 바꾼 정상들의 대도박, 동아일보사, 1992
동아일보사, 윤보선회고록 외로운 선택의 나날, 동아일보, 1991
류상영, 빅정희와 김대중의 대화, 논형, 2022
리처드 워커/이종수 황유석 옮김, 한국의 추억, 한국문원, 1998
미 하원 국제관계위원회 국제기구소위원회, 프레이저보고서, 실천문학, 1986
박권흠, 정치의 현장, 백양출판사, 1982
박동진, 박동진회고록 길은 멀어도 뜻은 하나, 동아출판사, 1992
박용규, 한국의 언론인 정체성을 묻다, 논형, 2015
박정희, 남정욱 풀어씀, 국가와 혁명과 나, 기파랑, 2017
박태균, 이슈 한국사, 창비, 2015
서중석, 서중석의 현대사 이야기, 1~10, 오월의 봄, 2016
성한용, DJ는 왜 지역갈등 해소에 실패했는가, 중심, 2001
손호철, 3김을 넘어서, 푸른숲, 1997
송건호 강만길 편, 한국민족주의론 2, 창작과비평사, 1983
송원영, 제2공화국, 샘터, 1990
신상우, 고독한 증언, 창민사, 1986
안경환, 황용주, 그와 박정희의 시대, 까치, 2013

안상수, 박종철 열사와 6월 민주화운동, 광일북스, 2011
양성철, 분단의 정치, 한울, 1987
오원철, 박정희는 어떻게 경제강국을 만들었나, 동서문화사, 2019(1판4쇄)
오인환, 박정희의 시간들, 나남, 2023
오정환, 세 번의 혁명과 이승만, 타임라인, 2022
원희복, 조용수 평전, 전국언론노동조합연맹, 1995
이 청, 비화 제3공화국, 동광출판사, 1985
이기택, 한국야당사, 백산서당, 1987
이대환, 박태준, 현암사, 2004
이동형, 영원한 라이벌 김대중 VS 김영삼, 왕의서재, 2016
이만섭, 청와대 담판과 나의 직언, 문호사, 1989
이매뉴엘 월러스틴, 송철순 천지현 옮김, 반체제운동, 창작과비평, 1994
이병주, 대통령들의 초상, 서당, 1991
이사달, 3K 정치이력서, 사초, 1987
이상우, 비록 박정희 시대(2), 중원문화사, 1985
이승만/류광현 역, 일본의 가면을 벗긴다, 비봉출판사, 2019
이영석, 야당 30년, 인간, 1981
이영일, 건국사 재인식, 동문선, 2022
이영훈, 대한민국역사, 나라만들기발자취 1945~1987, 기파랑, 2013
이정식 면담·김학준 편집해설, 혁명가들의 항일회상, 민음사, 1988
이중근, 625전쟁 1129일, 우정문고, 2014
이진곤 한국정치리더십의 특성, 한울아카데미, 2003
이철용, 나도 심심한데 대통령이나 돼볼까, 사랑과 사람, 2001
이호진·강인섭, 이것이 국회다. 삼성출판사, 1988
이희호, 이희호자서전, 동행, 웅진지식하우스, 2008
임영태.정창현, 새로 쓴 한국현대사, 역사인, 2017
장신기, 김대중현대사, 시대의창, 2021
전대열, 김대중내란음모사건, 고려서당, 1988
전두환, 전두환회고록, 자작나무숲, 2017
전인권, 김대중을 계산하자, 도서출판 새날, 1997
전인권, 박정희평전, 이학사, 2017(1판7쇄)
정두언, 최고의 총리 최악의 총리, 한울, 2001
조갑제, 박정희의 결정적 순간들, 기파랑, 2009
조갑제, 이회창쇼크, 조갑제닷컴, 2007
조선일보사, 김영삼대통령 회고록(상.하), 2001
조양욱, 대사건의 현장, 청한, 1988
조희연, 20세기 한국사, 역사비평사, 2021(초판8쇄)
주대환, K- 데모크라시, 청사진, 2022
지암 남덕우 국무총리 10주기 추모집, 화이부동, (재)한국선진화포럼, 2023

차하순 등, 한국현대사, 세종연구원, 2013
참여민주사회시민연대 사법감시센터, 사법개혁, 박영률출판사, 1996
클라우스 뮬러/정형수 역, 정치와 커뮤니케이션, 일조각, 1981
한국정치연구회, 한국정치론, 백산서당, 1989
한균태 등, 현대사회와 미디어, 커뮤니케이션북스, 2014
한승주, 한국에 외교가 있는가, 올림, 2021
한승헌 편, 유신체제와 민주화운동, 삼민사, 1985
한영우, 미래를 여는 우리 근현대사, 경세원, 2016
함성득, 대통령비서실장론, 나남, 2002
함윤식, 동교동 24시, 도서출판 우성, 1987
허정, 허정회고록 내일을 위한 증언, 샘터, 1997

후기

1) 2024년 6월의 첫 주말인 8일은 흐렸다. 부엌 창밖으로 보이는 풍경들이 다 젖어있다. 아스팔트 길이 유난히 까맣게 보인다. 밖에 나가 보면 어쩌면 비가 내리고 있을지도 모르겠다. 본문 쓰기와 주석 등에 대한 검토가 끝나고 이제 후기를 쓸 차례가 왔다. 긴 여행, 도보를 위주로 한 긴 배낭여행이 끝났다는 생각이 든다.

이 책을 쓰면서 나는 "이 작업이 끝나고 나면 배낭을 메고 지중해를 한 바퀴 돌아야겠다"는 생각을 하곤 했다. 나는 수시로 지구본을 돌리며 지중해를 응시했다. 지중해를 둘러싼 30여 개 나라를 짚어봤다: 포르투갈, 스페인, 프랑스, 이탈리아, 그리스, 터키, 레바논, 이집트, 리비아, 알제리, 모로코…. 그 인접 국가들까지 합쳐보니, 얼추 30개 나라가 된다. 세계의 문명과 종교가 시작된 이 땅으로 가야겠다. 가서, 이 땅들에 새겨진 긴 역사와 민족, 종교, 전쟁, 분쟁 또 지금의 삶 등을 살펴보자. 마른 빵을 뜯고 커피로 목을 축이며 둘러보자. 이제 이 작업이 끝났으니, 진짜 가도 되겠구나.

2) 이 책은 취재기자 35년을 정리하는 두 번째의 책이다. 필자는 기자를 하면서 이 자료들을 모았다. 그리고 언젠가 출퇴근하는 일이 끝나고 시간적 여유가 생기면 자료를 정리해 책으로 출판하리라 생각하며 지냈다. 2013년, 35년간의 기자 생활이 끝났다. 해방이 되어서 시원했지만, 생업이 끝나는 마음에는 걱정도 함께 했다. '시원섭섭했다'가 적절한 표현일 것이다. 그 후 대학에서 초빙교수로 공부하면서 또 몇 년을 지냈다. 마침, 2020년 1월부터 질병(COVID-19)이 사람의 모임이나 여행 등을 가로막았다. 그 시간이 3년, 나는 밖

에 나가면 좋고, 못 나가면 자료를 정리한다는 생각으로 그 시간들을 보냈다. 전쟁과 분쟁에 관한 자료들을 이용해 쓴 첫 번째 책 『피를 부르는 영토분쟁』은 2022년 10월에 마무리됐다. 관훈클럽으로부터 저술기금을 지원받은 그 책은 나로서는 처음 내는 책이라 신기하기도 하고 서툴기도 했고, 시간도 촉박했다. 좀 미흡했지만 기뻤다.

3) 이 책 『박정희 김대중, 그들이 만든 세상』은 두 번째 책이다. 제목에서 드러나듯이 이 책은 20세기 한국 정치 지도자 박정희와 김대중의 서로 엇갈린 길을 재조명 하면서 자연스럽게 당시의 정치 현장이나 언론 상황을 들여다보게 된다. 국제부 기자 시절 두 사람과 한국의 상황에 대한 수많은 외신 기사를 접하면서 제대로 보도하지 못한 것을 이렇게 늦게 정리하는 마음이 편치 않다. 너무 늦은 것이 아닌가 하는 마음에 덮어 두었다가, 2024년이 '김대중 탄생 100년'이라는 사실을 계기로 용기를 내, 정리했다. 이 책은 방일영문화재단의 지원을 받아 출판한다.

김대중의 나머지 생애, 전두환 노태우 등과 부딪치는 시간들은 자료 정리가 끝나는 대로 써 보려 한다. 쉽지 않은 작업일 것이다.

4) "과거는 여는 것이 아니라 닫는 것이다. 여는 것은 미래다. 그러나 미래를 아름답게 열기 위해서는 과거를 제대로 닫는 것이 필요하다"라는 말을 보고 꼭 필요한 구절이어서 빌려왔다. 이 책도 과거를 제대로 닫는 데 보탬이 됐으면 한다. 혹시 문이 닫혔다면, 살짝 열고 이 책 한 권을 들이밀고 싶다.

다 끝난 역사는 없다. 지구가 종말을 맞아야 역사도 함께 끝나는 게 아닐까? 내 미련한 생각으로는, 지구 종말이 오더라도 역사는 남아있을 것 같다. 우리는 과거 그리고 역사와 꾸준히 대화한다. 과거는 끝난 것이 아니다. 현재와 미래가 과거를 바꾼다. 그 과거는 다시 현재와 미래를 바꿀 것이다.

그렇다면 앞으로도, 과거는 물론 지금 우리가 겪고 있는 현재도 바뀔 수 있다고 봐야 한다. 역사는 사실의 기록에다 해석까지 끝나야 온전해진다. 현재 일어나는 일을 역사의 렌즈를 통해서 바라보고 파악하는 사람을 우리는 현명한 사람이라고 한다.

5) 나는 이 책의 얼개를 구상하고 또 써가면서 시(詩) 한 편을 머릿속에 담고 있었다. 학창 시절 교과서에서 배운 것이다. 로버트 프로스트(Robert Frost, 1874~1963)의 「가지 않은 길」(The Road Not Taken)이다. 이 시는 배울 때도 매력적이었는데 시간이 갈수록 좋아진다. "사람의 일생은 선택의 연속이고, 이 선택이 결국에는 인생을 바꾼다"는 말을, 젊었을 때는 이해하지 못했다. 그렇다고 지금은 잘 알고 있을까? 설사 안다고 한들 좋은 선택을 하고 있을까? 많이 안다는 것은 보통의 일이지만, 변화를 가져오는 것은 깊이 아는 것을 통해서라는 생각이 든다.

6) 글을 마무리하면서 돌아보니, 많은 이들의 얼굴과 이름이 떠오른다. 책의 서문에서 이런저런 이야기를 하는 것이 쑥스럽게 생각돼 자제했지만, 사실 많은 선배 후배 친구 지인들의 관심과 격려와 배려 속에서 이 책이 마무리됐다. 그 가운데서도 나의 평생직장 문화방송(mbc)의 선배 김용철과 후배 이진숙을 따로 이야기하지 않을 수 없다. 김용철(金容喆) 선배는 오랜 정치부 기자의 감각을 살려 이 책의 전체 구도를 잡는 데 도움을 주고 충고를 아끼지 않았다. 이진숙(李真淑) 기자는 탁월한 영어 실력을 바탕으로 좋은 우리 말 번역이 이루어지도록 검토하고, 이상한 부분을 바로잡아 주었다. 신문 기사 분량이 상당히 많은데도, 오랜 시간 기꺼이 도움을 주었다. 아웃룩(OUTLOOK) 출판사 정경화(鄭京華) 대표는 지난번 『영토분쟁』에 이어 이 책의 디자인과 교정에 이어 출판까지 도맡아 수고해 주었다.

그리고 지난 2022년에 이어 이번에도 김도현(金道鉉) 등 고등학교 동기 여러 명이 펀드를 조성해 출판에 도움을 주었다. 50년 이상 이어지는 친구들과의 인연과 지원은 참으로 귀중하다. 친구 정은태(鄭銀泰)의 도움도 기록하고 싶다. "나이 들어서 책을 쓰는 일이 쉽지 않을 텐데" 하면서 수시로 불러내 밥을 사준 이 친구는 자신이 그렇게 큰 도움을 줬으리라고 생각도 하지 않고 있을 것이다.

마지막으로 생명을 주신 부모님과 일상에 사랑을 공급해 주는 우리 가족에게 무한한 감사를 보내고 싶다. 사람이 사는 목적이 뭔지를 알려주는 가족들의 따뜻한 시선과 격려는 모든 인간의 에너지원이 아니겠는가? 아내가 써서, 내 책상과 식탁 위 유리판 밑에 넣어 둔 "가족은 우리 존재의 근원이자 기쁨의 원천이다. 가정을 세우는 것이 곧 믿음의 첫걸음이다"라는 말을 소개하고 싶다. 평생 가까이 있었으나, 이제야 내 눈길을 끄는 데 성공한 이 글귀는 진짜 맞는 말이다. 그동안 나는 어느 길을 헤매면서 힘을 빼고 인생을 낭비했던가 하는 생각에 가슴이 조여드는 아픔을 느낀다. 어렸을 때는 부모님께 불효하고, 젊어서는 아내와 가족에게 반역하며 살아온 시간들이 아쉽고도 미안하다.

아직 '가지 않은 길'은 사실 나로서는 '영원히 갈 수 없는 길'인 것을 알면서도 계속 눈길을 주고 계획을 세우고 있는 나는 정말로 멍청한 인간임에 틀림없다. (끝)